国家社会科学基金一般项目"社会转型期的农村贫困问题研究"(项目编号:12BSH019)

中南大学 哲学社会科学学术成果文库

转型与发展：
当代中国农村贫困问题研究

潘泽泉　著

中国社会科学出版社

图书在版编目（CIP）数据

转型与发展：当代中国农村贫困问题研究/潘泽泉著. —北京：中国社会科学出版社，2019.1

（中南大学哲学社会科学学术成果文库）

ISBN 978-7-5203-3971-1

Ⅰ.①转… Ⅱ.①潘… Ⅲ.①农村—贫困问题—研究—中国 Ⅳ.①F323.8

中国版本图书馆 CIP 数据核字（2019）第 010743 号

出 版 人	赵剑英
责任编辑	刘晓红
责任校对	周晓东
责任印制	戴　宽
出　　版	中国社会科学出版社
社　　址	北京鼓楼西大街甲 158 号
邮　　编	100720
网　　址	http://www.csspw.cn
发 行 部	010-84083685
门 市 部	010-84029450
经　　销	新华书店及其他书店
印　　刷	北京明恒达印务有限公司
装　　订	廊坊市广阳区广增装订厂
版　　次	2019 年 1 月第 1 版
印　　次	2019 年 1 月第 1 次印刷
开　　本	710×1000　1/16
印　　张	43.5
插　　页	2
字　　数	523 千字
定　　价	188.00 元

凡购买中国社会科学出版社图书，如有质量问题请与本社营销中心联系调换
电话：010-84083683
版权所有　侵权必究

《中南大学哲学社会科学学术成果文库》和《中南大学哲学社会科学博士论文精品丛书》出版说明

在新世纪，中南大学哲学社会科学坚持"基础为本，应用为先，重视交叉，突出特色"的精优发展理念，涌现了一批又一批优秀学术成果和优秀人才。为进一步促进学校哲学社会科学一流学科的建设，充分发挥哲学社会科学优秀学术成果和优秀人才的示范带动作用，校哲学社会科学繁荣发展领导小组决定自2017年开始，设立《中南大学哲学社会科学学术成果文库》和《中南大学哲学社会科学博士论文精品丛书》，每年评审一次。入选成果经个人申报、二级学院推荐、校学术委员会同行专家严格评审，一定程度上体现了当前学校哲学社会科学学者的学术能力和学术水平。"散是满天星，聚是一团火"，统一组织出版的目的在于进一步提升中南大学哲学社会科学的学术影响及学术声誉。

中南大学科学研究部
2017年9月

前　言

"十三五"时期是我国发展的重要阶段，消除贫困、改善民生、实现共同富裕，是社会主义的本质要求，是我们党的重要使命，我国农村的扶贫行动要聚焦如期全面建成小康社会这个既定目标，深刻把握世界经济发展新趋向新态势，深刻把握我国经济发展新特点新要求，深刻把握我国经济社会发展新目标新任务，深刻把握我们面临的新挑战新机遇。

社会转型期的农村贫困问题研究对于重新认识中国农村贫困的现状和变化新趋势，农村贫困群体的生存境遇，农村贫困的发生学解释以及现代化、全球化语境中中国农村反贫困行动面临的新机遇、风险和挑战，对于全面推进反贫困行动战略，缓解乃至完全消灭农村贫困，全面繁荣农村经济，实现农村全面可持续、健康、稳定和协调发展，实现农村贫困群体共享社会发展成果，促进农村的社会安全和社会稳定，全面建设小康社会具有重要的理论价值和现实意义。

一、社会转型期的中国农村贫困问题研究要求关注——跨学科视域中的中国农村贫困问题研究的新的问题域、理论话语框架和方法。

一是基于社会发展与贫困问题的复杂性和模糊性假设，需要重写中国农村贫困的跨学科问题向度、方法意识和价值取向。中国农村贫困问题研究需要综合运用不同学科的理论、视角、范畴和方法，运用发展社会学、发展政治学、发展心理学、发展人类学和发展经济学以及邻近学科和一些延伸的知识领域的理论和方法来进行。二是基于跨学科分析框架的中国农村贫困问题研究，需要不断继续吸收、借鉴和参考关于社会发展的新的理论基础、理论解释模型和整合性的理论视域，重点关注中国农业贫困问题中的社会质量、社会资本、脆弱性问题、发展风险、可持续生计、包容性发展、社会排斥、公共健康、发展伦理和社会正义、贫困治理行动中的实践理性和实践中的道德等。三是重建跨学科视域中的中国扶贫战略的新的问题域及其扶贫战略转型的框架。重点关注反贫困行动中的人口质量与人口健康、脆弱性生计、包容性增长中的社会信任；反社会排斥、社会整合和社会安全；重点关注风险承担网络、社会支持网络、社会资本、可持续生计框架；重点关注贫困群体的社会适应、心理资本与心理弹性、公共健康与人的现代性。

二、社会转型期的中国农村贫困问题研究要求关注——中国农村贫困发生的多重逻辑和经验事实的复杂性。

一是基于生命历程、结构变动与家庭生命周期的贫困的个人与家庭过程。二是基于脆弱性和风险承担网络、可持续生计的贫困再造的经济社会过程。三是基于地方国家干预、政策参与式行动、社会动员中贫困再造的政治性建构过程。四是基于市场转型、市场隔离与多重嵌入性过程中贫困再造的市场过程。五是基于社会表征、自我效能感和文化工具箱模型、病毒性模型过程中的贫困再造的文化生产与社会心理过程。

三、社会转型期的中国农村贫困问题研究要求关注——中国农村反贫困行动和反贫困战略带来新的实践悖论和实践形态。

一是中国农村反贫困战略在社会转型语境中陷入困境,传统贫困治理理论把贫困定位于经济发展落后、经济收入不足,贫困治理倾向于把发展经济作为缓解贫困的主要策略,将发展经济、提高收入水平作为扶贫政策的核心内容。这种"高经济增长、低社会福利"的发展模式造成的生态较为脆弱的贫困地区的生态环境被严重破坏,农村走向萧条而不断边缘化,出现农村贫困人口数量庞大、贫困代际恶性循环局面。二是国家在扶贫行动中,常常基于合法性权力、国家动员式发展的意识形态连续谱与制度嵌入和可塑性掌握了资源分配的权力,从而在市场机制中出现了官僚的微型干预和权力的内卷化,行政性的权力介入导致地方国家的经济干预和扶贫效率变得低下。三是在中国农村出现了基于个人、家庭和国家的理性行为所带来的新的贫困问题。包括地方国家在扶贫行动中的扶贫对象瞄准目标偏离、家庭生命周期和人口要素短期配置的合理性诉求的意外后果,贫困者行为理性积淀与小农总体行为的非理性结果使每一种改善贫困、防御风险的行为最终却导致扶贫边际效益逐年递减,贫富差距不减反增现象。四是中国农村贫困出现区域化、集中贫困、反贫率高、反贫任务艰巨等事实。在贫困地区,尤其是贫困边远的少数民族居住区,存在封闭性、经济差距扩大、经济发展滞后性、市场竞争力最弱、产业发展的经济社会成本巨大、社会公正与腐败、基层政权失信、生态环境脆弱性、毒品与艾滋病扩散区、民族宗教多样性、民族认同差异性等,区域性发展失衡等。

四、社会转型期的中国农村贫困问题研究要求关注——中国农村贫困问题研究的理论体系建构和新的推理实践。

一是关注中国农村发展的政治逻辑、宏大政治叙事与国家—农村关系的实践形态，在中国社会发展转型、结构性变迁、现代化发展战略与推进策略、全球化进程、新型城镇化、城乡一体化等宏大叙事的历史观下研究中国农业贫困问题的基础理论问题和理论创新问题。二是关注中国农村贫困生命周期的时间序列和历史谱系，特定时空中微观的个体生活的多元轨迹、个体的生命周期、特定场域中生活情境史变迁、家庭结构与功能变迁、家庭的生命周期等。三是关注中国反贫困治理行动和社会政策的变迁问题。我国农村扶贫经历了体制改革推动农村扶贫、国家行政干预扶贫、开发式扶贫与保护式扶贫共举、精准扶贫四个阶段，农村反贫困模式划分为单一性救济式扶贫、区域性救济式扶贫、全国性经济开发式扶贫以及参与性综合式开发扶贫和多元性可持续发展型扶贫五个阶段。

五、社会转型期的中国农村贫困问题研究要求关注——中国农村贫困的现实处境、中国农村贫困群体的生存状态、中国农村贫困的发生性根源和中国农村反贫困行动及其社会政策实践。

一是中国农村贫困的阶段性特征及中国农村贫困群体的生存境遇。具体包括中国社会转型与中国农村贫困问题的阶段性特征和反贫困行动的社会政策思路、中国农村反贫困实践的话语实践及其变迁、转型社会中的中国农村贫困的演变趋势、理论反思和新的问题意识；包括中国农村贫困群体的生活质量、可持续生计、情感状态、心理适应和精神健康。

命题1：基于生活质量和可持续生计研究发现，我国农村贫困群体面临正常经济社会、政治、文化和社会功能的破坏，城乡二元经济体制的排斥性事实、风险的脆弱性，可持续生计的破坏，资源的不平等剥夺，不平等的发展机会和社会保障权利，公共安全的破坏，生态环境的破坏和自然灾害等。

命题2：农村贫困群体在现实生活中有一种强烈的宿命感、无助感和自卑感，这种情感体验会使人在人际关系中变得消极、退缩和封闭，在精神健康层面，贫困群体比正常的健康水平要差，人际关系敏感、抑郁、焦虑等症状特别突出，这种社会心理与行为的发生学根源可以归纳为三种效应，即精神健康的因果机制效应（如社会经济地位、个体收入水平等）、社会支持主效应、生活意义效应。

二是基于跨学科的中国农村贫困的发生学解释，即中国农村贫困如何再造。具体包括中国农村贫困再造的个人与家庭过程、贫困再造的经济社会过程、贫困再造的政治性过程以及贫困再造的市场、文化与社会心理过程。具体的经验命题包括：

命题3：基于中国农村贫困群体个人和家庭的生存现实的经验性研究发现，在贫困的发生学解释中，存在四种效应：家庭的社会质量效应、家庭禀赋—决策效应、家庭资本累计效应和家庭抗风险效应。具体表现为家庭生命周期、贫困代际传递与逆向反馈效应、"非道德性家庭主义"的代际传递效应、家庭现代化效应、家庭禀赋—家庭生计策略与新迁移经济效应以及贫困累计的弱势—优势效应等。

命题4：基于经济社会过程的贫困问题视域的经验性研究发现，在贫困的发生学解释中存在三种效应：贫困的脆弱性风险效应、贫困的风险承担网络效应、脆弱性和农村风险应对行为效应。具体风险包括自然灾害和环境生态风险、个人风险、失业或资产损失风险、收入和福利风险、政治风险。

命题5：基于政治性建构的农村贫困问题视域的贫困发生学解释包括制度性贫困、政治过程与意识形态连续谱；地方国家干预、制度分配话语与贫困再造；贫困生命周期、国家风险干预与国家社会动员；国家地方干预、政策参与资产建设与政策福利效应；包容性发展与基于平民主义的意识形态的政治过程；排斥性过程、贫困再造与政治性话语等。

命题6：基于市场建构的农村贫困问题视域的贫困发生学解释包括三种效应解释模型：劳动力市场分割、市场分化与机会获得模型；劳动力市场、社会关系网络与职业获得模型；市场的多位嵌入性模型。具体表现为贫困再造过程中的市场经济"扩散效应"和"涓滴效应"、市场结构分割和代际传递效应、基于边缘与中心的空间再生产效应、市场结构与多维度的市场嵌入性效应（政治、经济、文化等）。

命题7：基于文化建构的农村贫困问题视域的贫困发生学解释包括以下几种效应解释模型：基于贫困的嵌入性模型和社会表征模型、文化与贫困行为工具箱与传染病模型、文化的功能性语境与生成结构主义模型、贫困文化的再生产模型、社会表征的场域生成与贫困再生产模型、自我效能感与贫困再造模型。

三是行动中的贫困治理战略、行动纲要和社会政策实践。包括反贫困中的中国农村反贫困行动和反贫困社会政策实践、反贫困行动的集体主义方法论进路、反贫困行动的国家主义进路与社会政策的意识形态连续谱、基于个人主义的意识形态的中国农村反贫困行动的企业化思路以及基于平民主义意识形态的平民主义思路。

命题8：国家反贫困政策和行动应该重点关注反贫困国家社会政策调整、政策建议和具体政策设计等，包括强化基于减少风险和建立家庭的风险抵御能力的政策干预策略；全球化语境中的人力资本投资策略和"可持续生计框架"的跨学科整合；穷人主体性、赋权与扶贫战略的改变等。

六、社会转型期的中国农村贫困问题研究要求关注——贫困治理的行动纲要和转型期中国农村的反贫困行动、贫困治理和反贫困政策。

农村贫困治理的行动纲要体现在：基于穷人主体性发展、风险承担网络建构与可持续生计的个人和家庭行动纲要的；基于市场抑或经济的行动路径的反贫困的市场策略与经济行动纲要；基于政治或制度创新的反贫困的制度性逻辑与国家行动纲要；基于社会资本培育、文化提升、资产能力建设的社会行动纲要。"十三五"期间，国家贫困治理行动和贫困治理的问题聚焦于农村贫困治理的结构的转变。

一是贫困治理主体的转变，即反贫困行动中的贫困治理的主体需要从民间慈善救济到福利国家，再到福利多元主义的转变，即从以民间慈善为主到以政府救助为主，过渡到政府、企业界、民间组织建立合作伙伴关系、多元主体协同治理贫困的过程。二是贫困治理方式的转变，即实现从救助式扶贫到开发式扶贫，进而到参与式反贫困的转变，实现从单一救助向综合治理、从经济援助向可行能力培养转变，实现从单一贫困监测和瞄准机制向科学的、精准的监测和瞄准机制转变。三是治理目标的转变，治理目标从解决温饱和物质匮乏的扶贫目标转向重视弱势群体社会参与机会，培育社会资本，增权赋能，抗逆力培养，提高贫困人口能力；从强调改善经济贫困，到强调克服能力贫困，进而到强调缓解社会排斥，消除脆弱性，促进社会融合，实现可持续生计，增强扶贫对象的自我发展能力和社会参与能力，更加注重基本公共服务均等化，实现农村发展公平和正义。

国家反贫困行动政策的方向体现在以下几个方面：

一是社会政策的基本目标在于实现从克服贫困到消除社会排斥，实现反贫困行动中的经济政策与社会政策协同推进。

二是从单一扶贫行动到多元化协同行动，实现由单一的物质生活救助政策向多元化的综合救助政策转变、从忽视社区到重视社区的多元化扶贫的社会政策调整。

三是实现从消极救助取向到积极开发取向的积极干预型社会政策转向,经由发展型社会政策提升贫困群体的风险应对能力、可持续生计的能力、自主参与与可行发展能力。

四是在反贫困行动中强化社会投资型国家建设,即注重人力资本投资、重视个人与家庭的生命周期、重视资产积累和资产能力建设等。是实现精准扶贫,实施"四个一批"的扶贫攻坚行动计划。

社会转型期的农村贫困问题研究对于重新认识中国农村贫困的现状和变化新趋势、农村贫困群体的生存境遇、农村贫困的发生学解释以及现代化、全球化语境中国农村反贫困行动面临的新的机遇、风险和挑战,对于全面推进反贫困行动战略,缓解乃至完全消灭农村贫困,全面繁荣农村经济,实现农村全面可持续、健康、稳定和协调发展,实现农村贫困群体共享社会发展成果,促进农村的社会安全和社会稳定,全面建设小康社会具有重要的理论价值和现实意义。从跨学科视角对中国农村贫困问题进行研究,有利于促进学科交叉与视域融合。这种跨学科研究有利于在发展经济学、发展政治学、发展社会学和发展人类学等交叉学科之间建立关联,重新对贫困问题做出跨学科的学理性的解释;通过跨学科的理论构建,有利于推动贫困问题研究的理论创新和完善。这种创新体现在:结合中国农村贫困问题的经验研究,对包容性发展、脆弱性、社会风险、可持续生计、社会整合、生活质量、社会质量、社会排斥、社会治理等理论话语进行跨学科的阐释,为贫困问题研究的理论创新提供了良好的基础;跨学科的研究范式有利于超越以往分门别类的研究方式,为贫困问题的研究寻求新的问题意识,实现对贫困问题的跨学科的整合性研究,建立一种具有整合性的新的问题意识和话语体系。

党的十六大提出建设小康社会的奋斗目标，明确提出要"全面繁荣农村经济，加快城镇化进程"，要"统筹城乡经济社会发展，建设现代农业，发展农村经济，增加农民收入"，全面建设小康社会。在当前我国农村问题日益突出的大背景下，研究农村贫困问题有重要的现实意义。有利于从社会全面发展、社会质量提高、共享社会发展成果、社会稳定和和谐社会建构层面加快和推动农村社会发展，提高农村居民的生活质量和生活水平；有利于从农村发展的战略高度和农村社会政策方面的理性推进，为农村发展提供一种新的社会政策框架和思路，促进农村的社会安全和社会稳定；有利于从结合西方的优秀理论成果，契合中国的本土化实践，围绕着中国社会生活现实中的重大的社会问题，推进当前国家发展战略和宏观政策的全面实现和推进；有利于在社会转型、现代化战略转型、全球化推进的宏观背景下重新认识中国农村的贫困并在新形势下对农村扶贫行动做出新的战略调整，从真正意义上消灭贫困，实现中国社会健康、稳定和协调发展。

目 录

第一章 绪论 ……………………………………………………… 1

    第一节 选题背景及研究意义 ………………………………… 1

        一 问题提出 ……………………………………………… 1

        二 研究意义 ……………………………………………… 2

    第二节 文献综述 ……………………………………………… 5

        一 贫困问题研究：概念化书写、理论范式与

           理论进路 ……………………………………………… 5

        二 贫困问题研究：解释模型、范式重建及其问题

           处方 …………………………………………………… 7

        三 当代贫困问题研究：跨学科的、前沿性的

           研究成果 …………………………………………… 28

        四 贫困的中国经验：理论争辩焦点和有待

           研究的问题 ………………………………………… 39

        五 解释中国农村发展的可能性：新视域、问题

           聚焦及其处方 ……………………………………… 42

第三节 研究内容、重点难点和主要观点：跨学科维度 …… 45
    一 贫困研究：跨学科研究范式 …………………… 45
    二 研究内容 ……………………………………… 49
    三 研究重点和难点 ……………………………… 53
    四 农村贫困研究：理论判断、认识论前提与
       方法论基础 ……………………………………… 55

第四节 拟解决的关键问题和研究创新 ……………………… 59
    一 拟解决的关键问题 …………………………… 59
    二 研究创新 ……………………………………… 64

第五节 研究设计 …………………………………………… 66
    一 研究对象 ……………………………………… 66
    二 研究方法 ……………………………………… 66
    三 研究途径与解释类型 ………………………… 71
    四 资料处理技术 ………………………………… 74
    五 样本描述及其说明 …………………………… 75

第二章 转型社会与中国农村贫困：话语变迁与实践过程 ……… 86

第一节 转型社会与农村贫困问题：中国农村发展话语
       变迁 ……………………………………………… 87
    一 背景：社会转型、社会变迁与中国农村贫困
       问题 ……………………………………………… 87
    二 农村贫困的生成：发展话语、叙事逻辑与
       中国经验 ………………………………………… 90
    三 农村贫困再生产：发展话语实践与反思的
       问题域 …………………………………………… 94

第二节 农村贫困：转型社会、问题视域及其处方 …………… 97
  一 跨学科视野中的贫困问题：多维视野与问题
    聚焦 ……………………………………………………… 97
  二 代价论与当代中国农村发展：理论反思与
    问题视域 ………………………………………………… 99
  三 贫困变迁新趋势：转型社会与新的问题意识 ……… 100

第三节 农村反贫困行动与问题聚焦：话语实践与行动
    过程 …………………………………………………… 108
  一 国家调整农村扶贫政策与政策文本实践 …………… 109
  二 农村贫困与政策演变：调整过程与文本实践 ……… 111
  三 扶贫行动与农村发展：农村反贫困行动的
    话语转向 ……………………………………………… 119

第三章 中国农村贫困：生活质量、可持续生计与贫困境遇 …… 129

第一节 生活质量与可持续生计：贫困问题的理论建构和
    经验性推论 …………………………………………… 130
  一 贫困与生活质量：理论范式及其问题意识 ………… 130
  二 国内研究：理论话语、知识谱系与中国经验 ……… 133
  三 贫困的生活质量维度：多学科的问题意识和核心
    议题 …………………………………………………… 135
  四 贫困与可持续生计：跨学科视域整合与理论
    建构 …………………………………………………… 140

第二节 贫困群体生活质量与可持续生计的框架与研究
    设计 …………………………………………………… 143
  一 生活质量与可持续生计的分析框架 ………………… 143

二　理论变量及其操作化说明 …………………………… 144
三　分析模型与解释路径 …………………………………… 146

第三节　农村贫困群体生存现实：基于生活质量与可持续
　　　　生计的实证研究 …………………………………… 149
一　农村贫困群体的生活质量与可持续生计 …………… 149
二　贫困群体的生活质量与生活满意度 ………………… 180
三　结论与讨论 …………………………………………… 189

第四章　中国农村贫困：情感状态、心理适应与精神健康 …… 191

第一节　情感过程、心理适应与精神健康：理论范式及解释
　　　　模型 ………………………………………………… 193
一　情感与社会：情感问题的知识反思与理论建构 …… 193
二　心理适应：心理调适、社会适应与现代性 ………… 197
三　精神健康：理论解释、模型建构与经验事实 ……… 198
四　精神健康：理论模型与相关的经验命题 …………… 202
五　问题域与反思性聚焦：重新思考精神健康新
　　视野 ……………………………………………………… 206

第二节　情感过程、心理适应、精神健康与贫困研究：方法
　　　　视域与解释模型 …………………………………… 207
一　情感过程、心理适应、精神健康与贫困：诠释路径与
　　解释模型 ………………………………………………… 207
二　情感状态、心理适应与精神健康：理论变量及其
　　操作化 …………………………………………………… 209

第三节　情感过程、心理适应、精神健康与贫困的实证
　　　　研究 ………………………………………………… 211

一　贫困群体的情感状态 …………………………………… 211

　　二　贫困群体的心理适应的现状 …………………………… 213

　　三　情感过程、社会适应与精神健康：基于两个群体的

　　　　比较 …………………………………………………… 216

　　四　结论与讨论 …………………………………………… 223

第五章　贫困的个人与家庭过程：生命历程、结构变动与家庭生命周期 ………………………………………………… 225

　第一节　理论基础和分析框架：基于贫困的个人和家庭

　　　　　视角 …………………………………………………… 226

　　一　贫困生命周期：家庭生命周期与个体多元生命

　　　　历程理论范式 …………………………………………… 228

　　二　基于个人和家庭的贫困：问题视域、经验事实与

　　　　模型建构 ………………………………………………… 233

　　三　基于个人和家庭的贫困研究：跨学科分析框架和

　　　　研究路径 ………………………………………………… 241

　第二节　再造贫困：基于个人生命历程与家庭生命周期的

　　　　　实证研究 ……………………………………………… 246

　　一　个人生命轨迹、家庭生命周期与贫困：理论维度与

　　　　分析路径 ………………………………………………… 248

　　二　研究的问题聚焦和解释框架 …………………………… 248

　　三　贫困再造：基于生命历程、家庭结构变动与家庭

　　　　生命周期的经验发现 …………………………………… 250

　　四　结论与讨论 …………………………………………… 280

　第三节　家庭社会地位、贫困代际传递效应与不平等再

　　　　生产 ………………………………………………………… 281
　　一　贫困的代际传递效应：理论基础、模型与经验
　　　　发现 ………………………………………………………… 282
　　二　贫困的代价传递效应：数据分析结果 ………………… 285
　　三　结论与讨论 ……………………………………………… 289

第六章　贫困的经济社会过程：脆弱性、风险承担网络与
　　　　农村贫困 ………………………………………………… 293

　第一节　脆弱性贫困、风险承担网络与贫困：问题域与方法
　　　　论前提 …………………………………………………… 294
　　一　脆弱性、风险承担网络与贫困：跨学科学理依据
　　　　与理论建构 ……………………………………………… 294
　　二　脆弱性、风险承担网络与贫困：跨学科视域与新的
　　　　问题意识 ………………………………………………… 295
　　三　问题聚焦和跨学科分析框架：关键议题与问题
　　　　向度 ……………………………………………………… 296

　第二节　理论解释与实证研究：过程性知识与反思性
　　　　聚焦 ……………………………………………………… 299
　　一　脆弱性风险与贫困发生的可能性假设 ………………… 300
　　二　风险承担网络与贫困发生的可能性假设 ……………… 302
　　三　社会资本与农村贫困的建构性与工具性解释
　　　　模型 ……………………………………………………… 303

　第三节　诠释农村贫困新视域：研究问题与研究设计 ……… 306
　　一　脆弱性风险、风险承担网络与可持续生计：
　　　　研究思路 ………………………………………………… 306

二　脆弱性风险、风险承担网络与可持续生计：
　　　　问题域与研究假设 …………………………………… 306

　　三　脆弱性风险、风险承担网络与可持续生计：
　　　　理论变量与解释模型 ………………………………… 308

第四节　贫困再造：基于脆弱性风险与风险承担网络的实证
　　　　研究 ……………………………………………………… 313

　　一　脆弱性风险因素与农村贫困（人均收入）的
　　　　相关性分析 …………………………………………… 314

　　二　风险承担网络与农村贫困的相关分析 ……………… 322

　　三　Logistic Regression（LR）模型 …………………… 328

　　四　结论与讨论 ………………………………………… 331

第七章　贫困的政治性过程：地方国家、政策过程与政治性
　　　　建构 ……………………………………………………… 337

第一节　贫困的政治过程：问题视域、理论基础与推理
　　　　实践 ……………………………………………………… 338

　　一　贫困的政治性建构：理论基础与方法论前提 ……… 338

　　二　贫困的政治性建构：问题向度和共同议题 ………… 349

　　三　贫困的政治过程：经验事实与中国实践 …………… 352

第二节　贫困再造：地方国家、反贫困政策行动与文本
　　　　实践 ……………………………………………………… 360

　　一　国家调整农村扶贫社会政策的阶段性及其实践
　　　　过程 …………………………………………………… 361

　　二　地方国家、社会空间与地方政府扶贫行动 ………… 365

　　三　农村扶贫政策：政策体系的结构性特征与实践

路径 …………………………………………………… 368

　第三节　社会政策视角下的农村贫困群体参与式政治的研究
　　　　　　路径和方法 ………………………………………… 372
　　　一　贫困的政治性建构：研究思路 ……………………… 372
　　　二　贫困的政治性建构：研究假设与变量的操作化 …… 373
　　　三　贫困的政治性建构：解释模型与效应 ……………… 379

　第四节　贫困再造：基于农村贫困群体的参与式政治的实证
　　　　　　研究 ………………………………………………… 380
　　　一　扶贫政策的制度性因素与贫困者参与扶贫政策的
　　　　　相关性分析 …………………………………………… 380
　　　二　农村扶贫政策的文本类型与贫困者的社会政策
　　　　　参与的回归分析 ……………………………………… 384
　　　三　结论与讨论 ………………………………………… 388

第八章　贫困的市场过程：市场转型、市场分割与嵌入性
　　　　　　过程 ………………………………………………… 391

　第一节　市场转型、市场分割与嵌入性：知识建构方式、
　　　　　　解释传统与理论逻辑 ……………………………… 392
　　　一　市场转型理论：理论建构方式及其关键议题 ……… 392
　　　二　嵌入性理论：跨学科视域与嵌入性的多重逻辑及
　　　　　结果 …………………………………………………… 395
　　　三　市场过程中问题域：知识反思与理论争辩焦点 …… 400
　　　四　市场与社会：企业化的理论进路与个人主义的
　　　　　意识形态 ……………………………………………… 403

　第二节　市场过程：中国语境、问题域与经验性事实的多种

　　　　　　可能性 …………………………………………………… 407
　　　一　市场嵌入性过程与贫困：理论聚焦与经验性
　　　　　说明 ……………………………………………………… 407
　　　二　市场行为与参与式发展：中国实践及其过程 ……… 414
　第三节　贫困再造：嵌入性视角下农民贫困市场过程的
　　　　　实证研究 ………………………………………………… 421
　　　一　农民市场参与行为的实证研究：研究设计与分析
　　　　　思路 ……………………………………………………… 422
　　　二　数据分析及研究发现 ………………………………… 433
　　　三　结论与讨论 …………………………………………… 449

第九章　贫困的文化与社会心理过程：社会表征、文化心理与
　　　　行为 ………………………………………………………… 452

　第一节　表征、社会心理与行为：知识建构方式、解释传统与
　　　　　理论逻辑 ………………………………………………… 453
　　　一　贫困的文化解释：视域释义与理论建构 …………… 453
　　　二　贫困的文化解释：主要议题、知识谱系与
　　　　　问题意识 ………………………………………………… 462
　第二节　社会表征、文化场域与自我效能感：跨学科问题域与
　　　　　理论构建 ………………………………………………… 473
　　　一　社会表征与文化场域：跨学科理论视域与
　　　　　知识史回顾 ……………………………………………… 474
　　　二　自我效能感：效能文化场域与社会心理过程 ……… 478
　第三节　贫困的文化过程：中国语境、问题域与
　　　　　经验性事实 ……………………………………………… 482

转型与发展：当代中国农村贫困问题研究

　　一　文化实践与贫困：基于中国语境的再研究………… 482
　　二　社会表征与贫困：情境过程与逻辑叙事…………… 484
　　三　贫困文化与中国经验：知识谱系和诠释路径……… 484
第四节　贫困再造：文化表征、生成结构与贫困建构的实证
　　　　研究……………………………………………………… 488
　　一　贫困的文化建构：研究设计与分析思路…………… 488
　　二　贫困的文化建构：数据分析及研究发现…………… 499
　　三　结论与讨论…………………………………………… 520

第十章　行动中的贫困治理：参与式行动、穷人主体性与反贫困政策…………………………… 523

第一节　作为行动的贫困研究：跨学科视域、问题意识与
　　　　知识构建………………………………………………… 524
　　一　行动中的贫困治理研究：跨学科视域与
　　　　知识框架………………………………………………… 524
　　二　行动中的中国反贫困战略：问题视域与
　　　　跨学科范式……………………………………………… 525
第二节　行动中的贫困治理：范式转变与知识的
　　　　反思性建构……………………………………………… 527
　　一　行动中的贫困治理：问题视域、理论框架与
　　　　话语实践………………………………………………… 528
　　二　贫困治理的中国实践：实践过程及其现实困境…… 530
　　三　贫困治理的意识形态连续谱：范式超越与重建…… 538
第三节　"中国式扶贫"行动：反思性行动、实践策略与
　　　　政策建议………………………………………………… 550

一　农村的反贫困行动：多维视域的"中国式扶贫"
　　　　行动纲要 ································· 550
　　二　中国农村反贫困政策：转型期政策调整与方向 ······ 566

第十一章　结论与讨论 ································· 586

　第一节　社会转型与中国农村贫困：研究发现和
　　　　　中国经验 ································· 587
　　一　中国农村贫困现实：经验性事实及其生存境遇 ······ 587
　　二　社会转型与贫困再造：多学科视野与
　　　　中国经验发现 ······························· 592
　　三　行动中的贫困治理："穷人经济学"与
　　　　"中国式扶贫"经验 ··························· 597
　第二节　连接理论与经验：贫困研究的理论命题及
　　　　　其分析框架 ······························· 601
　　一　跨学科视域中的中国农村贫困研究：可能的立场与
　　　　新的认识方法 ······························· 601
　　二　重建中国农村贫困问题研究的理论体系和
　　　　推理实践 ································· 604
　　三　走向跨学科的社会科学行动：跨学科分析框架 ······ 608

附录 ··· 614

参考文献 ··· 639

后记 ··· 667

第一章 绪 论

第一节 选题背景及研究意义

一 问题提出

社会转型语境中的中国农村社会发展问题仍然是当代中国社会发展中的一个焦点问题,农民、农村和农业"三农问题"的解决,仍然是中国现代政治经济体制改革所不得不面对的共同议题。中国自古以来都是一个农业大国,农村人口占全国人口的大多数,农村不仅为国家发展提供了必要的生活资料、生产资料和劳动力,同时也是哺育中华文化深厚精髓的源泉。因此,如何妥善解决农村贫困问题不仅是关系到广大农村居民生活质量提高、农村可持续健康发展、弱势群体共享社会发展成果、实现精准扶贫,实现中国农村全面实现小康的大问题,也是关系到实现社会公平、整个国家社会和谐发展和社会稳定的大问题。①

---

① 周科朝、潘泽泉:《社会转型期的农村贫困问题研究:中国经验》,《湖湘三农论坛》2012年第1期。

中国农村贫困现象是在体制转型、结构变迁、现代化发展战略推进、改革全面深化的大背景下出现并加剧的。作为人们持续关注的贫困问题，不仅仅是一个经济问题，也是一个社会问题，更是一个政治、生态和文化问题；贫困不仅导致一部分个体及其家庭的生活困难、可持续生计的破坏和暴露于各种脆弱性风险，贫困正成为阻碍中国社会协调发展和改革的进一步深化，并成为影响社会稳定和社会可持续发展的巨大隐患。而且在今后相当长的一段时期内中国农村发展及农村贫困问题将继续成为关系到改革成败及社会发展和进步的现实难题。

随着农村贫困问题研究的拓展和日益复杂化，贫困问题不再是单一视角下的个人收入问题，也不是简单的社会发展问题，贫困研究在理论方法研究和实践应用方面正面临着诸多挑战，这种挑战表现在新形势下强化对当代中国农村研究的方法论问题的反思、穷人在底层社会中被边缘化的知识如何可能，重新阐释中国贫困问题的范式重建及其问题处方、对贫困的重新界定、贫困测量标准和指标的重新确立、概念框架的统一与理论体系构建、研究领域的多学科交叉与融合、富有效率的新的反贫困战略的重新制订和反贫困行动中的历史叙事。事实上，未来贫困问题的研究趋势表现在：除加强原有经济学、政治学、社会学、管理学等原有学科的交叉研究外，还必须将生态学、公共健康学、政策学、人口学、发展人类学、营养学等其他社会学科纳入贫困研究中，促进多学科交叉与融合，更好地推动贫困研究不同学科范式相互作用研究领域的应用与发展。

二 研究意义

经由新的问题视域和贫困作为当代社会的共同议题，重新思考中国农村贫困的新视野，反思中国当代农村贫困的问题视域及其处方，聚焦新的问题意识实现中国贫困问题研究的范式重建，再现反贫困行动中的历史叙事和行动困境，重写中国农村发展叙事的问题向度和方法意识，具有重要的理论价值和现实意义。

（一）范式转换的理论和方法论意义

（1）从跨学科视角对中国农村贫困问题进行研究和概念化书写，有利于促进学科交叉与视域融合。贫困是一个涉及发展经济学、发展社会学、发展人类学、发展政治学等跨学科的范畴，是不同学科所关注的"共同问题"，随着社会转型与社会经济的发展，人们对贫困的认知与反思性的问题聚焦，从原来单一的经济视角的观察，转向社会学、政治学、管理学、人类学和人口学等多视角的审视。这种跨学科研究有利于在发展经济学、发展政治学、发展社会学和发展人类学等交叉学科之间建立关联，重新对贫困问题做出跨学科的学理性解释，重写中国农村发展叙事的问题、向度和方法意识。

（2）通过贫困问题的跨学科研究，有利于从经验层面为跨学科范式和跨学科建立的合法性提供支撑，有利于基于中国农村发展的经验性差异、情境性知识及其推理实践，实现中国贫困问题研究的理论范式的批判性考察和批判性重建。本书可以有效促进经济学、社会学、政治学、管理学和人口学的跨学科交流与沟通，从多视角、全方位为交叉学科发展和建立提供指导，为学科交叉研究和进一步发展提供良好的理论和实践平台。

（3）通过跨学科的理论构建，有利于推动贫困问题研究的理论创新和完善。本书是对社会发展理论前沿理论问题的探讨和理论发展，这种创新体现在：结合中国农村贫困问题的经验研究，对最近比较热门的包容性发展、脆弱性、社会风险、可持续生计、社会整合、生活质量、社会质量、社会排斥、社会治理等理论话语进行跨学科阐释，并站在跨学科视角下对这些理论问题展开对话和创新，理论素材是最新的，视角也是最新的，这就为贫困问题研究的理论创新提供了良好的基础。

（4）跨学科的研究范式有利于超越以往分门别类的研究方式，为贫困问题的研究寻求新的问题意识，实现对贫困问题的跨学科的整合性研究，建立一种具有整合性的新的问题意识和话语体系。本书选择转型时期的发展中大国——中国及其转型背景下的农村贫困作为研究对象来探寻现代化发展战略的调整、经济社会转型与经济结构调整、收入分配格局变动、保障制度改革及其与农村贫困之间的关系，不仅丰富了贫困的相关理论和实证研究，而且对关于转型经济的理论研究也具有补充和完善的作用。

（二）经验性比较与推理实践的现实意义

党的十六大提出建设小康社会的奋斗目标，明确提出要"全面繁荣农村经济，加快城镇化进程"，要"统筹城乡经济社会发展，建设现代农业，发展农村经济，增加农民收入"，全面建设小康社会。"十三五"时期是我们确定的全面建成小康社会的时间节点，经由精准扶贫全面建成小康社会是当代中国社会发展议题中最艰巨最繁重的任务。在农村，特别是在贫困地区，如何把握时间节点，努力补齐"短板"，科学谋划好新时期扶贫开发工作，确保贫困人口到2020年如期脱贫，是我国"十三五"时期最重要的战略目标和行动纲要。① 因此，在当前我国农村问题日益突出的大背景下，研究中国农村贫困问题，有重要的理论价值、现实意义和应用价值。

（1）贫困问题的研究有利于实现社会全面协调和健康有序发展，

---

① 中共中央总书记、国家主席、中央军委主席习近平2015年6月19日在贵州召开部分省区市党委主要负责同志座谈会的计划精神。

实现社会质量提高、弱势群体共享社会发展成果，实现社会稳定和和谐社会建构，加快和推动农村社会发展，提高农村居民的生活质量和生活水平。①

（2）有利于从农村发展的国家战略高度、精准扶贫有序实现和农村社会政策的理性推进视域，为农村发展提供一种新的社会政策框架和思路，促进农村的社会安全和社会稳定。

（3）有利于结合西方的优秀理论成果，契合中国的本土化实践，围绕着中国社会生活现实中的重大的社会问题，推进当前国家发展战略和宏观政策的全面实现和推进。

（4）有利于在社会转型、现代化战略转型、全球化推进的宏观背景下重新认识中国农村的贫困并在新形势下对农村扶贫行动做出新的战略调整，从真正意义上消灭贫困，实现中国社会健康、稳定和协调发展。②

第二节　文献综述

贫困在西方学术界有长期的经典论述和知识传统，从贫困的科学内涵、理论范式到理论发展，到经典理论解释模型与方法的价值取向，再到贫困问题的西方经验及其反思、西方经验话语变迁及其实践逻辑等。

一　贫困问题研究：概念化书写、理论范式与理论进路

在不同的经验性事实和理论语境中，贫困是一个内涵十分广泛的

---

① 周科朝、潘泽泉：《社会转型期的农村贫困问题研究：中国经验》，《湖湘三农论坛》2012 年第 1 期。
② 同上。

社会历史范畴。贫困不仅包括经济收入不高、生活质量较低、资源匮乏、生态环境破坏、灾害破坏、土地报酬递减、生产难以为继、可持续生计破坏的经济概念,还包括预期寿命和健康人力资本、教育程度、社会排斥、脆弱性风险、公共转移支出、公共服务供给、农贷资源内卷化、公共安全感、发展正义、社会公平等生活质量和社会质量的社会文化和心理概念。可以说,贫困涉及经济、社会、政治、历史、生态、文化、心理和生理等各个方面,具有不同背景的人往往从不同的角度认识贫困,对其作出不同的理解,在不同的历史时期和地域,贫困也具有不同的意蕴。

贫困作为当代人类社会共同的议题,西方知识界基于社会现实的回应和实践逻辑,实现了阐释贫困问题的范式重建及其方法论问题的反思。西方关于贫困的相关理论范式或方法论建构有马克思等的贫困结构论、甘斯的贫困功能论、刘易斯的贫困文化论、瓦伦丁的贫困处境论、约瑟夫的剥夺循环论、费里德曼的个体主义贫困观;此外还有英格尔斯的个人现代性、沃伦斯坦关于核心—边陲的世界体系理论、布劳的不平等和异质性理论、撒列尼和维克多尼关于权力转换的延迟效应、不平等的制度主义、贫困伦理、性别发展与社会公平理论。

基于贫困发生的经验性差异、情境性知识和推理实践,形成了多维度的关于贫困成因的西方经济学观点,主要有马尔萨斯的土地报酬递减论、人口发展质量理论,拉格纳·纳克斯的"恶性循环贫困论",纳尔逊的"低水平循环陷阱论",莱本斯坦的"临界最小努力理论",冈纳·缪尔达尔的"循环积累因果关系论",迈克尔·谢诺登的"资产建设理论",舒尔茨的"人力资本论"等。[①] 这些理论深刻揭示了

---

① 沈红:《中国贫困研究的社会学评述》,《社会学研究》2000 年第 2 期。

发展中国家贫困的根源和新的特点,阐明正是"恶性循环贫困"、"低水平循环陷阱"、"循环积累因果关系"、收入分配不平等、权力不平等导致发展中国家的贫困恶化,他们因此提出要加大投资、促进收入分配公平、赋予穷人平等权利、增加穷人资产等反贫困政策。

二 贫困问题研究:解释模型、范式重建及其问题处方

西方关于贫困理论的发展最先表现为结构主义贫困论、新古典主义贫困论和激进主义贫困论,随之又出现了功能贫困论、能力贫困论、文化致困论和贫困代际传递论等,但总体说来主要集中表现为个体主义贫困论和结构主义贫困论两种话语体系。结构主义解释模型体现在结构性不平等、贫困极化与结构性再生产,具体体现为劳动力市场结构、收入结构、资源结构、权力结构、文化结构和制度结构,个体主义的解释模型体现在个人的理性行动、教育水平、能力结构、自我效能感、心理资本与心理健康、非正式支持网络和社会资本等。

在当代贫困问题的理论范式转向体现为下层阶级理论范式转向,即基于下层阶级道德话语转向,从国家的社会救助或社会福利转向下层阶级的个人责任与工作机会,具体在政策话语实践中,减少政府对低收入家庭的社会救助,要求通过工作缓解贫困,下层阶级理论话语引发了反贫困行动中的公共政策话语转向劳动力市场政策话语。

(一)个体主义解释模型:从"素质贫困"范式到"能力贫困"范式

贫困发生学的个体主义解释模型涉及在应对贫困过程中的个人的能力、素质和健康人力资本,涉及贫困者的知识如何可能,涉及贫困问题的知识反思、经验性差异与新政治文化建构。个体主义的解释模型包括生命周期与个人的抗风险能力、可持续生计能力、市场参与能力、市场机会的获取能力、参与式决策能力等;也包括教育的代际传

递效应、健康和教育人力资本投资、心理健康水平、身体和精神健康、自我效能感、增权赋能和"抗逆力"培养等。该理论亦称"能力剥夺论""能力衰弱型贫困""素质性贫困论",学者们把贫困界定为缺少达到最低生活水平的能力,即"缺少达到最低生活水准的能力"①。马尔萨斯人口论提出,资本主义社会中的贫困并不是由资本主义私有制造成的,而是源于人口生产规律。他认为贫民自身是贫困的原因,与社会制度无关。该理论包含了人口数量挤压贫困和人口素质挤压贫困的双重逻辑。②③

1. 素质贫困范式与贫困发生学的"素质性贫困效应"理论建构

基于贫困的素质贫困范式是早期关于贫困发生学解释的重要理论旨趣。素质性贫困,主要是由于丧失劳动能力(如老、弱、病、残)或缺乏一定的专业技能或教育水平低下所引起的贫困。④"素质贫困论者"认为,贫困的本质规定,不是资源的匮乏,不是产值的高低,也不是发展速度的快慢和收入的多少,而是人的素质差:指人从事商品生产和经营的素质。这些素质可以通过"进取心量表"进行测量,包括改变取向、新经验、公共事物参与、效率感、见识、创业冲动、风险承受、计划性等指标。贫困的特征被描述为:创业冲动微弱,易于满足;风险承受能力较低,不能抵御较大困难和挫折,不愿冒险;生产与生活中的独立性、主动性较差,有较重的依赖思想和听天由命的观念;难以打破传统和习惯,接受新的生产、生活方式以及大多数新

---

① 世界银行:《1990 年世界发展报告》,中国财政经济出版社 1991 年版。
② 胡联、孙永生:《贫困的形成机理研究述评》,《生态经济》2011 年第 11 期。
③ 方黎明、张秀兰:《中国农村扶贫的政策效应分析——基于能力贫困理论的考察》,《财政研究》2007 年第 5 期。
④ 叶普万:《贫困概念及其类型研究述评》,《中国农业经济》2006 年第 7 期。

事物、新现象；追求新经历、新体验的精神较差，安于现状，乐于守成。① 能力素质贫困论者在测量的时候，首先是经由"人类贫困"概念到"人类贫困指标"（Human Poverty Index，HPI），再到 FGT 贫困指数，最后到"能力贫困指标"（Capability Poverty Measure）。②

2. 贫困能力范式与贫困发生学的"能力衰弱型贫困效应"

随着贫困问题话语实践和话语形式的转变，个体主义的解释模型从"素质贫困论"拓展到"能力贫困论"。能力贫困论又称"能力衰弱型贫困"，该范式理论关注点在于创造收入的能力和机会。诺贝尔经济学奖得主、印度籍经济学家阿玛蒂亚·森是用"可行能力"对贫困发生学做出解释，贫困的原因不是因为财富缺乏，也不仅仅是经济发展的问题，更多的是因为能力被剥夺，"贫困意味着贫困人口缺少获取和享有正常生活的能力，贫困的真正含义是贫困人口创造收入能力和机会的贫困"，贫困是缺少各种经济机会以及交换权利的残缺或缩水的结果。疾病、人力资本的不足、社会保障系统的软弱无力、社会歧视等都是造成人们收入能力丧失的不可忽视的因素。③ 英国学者奥本海姆在《贫困的真相》一书中，给贫困所下的定义是："贫困指物质上、社会上和情感上的匮乏。它意味着在食物、保暖和衣着方面的开支少于平均水平。……贫困夺去了人们建立未来大厦——'你的生存机会'的工具。它悄悄地夺去了人们享受生命不受侵害、有体面的教育、有安全的住宅和长时间的退休生活的机会。"④ 基于贫困的个体发生学的解释强调在扶贫行动中提升贫困群体的参与市场的能力，

---

① 沈红：《中国贫困研究的社会学评述》，《社会学研究》2000 年第 2 期。
② 方黎明、张秀兰：《中国农村扶贫的政策效应分析——基于能力贫困理论的考察》，《财政研究》2007 年第 5 期。
③ 胡联、孙永生：《贫困的形成机理研究述评》，《生态经济》2011 年第 11 期。
④ 青连斌：《贫困的概念与类型》，《学习时报》2006 年 6 月 7 日。

发挥个人潜能；赋权、增强权能；激发抗逆力和优势的话语和叙事等。

（二）经济力制造的贫困：主流经济学家的解释模型、研究焦点和方法

经济—市场结构取向的贫困，即贫困问题的经济性—市场性动因，主要体现为主流经济学家的研究焦点与研究方法，聚焦于经济力制造的贫困，经济力制造的贫困体现为经济的结构性挑战和贫困的经济脆弱性、贫困地区农户生计脆弱性，包括不利的地理位置、狭小的市场及高昂的交易成本和风险应对能力匮乏，也体现为劳动力市场中风险的暴露程度、自给自足与风险状态下的农户生产决策失误、收入增长的不平等效应，包括农户风险、经营风险、资产风险和收入风险等。该观点认为，贫困的根源在于经济要素的配置不合理、自然资源的不合理分布、不平衡的信息经济、经济互动中的空间隔离和空间分配、穷人在市场竞争中的弱势地位和非理性的行为、市场供需关系变动、环境、脆弱性与可持续生计。①

1. "经济力"制造的贫困体现为"市场作为一双看不见的手"

在自由市场经济的条件下，贫困是个人的选择行为和市场调节的结果，基于市场转型的利益驱动和机会获取过程，包括市场机会的获取、市场要素的培育、市场排斥、隔离和极化效应。就像亚当·斯密所说，贫困是基于劳动力市场的运作规律，由经济体系对劳动力的需求和人口的生育情况共同决定的。依靠工资维持生计的工人，其所获工资是他劳动的基本价格，即维持工人及其家庭必需的生活资料的价

---

① 潘泽泉、罗宇翔：《脆弱性、风险承担网络与农村贫困研究：基于湖南10村调查》，《中国农业大学学报》2015年第3期。

值；但在市场中，工人的实际工资为劳动的市场价格，它是随市场劳动力的供求关系的变化而波动的。当劳动力供大于求时，劳动的市场价格会低于其基本价格。此时，劳动报酬降低，部分工人会因此而陷入贫困。而贫困又会使劳动者的供养能力降低，从而抑止人口的增长，减轻劳动力的过剩，使经济复苏，劳动力的需求相对增加，劳动的市场价格上升。①

经济力不可抗拒的社会事实还可以用另一个社会事实——反贫困政策失败来加以说明。奥科克在考察20世纪30年代、70年代和80年代的三次世界经济不景气时期出现的，由大量失业导致大幅度贫困现象的案例后指出："失业、低工资、早退休、高税收等引起了贫困，因此，国内外各种各样经济力量的变化都可能而且正在引起贫困，这类经济力量的影响不得不被归属到宿命论者的悲哀之中，因为几乎任何政府、任何政策都无法真正抵御或改变它。我们永远不敢肯定，在这样一个世界上，将来这些经济力不会被修正，但至少现在，政策意愿和经济力的互动不可能解决贫困问题，因为经济力是导致贫困现象的原因。"②

2. "经济力"制造的贫困体现为"收入不平等效应"

基于收入不合理的"收入贫困"困境，在扶贫行动中，收入差距扩大抵消了经济增长的减贫效果。从传统经济学的角度来看，贫困问题是一个经济发展的问题，缓解贫困在于经济增长而非收入支配。事实上，随着经济增长，经由"经济增长效应"和"收入再分配效应"的减贫效果减弱，贫困更多体现为收入差距和收入不平等，贫困在于

---

① 周怡：《贫困研究：结构解释与文化解释的对垒》，《社会学研究》2002年第3期。
② 同上。

由于收入差距而导致的生活匮乏状态，即不能达到最低生活水平或社会可接受的生活标准的状况。朗特里和布思在1901年撰文认为："一定数量的货物和服务对于个人和家庭的生存和福利是必需的，缺乏获得这些物品和服务的经济资源或经济能力的人和家庭的生活状况，即为贫困。"缪尔达尔的"循环积累因果关系"理论模型指出，由于收入低，导致劳动力素质低，劳动力素质低导致生产率低和产出低，进一步导致收入低。可以说，低收入原因在于资本稀缺、资本形成不足以及收入分配上的不平等。

3. "经济力"制造的贫困体现为"低水平均衡陷阱"

经济力制造的贫困的理论模型有纳尔逊的"低水平均衡陷阱"理论模型，该理论模型说明，存在一个人均收入的理论值，只要人均收入低于这一理论值，国民收入的增长被更快的人口增长率所抵消，使人均收入退回到维持生存的水平上，并且固定不变；当人均收入大于这一理论值，国民收入超过人口的增长，从而人均收入相应增加，直到国民收入增长下降到人口增长时为止，在这一点上，人口增长和国民收入增长达到新的均衡，但这不是低水平均衡，而是高水平的均衡。如果其他条件不变，这种均衡也是稳定的。[1] 另外还有纳克斯的"贫困的恶性循环论"理论模型，该模型提出了两个子模型，模型 a 为资本供给模型：收入低——低储蓄——资本形成不足——生产规模生产率难提高——低收入；模型 b 为资本需求模型：收入低——低购买力——投资引诱不足——资本形成不足——生产规模生产率难提高——低收入。经济力制造的贫困还有莱宾斯坦的"临界最小努力"理论、舒尔茨的"穷人的经济学"理论，后者认为，缺乏人力资本投

---

[1] 胡联、孙永生：《贫困的形成机理研究述评》，《生态经济》2011年第11期。

资是造成贫困的根源。

4. "经济力"制造的贫困体现为"资源与环境生态陷阱与脆弱性效应"

经济力制造的贫困还有"资源要素贫困""贫困的经济脆弱性效应"理论模型，也称"资源匮乏型贫困论""生态恶劣型贫困论"。"资源要素贫困论"主要是基于资本不足与贫困恶性循环的关系，主要是由于资源短缺、自然环境恶劣、生态环境脆弱或缺乏可资利用的资源而导致的贫困，侧重从自然资源角度概括贫困的分布和特征，包括资源不合理开发利用与自然生态恶性循环的过程，如恶劣的自然环境、贫瘠的土地、储备稀少的矿产资源、匮乏的生物资源等。英国经济学家汤森把贫困看成是资源分配不均所导致的一种相对剥夺形式。"资源要素贫困论"者倾向于从经济要素配置角度研究贫困性质，认为贫困是贫困者对生产要素——土地、资金和劳动力不能进行有效配置的结果。在贫困地区，资金和土地都是短边要素，贫困农户所能够控制的长边生产要素主要是劳动力，因此用人力投入替代资金技术的投入，不断增加劳动投入来扩大或维持土地产出和物质再生产，以保证最基本生活消费需求，成为贫困农户经济行为的基本模式。由于贫困地区技术条件的限制，小农增加劳动投入的方法通常为延长劳动时间或者增加劳动人口。人口增加不仅直接降低生活水平，而且使短边生产要素更短，达不到正常积累点，贫困无法缓解，贫困小农陷入生产要素流程的恶性循环或低水平资源配置均衡。[①]"生态恶劣型贫困论"也包括"灾害导致型贫困"，主要是由于各种自然灾害和不可预测事件而导致的贫困，也包括"人口膨胀型贫困"，由于人口生产超

[①] 沈红：《中国贫困研究的社会学评述》，《社会学研究》2000年第2期。

过物质资料生产，劳动力难以转移而造成的贫困。①

（三）贫困的政治性建构：超越主流经济学家与理论发展

贫困的政治性建构重点关注国家和地方政府在贫困再造过程中的实践逻辑和运作方式及其意外后果，体现为基于合法性权力、理性国家、国家动员式发展的意识形态连续谱，体现了贫困发生学的制度嵌入性过程和政治性建构的过程，体现为资源再分配过程的地方国家、官僚微型干预和意识形态连续谱；理性国家、经营式动员和扶贫行动；现代化国家对农村的渗透与整合；政治秩序变迁对农村社会经济生活的影响。

1. 权利贫困论：发展伦理、社会正义与发展政治学

"权利贫困论"超越了传统解释中的"收入贫困论"，其理论模型主要基于社会底层生存权利的博弈和平衡，基于发展正义、发展伦理维度，从发展政治学视域来考察贫困问题，体现为穷人生存权利的价值之维。贫困被认为是发展权利的缺失或者各种发展权利被剥夺，贫困"是在特定的社会背景下部分社会成员由于缺乏必要的资源而在一定程度上被剥夺了正常获得生活资料和参与经济和社会活动的各项权利，并使他们的可持续性生计低于社会的常规生活标准"②，贫困就是"没有权力、没有发言权，脆弱性和恐惧感"③ 所致，比如农民政治权利的不足是导致农村贫困的一个重要因素。而且，贫困是一种恶性循环机制，它不断加剧着穷人的贫困程度。导致贫困的内在根本性原因，是更深刻意义上的基于个人权利的社会生存、适应及发展能力的低下与短缺。世界银行给贫困下的定义是缺少达到最低生活水准的

---

① 吕红平：《论我国社会转型期的城市贫困问题》，《人口学刊》2005年第1期。
② 关信平：《中国城市贫困问题研究》，湖南人民出版社1999年版。
③ 世界银行：《世界发展报告——与贫困作斗争》，中国财政经济出版社2001年版。

能力。① 联合国开发计划署在1997年《人类发展报告》中提出一个度量贫困的新指标,即能力贫困指标,它主要包括三方面的内容:基本生存的能力,即获取营养和健康的能力;健康生育的能力;接受教育和获取知识的能力。

权力贫困论实现了的关注从发展权利到可持续发展议程,包括尊重、包容和吸纳底层的生存权利,追求生存权利的平等。阿玛蒂亚·森最早从"能力贫困论""功能贫困论""权利贫困论"等视域来讨论贫困问题,用人们能够取得某种基本生活内容、获取可持续生计的能力和人们能够得到的自由来理解贫困和剥夺。② 一方面,不能把贫困仅仅看成是收入缺乏、收入不平等或消费水平低下,贫困的实质是人们缺乏改变其生存困境、获取市场机会、抵御各种生产或生活风险和脆弱性、抓住经济机会、积累人力资本和获取经济收益的"能力",是他们获取收入的能力受到剥夺(capability deprivation)以及机会的丧失,而不仅仅是低收入;另一方面,收入是获得能力的重要手段,能力的提高会使个人获得更多的经济收入,现代社会的贫困往往是与收入分配不平等、收入差距和获取高收入能力匮乏相伴随的,即贫困人口无法平等地获取或接触到许多产品和服务,不具备把这些产品转化成效用的"功能"或"权利";良好的教育和健康的身体不仅能直接地提高生活质量,而且还能提高个人获得更多收入及摆脱贫困的能力,疾病、人力资本的不足,社会保障系统的软弱无力,社会歧视等都是造成人们收入能力丧失的不可忽视的因素。③ 阿玛蒂亚·森的能

---

① 世界银行:《世界发展报告:贫困问题》,中国财政经济出版社1990年版。
② 马新文:《阿玛蒂亚·森的权利贫困理论与方法述评》,《国外社会科学》2008年第3期。
③ 邹薇、方迎风:《关于中国贫困的动态多维度研究》,《中国人口科学》2011年第6期。

力贫困理论的落脚点在于通过重建个人能力来避免和消除贫困。对贫困的认识、测度和治理要超越单一的"收入或消费"的维度，而应该考虑更多的维度，包括平等的教育机会、平等的卫生医疗条件、平等的社会保障安排、平等的获取信息和技术的机会等。①

阿玛蒂亚·森赞同马克思关于权利、自由是判定社会经济发展的一个重要动因，从福利经济学的角度对贫困和饥荒问题的研究，超越了主流经济学家们的研究焦点。阿玛蒂亚·森的贫困理论旨在强调赋予人民以应有的权利，确立人与社会的自由发展观，寻求经济正义之道。人们必须关注社会的底层，而不只是关注多数人生活的平均状况；必须关注收入以外的人类自身生命状况。② 森的贫困理论与方法以权利、自由作为社会经济发展的价值取向，以增进个人福祉作为价值追求目标，并以此判定人们的生活及社会状况是否合乎理想。阿玛蒂亚·森在诠释贫困发生学的结构主义的解释中，将贫困与权利关系紧密相连，将贫困同政治、法律、文化等社会因素紧密相连，深刻地指出，繁荣过程自身就有可能成为饥荒的诱因，主张把饥饿置于权利体系中来理解。森将贫困概念从"收入贫困"扩展到"权利贫困""能力贫困"；将贫困的原因分析从经济因素扩展到政治、法律、文化、制度等领域；将传统的经济发展观扩展到人与社会的自由发展观。③ 反贫困的终极目标的确定，不是简单地提高收入，而是努力实现人们能够实际享有的生活和实际拥有的自由。森的权利体系包含 4 个方面的权利：以交换为基础的权利（一个人有权将自己的商品与他

---

① 阿玛蒂亚·森：《贫困与饥荒——论权利与剥夺》，商务印书馆 2001 年版。
② 邹薇、方迎风：《关于中国贫困的动态多维度研究》，《中国人口科学》2011 年第 6 期。
③ 同上。

人交换);以生产为基础的权利(一个人有权将自己的资源或雇用来的要素用于生产);以自身劳动力为基础的权利(一个人有权将自己的劳动力用于自己组织的生产或受雇于他人);以继承或转让为基础的权利(一个人有权继承财产或接受赠予)。前两种权利的失败,是自然经济条件下致贫的根源,后两种权利的失败,是市场经济条件下致贫的根源。①②③

2. 制度贫困论:贫困问题的制度性发生学根源

关于贫困的政治性建构模型大都认为,贫困结构和活动与更大的社会政治结构和制度上的不平等相平行,包括支配性利益的不平等分配过程、国家发展主义的意识形态连续谱、发展机会和资源的严重缺乏、不合理的社会控制、制度排斥和社会隔离程度、不公正或者错误的社会政策、权力和占有资源的严重不平等、集团之间的利益分配、利益争夺和利益偏好、社会交往、污名化、社会歧视和社会排斥事实等。

经典马克思主义理论认为是社会制度造成了贫困,资本主义制度下的贫困根本原因在于生产资料的不平等占有,只有彻底改变资本主义的生产关系才能最终解决贫困问题。除了制度,也有学者认为社会政策导致的不平等是制造贫困的元凶,政策本身或执行过程中的种种问题都可能导致贫困,如文森特认为贫困和政策的相互作用决定了穷人在社会分层中的地位,穷人由那些反映贫困的经济政策创造和再创造。冲突学派的贫困观认为群体间利益的争夺是遭遇不平等和贫困现

---

① Sen, A., *The Standard of Living*, Cambridge: Cambridge University Press, 1987.
② Sen, A., *On Economic Inequality*, Oxford: Oxford University Press, 1997.
③ 陶洁:《关于城镇贫困人口的人类学研究》,硕士学位论文,中央民族大学,2004年。

象的根源，不平等和贫困是社会各群体之间在利益分配过程中争夺有限资源的结果，由于在生存与发展的竞争中每个群体都会倾向于为自己争夺更多的利益，但资源有限，所以各个群体拥有及占有的资源不等，不同群体间出现利益的不平等分割，进而部分群体处于相对贫困状态。

布迪厄认为，穷人窘迫的原因是在市场竞争中缺乏必要的制度化形式的文化资本，包括长期内化的禀性和才能构成的生存心态，由合法化制度所确定的学衔、学位，及那些已经物化的文化财产。他认为，作为制度化形式的文化资本具有代际传递特征，穷人的孩子也会文化资本匮乏，其文化与主流社会是格格不入的，因此迥异于主流文化的资本贫瘠的穷人只能选择贫困。

任何一种贫困都是特定的社会制度的产物，社会制度是资本短缺、资源贫乏、人口失控以及科技文化落后等之所以形成的原因。农村公共医疗缺乏、社会保障不足、制度排斥、公共财政的非均衡性投入、教育健康投资的非均等化、扶贫政策的低效性等都对贫困产生了重要影响。"穷人的银行家"尤努斯认为，贫困是制度安排和机制运行失败的结果，如果改变制度设计，消除贫困的制度化陷阱，给穷人一个平等的制度机会，实现从克服贫困到消除社会排斥，从单一的社会救助到预防性的社会保护转变，他们就会创造出一个没有贫困的世界。事实上，贫困远不仅是收入缺乏问题，更主要是由于资产社会政策缺失导致个人能力及家庭资产积累不足。可以说，社会政策导致的不平等是制造贫困的元凶。英国早期有"圈地运动"造成数以百万无家可归者的贫穷、美国有"种族歧视政策"下的有色人种的穷困潦倒、中国有"剪刀差"下的农民的穷困，制定政策本身、政策的失误或不当的政策导向，都将引起不平等进而导致贫困。奥科克首先指出，从政策决定问题的意义上来看，贫困的界定通常取决于应对贫困的各项政策，理解贫困首先就要去理解社会政策。一方面，政策确定了"穷人标签"的指向，即"谁是穷人，谁将成为穷人"；另一方面，政策可能再造贫困。文森特（Vincent）对 20 世纪英国贫困史研究中提出，贫困和政策的相互作用决定了穷人在社会分层结构中的地位。穷人是由那些反映贫困的经济政策创造和再创造的。在文森特看来，治理贫穷状况的政策的历史，就是贫困本身的历史。马克格拉杰（Mac Gregor）认为，政策失误可能导向不平等，并进而产生贫困，如果政策是政治家决策的产物，贫困就相当于一个政策概念。

（四）文化取向解释的贫困：文化心理结构与贫困文化的恶性循环

贫困的文化解释体现为农村社会变迁中的文化场域、实践图式与贫困再造；反贫困行动、与贫困再造过程中的文化与社会心理过程；贫困中的"文化的工具箱模型"和"文化的传染病模型"，包括基于贫困的文化禀性、共享性知识结构和性情倾向系统，也包括基于贫困表征的"近经验结构""文化语库"和文化启动的知识激活原则与文化框架转换。进入 20 世纪 60 年代后，有学者开始从固有文化对结构变化阻碍的角度来解释贫困问题。该观点强调文化价值的中心地位、社会亚文化作为一种生活方式、文化的代际传承、利己、家庭本位、排斥集体合作的"非道德性家庭主义"的价值伦理文化、内化了的价值观念等。该观点认为，对贫困问题的发生学解释必须深入贫民大众内在的文化心理结构、"近经验结构"、"文化语库"、群体态度和价值体系之中，基于"文化的工具箱模型"和"文化的传染病模型"的文化支配方式，进一步分析他们的贫困文化。贫困的文化解释强调父母养育方式与社区生活对孩子的影响。"贫困文化论"解决的问题是贫困是如何在穷人之间代际传递的，认为贫困是一种自我维持内隐性的文化心理结构体系。穷人由于长期生活在贫困之中，从而形成了一套特定的生活方式、行为规范、价值观念体系等，一旦此种"亚文化"形成，就会对其后代产生影响，从而导致贫困的代际传递。

人类学家刘易斯首先提出了"贫困文化"的概念。贫困文化是一个特定的概念模型的标签，是一个拥有自己的结构与理性的社会亚文化。它表达着在既定的历史和社会的脉络中，穷人所共享的有别于主流文化的一种生活方式。也表达着在阶层化、高度个人化的社会里，穷人对其边缘地位的适应或反应。贫困亚文化的存在，一方面是穷人在社会强加的价值规范下无法获得成功而采取的种种应对挫折和失望的不得已选择。另一方面，也有相当一部分穷人，他们完全心甘情愿生活于自己的文化圈。无论是哪一种存在，刘易斯以为："一旦穷人具有了阶级意识，或者积极组织起来，或者能够以国际化的观点看世界的时候，他们就不再有贫困文化了，尽管他们可能还是穷人。"从这层意义上看，贫困亚文化可能是主流文化中的暂时现象。但是，刘易斯在他的另一表述中又偏偏强调了文化价值的中心地位，他说："贫困文化一旦形成，就必然倾向于永恒。"①

社会学家默顿提出的贫困发生学中基于心理过程的"紧张理论"，及现代化语境下的贫困为群体的心理健康与个体化的叙事，其主要的思想是：底层阶级的自我消极行为，起源于穷人自己对传统文化价值的承诺，而不是大社会的排斥。穷人已经完全内化了整个大社会的价值，但高度层级化的社会，使他们不能实现或达到目标，因而导致心理紧张。为了减轻心理紧张，穷人需要通过反常行为来释放压力，通过犯罪行为表达自己对社会的失望（Merton）。简言之，紧张理论认

---

① 周怡：《贫困研究：结构解释与文化解释的对垒》，《社会学研究》2002 年第 3 期。

为：穷人内化了大社会的价值观，就有了他们的承诺；因为承诺不能兑现，他们有了紧张，也因此有了反常。布迪厄（Pierre Bourdieu）认为，穷人的窘迫往往源于他们没有选择；而没有选择的主要原因之一是穷人在市场竞争中缺乏必要的文化资本。布迪厄的文化资本概念既指由人们长期内化的禀性和才能构成的生存心态；也指由合法化的制度所确认的各种学衔、学位；还指那些已经物化的文化财产。

贫困的文化解释也包括"非道德性家庭主义"与贫困文化致因的经验解释。班费尔德通过描述意大利南部落后村庄 Montegranesi 村民甘做"家庭的囚犯"而去获得一些即刻报酬，接受现实安排与眼前安排，揭示了村庄独有的贫困文化，即"非道德性家庭主义"文化制造加深了贫困。班费尔德认为，利己、家庭本位、排斥集体合作的观念和行为，是"非道德性家庭主义"的伦理文化樊篱，亦即贫穷文化在乡村社会中的集中体现。班费尔德分述了非道德性家庭主义文化下的三种贫困事实：高度死亡率之下的孤儿及普遍的继父母式的家庭生活；土地的占有决定了村民的阶级地位和政治表现，大量无地的农民处于最底层；缺乏扩大家庭制度。结构因素引发了这个落后村庄的伦理基础非道德性家庭主义，亦即村庄独有的贫困文化；反过来，作为整个村庄本质的非道德性家庭主义，又以其自主性的表现，进一步影响这个贫困村庄的发展，制造或加深了贫困。班费尔德认为，穷人基本不能依靠自己的力量去利用机会摆脱贫困之命运，因为他们早已内化了那些与大社会格格不入的一整套价值观念。改变贫困的可能，只取决于外群体的力量。[1][2]

---

[1] 周怡：《贫困研究：结构解释与文化解释的对垒》，《社会学研究》2002 年第 3 期。
[2] 陶洁：《关于城镇贫困人口的人类学研究》，硕士学位论文，中央民族大学，2004 年。

美国学者哈瑞顿则将穷人直接描绘成"另类美国人",对贫困现象比前两者持更极端的悲观态度,认为贫困文化是持久的,贫困群体是一个稳定、不思也不可能变迁的群体,其观点含有严重的"贫困代际传递"思想。

美国自由派领袖哈瑞顿基于文化的种族主义歧视的经验发现,文化的种族歧视是贫困的最主要原因。他认为:"美国黑人遭遇的社会经济崩溃,是白人精心策划、种族歧视及其病态心理状态的结果。而且普遍存在一个种族主义的经济结构,它并不是国家的主张,而是一个植根在劳动市场中的历史的和制度化的职业等级制度。"有学者基于在美国亚裔人的经验发现,亚裔人能够摆脱贫困、获得成功的原因在于,他们踏入美国的最初动机仅仅是为了挣钱后能够重返国土。正是这种"过路客"(sojourner)的地位或心态,使他们在适应美国文化的过程中,能够暂时忘却自己的享乐,异乎寻常地发奋工作、勤俭节约,具有甘担风险的创业精神。

威尔森在20世纪80年代晚期的《真正的劣势群体:内城、底下层和公共政策》一书中发展了社会孤立理论,在贫困的解释模型中引进了文化变量。他认为,发生在美国工业中心城市的贫困急遽增加的现象,是都市内城各种经济变迁的必然结果。其中一个重要的结构变化是:伴随美国的经济转型,许多重工业企业从城市迁往郊区,许多中产阶级与工作阶层因此也移出城市。都市内城因此成为穷人集合的领地,一个社会孤立的"次文化"区域。威尔森以"集中化效应"一词指称内城居民(特别是高贫困率社区的黑人)的生活情境。正是城市发展的错位,不仅在地理上隔离了贫困的黑人,限制了他们的机会,他们没有工作,或者不能获得较高收入的工作;也因此在心理、文化上孤立了贫困者。穷人因此产生了贫民窟独有的生活态度和一系列与主流文化相悖的道德规范,即产生了属于他们自己的、危害城市居民的病态文化。①

(五)社会力制造的贫困:基于发生学结构主义贫困解释模型

结构主义贫困的解释模型体现为不平等社会结构论、结构弱势论和结构—功能论等。

1. 贫困作为阶层文化意识:作为理论与实践辩证统一的历史整体性意识

贫困的阶层文化属性强调贫困作为一种总体性实践的形式和总体性实践的过程。马克思主义者认为,文化是精英用以维护其社会统治地位的一个重要源泉,他认为社会所采纳的规范是用来安抚和剥削穷人的,禁锢了他们的贫困,使其继续,剔除规范方能解救贫困。甘斯对贫困的解释即是在任何社会里,富人的期待和行为规范之间的差距远小于穷人,富人按自己的需要拟定规范并强加于穷人,穷人不能将此与己不同的规范内化,只能发展自己的亚文化。并且穷人面对新场景、新机会时不能够很快改变自己的行为模式,进而加深了贫困现象。甘斯也认为,某种文化会一代一代传承,但他也认为任何行为规范最后终将结束,所以在此意义上贫困文化不是永久的,虽然变迁的过程很艰难。②③

贫困作为一种社会事实,体现了贫困作为一种社会整合的事实前提和重要条件。涂尔干(Emile Durkheim,1858—1917)认为,在变动不定的社会里,必须通过灌输一整套强调自律与勤勉的文化价值观

---

① 潘泽泉、岳敏:《城市贫困的社会建构与再生产:中国城市发展30年》,《学习论坛》2009年第10期。
② 同上。
③ 陶洁:《关于城镇贫困人口的人类学研究》,硕士学位论文,中央民族大学,2004年。

念去控制穷人，以达到社会稳定的目的。涂尔干认为，在经济发展时期，整个社会处在严重的转型或失范状态。这时底层人口的增长、底层人的反常行为，正是这种失范的直接反映。社会传统价值观念已经崩溃，新的价值规范尚处于酝酿阶段，在这样的空间里，填塞下了许多没有道德疆界的贫困事实和贫困者的反常。如果此时没有某种共同的价值观或信仰去联系起民众，个体更可能采取威胁社会整合的过激行为。因此，就社会控制而言，他力主在变动不定的社会里，必须通过灌输一整套强调自律与勤勉的文化价值观念去控制穷人，以达到社会稳定。涂尔干将文化视为提升社会整合的手段，马克思主义不同，他们更经常视文化为精英们用以维护其社会统治地位的一个重要源泉。通过规范的"神秘"去驯服大量的社会底层，让他们自律、安分守法、勤勉工作，目的是限制社会底层人向上流动的机会。换句话说，在持马克思主义观点的社会学家眼里，所谓的美国生活方式的规范，只不过是强加于穷人的政治制度，它时刻保证着工人阶级及其他底层人不可能威胁精英的统治地位。与之类似，路易斯·凯尔索（Louis Kelso，1913—1991）也认为规范失落会引发贫困及贫困人口的反社会行为，他呼吁规范的回归。

2. 结构—功能贫困论：社会分层理论与结构性不平等效应

功能主义贫困观的基本视角是，贫困乃满足结构与社会功能之需要，道德规范的破坏和社会失序是贫困发生的重要原因。结构功能解释对于贫困发生学的解释强调家庭在反贫困行动中的作用，包括社会政策的家庭效应、家庭的社会质量效应、家庭的禀赋与理性决策效应、家庭资产积累效应和家庭抗风险能力。家庭在反贫困中具有重要作用，家庭教育投入的决策会对人力资本增值产生影响，家庭的健康投资会对健康人力资本产生影响，家庭的社会资本和非正式支持网络的规模在个人贫困应对的过程中有时起决定性的作用。

结构功能解释把贫困理解为社会功能之需要，认为贫困是社会发展到一定阶段必然的社会现象。默顿对贫困的"正功能"和"负功能"做出了许多具有很强解释力的说明，功能学派则认为如果某种社会事实屡禁不止，就一定有它不能不如此的社会功能，不平等或者贫困现象就是如此，此种理论者们的基本主张是贫困是社会功能之需要。

美国学者甘斯（Herbert J. Gans）认为，社会不平等是由社会发展的价值目标和功能需要共同决定的。个人的天赋和努力程度不同，各种职位在实现社会价值过程中的重要程度也不同，社会为了有效地达到其主要的价值目标，为了吸引优秀者去占领高的社会位置，必须赋予这些位置较高的报酬，相对应的低重要职位报酬就少，占据这些位置的人就成为贫困者，因此，贫困具有社会正功能，可以对社会起到某种积极的作用。① 戴维斯·莫尔同样认为，所有社会都被分成许多层次，因此收入、地位和权力的不平等是一种普遍现象。每个社会都有一定的位置，这个特定位置上的人比其他位置上的人更能对这个社会发挥作用。而该位置上的人选一经确定，就必须给他们适当的鼓励以对他们的作用予以奖励，这样就必然产生不平等和贫困。②

3. 贫困发生学：情境适应、行为理性和代际传递效应

情境适应理论认为每个人在面对结构的变迁及新的结构机会时，几乎都有一个调整、适应的问题，作为非主流文化情境的一部分，贫困者适应的快慢，或不适应而招致的反叛，都可能构成贫困圈内特有

---

① 周怡：《贫困研究：结构解释与文化解释的对垒》，《社会学研究》2002 年第 3 期。
② 胡联、孙永生：《贫困的形成机理研究述评》，《生态经济》2011 年第 11 期。

的文化。面对结构的变迁及新的结构机会时，几乎每个人都有一个调整、适应的问题。① 一方面存在机会不等、无法选择或适应不当等因素造成贫困的可能；另一方面任何一个社会都有主流与非主流之分，明显地，原本在结构位置上占有优势的群体，会在文化上拥有至高无上的支配力量。毫无疑问，穷人不可能执掌社会的主流，他们可能的仅仅是对富人文化的屈从和顺应，按照富人们制定好的游戏规则、价值规范和行为标准行事。作为非主流文化的一部分，贫困者适应得快慢，或不适应而招致的反叛，都可能构成贫困圈内特有的文化，引起人们的关注。

最后是贫困发生学的"贫困的代际传递效应"。贫困代际传递理论基于"布劳—邓肯模型"的理论预设和解释模型。该理论模型认为贫困与父母世代的经济社会背景有关。在家庭生命周期的不同阶段，贫富差距可能会在代际间形成一种传递机制。该模型强调社会结构的嵌入机制，即两代间相似的社会经济地位结构所致贫困的发生学解释。同时，该模型基于个人生命历程的贫困发生学解释，即在人的不同生命阶段发生贫穷的可能性并不相同，在儿童、父母、老年三阶段，特别容易落入贫穷。

（六）多重视角解释下的系统贫困论：范式整合及其框架

贫困研究的叙事困境首先体现为单向度历史叙事的困境。许多学者从结构和文化的双重视角来研究贫困。他们主要从文化方面解释社会态度如何影响贫困，结构解释方面从制度、转型和流动等探索社会态度的最初成因。如美国自由派领袖哈瑞顿认为，种族歧视是贫困的最主要原因，主流社会对非主流社会人群的歧视导致非主流人群造成

---

① 周怡：《社会情境理论：贫困现象的另一种解释》，《社会科学》2007年第10期。

贫困，这种歧视来自美国历史上对黑奴剥削的本土发展历史，具有深层的社会结构来源。同时，学术界还有与之相左的另一文化解释，即认为移民中也有成功摆脱贫困的人，比如亚裔及犹太移民的崛起，总体来说，他们摆脱贫困走向成功的原因是自己本土文化与新家乡文化相结合，然后去适应社会，即在结构中改变自己的传统文化。所以，移民在迁徙后要么由于文化的不适应沦为贫困者，要么有较好的适应能力，进而将自己置于较有利的位置。威尔森的社会孤立理论则认为经济转型带来工业区的迁移，迁移造成的社会孤立带来内城穷人。社会排斥理论则相信社会各方面的变迁不可避免地要导致排斥，排斥作为社会的总体力量会压迫某个个体或群体制造出贫困亚文化，还会以经济排斥、政策排斥、认同排斥、空间排斥等对人群作出自然地抑或人为地区分。[①]

事实上，致贫成因是多方面的，应该包括经济、社会、政治、文化、环境等多个方面，贫困研究不仅走出资源要素稀缺的经济学模型，而且也要走出政治、文化或者社会层面单一的解释模型，而且不满足于对某个时点上的平面、静态的描述，逐渐从更宽阔的社会科学视野对贫困和环境关系的历史机制作出刻画。贫困是复合系统与其环境相互作用协同进化的过程，各种因素构成了一个错综复杂的因果关系网络，其中存在众多反馈回路。各反馈回路相互耦合形成的网络系统的共同作用的结果就是使贫困成为持久性状态。[②]

蒂莫西·M. 马奥尼（2005）指出，贫困不仅是一个经济问题，

[①] 李保平：《中国转型时期公共政策的社会排斥研究》，博士学位论文，吉林大学，2006年。

[②] 黄蕾：《当前我国城市贫困问题的原因分析和对策建议》，硕士学位论文，吉林大学，2004年。

也是一个政治、生态及文化问题。贫困是一个多维因素动态构成的，关于社会、经济、政治、生态、文化等问题的总称，即贫困是一个综合的多视域的概念。它不是纯粹的经济范畴内的概念，而是包括经济、社会、政治、生态、文化等贫困现象在内的现象总和；贫困是一个具体的概念，它不是空洞抽象的，而是有实实在在的具体内容。人们要生活，就必须有维持生存所必需的物质数据，要有饭吃、有衣穿、有房住等，这些物质资料在一定条件下是既定的，贫困就是指的对这些具体物质数据的缺乏；贫困是一个动态的概念，划分贫困的标准随着经济和社会的发展而不断发生变化，总趋势是由低水平向高水平方向发展，基于不同的贫困标准基础上的贫困人口数也会发生相应变化。① 贫困是一个相对的概念。在不同的国家和地区，贫困的程度和标准会有所不同，对贫困的含义不能做绝对化的理解。②

三　当代贫困问题研究：跨学科的、前沿性的研究成果

（一）理论前沿、新的理论旨趣和跨学科范式的理论建构

21世纪，由于全球化运动对人类社会发展的持续性挑战和新的社会问题的出现，由于全球秩序的激烈变革、秩序重建以及这种变革所推动的每个国家的经济、政治和社会秩序的变革，基于贫困的社会发展的理论范式和方法论实践发生了重要变化，贫困出现了一些新的特点和趋势，从而引发了大量的理论与流派。这些理论包括20世纪70年代由法国学者拉诺（Lenoir）提出而经英国学者汤森（Townsen）等发展，并通过欧盟（EU）等国际组织推动形成的"社会排斥"范式；20世纪80年代由钱伯斯（Chambers）提出而经德康（Dercon）等发

---

① 阎文学：《富饶的贫困——掣肘与成因》，社会科学文献出版社1994年版，第57页。
② 同上。

展,并通过世界银行(WB)等国际组织推动形成的"脆弱性"范式;① 20 世纪 80 年代由森(Sen)等提及而经斯库恩斯(Scoones)等发展,并通过世界环境与发展委员会(WCED)、联合国开发计划署(UNDP)、关怀国际(CARE)、英国国际发展部(DFID)等国际组织推动形成的"可持续生计"分析框架;20 世纪五六十年代一些西方国家在对第三世界国家实行发展援助时所采取的"参与式发展"理论框架;20 世纪 80 年代盛行的在公共卫生学和社会医学基础上发展起来的"公共健康学"及其"公共健康"的分析框架。②

1. 贫困的跨学科范式转向:脆弱性范式及其理论建构

脆弱性作为一种贫困发生学的解释范式的问题意识体现为:穷人易于暴露在冲击压力与风险之下,缺乏相应的防御能力。冲击压力包括:政府的社会政策话语实践、现代化发展战略转型、现代性与传统性的斗争游戏、全球化与社会发展转型、资本与劳动力市场的不确定性、时间与空间的分离;风险包括:健康、自然灾害、环境与污染等生态破坏、技术风险、家庭道德与生存伦理的破坏、可持续生计的破坏等。脆弱性理论的出现,改变了理解贫困问题单一的经济视角。脆弱性是一个广泛、跨学科的概念,它不仅仅包括收入脆弱性、经营和资产脆弱性,还包括与健康、环境生态、社会排斥、暴力等相关的脆弱性风险。贫困的脆弱性产生于贫困人口对多种来源的冲击,缺乏应对能力,这些冲击包括自然灾害以及环境因素、个人的健康与教育以及家庭因素、制度和政策等权益性因素、社会福利因素以

---

① 张大维:《生计资本视角下连片特困区的现状与治理——以集中连片特困地区武陵山区为对象》,《华中师范大学学报》(人文社会科学版)2011 年第 4 期。
② 唐丽霞、李小云、左停:《社会排斥、脆弱性和可持续生计》,《贵州社会科学》2010 年第 12 期。

及经济因素等。国外学术界已将脆弱性研究应用到灾害管理、生态学、土地资源管理、环境生态与气候变化、公共健康、可持续性科学、发展经济学等不同研究领域。目前,随着脆弱性研究应用领域的拓展和相关学科的交融,脆弱性的内涵也在持续地丰富和发展,已经从日常生活中的一般含义逐渐演变成一个多要素、多维度、跨学科的学术概念体系。[①]

2. 贫困的跨学科范式转向:可持续生计范式及其理论建构

可持续生计批判社会救助的不可持续性,强调反贫困行动的可持续性效果。可持续生计理论的提出将改变政治学或者公共政策学对贫困问题的单一的解释策略,可持续生计的维度是多维、跨学科的,包括环境生态、经济生活、社会质量、政治和制度的方方面面,可持续生计框架的方法强调以人的生计为中心或综合性,为理解人们在一定的社会、制度、政治、经济和自然环境下如何行动提供了整合性、跨学科的视角,其目标在于推动一种跨学科的、整体的发展观,其中涉及收入保障、自然资源的管理与保护、赋权增能、使用合适的工具、提供金融服务和实现善治等方面,涉及发展哲学、发展经济学、发展社会学、发展人口学等多学科的领域。可持续生计分析方法是理解多种原因引起的贫困并给予多种解决方案的集成分析框架,源于强调地方参与和理解所有形式的贫困发展哲学观点,是设计以人为中心的缓解贫困方案的建设性工具。运用可持续生计分析框架对地方生存进行整体的、参与性的分析,发展规划人员可以辨明和确立开发战略的起点并进行有效调节以增进生计维持能力,可持续生计分析框架是帮助

---

① 李鹤、张平宇:《全球变化背景下脆弱性研究进展与应用展望》,《地理科学进展》2011年第7期。

人们认识生计特别是穷人的生计状况的一个工具,它是对与农户生计特别是贫困问题有关的复杂因素进行分析的一种方法。[①] 可持续生计框架有时是在宏大的历史叙事和微观的个体行动上展开的,可持续生计是建立在农户或者社区层次上的微观研究;是在构建一定时间序列上的结构的、历史的、制度的大的框架下进行的;是以人为中心的,是整体性的、是动态的;是从能力分析出发,而不是从需求分析出发。[②]

3. 贫困的跨学科范式转向:反社会排斥范式及其理论建构

反社会排斥与社会整合框架的提出将同样改变社会学对贫困问题的单一的解释策略,反社会排斥、整合与包容性发展同样是一组广泛、跨学科的概念,目标在于推动一种整体的发展观,其中涉及经济、政治、社会、文化等方面,涉及发展哲学、发展经济学、发展社会学、文化人类学等多学科的领域。

1995年在哥本哈根召开了一次题为"社会发展及进一步行动"的世界峰会,会议"对消除贫困作出了世界性的承诺"[③],在这次世界峰会上,"社会排斥"被视为消除贫困的主要障碍。"我们的工作集中于范围广大的一系列导致贫困者遭受剥夺,决定其生活必然贫困的形形色色的原因","哥本哈根峰会推进社会整合的承诺","要求我们反对社会排斥,致力于清除种种障碍以获致'稳定、安全而公正的社会'",克莱尔同时也指出:"他们往往由于民族、等级地位、地理位置、性别以及无能力等原因而遭到排斥。特别严重的是在影响到他

[①] Martha G. Roberts、杨国安:《可持续发展研究方法国际进展——脆弱性分析方法与可持续生计方法比较》,《地理科学进展》2003年第1期。
[②] 同上。
[③] 艾尔泽:《减少贫困的政治》,《国际社会科学杂志》2000年第17卷第4期。

们命运的决策之处，根本听不到他们的声音。"Faria 也认为，社会排斥概念的有用性源于它作为"把诸如贫穷，剥夺，缺乏获得物品、服务和财产的机会，社会权的不稳定等联系松散的观念整合起来的方式，以及提供一个一般性架构的方式"的潜力。Haan 指出，现有的贫穷研究倾向于强调经济方面，而不太注意贫穷的政治和文化面向，社会排斥对有内在联系的接纳和排斥过程的分析，有助于人们理解这些面向之间的相互作用，有助于分析陷入贫穷的过程。[①]

从跨学科的视角来看，社会排斥一个多向面、多视域的动力过程，这个过程包含各种各样的排斥形式：参与决策、包容性发展和政治过程时的政治排斥；进入职业场域、提高收入和物质资源时的经济排斥，以及整合成为共同文化、实现文化整合时的文化排斥，还有基于交往和社会关系网络中的社会排斥。社会排斥的多向面结合，会在某特殊区域内寻找到一块表征空间，并创造出更高强度的社会排斥，"排斥"会作为一个社会的总体结构性力量压迫特定个体或群体，制造出新的贫困和不平等事实；也会以各种不同的实践形式，对某些人群作出自然的抑或人为的划分类别和范畴化。[②]

4. 贫困的跨学科范式转向：公共健康范式及其理论建构

公共健康是一个跨学科、交叉性的研究领域，公共健康指的是"身体、精神、社会生活上"的完好状态，公共健康关注贫穷、社区医疗、工作、收入、消费、居住环境、社会支持系统以及社会不平等与健康之间的关系。作为贫困人口如何平等地获得医疗服务、如何保

[①] 陈树强：《社会排斥：对社会弱势群体重新概念化》，http://www.sociology.cass.cn，2005 年 6 月。

[②] 潘泽泉：《从社会排斥视角解读农民工：一个分析框架及其运用》，《学术交流》2008 年第 5 期。

持生理与心理的健康状态,是公共健康学领域研究的核心问题。公共健康关注的主题是跨学科的,如社会排斥与健康、文化适从力与健康、政治生活与健康、经济收入、消费与健康、医疗体制改革与健康、公共健康危机治理、公共健康干预中的效益—成本分析等。

(二)由单一的、静态的视角或维度向多元化、动态的贫困视角转变

基于社会排斥视域的贫困问题的研究,在理论上突破了贫困研究的单一的、静态的研究传统,实现了贫困问题向多元化、动态的视角转变。社会排斥是一个动态的累积性的多面向的动态过程,并非一种状况,是一个生产与再生产、不断强化的过程。社会排斥的多面向包括制度性安排与制度排斥、社会关系网络的建立与社会网络排斥以及劳动力市场的结构性隔离与市场排斥。社会排斥关注的是个人的生命历程、家庭生命周期与宏观历史过程的交错,以及社会急剧变迁对个人的生活境况及地位与处境带来的变化,是一种非短暂性的、局部性的现象,是个人、历史过程与国家相互推拉与强化的结果。社会排斥的跨学科和对动态性、过程性的关注为贫困问题的研究提供了学理依据,也为贫困问题的理论建构提供了支撑。[①]

多元的视角也体现在森对于贫困问题研究的理论贡献。这种转变首先表现在由资源贫困向能力贫困转变,关于贫困发生学的理论传统往往把贫困看作一个经济问题,即看作人们低收入的结果,即重视反贫困行动中的经济增长效应和收入差距效应,即消除贫困的关键点在于经济增长。阿玛蒂亚·森认为,事实上,贫困源于能力不足而不是

[①] 潘泽泉:《从社会排斥视角解读农民工:一个分析框架及其运用》,《学术交流》2008年第5期。

收入低下，不能把贫困仅仅理解为收入缺乏或消费水平低下。阿玛蒂亚·森从"能力""功能""权利"等角度来讨论贫困问题，能力贫困指标包括基本生存的能力，即获取营养和健康的能力、健康生育的能力、接受教育和获取知识的能力。贫困的实质是人们缺乏改变其生存状况、抵御各种生产或生活风险、抓住经济机会和获取经济收益的"能力"，或者其能力"被剥夺"了。①

另外，有学者通过对不同时期的经济增长、收入差距对贫困影响的经验性研究发现，现代社会的贫困往往是与收入分配不平等相伴随的，尽管经济增长了，但收入差距扩大抵消了部分经济增长的减贫效应，即贫困人口无法平等地获取或接触到许多产品和服务（包括平等的收入水平、均等的公共服务），不具备把这些产品转化成效用的"功能"或"权利"，基于收入的不平等的结构性事实也是一个动态的累计过程。

（三）贫困的问题聚焦：道德风险、社会空间正义和发展伦理

贫困所关注的社会状况不仅是一些基本社会事实，而是伴随这些基本事实的主观感受、价值判断、资源分配和发展伦理的正义取向。从狭义上来讲，我们可以把发展这个概念限定到"项目干预"这个范围，那么发展学就是研究项目干预介入后，待发展的社区所产生的变化。将发展理解为变化，但是实际上却解释为进步、变迁、转型、自由平等加民主、公民社会与善治、扶贫与妇女发展、生态和谐与资源平衡。②

事实上，在早期的西方社会，解决贫困问题的传统实践体现为基

---

① 邹薇、方迎风：《关于中国贫困的动态多维度研究》，《中国人口科学》2011 年第 6 期。

② 崇明：《民主与社会改革：托克维尔论社会问题》，《社会学研究》2008 年第 2 期。

督教传统的个人救济。托克维尔赞赏个人出于义务、同情和爱心进行的救济行动，这可以在富人和穷人之间通过同情和感谢建立珍贵的道德关系，克服往往使这两个阶层陷入对立的利益差异。但个人救济由于其分散、不连贯等缺点，不足以应付工业革命所可能带来的严重的大规模的危机。[1]

首先，需要思考的问题是"是否可以诉诸由国家承担的公共救济"，托克维尔认为，公共救济以及现代慈善事业缺少对人性和现实的洞察。人类所有的发展行动，被某些虚假的人道主义情感所支配，被人类可以不断进步的乌托邦信念和理论所迷惑，它们非但不能给人提供真正的帮助，反而会在道德和发展伦理上败坏他们。[2] 公共救济或者合法救济会养成被救济者的依赖心理，从而助长他们的懒惰，不去试图通过自己的努力来改变命运，或者因为有救济可以依赖而并不省俭节制，并且为了获得救济他们也常常弄虚作假。公共慈善要求富人或有产者通过高额缴税来支持和救济穷人，结果使富人觉得穷人是一种负担，而穷人对富人也并无感恩之心，因为觉得获得救济是他们的权利。公共救济不但破坏了个人救济所能够创造出来的道德关系，反而加强了贫富之间的对立和对抗。此外，如果人们看到穷人能够得到国家的救济，他们也就不会承担帮助他人的义务，社会纽带也因此松弛。托克维尔认为："如果使获得救济成为一种权利，并以持久性的方式、通过系统的行政管理进行公共救济，那首先会制造一个懒惰、不节制的，总之在道德上被败坏的穷人阶层。"[3]

其次，基于贫困的空间表征、空间实践、空间生产和空间正义。

---

[1] 崇明：《民主与社会改革：托克维尔论社会问题》，《社会学研究》2008年第2期。
[2] 同上。
[3] 同上。

社会理论里，空间不能不参照社会实践而加以定义，空间不仅只是一个物质产物，而是相关于其他物质产物而牵涉于历史决定的社会关系中，而这些社会关系赋予空间形式、功能和社会意义。空间是共享时间之社会实践的物质支持，共享时间的社会实践意指空间把同一时间里并存的实践聚拢起来。① 许多学者在分析跨越较大时空范围的区域化时，运用了"非均衡发展"（uneven development）、"中心"（center）、核心与边缘的区别②，这样，以拓展规划、计划地图等形式来代表空间对理解城市及贫困变得至为重要，许多空间寓意的词汇，如中心、边缘、区位、网络、地方等越来越用来表示空间。那么，差异性的社会关系是如何通过空间关系特别是通过把差异性置于某个地点或时空来体现和体验的，又是如何把有关空间的法规、计划、地图和表征置于社会差异的识别之中的。

对于贫困研究来说，社会空间是一种全新的视角。贫困自身具有空间性，而贫困既是社会空间的对象也是社会空间的产品。对于贫困来说，社会空间至少有三层含义：权力关系和冲突的场域；权力关系和冲突的产品，如列菲弗尔所谓的空间的生产；权力关系和冲突的建构形式，包括权力关系的生产和再生产。沿着这样一种思路，我们可以认为社会问题本身是有空间性，而针对社会问题产生的社会政策也就具有了空间维度。③ 以城市贫困的空间剥夺作为案例，充分展示了社会空间的生产和再生产机制，同时也揭示了社会空间是贫困的重要影响变量和重要干预途径。从认知论和发生机制来看，贫困的空间剥

---

① 曼纽尔·卡斯特：《网络社会的崛起》，社会科学文献出版社 2003 年版。
② 安东尼·吉登斯：《社会的构成》，李康、李猛译，生活·读书·新知三联书店 1999 年版。
③ 林顺利、张岭泉：《社会政策的空间之维——以城市贫困的空间剥夺为例》，《河北大学学报》（哲学社会科学版）2010 年第 4 期。

夺背后其实质是一个阶级间资源竞争和剥夺的过程，这种剥夺源于城市公共空间的土地私有化或住宅化和保证本体性安全的需要，通过区域封闭方式，城市将平民限制在一些居住区域内，从而使他们变得"不可见"。[1] 随着他们将城市空间从传统的空间中剥离出来，成为一个新的城市基础设施产业的过程中，城市的公共空间正在消失和变得支离破碎，商业街、公司广场、节日商场等兴起，私人控制了公众准入，加上越来越多的警察把守，使"非体面人流者不得入内"[2]。

同时，贫困的空间化过程也是国家、市场和社会互动的产物，是特定社会形态生产力推动下的社会空间的生产；就其再生产过程而言，主体认同并参与建构是社会空间形式维持的一个重要机制，同时反抗和挑战社会空间的边界和约束力也是再生产过程中内在张力的体现，是再生产过程中的必要环节和动力机制。作为市场主体的房地产开发商不仅在营造一种住房建筑，而且在营造一种城市居民的生活方式，营造一种中产阶层的理想的生活方式，在这里拥有自然、空间、新鲜的空气和宁静的生活，在那里建设温泉健身设施、温暖舒适的局部空间气氛、互联网等现代都市贵族的居住空间，而这种理想的生活方式是城市贫困者所无法实现的，城市贫民无力提供资金来获得这种理想的现代空间，必然就会被这种生活所区隔和孤立，所以市场的偏好加剧了社会空间的极化和区隔。[3]

社会空间是一个生产力系统，在时间的连续性中，不同因素的结

---

[1] 潘泽泉：《社会空间的极化与隔离：一项有关城市空间消费的社会学分析》，《社会科学》2005 年第 1 期。

[2] 阿里斯戴尔·罗杰斯：《社会转型：多元化与民族社会》，社会科学文献出版社 1999 年版。

[3] 潘泽泉：《社会空间的极化与隔离：一项有关城市空间消费的社会学分析》，《社会科学》2005 年第 1 期。

合和运作不断生产了空间中新的元素。中心与边缘的区别经常与时间上的持久性联系在一起，那些占据中心的人确立了自身对资源的控制权，维持自身与那些处于边缘区域的人的分化。已经确立自身地位的人或者说局内人（established）可以采取各种不同形式的社会封闭，借以维持他们与其他人之间的距离，其他人实际上被看作低下的人或者局外人（outstander）①。通过这种时间的持续性，城市精英（政府官员、地方政府、企业代理人等）竭力营造一种生活方式与空间形式的设计，以便统一区域性精英的象征性环境，维持一个精英的精密圈子，超越每个地域的历史特殊性。因此，通过空间生产力系统的流动性，沿着流动空间的连接线横跨某个城市区域而不断建构和固化一个相对隔绝的空间。②

大卫·哈维（David Harvey）对空间层面的社会正义提出6项主张：减少劳动力剥削、解放受压抑人群、为弱势群体赋权、消除霸权主义、合理的社会控制、消减社会工程的负面影响等。社会发展的空间正义取向应包括资源分配正义、社会治理正义、社会福利、积极的空间介入和公共参与五个基本内涵。贫困的空间之维揭示，为反思和监控政府与市场的空间行为提供了理论和实践指导。空间剥夺是贫困的重要影响变量，消除和缓解空间剥夺是消除贫困的重要途径。从当代西方的实证研究来看，对贫困空间剥夺的研究主要集中在空间聚集与隔离、空间排斥等现象和后果方面。③

---

① 安东尼·吉登斯：《社会的构成》，李康、李猛译，生活·读书·新知三联书店1999年版。
② 潘泽泉：《社会空间的极化与隔离：一项有关城市空间消费的社会学分析》，《社会科学》2005年第1期。
③ 林顺利、张岭泉：《社会政策的空间之维——以城市贫困的空间剥夺为例》，《河北大学学报》（哲学社会科学版）2010年第4期。

四 贫困的中国经验：理论争辩焦点和有待研究的问题

基于贫困的中国经验的理论争辩焦点和有待研究的问题是一个多视域、多面向的理论对话和经验性比较的过程。如既包括文化诠释的力量、中国农村贫困再生产及其社会文化逻辑，也包括基于结构抑或建构问题反思的中国农村贫困的问题域与叙事逻辑。

（一）基于中国语境的贫困发生学的解释

中国农村贫困的出现与再生产具有多面向运动的特点。有学者将中国城乡二元结构看作农村贫困再生产的一种形式。孙立平把城乡二元结构区分为两种基本类型：行政主导型二元结构和市场主导型二元结构。前者是用人为的制度因素或行政手段（如户籍制度、社会福利制度、基本生活品供应制度、教育制度、就业制度等）将城乡分割开，我国改革开放前的城乡二元结构就是由这些行政制度因素构成的，直到近年随着户籍制度的改革行政主导型的二元结构逐步开始弱化，但并未完全退出社会生活的舞台。而后者是用经济等自然因素（如人们特别是城市居民对农业生产提供的基本消费品和非农产业提供的耐用消费品的依赖程度的变化）使城乡在市场经济中断裂为两个世界。①

在国内，学术界在农村贫困问题根源的讨论中存在"主流模式"和"另类模式"两种话语形式，"主流模式"存在两种设问形式，即发展性问题和体制性问题。②

发展性问题认为全球化、国家工业化、现代化抑或城镇化必然带来农村的衰退现象，是一个不可规避的社会发展的阶段性问题。学者

---

① 孙立平：《对社会二元结构的新认识》，《学习月刊》2007年第1期。
② 潘泽泉、许新：《贫困的社会建构、再生产与对策：中国农村发展30年》，《学术研究》2009年第11期。

们主张把城市化、工业化作为帮助农村脱离贫困的一种手段,即城市和工业的发展带动了大批劳动力的转移,同时也带动了农产品的销售和农业产业结构的调整,客观上也增加了农民的收入和提高了农民的综合素质,在解决农村贫困的过程中确实起到了一定的作用。[1] 但是用这种方法帮助农民脱贫是付出了沉重的代价的,由于城市和工业对农村和农业的扩张,大量的耕地被侵占、森林被砍伐、河流被污染,严重地破坏了农村的自然环境和生态平衡,所谓"竭泽而渔反不得鱼",这种掠夺性的发展方式实质上影响了农村的长远利益和综合发展,从根本上来说还是不利于农村贫困问题的解决。[2] 体制性问题认为贫困的生产和再生产的原因主要在于计划经济的城乡二元分治制度,长期的城乡二元分割导致了农村的城市化缓慢和环境恶化,同时也造成了社会各界对农村的忽视,主张破除城乡二元分割的制度性壁垒。"另类模式"主张借鉴韩国经验提出"新村运动",即运用意识形态动员,改变以往政府选择的牺牲农民利益的经济现代化战略模式,在国家经济现代化基本完成后,应回馈农村,通过"以工哺农"支持乡村发展。[3]

(二) 中国农村贫困问题研究:各种解释范式与话语策略

国内关于贫困的要素表现在:一是资源要素贫困观。二是素质贫困论。贫困的特征被描述为:创业冲动微弱,易于满足;风险承受能力较低,不能抵御较大困难和挫折,不愿冒险;生产与生活中的独立性、主动性较差,有较重的依赖思想和听天由命的观念;难以打破传

---

[1] 潘泽泉、许新:《贫困的社会建构、再生产与对策:中国农村发展30年》,《学术研究》2009年第11期。
[2] 沈红:《穷人主体建构与社区性制度创新》,《社会学研究》2002年第1期。
[3] 石磊:《寻求"另类"发展的范式——韩国新村运动与中国乡村建设》,《社会学研究》2004年第4期。

统和习惯，接受新的生产、生活方式以及大多数新事物、新现象；追求新经历、新体验的精神较差，安于现状，乐于守成。① 三是系统贫困观，表现为自然生态和人文生态的贫困机理。贫困的根源是由陷阱—隔离—均衡所构成的一个低层次的、低效率的、无序的、稳定型的区域经济社会运转体系，这个体系规定着贫困延续的轨迹（罗必良，1991）。四是基于组织逻辑和组织效应的农村贫困分析，体现了农村贫困农户组织化的内在逻辑、实践困境和贫困农户组织化的效应。②

（三）迈向经验解释的中国贫困研究：经验性差异及其推理实践

综合国内有关学者的观点和学者们的研究，贫困实际上包括三层意思：③

第一，贫困是由于物质或文化、社会资源等的匮乏，从而使生活水平低于社会可以接受的最低标准。第二，从根本上讲，贫困是缺乏手段、能力、权利和机会。因此，要克服贫困，就要给贫困者以扶持，但不应该被动地保障贫困者的最低生活水准，而应该更多地把注意力投向铲除人们陷入贫困的根源，主动地保障贫困者拥有必要的手段、能力、权利和机会。城市贫困即是在城市范围内的贫困。在我国，长期以来把城市贫困人口等同于城市"三无"对象，即无劳动能力、无收入来源、无法定扶养人的社会救济对象，这部分人大约有30万，大多是孤、寡、老、病、残者，主要由民政部门对他们实行社会救济。当今社会背景下，城市新贫困人口不断涌现，"三无"标准已

---

① 沈红：《中国贫困研究的社会学评述》，《社会学研究》2000年第2期。
② 胡敏华：《我国农村扶贫的制度性陷阱：一个基于组织的分析框架》，《财贸研究》2005年第6期。
③ 周科朝、潘泽泉：《社会转型期的农村贫困问题研究：中国经验》，《湖湘三农论坛》2012年第1期。

不适应当前的新形势和新情况。对此，学者普遍认为，应当把维持生存所必需消费的商品和劳务的最低费用作为划分我国城市贫困人口的标准较为合适，它包括"维持人的生存、工作能力和劳动力再生产所必需的最低标准的食物和其他必需品如一般性衣物等的必要支出，以及社会生活的部分支出"①。第三，农村贫困的福利制度维度。体制性贫困主要是指传统计划经济体制下所形成的二元经济制度和二元社会结构制度，即对待农民和市民截然不同的就业制度、分配制度、户籍制度以及社会保障体制下形成的以农民为主体的贫困，这种贫困与贫困者自身的禀赋和素质无关。在这种贫困中，当然也包括资源富饶型贫困，如西部一些资源富集地区。长期以来，国家通过再分配和社会福利等为城市居民提供养老、医疗、保险、低保等基本保障与服务，却忽视农村的户籍、粮油供应、劳动用工、住宅、医疗、养老、保险、最低生活保障等制度的建设，全国人口80%以上的农民被排斥在社会保障和福利制度之外。农村经济体制改革以后，加之国家扶贫工程的实施，农村贫困得到了一定的缓解，但农民依然是福利制度的体制外人。②

五 解释中国农村发展的可能性：新视域、问题聚焦及其处方

经由以上的文献回顾，我们可以发现原有的研究成果和理论对于"新贫困"现象的解释缺乏新的知识论证和应对办法，难以对新形势下的贫困问题进行科学性的阐释。对中国贫困问题的所有文献进行了集中梳理和整理发现：一是在中国贫困问题的研究中，以往的研究更多的是关注农村贫困的对策性研究，在中国农村贫困的发生机理方面

---

① 肖文涛：《我国社会转型期的城市贫困问题研究》，《社会学研究》1997年第5期。
② 银平均：《社会排斥视角下的中国农村贫困》，《思想战线》2007年第1期。

的文献不多，尽管有一些文献对中国农村贫困的发生机理进行了研究，但大都限于单一的学科视角，跨学科的研究几乎是一片空白。二是在中国的农村贫困问题研究中，吸收西方的最新理论研究成果（如脆弱性分析框架、包容性发展理论、反社会排斥与社会融合理论、可持续生计理论等）和经验资料的文献非常少，一般的研究问题意识强，但理论关注度不够，导致现在所有的对策研究缺乏理论支撑，应对中国贫困问题的短期效应虽然明显，但反贫困的长期效应不佳，导致中国贫困的返贫现象非常严重。"新贫困"现象需要我们重新认识中国农村贫困的发生机理和运作机制，需要我们对原有的研究有所突破，提出新的反贫困战略：[1]

（1）建立一种跨学科、整合性的视角，展开对贫困的发生和运作机理的跨学科、整合性研究。跨学科研究范式是要把社会科学的基本问题转化为整体性规则的生成、运行、转化的问题。原有的研究成果在解释贫困现象时，由于不同的学科背景和不同学科的知识背景，以往的贫困问题研究偏好于采用单一的研究视角，偏好于单维度的分析视角，或者发展经济学的视角，或者发展社会学的视角，或者发展政治学的视角，学科之间缺乏对话和视域交融。

（2）贫困问题的研究既要重点强调经验或者数据层面的研究，但同时也要注重理论层面的吸收、批判和理论创新。尤其是利用国外新近流行的理论，如脆弱性分析框架、可持续生计分析框架、包容性发展理论、参与式发展扶贫、优势视角理论等，分析中国农村贫困问题的文献很少，这些新近流行的关于贫困问题的理论研究将为研究中国

---

[1] 周科朝、潘泽泉：《社会转型期的农村贫困问题研究：中国经验》，《湖湘三农论坛》2012年第1期。

农村贫困问题提供新的洞见和知识品性，需要系统地结合现有的西方研究的成果，为农村贫困问题的科学研究提供理论支撑，摆脱纯经验的研究取向，实现理论创新。

（3）在中国农村贫困问题的研究上，建立一种动态的、整合性的知识体系和问题意识，在跨学科的视域内，对贫困发生和运作机理的动态性、系统性缺乏关注。中国农村贫困问题，存在脆性性、风险性、不稳定性和高返贫率，这就要求我们在研究中国农村贫困问题时关注中国社会转型的特点、中国现代化的推进策略、发展差距和区域不平衡、宏观利益结构中的贫困等宏观的结构性问题。关注农村贫困人口的可持续发展、可持续生计的维持、环境生态的保护、公平和公正问题、利益群体分化格局、梯度发展论和反梯度理论等发展性问题。关注个体的生命历程、家庭的生命周期等不同发展主体之间的互动问题等。

（4）作为行动的贫困问题研究。包括基于行为理性和贫困的代际传递贫困发生学分析、基于扶贫目标瞄准机制的体制风险分析、扶贫传递与社区自组织分析、参与式扶贫、小额信贷扶贫等作为行动的贫困问题研究。

（5）在跨学科的视域内，重新关注中国贫困问题的社会影响和社会后果。这些问题包括中国农村的社会稳定问题、结构性不平等问题、群体性事件和冲突、社会公正和道德正义、发展伦理和道德生态、社会排斥和社会风险、环境生态与文明、社会分化与社会分层、教育不平等、性别不平等。

（6）在跨学科的视域内，关注对于中国贫困问题研究的本土化模式的探讨、本土化的理论建立和理论创新，以及本土化的中国式的扶贫战略。中国问题研究，需要契合中国本土化的经验事实，需要强调根植于本土的历史的、文化的和社会的特殊性，保持对本土社会的问题意识，寻求"本土性契合"，彰显中国"文化的主体性和文化自主性"。

因此，经由跨学科的研究范式，在跨学科视角下，经由宏大的历史叙事，重新解释中国贫困的发生机理、运作机制和社会影响，建立关于中国农村贫困问题的新问题意识，建立一个整合性的分析框架；经由西方新近的流行的关于贫困问题的理论，寻求"本土性契合"，重新认识中国农村贫困问题和反贫困战略，进一步探讨、寻求发展或突破的空间，对中国农村贫困问题做出新的知识反应和战略调整，这对于破解中国农村贫困的"瓶颈"问题无疑具有重要的理论意义和实践价值。

第三节 研究内容、重点难点和主要观点：跨学科维度

本书在跨学科的视角下，拟采取定量分析与定性分析、理论研究和经验研究、理论创新与应用研究相结合的研究方法，从社会转型、农村全面发展、社会管理创新和农村和谐社会建构层面探究转型时期农村贫困的现状、变化趋势、对社会的影响和冲击；农村贫困问题对中国社会发展战略的未来转型和中国农村发展的影响、冲击；农村贫困问题带来的发展伦理正义、生态文明、可持续生计、公共健康和农村稳定问题带来的社会风险等。

一 贫困研究：跨学科研究范式

（一）跨学科研究范式：贫困研究的科学研究和方法论的革命

跨学科研究是近来科学方法讨论的热点之一。跨学科的目的主要

在于通过超越以往分门别类的研究方式，实现对问题的整合性研究。跨学科研究范式是要把社会科学的基本问题转化为整体性规则的生成、运行、转化的问题。跨学科领域简称跨学科，又称交叉学科、多学科、综合学科或复杂性学科，都是同一个内容，不同的称谓。跨学科领域的研究是对单一学科研究的挑战与革命，是人类认识自然、改造自然的实质性突破。跨学科研究根据视角的不同可概要地分为方法交叉、理论借鉴、问题拉动、文化交融四个大的层次。[1]

方法交叉有方法比较、移植、辐射、聚合等，这些通常发生在各学科之间，其中每一方面和环节都包含着非常丰富细致的内容。理论借鉴主要指知识层次的互动，通常表现为新兴学科向已经成熟学科的借鉴与靠近，或成熟学科向新兴学科的渗透与扩张。问题拉动是以较大的问题为中心所展开的多元综合过程，有纯粹为研究客观现象而实现的多领域综合，也有探讨重大理论问题而实现的多学科综合，更有为解决重大现实疑难而实现的各个方面的综合。文化交融是不同学科所依托的文化背景之间的相互渗透与融合，这种融合并不是一个单独的过程，因为学科间的任何互动都有文化的因素参与，但真正的文化交融又是一个更深更广的过程，是跨学科研究的终极目标。以问题意识为导向，试图确立贫困问题研究的跨学科研究范式，为贫困问题的研究提供一个跨学科的视角、学理依据或者社会科学方法的进路，建立一种新的问题意识。站在不同的方法论和理论背景上讨论基本上同一个问题，这个学术现象本身就具有重要的学术价值。[2]

---

[1] 张小军、肖鹰、刘啸霆：《跨学科研究：理论与方法》，《光明日报》2006 年 3 月 8 日。

[2] 《什么是跨学科》，http://blog.sina.com.cn/s/blog_51fb00840101a60k.html。

（二）基于跨学科的"新发展观"：贫困研究的学理依据和知识定位

"新发展观"反对单一的、片面的、极端狭隘的发展观，提出了"整体性的""内生性的""综合性的""协调性的""可持续性的""以人为中心的""关注人的精神文化价值的"新发展观。在"新发展观"看来，发展意味着社会、政治、经济、资源、人口、文化、环境等各个领域的全面进步和协调发展。它不仅包括经济增长、财富积累、投资和储蓄的增加和经济发展，而且也包括社会平等和民主参与，妇女地位的提高、生态环境的改善等。[①] 发展是一项系统工程。它必须使各系统有序地协调发展，才能保持发展的持续性和稳定性。社会发展是指公平的、包容性的、持续的、响应性的和负责任的发展，是使贫穷和处于社会边缘化的人有效参与的发展。因此，基于新发展观的贫困是一个涉及发展经济学、发展社会学、发展人类学、政治学等跨学科的范畴，随着社会经济的发展，人们对贫困的认知，也从原来单一的经济视角的观察，转向社会、文化、政治、法律等多视角的审视。[②] 贫困可以从经济层面来界说，也可以从社会层面、政治层面、人口学层面、文化层面抑或生态层面来界说。经济层面的贫困关注物质需求。这种意义上的贫困可以被理解为一个人或者一个群体，特别是由于长期没有收入，在维持最低生活标准方面，都难以满足基本的需求。这种贫困又可以被界定为绝对贫困。而社会层面的贫

[①] 潘泽泉：《多重逻辑下的农业转移人口市民化过程：问题视域与理论争辩焦点》，《社会科学》2016年第11期。

[②] 詹宏伟：《从传统发展观、新发展观到科学发展观》，《云南民族大学学报》（哲学社会科学版）2008年第5期。

困，则和一个人在社会中所获得的资源和权力分配上的匮乏状态有关。① 这种匮乏，削弱了人们过上自己所崇尚的各种生活的能力。社会层面的贫困包括缺乏信息、教育、医疗和政治权力等的有效途径。这种意义上的贫困还可被理解为不平等的社会地位、非均衡的社会关系的一个侧面，其表现就是社会排斥、人生依赖以及无法融入社会，或者无法与社会建立起有益的联系。②③④

在跨学科范式的基础上，在不同的学科视域内建立共同的问题意识，形成了关于贫困问题的一个整体性的认识框架，即从贫困的发生机理的不同学科的解释策略和解释维度到跨学科的"共同问题意识"的建立，再到跨学科解释框架的建立，并在这个跨学科的解释框架中，回到中国农村的经验世界，对中国农村贫困问题展开实证研究。并结合发展的最新理论，在中国农村经验资料的基础上，让贫困问题重新关注脆弱性、风险社会、可持续生计、包容性发展、生态文明、社会排斥、发展伦理和社会正义、实践理性和后果评价、实践中的道德等。同时，在跨学科的范式下，在新的理论的吸收和创新、中国农村实证调研的基础上，建立新的测量贫困的新的标准和贫困研究的跨学科知识框架，在贫困测量和新的知识框架中引入生活质量、公共健康、社会质量和可持续生计、包容性发展、生态文明、社会正义、发展伦理、共享社会发展成果、和谐社会等新的测量指标。

---

① 林娜：《多维视角下的农民工贫困问题研究》，《中共福建省委党校学报》2009年第1期。

② 周科朝、潘泽泉：《社会转型期的农村贫困问题研究：中国经验》，《湖湘三农论坛》2012年第1期。

③ 詹宏伟：《从传统发展观、新发展观到科学发展观》，《云南民族大学学报》（哲学社会科学版）2008年第5期。

④ 林娜：《多维视角下的农民工贫困问题研究》，《中共福建省委党校学报》2009年第1期。

二 研究内容

基于中国转型时期的农村贫困问题的基本理论判断和主要观点，这就要求我们在分析农村贫困问题的时候，形成一个基本的解释框架，这个解释框架包括农村贫困问题研究的主要内容、演绎脉络、思想谱系、内在的逻辑关系和历史进路，也包括研究的基本构件和解释的维度、发展的过程、阶段、演变规律等；包括中国反贫困行动的机制路径、实践策略和社会政策推进。[①]

（一）贫困的理论研究、解释维度和新的问题意识

包括贫困研究的理论前沿和理论动态、阐释贫困的范式重建及其问题、对现实问题的回应和理论处理以及对中国农村发展理论进行的全景式诠释。具体理论包括社会转型、社会变迁与社会发展理论，如全球化、现代化、现代性、城市化、市民化与新型城镇化理论；脆弱性、风险社会、可持续生计理论；包容性发展、社会排斥、发展伦理和社会正义理论；社会表征、社会认同、自我归类与精神健康理论；也包括中国村落研究中的"权力的文化网络""社会中的国家""权威效能治理""双轨政治""精英俘获""精英循环与精英再生产""权威效能自理"等中国村落研究原有的理论资源和思想谱系。具体的问题意识体现在不同理论框架下的关于贫困问题的理论对话和理论思考，以及基于理论的新的问题意识，如全球化的思想谱系和问题意识体现在：全球化与经济危机中农村贫困的再生产与新的问题意识；中国的粮食生产结构、品种和产量；国家的政策保护与中国的粮食安全和国家稳定等。

---

① 周科朝、潘泽泉：《社会转型期的农村贫困问题研究：中国经验》，《湖湘三农论坛》2012年第1期。

(二) 转型期中国贫困发生学解释、问题向度、各种结构性力量与历史语境

改革开放以来中国农村发展的不同阶段、社会变迁与农村贫困问题。包括转型时期贫困的重新界定、贫困线、贫困度和贫困发生率的测量方法、测量贫困的指标和衡量贫困的主要参数等；农村贫困的发生率、农村贫困的变化趋势、农村贫困的生产和再生产过程，包括中国农村村落空间的演变及其村庄秩序的重构；村落共同体、基层市场共同体和基层生产共同体的内在逻辑和实践过程；中国农村社会生活变迁的历史图景；市场经济条件下的中国村落政治文化变迁；现代化国家对中国农村的渗透和整合，国家、地方政府和村民对贫困现实问题的回应和实践逻辑。

(三) 转型时期农村贫困再造的个人与家庭过程

包括人口学特征、贫困群体实践世界的个体生活轨迹、生活质量、情感过程、生活体验与生存策略；包括贫困的人口数量，人口质量，贫困的人口分布和贫困家庭中的妇女、老人和儿童的人口学特征，农村贫困群体的性别构成、年龄结构、婚姻地位、生命周期和劳动力市场参与现状；也包括贫困农户的生计结构、家庭结构、代际流动、社会分层和贫困的再生产；包括中国农村贫困群体情感状态、精神健康与情感性支持等；包括健康风险与劳动力生产。家庭过程包括家庭的生命周期、家庭结构变迁、贫困的代际传递效应、农村贫困的家庭抗风险能力、家庭禀赋决策效应、家庭的社会质量效应和家庭资产积累效应。具体体现为：家庭生育状况、家庭人力资源投资与教育决策、家庭的收入与分散经营风险的能力、家庭的资产储蓄投资和积累策略、劳动力流动的家庭偏好与家庭理性决策。

（四）转型时期农村贫困再造的空间性过程

转型时期经济活动的空间分异和贫困的结构、贫困的空间特征。包括城市和农村的比较、中心和边缘、落后地区和发达地区、贫困的区域性特征（沿海和内地、中部、西部和东南部等）、贫困的空间分异，也包括基于经济活动空间分异和集中所带来的不均衡发展，这里的空间表征着中心与边缘、非均衡发展、区隔、社会空间极化和空间隔离等多种寓意。

（五）转型时期农村贫困再造的政治性过程

其政治性建构体现为理性国家、现代化发展战略、发展主义的意识形态连续谱；体现为在反贫困行动中的国家自上而下的干预策略、国家动员式发展主义以及地方国家的政权形态与制度分配话语过程。具体包括国家的扶贫角色、国家的梯度发展战略和反梯度发展战略；国家政权形态由"汲取型政权"向"悬浮型政权"转变中的村治困境和村治逻辑；农村扶贫行动中的"精英俘获"[①] 和"劣绅驱逐良绅"悖论；发展主体多元化、赋权与社会参与的政治前提；理性国家、发展伦理和社会公正问题；土地制度改革、财税与赋税制度框架与政府自上而下发展干预的实践逻辑；政治动员和行政干预的方式和手段；基于不同区域发展战略所带来的贫困差异性建构与不均衡性的发展过程；国家财政分配与财政改革的渐进性和有限性；基于现代化发展战略的支配性的利益分配过程和城乡发展的逻辑等。

（六）转型期农村贫困再造的市场过程

体现为农村贫困的企业化进路与意识心态连续谱，其问题意识体

[①] 精英俘获机制体现为精英行为偏离社区整体利益，资金被精英把控，导致农贷资源内卷化，体制内精英和体制外精英利用政治、社会资本谋求更大的利益，实现了精英更替和精英循环，导致农村真正的贫困全体被排除在国家的资源之外，永远处于社会底层和贫困状态。

现为：基于市场转型的利益驱动和机会获得、市场经济的扩散效应与滴涓效应；劳动力市场的隔离、排斥性事实和边缘化过程；市场转型中的精英再生产、精英循环和市场—政治共生过程。农村贫困、资本和劳动力市场的框架体现为不可抗因素（自然资本）、脆弱性（物质资本）、无流动的金融资本积累带来的金融服务可及性低、缺乏对人力资本进行投入的能力；社会资本弱；包括劳动力市场的分割和二元化趋势、利益群体分化的格局；收入增长、经济上的不平等和家庭结构变迁；教育不平等和人力资本差异。

（七）转型期农村贫困再造的经济社会过程

经济过程体现为经济转型中的劳动力结构变迁与人力资本收益、脆弱性风险（农户风险、经营风险、资产风险、健康风险）、风险分配与生存保障、参与式发展中参与权力的不均衡配置等。社会过程体现为脆弱性风险背后的风险承担网络、社会资本的反贫困效应；社会分化、结构性冲突、弱势处境与社会的不平等效应；社会网络资本的社会变迁、非正式支持网络在反贫困实践中的实践逻辑；社会资本积累、社会资本的总体福利效应与社会资本的反贫困功能。体现为村治实践中的政治框架与农村的贫困问题。包括现代农村村治的政治框架；村级组织调控土地行为的权力阈限和土地调整策略；围绕地权、土地制度改革，特别是其中关于削弱或严禁村组织调整农地以实现农户充分的地权，引发的政治趋向或要求等。

（八）转型期农村贫困再造的文化、社会心理过程

体现为基于贫困的文化表征和文化建构、贫困文化与村庄伦理话语、文化的社会孤立与社会排斥过程；基于利己、家庭本位、排斥集体合作的"非道德性家庭主义"的价值伦理文化；同群互动的"邻里文化效应"、情境适应与文化实践过程等；也体现为农村发展、"穷人

社区"与穷人的文化与文化心理结构等。具体的理论模型有文化的工具箱模型、文化的传染病模型、非道德性家庭主义以及文化心理结构说，体现为现代性、传统的变迁和农村社会文化转型，体现为文化效应、图式启动、情境适应与社会心理过程；中国农村地方社会、文化的功能性语境、文化启动的知识激活原则、文化框架转换与中国农民的社会心理变迁。处于贫困中的人经过长时间的社会化之后会内化一种偏离主流文化并不断被继承的"贫困亚文化"，这种贫困亚文化一旦形成就会形成一个隔离圈而更加难以改变，也更加难以融入主流文化。

三 研究重点和难点

研究的重点包括：转型时期贫困的重新界定、基于不同生命周期的贫困问题研究；社会转型、全球化与作为行为的贫困研究的相关理论问题和理论的建构；反贫困战略中的参与式方法和参与式扶贫的具体操作策略；宏观利益结构中的贫困问题研究；贫困的社会影响和社会效果分析；生产性贫困和社会性贫困问题研究；社会公正与不平等的挑战；扶贫开发方式的质量和策略。

研究的难点在于跨学科的研究范式和新的关于贫困问题研究的理论的吸收和创新，结合中国的具体实践经验，形成了许多新的问题意识，这些新的问题意识是本书的关键性问题，也是本书的重点难点问题。

（1）如何基于跨学科的分析框架，在一种宏大叙事的历史观下研究中国农村贫困问题，把社会看作一个整体来研究，建立一种整体论的认识方法，即社会系统的研究方法。如何在构建一定时间序列上的结构的、历史的、制度的大的框架下对贫困问题进行分析；研究中国贫困问题，不能忽视中国发展过程中的宏大的历史叙事，中国农村贫困问题与体制转型、结构调整、现代化发展战略与推进策略、全球化进程、粮食安全、金融危机等宏大的历史过程相关联。

（2）如何基于跨学科的分析框架，通过理论创新和实践调研发现中国农村发展与转型期的中国农村贫困带来的新的"问题意识"。本课题最重要的工作之一就是实证调研，并通过调研发现中国转型时期农村发展和农村贫困问题。这既是重点，也是难点。

（3）在跨学科范式的基础上，如何有效开展交叉研究，推进理论创新和问题解决。基于跨学科的分析框架，让贫困问题重点关注脆弱性、风险社会、可持续生计、包容性发展、生态文明、社会排斥、发展伦理和社会正义、精神健康、实践理性和后果评价、实践中的道德等。

（4）不同学科在贫困问题上的问题意识是什么，如何在不同的学科视域内建立共同的问题意识，建立一个整合性的分析框架。这些不同的学科包括发展经济学、发展社会学、发展人类学或人口学、发展政治学等。

（5）样本的代表性和抽样的科学性问题；数据的挖掘、采集和整理。数据质量决定了整个调研的科学性和可靠性，数据是学术研究的生命，如何有效利用现有数据，如何重新通过社会调研获取有效的数据，这是整个项目中的重点，也是难点。

（6）跨学科范式下的贫困的重新界定、新的测量标准、新的测量指标，包括贫困线、贫困度和贫困发生率的测量方法、测量贫困的指标和衡量贫困的主要参数等。在跨学科的范式下，在新的理论的吸收和创新的基础上，建立新的测量贫困的新的标准，在贫困测量中引入生活质量、公共健康、精神健康、社会质量和可持续生计、包容性发展、生态文明、社会正义、发展伦理、共享社会发展成果、和谐社会、普及教育、促进教育和卫生健康、可持续发展等新的测量指标。

（7）基于跨学科的分析框架，进行贫困的动态性、整体性的跟踪调查和动态性瞄准机制的建立。包括扩展贫困的概念、多维度地衡量贫困程度和评价"减贫"效果；农村贫困的发生机制、农村贫困的变化趋势、农村贫困的生产和再生产过程；包括个人的生命历程、家庭生命周期视域中的农村贫困问题研究；贫困的整体性、动态的解决方案的提出。

（8）基于跨学科的分析框架，探索适合中国国情和实际需要的农村贫困问题的应对方案，在跨学科的基础上，吸收脆弱性、风险社会、可持续生计、包容性发展、社会排斥、社会认同、群体动力学、自我归类等新近的理论成果，提出一个跨学科的、整合性的农村扶贫方案，促进中国农村健康稳定发展。

四 农村贫困研究：理论判断、认识论前提与方法论基础

自1978年以来40年间的社会变迁，生动而多维地展现了中国农村发展变化的实态及动因，再现了中国农村走上了从传统社会向现代社会的转型之路。在这样一个伟大的转折过程中，中国农村发展形成了不同于"西方经验"和"西方道路"而具有独特的价值和意义的"中国模式"和"中国经验"，中国转型期的农村贫困问题研究，不能脱离中国的历史发展阶段和中国农村发展的经验事实，我们只有在中国经验事实的基础上，重新对中国贫困问题做出符合中国农村实践的理论判断，建立从中国实践出发的社会科学。[①]

（1）社会转型、全球化和现代化语境中，需要从国家主义的理论

[①] 周科朝、潘泽泉：《社会转型期的农村贫困问题研究：中国经验》，《湖湘三农论坛》2012年第1期。

进路与社会发展正义的意识形态连续谱，从社会转型、社会变迁和社会发展、社会公平和谐社会建构的视域出发对贫困进行重新界定。社会发展的本质是在发展过程中追求社会公平，以使每一个社会成员，特别是弱势人群，都有平等的机会参与分享经济发展的成果。全面的衡量贫困不可能只是从贫困人口数量这一个标准出发，随着改革开放和市场经济的发展与人们的生活水平的普遍提高，应该更多地从生活质量、社会质量、共享社会发展成果、可持续生计、社会融合、包容性发展、社会发展伦理等方面来界定贫困。农村贫困源于现代化发展战略中的不同区域的差异性建构与不均衡的发展策略。现代化的优先发展战略带来了财富和资源的极化现象和优势积累效应。

（2）中国农村贫困的发生学解释过程与社会力、经济力的相互作用。社会力和经济力的作用交叉在一起共同造成了贫困的生产和再生产。社会力表现在社会资本、社会关系网络、非正式风险承担网络、村治共同体的反贫困效应；基于社会分化、社会分层与结构性不平等的贫困再生产过程；基于国家发展主义意识形态连续谱的社会政策导致的不平等，如政策的弱势性存在、政策缺失、政策冲突、政策偏好、社会政策曲行等；拥有资源的统治阶级资源分配的不合理与集团利益偏好。

从经济力的方面来理解，贫困是个人的经济行为和市场调节的结果，表现在经济力—市场结构中劳动力供求关系的变化；基于市场转型的利益驱动、机会获得和脆弱性风险；市场经济的扩散效应与滴涓效应；劳动力市场的隔离、排斥性事实和边缘化过程。在任何意义上，中国市场社会都不是自然进化的产物，而是由国家创构的过程。政府活动与市场活动的相对分离本身就是一种制度安排，它的实质是把国家转化成为一种内在于市场调节的因素。

(3) 中国农村贫困表现为一种政治性建构，即农村贫困与土地制度改革与政府的强制性发展干预相关。体现为理性国家、现代化发展战略、发展主义的意识形态连续谱。贫困的生产和再生产的原因主要在于计划经济的城乡二元分治制度，长期的城乡二元分割导致了农村的城市化缓慢和环境恶化，同时也造成了社会各界对农村的忽视。黄宗智试图解释中国农民贫困的根源。他发现，导致农民贫困的客观原因是以"人多地少"为资源约束的"过密化"以及阶级分化；而制度根源则是深受帝国主义压迫的国家，为变法图强而不顾农村过密化的现实，不断地从乡村社会榨取更多的税负或经济资源。黄宗智看到，被政府利用的乡村绅士，为上面的摊派和国家税项而奔走。然而，在国家威信日益下降的时局下，那些洁身自好的乡绅的退避导致了村级恶棍的横行，由此加剧了国家与村庄的紧张关系。在共产党执政下的中国，农村经济仍然没能摆脱过密化的困境和过密化所带来的中国农村贫困，只不过是集体制下的过密化罢了。

(4) 即诉诸"过程"与"结构"的中国农村贫困问题研究，基于不同的结构性事实的发展过程、结构性困境与贫困再生产的悖论过程，包括市场化过程、文化与社会心理过程、经济过程和政治性过程。农村贫困不是一个短期的现象，中国的农村贫困受到各方面的结构性制约所形成的一个不断持续的再生产的机制，而维持这个再生产机制的一个重要原因就是市场转型、经济的结构性调整、政治性建构和文化心理结构变迁。以中国土地制度变迁、财政和赋税制度为例，中国的土地制度及各项农业政策的调整、地方财政独立所引发的地方集体财政困难与中央政府减少对地方财政的投入等，导致中国村落治理中的"汲取型政权形态"向"悬浮型政权形态"的结构性变迁，也导致"劣绅驱逐良绅"和"精英俘获机制"的出现，这正是社会转型时期中国村落秩序的一个重要特征。

（5）在中国农村的贫困是不同结构性力量和结构性冲突的多维框架下共同作用的结果，因此需要一个具有普遍力的多维视域中的解释框架和具有普遍解释力的理论解释模型。在中国，由政府自上而下推广的小额信贷和劳动力转移这些扶贫措施不断地筛选和瞄准穷人，不但不能使穷人脱离贫困；相反，却使穷人被标签化和亚文化化，使他们更牢固地钳闭在贫困之中，形成新的贫困文化群体和穷人隔离区，因此，中国农村贫困群体的生存处境和弱势心理是一个政治性建构、经济与市场化建构的过程，也是弱势心理、心理资本缺乏的社会心理与文化建构过程。

（6）消除农村贫困的主要理念及策略在于在全球化语境中投资于人力资本，正确地培养与挖掘农村的人力资源，致力于消除或减少那些在全球化过程中使人们陷入不幸或困境的因素，而不是在风险成为事实后再向他们提供生活保障，增进全体社会成员经济和社会能力的社会资源再分配机制。

（7）在农村社会发展框架中，"可持续生计框架"（the sustainable livelihood framework）是解决农村贫困问题的一种更具有整合性的思路，这种分析框架不再是单一部门的发展战略，而是在更广阔的环境下对生存战略的分析，以及根据地方能力和需求做出调整、因地制宜的解决方式。强调长期的发展需要对人进行投资，强调社会和政治变量在解释经济绩效中的重要性，通过保障人的自由和权利、加强关键性的社会部门，如基础教育和医疗在整个发展中的工具性效益，直接提高生产力，从而取得更高的经济增长率和较为完善的社会指标，获得更高的社会回报。

（8）在农村贫困问题的研究中，必须凸显农民的历史主体性。社会发展主要通过对弱势人群赋权和对社会制度、组织及机制进行干预，来实现和谐而可持续的发展；体现为结构约束下的个人行动和实践世界的生存策略；体现为行动理性、策略性空间与实践困境；穷人主体性发展与扶贫战略的改变在于以穷人为主体的发展理念，有效发掘穷人作为发展主体的潜力，实现赋权，鼓励村民参加社会发展的全部决策过程。

（9）在农村贫困问题的研究中，改变发展模式和发展话语，实现一种新的生态发展理念。彻底解决农村贫困必须保护生态环境，促进农业和生态的共同发展；多元化扶贫的策略在于从基本物质生活救助到多元化的综合救助；在于从消极救助取向到积极开发取向，推动扶贫从单纯"输血"到"造血"的转变；实现从物质资本、人力资本范式转向社会资本、投资型资本范式，从社会排斥与隔离走向社会融合，从狭隘的发展主义逻辑走向包容性发展和多元化发展生态；消除贫困的恶性循环、低水平均衡陷阱和资源分配不均的相对剥夺形式，避免贫困代际传递效应和脆弱性风险带来的贫困事实。

第四节　拟解决的关键问题和研究创新

一　拟解决的关键问题

（一）中国农村贫困及其反贫困行动的理论框架和理论逻辑，即贫困问题研究及其反贫困的理论前沿和学理依据

本书既需要重新对贫困的相关理论的方法论基础、核心概念、理论命题和理论分析框架做出梳理，同时也需要进行理论创新和理论发展，还需要结合中国本土的经验资料进行理论的本土化建构，为农村发展的"中国道路"或"中国经验"提供新的理论框架。本课题的

贫困问题研究既在现代化、现代性、城市化、世界体系、依附论、剥夺论、功能论、结构论等传统的理论视角和理论框架下展开，也结合国外贫困研究领域的新的理论动态、理论拓展和前沿研究成果。社会转型和全球化语境中，需要从全球化、风险社会、脆弱性、可持续生计、包容性发展、社会整合与排斥、社会发展伦理与正义、实践理性、道德与生态文明的理论、公共健康出发对农村贫困进行重新界定。

（二）农村贫困和反贫困战略的相关议题、新的问题意识和跨学科分析框架的建立

本课题研究包括不同学科关注的贫困问题。这些问题包括：发展经济学关注的贫困的市场逻辑、市场结构中劳动力供求关系的变化；中国的土地制度及各项农业经济政策的调整、地方财政独立所引发的地方集体财政困难与中央政府减少对地方财政的投入方式；由政府自上而下推广的小额信贷和劳动力转移这些扶贫措施不断地筛选和瞄准穷人的方式等。政治学或者公共政策学关注的问题有拥有资源的统治阶级资源分配的不合理与集团利益偏好；贫困的政治性建构，即农村贫困与土地制度改革与政府的强制性发展干预的相关性；计划经济的城乡二元分治制度；扶贫政策的弱势性存在、政策缺失、政策冲突、政策偏好、社会政策曲行的问题域；现代化发展战略中的不同区域的差异性建构与不均衡的发展策略；现代化的优先发展战略带来了财富和资源的极化现象和优势积累效应等。社会学或者人口学关注的问题有中国农村的社会稳定问题、结构性不平等问题、群体性事件和冲突、社会公正和道德正义、发展伦理和道德生态、社会排斥和社会风险、环境生态与文明、社会分化与社会分层、教育不平等、性别不平等。

从跨学科的视角出发，我们需要重新认识贫困问题，跨学科带来的新的问题意识。表现为：从生活质量、社会质量、共享社会发展成果、可持续生计、包容性发展、社会整合、人力资源投资、公共健康、人口可持续发展方面来界定贫困。关注的跨学科的相关议题包括：跨学科、整合性分析框架的提出，如脆弱性分析框架、可持续生计分析框架、包容性发展框架、参与式发展框架、社会整合框架、公共健康框架、人口可持续发展框架、脆弱性与风险规避和预警框架等。

（三）从时间序列和跨学科角度，把握中国农村贫困发生的内在逻辑与变化的新趋势

中国农村贫困问题出现了一些新的特点并面临着新的挑战；动态的、整合性的研究视角和问题意识；个体的生命历程、家庭的生命周期、中国社会转型的特点、中国现代化的推进策略，关注农村贫困人口的可持续发展、可持续生计的维持、环境生态的保护等；新贫困的新的内涵、特征和变迁趋势；贫困人口分布及其变化趋势、区域性特征、空间特征及其变化趋势；新理论框架下的多维贫困测算方法、"贫困陷阱"问题的经济计量模型；在跨学科的范式下，在新的理论的吸收和创新的基础上，新的测量贫困的标准的建立，在贫困测量中引入生活质量、公共健康、社会质量和可持续生计、包容性发展、生态文明、社会正义、发展伦理、共享社会发展成果、和谐社会等新的测量指标等。

（四）在跨学科的分析框架中，探讨作为行动和结构逻辑中的行动策略、发展话语和实践逻辑

作为结构层面的贫困问题，表现为一种结构性不平等，这种结构包括空间结构、区域性结构、社会分层结构、收入分配结构、产业结

构等，结构性不平等意味着在中心与边缘、非均衡发展、差异性建构、社会空间极化与隔离过程中所维持的一种空间生态；作为行动层面的贫困问题包括影响行为的人格因素，包括态度、环境控制观、效能知觉度和个人责任感；影响行为的情境因素，包括文化、习俗、价值观念和宗教信仰等；影响行动意向的参数，包括人格因素、行动的技能、对行动策略的知识、对问题的知觉；负责的个人行为，包括行为方式和策略。

（五）在跨学科的分析框架基础上对中国农村发展与农村贫困的社会影响和后果的分析

社会影响包括利益攸关者分析，贫困问题对政治、经济、文化、社会人口发展的影响；从利益分配的角度分析特定的政策或扶贫项目对不同社会群体的福利所造成的影响，特别是对贫困和弱势人群的福利所造成的影响；识别和评价正面影响和提高不同人群福利的机会，特别是穷人和脆弱群体，并且不断地应用到宏观层面；识别对与人口或地区相关的所有方面的影响——特别关注脆弱群体，理解不同群体参与的制约因素（例如，穷人如无地者，他们缺乏资产来享用改革的机会）；理解社会和文化变量的影响的差别（例如，性别的不同）；评价什么样的机构和组织是穷人容易接近的（例如，得到权利和机会的信息，能够对穷人的需要做出回应）；还有贫困与社会融合或社会整合研究、农村发展与城乡一体化研究、贫困问题与社会排斥研究、贫困与公平与社会公正研究、贫困与可持续性发展研究，包括对经济、社会和环境影响评价等。

（六）基于跨学科分析框架对反贫困项目、管理绩效、实施效果及其评价机制进行研究

贫困的动态性、整体性的跟踪调查和动态性瞄准机制的建立。包

括扩展贫困的概念、多维度地衡量贫困程度和评价"减贫"效果；农村贫困的发生机制、农村贫困的变化趋势、农村贫困的生产和再生产过程；包括个人的生命历程、家庭生命周期视域中的农村扶贫问题研究；贫困的整体性、动态的解决方案的提出；反贫困的效果评价包括反贫困项目的可行性研究（Feasibility Study）、项目实施效果评价指标体系、项目管理过程成熟度模型的建立、项目的主要内容，如社会融合与一体化工程、反贫困行动计划、移民安置和接纳工程、环境保护运动、再就业工程、创收计划、住房社区推动、老年人的居民区服务、城市贫困家庭发展计划、目标群体的工作（长期失业者、丧失劳动能力者、单亲家庭、吸毒者、低收入者、老年人、妇女、移民或少数民族、青年人和残疾人）；也包括项目的配套条件，如项目的执行主体、资源供应、建设规模、环境影响、资金筹措等，从技术、经济、工程等方面进行调查研究和分析比较，并对项目建成以后可能取得的财务、经济效益及社会环境影响进行预测，体现在农村经济产业发展（如经济创收、社区经济发展方案、就业开发方案等）、农村医疗福利（如农村社区照顾、社区儿童照护、老年人照顾等）、农村社区治安、环保生态、环境景观等面向。另外还有项目管理绩效评估体制、标准和原则、要求、内容与体系、评估方法、评估指标体系、评估模型、需求评估、过程评估和效果评估等。包括反贫困过程及项目实施效果评价指标体系、构建评价模型；建立社区建设与管理的社会效益综合评价指标体系，包括社会影响评估（SIA）、社会效益评估；建立项目管理绩效评估行为系统；建立各种模型，如包括经济收益模型、生态效益模型、政策评价模型、环境评价模型、成本—效益分析模型等。

二 研究创新

（一）研究成果的创造性转换

本书立足于实现农村社会全面发展、构建和谐社会、创新社会管理机制，规范社会秩序，着重探讨社会转型和全球化语境中的中国农村贫困的人口学特征、贫困的空间特征、贫困的政治性建构、贫困的经济—市场运作逻辑，包括社会转型背景下的农村贫困的生产与再生产、农村贫困的新特点和农村贫困的趋势研究。因此，无论从研究领域还是研究视角来看，本书都具有开拓性的意义。

（二）在跨学科视角下的新问题意识和反思性问题聚焦

本书在跨学科的研究范式下，不仅仅关注现代化、世界体系、依附论等传统解释范式下的问题意识，而且关注脆弱性、风险社会、可持续生计、包容性发展、生态文明、社会排斥、发展伦理和社会正义、实践理性和后果评价、实践中的道德等视域内的新的问题意识。本书立足于实现农村社会全面发展、构建和谐社会、创新社会管理机制，规范社会秩序，着重探讨社会转型和全球化语境中的中国农村贫困的人口学特征、贫困的空间特征、贫困的政治性建构、贫困的经济—市场运作逻辑，包括社会转型背景下的农村贫困的生产与再生产、农村贫困的新特点和农村贫困的趋势研究。因此，无论从研究的问题域还是研究视角来看，本书都具有开拓性的意义。

（三）理论建构和贫困行动的科学性、系统性和复杂性探究

本书将综合运用社会学、经济学和政治学等学科的理论、范式、范畴和方法，在全球化、现代化、城市化与社会转型的理论框架中展开对中国农村贫困的发生学分析、农村贫困的动态过程分析以及农村贫困的跟踪田野调查分析。在跨学科范式下，在新的理论的吸收和创新的基础上，对贫困进行重新界定，建立新的测量标准、新的测量指

标；对贫困问题化的跨学科理论处理、贫困现实问题的跨学科回应和实践逻辑，在新的历史向度和文化语境中实现不同学科理论流派的跨时空对话，等等。在贫困测量中引入生活质量、公共健康、精神健康、社会质量和可持续生计、包容性发展、生态文明、社会正义、发展伦理、共享社会发展成果、和谐社会等新的测量指标。

（四）研究成果具有可行性与可说明性

跨学科既是一种方法论工具，也是一种行动联盟的策略，通过贫困的跨学科研究，将在宏观与微观、结构与行动、范式与方法，从跨学科层面，结合最新的理论成果，构建一套全新的具有一定咨询性的有关消除农村贫困的行动方案、风险控制、危机预警和干预机制，制定一套全新的既具有一定可操作性又具有一定可行性的农村贫困变化的预警系统、方向应对系统、社会行为预警系统和社会影响评估系统等。

（五）理论体系建构的实证性、科学性与可操作性

从研究视角来看，本课题对贫困问题进行跨学科的研究，进行整合性研究，改变了过去单一研究的局限和弊端。本书将从农村社会变迁中的社会政策调整、利益的重新分配、不同利益主体利益博弈的策略、穷人的实践理性与行动策略等多个方面展开研究，并用定量研究与定性研究相结合的方法开展以往仅局限于定量研究方法的贫困问题研究，从而开辟了贫困研究的新范式。

总之，本书在跨学科的视角下，拟采取定量分析与定性分析、理论研究和经验研究、理论创新与应用研究相结合的研究方法，从社会转型、农村全面发展、社会管理创新和农村和谐社会建构层面探究转型时期农村贫困的现状、变化趋势、对社会的影响和冲击；农村贫困问题对中国社会发展战略的未来转型和中国农村发展的影响、冲击；

农村贫困问题带来的发展伦理正义、生态文明、可持续生计、公共健康和农村稳定问题带来的社会风险等。

第五节　研究设计

一　研究对象

本书的调查对象是农村贫困群体与扶贫项目、扶贫目标群体，包括不同的扶贫目标群体，如残疾人、丧失或部分丧失劳动能力且无稳定收入来源的老年人、流浪乞讨人员、有劳动能力但收入低于国家贫困线的农村村民、有劳动能力但收入低于低保线的农村人口；包括不同的扶贫项目，如社会融合与一体化工程、反贫困行动计划、移民安置和接纳工程、环境保护运动、再就业工程、创收计划、住房社区推动、老年人的居民区服务、贫困家庭发展计划；包括目标群体的工作和扶贫项目的推动（留守儿童、留守妇女、长期失业者、丧失劳动能力者、单亲家庭、吸毒者、低收入者、老年人、妇女、移民或少数民族、青年人和残疾人）。

调查贫困农民的生活状态和生活方式，以及与扶贫相关的社会政策，了解农村贫困人口的市场行为、文化心理、社会网络、社会认同等。湖南农村的贫困状况调查分为七个主题：农村贫困治理与项目推动；湖南省精准扶贫的研究与对策；农村贫困与社会政策；农村贫困与市场行为；农村贫困与文化；农村贫困与社会网络；农村贫困与社会心理。

二　研究方法

（一）调查地点和样本选取

本书已经展开了为期一年的前期研究，并发表了相关的学术论文。具体的研究方法包括对现有数据的挖掘、采集和收集，同时采用问卷调查、深入访谈法、观察法、文献法为辅的方式收集研究资料。使用自填式问卷，由调查者将问卷发放给符合条件的被调查者，由被调查者填答，然后调查者收回问卷。调查对象的选取采用多阶段分层抽样的方法。调研地点为湖南省境内的贫困县，调研对象为收入低于贫困线的农村贫困人口。

具体操作是：本次调查在湖南省境内举行。湖南省位于中国中部地区，多山区，贫困县、贫困区较多，为保证样本的代表性，以经济发展水平、空间和区域性特征为标准，结合研究者所具有的资源以及样本代表性的要求，在湖南省选取了5个贫困县（宁乡、新化、通道、安仁、平江）作为调查地点，然后在每个贫困县选取2个贫困村，共抽取10个贫困村，再从被抽中的贫困村中抽取10个社区，然后从每个被抽中的社区中进行抽样调查。访谈则由课题组成员选取50名贫困者进行个案访谈。最后对所抽取贫困社区/村进行农户问卷调查，在发放的1200份问卷中共收回有效问卷1132份，有效回收率为94.3%。并从中选择20多名贫困居民/村民进行深入的个案访谈，具体的社会分析工具包括贫困的性别分析、时间序列分析、利益攸关者分析、参与式矩阵、逻辑框架、脆弱性分析和风险分析、可持续生存资源和框架分析、公共健康状况分析、贫困的社会影响评估、贫困项目或发展方案的效果评估、扶贫规划实施效果分析。

（二）资料收集方法

为了研究的顺利开展，前期收集了大量的相关资料，包括：（1）湖南省贫困人口的区域性分布包括湖南省贫困县、贫困村的数量及地域分布。（2）湖南省贫困人口的个人相关信息及相关统计数据。（3）湖南农户调查或监测数据——跟踪性、监测性、动态性数据，5—10年内湖南农村扶贫的动态监测数据，扶贫效果的相关评价资料。（4）湖南省扶贫系列政策（含文件、地方性政策）。（5）湖南省政府扶贫项目。包括扶贫项目类型，项目实施情况，项目跟踪方式、效果，需要20个扶贫项目的跟踪调研。（6）10村资料。贫困户的总体情况、地理位置、社会变迁、自然资源、交通情况、民俗文化、经济发展、生态环境、人口分布（人口结构）、家庭结构、生存方式、人口流动、教育情况等。（7）湖南农村住户调查的问卷以及数据。10村调查，每村5个贫困家庭的跟踪情况；每村100个贫困户的调查，完成1132个样本量。（8）访谈资料和文献资料。焦点小组访谈和个案访谈，收集个人档案记录。个案访谈人数为20人。具体的研究方法包括：

1. 文献法

文献法，即文献回顾，也称为文献考察或文献评论，指的是对到目前为止的、与某一研究问题相关的各种文献进行系统查阅和分析，以了解该领域研究状况的过程。或者说，就是一个系统地识别、寻找、考察和总结那些与我们的研究有关的文献的过程。在研究过程中，本书查阅了大量的文献资料，以了解国内外贫困、反贫困行动和贫困治理的相关研究状况，为研究设计和分析论述提供有力的理论和经验依据。

2. 问卷法

本书以自填式问卷法为主，直接发放给农村贫困群体，由其自己独立完成，如有不明白或不懂之处可向调查员询问，给予其适当的解释和指导。对能充分理解问卷意图的贫困者则实行直接发放、直接填答、直接回收的方式；而对于那些不能完全读懂问卷意思（文化水平低或是眼睛模糊）甚至看不懂字（文盲）的贫困者，则采用一对一的问题解释方式，每一道题都读一遍，再听不懂的则换一种形象的方式来解释给他们听,直到他们领会到真正意图为止,以达到合格完成问卷的目的。

3. 访谈法

通过结构式的访谈深入了解调查对象对不同类型社会政策的认知看法及其行为方式,进而分析其在社会政策背景下所采取的及时行为逻辑和长期生存策略。结构式的访谈"要求在访谈过程、访谈内容、访谈方式等方面都尽可能统一,做到标准化。这样是为了避免访谈中各种个人因素,特别是个人主观因素影响访谈过程,从而增加访谈过程的客观性和资料的可信度","但结构访谈因为缺乏弹性,缺乏灵活性,无法了解更加具体、更加详细的资料,也无法对所访谈的问题进行更为深入的讨论"。[①] 这样对于那些涉及本书研究目的的重要谈话内容,调查人会向被调查人作出一定的访谈引导,即引导其就该问题继续全面、详细地讲下去,这里也运用了深度访谈的相关方法。"并不依据事先设计好的问卷和固定的程序,而是只有一个访谈的主题或范围,由访谈员与被访者围绕这个主题或范围进行比较自由的交谈","它的主要作用在于通过深入细致的访谈,获得丰富生动的定性资料,并通过研究者主观的、洞察性的分析,从中归纳和概括出某种结论。"在实地调查过程中,在每一个行业、每一个单位、不同医院的不同疾病类型贫困者都选择个案进行深度访谈,了解他们的健康状况、疾病原因、病后情况、医保情况、医疗期望以及他们对健康卫生、医疗救助、医疗保障、疾病、居住环境满意度、工作条件满意度、职业病、工伤等知识的认识和了解程度。

本书采用了个案访谈的定性研究方法。访谈法主要采用结构性访

---

① 风笑云:《社会学研究方法》,中国人民大学出版社 2005 年版。

谈法与非结构性访谈法、焦点访谈法、深度访谈、个案访谈法和小组讨论，事先准备好访谈提纲，多次重复访谈，深入访谈，交换角度访谈。个案访谈的定性研究方法是建立在个案研究的基础之上的。个案研究是以一个个体或一个组织例如家庭、社区、学校或部落等为对象，对某项特定行为或问题进行研究的一种方法。个案研究偏重于探讨当前的事件或问题，尤其强调对于事件的真相、问题形成的原因等方面，做深刻而且周详的探讨。按照 Stake 的区分，个案研究可以分为三个类别：一是内在个案研究，即研究者希望更加了解个案本身的研究；二是工具性的个案研究，独特个案的研究结果可以提供研究者了解特定议题或使理论更精练；三是集体的个案研究，较不关心特定个案，研究者可能同时研究许多个案，以探讨现象或一般情形，这并不是研究整体，而是将工具性的个案研究扩展到许多个案上。但是，许多研究在类别上都是混合的。个案研究可以帮助研究者深入研究对象内部去体察活的历史、活的生活和活的事件，并通过这些历史、生活和事件去考察街区人民的日常生活世界是如何与宏观的社会历史变迁融会贯通的。在个案访谈之前，我们首先与村干部进行了交流，从村干部那里先了解了一下一些农村贫困群体的基本情况，以便在访谈的过程中能真正走进农村贫困群体的内心世界和精神世界，感同身受他们的生存疾苦，真实地观察与记录下农村贫困群体的生活状态。在访谈过程中，我们在获得被访者许可的情况下，用笔记录下了农村贫困群体家庭的一些基本情况以及家庭中的一些重大事件。本章运用的个案着重关注的是在社会政策调整过程中，不同的参与者之间为了实现自己的利益而采取的各种策略性的行为，也正是在这些行为之中，蕴含着他们各自的行动逻辑。

4. 实地参与观察法

主要观察农村贫困者的社会生活圈，包括基本的生活方式、社会关系网络、行动策略、价值准则、基本的态度和观念，亲身观察他们的日常习惯行为，体验他们的生活方式，寻找出他们贫困的生发根源以及贫困状态。

5. 口述史

在社会调查中发现，农村贫困群体对所提问题的回答都是建立在个体或者集体记忆的基础上的，"他回忆道""他解释说""他开始醒悟了""他仍记忆犹新"构成了他们话语的原材料。回忆关注农村贫困群体过去的生活经历和社会认知是如何累积起来的问题，他们的现实生活是如何影响他们对其过去生活的解释的问题（而这个问题一直被崇尚访谈资料的学者所忽视，从而犯了一个错误，即简单利用访谈资料来说明农村贫困群体问题），事实上，通过回忆，研究者既可以看到这些农村贫困群体对自己身边发生的重大事情是如何思考的，也可以看到这些经历者对他们自身的经历是如何看待的。

三 研究途径与解释类型

研究途径包括贫困的概念、问题、工具和分析技巧。贫困问题的概念和问题主要有公平和社会公正、可持续生计、脆弱性、参与式发展、平等和赋权、包容性发展、性别发展、社会风险、社会政策和社会保护、社会排斥与社会整合、精神健康、生活质量、社会质量、社会资本等。

（一）PRA、PLA 研究

采用参与性途径和方法，比如绘制地图和排序——让当地人参与资料收集和分析——视情况而定——很好地推动参与方采取行动。理论上，其目的一般被表述为权力下放给地方，但常常被用作收集资料的快捷手段。

(二) 大规模统计数据分析

促进在不同村落之间进行可量化但不针对每个地方的比较，使用调查问卷和具有代表性的样本，比如在全省选择五个具有代表性的贫困县，每个贫困县选择几个有代表性的村落，每个村落选择几个具有代表性的农村社区。

(三) 质性研究和田野调查

开展社会学、人类学研究，调查社会问题—通常视情况而定—采用参加者的观察报告等人种学方法，但也可能包括一个调查问卷的定性模块，比如关于社会整合，或者目标群体讨论及其他方法。包括：

(1) 问题分析。问题分析是设计和处理干预的一种工具。有不同的技术用于实施这种分析，例如专题研讨会、集中的小组讨论或者参与快速评估的技术。

(2) 逻辑框架。逻辑框架（通常称作"logframes"）被广泛用于加强干预设计、实现和评估。逻辑框架把计划干预的所有关键成分总结到一起，汇入一组明确的说明书中。这是一种辅助预期执行、计划和按顺序排列行动的工具。通过建立一个监控和评估的框架，在其中，计划和实际结果能够加以比较。

(3) 风险分析。风险分析是设计任何干预的必要部分。这包括对所有风险因素的识别和系统评估。一旦得到确认和评估，风险就能够随后被控制并且确定出对应的措施。适当的风险评估一般需要许多人参与进来，而且通常需要在专题研讨会中做出。风险分析的过程应该在计划阶段以及在发展干预的经济周期的关键地方实施。对风险的控制是一个持续不断的过程。

（四）社会影响评估技术

用于农村贫困和农村扶贫项目评估投资的潜力或实际社会影响，往往是对农村发展和人口可持续发展影响评估的补充。如果重点是在政策方面，可与社会评估通用，分析扶贫政策在不同社区之间的效果分布状态。传统意义上的社会影响评价集中在识别和减轻不利的影响，而且主要是与项目相关的。包括识别和评价正面影响和提高不同人群福利的机会，特别是穷人和脆弱群体，并且不断地应用到宏观层面。社会影响评估重点关注：识别对与人口相关的所有方面的影响，特别关注脆弱群体，他们往往被忽视（例如，老年人、农村留守妇女或儿童）；理解在扶贫项目中不同群体参与的制约因素（例如，穷人如无地者，他们缺乏资产来享用改革的机会）；理解社会和文化变量的影响的差别（例如，性别的不同）；评价什么样的机构和组织是穷人容易接近的（例如，得到权利和机会的信息，能够对穷人的需要作出回应）。

（五）DFID 的社会评估

采用一个参与性框架对扶贫政策产生影响的社会鉴定。其特点是，旨在对政策产生影响，衡量其成功的标准是在多大程度上从使贫困人口受益方面对政策产生了影响。

（六）系统研究方法

除应用一般社会科学方法外，尚须注意社区政治生态、环境生态、教育、家庭结构的提升以及其他层面的变迁，而有其值得特别重视的研究课题或策略。

（七）社会分析工具

社会分析的一些技能、工具和框架。具体包括：国家发展战略文件制定的形势分析；国际社会建设和社会发展目标的社会范畴（贫困、社会公正、易受伤害程度、权利）；制定项目和方案；所提交文件的社会鉴定附录；社会分析的一些技能、工具和框架；利益攸关方分析；参与矩阵；男女平等分析（许多工具）；获得服务和易受伤害程度；社会融合、排斥与可持续生存资源框架；社会资本；社会政策框架；发展的权利法；PLA 技巧；参与性规划法；参与性社区行动评估；综合发展框架；社会影响评估；历史研究方法；网络层次分析法；（Analytic Network Process，ANP）；层次分析法（Analytic Hierarchy Process，AHP）；TOPSIS（Technique for Order Preference by Similarity to Ideal Solution）法；脆弱性分析法；生命周期/历程研究法；家庭生命周期研究法等。

（八）贫困发生学的解释类型

基于贫困的发生学解释是建立在中国村落历史变迁、理性国家和地方政府的反贫困行动以及贫困者的实践理性、行动策略与社会心理和文化建构等上的，具体的解释模型包括基于逻辑经验主义的实证主义历史解释、基于移情式理解的合理性的历史解释以及建立在史学家叙述和贫困者口述史基础上的叙述的历史解释等。

四 资料处理技术

本书在资料分析方法上主要采用数据分析法，将通过问卷收集来的资料进行审核和编码，然后录入数据库，并借助专门的社会科学统计软件 SPSS 17.0 对数据进行分析和检验。主要运用到建设检验法与二元 Logistic 回归分析，并辅之以相关分析。以图表的形式对数据分析结果进行呈现，然后运用相关理论对资料分析结果进行解释。在定量分析的基础上，运用"内容分析技术"简化深入访谈获得的定性资料。

五 样本描述及其说明

(一) 研究对象的描述

本书在收集资料时采用的是多阶段分层抽样法,对湖南省所有贫困县随机抽取5个作为调查对象,每个县再抽出2个村,每个村随机抽出120人进行调查,共发出1200份问卷,收回有效问卷1132份,问卷有效回收率为94.3%,调查过程中由于研究对象的排斥心态、理解能力和文化程度等方面的原因,可能会对收集来的数据造成一定误差。但在大样本和随机性两个条件下,这些误差并不影响数据的代表性,因此,本次研究的数据依然具有相当强的代表性和可信度。

表1-1　　　　　　　　样本基本情况分布

	频数	频率(%)		频数	频率(%)
1. 性别			5. 政治面貌		
男	896	79.2	党员	178	15.7
女	236	20.8	非党员	952	84.1
2. 年龄			6. 家庭人口数		
18—35岁	150	13.3	1—2人	136	12.3
36—45岁	294	26.2	3—4人	556	49.6
46—55岁	366	32.6	5—6人	366	32.7
56—65岁	188	16.7	7人以上	60	5.1
66岁以上	126	11.2	7. 家庭子女数		
3. 受教育年限			无	72	6.4
未上学	70	6.2	1个	184	16.5
小学	420	37.1	2个	570	51.0
初中	372	32.9	3个	184	16.5
中专或高中	192	17.0	4—5个	94	8.4
大专或本科及以上	76	6.7	6个及以上	14	1.2
4. 婚姻状况					
在婚	918	81.1			
不在婚	214	18.9			

由表 1-1 可以看出：(1) 性别分布：样本中男性为 896 人，占样本总量的 79.2%；女性为 236 人，占总量的 20.8%。男女比例将近 4：1，男性的样本量将近女性样本量的 4 倍。

(2) 年龄分布：此次调查是针对年龄在 18 岁以上的成年人，结果显示平均年龄为 48.99 岁，最小为 18 岁，最大为 91 岁。其中以 46—55 岁的居多，有 366 人 (32.6%)，除此之外，36—45 岁以及 56—65 岁两个年龄段的人口比例也不少，分别为 294 人 (26.2%) 和 188 人 (16.7%)。另外，18—35 岁的青年劳动力有 150 人 (13.3%)，66 岁以上的老年人口有 126 人 (11.2%)。从年龄结构的分布来看，样本中以青壮年劳动力为主，并没有出现农村中以"386199"①为主体的现象。这可能受到调查时间的影响，本次问卷调查是在农历的十二月，接近农历新年，很多外出务工的青壮年劳动力都已回到家中。

(3) 文化程度：受教育程度是衡量个人经济社会的地位的主要指标，也是实现个人就业发展、社会流动重要因素。该指标中调查对象的文化程度以小学和初中为主，其中小学最多，有 420 人，占 37.1%；初中第二，372 人，占 32.9%；其次是中专或高中，有 192 人，占 17.0%；而未上学的有 70 人，占 6.2%；大专或本科及以上的人数为 76 人，占 6.7%。平均受教育年限为 8.31 年，不到 9 年。综上所述，我们可以看出农村人口的文化程度普遍偏低，农村文化资本缺失严重。

(4) 婚姻状况：样本中在婚的有 918 人，达 81.1%，不在婚人

---

① 随着农民外出务工现象的普及，农村中人口以儿童、妇女、老年人为主，"386199"是用六一儿童节、三八妇女节、九九重阳节三个典型的节日代表三个群体。

数仅 214 人（18.9%），说明农村中家庭结构基本稳定，离婚现象较少。

（5）政治面貌：从党员与非党员的人数来看，党员人数为 178 人（15.7%），非党员人数为 952 人（84.1%），根据本章对调查员的访问得知，调查中的党员多数为各村的干部、居民小组的组长以及退伍和转业的军人。

（6）家庭人口数：家庭人口数量反映家庭的结构，1—2 人的家庭多为单亲家庭、失独家庭、丧偶家庭等，家庭结构不稳定；7 人以上的家庭多为传统家庭，子女成家后不从户籍中分离，几代同堂。样本中 3—4 人的家庭有 556 户，占总样本的一半，通常为一对夫妇养育 1—2 个孩子的家庭。除此之外，5—6 人的家庭也较多，有 366 人（32.7%），占总样本的 1/3。综上可以看出农村家庭的人口数量普遍较多，家庭规模大。

（7）家庭子女数：数据显示农村家庭中有两个孩子的比重最多，570 人（51%），有 3 个孩子和 1 个孩子的样本量相同，都为 184 人（16.5%）；除此之外，家庭中有 4—5 个孩子的家庭有 94 人（8.4%），没有孩子的家庭有 72 人（6.4%），6 个及以上孩子的家庭有 14 人。家庭子女数量的分布与年龄结构的分布呈现出类似的橄榄形，我国农村家庭的子女的数量是我国计划生育政策和农村"儿女双全、子女满堂"等传统生育观念共同作用的结果。一方面，计划生育政策要求只准生育一个孩子，农村户口第一胎为女孩的可以生育二胎；另一方面，农村中存在重男轻女、人多力量大等观点，所以尽管有计划生育政策的限制，很多农民通过超生来达到对子女数量和性别构成的期望，这就导致了我国农村家庭子女规模较城市大。

(二) 研究对象说明：基于两个群体的比较数据

表1-2体现了调查对象的一些基本数据对比。在先赋特征方面，从性别比例来看，贫困人口中男性占样本的比例约为60.1%，女性为39.9%，相对于非贫困人口男女51.9%：48.1%，性别比例有较明显差异。年龄方面，本次调查显示，相对于非贫困人口，贫困人口大于45岁人口比例比为76.6%，青壮年比例明显偏低，非贫困人口年龄比例基本呈纺锤状。

表1-2 基于两个群体的样本数据比较

	百分比（%）贫困/非贫困		百分比（%）贫困/非贫困
1. 性别		4. 文化程度	
男	60.1/51.9	未上学	15.6/6.6
女	39.9/48.1	小学	45.4/34.3
2. 年龄结构		初中	29.4/35.9
18—25岁	2.3/9	中专或高中	8.7/17.6
26—35岁	5.0/12.5	大专及以上	0.9/5.5
36—45岁	16.1/20.9	5. 政治面貌	
46—60岁	41.7/38.6	中共党员	6.9/11.6
60岁及以上	34.9/18.9	民主党派	0/0
3. 婚姻状况		共青团员	2.3/9.2
未婚	5.5/9.0	一般群众	90.8/79.1
初婚	81.2/82.9		
离婚	0.5/1.5		
再婚	3.7/2.3		
丧偶	9.2/3.8		
同居	0.0/0.5		

在自致特征方面，从婚姻状况来看，贫困人口与非贫困人口有较大差异，贫困人口丧偶比例达9.2%，而非贫困人口仅为3.8%。从政治面貌来看，90.8%的贫困人口是一般群众，共产党员占6.9%，没有民主党派人员，相较于非贫困人口的党员比例（11.6%），相对偏低。① 文化程度方面，贫困人口整体偏低。调查样本中，贫困人口小学文化程度所占比例最大（45.4%），非贫困人口中文化程度为初中的人数比例最大（35.9%）；贫困人口未上学人数比例（15.6%）远远高于非贫困人口（6.6%）；贫困人口中专或高中及以上的比例（9.6%）也低于非贫困人口（23.1%）。

（三）定性资料：访谈结构与个案说明

为了进一步深入了解贫困户的个人生命的多元轨迹和家庭生命周期，获得更多规范性的质性资料，2012年，我们课题组在实地调查过程中，随机选择了22个贫困户进行了深入访谈，具体的访谈内容包括访谈对象的群体特征：性别、年龄、家庭情况（兄弟姐妹、子女、配偶）、教育程度、生活自理能力、主要经济来源、重要的人生经历；家庭生命周期与个体生命历程理论视域下的贫困（个体的生活轨迹）；个体生命发展与重大历史事件的相互契合形塑人生轨迹的走向；这些重大事件对自己人生有何重大影响（贫困问题）。

具体访谈内容有：（1）贫困群体的生存状况，包括经济收入、生活照顾能力与服务、医疗健康服务、精神文化需求与精神慰藉、劳动力构成、自然条件差或灾害、下岗、失业经历、投资情况、土地利用与耕作情况等。（2）贫困群体的身心健康，包括身心体验、主观幸福

---

① 罗宇翔（导师：潘泽泉）：《脆弱性、风险承担网络与农村贫困问题研究》，2013年5月1日。

感、社会疏离感、心理健康、满意度、人际关系、健康状况、生活娱乐休闲等。(3) 贫穷、赋权与社会参与、穷人主体性，包括倾听贫困的受害者自身关于贫困的体验、以贫困者自己理解的方式描述他们的生存状态以及对发展的期望、涉及他们社会和家庭生活的各个方面、穷人在扶贫计划中的实际角色和主体性、赋权、分享和参与过程、自助与互助能力建设、对自己生计的控制能力、面对的不确定性和市场的不稳定性的风险应对方式等。(4) 参与式扶贫及国家扶贫过程中的公民参与问题，包括决策主体性、经营主体性、文化主体性、穷人在扶贫计划中的实际角色和实际主体性。(5) 地方国家、发展干预、制度选择和农村贫困，包括国家和地方政府的责任与角色执行情况、地方政府识别穷人的方法、地方干部在扶贫过程中扮演的角色、地方干部基于自己在官僚架构中所处的有利位置，如何影响资源的再分配过程、是否仍然存在某种干群依附关系、正式权力如何运作、为村民提供的社会福利以及承担公益事业（包括教育、医疗、卫生保健等）情况。(6) 基于市场的决策性贫困，包括是否存在经济政策和决策失误所导致的贫困、市场销售问题与经营风险、自然环境与产量、价格问题。(7) 社会保障和社会支持网络，包括社会保险与社会救助对象的识别、执行效率与公平性感知、社会保险和社会救助与保险对象家庭的基本生活、中国农村扶贫的政策效应、农村扶贫政策的特征和有效性分析。(8) 风险、脆弱性、可持续生计与农村贫困问题研究；人口流动、收入增长来源与农村贫困问题；农村贫困、教育与不平等问题研究；社会阶级地位、生产生活方式与健康不平等；贫困的市场逻辑、农村社会的风险分担网络等。

第一章 绪论

表1-3 个案访谈资料①

编号	个案说明	口述史资料：个人生命的多元轨迹和家庭生命周期
A001	秦××，女，63岁（1949年出生）	秦的丈夫是转业军人，1971年结婚，1973年儿子出生，1975年女儿出生，1980年丈夫转业回到了地方，在一家工厂的保卫科工作，1985年老人到丈夫工厂的食堂做临时工，2004年丈夫退休，自己也辞去工作回农村
A002	李××，男，72岁（1940年出生）	有两个儿子一个女儿，大儿子1965年出生，女儿1967年出生，1970年小儿子出生。大儿子1983年当兵，后留在部队工作。小儿子考上了中专，1988年分配到镇上的农机公司上班。1997年大儿子得了鼻癌，2002年去世，1998年小儿子下岗，2006年左眼因眼疾被摘除，2008年获得低保补助
A003	王××，男，78岁（1934年出生），世代贫农	1954年结婚，生育两儿两女，1958年，在修水库的时候，因在工作中不小心而导致一条腿致残。大儿子1987年去深圳开的士以后，家庭经济状况开始好转。1993年，大儿子得了脑瘤，1999年大儿子去世。2003年，妻子得了胃溃疡，2006年获低保
A004	林××，女，61岁（1951年出生）	1969年结婚，有一个儿子，两个女儿。1970年大女儿出生，1972年二女儿出生，1981年生有一个儿子，1996年老公去世，2000年儿子考上大学，2007年儿子结婚，无低保
A005	张××，男，64岁（1948年出生）	因为家里穷，结婚很晚，1982年，他34岁时才结婚，1984年女儿出生。年轻时起就好赌博，没钱赌时就做些偷鸡摸狗的事情，70年代，他因偷工厂的东西被抓，坐了4年牢，1996年离婚
A006	胡××，男，60岁（1952年出生）	家庭结构完整。胡是外来人口，在当地没有归属感，受当地人排挤，总担心被别人欺负，因此想生儿子。胡的妻子在1975—1981年连续生了四个女儿后，违反计划生育政策，被罚过款，1985年儿子出生
A007	男，60多岁，一直未婚	靠领低保过日子；没有小孩，老婆2003年去世；家里有个弟弟，弟弟比较富裕，弟弟家修了新房子；获政府抚恤金10000元修平房；领低保，五保户，补助1200元/年；无依靠

① 说明：个案访谈的时间是2012年。

续表

编号	个案说明	口述史资料：个人生命的多元轨迹和家庭生命周期
A008	刘××，男，70多岁，独居	以前比较富裕，家庭发生重大变故，妻子和小孩因病相继过世，治病欠下大量的债务。自己身体不是太好，独居，房子没钱维修，下雨就漏水，靠西边的墙曾经下暴雨的时候倒塌，至今没钱维修，也向政府反映过，没用
A009	贺××，男，75岁（1937年出生）	领低保，1974年结婚，1975年生了一个男孩，第二年因病死了，1989年，妻子因病去世，目前，自己身体也不好。55岁时，因一场大雨，原来的土砖房倒塌了，现在住在弟弟家里，弟弟家有两个女儿，大女儿已经出嫁，婚后和丈夫一起外出打工。因弟弟家没有儿子，按照农村的风俗，招了一个上门女婿。2012年，加入了新农保。现在老人因年老已经不种田，也没有养猪、养鸡、养鸭，只是在家门前种一些小菜，供自己吃，老人的田给弟弟耕种，弟弟每年给他400斤米，够老人吃一年
A010	胡××，70岁（1942年出生），领低保	妻子有病，因有高血压，不能做手术。有两个儿子，大儿子在农村种田，已经成家立业，与老人分开住，大儿子夫妇的身体都不好，不能给予老人经济上的援助，但大儿子每年都会给几百斤谷子。小儿子的经济条件尚可，在镇上做水果批发生意，在老家修了三层楼房，现在老人住在小儿子的家里，小儿子每年都会给老人2000—3000元钱。老人现在自己种田，种油菜，基本上能够维持老两口的日常开支
A011	李××，女，领低保	老公风湿，腰腿不好，几乎不能动；评了几年低保都评不上，一个组3个名额，要靠关系；家中有一儿子，儿子没有钱；两个女儿都出嫁了；有心脏病，头发掉光，腿脚不方便
A012	贺××，78岁（1934年出生），住茅棚房子，低保户，特困户	1954年前后修水库3年（1950年、1955年、1956年），导致受伤致残，双腿受伤回来后种田；大儿子当兵6年，得鼻癌去世；自己1950年结婚；四个儿女；1948年大女儿出生；1950年二女儿出生，1955年大儿子出生，1995年大儿子患了癌症，2000年去世，孙子20岁；1957年，二儿子出生，1975年当兵，1979年结婚。在家独居，自己负责自己的衣食住行

第一章 绪论

续表

编号	个案说明	口述史资料：个人生命的多元轨迹和家庭生命周期
A013	张××，女，49岁，评不上低保，特困户	两个女儿，大女儿1960年出生，1978年高中毕业，1982年结婚，老公出去打工，三年才回来一次，后没有赚到钱，2006年，老公在工厂做事时，手指被机器压断，2009年领了残疾证，现在每年还要花1200多元治疗。对镇里不满意，领不到低保，很痛苦，认为社会不公平，敬老院占了其住宅用地，获得补偿款1000元；政府承诺在敬老院有护理岗位，没兑现，现住破旧的老房子
A014	朱××，女，1946年出生，老伴74岁	种田，儿女没有钱给父母，靠自己种田维持生计，1988年修房子，2006年，左眼球被摘除，2011年腰疼，花了600元看病。大儿子1967年出生，现45岁，1997年去深圳打工，学会开车后，在深圳开的士，2001年，脑瘤去世，花了10多万元，小儿子1973年出生，现39岁，中专毕业后，分配到镇上的农机公司，后成为下岗工人，已经结婚
A015	罗××，43岁，男，一直未婚	现43岁，精神有问题，2000年住了2个月的医院，未婚，住房为父亲留下的平房，房顶开始塌陷；家里没有任何电器；有一个兄长，今年50岁，其兄长有一个儿子，2008年出去东莞打工，后结婚生子，在工厂上班时意外死亡，不知死亡原因，兄长的妻子有病，长期卧床，孙子上幼儿园；其兄长还有一个女儿，在外打工，未婚，每年寄回2000元回家
A016	夏××，男，1950年出生，没享受低保	靠种田每年3000元的收入，地势高，用水很困难，政府没有接水管到他家地里，请人用抽水机抽水，每小时12元，政府农业补贴每年150元；儿子儿媳在广东打工，去了13年，从未寄钱回家，强制买保险，但没有钱交费，住的是土砖房子，另外有两个女儿，都去外地打工，大女儿在佛山打工，有一个女儿一个儿子，都在佛山上学，小女儿在广东打工，有个儿子带去广州上学；去信用社借钱被拒绝，必须有女儿女婿作担保，贷款的钱是为了女儿女婿去广州做生意；"大跃进"以前家境比较好，1957—1987年，做豆腐，1987年父亲去世，人民公社后越来越差

· 83 ·

续表

编号	个案说明	口述史资料：个人生命的多元轨迹和家庭生命周期
A017	李××，女，60岁享受低保	2001—2006年在株洲做煤球，年收入3万元，做服装生意，年收入18000元，1999年分地，每人4分地（4×4=1.6亩）；本人，2011年，检查出青光眼，动手术花了7000元，新农保报销了1570元；老公，2006年，生病，脑血栓阻塞，在县医院住院花了3000元，2011年，在县人民医院住院花了4000元，2011年在附二住院，脑中风，花了16000元，报销了一部分；家庭：儿子在东莞一家模具厂打工，2011年给老妈1万元治病；小女儿在浙江打工，有两个女儿，小孩在姥姥家，养有一个外孙女，费用由女儿女婿出
A018	刘××，女，1949年出生	老公在县里工作，公务员，退休，户口在城镇，自己的户口在农村，有3个子女，一个儿子，两个女儿，两个哑巴，大儿子23岁时就死了，二女儿被拐骗，三女儿四岁时才会说话，后来随便嫁了；老伴每月800元退休金，评低保，没有评上；低保要求：家里有一个残疾人就可以吃低保；住房为简单平房，没有装修，1983年修的，漏雨，有3间房子，老公有病，每年花9000多元吃药，自己咽喉有病，一直没有治疗
A019	杨××，女，1965年出生，47岁	丈夫2011年去世，因病，村里医生给治疗，打针后死亡；丈夫90年代出去打工，因事故头部受伤，后遗症，经常吃药；有一儿一女，老式两层楼，没有装修
A020	段××，女，1950年出生，再婚	结婚时家里比较富裕，丈夫1990年办水泥厂，欠下几十万元的债务；前夫留下一个女儿，后又生了3个孩子，一个男孩，两个女儿，前夫的女儿出嫁，偶尔给老人钱；丈夫20世纪90年代是村支书，有政府补贴每年2000元；夫妻身体不好，没有劳动力种田，地荒芜，从不串门，借钱过日子

续表

编号	个案说明	口述史资料：个人生命的多元轨迹和家庭生命周期
A020	胡××，女，1962年出生，1981年结婚	1995年出去打工，广州，厂里做饭，受伤回家，2000年中风3次；患有高血压等老年病，多年看病花光了积蓄；老伴，胃溃疡，2011年花掉2万多元；儿子1981年出生；女儿1985年出生；2010年领低保；儿子在深圳开出租车，每月寄回300元钱；种粮食、蔬菜，供自己吃
A021	贺××，女，1959年出生	1982年初婚，1986年再婚；1983年大儿子出生，1985年配偶去世；第二个老公2007年去世，1987年二儿子出生（未婚），1989年三女儿（已婚）出生；老公去世后，家庭经济状况急剧下降，儿女都外出打工，几年都没有回家了
A022	徐××，女，寡居	37岁离婚；两个小孩；有一个女儿37岁，两个外孙，一儿一女，12岁、10岁；有一个儿子，30多岁，因为家里没有房子，一直找不到对象，后来借钱5万元盖了房子，娶了媳妇，房子很漂亮，在外打工

注：根据原始的访谈资料和录音整理而来。

第二章　转型社会与中国农村贫困：话语变迁与实践过程

贫困问题，特别是农村贫困问题一直是中国现代化发展中的"发展瓶颈"，通过对改革开放以来中国农村发展的不同阶段与贫困问题的探讨，可以发现，现代化的发展话语、制度与国家政策的政治性干预、社区文化的内化过程、教育的实践逻辑等构成了农村贫困的根源，而社会变迁过程中出现的全球化与经济危机、土地制度与政策调整、过分的财政依赖和现代化的意外后果带来了农村贫困的再生产，事实发现，穷人的主体性参与、对穷人的人力资本投资、改变强制性发展逻辑和未来定位等能有效应对贫困问题。[1]

---

[1] 潘泽泉、许新：《贫困的社会建构、再生产及应对：中国农村发展30年》，《学术研究》2009年第11期。

第一节　转型社会与农村贫困问题：中国农村发展话语变迁

一　背景：社会转型、社会变迁与中国农村贫困问题

（一）改革开放以来中国农村发展的不同阶段与贫困问题

自1978年改革开放以来中国农村经历了翻天覆地的变化，农村居民从"大跃进"、集体化的时代迈入国家进行宏观调控，农户进行家庭联产承包经营、自负盈亏的新阶段。在过去的40年间，农村的发展可以分为以下几个阶段：

（1）1978—1984年，家庭联产承包责任制的推进和农村微观经营主体的重构。在这个阶段中，不仅有效地解决了全体中国人的温饱问题，使贫困人口的绝对数量从2.5亿迅速下降到1.3亿。这一时期在农村中虽然很多人解决了"吃得饱"的问题，但是在"吃得好"方面却没有足够的选择余地，并且农村中仍然有大量的贫困人口由于对新的社会政策的不适应，出现了许多制度性的贫困，加上农村人多地少，土地不均衡，使贫困问题凸显。

（2）1985—1991年，改革农产品流通体制，乡镇企业异军突起。乡镇企业的发展，新旧体制的摩擦、整合和消长，是这一阶段最显著特点，这一阶段改革目的是使农民享有市场的自主权，自主地从事农产品的经营活动，而市场是连接农村和城市的中间环节，主要农产品的市场化，必然触动尚未改革的城市管理体制。乡镇企业成长起来以后，出现了和城市大工业争原料、争市场等问题，并一度引起非议，这种体制摩擦的结果，使粮棉等主要农产品的产量一度出现徘徊，农民收入也进入了低速增长状态。

（3）1992—1997 年，提出农业产业化经营战略，强调土地承包经营的稳定性，稳步推进粮食等主要农产品的流通体制改革，稳定农村土地承包关系是这一阶段改革的亮点。以粮食等主要农产品流通体制为主要内容的改革，是建立与社会主义市场经济体制相适应的农产品流通体制的需要。但是这段时间，出现了农产品价格跌幅较大、乡镇企业发展和农民纯收入增长速度放缓、城乡收入差距拉大、贫富分化加剧的负面效应，加上农村基础设施缺乏，教育与科技落伍，积累和消费失衡，管理机构庞大，农村长期积弱，已是不争的事实。

（4）1998 年至今，城乡统筹战略的实施，以工补农、以城带乡阶段的到来。这一阶段农业和农村政策的最大变化，是自 20 世纪以来的减免以至取消农业税，并逐步加大对农民的各种补贴。由此我国正式进入"以工补农，以城带乡"的历史性发展阶段。[1] 但是这段时间，全球化与金融危机的出现、城乡二元结构的结构性壁垒和刚性特征、产业结构的重新调整尤其是城市现代化与工业化带来的对社会生态环境的破坏，引发了很多新的贫困现象和问题意识。

（二）农村贫困：社会变迁中的乡村社会问题

社会变迁中的乡村社会问题仍然是现代社会学研究中的一个焦点问题，乡村社会和"三农"问题，仍然是现代政治经济体制改革所不得不面对的"瓶颈"，而在乡村众多问题当中最核心的，对其他问题具有重要的制约作用的就是贫困问题，中国的农村贫困多与土地的利用和分配制度有关。由于中国自古以来就是一个农业大国，农村人口占全国人口的大多数，农村不仅为国家发展提供了必要的生活资料、

---

[1] 孔祥智、涂圣伟、史冰清：《中国农村改革 30 年：历程、经验和前景展望》，《教学与研究》2008 年第 9 期。

第二章 转型社会与中国农村贫困：话语变迁与实践过程

生产资料和劳动力，同时也是哺育中华文化深厚精髓的源泉。因此，妥善解决农村贫困问题不仅是关系到广大农村居民生活安定的大问题，也是关系到整个国家和谐发展的大问题。

按世界银行的国别报告，过去20年"改革引发的农村经济增长，加上得到国家财政支持的扶贫项目的实施，使中国的绝对贫困人口得以大幅度减少。官方估计，改革以来，中国农村的绝对贫困人口从1978年的2.5亿下降到2005年的2365万，贫困发生率也相应地从30.7%下降到2.5%"。20世纪90年代中国的农村贫困发生率和贫困人口降低应该说是与反贫困战略的实施直接相关的。按中国的统计数据，从1994年到2000年，贫困发生率从9%降低到3%，贫困人口减少至3000万的水平。① 尽管中国的贫困人口和贫困发生率得到了控制，但是人口只是衡量贫困的一个维度，全面的衡量贫困不可能只从贫困人口这一个标准出发，随着改革开放和市场经济的发展和人们的生活水平的普遍提高，应该更多地从生活质量的方面来界定贫困。尽管人们获得了生存所必需的基本资料，但是不能避免他们相对来说依然贫困的命运。虽然相对贫困是一个带有必然性的概念，只要有收入差距就必然存在相对贫困，但是相比较而言，农村的这类贫困人口更多，他们比某些相对贫困的人口更加贫困。所以，理解贫困问题、生存问题还要从发展的、体制性的角度进行阐释。很显然，农村人口的发展机会、发展空间都不如城市。形成这种状况的原因有很多，不能仅仅只从单一的方面来理解，而应该综合地理位置、政策选择、文化背景等多方面的原因，全面地对这一问题进行分析。本书拟从已有的

---

① 朱晓阳：《反贫困的新战略：从"不可能完成的使命"到管理穷人》，《社会学研究》2004年第2期。

研究成果对农村问题的关注出发，从中国农村问题的根源、面临的新挑战以及对农村贫困问题的应对几个方面阐述中国农村贫困问题。

二 农村贫困的生成：发展话语、叙事逻辑与中国经验

在现实生活中社会力和经济力的作用交叉在一起共同造成了贫困的产生和维持。从社会方面来理解，社会政策导致的不平等是制造贫困的元凶，拥有资源的统治阶级掌握着资源，控制着资源的获得和分配，因为利益上的关系必然优先考虑自己的需求，所以在触及对稀缺资源的分配时会出现损害别人的利益来满足自己的需求的结果。从经济力的方面来理解，贫困是个人的选择行为和市场调节的结果，一个人是否有工作、是否能获得自己喜爱或合适的工作，以及工作报酬的高低等都经常取决于经济力—市场结构中劳动力供求关系的变化。中国就处在这样一种无法抗拒的经济力中，市场经济的发展使生产力获得了极大的发展，生产关系必然进行大规模的调整，农业，特别是传统农业也失去了传统的政策庇护而变得脆弱，农业的无力进而催生农村贫困的大量产生。目前，对农村贫困已经进行了方方面面的研究，这些研究围绕社会资本、主体性参与、政策实施、社会管理等不同的主题，从各个侧面对农村贫困的成因、表现和应对策略进行了研究。

（一）贫困问题的根源："主流模式"和"另类模式"两种话语形式

目前，学术界在农村发展问题根源的讨论中存在"主流模式"和"另类模式"两种话语形式。"主流模式"存在两种设问形式，即发展性问题和体制性问题，发展性问题认为国家工业化与现代化必然带来农村的衰退现象，是一个不可规避的问题；体制性问题认为贫困的生产和再生产的原因主要在于计划经济的城乡二元分治制度，长期的城乡二元分割导致了农村的城市化缓慢和环境恶化，同时也造成了社

第二章　转型社会与中国农村贫困：话语变迁与实践过程

会各界对农村的忽视，主张破除城乡二元分割的制度性壁垒。

主流模式无法对解决问题的效力做出解释，另类模式强调中国国情的特殊性，寻求另类发展模式。贺雪峰提出应着眼于长期发展的乡村建设运动，进行农村社会制度和文化的重建，创造一种与农村社区和农民需要相适应的社会文化制度和价值系统。有大量学者借鉴韩国经验提出"新村运动"，运用意识形态动员，以往政府选择的牺牲农民利益的经济现代化战略模式在国家经济现代化基本完成后，应回馈农村，通过"以工哺农"支持乡村发展。①

（二）土地制度改革与政府发展干预：农村贫困的政治性建构

贫困的政治性建构事实上就是基于国家主义意识形态连续谱的体制性问题，中国农村贫困的生产和再生产的原因主要在于计划经济时期延续下来的城乡二元分治制度，长期的城乡二元分割导致了农村的边缘化、生态环境恶化和公共转移支付减少，同时也造成了社会各界对农村发展的忽视，破除城乡二元分割的制度性壁垒，成为解决农村贫困问题的着力点。在中国，农村贫困往往与地方政府对农村经济发展的强制性发展干预和自上而下的社会动员策略有关，政府的强制性发展干预体现为一种高度动员的集权体制特征，事实上，没有当地居民的参与，那些着眼于人类发展、减轻贫困、地方发展、社区健康、消除边缘化和社会排斥的政策和规划实现成功的可能性就会很少，解决贫困问题也就变成一句空话。有学者认为，地方国家和经济干预加剧的情形下不但不能消除贫困，往往会加剧农村贫困现象。地方政府往往用一种强制性手段去实现对农民干预的目标，使本身已经脆弱的

---

① 石磊：《寻求"另类"发展的范式——韩国新村运动与中国乡村建设》，《社会学研究》2004 年第 4 期。

农业经济面临破产，民众的生计受到威胁。地方干部往往使用自上而下的强制手法推行政策，影响所在地民众的生计，地方国家强制介入更现实、更根本的原因是地方财政的严重困难。中国内陆贫困农村地区在改革开放时期面临着严重的财政困难，这与20世纪80年代中期的财政改革有很密切的关系。自从财政实行中央地方"分灶吃饭"之后，地方在完成上缴的财政指标之后，可以保留财政盈余。地方财政独立后，中央政府减少对地方财政的投入，地方政府也要负起地方的开支，对于那些缺乏乡镇企业的地方政府来说，财政往往出现困难。贫困地区集体财政的拮据产生恶性循环，一方面意味着地方政府无法为村民提供必要的社会福利以及承担公益事业（包括教育、医疗、卫生保健等），只能扮演收税/费、罚款的角色。另一方面，集体财政的困难也导致了地方政府与村民的紧张关系，因为财政困难的地方政府的一切开支收入，由于没有任何的途径，只好巧立税费名目，将之转嫁到农户身上，这使经济贫困地区农民的生活雪上加霜。贫困地区政府面对资源和信息的缺乏，无法像沿海一带或富有地方的政府一样发展工业，只能从农业上想办法解决农村的贫困，中国政府强调扶贫应以发动群众积极性为目标从而促成"造血"的效果，在现实上却是自上而下的动员，地方群众没有机会参与表达他们的需要和对扶贫项目的意见。在自上而下的动员模式中，扶贫项目不单引起地方政府与民众的冲突，甚至令贫困民众陷入困境，甚或造成"返贫"的现实。[1]

（三）反贫困战略失败的后果："穷人社区"与穷人的文化建构

中国的农村贫困问题可以说是与20世纪80年代中期以来反贫困

---

[1] 古学斌、张和清、杨锡聪：《地方国家、经济干预和农村贫困：一个中国西南村落的个案分析》，《社会学研究》2004年第2期。

第二章　转型社会与中国农村贫困：话语变迁与实践过程

战略的"穷人社区"与穷人文化建构相关。"贫困文化"的概念由人类学家刘易斯首先提出，他一方面认为贫困亚文化可能是主流文化中的暂时现象，另一方面又认为这一文化一旦形成，必然倾向于永恒，所以是个绝对概念。班费尔德认为，利己、家庭本位、排斥集体合作的观念和行为，是"非道德性家庭主义"的伦理樊篱，亦即贫穷文化在乡村社会中的集中体现。处于贫困中的人经过长时间的社会化之后会内化一种偏离主流文化并不断被继承的"贫困亚文化"，这种贫困亚文化一旦形成就会形成一个隔离圈而更加难以改变，也更加难以融入主流文化。在中国，由政府自上而下推广的小额信贷和劳动力转移这些扶贫措施不断地筛选和瞄准穷人，不但不能使穷人脱离贫困，相反，却使穷人被标签化和亚文化化，使他们更牢固地钳闭在贫困之中，形成新的贫困文化群体和穷人隔离区。完全消除贫困的战略更关键在于对贫困人口加强生命救助。再建构社区，不是要帮助"穷人"建立他们自己的文化社区，而是要建构包括穷人和其他社区成员在内的共同文化体，因此需要增强的不是使穷人离心于社区的结构性和组织性因素，而是增强那些社区中有利于使社区对他们接纳和整合的因素。可以肯定在中国的大多数村落社区仍然有这样的资源。在这里重要的是公正及和睦，需要的是社区的自治及国家对个体公民权利的维护，需要的是社区及其他自治单位与国家组织的对话与沟通。①

（四）教育的发展可能性与限度：改变农村贫困的话语实践与悖论

有学者利用人力资本因素解释了我国农村的地区收入差异问题，事实发现，农村各地区之间收入差异的扩大主要来自农村地区间工资

---

① 朱晓阳：《反贫困的新战略：从"不可能完成的使命"到管理穷人》，《社会学研究》2004 年第 2 期。

性收入的差异，而农村工资性收入水平又主要与各地农民的受教育程度相关。各地农村收入增长上的差异，进而各地农村经济发展上的差异，是一个地区人力资本水平和外部环境因素（发展起点、经济实力和就业机会等）综合作用的结果。农村基础义务教育对农村地区人民收入的增长和农村地区经济的发展是至关重要的，但要缩小农村地区间收入差异扩大的趋势，单靠贯彻执行农村的基础义务教育还远远不够，还需要其他一些配套辅助政策。特别是落后的中西部地区农村人均收入水平的增长和提高，一方面有赖于教育水平的提高，另一方面有赖于就业机会的开拓和获取以及农村劳动力向非农业生产的转移，而这些都有赖于政府财政投入和政策扶植的策略导向。[1] 人力资本是一种非常重要的潜在资源，正确地培养与挖掘农村的人力资源，充分利用好教育和乡村精英这两种手段，是现在和将来农村脱贫的一个基本走向。[2]

三 农村贫困再生产：发展话语实践与反思的问题域

（一）全球化与经济危机：农村贫困的再生产与新的问题意识

现代社会是一个特殊的时代，在这个时代中，社会以前所未有的速度向前发展，在这样一个迅速发展的时代中，信息化、全球化充斥着社会生活的各个角落，把越来越多的人和国家拉入社会快速发展的巨大旋涡之中，这种情况给各国既带来了机遇也带来了挑战，特别是农村地区。中国的粮食生产结构和品种都比较单一，同时单产不高，在卷入全球化之前由于国家的政策保护，市场经济对农业生产的冲击

---

[1] 邹薇、张芬：《农村地区收入差异与人力资本积累》，《中国社会科学》2006 年第 2 期。

[2] 潘泽泉、许新：《贫困的社会建构、再生产及应对：中国农村发展 30 年》，《学术研究》2009 年第 11 期。

还不那么明显,自从加入 WTO,大量质优价廉的国外农产品涌入中国,给中国的农业生产以重创,直接影响到中国的粮食安全和国家稳定。另外,中国不仅是一个农业大国,也是一个注重传统的国家,中国人特别是农村有很强的安土重迁心理和宗族观念,对于农村居民来说,土地就是他们的命根,他们是直接取资于土地的,直接靠土地来谋生的认识黏着在土地上的。[①] 正是因为如此,现在的社会变迁会使农民有一种"文化震惊",原来那种"一亩三分自留地,老婆孩子热炕头"的朴素理想虽然实现了,却感到了一种无所适从的茫然与无助,在这种新旧交织的文化中既难以保持原有的生活习惯,也无法彻底融入新的生活之中,带来新的问题意识和贫困。

(二) 土地制度和财政依赖:政策调整过程中的政治性再建构

农村贫困不是一个短期的现象,中国的农村贫困受到各方面的制约已经形成了一个不断持续的再生产的机制,而维持这个再生产机制的一个重要原因就是中国的土地制度及各项农业政策的调整。1997 年以来,中央政府反复强调农地承包制 30 年不变,且"增人不增地,减人不减地"。但是,各地的农业结构调整、规模经营、农业公司、城市化等举措,还是频繁涉及农户承包地的调整,并且经常被人为扭曲为任意损坏农户权益,致使土地纠纷激增,严重影响农户对国家土地法规、政策的信心。但是村权之扩张也并非完全基于一般性的法律框架不明,而是同时也受到法律的两方面支援。一种是土地法规则本身,它给村集体以最大的自由裁量权;另一种则是村治的政治框架,它使村级组织调控土地成为村民自治、乡村治理的一个自然组成部分和自然过程。于是,围绕地权、土地制度改革,特别是其中关于削弱

---

① 费孝通:《乡土中国生育制度》,北京大学出版社 1998 年版。

或严禁村组织调整农地以实现农户充分的地权，目前实际上同时存在两种矛盾的政治趋向或要求。一种是由加强农户权益来保障农村稳定和发展，因而直接主张严禁村集体组织的土地调控权和土地调整；另一种则从农村自治，特别是自治所必需的公共物品、公共服务的提供来考虑问题，因此不能取消村集体组织的经济基础，包括它对土地的调控权。正是由于这种地方或国家权力对农民土地利用的渗透使一些原本旨在保护农民政策的措施也开始走了"味道"，使农民在土地主人的名义下无奈地看着土地被以各种各样的名义征用。

农民的收入与基层政府和组织的财政收入是密不可分的。取消农业税之前，农业税费曾是地方财政来源的主要收入之一。特别是对农村特产税和罚款的依赖甚大，农村特产税的征收范围，包括水产养殖、水生植物、果树、西瓜、大宗特产（如大蒜、树苗、食用菌、畜产品）等。税源分散且难估值，分别征收十分困难，实际上按承包地或人头均摊。[①] 县政府要增加收入就给乡政府下达任务，乡政府要完成任务就给村委下达任务，最后负担还是全都落在了农民的身上。现在虽然农业税被取消了，但是还有其他的各种各样的税种。乡靠镇、镇靠村的机制还是没有改变，负担最重的还是广大的农民。只要这种财政体制不改变，农民增收，摆脱贫困或许只是一个理想。

（三）现代化代价与意外后果：农村贫困的再生产

根据西方现代化的理论逻辑和话语方式，农村的贫困问题其实就是一个发展性问题，是特定历史阶段和经济发展时期的一种必然的社会现象。国家工业化与现代化必然带来农村的衰退现象，是一个不可

---

① 曹锦清：《黄河边的中国：一个学者对乡村社会的观察与思考》，上海文艺出版社2000年版。

规避的问题。事实上，在中国，许多学者在讨论中国脱贫的时候都喜欢把城市化、工业化作为帮助农村脱离贫困的一种手段，表面上看城市和工业的发展带动了大批劳动力的转移，同时也带动了农产品的销售和农业产业结构的调整，客观上也增加了农民的收入和提高了农民的综合素质，在解决农村贫困的过程中确实起到了一定的作用。但是用这种方法帮助农民脱贫是付出了沉重的代价的，由于城市和工业对农村和农业的扩张，大量的耕地被侵占、森林被砍伐、河流被污染，严重地破坏了农村的自然环境和生态平衡，所谓"竭泽而渔反不得鱼"，这种掠夺性的发展方式实质上影响了农村的长远利益和综合发展，从根本上来说还是不利于农村贫困问题的解决。

另外，城市化和工业化的发展吸收了大量的农村剩余劳动力，许多农民涌入城市中构成了既非农民也非市民的特殊群体——农民工，这些农民工大部分来自农村中文化程度比较高、身体素质比较好的青壮年，这些人一旦离开农村就造成了农村的"空壳化"，留下一些弱质的"三八""六一""九九"群体，大量的耕地被搁置，大量的家庭被肢解，形成了不完整的家庭和被抛荒的良田，影响了农业生产的长远发展和农村的稳定。

第二节　农村贫困：转型社会、问题视域及其处方

一　跨学科视野中的贫困问题：多维视野与问题聚焦

贫困问题的根源是一个复杂性命题，包括贫困的个人和家庭的社会过程、经济和市场的结构性动力、基于国家和地方政府的政治性建构、文化再生产等。

(一) 贫困的个人与家庭过程：基于个人和家庭生命周期与理性决策

贫困的个人或家庭过程强调家庭抗风险能力、家庭禀赋决策效应、家庭的社会质量效应和家庭资产积累效应，家庭的生命周期、家庭结构变迁、贫困的代际传递效应等。个人的生命历程、家庭结构变动和家庭生命周期，个人或家庭的特征作为一个重要的变量是否会对农村贫困会产生重要的影响。主要的问题是劳动力禀赋、劳动力的性别构成、父母亲的工作类别、就业部门、党员身份以及少数民族对于农村家庭是否会陷入贫困并不会产生重要的影响。个人或家庭的教育变量是否能够降低家庭陷入贫困的概率，家庭人均土地面积、家庭从事的活动、拥有的资产和控制的资源对陷入贫困是否具有重要的抑制作用。

(二) 贫困的经济社会过程：基于经济收入增长的减贫效果和不平等效应

贫困的经济社会过程强调经济脆弱性、可持续生计、风险承担网络等是否会对农村贫困产生重要影响。具体的问题意识有资源禀赋、经济地理区位、城市化过程和代价的农村生态环境破坏、重大的自然灾害、变化无常的灾害性天气、资源的贫乏特别是土地的贫瘠以及水资源的匮乏、农业的增长、非正式支持网络（社会关系网络）、家庭层面的社会网络资本、信任水平、邻里融洽程度等对于贫困是否会产生重要影响。

(三) 贫困的政治性建构：国家理性、官僚干预与再分配话语

基于贫困的政治过程的经济与社会政策和国家制度行为强调国家或地方政府的扶贫项目、基于发展主义的意识形态连续谱、理性国家、官僚的微型干预过程、社会保障与福利、农业税收、扶贫经济与

社会政策、农村公共产品的投资、政府的财政投入、基础设施和技术服务、农业和农村的公共投资、扶贫资金的国家投入、扶贫资金的获取、金融信贷政策、参与村务管理程度、扶贫政策的执行方式、对政策的信任程度、社会动员的范式和手段、公民权利、基于政治性动员的社会参与等对于贫困是否会产生重要影响。

（四）贫困的市场性过程：基于市场转型的利益驱动和机会获得

贫困的市场过程强调市场经济的扩散效应与滴涓效应、劳动力市场的隔离、排斥性事实和边缘化过程。市场转型、贸易市场化、经济全球化、国家对市场的微型干预、二元劳动力市场、市场的逆向选择特征、市场偏好、市场区隔、个人和家庭消费、人力资本积累、人力资本的边际效应、更高的农业工资以及非农就业的增长、更高的农产品价格、市场参与程度等对于贫困是否会产生重要影响。

（五）贫困的文化与社会心理过程：现代性、文化图式与农村社会文化转型

贫困的文化过程强调文化的工具箱模型、文化的传染病模型、非道德性家庭主义以及文化心理结构说。文化观念和文化教育，强调教育水平、知识技能资格证书、心理资本、文化价值观念、情感状态和情感体验、文化认知与文化心理、文化习俗、文化表征、自我效能感、文化的代际传递和代际效应、现代性生成、冒险性创新性的心理特质、自我归类、自我与社会认同、自我范畴化、成就动机等对于贫困是否会产生重要影响。

二 代价论与当代中国农村发展：理论反思与问题视域

基于现代化与发展主义代价的中国社会贫困表现为经济政策和国家经济发展战略引发的贫困问题，包括"剪刀差"导致农业和农民利益流失过多，生产经营环境恶化，削弱了农业自身扩大再生产的能

力。这种畸形经济政策和发展战略,使投资、资源、人才、技术、知识的配置持续向城市和工业倾斜,从根本上导致了农村的长期贫困与落后。市场经济时期,国家政策地域差异如对外开放政策、金融信贷政策、投资政策以及市场因素,严重影响了贫困农村地区的发展,加重了地区的贫困。[1] 事实上,长期向城市与工业倾斜的经济政策,使农业遭到大量剥夺,严重扭曲了工农关系,使农业的分配水平一直很低,制约了我国传统农业的改造,导致农业生产力水平低下,农村的商品化、专业化以及城市化受到人为的抑制与排斥。

事实上,自中华人民共和国成立以来,我国农民的公民权受到被排斥,不能享受《宪法》第45条规定的中华人民共和国公民在年老、疾病或者丧失劳动能力的情况下,有从国家和社会获得物质帮助的权利。另外,在国家政治架构中,农民缺少利益代表,缺乏应有的话语权,始终处于被动接受分配结果而不能参与和影响分配决策的弱势和失语的地位。[2] 在反贫困过程中,中国政府动员型政策及其地方实践体现为农村贫困治理与政治效用的随机性、政策疲软、经济衰退和贫困再造。

三 贫困变迁新趋势:转型社会与新的问题意识

当前的中国,中国农村贫困问题出现了一些新的特点和面临着新的挑战,表现在以下几个方面:

(一) 从贫困人口的数量看,贫困人口仍然较多

按照国际标准计算,中国的贫困人口基数仍然庞大,贫困人口"返贫"的压力增大,出现了高返贫率、贫困的代际传递效应与贫困

---

[1] 银平均:《社会排斥视角下的中国农村贫困》,《思想战线》2007年第1期。
[2] 同上。

人口的恶性循环，发展不平衡问题突出，尤其是中西部地区贫困人口返贫现象比较严重。根据国家统计局的数据，截至 2015 年年底，全国还有 832 个贫困县，还有贫困标准以下的贫困人口 5575 万。致贫的原因变得越来越复杂。包括自然条件恶劣、生态环境失衡、脆弱性风险与可持续生计破坏；基础设施薄弱、公共转移支付效应降低、公共服务落后以及资金的使用效率降低。公路、铁路、机场、通信、水电煤气等公共设施，教育、科技、医疗卫生、体育、文化等社会性基础设施建设匮乏；社会保障的缺失；土地制度的不完善，如土地流转、城镇化过程中的土地拆迁；城乡"二元"体制与分割的劳动力市场；农村劳动力流失，家庭负担重，养老和子女教育问题缺失；边远地区农村文化程度低，人口素质差；农民自身的组织化程度低；贫困文化的影响；社会政策滞后和失效等。

（二）贫困人口的构成发生了变化，人口红利正在消失

随着贫困人数的绝对减少，农村贫困人口在地理位置和空间分布与人群组合上出现边际化和同质化倾向，出现贫困群体的集聚效应、贫困恶性循环和低水平均衡陷阱，越来越集中在生活和生产条件极为恶劣、营养和健康状况不断恶化的边缘地区，集中在教育水平较低、健康水平较差、没有足够生存能力的边缘人群。边缘化群体难以从积极的劳动力市场政策中获益，只能通过在农村地区建立更完善的社会保护网络来彻底摆脱贫困。同时，大量的并不断增加的劳动力从农村涌入城市，造成农村贫困和城市的贫困关联程度越来越高，城乡收入不平等程度显著上升，城乡收入差距持续扩大。中国正在走向一个老龄化社会，老年人贫困正在成为一个基于人口结构性的事实，在反贫困行动中，人口红利正在消失。

（三）制度性扶贫效应减弱，扶贫的边际效益呈现递减趋势

随着中国农村扶贫战略的继续推进，消除剩余的贫困变得更加艰难，基于公共财政支出的扶贫效应降低，收入差距扩大抵消了部分经济增长的减贫效应，家庭的福利水平的提升并没有消除农村贫困，家庭贫困的脆弱性风险增强。经过国家自上而下的多轮扶贫攻坚和反贫困行动，区域性、连片性贫困仍然显著。目前的贫困人口大多分布在深山区、石山区、高寒山区、偏远山区，无论采取何种扶贫方式，难度都比以往增加，不少地方面临"保护生态"与"加快发展"的矛盾。随着贫困发生率下降，我国扶贫开发已经从"以解决温饱为主要任务"的阶段转入"巩固温饱成果、加快脱贫致富、改善生态环境、提高发展能力、缩小发展差距"的新阶段，贫困不仅仅是一个经济问题，也是一个政治、生态和文化问题，这增加了扶贫开发难度。

（四）发展性和结构性贫困凸显，出现了静态贫困向动态贫困转变

体制性贫困正在逐步被消除，现有的贫困和贫困再造更多的是发展性贫困。发展性贫困带来贫困的新的特点和趋势。收入不平等结构发生重要变化，收入增长的不平等效应凸显，教育的结构性不平等、劳动力市场的分割和收入不均衡的贫困脆弱性增强，贫富差距日益扩大，城乡收入差距持续扩大，基于家庭层面的收入增长并不平衡，家庭贫富差距扩大；由绝对贫困转变为相对贫困，相对贫困人口逐年增长，相对贫困程度加深；贫困由静态、单一的贫困走向动态、多维的贫困，返贫现象严重，贫困恶性循环严重，贫困农户和低收入群体的现状与小康水平差距甚远。

（五）基于脆弱性、可持续生计等贫困的多维性特征凸显

由于收入冲击，农村贫困人口存在严重的脆弱性，容易陷入贫困风险的脆弱人群增多，脱贫的脆弱性普遍存在，贫困开始由收入贫困

第二章 转型社会与中国农村贫困：话语变迁与实践过程

向多维贫困转变，收入增长的不平等效应明显，贫困脆弱性日益明显。经济贫困、资源匮乏型贫困、灾难招致型贫困与环境生态恶劣型贫困共存，经济贫困、制度性贫困与文化贫困共存。

原有的贫困问题关注的是经济发展，贫困只是一个经济问题，因此，过去的贫困主要是指个人或者家庭收入方面的贫困，因此以收入来识别贫困人口。然而，随着我国以收入衡量的绝对贫困人口大幅减少，而饮用水、道路、卫生、教育等其他客观指标的贫困和福利、精神健康等主观感受的相对贫困却一直被忽略，随着居民收入的增长和绝对贫困人口的减少，这些维度的贫困日益成为关注的焦点。我国的城市和农村家庭存在收入维度之外的多维贫困，包括基于住房、饮用水、卫生设施、电、资产等资源匮乏型贫困；土地、教育、社会保险等体制性方面的贫困；脆弱性风险、可持续生计的破坏、社会排斥和收入不平等社会质量方面的贫困等。随着以经济发展、收入增加衡量的贫困人口迅速下降时，人们对其他维度贫困的关注度将逐渐上升。

近年来，随着我国经济增长波动性的加剧，贫困的经济脆弱性、不确定性增强，以及频繁的自然灾害、较高的通货膨胀，引发农村贫困地区农户生计的脆弱性增强，我国农村居民收入增长具有更大的不确定性，陷入了"低收入陷阱"和脆弱性风险加剧，尤其是广大低收入人口，他们抵御各种生态灾害、应对资源性匮乏和抗市场风险的能力较弱，一旦出现经济波动或者通货膨胀，就将有很大一部分重新进入贫困或者更加贫困，陷入"贫困恶性循环""贫困的低水平均衡陷阱"和"低收入陷阱"。[①]

---

① 孙法臣：《当前我国农村扶贫开发面临的几个问题》，《中国发展观察》2012 年第 3 期。

经由"您认为当前农村贫困的主要原因"的调查数据显示，认为当前农村贫困的主要原因为自然条件差或灾害的有 52.4%（282）；认为是缺少劳动力和疾病或损伤的一样多，都占 41.3%（222）；而认为是下岗失业和投资失败的人最少，分别为 5.2%（28）、3.3%（18）。调查结果表明，缺少劳动力、自然条件差或灾害、疾病或损伤构成了农村贫困的主要原因，农村贫困具有脆弱性、突发性与顽固性等特点。

表 2-1　　　　　　　您认为当前农村贫困的主要原因

	频数	百分比（%）
缺少劳动力	222	41.3
自然条件差或灾害	282	52.4
疾病或损伤	222	41.3
下岗失业	28	5.2
投资失败	18	3.3
其他	14	2.6

（六）由资源匮乏型贫困、收入贫困向能力贫困和资本匮乏型贫困转变

中国贫困正在超越经济贫困论窠臼。早期贫困源于人们的低收入和温饱问题，而现在应将贫困定义为能力不足而不仅仅是经济收入低下，贫困是他们获取收入的能力（如市场参与能力、资本获取能力、可持续生计能力、公共参与能力等）受到剥夺以及机会（如市场机会、公民参与在市场经济发展中的抑制效应带来的参与市场竞争的机会等）的丧失，而不仅仅是低收入，是个人获得更多收入及摆脱贫困的能力不足，疾病、人力资本的不足，因此当前中国扶贫工作的落脚

点在于通过重建个人能力来避免和消除贫困。具体包括基本生存的能力、获取营养和健康的能力、健康生育的能力、接受良好的教育和获取知识的能力、实现可持续生计的能力、消除脆弱性和抵抗风险的能力。

在致贫发生学方面，超越了"经济贫困论"的窠臼，实现了经由物质资本范式和人力资本范式转向社会资本范式，包括转向下层阶级的个人责任和工作机会以及参与式发展与开发式扶贫的制度创新过程。对于传统意义贫困人口的定位，大都生活在偏远山区，自然资源匮乏，生态环境恶劣，自然灾害频发，交通闭塞匮乏。随着生态移民搬迁、资产社会政策推动、参与式发展定位和产业扶贫政策的实施，那些原本生活在干旱、贫瘠地区的贫困人口逐渐摆脱了贫困，这使区域性的自然条件已经不再是导致贫困的唯一重要因素，而人力资本投资、可持续生计能力增强、阶层地位积累、家庭资产与家庭禀赋、劳动力市场中的弱势化处境、参与市场竞争的机会和能力等已经逐步成为影响农民收入的重要因素，尤其是受文化程度和职业所影响的阶层地位、收入分配的不平等、发展伦理与道义经济、资源分配不均的相对剥夺形式的多样性，对于贫困群体的收入和生活有很大影响。由此可见，从致贫原因上看，发展能力的贫困已经逐渐成为当前我国农村贫困的重要原因。①

（七）贫困群体诉求多元化，贫困群体的阶层意识和群体集体行为特征开始显露

贫困群体基于贫困文化的社会孤立与社会排斥过程，出现了同群

---

① 孙法臣：《当前我国农村扶贫开发面临的几个问题》，《中国发展观察》2012 年第 3 期。

互动的"邻里效应""同群效应"和"贫困的代际传递效应"。贫困亚文化和非道德性家庭主义在贫困再生产过程中的溢出效应明显。随着中国城市化推进，中国农村流动人口增加，农村矛盾日益凸显，家庭的抗风险能力降低，农村和底层群体的贫困处境带来新的社会风险，贫困群体的利益诉求多元化，群体意识初步形成，群体性事件不断发生，社会不安全感增强，社会风险加剧，威胁社会稳定与和谐发展。

（八）贫困的空间性、区域性、行业性特征日益明显，分化加剧

贫困人口的空间结构和规模发生了变化，贫困人口分布出现了"宏观分散、微观集中"的新特点①，由整体性贫困转变为局部地区的贫困，局部地区由个体贫困走向集体贫困，由分散性贫困走向连片性贫困，随着经济增长的反贫困效应（如扶贫效应递减、低水平均衡陷阱、贫困中的循环积累因果关系与贫困代际传递效应等）的降低，收入差距在贫困再造中的作用凸显，导致低收入群体和职业的边缘化群体的出现。一些地区由于地理环境险恶、资源严重匮乏、生态十分恶劣、自然灾害频发，以及山区贫困连片、少数民族集聚、民俗文化守旧封闭、经济基础薄弱、基础设施短缺等各种自然条件的限制，在局部地区仍然面临着贫困范围广、贫困恶性循环、贫困程度深、减贫工作难度大、扶贫效果不显著的现实问题，扶贫工作推进相对较慢，扶贫效果不显著，出现了没有发展的增长。②

（九）区域性的瞄准和扶贫开始变得无效，带来新的道德风险

中国的反贫困过程中的上游干预、扶贫对象的瞄准机制和风险管

---

① 孙法臣：《当前我国农村扶贫开发面临的几个问题》，《中国发展观察》2012年第3期。
② 同上。

理理念正在发生转变。在中国的扶贫政策的实施过程中依靠资金投入、反贫困项目制运行促进区域经济增长的方式,出现了扶贫边际效应递减,减贫效果不明显,区域性的瞄准和扶贫计划在解决瞄准区域以外的贫困人口的脱贫问题上变得无效,尤其是在平等发展、发展正义和社会公平等问题上带来新的道德风险。在具体的操作过程中贫困县的选择存在偏差,扶贫资金的使用效率低下。以反贫困的项目制为例,处于贫困县以外的贫困人口,也会因为项目只瞄准贫困县而得不到帮助,分散性贫困变得日益严重。随着中国扶贫的进一步推进,剩余贫困人口的分布将更加分散,它将大大削弱地区瞄准的效果,[①] 相对于家庭瞄准方法的扶贫优势日益凸显,精准扶贫开始成为国家扶贫战略的重点。

表2-2   社会历史发展阶段与中国农村贫困性质的演变

阶段	实施时间	贫困特点	减贫方式	减贫根源
第一阶段	1979—1985年	全面贫困	体制改革和发展生产力 自发经济增长	改革效应
第二阶段	1986—2000年	区域性贫困	区域性瞄准的扶贫计划	增长和投入效应
		局部贫困	区域经济增长方式	移民搬迁和产业扶贫政策
			西部开发、西部崛起	发展性投资效应
第三阶段	2001—2015年	边缘化贫困	生态移民	保障和福利效应
		贫困群体分化	就业机会和社会保障	社会保障网络全覆盖
		扶贫效果边际递减		移民搬迁

---

① 孙法臣:《当前我国农村扶贫开发面临的几个问题》,《中国发展观察》2012年第3期。

续表

阶段	实施时间	贫困特点	减贫方式	减贫根源
第四阶段	2015年至今	分散性贫困	精准扶贫	发展型社会政策效应
			就业创业推动	社会性投资、个人资产和能力提升效应
				劳动力市场政策

第三节 农村反贫困行动与问题聚焦：话语实践与行动过程

农村贫困问题是中国社会学研究的经典议题。这是社会学界对社会经典问题的学术回应，也说明了我国农村贫困问题由来已久。与其他国家的发展道路不同，中国的崛起更多的是依靠内部殖民主义。即通过不平等的城乡政策和城乡二元的社会结构来剥夺农村和农民的劳动成果以实现工业化所需的大量资源。城市偏向的社会政策对于我国实现工业化和经济的快速发展做出了巨大贡献，然而，这一政策倾向也导致了我国农村和农民的长期贫困。在国民经济得到快速发展，城市生活水平大幅提高的背景下，城市反哺农村，实施农村扶贫政策，帮助农村和农民走出贫困对于构建和谐社会就具有了重大的现实意义。然而，传统的农村扶贫政策与相关研究已经无法满足新时代的扶贫要求。本书在梳理以往研究的基础上提出，应冲出农村贫困的话语困境，实施基于上游干预和风险管理理念的新型扶贫政策，并致力于农民的资产建设，帮助农民彻底摆脱贫困。

一　国家调整农村扶贫政策与政策文本实践

（一）社会政策研究范式：社会政策文本分析技术

范式从本质上讲是一种理论体系，一种公认的模型或模式，是某一研究群体所共同接受的一组假设、理论、准则和方法的总和，这些东西构成了科学家在心理上的共同信念。范式为某一群体的研究者提供了一套严格的研究程序、准确和规范化的语言。通过范式的建立可以使某一学科的研究规范化和科学化。而社会政策研究范式则是指由一组概念和理论假设所组成的通过社会政策文本来解读社会政策的研究方式，包括了社会政策研究的方法论基础、理论架构法则、核心概念和关键命题。在社会政策研究范式的指导下，对已有的社会政策进行话语分析、内容分析、结构分析并对社会政策话语体系本身进行系统的理论考察做出学理层面的分析和理解即为社会政策文本分析。

社会政策文本是指国家以法律、法规和规章制度等形式颁布的各种文件。社会政策文本分析是指根据不同的研究范式、理论视角和学科背景来对各种社会政策文本和政府公文进行文本分析的各种方法的集合，既包括了偏于定量性质的内容分析，也包括了偏重于质性研究的话语分析和叙事分析。具体的文本分析技术大致包括以下三种：一是传统的文献研究，是指运用定量的分析技术对文本中的关键性词汇进行词频统计以此来发现文本中的一些规律和特点。二是对文本中关键性词汇的定性分析，多从某一研究视角出发结合相关理论对已有文本进行阐释和逻辑推演，属于话语分析的一种。三是综合性分析，即将上述两种方法结合起来，既包括对文本的定量描述也包括对文本内容的定性阐释和预测（涂端午，2009）。社会政策的文本分析是基于已有文本的政策分析，分析立足于文本但又不拘泥于文本，通过将文本与其历史背景、相关制度和政策实践联系起来，进而揭示文本的深层意涵。

一项社会政策的制定是社会中各利益群体相互博弈的结果,社会政策的文本一定程度上显示出了社会过程的变动性和多样性。当一项文本被制定、修改或废除时,在一定程度上反映了社会管理者面对各种内部和外部压力时所作出的各种回应,文本的演变反映了其所在领域的社会结构和组织的变迁。[①] 正如 Jekins 所言,在政策领域,过程和内容之间存在某种动态的联系,作为一个分析的焦点,文本的内容提供了某种理论的可能性,对文本的考察为探查政治机器的内部动力学提供了手段。[②] 文本分析能够帮助人们了解不能被直接观察的社会交往和发展过程并揭示其中的重要意义。大多数政策研究者很少有机会接触政策过程的"黑箱",而政策文本分析为这些研究者提供了一种黑箱技术,即通过作为政治活动产出的文本来观察实际上并不可直接观察的长时间政策演变过程。[③]

(二) 中国农村扶贫政策文本及其解释策略

中国农村扶贫政策文本的构成体现在以下几个方面。一是社会政策的元文本。这一文本是政府为处理某一类社会问题而制定的最初的政策文本。二是政策的执行文本,是指某一部门为了执行社会政策的元文本而制定出来的政策文本类型。三是政策的宣传文本,是为了宣传已有政策文本而制定的宣传资料和会议报告。四是政策的分析文本,是一种对已有社会政策进行解读的文本。五是社会政策的阅读文本,它是对社会政策的反应、认识与评价形成的文本资料,以及各种

[①] 潘泽泉:《空间化:一种新的叙事和理论转向》,《国外社会科学》2007 年第 4 期。
[②] 魏军:《论改革开放 30 年我国高等教育质量政策的内容分析》,硕士学位论文,西北师范大学,2009 年。
[③] 涂端午:《教育政策文本分析及其应用》,《复旦教育论坛》2009 年第 5 期。

新闻调查与社会纪实等。政策的阅读文本涵盖了三种主要主体的阅读感受,分别是政策的相关利益者、一般的社会大众、新闻媒体。多类型的政策文本往往意味着政策的多元制定者,同时也造成了不同政策文本间潜在的互联关系。不同的政策部门可以看成是相对独立的利益组织,那么不同政策文本之间的利益矛盾就变得难以解决,从而增加了政策的执行成本。但这种矛盾也反映了中国社会政策所具有的多元价值以及多目的的特征与意义。

根据政策文本分析的理论预设和分析框架,关于农村扶贫的社会政策同样是相关部门政治诉求表达和政治目标实现的工具,是政策制定者在政策实践过程中的依据和行动框架。在国家治理农村贫困的政策实践过程中,救助和权力实现往往需要通过政策文本的形式来推行,是不同利益相关者之间相互妥协的产物。农村扶贫政策不仅是权力的产物,同时也是权力的象征和社会权力结构的反应。作为一种官方话语,对农村扶贫政策的解读不仅要发现文本中不同话语主体之间的权力关系,同时,也应说明这种权力关系背后所体现的社会结构。因此,通过将农村扶贫政策放在一定的历史和制度背景中进行解读,可以发现农村扶贫政策在历史长河中的演变过程,从而实现对客观的农村扶贫社会政策的文本做出学理层面的分析和解读,真正发现农村贫困背后的政策性原因。

二 农村贫困与政策演变:调整过程与文本实践

(一)改变政策发展话语:城市主义发展的政策实践与农村贫困

持城市偏向论的学者们认为,城市偏向的政策后果导致了城市和农村之间长期的不平等交换。农村成为城市现代化的资源提供者,然而发展的福利却先被城市所享有,过度的城市偏向造成了资源的错误配置,使国家出现了极度不平衡的增长,也使城市在生活水平、消费能力、收入等方面远远领先于农村地区，同时也产生了繁荣的大城市与落后的乡村并存的局面。正是这种不平衡以及城乡生活水平和收入水平的巨大差距，吸引着广大的农民源源不断地来到城市，从而带来国家过度城市化的现象。

随着城乡差距的日益扩大，城市在投资环境和信用制度建设方面远优越于农村。在城市的投资往往意味着更有保障的回报和更高的收益率。这就使不但公共资金流向城市而且私人投资也更倾向于投资在城市。其结果就造成了农村金融机构在农村只能发挥吸收存款的作用，而吸收的存款则放贷给城市企业，造成农村本就不多的资金进一步流向城市。很多研究显示，在二元社会结构下，城市地区是金融系统中的净贷款方，而农村地区则成了净放款方。[1]

城市偏向的社会政策尤其深刻的历史原因，是由当时特殊的时代背景和国际环境所决定的。然而，在国家工业体系逐步建立之后，城市偏向的社会政策并没有得到及时纠正，这主要是因为国家的行政权力主要掌握在城市人手中，且行政权力作为最重要的资源直接决定着其他资源的分配和获得。而资源分配者往往会首先考虑自身的需求，特别在涉及稀缺资源的分配时往往会通过损害他人的利益来满足自己的需求。[2] 农民虽然数量上占有绝对优势，但往往缺乏参政渠道，且参与意识不强，再加上集体行动中频繁的"搭便车"现象，就造成了所谓的数量悖论。即农民虽然人数众多但是政治影响力却很微弱。使农民的利益诉求很难传达到决策者的耳中，也无力阻止那些伤害甚至

---

[1] Chandavarkar, A. G., "The Financial Pull of Urban Areas in LDG", *Finance and Development*, June 1985: 24-27.
[2] 潘泽泉、许新：《贫困的社会建构、再生产及应对：中国农村发展30年》，《学术研究》2009年第11期。

第二章 转型社会与中国农村贫困：话语变迁与实践过程

剥夺自己利益的政策的出台。① 例如，在城市化的推进过程中，许多城市都施行了土地财政，通过设立开发区、建设新城来圈占农民土地，试图通过卖地生财来推动城市化。这些地区往往通过政府行为低价征收农民土地，再高价卖给开发商，这严重损害了农民的权益。通过廉价征用土地的行为来剥削农民，这对农村的危害不亚于工农业的"剪刀差"。大量农民在失去土地后，都陷入了贫困之中。这些都使城市偏向难以在短期内消除。同时，虽然一些显性的城市偏向政策已经得到改变，但是城乡二元的社会结构并未得到改变，一些遗留的社会政策依然发挥着社会排斥的作用，比如中国的户籍制度还在一定程度上承担着社会福利的作用，同时也发挥着社会屏蔽和区隔的作用。使很多农民虽然在经济上被接受，在社会生活中却被排斥。②

随着我国经济体制的转轨和市场经济的逐步完善，国家的城市偏向政策已经逐步减少，然而，政策型"剪刀差"逐步缩小的同时，基于市场失灵型的"剪刀差"却又开始出现。经济学家张培刚通过研究发现，完全的竞争并不适合出现在农业市场，这会导致农民利益的大量受损。因为农产品的交易一般需要借助中间商来完成，而农村地区由于区位限制、信息缺失、制度障碍等原因往往容易受到一些批发商的剥削，从而在农产品与非农产品的交换中处于不利地位。③ 这种市场失灵型的"剪刀差"靠农民自己是无法解决的，需要国家的干预。

城市偏向的社会政策在一定时期内为我国的经济和社会发展做出了应有的贡献，但是在经济体系逐渐完善的今天，应充分考虑其带来

---

① 韩嘉玲、孙若梅等：《社会发展视角下的中国农村扶贫政策改革30年》，《贵州社会科学》2009年第2期。
② 银平均：《社会排斥视角下的中国农村贫困》，《思想战线》2007年第1期。
③ 张培刚：《农业与工业化》，华中科技大学出版社2002年版。

的弊端，消除城市偏向为农村带来的种种不平等，同时采取干预措施改变市场失灵型的城市偏向，对于改变农村贫困具有重要的意义，也是建设社会主义和谐社会的题中之义。

（二）农村贫困变动趋势与扶贫政策变迁

自改革开放以来，我国在降低农村贫困人口方面取得了重大的成绩，据《中国农村贫困检测报告2003》显示，我国农村贫困人口在1978年仍高达2.5亿，经过政府30多年的扶贫工作，到了21世纪初只剩下不到3000万。《中国统计年鉴（1981—2006）》中的数据也显示，农村贫困发生率也从1980年的24.86%，下降到了2005年的不足3%。陈立中学者将1998年作为我国农村贫困性质发生改变的拐点。因为，在1998年，农村贫困人口下降到了不足3000万，而且这些剩下的贫困人口的性质与分布特征也发生了极大的变化，首先是，在剩余的农村贫困人口中，大部分是因为身体残疾或者疾病等原因而失去劳动能力以致陷入贫困。其次是贫困人口的地理分布发生了深刻变化，扶贫早期，我国贫困人口的分布特征为集中连片分布，尤其以边疆地区、少数民族聚居区最为集中，具有明显的地域性。而经过几十年的扶贫政策后，我国农村贫困人口的分布特征向既相对集中又遍布全国的格局转变。[①]

农村贫困的变动一定程度上显示出了我国政府扶贫政策的变迁。学者李小云根据国家在不同时期采用的不同扶贫战略，将我国农村扶贫大致分为四个阶段。第一阶段以1978年实施家庭联产承包责任制为标志，称为以体制改革来推动农村扶贫的阶段。这一阶段的扶贫特点为逐步解除和减轻对农民的束缚，使农村居民有更多的创造财富的

[①] 汪三贵等：《中国新时期农村扶贫与村级贫困瞄准》，《管理世界》2007年第1期。

第二章 转型社会与中国农村贫困：话语变迁与实践过程

空间。这一阶段的扶贫工作依然强调的是农民自身的责任，国家只是放松对农民的管制。第二阶段则以国家制定的《国家八七攻坚扶贫计划》为标志，这一阶段可称为国家开始行政干预扶贫阶段。这一阶段国家的主要扶贫措施为成立扶贫开发小组、确立贫困县，安排专项扶贫资金。这一阶段的开始标志着国家开始主导农村扶贫工作。第三阶段则是 2000 年以后，以国家颁布的《中国农村扶贫开发纲要（2001—2010）》为开始，以《中国农村扶贫开发纲要（2011—2020）》为延续。这一阶段是在农村贫困已经发生巨大变化的背景下进行的，这一阶段国家的贫困治理手段更加复杂，扶贫战略也进入开发式扶贫与保护式扶贫共举的阶段。这一阶段，农村扶贫的瞄准机制从县变为村，又逐步变为直接针对贫困户。处理致力于消除农村贫困也开始关注农村内部的收入不平等。[①] 第四阶段是精准扶贫阶段。减贫与发展是反映经济转型、社会进步、贡献社会发展成果的一面镜子，认识和掌握贫困化发生机理、演化特征、分布规律、历史的向度和文化语境，是制定扶贫规划的重要依据。习近平总书记明确指出，扶贫开发是我们第一个一百年奋斗目标的重点工作，是最艰巨的任务。"精准扶贫"已上升为国家战略，迫切期待一系列"超常规"举措和政策"组合拳"取得看得见的成效。[②]

从我国农村反贫困模式演进的角度将农村扶贫划分为 5 个阶段，分别为单一性救济式扶贫、区域性救济式扶贫、全国性经济开发式扶贫以及参与性综合式开发扶贫和多元性可持续发展型扶贫。[③] 其发展

---

① 李小云：《我国农村扶贫战略实施的治理问题》，《贵州社会科学》2013 年第 7 期。
② 刘彦随：《精准扶贫当依靠科学体系》，《人民日报》2015 年 10 月 19 日。
③ 陈标明、胡传明：《建国 60 年中国农村反贫困模式研究与基本经验》，《求实》2009 年第 7 期。

阶段如表 2-3 所示：

表 2-3　　　　　　　　　农村反贫困模式演进

阶段	实施时间	扶贫模式	扶贫内容	扶贫特征
第一阶段	1979—1985 年	单一性救济式扶贫	实物救济	外部输血
		体制改革（全面贫困）	发展生产力	外部输血
第二阶段	1986—2000 年	区域性救济式扶贫（局部贫困）	区域性瞄准的扶贫计划 区域经济增长方式 财政物质和技术支持	外部输血
		全国性经济开发式扶贫	人力资本投资 增长和投入效应	外部输血
第三阶段	2001—2015 年	参与性综合开发式扶贫（边缘化贫困）	参与式发展	内外造血
		多元性可持续发展式扶贫	内外兼顾式扶贫 一体两翼整村推进	多元造血
第四阶段	2015 年至今	分散性贫困	精准扶贫 全民参与	多元造血
			就业创业推动 个人资产和能力提升效应	多元造血

政府的一系列扶贫政策取得了重大成效，使农村贫困状况发生了很大的改变，而农村贫困的改变也促使政府不断调整扶贫策略。总体来说，中国农村贫困人口不断下降，贫困状态也从以绝对贫困为主向相对贫困转变，相应的政府的扶贫策略也从注重解决生计贫困向注重解决权力贫困和能力贫困转移，扶贫瞄准机制由地区向家庭转移，并将社会力量拉入扶贫事业之中，调动各方力量共同来消除农村贫困。

第二章 转型社会与中国农村贫困：话语变迁与实践过程

（三）农村扶贫实践中的干预风险

中国农村扶贫取得了重大成效，贫困人口大幅度减少。然而，来自国内外的相关研究却表明，中国政府的扶贫政策在减少农村贫困方面的效果并不明显，而农村贫困人口的大幅度减少主要是因为中国经济高速发展的涓滴效应。

经由"对目前的农村政策满意"的调查数据显示，对目前的农村政策非常满意的占25.9%，比较满意的占53.6%，一般的占15.0%，不太满意的占2.9%，极不满意的占0.7%。调查结果表明，大部分农村居民对农村政策比较满意，满意度较高，但仍有近20%的人处于一般或不太满意。

表2-4　　　　　　　　对目前的农村政策满意情况

	百分比（%）	有效百分比（%）	累计百分比（%）
非常满意	25.9	26.4	26.4
比较满意	53.6	54.6	81.0
一般	15.0	15.2	96.3
不太满意	2.9	3.0	99.3
极不满意	0.7	0.7	100.0

中国政府的扶贫政策是以直接救济为主，而且具有自上而下的特征，贫困主题的参与性并不强。在扶贫项目的选择上以及扶贫资金如何分配等问题上，贫困人口很难或很少有机会表达自己的意愿。这就造成了政府有限的扶贫资源被浪费或者被挪用而起不到应有的作用。陈光金等的研究发现，由于农村投资环境以及管理体制的落后，导致政府为农村提供的减贫转向资金补贴被用于城市建设以取得更高、高

快的回报，进而提升当地政府的政绩，使本就不多的政府拨款被挪用。同时由于缺乏参与机会，农民并不能决定扶贫项目的确立，而项目制定者的一些错误决策很有可能导致农村扶贫越扶越贫。而且，政府的农村扶贫大多是针对生计问题，而农村的社会保障依然滞后，一旦遇到自然灾害或者突发疾病，脱贫农民很容易重新陷入贫困之中，在农村地区，因病返贫、因病致贫的形象依然十分严重。① 以上的这些问题都限制了政府扶贫政策作用的发挥，使政府虽然投入了大量的人力、物力来解决农村贫困，效果却不明显。国内外相关的实证研究也证明了这一点。

大多数经济学家都认为经济的快速增长是一个国家降低贫困的基本动力。② Aderson 通过考察发现，中国经济的快速增长始于贸易自由化有关的，同时伴随的是贫困发生率的大幅下降。因为贸易自由化可以创造出一个有利于穷人的新市场、刺激穷人对相关市场机制和价格机制的反应，同时可以提高政府对农村的公共支出。③ 另外，Rozelle 通过在中国四川和陕西的研究发现，中国贫困率的绝大部分变化都可以通过经济增长来解释，经济增长是中国农村贫困率下降的最重要因素，而中国政府的扶贫政策对缓解农村贫困几乎没有作用。④ Fan 等的研究也发现，在中国政府众多的投资中，扶贫贷款对于缓解农村贫困的效果最差，而且，政府的反贫困项目对于减轻贫困的效果往往都

---

① 陈光金：《中国农村贫困的程度、特征与影响因素分析》，《中国农村经济》2008年第9期。

② 章元、丁绎璞：《一个"农业大国"的反贫困之战——中国农村扶贫政策分析》，《南方经济》2008年第3期。

③ Aderson Kym, Agricultural Trade Reform and Poverty Reduction in Developing Countries, World Bank Policy Research Working Paper 3396, 2004, Washington D. C.

④ Rozelle Scott, Linxiu Zhang and Jikun Huang, China's War on Poverty, Working Paper No. 60, Center for Economic Research on Economic Development and Policy Reform, Stanford Institude for Economic Policy Research, Stanford University, 2000.

非常的小，这主要是因为中国政府扶贫的目标瞄准机制存在问题以及扶贫资金的不合理利用。① Jalan Jyotsna 等将贫困划分为暂时性贫困与慢性贫困，并分析了二者的决定因素，发现两种不同的贫困具有许多不同的特征，他们发现，中国政府的扶贫政策更多的是针对慢性贫困但却忽略了暂时性贫困，并提出中国的开发式扶贫只是有助于慢性贫困，但对于暂时性贫困的作用非常有限。②

三 扶贫行动与农村发展：农村反贫困行动的话语转向

错误的扶贫瞄准机制以及不合理的扶贫资金利用，再加上农村居民较差的参与性使我国农村扶贫的边际效益呈递减趋势，在有些地区甚至难以发挥作用，改革以往的农村扶贫政策，出台新的适合于现阶段扶贫的新政策是农村扶贫的当务之急。本书分析了以往的研究，认为基于上游干预与风险管理理念的扶贫政策以及致力于为穷人积累资产的资产社会政策是适合现阶段农村扶贫的新政策。

（一）基于生命周期的社会保护、上游干预与风险管理转向③

中国传统的农村扶贫政策基本上属于对市场经济政策的补偿，是一种选择性社会救助，更像是一种市场经济的剩余。比如，现阶段在农村实施的农村最低生活保障制度，这是一种具有明显事后补偿型特征的社会扶贫政策，是一种下游干预，这种政策只能暂时性地缓解贫困，难以从根本上消除贫困以及贫困导致的各种不利因素。而基于生命周期理论的上游干预措施和基于社会风险管理的预防性政策对于解

---

① Shenggen Fan, Linxiu Zhang, Xiaobo Zhang, Growth and Poverty in Rural China: The Role of Public Investments, EPTD Discussion Paper, NO. 66, International Food Policy Research Institute, Environment and Production Technology Division, 2000.
② Jalan Jyotsna, Martin Ravallion, "Transient Poverty in Post - Reform Rural China", *Journal of Comparptive Economics*, 1998, 26: 338 - 357.
③ 潘泽泉、许新：《贫困的社会建构、再生产及应对：中国农村发展30年》，《学术研究》2009年第11期。

决这一问题具有重要意义。

　　生命历程理论作为一种基本的分析范式源于芝加哥学派对移民的研究，是学术界正在兴起的一种跨学科的理论。生命历程理论侧重于研究剧烈的社会变迁对个人的生活轨迹、个人的生命模式和个人发展路径的显著影响，关注实践世界的个人的生活轨迹和生活体验，强调跨越时空的对话。人的不同生命历程可能经历迥异但相互联系的阶段，前一阶段中的社会经历、个人的生活轨迹可能会对后面阶段的经历产生深刻的影响，如贫困的代际传递效应、家庭资本的积累效应、人力资本的投入效应等。基于生命历程理论的反贫困政策，将一个人生命周期中的不同生命阶段、更大的社会力量和社会结构联系起来，认为某一特定阶段的问题很有可能会在后续某一阶段甚至终身出现，会影响到后续阶段的发展机会。不同的生命阶段或时间序列，基于不同的角色和生命事件序列，不但会出现不同的问题向度和需要，而且上游阶段的生活质量对下游阶段的生活机会有非常重要甚至决定性的作用。例如，在穷困家庭中出生的儿童，在其生长过程中无论是受教育机会、学习成绩还是营养状况都会受到诸多不利因素的影响。成长过程中的诸多不利因素不断累积，造成这些儿童在成年后的资源缺乏以及人力资本的不足，更容易面临就业困难、失业甚至身体健康等问题，这一问题继续持续，使其在成年时期继续陷入贫困之中，接着到了老年时期同样由于前一阶段的影响而失去经济能力来安排退休养老的问题，从而导致老年时期继续沉浸在贫困之中，这样，贫困成为困扰贫困群体一生的问题，更可怕的是，这一问题还会传递给他的后代，从而完成一个社会的贫困代际传递。基于此，农村反贫困政策应该关注个人生命历程中不同实践序列中的特殊需求，特别是重视对一些上游阶段的干预，来消除贫困，同时减轻贫困的代际传递效应。[1]这方面可以借鉴巴西的经验，通过对扶贫对象申请救助增加一定的限制条件来完成。在我国已经施行了免费的义务教育和必要的疫苗免费接种，因此，可以要求申请救助者必须保证家中适龄儿童接受义务教育并保证出勤率，同时要求符合条件的申请者必须给家中符合条件的儿童接种必要的免费疫苗。这样并没有增加贫困人口的生活压力，也可以切实提高农村贫困人口的文化程度和身体健康程度，减轻上游贫困对儿童的影响。[2]

由此可见，以生命历程理论为基础的农村扶贫政策是基于社会保护的视角，基于"不同时空中的生活""生活的时间性"以及整个生命历程中的重大的事件序列等基本原理，政策目标在于改变基于个人生命轨迹的个人发展条件，而不是采取事后补偿的政策。这一政策不仅针对个人生命历程中不同阶段的需求采取不同的措施，而且更关注个人的潜力发展问题，致力于贫困个体彻底地摆脱贫困。

基于风险管理理念的社会政策则同样是以预防贫困为主要目的。按照风险社会的理念，每个人都处在一定的风险之中，但贫困群体显然更容易遭受风险，而且遭受风险后的恢复能力较差，这就使贫困人群不愿意也没有能力来选择一些高风险但是却高回报的活动，甚至不愿从事任何带有风险性的活动，这就使他们难以摆脱贫困，甚至可能进一步加深贫困。正是因为不敢面对风险，导致贫困者在社会中被认为是非理性的、缺乏长期投资观念的人，也导致了在扶贫政策中对穷人主体性的漠视。其实，所谓贫民的"保守"和防御性退缩，不过是

---

[1] 徐月宾、刘凤芹、张秀兰：《中国农村反贫困政策的反思——从社会救助向社会保护转变》，《中国社会科学》2007年第3期。
[2] 马洪雨：《我国扶贫开发国家立法具体化研究》，《甘肃社会科学》2012年第4期。

处于贫困中的个体自我保护心态的一种外部表现而已。如果能有稳定的前景，穷人也不会只关心眼前的利益，他们也愿意投资教育这类长远事业并抱有一定信心。① 因此，基于风险管理理念的扶贫政策更关注贫困的成因而非症状，并以此来提供一些保护性的政策来帮助穷人应对风险并提高风险处理的能力。比如，现在广泛推广的各种农村社会保险和小额贷款都对农村贫困人口摆脱贫困具有重要意义。

（二）社会工作介入、专业化过程与反贫困行动

我国政府对城市贫困高度重视，但在贫困治理中缺乏对社会工作的有效运用，这极大地影响了反贫困工作的成效。社会工作介入反贫困行动也是贫困治理范式转变的最重要的形式。贫困治理需要全社会的广泛参与，需要培育多元主体，实现多元主体协同行动，社区组织和社会组织将会获得较快的发展，社会工作者将在反贫困行动中发挥重要作用；克服扶贫政策的缺陷与不足，需要专业社会工作的介入。社会工作的介入，是修正与弥合扶贫政策不足、提升扶贫对象能力的重要举措。② 社会工作作为扶贫的优势体现在社会工作在扶贫行动中，为扶贫提供了专业价值观、为扶贫提供了优势视角、为扶贫提供了专业的方法与技术。社会工作在扶贫中的介入途径表现在为扶贫树立以人为本的工作理念、为扶贫搭建社会工作介入平台、重视贫困者的能力建设、促进贫困者的社会参与以及运用专业理念和方法提供服务。

社会工作介入农村反贫困行动的内容包括多元主体培育、需求评估、生计调查、个案辅导、抗逆力培养、赋权和增能、团体参与、政策修订、倡议与实施等。在贫困治理中引入社会工作的策略有：在反

---

① 吴理财：《反贫困：对人类自身的一场战争》，《社会》2001年第3期。
② 向德平、姚霞：《社会工作介入我国反贫困实践的空间与途径》，《教学与研究》2009年第6期。

贫困机构中设置社会工作岗位，并纳入现有职业体系；促进反贫困的公益性社会组织的发展，包括各种公益慈善类社会组织、社区服务类社会组织和行业协会类社会组织，具体包括各种发展基金、社会工作服务机构等。在具体实践中，社会工作者需要通过政策倡议、资源链接、权能激发和抗逆力培养，促进贫困农民个体脱贫能力的有效发展；需要经由社会工作介入实践，引入和健全个性化反贫困形式；通过观念影响，培育贫困农民主体性文化；通过社会倡议，完善立法，形成系统化的立法机制等。

（三）组织化扶贫、组织化效应与反贫困新趋势

组织化扶贫是中国农村扶贫行动的最有效的形式，也是充分发挥穷人自主性、能动性和创造性，发掘农民自发组织力量，培育社会网络资本，扶持与引导贫困农户发扬能动精神，顺应市场化或企业化改革方向的最有效的形式，通过组织建立、组织改造和组织行动能够实现农民的组织参与意识、参与精神。贫困农户的组织化有利于形成长期的增效效应，形成更加公平的分配机制，全面优化，包括农户组织的互助机制、农户组织的集体参与、农户组织权益保障的全面立法，农村贫困户的利益保障机制，也有利于农民集体行动，提高扶贫资金使用效率，实现共同发展。

农村组织化扶贫一方面要求充分利用原有的各种组织资源和组织改造，可以通过对社区合作性经济组织、合作社、信用合作社以及其他反贫困社会组织进行系统改造，使这些组织资源因地制宜地得以重新整合。另外具有社会组织载体，将扶贫资金作为贫困农户股金或其他资金，帮助贫困农户解决就业难问题，便于他们参加各种农村生产或生活的组织，或组织创建贫困农户联合企业。另一方面要求创建符合市场经济要求、满足农户需要的各种组织形式，包括依法自愿建

立、自主经营、自我管理、自我服务、自我维权的农民自组织，如专业合作经济组织、农民专业技术协会、新型农村合作医疗组织、农村社区发展协会、农村社区发展基金会等。也包括以盈利为导向的、严格按照企业来运作的组织，如股份制、股份合作制、加工性企业、农产品交易市场、各种养殖场等，这些组织的建立有利于转型时期农户改变自身弱势地位、抗拒基于环境和市场的脆弱性风险、协调各方面利益、维护经济权益、表达各种利益诉求等，也有利于农村贫困群体自主经营、自我管理、自我服务、自我维权。①

（四）资产积累、发展型社会政策与农村贫困治理

以往关于贫困问题的研究大多将贫困视为收入的缺乏，并从帮助穷人增加收入的角度来制定农村扶贫政策。然而，学者的大量研究却发现，相对于收入，贫困者更看重资产。贫困者大多将人力、社会、物质、权力等各种资源的缺失视为自己陷入贫困的根本原因。同时，研究者还发现，以经济收入来衡量贫困的方法一定程度上忽视了妇女所做的真实贡献，妇女在家中所从事的大量家庭劳动尽管不能直接带来经济效益，但对维持家庭的生计无疑具有重要的意义。因此，穷人的贫穷的根源并不是收入的缺乏，而是没有固定的资产，穷人一旦拥有了资产，即使暂时性地陷入了贫困之中，但经过一段时间的积累，依然会带来意想不到的福利效应，因此，要致力于让农村贫困人口参与资产建设。

正是在这一背景下，华盛顿大学的谢若登教授提出了资产社会政策理论，他认为相对于收入分配政策来说，资产社会政策是一个巨大

---

① 胡敏华：《我国农村扶贫的制度性陷阱：一个基于组织的分析框架》，《财贸研究》2005 年第 6 期。

第二章 转型社会与中国农村贫困：话语变迁与实践过程

的提升。收入只是钱财的单向流动，而资产则是财富的多向积累。收入的缺乏只是个人贫困的表现，缺少持续的财富积累才是个人陷入贫困的根源。没有积累带来的增长，贫困个体想走出贫困就会异常艰难。同样，对于家庭而言拥有资产比暂时收入的提高更具有显著意义。一个家庭是否拥有资产对家庭成员的精神和心理都会产生极其深远的影响。一个拥有资产积累的家庭往往更不容易陷入由贫困带来的茫然，对未来的生活也会更有信心，更敢于追求美满的生活、应对未知的挑战。同时，资产具有收入所无法比拟的代际传承效应，资产的传递对于后代福利的提升大有裨益。①

在这一理论背景下实施的资产社会政策并不是致力于简单地增加贫困群体的收入，而是有组织地引导和帮助贫困群体进行资产的投资与积累。资产型社会政策是一种发展型的社会政策，其政策内容主要包括致力于帮助弱势群体积累应对社会风险的社会资本、制定反排斥的劳动力政策、进行人力资本投资、对农村生计的保护与发展以及个人账户建设等。其中个人发展账户的建设在美国已经得到实践证明，也是比较适合我国国情的。个人发展账户主要面对社会上的贫困群体，主要做法是为贫困者的储蓄提供一定量的配额资金。比如，如果穷人储蓄一块钱，政府就相应地补贴一块或两块的配额资金。账户中的金额可以限制贫困群体的具体用途，也可以使贫困群体自己决定用途。②

可以说，农村贫困问题是关系到国计民生的重大问题，对贫困群体的生命历程进行干预，帮助贫困群体进行资产积累是新时期农村反

---

① 刘振杰:《资产社会政策视域下的农村贫困治理》,《学术界》2012年第9期。
② 张萍、栗金亚:《资产建设理论视域下农村贫困救助政策的启示》,《经济与管理》2012年第9期。

贫困的重要举措。然而，反贫困的最终效果不但取决于政策的上层设计，同样取决于政策在底层的制度发育以及各种扶贫资源的公平有效的传递。建立严格的监管机制，使上层制定的政策落到实处，真正惠及贫困农民对于农村反贫困同样具有重要意义。

（五）全球化过程、政策话语变迁与中国贫困问题再思考

1. 全球化剥夺、不平等再生产及贫困再造

全球化从总体上提升了社会成员的经济地位，提供了更多的发展机会，但又加剧了社会的结构性不平等，社会经济体系变得更具脆弱性、不稳定性和不可控性。全球化是影响地区之间经济发展不平衡的因素，全球化加速了传统产业机构的调整，全球化在一定程度上扩大了城乡社会发展的不平衡，全球化语境下，劳动力成本、市场对于穷人的溢出效应和机遇市场转型的利益驱动和机会获得具有全球关联性，任何一个国家的劳动力市场价格会受到其他国家的影响，全球化使国家和地方政府偏好于通过压低劳动力的工资和福利标准使产品更加廉价，从而使其产品和投资环境更具国际竞争力，全球化带来新的贫困和社会不平等事实。

全球化带来的贫困和不平等的全球化。全球化带来最重要问题是不平等。全球化条件下，新的政治经济不规范增长和跨国界的整合，造成了更深度的不平等。这种不平等出现在不同区域、国家、地区和不同的人群之间，还特别表现在南北之间、工作和失业的人之间以及性别之间。富国和穷国之间的不平等强度以及穷人和富人之间的鸿沟在加深。社会和经济的不平等表现在权力的不平等，资源、信息占有与掠取的渠道不平等、新的财富和收入分配的不平等。

2. 反贫困与全球性社会政策的产生

全球化带来了金融基本流动的全球化、外国资本的直接投入、跨

国公司的增长以及全球化的贸易，全球化带来了全球市场竞争和资源的不均衡性流动加剧，国家、市场与社会之间力量对比的变化，产业结构和就业结构的变动、人力资本投资的不均衡效应和社会弱势群体弱势化过程等机遇全球性的贫困新趋势。

全球化制约和削减了政府的作用。社会政策本来是为了解决国内社会问题的，然而现在，社会政策本身已成为国际社会的一个社会问题，由于全球化的压力而无法采用自己所希望的社会政策，这样全球化限制了政府在制定政策上的独立性和自主权。全球化被认为是一个铁笼，它迫使各国政府接受全球金融规则，严重限制进步政策的范围，削弱国家依靠的社会力量。因此，各国政府不论在意识形态上有多大差别，在经济和社会福利政策上却不断趋同[1]。

为了消除贫困和其他的社会疾病，恢复经济和社会的健康，促进国内的繁荣，现存的国内结构必须彻底改变。经济的全球化带来了全球化的资本流动不平等，形成机遇全球化的资源分配不均的相对剥夺形式，引发全球性贫困等新问题，单一国家的社会政策处理这些跨国界的问题时受到了局限，这就需要建立一个全球化的社会政策。

戴肯（Deacon）和肖（Shaw）等社会政策专家认为，全球化的社会的发展需要一个新的全球化负责的政治行动。需要有一个全球的社会政策的制定，即跨国际的再分配、跨国际的规则以及跨国家的和全球的供给[2]。乔治和威尔定认为，全球化压缩了时间和空间，创造了世界为一体和相互依赖的感觉。"我们的地球邻居"等概念让人类

---

[1] Samir Amin, *The Challenge of Globalization*, Cambridge Press, 1996.
[2] Deacon, B. et al., *Global Social Policy*, London: Sage, 1997, p. 213.

在某些方面变成了一个"我们,此外没有他人,共同面对的问题和机会"①。"全球共有共享"的概念把许多问题被定为全球性的问题并因此产生了全球意识和全球发展趋势的判断。全球化加速了一个更加全球性的福利供给的普遍话题,如《世界银行的老年报告》(1994)、经济合作与发展组织的《福利提供的未来》(1999)和欧盟的《欧洲社会政策的可能性》(1994)的产生。联合国发展计划署说,"把全球化的工作用于人类的发展"(1999),"全球的力量需要为穷人产生能量"。社会政策在全球化的进程中,作为人类的信心,已经变成了一个更加重要的成分。在乔治和威尔定的陈述里,"有信息显示,人类正在从对主张不规则的市场的信心转移到了相信一个有规则的社会,在西方被理解为社会化的资本主义,意味着一个全球资本主义被社会政策来温和、平缓以及调和持续"②。

---

① Vic George and Paul Wilding, *Globalization and Human Welfare*, London: Palgrave, 2003, p. 168.

② Ibid., p. 172.

第三章　中国农村贫困：生活质量、可持续生计与贫困境遇

中国农村贫困与中国社会转型、国家发展战略转变、中国社会发展话语定位从科学内涵到社会发展本质规律是一致的，体现了社会转型语境中中国社会发展的知识反思与新的政治文化建构，生活质量与可持续生计体现了当代中国农村发展和反贫困行动中新的问题意识和当代社会的共同议题。党的十六大明确提出要"全面繁荣农村经济，加快城镇化进程"，要"统筹城乡经济社会发展，建设现代农业，发展农村经济，增加农民收入"，全面建设小康社会。农村贫困群体是我国社会中的弱势群体，是一个需要被持续关注的群体。农村贫困居民由于先赋性条件差和恶劣的外部因素，一直生活在社会的边缘和底层结构，这会对我国社会健康稳定发展产生负面影响。因此，研究农村贫困群体的生活质量问题，在当前我国农村问题日益突出的大背景下，具有重要意义。

在早期的中国农村贫困问题研究的知识谱系中，农村村民，尤其是生活在社会底层抑或边缘空间中的农村贫困群体的生活质量问题正成为学界关注的焦点议题，不少学者从客观和主观两个方面共同探讨

居民的生活质量,且为农村地区生活质量的研究建立了较为合理的生活质量指标体系。当前,学者们重点研究农村居民的生活质量是大多以建立农村居民生活质量指标体系为目的的。事实上,由于区域发展水平不同,不同区域之间由于经济、政治、文化、历史、自然条件的差异性,建立一个有借鉴意义的农村居民生活质量指标体系的可行性较低,难度较大。①

本章先对农村贫困群体的生活现状进行经验性说明,体现贫困村民整体生活质量较差的生存现实和问题视域。通过实地调研和问卷调查,以经济收入、消费方式、文化教育、医疗卫生为生活质量的客观维度,以主观满意度为主观量度,探讨影响农村贫困居民身心健康满意度、家庭生活满意度、居住环境满意度、政治保障满意度的真正因素,为农村居民生活质量定量研究提供新的思路和方法,并为政府下一步的扶贫内容和扶贫方向提供方案。必将有利于农村的物质生活和精神文明水平的提高,促进农村的社会安全和社会稳定。只有这样,才能使我们在社会转型期、全球化推进的宏观背景下重新认识中国农村的贫困问题并在新形势下对农村扶贫行动作出新的战略调整。②

第一节 生活质量与可持续生计:贫困问题的理论建构和经验性推论

一 贫困与生活质量:理论范式及其问题意识

生活质量(Quality of Life,QOL)又被称为生存质量或生命质量,

---

① 说明:项目组成员于硕完成该子课题的数据统计、数据分析、文献资料整理和部分文字撰写。

② 于硕:《贫困农村群体生活质量和生活满意度研究》,硕士学位论文,中南大学,2013年。

第三章 中国农村贫困：生活质量、可持续生计与贫困境遇

全面评价生活优劣的概念，通常指社会政策与计划发展的一种结果。生活质量有别于生活水平的概念，生活水平主要关注的是为满足物质、文化生活需要而消费的产品和劳务的多与少，生活质量回答的是生活得"好不好""幸福不幸福"，侧重于对人的精神文化等高级需求满足程度和环境状况的评价，除保持基本的物质生活水平及身心健康外，生活品质也取决于人们是否能够获得快乐、幸福、舒适、安全的主观感受，与人的精神文化追求、对社会与环境的认同都有密切关系。

1958年，美国经济学家J. K.加尔布雷思最早提出生活质量的概念，他认为生活质量是指人们在生活舒适、便利程度以及精神上所得到的享受或乐趣。为了研究美国居民的幸福感和精神健康状况[1]，1957年密歇根大学曾与院校合作进行了一次全国随机抽样调查。有学者在《丰裕社会》中使用了生活质量这一概念。1948年创立的世界卫生组织对于健康定义的扩展使生活质量研究再次发展。20世纪60年代中期，美国开始的社会指标运动间接为生活质量的量化研究提供了方法论支撑。有学者认为，经历过高额群众消费阶段后，人们可能转向对"生活质量"的追求。[2] 70年代，坎贝尔、康维斯（E. Converse）和罗杰（Rodger）联系两所高校——芝加哥大学和密歇根大学做了一项全国抽样调查，目的在于探究美国社会的生活质量，主要是通过度量主观生活指标——生活满意度和13个与生活相关的具体满意度进行研究分析。[3]

---

[1] 叶南客：《社会发展的新内涵：国内外"生活质量"研究简述》，《社会科学述评》1990年第4期。

[2] W. W. Rostow, *Politics and the Stages of Growth*, Cambridge, 1971.

[3] 林南等：《生活质量的结构与指标》，《社会学研究》1987年第6期。

在学术界，对于生活质量的研究，存在两种研究趋向，其一是把生活质量的研究重点放在影响人们物质与精神生活的客观指标方面，即进行"客观生活质量"的研究。"客观生活质量"关注一个社会向其成员提供各种物质条件的状况或程度，用以作为衡量人们生活水平、生活条件的指标，作为衡量一个社会发展程度的指标。其二是侧重于人们的主观生活感受方面，关注生活满意度和幸福感，即"主观生活质量"的研究。"主观生活质量"关注的主要是人们对其所处的生活状况的满足程度或满意程度，它所反映的是人们对生活条件和状况的主观感受。① 在"客观生活质量"的评价指标中，其指标主要包括维持人类生存所需要的食物、健康、收入水平、就业机会、就业质量、教育程度、消费结构和社会保护等，也包括诸如自由、平等、自尊与权利等人类生存的价值追求，自尊是指个人在社会上应该受他人尊重，并不单纯以获得物质财富的多少来衡量，自由的发展主要是指人们从物质生活中解放出来。

在生活质量的评价指标中，同样包括诸如生活满意度、精神健康、社会公平感、社会剥夺感、心理健康等主观指标。1966年，鲍尔发表重要出版物——《社会指标》，书中展现了各种统计学测量方法，用以研究生活质量和社会变迁。至此，社会学与统计学的结合使美国生活质量的研究进入量化阶段。随着客观生活质量的发展，学者们开始拓展生活质量的研究范围。当前国内外以研究主观生活质量——满意度和幸福感为潮流，因此，越来越多的学者将主观生活质量作为情感状态指标纳入生活质量的研究体系中。有学者表示，生活质量是个

---

① 风笑天：《生活质量研究：近三十年回顾及相关问题探讨》，《社会科学》2007年第6期。

第三章　中国农村贫困：生活质量、可持续生计与贫困境遇

体对其各个生活领域的情感反应和满意度的综合感受。西方学者对主观生活质量的研究最早重点关注个体的精神心理状态，之后研究内容转向对生活满意度和幸福感的研究。1980 年，Costa 和 McCrae 研究发现人们主观幸福感中的正性情感、生活满意感和负性情感更多地依赖人格特质结构中的外向性和神经质。[1] 1987 年，美国学者戴（Day）完全从满意度的角度对美国生活中的 14 个领域进行主观测量，包括家庭生活、社会生活、个人健康、娱乐、精神生活、物质拥有、联邦政府的工作表现以及当地政府的工作表现等。[2] 到了 20 世纪 90 年代中后期，更多研究者把生活质量的研究扩展到宏观的社会层面，更多关注诸如就业机会、社会公平、社会保障、受教育权利以及贫困等方面的问题，形成了一个涵盖主观和客观两个方面的新的研究领域。

二　国内研究：理论话语、知识谱系与中国经验

20 世纪 80 年代，我国生活质量研究开始发展，21 世纪以前，国内学者对生活质量的研究主要关注于概念上的建构。学者们关注主观生活质量的同时，更多地从客观物质生活条件上对某一群体进行状况描述。而在 2002 年以后，生活满意度或是幸福感研究成为学者们关注的重点。在研究内容和研究主题上，经历了从建构社会生活指标到扩充研究方向——主观生活质量，再到研究主客观方面关系以及构建参考框架的历程。20 世纪 80 年代到 90 年代初，从国家统计局最初提出的社会统计指标草案，到北京社科院的首都社会发展指标及其评估方法，再到 1988—1992 年中国社科院在社会发展与社会指标课题中，

---

[1] 邹琼、佐斌：《人格、文化与主观幸福感的关系及整合模型述评》，《心理科学进展》2004 年第 6 期。
[2] 周长城、任娜：《经济发展与主观生活质量——以北京、上海、广州为例》，《武汉大学学报》（哲学社会科学版）2006 年第 2 期。

才明确将生活质量纳入我国小康社会的指标体系中进行研究。[①] 同一时期，国内学者与美国林南教授合作，完成了两项生活质量研究，并将国外生活质量研究中生活满意度或幸福感的概念与研究方法引入国内，掀起了国内生活质量研究的高潮。[②] 至此，国内形成了两种研究生活质量的视角——客观生活质量研究视角和主观生活质量研究视角。北京大学卢淑华教授等在20世纪90年代中期将主观生活质量和客观生活质量结合起来进行探讨，重点研究生活质量的主、客观指标之间的关系，促进了该领域的发展。[③]

之后，国内学者对生活质量进行了各领域、多维度的经验研究，丰富了生活质量的内容。为了考量家庭生活质量状况，卢淑华教授通过定量研究，得出婚姻对家庭生活有重要影响[④]，婚姻质量越好，家庭生活质量越高；同时，易松国教授更进一步研究了影响城市婚姻生活的因素并尝试城市家庭生活质量指标构建。[⑤] 对特殊群体的研究，也成为学者生活质量研究的重点。例如，浙江医科大学通过问卷调查以研究中国老年人口生活质量[⑥]；叶南客等对青年群体、老年人群体生活质量分别进行研究[⑦]；基于性别视角，程深等对妇女工作生活质

[①] 詹天庠等：《关于生活质量评估的指标与方法》，《中山大学学报论丛》1997年第6期；潘祖光：《"生活质量"研究的进展和趋势》，《浙江社会科学》1994年第6期。
[②] 林南等：《生活质量的结构与指标》，《社会学研究》1987年第6期；林南等：《社会指标与生活质量结构模型探讨》，《中国社会科学》1989年第4期。
[③] 卢淑华：《生活质量主客观指标作用机制研究》，《中国社会科学》1992年第1期；风笑天等：《城市居民家庭生活质量：指标及其结构》，《社会学研究》2000年第4期。
[④] 卢淑华：《中国城市婚姻与家庭生活质量分析》，《社会科学研究》1992年第4期。
[⑤] 易松国：《影响城市婚姻质量的因素分析》，《人口研究》1997年第5期。
[⑥] 潘祖光、王瑞梓：《中国老年人口生活质量研究》，《人口研究》1995年第3期；张钟汝：《1992年上海老年生活质量抽样调查报告》，《社会学》1994年第2期。
[⑦] 叶南客：《苏南城乡居民生活质量评估》，《中国社会科学》1992年第5期；《当代青年生活质量研究》，《青年研究》1991年第2期；《现代城市发展的深层目标》，《社会科学战略》1993年第1期。

量进行研究①等。

与研究主题相关，学者们对于生活质量的概念也有了不同的建构。第一种建构是将生活质量理解为客观生活条件的综合反映。宏观上，生活质量用某一区域整体的生活水平来反映社会发展程度；微观上，反映了个体的衣、食、住、行等与生活状况相关的客观指标。第二种建构为生活质量是个体对于各种生活条件的主观评价；这种解释是从心理学的角度——主观感受作为测量生活质量高低优劣的方法。人们的整体生活满意度和对各个层面的满意度是生活质量的研究重点。第三种建构是将客观生活状况与主观层面结合，研究生活质量的两个方向。

三 贫困的生活质量维度：多学科的问题意识和核心议题

（一）国外关于贫困的生活质量研究：评价指标及其相关的研究趋势

国外贫困的生活质量范畴的延伸和扩张源于布思、朗特里经验研究的基础和关于贫困内涵的进一步丰富，包括20世纪50年代蒂特马斯（R. M. Titmuss）、斯密斯（A. Smith）、汤森（P. Townsend）等学者对贫困内涵的扩展，即贫困不再是基于最低的生理需求，而是基于社会的比较，即相对贫困。② 当某些人、某些家庭或者某些群体没有足够的资源去获取他们那个社会公认的、一般都能享受到的饮食、生活条件、舒适和参加某些活动的机会，就处于贫困状态。在1990年又加入了能力因素，缺乏达到最低生活水准的能力，例如健康、教育

---

① 程深：《北京城区已婚妇女工作生活质量研究》，《人口与经济》1994年第2期；陈再华：《中国百万以上少数民族人口生活质量分析》，《中国少数民族人口》1993年第3期。

② 杨立雄、谢丹丹：《"绝对的相对"抑或"相对的绝对"》，《财经科学》2007年第1期。

和营养等。① 1991 年又增加了风险、面临风险时的脆弱性以及不能表达自身需求和影响力。随着理论发展，联合国开发计划署提出人文贫困的概念②，贫困是指当某些人、某些家庭或某些群体没有足够的资源去获取他们在那个社会公认的、一般都能享受到的饮食、生活条件、舒适和参加某些活动的机会。21 世纪，世界银行对贫困的概念进行了重新归纳并总结道:"贫困是指福利的被剥夺情况。"因此，国际公认的贫困的理解与测度不再仅仅局限于经济上的低消费与低收入，还表现在贫困群体在医疗卫生、科学教育等与人类发展相关的其他领域对资源占用较少的情况，即资源被不公平地剥夺。

阿玛蒂亚·森最早从"能力""功能""权利"等角度来讨论贫困问题，他以收入均等程度为指标，认为衡量一个社会的福利指数时，应该把收入分配和收入水平结合起来，大大拓展了贫困研究的视野。对贫困的认识、测度和治理要超越单一的"收入或消费"的维度，而应该考虑更多的维度，包括平等的教育机会、平等的卫生医疗条件、平等的社会保障安排、平等的获取信息和技术的机会等。③ 贫困内涵和外延的丰富和发展，为贫困问题的生活质量研究提供了新的分析框架和研究路径。基于贫困的生活质量既是对农村贫困群体生活水平的综合描述，也是衡量一个农村发展水平的重要指标。农村贫困群体的生活质量是一个多维度的、衡量各群体生活现实的重要指标，该指标包括日常生活中的社会交往、个人发展、就业、收入水平、收入分配、劳资关系、贫困、消费、健康、教育、环境，也包括农村贫

---

① 世界银行：《1990 年世界发展报告》，中国财政经济出版社 1990 年版。
② 刘家强、唐代盛、蒋华：《中国新贫困人口及其社会保障体系构建的思考》，《人口研究》2005 年第 5 期。
③ 阿玛蒂亚·森：《贫困与饥荒——论权利与剥夺》，商务印书馆 2001 年版。

困群体所感受到的社会剥夺感、社会公平感和社会生活的满意度等。事实上，关注农民工在城市的生活质量，除了关注农民工的基本的物质生活水平、身心健康、消费结构，还应该关注农村贫困群体在现实生活中能够获得快乐、幸福、舒适、安全的主观感受，关注他们的精神文化方面的追求以及对社会与环境的认同，关注他们的能力、权利和发展的机会。

（二）国内关于贫困的生活质量问题的研究：经验事实和经验发现

我国的贫困问题十分独特，由于长期城乡二元结构的存在，绝大多数贫困人口都集中在农村。基于自然环境视角，有学者认为，我国农村贫困主要源于生态环境恶劣及灾害严重。从制度方面分析，有学者表示城乡二元经济体制的存在是农村贫困的主要致因，城镇与农村经济的巨大差距使社会问题日益凸显。部分学者认为贫困的产生主要原因在于外力，而不在于贫困者本身。① 基于生活质量视角，学者认为农村经济落后、教育设施不足、教育条件较差、未能把握发展机会的现状导致农村居民基本文化水平低于全国平均水平，继而导致农村进一步贫困。② 王小强、白南风将个人素质量化为"进取心量表"③，通过量表发现，人口素质差是个体贫困的根本原因。④ 国内贫困文化论者普遍认为固有的思维、行为生活方式是农村居民落后贫困的根本原因。刘易斯最早提出贫困文化的概念，并认为这是一种社会亚文化。⑤ 事实上，贫困村民"守贫"思想的摒除、落后思想的消除是贫

---

① 周怡：《解读社会：文化与结构的视角》，社会科学文献出版社2004年版。

② 丘泽奇、李守经：《中国乡村贫困现实解释之尝试》，《社会学研究》1992年第5期。

③ 王小强、白南风：《富饶的贫困：中国落后地区的考察》，四川人民出版社1986年版。

④ 同上。

⑤ 周怡：《解读社会：文化与结构的视角》，社会科学文献出版社2004年版。

困地区摆脱贫困的根本途径。① 社会转型期，教育成本的提高，使收入较低的农村家庭经济负担过重，因而有些学者认为教育消费致贫。同时，由于我国医疗卫生保障尚未完善，高额的医疗费用支出也成为新时期农村居民致贫的一大诱因，农村居民因病致贫、因病返贫的人数逐年增加。

经由国内学者对于生活质量的理论研究和经验发现，对农村贫困群体的享有的物质生活状况进行描述，以满意度为量度，对身心健康状况、家庭生活状况、居住环境、政治保障四个方面进行状况描述，分别探究影响身心健康满意度、家庭生活满意度、居住环境满意度、政务满意度的主要因素，并对农村贫困群体的生活策略进行解释和预测，这是农村贫困群体生活质量的最重要的问题意识和衡量指标。

（三）贫困的生活质量问题的研究：问题聚焦和核心议题

首先，生活质量研究范畴的拓展使很多相关分支领域获得了充分发展，催生了"与健康相关的生活质量"（Health-related Quality of Life）的出现。按照传统医学的定义，贝克尔（Becker）认为健康是一个有机体或有机体的部分处于安宁的状况，它的特征是机体有正常的功能，以及没有疾病（沃森斯基，1999）。帕森斯从社会学角度，认为在高度结构性分化的社会，健康不应仅仅从生理角度定义，应解释为已社会化的个人完成角色和任务的能力处于最适应的状态（沃森斯基，1999）。美国疾病控制和预防中心曾指出，"对个人而言，与健康相关的生活质量涉及生理和心理健康的概念，也包括社会经济地位、健康风险、功能状态等"。之后，在实践研究中，肯德等探讨了健康与年龄、健康与性别、健康与婚姻状况、健康与社会阶层、健康

---

① 阎文学：《富饶的贫困：掣肘与成因》，社会科学文献出版社1994年版。

第三章　中国农村贫困：生活质量、可持续生计与贫困境遇

与教育、健康与经济地位，甚至健康与吸烟行为的关系等。因此本书的问题聚焦和核心议题体现在农村贫困群体的身心健康状况、情感状况和居民的身心健康满意度。

其次，生活质量涉及家庭生活质量这一研究主题，包括家庭关系、家庭结构、家庭功能、家庭问题等。[1] 学者们一般认为，影响家庭生活质量的因素，既要选取主观变量，又要注重客观指标，同时，人口与家庭特征指标（被访者性别、年龄、文化程度、家庭人口数、家庭子女数等）也要纳入考察变量范围。[2] 生活质量的研究问题域就包括农村贫困家庭生活满意度、家庭劳动力保障状况、家庭经济收入保障、家庭成员关系质量和人际交往。

再次，居住是生活质量的一个重要方面。衣食住行，住是仅次于衣、食之后的基本需求。居住生活质量既包括客观指标，也包含主观指标。客观指标主要指对住房的数量、类型、性能和居住环境等的客观评价，即居住条件、生态环境质量、基础设施和公共服务设施、景观生态环境和社区人文环境在内的人居环境指标。主观指标则是指个体居住的生活质量满意度，是一种主观感受，即从居民满意度、发展度（居民对发展态势的评价）和可居住度（满意度与发展度的综合）对人居环境进行评价的模式。[3] 另有学者提出了横向（包括经济发展、社会发展、资源与环境发展、物质发展）和纵向（包括家居、社区、城镇、区域）的多层面可持续发展人居环境评价体系[4]，包含社会文

---

[1] 风笑天、易松国：《城市居民家庭生活质量：指标及其结构》，《社会学研究》2000年第4期。
[2] 同上。
[3] 宁越敏、项鼎、魏兰：《小城镇人居环境的研究——以上海市郊区三个小城镇为例》，《城市规划》2002年第10期。
[4] 吴志强、蔚芳等：《可持续发展中国人居环境评价体系》，科学出版社2003年版。

明度、经济富裕度、环境优美度、资源承载度、生活便利度、公共安全度的评价指标体系①等。在思考生活质量的研究问题域时，就必须考虑农村生态环境的优劣是否直接影响到农村居民的居住环境质量。同时，水环境、空气质量以及所在村公共卫生状况等环境现状也影响农村居民的居住生活环境，并影响农村居民的居住环境满意度。

最后，学者认为政治文明是农村居民生活质量的重要维度，该学者认为，政治文明应包含两个个体指标，其一是村民政治参与满意度，村民自治制度是农村基层民主的重要方面。全面推进村民自治，也就是全面推进村级民主选举、村级民主决策、村级民主管理和村级民主监督，而民主选举制度是村民自制的基本保障。其二是反映农村法制、村民安居乐业状况的公共安全满意度。保障大多数村民生活的安全感和稳定生活是农村全面建成小康社会的重要方面。公共安全是政府和百姓都特别关注的十分重要的社会问题。公共安全是人类社会发展和进步的必要条件。任何一个社会的存在和发展，都需要公共安全，没有良好的公共安全保障体系与措施，这个社会的存在与发展，人们的生存和生活就不可想象。因而维护公共安全，是关系国计民生、社会安定和发展的大事；是国家实施法律、治国安邦的重要职能；是加强公共管理、建设强大国家的一项系统工程。因此，在生活质量的维度中，政治保障满意度、农村贫困居民政治参与、政策认可度、干部角色认同也是评价生活质量的重要指标。

四 贫困与可持续生计：跨学科视域整合与理论建构

（一）可持续生计的科学内涵和问题意识

可持续生计框架的提出将改变政治学或者公共政策学对贫困问题

---

① 顾文选、罗亚蒙：《宜居城市科学评价标准》，《北京规划建设》2007 年第 1 期。

的单一的解释策略,可持续生计的维度是多维、跨学科的,包括环境、经济、社会和制度的方方面面,可持续生计框架的方法强调以人为中心或综合性,为理解人们在一定的社会、制度、政治、经济和自然环境下如何行动提供了整合性、跨学科的视角,其目标在于推动一种跨学科的、整体的发展观,其中涉及收入、自然资源的管理、赋权、使用合适的工具、金融服务和善治等方面,涉及发展哲学、发展经济学、发展社会学、发展人口学等多学科的领域。可持续生计分析方法是理解多种原因引起的贫困并给予多种解决方案的集成分析框架,源于强调地方参与和理解所有形式的贫困发展哲学观点,是设计以人为中心的缓解贫困方案的建设性工具。运用可持续生计分析框架对地方生存进行整体的、参与性的分析,发展规划人员可以辨明和确立开发战略的起点并进行有效调节以增进生计维持能力,可持续生计分析框架是帮助人们认识生计,特别是穷人的生计状况的一个工具,它是对与农户生计,特别是贫困问题有关的复杂因素进行分析的一种方法。可持续生计框架是在宏大的历史叙事和微观的个体行动上展开的,可持续生计是建立在农户或者社区层次上的微观研究;是在构建一定时间序列上的结构的、历史的、制度的大框架下进行的;是以人为中心的,是整体性、动态性的;是从能力分析出发,而不是从需求分析出发。①

(二)跨学科视域:贫困问题的可持续生计分析思路

在跨学科范式的框架中,把对发展和贫困问题的思考引向支持个体的男性和妇女的才能、知识和技术可持续性生计途径的目标在于推

---

① 唐丽霞、李小云、左停:《社会排斥、脆弱性与可持续生计:贫困的三种分析框架及比较》,《贵州社会科学》2010年第12期。

动一种整体的发展观，其中涉及收入、自然资源的管理、赋权、参与、使用合适的工具、金融服务和善治等方面，虽然这种途径的单个的组成部分并不是新的内容，但是当这些因素协同作用就会比其他的发展方法更为有效。可持续生计的理论出现推动了贫困理论的发展，在扶贫或发展干预实践中，将可持续生计途径作为其发展干预设计、实施和监测评估的重要方法，形成以农户为中心的可持续生计分析框架，并在发展干预项目中，以可持续生计框架为考量的标准，形成新的问题意识、行动方案和评价体系。

（三）跨学科视域：贫困问题的可持续生计构成要素和测量指标

可持续生计的内容是建立在跨学科视角下的一种整合性的方案，一种整体的发展观，一个多种解决方案的集成分析框架。具体包括拥有的能力（如教育、技能、健康、生理条件等）；有形的和无形的资产的可及性以及经济活动；发展干预在农户资产的基础上，对农户的生产、收入和消费等行动的影响；生计安全问题，即表现在粮食、营养、健康、饮水、住房、教育等基本需求的满足，也表现在社区参与的个体安全上。基于贫困问题的可持续生计的测量指标包括：可持续生计政策和规划所投入的资源；来自可持续生计政策和规划的实物产品和服务的产出；上述产出被享用的程度；人们生活得到改善的程度；利用投入以获得上述产出、成果和影响的路径。

（四）跨学科视域：可持续生计、发展干预的框架和风险承担网络

包括给农户提供食物、饮水、住房以及其他基本服务的生计供给；为农户提供以工代赈、种子、工具以及灌溉系统的生计保护；为农户提供一定的资产、改善其生产、消费和交换环境的长期的生计促进；贫困家庭的社会保障和社会支持网络；贫苦问题道德风险、人类文明和发展正义；发展正义、道德生态与实践的理性逻辑。

第二节 贫困群体生活质量与可持续生计的框架与研究设计

一 生活质量与可持续生计的分析框架

经由前面的文献综述、理论分析和经验事实说明，我们可以建立生活质量与可持续生计的思维分析框架：生计安全框架、社会支持框架、增权赋能框架和伦理价值框架。

（1）生计安全框架。体现为生存状态与生存条件维度，包括衣食住行；就业、经济收入和经济安全；职业质量、职业发展机会和职业稳定性；劳动力市场安全、医疗卫生健康、健康风险与健康保障；休闲、消费与脆弱性应对；精神健康和心理弹性等；社会资本与经济整合。

（2）社会支持框架。体现为社会质量维度，包括就业与劳动力市场融入、社会政策与制度性支持网络、社会保障与福利、社会救助与保险、风险承担网络、社会信任与社会整合、社会团结与社会融合、人际关系与社会交往、工具性和情感性社会支持、社会关系网络与邻里关系、公共安全与社会服务。

（3）增权赋能框架。体现为能力支持维度，包括增权赋能、抗逆力培养、增强权能、抗风险能力、社会增能和社会参与、教育与资本投入、技能培训、家庭禀赋和人口结构（劳动力人口、父母亲职业和教育水平）、政治身份与政治融入等。

（4）伦理价值框架。体现为发展伦理与正义维度，包括政治文明与政治参与机会、社会剥夺感和社会公平感事实、发展主义意识形态、发展伦理、发展过程中的社会正义与社会公平、底层道德关注和伦理支持等。

表 3-1　　　　　　　　生活质量与可持续生计框架

模式	目标维度	跨学科的问题视域与框架
生计安全框架	生存状态与生存条件维度	衣食住行、就业、经济收入和经济安全、职业质量、职业发展机会和职业稳定性、劳动力市场安全、医疗卫生健康、健康风险与健康保障、休闲、消费与脆弱性应对、精神健康和心理弹性等、社会资本与经济整合
社会支持框架	社会质量维度	就业与劳动力市场融入、社会政策与制度性支持网络、社会保障与福利、社会救助与保险、风险承担网络、社会信任与社会整合、社会团结与社会融合、人际关系与社会交往、工具性和情感性社会支持、社会关系网络与邻里关系、公共安全与社会服务
增权赋能框架	能力支持维度	增权赋能、抗逆力培养、增强权能、抗风险能力、社会增能和社会参与、教育与资本投入、技能培训、家庭禀赋和人口结构（劳动力人口、父母亲职业和教育水平）、政治身份与政治融入
伦理价值框架	发展伦理与正义维度	发展伦理与正义维度，包括政治文明与政治参与机会、社会剥夺感和社会公平感事实、发展主义意识形态、发展伦理、发展过程中的社会正义与社会公平、底层道德关注和伦理支持

二　理论变量及其操作化说明

（一）自变量

人口统计特征变量通常是指性别、年龄等指标。本章将性别变量赋值为男=1，女=0；年龄变量分段，并进行变量赋值为：不超过20岁=1，21岁到30岁=2，31岁到40岁=3，41岁到50岁=4，51岁到60岁=5，60岁以上=6。同时，本章将政治面貌纳入考察范围，

第三章　中国农村贫困：生活质量、可持续生计与贫困境遇

并进行变量赋值：非群众＝0，群众＝1。

社会经济地位是指与经济收入、教育水平相关的指标。在本书中，本章将这三个变量作为自变量纳入回归模型中。由于本章此次研究对象均为收入低于2300元的群体；同时，本章将教育水平变量定序化处理，变量赋值为：未上过学＝1，小学文化程度＝2，初中文化程度＝3，高中或中专文化程度＝4，大学或大专文化程度＝5。

有关身心健康状况的自变量，本章通过"日常生活中是否经常感到孤独？"这一问题反映农村贫困群体的心理情感状态，对孤独感的变量赋值为：经常＝1，有时＝2，很少＝3，从不＝4。同时，本章通过"过去一年中，您是否得过大病？"这一问题研究农村贫困群体的身体健康状况。此变量的变量赋值为：生病＝1，未生病＝0。在考量与家庭生活满意度因变量相关的自变量时，本章将男性劳动力人数、家庭经济收入保障、家庭关系质量、人际关系状况纳入模型，并将这四个变量作为自变量进行变量赋值。本章用"您家庭成员关系是否融洽？"这一问题说明农村贫困群体家庭关系状况。对这一问题的回答内容进行变量赋值：很不和谐＝1，比较不和谐＝2，情况一般＝3，比较融洽＝4，非常融洽＝5。同时，本章用"您与邻居关系如何？"这一问题说明农村贫困群体的人际关系状况。在研究与居住环境满意度因变量有关的自变量时，本章选取了居住质量、水污染状况、公共设施配置、环境卫生治理状况四个自变量来考察。本章用"您现在是否居住在平房中？"这一问题说明贫困农村居民的居住质量，并对这一问题的回答进行变量赋值：平房＝1，楼房＝0。本章通过"您居住周围河道水污染状况如何？"这一问题的回答说明水污染状况，变量赋值为：情况很严重＝1，情况较严重＝2，情况一般＝3，状况有所好转＝4，情况有较大好转＝5。对于公共设施配置，本章选取政府供

· 145 ·

应水电煤情况进行反映,对"您认为家中水电煤供应情况如何?"这一问题的回答进行变量赋值:很差=1,较差=2,一般=3,较好=4,非常好=5。对"您认为村环境卫生治理状况如何?"这一问题的回答进行变量赋值:很差=1,较差=2,一般=3,较好=4,很好=5。本章将政治参与、政策认可度、干部角色认同作为考察政治保障满意度的自变量。本章用参加选举次数说明政治参与状况,并变量赋值1—4表示过往参加村民自主选举次数频率,依次是从未参加过=1,几乎没参加过=2,偶尔参加=3,经常参加=4。对"您对农村政策是否认可?"的回答进行变量赋值:不认可=1,不太认可=2,一般=3,比较认可=4,非常认可=5。对"村干部工作作风、办事效率是否认可?"这一问题的回答进行变量赋值:不认可=1,不太认可=2,一般=3,比较认可=4,非常认可=5。

(二) 因变量

本章以身心健康满意度、家庭经济生活满意度、居住环境满意度、政治保障满意度为因变量来研究生活质量。变量赋值1—5分别表示满意度的五个等级,分别为"非常不满意"=1,"比较不满意"=2,"一般"=3,"比较满意"=4,"非常满意"=5。

三 分析模型与解释路径

本书主要使用多元线性回归模型对数据进行统计分析。

(一) 模型建构和模型解释

多元回归模型是指含有两个或者两个以上自变量的线性回归模型,用于揭示因变量与多个自变量之间的线性关系。多元回归的方程式为:

$$Y = b_0 + b_1X_1 + b_2X_2 + b_3X_3 + \cdots + b_iX_i$$

回归方程式中,其中 b_0 是常数,b_1,b_2,b_3,$\cdots$,b_i 都是回归系数。回归系数 b_i 表示,在其他变量不变的情况下,自变量 X_i 变动一个单位时,引起的因变量 Y 的变动量。多元线性回归方程的计算及分析与一元线性回归分析基本相似,只是计算过程比较复杂。

(二) 多重共线性检验与模型效度

在多元回归中,因变量应该是从正态分布总体中抽取的一个等间隔或尺度变量。自变量应该大部分是间隔或尺度变量。如果自变量是定类变量,应将其转化为哑变量,将自变量中分类变量转化成哑变量,是多元线性回归的重要前提。分类变量进行哑变量处理通常是用给定数字 0 和 1 为名义分类编码。0 代表不是 1 的任何事物,故而被说成是哑的或无声的。本章将性别 (女 = 0)、政治面貌 (0 = 非群众)、生病情况 (0 = 没生病)、房屋类型 (0 = 楼房) 转化为哑变量,进行回归分析。

同时,多元回归包括以下假定:各预测变量和因变量之间的相关是线性的,误差或残差服从正态分布且与预测变量不相关。在进行回归分析时,检验多重共线性是十分必要的,多重共线性不明显的多元线性回归模型才有意义。

(三) 回归分析方法选取与分析过程

学者 Hower (1987) 综合多位学者的观点,认为研究者最好优先考虑使用强迫进入或逐步多元回归分析法。在多元线性回归分析时,共线性问题对研究有一定影响。共线性是指由于各个自变量之间的相关太高,从而造成回归分析的困扰。如果自变量之间有共线性的问题存在,表示其中一个预测变量时其他自变量的线性组合。强行进行回归分析会得出错误的结果。所以在做回归分析时,可先通过 SPSS 统计分析软件计算相关矩阵,以探讨变量之间的相关情形,如果在某些自变量之间的相关系数太高,需考虑选较重要的一个变量投入多元回归分析中。

（1）逐步回归法：是在多元回归分析方法中运用最为广泛的方法之一，其原理是将一个个自变量放入回归模型中，其中首先进入回归模型的自变量与因变量关系最密切，也就是与因变量呈最大相关的自变量；其次进入回归模型的自变量是除第一个自变量之外，与因变量相关最高的那一个，依次按这样的规则进入。在执行每一步的时候，都要使用 F 统计检验进入回归模型的自变量，如果自变量标准化回归系数显著检验的 F 值大于或者等于内定的标准，则将自变量选入回归模型。或者选入自变量的 F 值进入的概率值，小于或等于内定的标准（0.05），也将此变量选入回归模型。

（2）强迫进入法：在多元线性回归分析中，强迫进入法是一种强迫介入式的回归分析方法，强迫所有变量按照顺序进入回归模型。在研究之前，通过文献、实验等研究已经提出了一些假设，已经确定了各个自变量的重要性次序，在这种情况下使用强迫输入法是比较合适的。

本章将建立四个多元线性回归模型，根据多次尝试分析，分别是以农村贫困居民身心健康满意度为因变量的模型 a，以家庭生活满意度为因变量的模型 b，这两个模型使用强迫进入式回归方程的计算方法；同时，建立以居住环境满意度为因变量的模型 c、以政务满意度为因变量的模型 d，这两个模型使用逐步回归方程的计算方法。

（四）多元线性回归的统计学意义

在考验整体回归分析是否显著方面，一般使用 F 检验。如果计算所得的 F 值大于查表 F 值，或是 F 值所对应的概率小于研究者所定的第一类型错误概率（本书 $P<0.05$），即达到显著水平，表示回归系数中至少有一个不等于 0。而检验个别回归系数是否显著时，可以使

用 t 检验；至于个别自变量的重要性，一般可用标准化回归系数为判断标准，如果标准化回归系数越大，表示该自变量越重要。拟合优度（Goodness of Fit）是指回归直线对观测值的拟合程度。度量拟合优度的统计量是可决系数（亦称确定系数）R。R 的取值范围是 [0，1]。R 的值越接近 1，说明回归直线对观测值的拟合程度越好；反之，R 的值越接近 0，说明回归直线对观测值的拟合程度越差。R 衡量的是回归方程整体的拟合度，是表达因变量与所有自变量之间的总体关系。拟合优度越大，自变量对因变量的解释程度越高，自变量引起的变动占总变动的百分比高。判定系数只是说明列入模型的所有解释变量对应变量的联合的影响程度，不说明模型中单个解释变量的影响程度。若建模的目的是预测应变量值，一般需考虑有较高的判定系数。若建模的目的是结构分析，就不能只追求高的判定系数，而是要得到总体回归系数的可信任的估计量。判定系数高并不代表每个回归系数都可信任。容忍度（tolerance）及方差膨胀因子（variance inflation factor，VIF）用于多元共线性检验。容忍度为 $1-R_i^2$，其中 R_i^2 表示以其他自变量预测第 i 个自变量所得的决定系数，其值越大表示共线性越严重。因此容忍度 $1-R_i^2$ 越小，越有共线问题，$VIF=1/(1-R_i^2)$，它是容忍数的倒数，如果大于 10，表明该自变量与其他自变量有共线性问题。

第三节 农村贫困群体生存现实：基于生活质量与可持续生计的实证研究

一 农村贫困群体的生活质量与可持续生计

要分析影响农村贫困群体身心健康、家庭经济生活、居住环境和政治保障的影响因素，首先必须了解这四个方面的现状。本章以主观满意度为量度，来评价这些方面的生活质量。在这四个方面，本章均选取调查问卷当中的若干题目，具体描述农村贫困群体的生活状况。

（一）健康人力资本：农村贫困群体的身心健康与满意度

健康人力资本体现为死亡率下降、人均寿命提高、生病率下降等维度，健康人力资本是内生经济增长的动力，也是长期经济增长的重要条件。健康人力资本抑或身心健康状况的好坏是影响人们日常生活质量的重要方面，人类的健康问题始终是世界各国重点关注的问题。本章在该节对被访者健康的客观状况、自身健康水平的主观评价以及健康保障情况进行具体描述，以此来反映农村贫困群体的身心健康生活质量。在数据处理方面，本章以身心健康满意度为量度，从低到高将其划分为五个等级，分别是：很不满意、比较不满意、一般、比较满意、很满意。

1. 农村贫困群体的身体健康状况

身体健康是居民从事正常的日常生活的保障居民生病与否是度量身体健康状况的最直观指标，如表3-2所示，本章对214位农村贫困居民的身体健康状况进行了描述概括，在考察"过去一年中，您是否生过大病？"这一问题时，有186人表示身体健康状况良好，过去一年中未患大病；而仍有28人表示生大病，占比13.1%，比例不低。数据分析表明，214位受访者的身体健康状况一般。

经由"您认为当前农村贫困的主要原因"的调查数据显示，认为当前农村贫困的主要原因为疾病或损伤所占比例高达41.3%。调查结果表明，在中国农村的贫困群体中，生病的比例高达86.9%，导致贫困的主要原因是疾病。

表 3-2　　　　　　　　　　　身体健康状况

身体健康状况：生病		频数	百分比（%）	有效百分比（%）
	否	186	86.9	86.9
	是	28	13.1	13.1
	合计	214	100.0	

表 3-3　　　　　　　　　　当前农村贫困的主要原因

	频数	百分比（%）
缺少劳动力	222	41.3
自然条件差或灾害	282	52.4
疾病或损伤	222	41.3
下岗失业	28	5.2
投资失败	18	3.3
其他	14	2.6

认为当前农村贫困的主要原因为自然条件差或灾难的有52.4%（282人）；认为是缺少劳动力和疾病或损伤都占41.3%（222人）；而认为是下岗失业和投资失败的人最少，分别为5.2%（28人）、3.3%（18人）。

2. 农村贫困群体的心理健康状况

从狭义上讲，心理健康是指人的基本心理活动的过程内容完整、协调一致，即认识、情感、意志、行为、人格完整和协调，能适应社会，与社会保持同步。反映心理健康状况水平的指标众多。经由农村贫困群体的心理健康的数据分析发现，农村贫困群体情感状态中，"日常琐事心烦""感到做每件事都很费劲""感到自己比别人差"

"感到自己难以集中精力做正在做的事"的比例较高，选择"有时"和"经常"的比例超过50%，说明农村贫困群体社会情感中的效能感处于较低水平，社会情感处于亚健康状态。

表3-4　农村贫困人口社会情感状况统计（%）（N=548）

	经常	有时	很少	从不
日常琐事心烦	20.3	63.6	12.3	3.8
感到做每件事都很费劲	12.6	55.2	26.1	6.1
感到自己比别人差	13.4	51.7	23.8	10.7
感到自己难以集中精力做正在做的事	12.7	48.6	29.0	9.7
感到害怕	9.6	26.2	41.2	23.1
感到孤独	11.5	30.8	33.5	24.2
会哭	4.6	18.9	34.4	41.3
感到不愿说话	7.7	32.6	39.8	19.9
感到不容易入睡	14.9	39.8	33.0	11.9
感到生活很幸福	19.4	44.6	27.1	8.9
感到做什么都不顺心	12.5	51.0	32.3	4.3
感到前途还是有希望的	25.9	43.2	23.9	6.9
感到别人不友好	5.0	29.1	44.6	20.5
经常不想吃东西	6.2	33.5	40.0	14.8
经常感到心情不好	9.7	43.6	38.9	6.6

3. 农村贫困群体健康保障状况

医疗资源反映的是某一地区为居民提供的医疗卫生保障程度，如果它相当于"投入"部分，那么居民健康状况就相当于"产出"部分，它反映了在国家对医疗卫生投入的情况下，人们确实享受到的效益，即健康水平的提高和改善。

合作医疗是由我国农民自己创造的互助共济的医疗保障制度，在保障农民获得基本卫生服务、缓解农民因病致贫和因病返贫方面发挥了重要的作用。2006年新型农村合作医疗试点县（市、区）覆盖面扩大到40%左右，2007年扩大到60%左右，2008年这一制度在全国基本推行，2010年实现了基本覆盖农村居民的总体目标。

如表3-5所示，本章所调查的农村贫困居民中，参加合作医疗情况较好。其中，全家人参加合作医疗的被访者占受访者人数的93.3%，部分参加了的占5.6%，没参加合作医疗的人数只占0.7%，表示不了解状况的被访者为2人，占0.4%。

表3-5　　　　　　家庭参加农村合作医疗情况

	频数	百分比（%）	有效百分比（%）
全家人都参加了	502	91.6	93.3
部分人参加了	30	5.5	5.6
没人参加	4	0.7	0.7
不知道农村合作医疗	2	0.4	0.4
总计	538	98.2	100.0

尽管农村贫困群体大都参加了农村合作医疗，但由于收入低，农村贫困群体基本上承受不了高昂的医疗费。有学者引用卫生部的一项抽样调查表明，在贫困地区，患病未就诊的达72%，应住院而未住院的高达89%，因病致贫和返贫的达50%。有学者补充认为，这些年医药费价格的不合理增长，农村因病致贫、因病返贫的现象日益突出，小病忽视、大病回避的状况时有发生。

经由"您觉得目前看病是否方便？"的调查数据显示，认为目前看病很方便的占11.0%，比较方便的占43.6%，不太方便的占32.2%，很不方便的占11.7%，表示不清楚的占1.5%。

表 3-6　　　　　　　　　对目前看病是否方便的态度

	频数	百分比（%）	有效百分比（%）
很方便	60	10.9	11.0
比较方便	238	43.4	43.6
不太方便	176	32.1	32.2
很不方便	64	11.7	11.7
不清楚	8	1.5	1.5
总计	546	99.6	100.0

经由"对目前医药费价格的态度"的调查数据显示，认为目前医药费价格不贵的占 8.4%，不太贵的占 11.4%，比较贵的占 54.9%，很贵的占 21.6%，不清楚的占 3.7%。因此，本章认为，被访问的贫困农村居民面临的医药市场价格较高，这影响了农村贫困群体的就医行为。

表 3-7　　　　　　　　　对目前医药费价格的态度

	频数	百分比（%）	有效百分比（%）
不贵	46	8.4	8.4
不太贵	62	11.3	11.4
比较贵	300	54.7	54.9
很贵	118	21.5	21.6
不清楚	20	3.6	3.7
总计	546	99.6	100.0

医疗卫生保障是社会保障的重要组成部分，社会保障包括对失业者提供失业保险，对贫困家庭提供困难补助，对退休老人提供养老保险等。提高生活质量和建设小康社会，必须大力发展社会保障事业，健全和完善社会保障体系。

4. 农村贫困群体医疗保障与身心健康满意度

经由对"对目前农村医疗水平的满意度"的数据调查结果显示，对目前农村医疗水平非常满意的只占 5.5%，比较满意的占 27.7%，一般满意的占 46.1%，不太满意的占 18.1%，极不满意的占 2.6%。调查结果显示，贫困户对当前中国农村医疗水平的满意度一般，不满意的高达 20% 左右。

表 3-8　　　　　　　　农村医疗水平的满意度

	频数	百分比（%）	有效百分比（%）
非常满意	30	5.5	5.5
比较满意	150	27.4	27.7
一般	250	45.6	46.1
不太满意	98	17.9	18.1
极不满意	14	2.6	2.6
总计	542	98.9	100.0

经由"身心健康满意度"调查的数据显示，受访者的身心健康满意度水平一般。其中，认为自己健康状况一般的人数占受访者的 42.1%，自评比较满意的人数占被访者的 27.1%。同时，表示身心健康满意度较差或很差的人数占受访人数的 16.8%，而这部分人全部来自 60 岁及以上的被访者。

笔者认为，农村贫困老年群体由于生活环境较差、身体机能退化、社会保障制度的欠缺，身心状况较差。2013 年我国 60 岁以上老年人口突破 2 亿，未来 20 年我国老年人口将进入快速增长期，到 2050 年老年人口将达到全国人口的 1/3。随着数量的不断增加，老年人尤其是农村贫困老年人面临着养老、医疗以及精神赡养等诸多社会问题。因此，关注农村老年贫困群体，刻不容缓。

表 3 – 9　　　　　　　　身心健康满意度

	频数	百分比（%）	有效百分比（%）	累计百分比（%）
很不满意	2	0.9	0.9	0.9
比较不满意	34	15.9	15.9	16.8
一般	90	42.1	42.1	58.9
比较满意	58	27.1	27.1	86.0
很满意	30	14.0	14.0	100.0
合计	214	100.0	100.0	

（二）基于生计安全支持的家庭经济生活与满意度

学者研究家庭生活质量时，经常将婚姻关系状况纳入考察影响因素之中。由于本书是以农村贫困群体为研究对象，部分村民的婚姻状态为未婚；为了统计效度和数据方便处理，本章用家庭关系来描述概括家庭成员中关系整体情况，具体包括：婚姻关系、长辈与晚辈的关系及其他亲属关系。风笑天在《城市居民家庭生活质量——指标及其结构》一文中认为，婚姻关系与住房状况是城市居民评价家庭生活质量高低的重要影响因素。本书由于作者将居住环境单独作为生活质量的重要方面进行统计数据分析，为避免重复，我们将住房相关指标纳入居住环境维度进行研究。根据以往研究，家庭生活质量与经济收入、家庭关系状况、人际交往状况有关。因此，我们将从这几个方面对家庭生活状况进行描述。

1. 农村贫困群体家庭经济生活状况

经由"您家庭收入来源"的调查数据显示，在被访者中，有 448 人以种粮食为收入来源，占 82.4%；166 人以种经济作物为收入来源，占 30.5%；292 人以种蔬菜为收入来源，占 53.7%；30 人以种果树为收入来源，占 5.5%；90 人以畜牧禽鱼养殖为收入来源，占 16.5%；38 人以在本地乡镇企业或私营企业工作为收入来源，占 7.0%；4 人以自家开办企业利润为收入来源，占 0.7%；116 人以外地打工或工作的家人寄回家的工资为收入来源，占 21.3%；2 人以出租土地或房屋为收入来源，占 0.4%；8 人以个体经营为收入来源，占 1.5%；34 人选择其他为收入来源，占 6.3%。调查发现，农村贫困群体的家庭收入来源主要以种粮食、种蔬菜、畜牧禽鱼养殖等农业性经济收入为主，非农性经济收入很少。

表 3-10　　　　　　　　家庭收入来源

收入来源	频数	百分比（%）	有效百分比（%）
种粮食	448	81.8	82.4
种经济作物	166	30.3	30.5
种蔬菜	292	53.3	53.7
种果树	30	5.5	5.5
畜牧禽鱼养殖	90	16.4	16.5
在本地乡镇企业或私营企业收入	38	6.9	7.0
自家开办企业利润	4	0.7	0.7
外地打工或工作的家人寄回家的收入	116	21.2	21.3
出租土地或房屋	2	0.4	0.4
个体经营收入	8	1.5	1.5
其他	34	6.2	6.3

经由调查"您家里最主要的收入来源是什么时"发现，调查数据显示，在被访者中，有 292 人以种粮食为主要收入来源，占 63.2%；32 人以种经济作物为主要收入来源，占 6.9%；12 人以种蔬菜为收入来源，占 2.6%；20 人以畜牧禽鱼养殖为主要收入来源，占 4.3%；16 人以在本地乡镇企业或私营企业工作为主要收入来源，占 3.5%；

2人以在自家开办企业利润为主要收入来源，占0.4%；66人以外地打工或工作的家人寄回家的工资为主要收入来源，占14.3%；2人以个体经营为主要收入来源，占0.4%；20人选择其他为主要收入来源，占4.3%；没有人以种果树、出租土地或房屋为主要收入来源。调查数据说明，农村贫困家庭的主要收入来源同样是种粮食、种经济作物、种蔬菜、种果树和畜牧禽鱼养殖等农业性收入，非农性收入较低。

表3-11　　　　　　　　　家庭最主要收入来源

收入来源	频数	百分比（%）	有效百分比（%）	累计百分比（%）
种粮食	292	53.3	63.2	63.2
种经济作物	32	5.8	6.9	70.1
种蔬菜	12	2.2	2.6	72.7
种果树	0	0	0	72.7
畜牧禽鱼养殖	20	3.6	4.3	77.1
在本地乡镇企业或私营企业工作	16	2.9	3.5	80.5
自家开办企业利润	2	0.4	0.4	81.0
外地打工或工作的家人寄回家的工资	66	12.0	14.3	95.2
出租土地或房屋	0	0	0	95.2
个体经营收入	2	0.4	0.4	95.7
其他	20	3.6	4.3	100.0
总计	462	84.3	100.0	

如表3-12所示，我们在考察214位农村贫困居民家庭生活状况时，对"您家庭成员关系是否融洽?"这一问题进行了问卷调查。其中，表示家庭成员关系很不和谐的被访问者有31人，占14.5%；认

为家庭关系比较不和谐的人数为 71 人，此比例的人数最多，占受访者的 33.2%；表示家庭关系一般的受访者有 62 人，占被访问者的 29%；同时，认为家庭关系较融洽和很融洽的农村贫困居民人数分别为 28 人（13.1%）和 22 人（10.3%）。综合来看，受访的 214 位农村贫困居民家庭关系质量较差。

表 3－12　　　　　　　　　　家庭关系质量

	频率	百分比（%）	有效百分比（%）	累计百分比（%）
很不和谐	31	14.5	14.5	14.5
比较不和谐	71	33.2	33.2	47.7
情况一般	62	29.0	29.0	76.6
比较融洽	28	13.1	13.1	89.7
很融洽	22	10.3	10.3	100.0
合计	214	100.0	100.0	

社会人群中因交往而构成的相互依存和相互联系的社会关系，被称为人际交往，属于社会学的范畴。狭义的人际交往是指除亲属关系以外的人与人交往关系的总称，也被称为"人际交往"，包括邻里关系、朋友关系、同学关系、同事关系等。我们在进行社会调查时，对"日常生活中，您与邻居交往状况怎样？"这一问题作为衡量 214 位农村贫困居民人际交往状况的指标反映。对这一问题的回答，有 42 人表示与邻里交往状况很好，占比为 19.6%；表示交往状况较好的被访者有 46 人，占受访者的 21.5%；认为自己与邻里关系一般的受访者有 38 人，占被访者的 17.8%；同时，表示与人交往状况较差和很差的被访者分别为 39 人（18.2%）和 49 人（22.9%）。总体而言，214 位受访的农村贫困群体人际交往状况一般。

表 3-13　　　　　　　　　　人际交往状况

	频数	百分比（%）	有效百分比（%）	累计百分比（%）
很好	42	19.6	19.6	19.6
较好	46	21.5	21.5	41.1
一般	38	17.8	17.8	58.9
较差	39	18.2	18.2	77.1
很差	49	22.9	22.9	100.0
合计	214	100.0	100.0	

2. 农村贫困群体家庭经济生活满意度

经由"您觉得您家的经济状况与五年前相比是否改善"的调查数据显示，大多数人都认为自己家里经济情况相对于五年前有所改善，而认为改善了一点的最多，占69.1%（376人）；其次就是认为改善了很多，占14.3%（78人）；认为没有改变的为12.1%（66人）；而觉得经济状况甚至不如从前的有4.4%（24人）。调查结果表明，认为家庭经济状况有很大改善的人比例较低，大部分只是有所改善，事实上，在中国，通过五年的发展，大部分人的生活发生了明显的变化，生活质量明显提升。

表 3-14　　农村贫困家庭的经济状况与五年前相比的调查情况

	频数	百分比（%）	有效百分比（%）	累计百分比（%）
改善了很多	78	14.2	14.3	14.3
改善了一点	376	68.6	69.1	83.5
没有改变	66	12.0	12.1	95.6
不如以前	24	4.4	4.4	100.0
总计	544	99.3	100.0	

我们将家庭生活满意度这一主观指标作为量度,考察 546 位农村贫困居民的家庭生活质量。此处仍按满意度五级划分,由低到高依次为:很不满意、比较不满意、一般、比较满意和非常满意。调查数据显示,被访问的农村贫困居民中,认为家庭生活满意度很差的受访者人数占被访者的 15% 左右,对家庭生活满意度一般的受访者占比 49.8%,人数最多,对家庭生活表示较满意或很满意的人数累计百分比为 35.2%。调查数据说明,农村贫困居民家庭生活满意度一般,家庭生活质量不高。

表 3-15　　农村贫困居民的生活状况的满意调查情况

	频数	百分比（%）	有效百分比（%）	累计百分比（%）
非常满意	40	7.3	7.4	7.4
比较满意	152	27.7	27.8	35.2
一般	272	49.6	49.8	85.0
不满意	72	13.1	13.2	98.2
很不满意	10	1.8	1.8	100.0
总计	546	99.6	100.0	

3. 农村贫困群体家庭物质消费状况

在现代社会,消费被定义为:在现代经济、社会条件下,人们为满足其需求和需要,对终极产品的选择、购买、维护、修理或使用过程,该过程被赋予一定意义,并导致一定的满足、快乐、挫折或失望等体验(王宁,2001)。消费活动在人类社会产生举足轻重的作用。

消费从某种程度上来说就是一种耗费,提高生活质量从这种意义上来讲就是在有限资源的情况下,人们通过提高资源耗费的效率满足自身的需求和实现自身潜能的最大限度发挥。这种耗费应该是以考虑全社会乃至全人类的共同利益为前提的。消费结构是衡量人们生活质量的一个重要子指标。在《中国农村统计年鉴（2012）》中，国家用八个消费指标来衡量农村居民的生活质量，分别是：食品，衣着，家庭设备及服务，居住，医疗保健，交通、通信，文化教育娱乐及服务，其他。消费需求的满足具有从高到低的层次性，农村居民总是满足低层次的生存需求如食物、衣着，然后依次是满足较高层次的享受和发展的需要。如果在消费结构中，低层次的消费所占比重过大，说明高层次的消费未能得到较好地满足。

我们通过计算所调查贫困村民的人均生活消费支出，并与2012年中国农村生活消费支出进行对比，得到如表3-16所示：

表3-16　　　　　生活消费支出对比（元/人）

	生活消费支出	食品支出	衣着支出	居住支出	家庭设备及用品支出	交通和通信支出	文教娱乐支出	医疗保健支出	其他支出
农村居民（%）	5221.1 (100.0)	2107.3 (40.4)	341.3 (6.5)	961.5 (18.4)	308.9 (5.9)	547.0 (10.5)	396.4 (7.6)	436.8 (8.4)	122 (2.3)
贫困村民		1654.2	142.6	—	210.1	233.2	355.2	342.3	88.0

如表3-16所示，除未得到贫困村民年人均居住支出统计数据，贫困村民的各项年人均支出都低于2012年全国农村居民的相应支出。2012年全国农村居民生活消费支出为5221.1元/人。其中，食品支出占总支出的40.4%，为人均2107.3元/人，位居第一。恩格尔系数是食品支出总额占个人消费支出总额的比重，国际上常常用恩格尔系数来衡量一个国家和地区人民生活水平的状况。按该标准，2012年中国

农村居民的恩格尔系数为40.4%；虽然有学者质疑该指标在中国农村的适用性，但该指标仍从一个侧面反映出农村居民的这样一个生活状况，即食物支出所占比例最重，农村居民收入较低。居住支出与交通和通信支出分别位居第二、第三，且医疗保健支出和文教娱乐支出占比较小。因此，本章认为农村居民尤其是贫困村民的消费结构不佳，消费主要用于食品支出，需求层次较低，贫困村民享受到的高层次的物质福利较少，消费状况较差。

我们就农民工寄回家庭汇款的资金使用情况进行调查后发现，农户对于这些汇款主要用于最基本的生活需求，如采购食品、购买生产用品等。

表3－17　　农民工寄回家庭的汇款的资金使用情况

	频数	百分比（%）	有效百分比（%）	累计百分比（%）
采购食品、衣物等生活物资	68	12.4	28.1	28.1
购买生产用品（包括农用器具、家电等）	72	13.1	29.8	57.9
医疗费用（包括农村合作医疗）	36	6.6	14.9	72.7
房屋整修（包括盖新房和翻新）	14	2.6	5.8	78.5
教育开支	22	4.0	9.1	87.6
家庭人际交往支出（包括红白喜事）	16	2.9	6.6	94.2
出行交通费	0	0.0	0.0	94.2
投资还债	6	1.1	2.5	96.7
储蓄	4	0.7	1.7	98.3
其他	4	0.7	1.7	100.0
总计	242	44.2	100.0	

将寄回来的钱用于购买生产用品（包括农用器具、家电等）的最多，频数为72，占29.8%，其次是用来采购食品、衣物等生活物资，频数为68，占28.1%，用于医疗费用（包括农村合作医疗）的也较多，频数为36，占14.9%。用于教育开支、家庭人际交往支出和房屋修整的分别占9.1%、6.6%、5.8%。没有人用寄回来的钱作为出行交通费，也较少有人用之于投资还债和储蓄，仅占2.5%和1.7%。

经由"您家里现在在食物方面的支出包括哪些方面"的调查数据显示，现在家里在食物方面的支出最主要的就是日常食用必需品支出，占96.2%；其次为普通的零食水果等支出，占33.0%；选择其他支出的占6.4%；高档营养、保健品支出的为3%；选择进口、高档食品支出的最少，仅为0.8%。调查结果表明，农村居民在消费方面主要集中在食品支出，食品支出大部分是用于日常食用必需品支出，奢侈高档生活品的支出所占比例较低，说明农村贫困群体的生活质量处于较低层次。

我们通过对贫困村民服装、食品消费方面的描述，认为农村居民尤其是贫困农村居民整体生活水平较低，生活质量较差。整体收入偏低，导致服装消费层次低、食品支出较少。

表3–18　　　　　　农村居民家里现在在食物方面的支出

	频数	百分比（%）
日常食用必需品支出	508	96.2
高档营养、保健品支出	16	3.0
普通的零食水果等支出	174	33.0
进口、高档食品支出	4	0.8
其他	34	6.4

如表3-19所示,我们所调查F村的贫困居民中,由于收入较低,居民全年服装消费水平很低。其中,每年服装消费数额不超过200元的居民有115人,占总人数的53.7%,衣着消费额不超过400元占比87.4%,在总人数中占绝对优势;而每年服装消费超过1000元的人数仅有两人。同时,由表3-19可知,贫困村民购买服装的地域范围主要集中在所在乡镇和邻近的县城,此类被访者人数达到204人,占总人数的95.3%,这说明贫困村民在购置服装方面,不仅受限于自身经济状况,同时具有活动范围小的特点。调查发现,214位贫困村民中,有49人全年未购置一件衣服,且有183人从未买过品牌服装。根据2012年中国农村统计年鉴中的数据,2011年中国农村居民生活消费支出中,衣着支出为341.3元/人,而此次调查的214位贫困村民的服装消费均值为142.63元/人,低于2011年农村居民衣着消费水平。本章认为,农村贫困居民服装消费层次低、购买行为的活动范围较小,同时品牌意识淡薄。

表3-19　　　　　　　物质消费:衣着、食品状况

			频数	百分比(%)	有效百分比(%)	累计百分比(%)
衣	每年服装消费	0—200元	115	53.7	53.7	53.7
		201—400元	72	33.6	33.6	87.4
		401—600元	15	7.0	7.0	94.4
		601—800元	6	2.8	2.8	97.2
		801—1000元	4	1.9	1.9	99.1
		1001—2000元	2	0.9	0.9	100.0
	在哪里买衣服	乡镇里	149	69.6	69.6	69.6
		邻近县城	55	25.7	25.7	95.3
		省内城市	8	3.7	3.7	99.1
		省外及其他	2	0.9	0.9	100.0

续表

			频数	百分比(%)	有效百分比(%)	累计百分比(%)
食	每人每月食品支出	0—100元	106	49.5	49.5	49.5
		101—300元	97	45.3	45.3	94.9
		301—500元	9	4.2	4.2	99.1
		501—700元	2	0.9	0.9	100.0
	饭菜来源	外买	28	13.1	13.1	13.1
		自家种植	186	86.9	86.9	100.0

经由"哪几种支出让您感觉压力大"的调查数据显示，大部分选择教育、医疗保健和人情往来支出，娱乐支出的比例少。

表3-20　　　　　农村居民感觉压力较大的支出

	频数	百分比（%）
教育支出	210	46.9
医疗保健支出	228	50.9
人情往来支出（红白喜事、送礼）	158	35.3
赡养老人的支出	50	11.2
房屋的建筑和租用支出	50	11.2
娱乐支出	6	1.3

感觉医疗保健支出压力大的占50.9%（228人）；感觉教育支出压力大的占46.9%（210人）；感觉人情往来支出（红白喜事、送礼）压力较大的占35.3%（158人）；认为赡养老人的支出、房屋的建筑和租用支出压力较大的占11.2%（50人）；觉得娱乐支出压力较大的最少，仅为1.3%（6人）。

民以食为天，食品的充裕度即丰富度，是衡量生活质量高低的重要指标。我们通过调查发现贫困村民的食品消费水平较低。按每人每月食品支出来算，有106人表示每月仅有不超过100元的消费状况，

第三章　中国农村贫困：生活质量、可持续生计与贫困境遇

月食品消费状况在 101 元到 300 元的贫困村民人数为 97 人，继而每月食品支出不超过 300 元的居民数占总调查人数的 94.9%。通过分析，得出农村贫困居民的年食品消费为 1654.2 元/人，而 2012 年中国农村统计年鉴中相关数据为 2107.3 元/人。因此，贫困村民食品消费水平较农村整体水平偏低。同时，我们考察了 214 位贫困村民日常生活饭菜来源情况：有 186 人平日主要以自家种植的蔬菜瓜果为食，这一比例达 87%。且食品支出中，贫困村民主要用于日常食用必需品的购买，以保证温饱。调查发现，农村贫困居民食品消费水平较差，日常食用必需品占总食品支出的很大比例，且以自给自足的饮食模式为主。

（三）农村贫困群体的居住环境与满意度

居住环境是生活质量的一个重要方面。衣食住行，住是仅次于衣、食之后的基本需求。居住环境质量既包括客观指标，也包含主观指标。客观指标主要指住房的数量、类型、质量等客观居住条件，如房屋类型、住房面积、住房性能状况。主观指标则是指个体居住的生活质量满意度，是一种主观感受。环境生态是建构和谐社会的基础，也是生活质量的基本内核之一。保持和提升人民的居住环境质量是提高人们生活质量的关键步骤和必然追求。调查结果发现，农村生态环境的优劣直接影响到农村居民的生活质量。水环境、空气质量以及所在村公共环境治理状况等切实影响农村居民的居住生活环境，并影响农村居民对居住环境满意度水平的高低。因此，我们选取房屋类型、房屋数量、水污染状况、水电煤供应状况、居住安全状况作为反映居住环境质量的指标。

1. 农村贫困群体客观居住条件

居民的住房条件从一个侧面反映当地经济水平，并且与个人的消费水平和生活质量密切相关，一切历史时期人们生活的舒适度和满意

度、安居乐业情况和财富拥有状况，都可以在住房这个断面集中展示。住房是记录社会经济发展轨迹的重要标志，没有一件物品能够像住房那样丰富而生动地记述人们生活改善的过程。

通过表3－21可以看出，贫困村民中，住楼房占总数的18.7%；住平房的人数最多，占总人数的81.3%；此外，住平房的人中，仍有人住在居住环境较差的棚户房或简易住房中；同时，从住房拥有量上看，贫困村民所在家庭大多拥有一套住房，此比例占调查人数的88.8%；仍有人表示住在危房中，这种情况令人担忧。通过进一步调查发现，农村贫困居民中，有7.5%的人表示仍居住在危房中，对于这种情况，当地政府应该及时发现问题并及时进行处理。在农村，住房保障制度主要以宅基地的形式出现。村民在集体划分的"宅基地"上自行建房。2011年，中央制定《中央农村危房改造补助资金管理暂行办法》，以规范和加强中央农村危房改造补助资金管理，切实提高农村危房改造补助资金使用效益。调查结果说明，国家仍将继续加大扶持力度，保障农村村民尤其是贫困村民的居住条件，使人人有房住，人人住好房，以提供一个舒适、稳定的居家环境，提高居民的生活质量。

表3－21　　　　　　　　农村居民的居住状况

			百分比（%）	有效百分比（%）	累计百分比（%）
居住状况	房屋类型	楼房	18.7	18.7	18.7
		平房	81.3	81.3	100.0
	房屋数量	1套	88.8	88.8	88.8
		2套	9.3	9.3	98.1
		3套	1.4	1.4	99.5
		4套及以上	0.5	0.5	100.0

第三章　中国农村贫困：生活质量、可持续生计与贫困境遇

经由"您的住房在当地属于哪个层次"的调查数据显示，认为自己房屋层次一般的最多，为52.6%（284人）；其次则认为自己的房子处于当地的底层为44.4%（240人）；认为自己房子较好和最好的很少，分别为2.6%（14人）、0.4%（2人）。调查结果表明，大部分居民的住房和其他群体比较，大都处于底层和一般，基于住房的不平等事实明显。

表3-22　农村居民的住房在当地所属的层次

	频数	百分比（%）	有效百分比（%）	累计百分比（%）
底层	240	43.8	44.4	44.4
一般	284	51.8	52.6	97.0
较好	14	2.6	2.6	99.6
最好	2	0.4	0.4	100.0
总计	540	98.5	100.0	

2. 农村贫困群体环境生态状况

水质量和空气质量是人类一直关注的环境问题，水污染、空气污染状况与居民的生活环境息息相关。

表3-23　农村居民对住房周边水污染状况评价

	百分比（%）	有效百分比（%）	累计百分比（%）
很严重	7.0	7.0	7.0
比较严重	19.2	19.2	26.2
没变化	25.2	25.2	51.4
有所好转	34.6	34.6	86.0
情况变好很多	14.0	14.0	100.0
合计	100.0	100.0	

经由对"住房周边水污染状况如何?"这一问题进行调查,调查数据显示,表示水污染状况仍很严重的占被访问者的7.0%;认为水污染状况比较严重的农村贫困居民占受访者的19.2%;认为水污染状况没变化的受访者人数,占比为25.2%;而认为"有所好转"和"情况变好很多"的被访者分别为34.6%、14.0%。调查结果说明,当地水环境虽然有所好转,但是水污染状况依旧存在。

经由"您认为村子的环境状况如何"的调查数据显示,认为村子的环境状况非常好的占9.5%(52人);认为比较好的占49.6%(272人);认为一般的占34.3%(188人);比较差的占4.4%(24人);认为很差的占2.2%(12人)。调查结果表明,居民对所居环境的总体性评价一般。

表3-24　　　　　　居民对村子的环境状况评价

	频数	百分比(%)	有效百分比(%)	累计百分比(%)
非常好	52	9.5	9.5	9.5
比较好	272	49.6	49.6	59.1
一般	188	34.3	34.3	93.4
比较差	24	4.4	4.4	97.8
很差	12	2.2	2.2	100.0
总计	548	100.0	100.0	

经由"您觉得是由于什么原因造成村公共场所的卫生状况差"的调查数据显示,认为是生活垃圾造成村公共场所的卫生状况差的最多,占60.6%(292人);其次是家禽的粪便,占24.1%(116人);选择农药化肥的有9.1%(44人);认为是企业污染的较少,为2.5%(12人)。调查结果表明,农村贫困群体的居住环境的卫生状况差的原因主要是生活垃圾和家禽的粪便。

表3-25　　　　　　　造成村公共场所卫生状况差的原因

	频数	百分比（%）	有效百分比（%）	累计百分比（%）
生活垃圾	292	53.3	60.6	60.6
家禽的粪便	116	21.2	24.1	84.6
农药化肥	44	8.0	9.1	93.8
企业污染	12	2.2	2.5	96.3
其他	18	3.3	3.7	100.0
总计	482	88.0	100.0	

3. 农村贫困群体的居住环境与安全

经由"您觉得人身财产是否安全"的调查数据显示，认为非常安全的有21%（114人）；认为比较安全的有57.4%（312人）；认为一般安全的有16.2%（88人）；认为不太安全的有4.8%（26人）；认为很不安全的仅占0.7%（4人）。调查结果说明，尽管大部分人认为居住环境比较安全，但仍有20%以上的人认为安全一般。

表3-26　　　　　　　　人身财产的安全性评价

	频数	百分比（%）	有效百分比（%）	累计百分比（%）
非常安全	114	20.8	21.0	21.0
比较安全	312	56.9	57.4	78.3
一般安全	88	16.1	16.2	94.5
不太安全	26	4.7	4.8	99.3
很不安全	4	0.7	0.7	100.0
总计	544	99.3	100.0	

经由"您认为目前对当地社会治安构成最大威胁的是"的调查数

据显示，认为外地流窜犯罪是目前对当地社会治安构成最大威胁的有31.4%（160人）；其次是重大灾害事故，为28.6%（146人）；认为是团伙犯罪的有17.6%（90人）；选择其他因素的占15.3%（78人）；选择黑社会势力的有7.1%（36人）。调查结果说明，在农村，大部分调查对象认为，农村社会治安的最大威胁是犯罪，所占比例高达56.1%。

表 3 – 27　　　　　　　　当地社会治安的最大威胁

	频数	百分比（%）	有效百分比（%）	累计百分比（%）
外地流窜犯罪	160	29.2	31.4	31.4
团伙犯罪	90	16.4	17.6	49.0
黑社会势力	36	6.6	7.1	56.1
重大灾害事故	146	26.6	28.6	84.7
其他	78	14.2	15.3	100.0
总计	510	93.1	100.0	

4. 农村贫困群体的居住环境满意度

本章将被访者的居住环境满意度由差到好划分为五个等级，分别是：很不满意、不太满意、一般、比较满意、非常满意。如表 3 – 28 所示，214 位被访问者中，居住环境满意度自评较差的农村贫困居民数为 10 人，占被访者的 4.7%；表示不太满意的受访者同样为 10 人；表示居住环境一般的贫困村民有 39 人，占 18.2%；同时，表示比较满意和非常满意的人数为 155 人，占受访者的 72.4%；而认为所在村环境状况较差的贫困农户人数只占总体的 9.3%。调查数据结果说明受访的农村贫困群体整体对居住环境较为满意。

第三章 中国农村贫困：生活质量、可持续生计与贫困境遇

表 3-28　　　　　　　　　居住环境满意度

	频数	百分比(%)	有效百分比(%)	累计百分比(%)
很不满意	10	4.7	4.7	4.7
不太满意	10	4.7	4.7	9.3
一般	39	18.2	18.2	27.6
比较满意	111	51.9	51.9	72.4
非常满意	44	20.5	20.5	100.0
合计	214	100.0	100.0	

（四）农村贫困群体公共服务与设施状况

居住环境状况不仅包括居住条件，也包括政府所提供的公共设施服务。良好的住房设施的配备与居民的居住环境满意度相关。因此，本章用水电煤的供应情况反映农村贫困群体居住设施服务状况。对"您认为，您所住房屋水电煤供应情况如何？"这一问题的回答中，有28位被访者表示供应状况很不好，占总被访者的13.1%；认为水电煤供应状况不理想的农村贫困居民人数为64人，占受访者的29.9%；相反，认为供应状况较好或很好的被访者有49人，占比为22.9%。调查结果表明，受访的农村贫困居民水电煤供应情况较差，政府所提供的住房配套设施及服务状况较差。

表 3-29　　　　　　　　　住房屋水电煤供应情况

	频率	百分比（%）	有效百分比（%）	累计百分比（%）
很不好	28	13.1	13.1	13.1
不太好	64	29.9	29.9	43.0
一般	73	34.1	34.1	77.1
比较好	40	18.7	18.7	95.8
很好	9	4.2	4.2	100.0
合计	214	100.0	100.0	

经由"您目前的生活中是否有以下情况"的调查数据显示，对于目前生活中存在的情况，饮用水是自来水的占11.9%，卫生设施厕所使用冲水厕所的占7.8%，用电照明的占25.7%，使用清洁能源做饭的占6.3%，有取暖设备的占8.2%，居住的房子是危房的占9.6%，认为土地荒废面积不断扩大的占8.4%，认为水资源短缺的占11.7%，认为空气污染和水污染越来越严重的占10.4%。调查数据说明，仍有部分农村贫困群体仍然缺乏最基本的现代生活方式，如自来水、冲水厕所、用电等。

表3-30　　　　　　　　　　目前生活中存在的情况

	频数	百分比（%）	应答百分比（%）
饮用水是否为自来水	228	11.9	42.7
卫生设施厕所是否使用冲水厕所	150	7.8	28.1
照明是否用电	494	25.7	92.5
做饭燃料是否使用清洁能源	122	6.3	22.8
是否有取暖设备	158	8.2	29.6
居住的房子是否危房	184	9.6	34.5
土地荒废面积不断扩大	162	8.4	30.3
水资源短缺	224	11.7	41.9
空气污染和水污染越来越严重	200	10.4	37.5
总合计	1922	100.0	359.9

经由"住所附近的交通状况"和"您最经常用的出行方式是什么"的调查数据显示，认为住所附近的交通状况不便的占27.7%，一般的占50.7%，道路通畅的只占20.8%。通常出行方式选择摩托车/电动车/摩托三轮的占38.0%，公交车的占8.8%，步行的占42.3%，自行车的占9.9%，其他的占0.7%。

说明，仍有很大比例的农村贫困群体处于交通条件落后，交通不

第三章 中国农村贫困：生活质量、可持续生计与贫困境遇

便，其出行的方式以步行为主。

表3-31　　　　　　　　住所附近的交通状况

	频数	百分比（%）	有效百分比（%）
交通不便	152	27.7	27.9
一般	278	50.7	51.1
道路通畅	114	20.8	21.0
总计	544	99.3	100.0

表3-32　　　　　　　　通常出行方式情况

	频数	百分比（%）	有效百分比（%）
摩托车/电动车/摩托三轮	208	38.0	38.1
公交车	48	8.8	8.8
步行	232	42.3	42.5
自行车	54	9.9	9.9
其他	4	0.7	0.7
总计	546	99.6	100.0

（五）农村贫困群体的政治保障状况与满意度

一个国家或地区的人民所享受的政治权利和政治保障状况反映了该地区的政治文明程度。我们首先仍用主观满意度量度政治保障状况，将政治保障满意度由低到高划分为五个等级，依次是：很不满意、比较不满意、一般、比较满意和很满意。在考察214位农村贫困居民民主权利的保障方面，我们用参加选举次数这一指标衡量贫困村民政治参与情况，同时，我们用农村贫困居民的政策评价来衡量农村政策的合理性和合法性，并对214位被访者的角色认同进行描述。

1. 农村贫困群体政治参与状况

农村基层民主自治制度是村民民主决策、民主自治的重要保障，本章以214位农村贫困居民参与选举的次数为量度，考察了此群体政治参与的状况。对"过去在所在村，您参加过多少次选举？"这一问题的回答，有55人表示参加过很多次，此部分人占被访问者的25.7%；表示过去偶尔参加村民选举的受访者人数为79人，人数最多，占比为36.9%；同时，本章用"几乎没参加过"和"从未参加过"表示村民政治参与情况较差。其中，"几乎没参加过"村民自治选举的被访者有53人（24.8%），表示"从没参加过"选举的被访者为27人，占受访者的12.6%。调查发现，214位被访者参加选举的政治参与情况一般。

表3-33　　　　　　　　　参加选举的次数

	频数	百分比（%）	有效百分比（%）	累计百分比（%）
参加过很多次	55	25.7	25.7	25.7
偶尔	79	36.9	36.9	62.6
几乎没参加过	53	24.8	24.8	87.4
从没参加过	27	12.6	12.6	100.0
合计	214	100.0	100.0	

2. 农村贫困群体政策认同状况

村民对政府颁布实施政策的认知情况反映了政治保障的合理性和合法性；同时，村干部的工作作风良好、办事效率较高，切实为民众办实事、办好事，这样，村民的干部角色认同才会较高。对"您是否认可颁布实施的农村政策？"这一问题的回答，有48人表示"非常认可"，占被访者的22.4%；回答"比较认可"的受访者人数为 104 人，比重最大，高达 48.6%；认为农村政策的合理性、合法性一般的农村贫困居民有 46 人，占被访者的 21.5%；对农村政策认可度较差或认为很差的被访者有 16 人，其中有 13 人表示"不太认可"政府制定的农村政策，还有另外 3 人认为对现行的农村政策很不认可。通过调查分析发现，农村贫困居民对农村政策认可度较高。

表 3-34　　　　　　　　　对农村政策的认可度

	频数	百分比（%）	有效百分比（%）	累计百分比（%）
非常认可	48	22.4	22.4	22.4
比较认可	104	48.6	48.6	71.0
一般	46	21.5	21.5	92.5
不太认可	13	6.1	6.1	98.6
很不认可	3	1.4	1.4	100.0
合计	214	100.0	100.0	

这次调查在对政治保障维度设计问卷时，将"您对所在村村干部的工作作风、办事效果是否认可？"纳入问卷当中。对这一问题的回答，214 位被访者中，有 124 人的干部角色认同较高。其中，有 25 人表示"非常认可"，占比为 11.7%；还有 99 人表示"比较认可"，此部分人占被访者人数的 46.3%；认为干部工作作风和办事效果一般的受访者有 49 人，占比 22.9%；同时，仍有 41 人（19.2%）对村干部角色认同较差。其中，有 34 人（15.9%）表示不太认可村干部的工作作风，认为其办事效果较差；另有 7 人（3.3%）的干部角色认同很差。

表 3-35　　　　　　　　　　　　干部角色认同

	频数	百分比（%）	有效百分比（%）	累计百分比（%）
非常认可	25	11.7	11.7	11.7
比较认可	99	46.3	46.3	57.9
一般	49	22.9	22.9	80.8
不太认可	34	15.9	15.9	96.7
很不认可	7	3.3	3.3	100.0
合计	214	100.0	100.0	

3. 农村贫困群体政治保障满意度

对于"您对所在村的政治保障是否满意?"这一问题的回答，在214位被访者中，表示对所在村政治保障很不满意的人数为16人，占比7.5%；表示不太满意的人数为26人，占比为12.1%，同时，认为情况一般的受访者人数为46人，占被调查者的21.5%；而对政治保障较满意、很满意的人数分别为94人（43.9%）和32人（15.0%）。调查结果表明，被访者对所在村政治保障状况满意度一般。

表 3-36　　　　　　　　　　　　政治保障满意度

	频数	百分比（%）	有效百分比（%）	累计百分比（%）
非常不满意	16	7.5	7.5	7.5
比较不满意	26	12.1	12.1	19.6
一般	46	21.5	21.5	41.1
比较满意	94	43.9	43.9	85.0
非常满意	32	15.0	15.0	100.0
合计	214	100.0	100.0	

(六) 农村贫困群体的文化消费与休闲娱乐

经由"平时您都有哪些娱乐方式?"的调查数据显示，平时娱乐方式选择看电视的占 69.3%，选择看书、报纸、杂志等的占 13.1%，选择健身的占 1.1%，选择打牌的占 3.6%，选择串门聊天的占 10.9%，选择其他的占 1.5%。调查结果表明，农村贫困群体的文化消费和休闲娱乐停留在传统型的文化生活方式，如看电视、串门聊天等，出外健身、旅游等现代型的文化消费方式匮乏。

表 3-37　　　　　　　　　　平时娱乐方式

	频数	百分比（%）	有效百分比（%）
看电视	380	69.3	69.6
看书、报纸、杂志等	72	13.1	13.2
健身	6	1.1	1.1
打牌	20	3.6	3.7
串门聊天	60	10.9	11.0
其他	8	1.5	1.5
总计	546	99.6	100.0

（七）农村贫困群体的自我评价和效能感较高

经由调查发现，农村贫困群体的自我评价和效能感较高。经由"农村贫困人口自我评价"的调查数据显示，农村贫困人口在面对正面评价时一般会选择"比较同意"，占 40% 以上；在面对负面评价时一般会选择"很不同意"和"不大同意"，占 70% 以上。说明一般农村贫困人口对自己的评价还是比较积极的。

由表 3-38 可以看出，农村贫困群体具有较高的自我效能感。经由"农村贫困人口工作自主性"调查的数据说明，农村贫困人口在面对正面评价时一般会选择"比较同意"和"很同意"这两项的和占 70% 以上；在面对负面评价时一般会选择"不大同意"和"比较同意"，都在 30% 以上。这说明农村贫困人口在面对工作上总体还是比较乐观的，但有相当一部分人会觉得自己面对工作力不从心。

表3-38　农村贫困人口自我评价统计（%）（N=548）

	很不同意	不大同意	比较同意	很同意	不清楚
您具有很多优良品质	7.0	16.7	42.4	20.2	13.6
您能做到像大多数人能做到的那样好	4.7	16.0	46.7	25.3	7.4
总体而言，您对自己感到满意	3.5	16.0	48.2	25.7	6.6
您觉得自己没有太多值得夸耀的地方	10.9	23.6	34.1	24.4	7.0
您觉得自己是个没用的人	35.1	31.3	21.2	6.6	5.8
时常感到自卑	24.0	31.4	27.9	11.6	5.0
总而言之，您认为自己是个失败者	33.5	31.9	16.0	11.7	7.0

表3-39　农村贫困人口工作自主性统计（%）（N=548）

	很不同意	不大同意	比较同意	很同意	不清楚
劳动或工作的时候，你总是拼命去做	6.9	11.1	48.3	32.2	1.5
认为有价值、值得去做的事，就会去做	5.0	13.1	45.8	34.2	1.9
有很强的时间观念，珍惜时间	3.1	17.8	42.2	26.7	10.1
面对生活中的问题时您经常感到孤立无助	14.0	35.4	32.3	11.7	6.6
无法解决遇到的问题	12.6	38.7	33.6	10.7	4.3
无法控制发生在自己身上的事情	12.2	35.3	36.5	9.4	6.7
生活中发生什么事情取决于自己	12.9	17.6	37.5	19.9	12.1

二　贫困群体的生活质量与生活满意度

（一）生活质量与农村贫困群体身心健康满意度的回归分析

通过卡方检验发现人口学特征变量（性别、年龄）、社会经济状况（文化程度、经济收入）、是否生病与日常生活中孤独感发生频次等因素对受访者的身心健康满意度构成显著性作用（$P<0.05$）。

表 3-40　人口学特征、社会经济地位、身心健康情况与身心健康满意度的卡方检验（N=214）

		Chi-Square	df	P
人口学特征	性别	9.537	4	0.049
	年龄	52.386	20	0.000
社会经济地位	文化程度	25.726	16	0.058
	经济收入	27.043	16	0.041
身心健康	生病	30.267	4	0.000
	情感状态（孤独感）	36.297	12	0.000

由以上数据分析结果，我们假设性别、年龄、文化程度、经济收入、是否生病以及是否经常感到孤独等变量是影响被访者身心健康主观满意度的客观因素。我们将身心健康满意度作为因变量，同时，将被访者的人口学特征（性别、年龄）、社会经济地位（经济收入、文化程度）、过去一年是否生过大病、是否经常感到孤独等指标作为自变量纳入多元线性回归模型中，并得到如表 3-41 和表 3-42 所示。

表 3-41　以农村贫困居民身心健康满意度为因变量建立的解释模型 1（强迫进入方法）

常数项/变量	非标准化系数 B	标准误差	标准系数 试用版	t	Sig.	容差	VIF
常数项	3.997	0.439		9.106	0.000		
性别（0=女）	0.293	0.121	0.153	2.429	0.016	0.934	1.071
年龄	-0.020	0.005	-0.300	-4.398	0.000	0.792	1.263
情感状态（孤独感）	0.272	0.065	0.275	4.183	0.000	0.856	1.168
生病（0=否）	-0.482	0.181	-0.173	-2.672	0.008	0.884	1.131
个人收入	-0.074	0.069	-0.066	-1.065	0.288	0.948	1.055
文化程度	-0.111	0.071	-0.108	-1.554	0.122	0.757	1.320
R=0.486		R^2=0.237			$AdjR^2$=0.214		

表 3-42　　　　　　　　　模型 1 回归分析摘要

	平方和	自由度	均方	F	Sig.
回归	44.961	6	7.494	10.688	0.000
残差	145.132	207	0.701		
总计	190.093	213			

注：①因变量：身心健康满意度。

②预测变量（常量）：文化程度、生病、性别、个人收入、孤独、年龄。

由表 3-41 可以看出，在其他自变量相同的条件下，男性平均身心健康满意度高于女性身心健康满意度，且年龄与身心健康满意度之间呈负相关关系，即被访者年龄越大，身心健康满意度越低。同时，过去一年中，生过大病的受访者比未患大病者身心健康满意度低；经常自感孤独者比日常生活心境良好者的身心健康满意度低。至此，假设 1 得到证实。

通过 t 检验，发现除个人收入和文化程度未达到显著水平外，其他自变量均对身心健康满意度有显著影响。因此，通过建立多元线性回归模型，应剔除反映社会经济地位的两个指标：个人收入和文化程度，同时，本章认为人口学特征（性别、年龄）以及是否生病和孤独感状况都是影响受访者身心健康满意度的重要因素。由标准化回归系数可以比较自变量的相对重要性，由此处可知，年龄对身心健康满意度的预测作用最大。容忍度（容差）和 VIF（方差膨胀因子）是与多元共线性有关的统计量。一般认为，VIF 越大（通常超过 10）或容忍度越小（通常小于 0.1），表示该自变量与其他自变量共线问题严重。表 3-41 中，各个自变量的容忍度均在 0.75 以上，VIF 均在 1—1.5，本章认为自变量之间基本不存在共线性问题。结果显示，通过 R^2 值，表明身心健康满意度中 23.7% 的方差能用以上六个自变量一起进行预测。即使调整后，R^2 仍有 21.4%，这一统计量在社会科学中不算低。

如表 3-42 其 F 值为 10.688，达 0.05 显著水平，表示整体之回归系数不为 0，至少有一个自变量与因变量的相关达显著水平。

表 3-43　家庭结构、社会经济地位、家庭氛围、住房、社会交往与家庭生活满意度的卡方检验（N=214）

		Chi-Square	df	P
劳动力保障	男性劳动力人数	44.891	24	0.006
社会经济地位	家庭收入	39.252	16	0.001
家庭关系质量	家庭成员关系	33.679	16	0.006
人际关系	交往是否融洽	35.886	16	0.003

（二）生活质量与农村贫困群体家庭经济生活满意度的回归分析

通过卡方检验，发现不同男性劳动力人数、家庭经济收入、家庭关系质量、人际交往等因素对受访者的家庭生活满意度存在显著差异（$P<0.05$）。

通过以上数据分析，我们假设家中人口数、男性劳动力人数、家庭经济收入、家庭关系质量、人际交往等因素是影响受访者家庭生活主观满意度的重要因素。我们将家庭生活满意度作为因变量，同时，将 214 位被调查者的家中人口数、男性劳动力人数、家庭经济收入、家庭关系质量、人际交往等因素作为自变量纳入多元线性回归模型中，并得到如表 3-44 和表 3-45 所示。

由表 3-44 所示在其他自变量相同的条件下，男性劳动力的增加，有利于农村贫困被访者家庭生活满意度的提高，两者之间呈正向相关关系。家庭收入是影响被访者家庭生活满意度的重要因素，如表 3-44 所示，B=0.135、Sig.=0.005 表明家庭收入对家庭生活满意度有正向影响关系,且该回归系数显著。家庭成员关系的融洽程度影响受访者家庭生活质量,家庭成员关系越融洽,被调查者的家庭生活满意度越高。同时,调查结果也进一步证明了人际交往是影响家庭生活满意度的重要方面。人际交往自评越高,被访者的家庭生活满意度越高。至此,假设2得到证实。

表3-44　　　　以农村贫困居民家庭经济生活满意度为
因变量建立的解释模型2(强迫进入方法)

常数项/变量	模型2					
	非标准化系数		标准系数	t	Sig.	共线性统计量	
	B	标准误差	试用版			容差	VIF
常数项	1.030	0.271		3.796	0.000		
男性劳动力	0.180	0.064	0.201	2.830	0.005	0.796	1.257
家庭经济收入	0.135	0.047	0.193	2.849	0.005	0.877	1.140
家庭关系质量	0.130	0.049	0.171	2.651	0.009	0.970	1.031
人际交往	0.093	0.040	0.150	2.313	0.022	0.950	1.052
R = 0.410	R^2 = 0.168			$AdjR^2$ = 0.144				

表3-45　　　　　　　　模型2回归分析摘要

	平方和	自由度	均方	F	Sig.
回归	28.669	6	4.778	6.984	0.000
残差	141.611	207	0.684		
总计	170.280	213			

注:①因变量:家庭生活满意度。

②预测变量(常量):社会交往满意度、男性劳动力、家庭成员关系、家庭收入、住房状况满意度、家中人口。

回归分析中,各个自变量的重要性可以标准化回归系数为判断标准,如果标准化回归系数的绝对值越大,表示该自变量越重要;

表 3-44 中，按重要性标准化回归系数由大到小排列依次为：男性劳动力人数、家庭收入、家庭关系质量、人际交往。该模型中的回归系数均显著，建立以家庭生活满意度为因变量的多元线性回归方程：$Y = 1.030 + 0.180X_1 + 0.135X_2 + 0.130X_3 + 0.093X_4$。同时，各个自变量的容忍度均在 0.73 以上，VIF 均在 1—1.5，说明自变量之间基本不存在共线性问题。

表 3-45 为回归模型方差分析摘要表，F 值为 6.984，显著性检验的 P 值为 0.000，小于 0.05 显著水平，表示多元线性回归模型整体解释变异量达到显著水平。

（三）生活质量与农村贫困群体居住环境满意度的回归分析

本章分别假设通过卡方检验，见表 3-46。根据卡方检验结果，经济收入、土地荒废面积情况与居住环境满意度之间没有显著相关（$P > 0.05$），同时，性别、房屋类型、水电煤供应情况、环境卫生治理状况、居住周边水污染情况等因素均与被访者的居住环境满意度有显著相关（$P < 0.05$）。

表 3-46　人口学特征、社会经济地位、居住质量、居住安全、
公共服务与设施与居住环境满意度的卡方检验（N=214）

		Chi-Square	df	P
人口学特征	性别	10.634	4	0.031
社会经济地位	经济收入	19.595	16	0.239
居住质量	房屋类型	43.290	4	0.000
公共服务与设施	水电煤供应情况	182.300	16	0.000
	环境卫生治理状况	94.805	16	0.000
环境生态	居住周边水污染情况	168.766	16	0.000

为了更好地确立居住环境满意度的影响因素，分析影响因素对居

住环境满意度的影响力度,我们将表3-47中的变量纳入多元线性回归模型中,将居住环境满意度作为因变量,使用逐步回归方法筛选实际影响被访农村贫困居民居住环境满意度的因素。

如表3-47所示,通过逐步回归方法,删除了"性别""经济收入"这两个变量,同时,按照影响力大小逐步加入自变量。被访者居住周边水污染状况越严重,居住环境满意度越低;政府公共设施服务质量越高,即水电煤供应情况越好,所在村环境卫生治理状况越好,受访者居住环境满意度越高。至此假设3得到证实。

表3-47 以农村贫困居民居住环境满意度为因变量建立的解释模型3(逐步回归方法)

常数项/变量	模型3					
	非标准化系数		标准系数	t	Sig.	共线性统计量	
	B	标准误差	试用版			容差	VIF
常数项	1.513	0.320		4.728	0.000		
居住周边水污染状况	0.350	0.045	0.408	7.840	0.000	0.743	1.346
水电煤供应情况	0.252	0.052	0.266	4.826	0.000	0.665	1.503
房屋类型(0=楼房)	-0.417	0.102	-0.199	-4.076	0.000	0.845	1.184
环境卫生治理状况	0.187	0.067	0.134	2.794	0.006	0.871	1.149
R = 0.768		R^2 = 0.589			$AdjR^2$ = 0.578	

同时,通过表3-47,可以得到居住在楼房的受访者比居住在平房中的人平均居住环境满意度低的结果。由于本章采用的是逐步回归的方法,所以最终纳入模型的自变量的回归系数均显著($P<0.05$),且表3-47是按照自变量对因变量的可解释力度(预测作用)排列,由大到小依次为:居住周边水污染状况、水电煤供应情况、房屋类型、村公用卫生治理状况。该模型中的回归系数均显著,建立以家庭生活满意度为因变量的多元线性回归方程:$Y = 1.513 + 0.350X_1 +$

$0.252X_2 + (-0.417X_3) + 0.187X_4$。同时,各个自变量的容忍度均在 0.65 以上,VIF 均在 1—1.6,说明自变量之间基本不存在共线性问题。同时,根据表 3-48 的解释模型,结果显示,根据 R^2 值,居住环境满意度中 58.9% 的方差能用以上四个自变量一起进行预测。即使调整后,R^2 仍有 57.8%,这一统计量在社会科学中蛮高,拟合较好,此模型具有一定的解释预测意义。

表 3-48 为回归模型方差分析摘要表,F 值为 49.536,显著性检验的 P 值为 0.000,小于 0.05 显著水平,表示多元线性回归模型整体解释变异量达到显著水平。且由于 F 检验值较大,说明模型拟合较好,具有一定的使用价值和借鉴意义。

表 3-48　　　　　　　　模型 3 回归分析摘要

	平方和	自由度	均方	F	Sig.
回归	119.977	6	19.996	49.536	0.000
残差	83.560	207	0.404		
总计	203.537	213			

注:①因变量:居住环境满意度。
②预测变量(常量):水污染、水电煤供应状况、房屋类型、环境卫生治理状况。

(四)生活质量与农村贫困群体政治保障满意度的回归分析

将性别年龄等人口学特征、政治面貌、社会经济地位(经济收入、文化程度)、政治文明相关指标(参加选举次数、对农村政策的认知、对村干部角色认同)与政务满意度进行卡方检验,结果显示,参加选举次数多少、对村政策认可情况、对村干部角色认同情况与被访者的政务满意度有显著相关关系($P<0.05$)。

为了更好地筛选与被访者政务满意度相关的影响因素,并解释所建模型,对模型进行预测,我们选用了逐步回归方法,将表 3-49 中的自变量纳入多元线性回归模型,得到以下解释模型4。

表3-49 人口学特征、社会经济地位、政治文明指标与政务满意度的卡方检验（N=214）

		Chi-Square	df	P
人口学特征	性别（0=女）	5.288	4	0.259
	年龄	21.364	20	0.376
	政治面貌（0=非群众）	4.315	4	0.365
社会经济地位	经济收入	23.258	16	0.107
	文化程度	19.982	16	0.221
政治保障	参加选举的次数	29.792	12	0.003
	政策认可度	33.679	16	0.006
	村干部角色认同	31.999	16	0.010

如表3-50所示,通过逐步回归分析法,剔除了性别、年龄、政治面貌、经济收入、文化程度五个自变量,实际纳入了三个反映政治文明状况的三个指标,它们分别是反映公民民主自治、参政议政的选举次数,反映居民政治保障状况的农村政策认可度和村干部角色认同,同时,按照影响力大小逐步加入自变量。被访者政治参与情况越好,即参加选举次数越多,政治保障满意度越高;对颁布实施的农村政策越认可,对村干部工作、品格评价越高,政治保障满意度越高。至此,假设4得到证实。

根据标准化系数,自变量对因变量的解释力度由大到小依次为:参加选举次数、对农村政策的认可度、对村干部角色认可。表3-50中的回归系数均显著,建立以政务满意度为因变量的多元线性回归方程：$Y = 1.271 + 0.197X_1 + 0.191X_2 + 0.162X_3$。同时,各个自变量的容忍度均在0.9以上,VIF均在1—1.1,说明自变量之间不存在共线性问题。

表3-50 以农村贫困居民政务满意度为因变量建立的解释模型4（逐步回归方法）

常数项/变量	模型4					
	非标准化系数		标准系数	t	Sig.	共线性统计量	
	B	标准误差	试用版			容差	VIF
常数项	1.271	0.302		4.202	0.000		
政治参与（参加选举的次数）	0.197	0.076	0.172	2.598	0.010	0.992	1.008
政策的认可度	0.191	0.083	0.152	2.290	0.023	0.992	1.008
对村干部角色认同	0.162	0.074	0.145	2.189	0.030	0.997	1.003
$R = 0.287$	$R^2 = 0.082$			$AdjR^2 = 0.069$		

如表3-51所示，模型4的方差分析摘要表中，F值为6.266，显著性检验的P值为0.000，小于0.05显著水平，表示多元线性回归模型整体解释变异量达到显著水平。

表3-51 模型4回归分析摘要

	平方和	自由度	均方	F	Sig.
回归	21.795	3	7.265	6.266	0.000
残差	243.476	210	1.159		
总计	265.271	213			

注：①因变量：政治保障满意度。

②预测变量（常量）：村干部角色认同、政治参与、政策认可度。

三 结论与讨论

根据农村贫困群体生活质量的描述性统计分析，本章发现被访问的农村贫困群体身心健康满意度一般。老年人由于年龄增大，身体状况欠佳，身心健康满意度较差。214位被访者整体身体健康状况一般，心理健康水平较高。但同时，本章发现农村贫困群体的医疗保障状况较差。大部分受访者的家庭经济生活满意度较低，家庭收入水平较低，家庭关系质量较差，人际交往状况一般。同时，家庭物质消费状况较差，需求层次低，消费结构较差。农村贫困群体的客观居住条件一般，水污染状况有所好转，环境生态状况一般，同时政府提供的公共服务与设施状况一般。农村贫困群体政治保障满意度较好，但政治参与情况一般。同时，受访的农村贫困群体政策认可度较高，干部角色认同感较强。

根据多元线性回归分析，研究发现被访问的农村贫困群体身心健康满意度与人口学特征、身体健康状况、情感状态存在显著相关。平均水平上，男性比女性身心健康满意度高；随着年龄的增长，个体身心健康满意度降低；生病者比未患病者身心健康满意度低；情感状态较好即越少感到孤独的个体身心健康满意度高。农村贫困群体中，家庭经济生活满意度与劳动力保障状况、收入保障、家庭关系质量和人际交往状况存在显著性相关。一个家庭中，男性劳动力人数越多，个体家庭经济生活满意度越高；家庭收入水平越高，个体家庭经济生活满意度越高；家庭成员关系越融洽，个体家庭经济生活满意度越高；人际关系状况越好，个体家庭经济生活满意度越高。居住环境满意度与环境生态状况、公共设施与服务水平、居住质量、环境卫生治理状况相关。水污染状况改善得越好，个体居住环境满意度越高；政府水电煤供应状况越好，个体居住环境满意度越高；同时，住平房的被访者居住环境满意度较住楼房者要高；环境卫生治理状况越好，贫困农村群体居住环境满意度越高。贫困农村群体政治保障满意度与政治参与、政策认可度、村干部角色认同有关。参加选举次数越多、对农村政策认可度越高、对村干部角色越认同，贫困农村群体政治保障满意度越高。

第四章 中国农村贫困：情感状态、心理适应与精神健康

弱势群体的情感与行动效能、心理适应和精神健康是社会学的重点关注议题，许多学者对流动儿童、老年人、移民等社会弱势群体的精神健康状况进行了研究，因为弱势群体一般享有较低的社会地位，有较强的相对剥夺感，他们的情感状态、心理适应和精神健康问题更为普遍、突出。然而农村居民的精神健康状况，尤其是农村贫困群体的精神健康，由于具有隐秘性、分散性和复杂性，还没有引起人们的重视。"三农"问题在中国社会主义现代化建设中一直处于极其重要的位置，尽管我国城镇化建设已经取得显著成就，但是相比城镇人口，我国农村人口仍旧占多数。根据全国第六次人口普查结果，大陆31个省、自治区、直辖市和现役军人的人口中，农村居民为67415万人，占全国总人口的50.32%。[1] 因此，农村居民仍是不可忽视的一个群体。相比城镇居民，农村居民的社会经济地位较低，生活质量相对较差，面临的生活压力也比较大，因此对于农村居民的情感状态、

---

[1] 《2010年第六次全国人口普查主要数据公报》，中华人民共和国国家统计局，2011年4月。

心理适应和精神健康状况进行调查研究显得尤为重要。

20世纪80年代以来，中国的社会结构和经济体制发生了巨大的变化。一方面，改革开放使我国的社会经济取得了全面进步，人民群众的生活水平得到了显著提高；而另一方面，快节奏的生活方式、日益上升的物价房价以及贫富差距的进一步拉大等负面影响，使人们的生活压力增大，越来越多的学者开始关注人们的精神健康问题。我国正处于社会经济体制转型期，对我国农村居民的精神健康状况进行研究具有重要的理论意义和实践意义。

学术界对健康不平等以及社会经济地位与情感状态、心理适应和精神健康之间关系的探讨已经渐趋成熟，但是很少有人研究农村居民的情感状态、心理适应和精神健康问题，本书以农村居民为研究对象，并将农村贫困群体与非贫困群体的精神健康状况进行比较，可以进一步验证、创新前人所得出的结论；另外，有关生活意义与情感状态、心理适应和精神健康之间关系的研究相对较少，本书将生活意义作为自变量纳入影响农村居民精神健康的多元回归模型，探究生活意义与情感状态、心理适应和精神健康状况的相关关系，有助于更全面地揭示影响情感状态、心理适应和精神健康的因素。

了解农村居民的情感状态、心理适应和精神健康状况，并对其影响因素进行分析，能够为国家和地方政府制定相关政策提供参考和依据，有助于改善并提高农村居民的精神健康水平，提升农村居民的幸福指数，构建社会主义和谐社会；了解农村贫困群体的精神健康状况，实现他们的心理适应和情感的健康发展有助于调整农村扶贫方向，由单一的物质扶贫转变为物质扶贫与精神扶贫兼顾，全面改善农村贫困群体的生活质量。

本章利用中国农村发展动态跟踪调查统计数据，采用独立样本T

检验的方法对农村贫困群体和非贫困群体进行群际比较，了解两群体在情感状态、心理适应和精神健康状况、身体健康状况、社会支持和生活意义方面的差异，并建立多元线性回归模型探究影响我国农村居民精神健康状况的因素，检验因果机制论、社会支持的主效应模型和生活意义效应模型是否适用于我国农村居民。试图通过研究发现，两群体在身体健康状况、精神健康状况、生活意义和社会支持方面是否存在显著差异。

第一节 情感过程、心理适应与精神健康：理论范式及解释模型

一 情感与社会：情感问题的知识反思与理论建构

情感社会学的经典传统可以追溯到杜尔克姆的对作为集体意识和社会团结基础的集体情感的研究，情感在涂尔干那里被看作一种既定的非物质性的社会事实，是一种具有自身实在性的社会现象，来源于个体之间的社会关系或群体关系，这种社会事实具有强制性、客观性、集体性和独立性特点，体现出对身体行动的一种巨大的强制力量，杜尔克姆认为，将一群个体联结成一个社会的是该社会的"集体意识"（collective consciousness），这是同一社会的普通公民共同拥有的信仰及情感的总体，正是这种意识将人们联结在一起并使各种社会秩序得以确立。[①]

在具体的理论阐释过程中，杜尔克姆在论述其社会团结的时候，

---

① 周晓虹：《西方社会学历史与体系》，上海人民出版社2002年版。

基于情感、理性和责任（道德区分），基于情感主义的德性伦理和道德隐喻，把情感作为社会团结的一个重要元素，来说明集体情感是社会团结的基础和纽带，通过有集体主义烙印的集体情感、集体心灵和社会团结来阐述社会秩序和伦理命令，作为社会制定行为规范、实现社会整合的依据，其认识旨趣和理论建构框架似乎为社会的解释注入了一股新的知识力量，但事实上杜尔克姆只是将情感作为一种前提，并没有深究下去。

（一）情感与互动仪式链：情感对互动过程的影响

20世纪70年代后期，互动理论开始关注情感是如何卷入人际关系中的以及社会相遇是如何形成的，互动主义开始抓住情感对互动过程的影响，其中包括情感剧场理论、情感的符号互动理论、社会地位和权力距离的情感理论、情感网络理论和情感互动进化理论等。

情感社会学关注社会互动中的情感过程、行动者赋予情感的意义、情感的主义的德性伦理以及情感距离和情感自反性，重点阐述的是情感嵌入自我以及个体调动情感的能力。[①] 其中情感过程包括情感互动仪式链、情感启动中的框架效应、情感体验和话语实践、情感的建构和运作、情感自反性和情感沟通方式、情感控制和情感政治等。行动者赋予情感的意义包括情感主义的德性伦理、情感文化与情感隐喻、情感的标识与道德区分，重点阐述的是情感嵌入自我以及个体调动情感的能力。农村贫困群体在现实生活中有一种强烈的宿命感、无助感和自卑感，这种情感体验会使人在人际关系中变得消极、退缩和封闭，会弱化个体对于情感的控制，不断赋予情感的无意义感或情感

---

① 潘泽泉：《理论范式和现代性议题：一个有关情感社会学的分析框架》，《湖南师范大学学报》2005年第4期。

第四章 中国农村贫困：情感状态、心理适应与精神健康

文化的自卑感和乏力感，产生利己、家庭本位和排斥集体合作的观念和行为。

（二）情感、事实框架与社会结构：情感介入社会结构的生产和再生产

早期的情感研究，服从于理性权威、同一性符号霸权和统一性暴力的压制和审查，作为传统实证主义研究传统中的"黑箱"的情感始终处于被遮蔽或者漠视的状态，感性欲望服从理性目标，情感体验服从于理性品质，情感、欲望和感性只能在理性思维中经过抽象概括才能把握。

情感转向成为当代社会科学发展的知识动力和理论原则，把情感纳入现代性的社会知识体系作为一种新哲学的本质特点和基本使命。基于结构主义实践或生成结构主义的社会学方法论和认识论革命，情感被重新纳入知识的核心议题，情感作为一种能力，是一种建构性因素和资源。情感作为一种社会过程，情感嵌入社会、政治、经济和文化规范系统，介入社会结构的生产，即情感是如何产生政治、经济、社会制度环境，又包括社会关系是如何制约情感和不断再生产情感的过程。许多社会系统是情感结构起来的模式化的社会关系，情感又是生产一种社会秩序的一个核心的元素，体现为情感如何来约束时间、空间，包容整合在场和不在场，同时这种以整合方式为基础的情感，又产生相当持久的时空延伸的形成。[1]

情感不单独是个体的心理特质和人格特质，更多的是作为一种突破个体关系的结构性存在和社会力量，没有孤立、片面或"被置括

---

[1] 潘泽泉：《理论范式和现代性议题：一个有关情感社会学的分析框架》，《湖南师范大学学报》2005 年第 4 期。

号"存在的情感，经由身体化的历史、场域中的权利距离和实践，经由区域化、例行化，情感深深植根于社会政治、经济、文化的结构性网络中，其生成和固化有深刻的社会制度烙印。基于贫困文化中的情感会介入社会结构的再生产，即再生产了社会孤立、情感主义的德性伦理和道德区分、社会隔离和情感信任，带来了人际关系网络的排斥性，生活圈子的封闭性，贫困性的情感体验会再生产行为习俗、心理定式、观念意识、生活态度等非物质形式，从而嵌入更大的经济、政治、文化、市场和社会结构之中，实现政治、经济、文化系统的再生产。①

（三）情感与个体行为：社会过程与情感控制

经由实践过程，情感被纳入时间和空间的不断再生产过程中，经由身体化的历史，惯习和场域的关系主义的实践过程，情感所具有的某种共同的标识会把归属和认同外射到一个相应的社会系统中，变成某种具有较长跨度的可被识别和辨认的某些较为稳定的属性和特性，从而把个人和群体的各个方面结合成某种连贯性的结构模式，甚至于有可能形成一种宏观的社会类属，而这种宏观的社会类属又从宏观层次上控制情感本身的发展。②

贫困情感容易滋生某种基于群际比较过程中产生的贫困者的群体意识和亚文化，经由锚定（anchoring）与客体化（objectifying），经由基耦结构化与客体化过程，构造一种新的社会类属，一种被不断污名化和社会表征的社会分类，这种分类系统通过内化，实现对个体情感的控制。

---

① 潘泽泉：《理论范式和现代性议题：一个有关情感社会学的分析框架》，《湖南师范大学学报》2005 年第 4 期。
② 同上。

二 心理适应：心理调适、社会适应与现代性

社会适应是个体的观念、行为方式随社会环境发生变化而改变，以适应所处社会环境的过程。由于物质与精神需要都只有在社会适应的前提下才能得到较好地满足，因此能否适应社会，对个体的生存与发展具有重要意义。在遇到冲突和挫折时，人们通常能采取适当的策略，调整自身的心理和行为，经由情感动员、情感体验和情感适应以适应社会生活，这就是情感研究中的心理适应。人类可以通过语言、风俗、法律及社会制度等的控制使自己与社会相适应。个人为与环境取得和谐的关系而产生的心理和行为的变化。它是个体与各种环境因素连续而不断改变的相互作用过程。个体一生不断面临新的情境，每一发展阶段都有特定的要求，比如人格发展、对父母的心理上的独立、职业选择、人际关系、婚姻、家庭、退休、死亡等。社会适应是一个毕生的过程。

大多数个体能成功地适应变化着的情境。成功的社会适应使个体在社会中以及在工作和维持家庭和社会人际关系中不断发挥作用并体验到舒适和满足感。但是某些对新情境的适应通常伴有压力和生理及心理上的功能障碍，被称为不适应，其症状按严重性表现为有轻微的自卑感或内疚感、心身障碍和精神神经症、器质性或功能性精神病等。

有关社会适应的理论主要有精神分析理论和人本主义理论。精神分析理论认为社会适应的动力是个体的本能——本我，主要是性欲"力比多"，因此社会适应过程就是自我调节本我与超我，以使两者达到关系平衡，本我代表了个体自身的需要，超我代表了社会对个体的要求。精神分析理论强调社会适应无意识性的特点，认为本我与超我关系不平衡引起焦虑，而社会适应的主要机制是对焦虑的心理防御。

人本主义理论强调个体社会性的需要，认为个体发展和社会适应的目的和动力是实现自我的潜能——自我实现。社会适应的主要机制是个体充分发挥自己的潜能，主动地解决情境中面临的问题，改变环境使之适合自我的需要。[①]

农村贫困群体的心理适应体现在从传统社会到现代社会的适应过程，贫困群体很难适应现代性的生活方式、消费观念和经营理念，阻碍其适应的因素有"经济地位低下""制度障碍""文化差距""缺乏对现代社会的认同和归属感""以初级群体为基础的社会网络""与现代性的摩擦和土地牵制"，追求的是一种生存适应。

三 精神健康：理论解释、模型建构与经验事实

国内外关于精神健康的研究主要分为两大类：一类基于社会结构的视角，探究社会的结构变迁、社会整合的程度等对精神健康的作用机制；另一类基于社会网络的视角，探究个体的社会网络性质及通过社会网络获取的社会支持等资源对精神健康的影响。

（一）基于情感过程的精神健康：社会结构的理论视角

社会结构的研究范式认为个体的精神健康问题与一定的社会因素有关，需要放在特定的社会结构中去研究。具体而言，个体所处的社会结构、享有的社会地位以及承担的社会角色会对其精神健康状况产生影响，不同社会群体、阶级之间的精神健康水平会产生差异。

19世纪40年代，马克思在《巴黎手稿》中提出了劳动的异化理论，探讨了劳动生产对劳动者精神健康的影响，他认为工人阶级在劳动过程中失去了主体性和能动性，无论在肉体上还是精神上都遭到了

[①] 潘泽泉：《理论范式和现代性议题：一个有关情感社会学的分析框架》，《湖南师范大学学报》2005年第4期。

第四章 中国农村贫困：情感状态、心理适应与精神健康

摧残①；迪尔凯姆认为自杀现象是精神健康失衡的极端表现方式，他基于结构功能主义视角对自杀现象进行研究发现，社会整合和社会失范对个体的精神健康水平产生了重要影响，是自杀行为产生群体性差异的主要原因（Durkheim，1996）；另外，有学者通过对 22 个欧洲国家的研究发现，健康不平等的状况没有随着时间和空间的改变而发生变化，社会经济地位较高的群体，其健康水平比社会经济地位较低的群体要好（Mackenbach，2008）。

改革开放以来，我国的经济体制和社会结构发生了翻天覆地的变化，越来越多的学者开始从社会结构变迁的角度来研究精神健康问题。中国传统户籍制度和现代化进程加快的严重冲突使农民工群体应运而生，这一群体具有农村户口，且背井离乡在城镇务工，被称为城市"新移民"，他们的社会经济地位普遍较低，而且生活观念和文化背景都与城市居民有很大的差异，因此他们的精神健康状况受到了国内很多社会学者的关注。有学者对福建省厦门市的农民工群体的精神健康状况进行了问卷调查，调查结果表明，厦门市农民工的精神健康状况比全国平均水平以及正常的健康水平要差，而且人际关系敏感、抑郁、焦虑等症状特别突出（胡荣、陈斯诗，2012）；还有学者采用 SCL-90 量表对惠州市的部分农民工进行了调查研究，研究发现经济贫困，城乡二元结构以及在人际关系、生活方式上的不适应是农民工群体精神健康状况较差的主要原因（骆焕荣、黄锋锐等，2006）。

另外，随着我国人口老龄化进程的加快和家庭结构的变迁，老年人口的比重增加，越发成为不可忽视的群体。由于老年人的各项身体机能逐渐退化，而且越来越多的老年人独自居住，与子女、亲人的联

---

① 马克思：《1844 年经济学—哲学手稿》，人民出版社 1985 年版。

系减少，他们的生活质量和精神健康受到了广泛关注。有学者利用"2006年中国城乡老年人状况追踪调查"的数据了解我国老年人的抑郁状况并探究其影响因素，研究发现老年人的抑郁水平在城乡、年龄和性别方面存在差异（唐丹，2010：53—63）；陈立新、姚远在武汉的调查则发现，社会支持不仅通过调节老年人的情绪和心态直接影响其精神健康水平，而且作为缓冲因素间接作用于老年人的心理状态。[①]

（二）基于情感过程的精神健康：社会网络的理论视角

社会网络的研究范式认为，个体社会网络的结构和规模会对精神健康产生影响，而且个体通过其社会关系网络获取的社会支持也能对精神健康产生作用。从"功能论"和"结构论"的视角出发，国内外学者对社会网络和精神健康的研究可以分为两大类。"功能论"侧重于研究社会支持和精神健康的关系，认为个体能够通过其社会关系网络获取社会支持，可以将个体的社会网络情况作为社会支持水平的一种测量方法，但并不直接探究社会网络与精神健康的关系。这类研究的代表人物有Vandervoort、Miller和贺寨平。

Vandervoort对社会支持与人的身心健康之间的关系做了实证研究。他将社会支持分为质量和数量两个维度进行测量，用受访者社会关系（配偶、朋友、亲人等）的总数来代表社会支持的数量，用受访者社会交往的主观亲密度和满意度来代表社会支持的质量，分别分析社会支持的质量和数量对健康的影响。研究发现，社会支持的质量比数量对健康产生的影响更大，而且相比精神健康，社会支持的质量对

[①] 陈立新、姚远：《社会支持对老年人心理健康影响的研究》，《人口研究》2005年第4期。

第四章　中国农村贫困：情感状态、心理适应与精神健康

身体健康的影响更大。①

Karen Miller 对老年人的社会支持与生活满意度之间的关系做了调查研究，她也将社会支持分为数量和质量两部分进行测量，用受访者朋友的数量、接触频率等代表社会支持的数量，利用沃克斯"社会支持评价问卷"测量社会支持的质量。研究发现，社会支持的质量和老年人的生活满意度之间呈显著相关，而社会支持的数量则对生活满意度没有影响。②

国内学者贺寨平对社会支持与身心健康状况之间的关系做了大量研究。他曾对山西农村老年人的社会支持和身心健康进行了调查研究，用"生活满意度"作为测量精神健康的指标，用受访者社会关系（配偶、子女、朋友）的数量代表社会支持的数量，还将社会支持的质量分为两个部分："关系强度"和"网络资本"，关系强度主要指网络成员间的亲密度，网络资本主要分为经济资本、职业资本和教育资本三大类。研究结果表明，配偶、子女的数量会对老年人的生活满意度产生显著影响，而朋友的数量则没有影响；社会支持的质量方面，关系强度和经济资本对老年人的生活满意度产生显著影响，而职业资本和教育资本则没有影响（贺寨平，2002）；除此之外，他还对天津市的贫困人口进行了调查，调查表明社会支持的数量对身心健康状况没有显著影响，但是社会支持的质量与身心健康则呈现显著的正相关（贺寨平，2011），这一结果也与 Vandervoort 和 Miller 的研究结果相符。

---

① Vandervoort, D., "Quality of Social Support in Mental and Physical Health", *Current Psychology*, 1999, 18 (2): 205-222.
② Miller, Karen J., *Life Satisfaction in Older Adults: The Impact in Social Support and Religious Maturity*, Unpublished Doctorate Dissertation, Fuller Theological Seminary.

与"功能论"的研究方法不同,"结构论"的支持者直接探究社会网络与精神健康之间的关系。他们认为"个人的社会网络是人们行动的结构性背景"①,通过社会交往和社会互动,人们在这种背景中会形成固定的心理和行为模式,而这种模式将会对其精神健康产生影响。因此,"结构论"者通常会对社会网络的特征(规模、紧密度、趋同性、异质性等)进行分析,并研究这些特征对精神健康的影响。这类研究的代表人物有 Haines、Hurlbert 和赵延东。

Haines 和 Hurlbert 利用菲舍尔对北加利福尼亚社区的调查资料,研究了网络性质(规模、紧密度、异质性)对精神状况的影响。研究表明社会网络的结构对精神状况的影响在性别上具有显著差异,而且紧密度高、异质性低的社会网络倾向于对精神健康产生正面影响。②

国内学者赵延东利用"中国西部省份社会与经济发展监测研究"的调查数据,采用多元回归的方法研究了社会网络的规模和结构与身心健康之间的关系,并探究是否具有城乡差异(赵延东,2008)。研究表明个体的网络规模越大,越有利于维持身心健康,而且社会网络的结构会对精神健康产生影响,其结果与 Haines 和 Hurlbert 的研究结果相符。另外,他还发现个体的精神健康状况与其在社会网络中的相对地位有关,社会网络中相对地位较高的城镇居民比相对地位较低的精神健康状况要好。

四 精神健康:理论模型与相关的经验命题

关于精神健康,西方不同的学者在大量经验研究的基础上,提出

---

① Hurlbert, J. , V. Haines and J. Beggs, "Core Networks and Tie Activation: What Kinds of Routine Networks Allocate Resources in Non-routine Situations", *American Sociological Review*, 2000 (65): 598 – 618.

② V. Haines, Hurlbert, J. , "Network Range and Health", *Journal of Health and Social Behavior*, 1992 (33): 254 – 266.

了多个复杂的理论模型和相关的经验命题，具体的理论模型和经验命题体现在以下几个层面：

（一）贫困、社会经济地位与健康的理论解释模型

目前，关于社会经济地位与健康之间的关系研究主要有四种理论模型：因果机制论（causal mechanisms）、健康选择论（health selection）、人为机制论（artifactual mechanisms）和收入差距论。因果机制论认为社会结构和社会环境会对个体的健康状况产生影响，在社会结构中处于底层位置的人，其健康状况要差于在社会结构中处于上层位置的人（Dahl，1996）；健康选择论则恰恰相反，认为个体的健康水平会对其社会经济地位发生作用，影响个体在社会结构中所处的位置，并认为健康水平较高的人才能在社会结构中获得较高的地位（West，1991）；人为机制论则认为是学者对于核心概念的测量误差导致了健康分化，比如对健康和社会经济地位的测量（Goldman，2001）。贫困、收入差距与精神健康模型。该模型是建立在健康指标、收入差距和相对收入测量指标的基础上，该模型试图说明贫困对健康存在不利影响，并在此基础上提出了相关的几个经验命题，即健康随着收入的增加而改善，两者之间呈现显著的非线性关系；在现代化水平的收入差距上，收入差距和健康之间呈现倒"U"形曲线关系：当收入差距较小时，收入差距和健康之间呈现正向关系，当收入差距较大时，二者之间则成负向关系，即收入差距假说的强效应发生在收入差距较大的群体；处于较高的收入阶层对个人的健康是有利的，但是这种正向的影响会因城市收入差距的增大而减弱，甚至由正向转为负向；在同一群体中，相对贫困的人群与较差的健康产出相联系。[①] 这

---

① 杨默：《中国农村收入、收入差距和健康》，《人口与经济》2011年第1期。

几种观点中，因果机制论一直占主导。

　　国内外学者对社会经济地位与精神健康之间的关系做了大量实证研究。有学者指出个体感受到的在社会结构中的相对位置会对身心健康产生影响，相对位置较低的群体其精神健康状况较差，负面情绪更多（Wilkinson，1996）；还有学者将社会资本作为中间变量纳入收入分配不均对精神健康影响的研究中，研究表明收入差距扩大会对精神健康产生不利影响（Kawachi，1999）；另外，一项对中国健康不平等的研究则进一步发现社会经济地位在时间上对个体的健康水平产生的累积效应，也就是说长期处于较高社会经济地位的群体，其健康状况更好（Lowry、Yu Xie，2009）；还有国内学者做的一项对流动儿童与非流动儿童的精神健康状况的研究则发现，因果机制论同样适用于我国流动儿童，社会经济地位会对儿童的精神健康状况产生影响（刘玉兰，2012）。

（二）社会支持与精神健康的效应模型

　　该模型对农村居民精神健康的解释力则具有多维性。社会支持对精神健康的影响机制主要有三种假设模型：主效应模型（the main-effect model）、缓冲器模型（the buffering model）和动态效应模型（the dynamic effect model）。有学者认为产生这种差异的原因与社会支持的测量方法有关（宫宇轩，1994）。

　　主效应模型认为社会支持对精神健康的积极影响并不只在压力情境和应激状况下才有，而是具有普遍性和稳定性，即提高社会支持水平将必然改善个体的精神健康状况。这一结论在很多研究中都得到证实，一项对老年人的研究发现社会支持对健康自评产生了直接的积极影响（Kraose，1987）；另外一项对个体生活质量的研究也证实了社会支持水平较高的老年人其精神健康状况要好于社会支持水平较低的

第四章　中国农村贫困：情感状态、心理适应与精神健康

老年人（李建新，2007）。

　　缓冲器模型则认为社会支持对精神健康的积极影响是有条件的，只在个体遭遇重大生活事件并产生心理压力和心理应激状况的条件下才会发生作用，也就是说社会支持是通过缓解心理压力对精神健康的负面影响，从而对精神健康起到保护性作用。Cohen 和 Wills 认为，社会支持的缓冲作用和个体的认知系统有关，社会支持既可能通过降低个体对应激状况的伤害性和严重性评价对精神健康状况产生影响，也可能对压力事件提供解决办法，减轻个体的心理压力和心理负担，从而有利于维持健康的精神状态[①]；一项对中山大学 205 名新生的研究发现，社会支持通过缓冲个体对压力事件的认知间接作用于精神健康，验证了社会支持的缓冲器作用（丁宇、肖凌等，2005：161—164）。

　　动态效应模型否定了前两种假设，认为社会支持与心理压力之间是相互作用的，并共同对精神健康产生影响，因此考察社会支持与精神健康之间的关系要结合实际情况，不能一概而论。有学者通过实证研究发现，心理应激、社会支持和精神健康之间存在复杂的交互关系，并且这种关系会受到时间的影响（Munroe、Steiner，1986）；一项关于上海移民的实证研究也证实社会支持不仅对精神健康产生独立影响，还通过影响移民的迁移压力间接影响移民的精神健康（何雪松、黄富强等，2010：111—129）。

　　（三）生活意义与精神健康的效应模型

　　生活意义这一概念既包括人们赋予生活事件以意义的动态过程（O'Connor，2003：46），又指一种良好的情绪体验，即个体认为生活

[①] Cohen, S., Wills, T. A., "Stress, Social Support and Buffering Hypothesis", *Psychological Bulletin*, 1985, 98 (2): 307-357.

是有意义的。个体对生活意义的感受通常与对生活的控制感和自我目标的实现或是自我认同感息息相关,生活控制感和自我认同感较强的群体往往对生活意义的感受也比较强。

目前,学术界关于生活意义与精神健康的研究还不成熟,Frank最早将"生活意义"引入精神健康领域,他认为生活的意义感和目标感对于维持个体积极的精神状态具有重要作用。[1] 我们可以将生活意义会对精神健康状况产生积极影响的假设称为生活意义效应解释模型,这一模型得到了经验研究的证实。

现有文献中关于生活意义与精神健康的关系探讨主要集中于对移民的研究。一项对移民的研究发现,生活控制感较弱的群体认为移民是命运的安排,而这一归因会对其精神健康状况产生消极影响(Ruback,2004);另外一项对澳大利亚移民的实证研究发现,认为移民后能获得更多的教育、就业等机会,对移民后的生活赋予积极意义的群体,其精神健康状况更好(Watkins,2003);在中国,一项对香港移民妇女的纵贯质性研究也表明,生活意义会对新移民妇女的认知态度和行为选择产生影响,对其应对重大生活事件、缓解心理压力具有重要作用(何雪松,2004)。

五 问题域与反思性聚焦:重新思考精神健康新视野

关于精神健康的研究最早起源于医学和心理学,国外对于精神健康的研究相比国内起步要早,无论是理论研究还是实证研究,成果都很丰硕。但是国内关于精神健康的社会学研究相对较少,而且多是实证研究,缺乏理论创新。总体而言,人们的精神健康状况日渐引起国

---

[1] Frank, Victor, *The Unheard Cry for Meaning: Psychotherapy and Humanism*, New York: Washington Square Press, 1984.

内外学者的关注,近年来对于各群体精神健康的实证研究越来越多。

从研究对象上看,由于城市生活节奏较快,竞争压力、生活压力较大,城市的交通、住房拥挤和环境污染问题越来越严重,学者对于城市居民的精神健康状况的关注度要高于农村居民。另外,对于精神健康的研究主要集中于移民、老年人、儿童和农民工等特殊群体,很少有研究将农村居民这一整体作为研究对象。

从研究内容上看,现有文献主要是对某一群体的精神健康现状进行调查了解,然后分析影响这一群体精神健康状况的因素及影响机制。在精神健康的影响因素分析中,关于社会经济地位和社会支持的研究占主导地位,同时,也有部分学者从社会资本、个体抗逆性和心理压力等方面作出解释,然而关于生活意义与精神健康的关系研究则相对较少。

本书的创新之处则在于将农村居民这一整体作为研究对象,验证社会经济地位的因果机制论和社会支持的主效应模型是否适用于农村居民;另外,探究生活意义与农村居民精神健康状况的相关关系,试图完善精神健康状况的影响因素和影响机制。

第二节 情感过程、心理适应、精神健康与贫困研究:方法视域与解释模型

一 情感过程、心理适应、精神健康与贫困:诠释路径与解释模型

(一)研究思路与知识建构

本书意图采用问卷调查和文献研究的方法,对农村贫困群体与非贫困群体进行群际比较,了解当前农村贫困群体和非贫困群体在情感

过程、心理适应、精神健康状况、社会支持和生活意义方面的差异，并探究影响我国农村居民精神健康状况的因素，检验因果机制论、社会支持的主效应模型和生活意义效应的解释模型是否适用于我国农村居民，并在此基础上提出建设性的看法和建议。

本书主要研究的是农村居民的精神健康状况，对农村贫困群体与非贫困群体进行群际比较，了解农村贫困群体与非贫困群体在精神健康状况、社会支持和生活意义方面的差异，并探究农村居民精神健康状况的影响因素。本书将农村居民的精神健康状况操作化为15个有关心情与感受的问题并计总分，运用中国农村发展动态跟踪调查统计数据，先对农村贫困群体与非贫困群体的精神健康状况、社会支持和生活意义进行群际比较，再运用独立样本T检验的方法检验两群体在这些方面的差异是否显著，最后建立普通多元线性回归模型（OLS），逐步将自变量和控制变量纳入模型分析判断变量间的相关程度。

（二）解释模型与问题聚焦

1. 因果机制论解释模型：解释方式及其问题意识

根据因果机制论，社会经济地位较高的群体，其情感状态、心理适应性、精神健康状况要好于社会经济地位较低的群体，因此我们研究的问题意识是：农村贫困群体与非贫困群体的精神健康状况存在显著差异，农村贫困群体比非贫困群体的情感状态、心理适应性、精神健康状况要差；农村居民的社会经济地位越高，情感状态、心理适应性、精神健康状况越好；社会经济地位越低，情感状态、心理适应性、精神健康状况越差。

2. 社会支持主效应解释模型：解释方式及其问题意识

根据社会支持的主效应模型，社会支持会对个体的情感状态、心理适应性、精神健康状况产生普遍性的积极影响，因此我们研究的问题意识是：农村贫困群体与非贫困群体的社会支持水平存在显著差异；农村贫困群体比非贫困群体的社会支持水平要低；农村居民获得的工具性支持水平越高，情感状态、心理适应性、精神健康状况越好；农村居民获得的客观支持水平越低，情感状态、心理适应性、精神健康状况越差；农村居民获得的情感性支持水平越高，情感状态、心理适应性、精神健康状况越好；农村居民获得的主观支持水平越低，情感状态、心理适应性、精神健康状况越差。

3. 生活意义效应解释模型：解释方式及其问题意识

根据生活意义效应解释模型，生活意义感会对情感状态、心理适应性、精神健康状况产生显著影响，因此我们研究的问题意识是：农村贫困群体与非贫困群体的生活意义感存在显著差异；农村贫困群体比非贫困群体感受到的生活意义感要弱；农村居民的生活控制感越强，情感状态、心理适应性、精神健康状况越好；农村居民的生活控制感越弱，情感状态、心理适应性、精神健康状况越差；农村居民的自我认同感越强，情感状态、心理适应性、精神健康状况越好；农村居民的自我认同感越弱，情感状态、心理适应性、精神健康状况越差。

二 情感状态、心理适应与精神健康：理论变量及其操作化

本书共有四个核心概念：精神健康状况、社会经济地位、社会支持和生活意义。表4-1对这些变量的定义、赋值做了汇总，变量间的具体关系和操作化情况如下：

（一）因变量（dependent variable）

在本书中定义农村居民的精神健康状况为因变量，采用有关心情与感受的问题量表，通过询问受访者"是否经常感到害怕""是否经常感到孤独"以及"是否经常感到生活很幸福"等15个问题，并采用了"经常""有时""很少""从不"的四分位量表，了解受访者的精神健康水平。由于量表中正向情绪和负向情绪都有，因此将正向情绪和负向情绪分别赋分，结果将正向和负向情绪得分相加计总分，得分越高，精神健康状况越差。具体赋分情况如下：

正向情绪：如"是否经常感到前途还是有希望的"，"经常" =1，"有时" =2，"很少" =3，"从不" =4。

负向情绪：如"是否经常感到自己难以集中精力做事情"，"经常" =4，"有时" =3，"很少" =2，"从不" =1。

(二) 自变量（independent variable）

本书中自变量指会对农村居民的精神健康状况产生影响的变量，本书定义自变量为社会支持、生活意义感和社会经济地位。社会经济地位操作化为家庭人均年收入。

社会支持分为工具性支持与情感性支持，工具性支持主要包括外出时帮忙看房子、生病时帮忙送医院等客观支持；情感性支持主要包括发生矛盾有人倾诉、心情不好有人陪聊等主观支持。本书采用社会支持量表，对工具性支持和情感性支持分别计分，得分越高，社会支持水平越高。

生活意义感操作化为对生活的控制感和自我认同感，对生活的控制感指个人认为自己有能力改变现在及未来发生在自己身上的事情，有能力解决自己遇到的问题；自我认同感指对自己满意，认为自己是优秀、有价值的人。本书采用相应的量表分别测量农村居民对生活的控制感和自我认同感，得分越高，对生活的控制感和自我认同感越低，生活意义感越弱。

(三) 控制变量（control variable）

本书采用性别、婚姻状况和身体健康状况作为控制变量，以往的研究表明，不同性别、婚姻状况和身体健康状况的居民，其精神健康状况也会有差异。本书采用身体健康量表，通过询问受访者"在最近一年中，您是否得过大病""在最近一年中，您是否受过伤"等9个问题，了解受访者最近的身体健康情况，如表4-1所示。

表4-1　　　　变量的定义、赋值以及描述性统计

类型	一级变量	二级变量	性质	赋值	均值	标准差
因变量	精神健康状况	精神健康状况	连续	15—60	28.87	9.92
自变量	社会支持	工具性支持	连续	7—28	23.99	7.02
		情感性支持	连续	3—12	10.00	3.43
	生活意义	生活控制感	连续	7—35	18.94	6.62
		自我认同感	连续	8—40	18.45	6.17
	社会经济地位	家庭人均年收入	连续	—	9019.86	14317.06
控制变量	人口学特征	性别	定类	1=男，2=女	1.49	0.50
		婚姻状况	定类	0=非在婚，1=在婚	0.82	0.39
		身体健康状况	定类	0—9	1.32	1.68

第三节　情感过程、心理适应、精神健康与贫困的实证研究

一　贫困群体的情感状态

如前面所言，农村贫困群体在具体的现实生活中有一种强烈的宿命感、无助感和自卑感，人际关系的消极、退缩、孤立感和乏力感，产生利己、家庭本位和排斥集体合作的观念和行为，再生产了

社会孤立和社会隔离，带来了人际关系结构的排斥性，生活圈子的封闭性。

本章从中选取了一个反映情感状态——孤独感这一指标进行考察。对"平时生活中，您是否感到孤独？"这一问题的回答，表示"经常感到孤独无助"，心理状况较差的受访者占7.9%；表示"有时会感到孤独"的农村贫困居民数占被访者的16.8%；同时，很少感到孤独无助的受访者占比32.2%；而心理状况较好——表示从不自感孤独的受访者占43.0%，尽管比例最大，人数最多，但仍有20%以上的群体的情感处于亚健康状态，如表4-2所示。

表4-2　　　　　　　　　情感状态

		频数	百分比（%）	有效百分比（%）	累计百分比（%）
情感状态：孤独感	经常	17	7.9	7.9	7.9
	有时	36	16.8	16.8	24.8
	很少	69	32.2	32.2	57.0
	从不	92	43.0	43.0	100.0
	合计	214	100.0	100.0	

从对待贫穷的情感态度来看，多数受访者表示在努力想方设法改变贫穷的生活，占总人数的79.1%；其次有12.7%的受访者表示能吃饱就行，无所谓；4.5%的受访者表示习惯了，觉得没什么不好；还有3.7%的受访者表示命里安排的，努力也没用，如表4-3所示。

在调查中，我们就贫困群体的总体情感状态进行调研，调查数据显示，其情感状态依次为（经常和有时）：为日常琐事心烦（83.9%）、感到心情不好（53.3%）、感到孤独（42.3%）、不愿说话（40.3%）、不想吃东西（39.7%）、感到害怕（35.8%）。数据说明，贫困群体的情感状态不佳，乏力感、孤独感、焦虑感严重，如表4-4所示。

表4-3　　　　　　　对待贫穷情感态度统计（N=548）

单位:%

	频数	百分比	有效百分比	累计百分比
命里安排的，努力也没用	20	3.6	3.7	3.7
能吃饱就行，无所谓	68	12.4	12.7	16.4
习惯了，觉得没什么不好	24	4.4	4.5	20.9
努力想方设法改变贫穷的生活	424	77.4	79.1	100.0
合计	536	97.8	100.0	

表4-4　　　农村贫困人口社会情感状况统计（%）（N=548）

	经常	有时	很少	从不
为日常琐事心烦	20.3	63.6	12.3	3.8
感到害怕	9.6	26.2	41.2	23.1
感到孤独	11.5	30.8	33.5	24.2
不愿说话	7.7	32.6	39.8	19.9
不想吃东西	6.2	33.5	40.0	14.8
感到心情不好	9.7	43.6	38.9	6.6

经由农村贫困群体的自我情感评价的数据显示，农村贫困人口在面对情感的负面评价（很同意、比较同意）占比近30%，说明仍有一部分农村贫困人口对自己的情感评价还是比较消极、孤立无助、沮丧感严重，如表4-5所示。

二　贫困群体的心理适应的现状

根据社会适应理论的推论和经验事实证明，农村贫困群体的心理适应能力较低。农村贫困群体很容易对新情境的适应有轻微的自卑感或内疚感、心身障碍和精神神经症、器质性或功能性精神病等。在从传统社会到现代社会的适应过程，贫困群体很难适应现代性的生活方式、消费观念和经营理念，影响其心理适应的原因在于在具体生活实践中经济地位低下、利己主义和家族主义思维、缺乏冒险意识和创新精神、保守心理、制度障碍、文化差距、缺乏对现代社会的认同和归属感、"以初级群体为基础的社会网络"等。

表4–5　农村贫困人口自我情感评价统计（%）（N=548）

	很不同意	不大同意	比较同意	很同意	不清楚
您觉得自己是个没用的人	35.1	31.3	21.2	6.6	5.8
时常感到自卑	24.0	31.4	27.9	11.6	5.0
您认为自己是个失败者	33.5	31.9	16.0	11.7	7.0
面对生活中的问题时经常感到孤立无助	14.0	35.4	32.3	11.7	6.6
无法解决遇到的问题	12.6	38.7	33.6	10.7	4.3
无法控制发生在自己身上的事情	12.2	35.3	36.5	9.4	6.7

经由"你觉得自己能否适应现在的生活"就农村贫困群体的心理适应做出总体性评价，数据结果与原有理论和假设不一致，贫困群体对于现代生活的适应程度也普遍比较高，93%的受访者对于是否适应现在生活的回答是肯定的，4.4%的人对于现在的生活不太适应，1%的人的回答是很不适应。人是适应性的动物，对于外部环境的改变，他们有时无力改变，只能选择适应，如表4–6所示。

表4–6　你觉得自己能否适应现在的生活

	百分比（%）	有效百分比（%）
说不清楚	1.5	1.5
很适应	29.2	29.4
比较适应	45.7	46.1

续表

	百分比（%）	有效百分比（%）
一般	17.4	17.5
不太适应	4.3	4.4
很不适应	1.0	1.0
合计	99.2	100.0
缺失	系统	0.8
合计		100.0

从外出做生意心态来看，多数受访者表示没有什么担心害怕的，只是没有本金去外面做生意，占总人数的 36.7%；其次有 32.2% 的受访者表示想外出做生意但又担心亏本；25.0% 的受访者表示从来没有想过这回事；还有 6.1% 的受访者表示很害怕去外面，如表 4-7 所示。

表 4-7　　农村贫困群体外出做生意的心理适应（N=548）

	频数	百分比（%）	有效百分比（%）
很害怕去外面	32	5.8	6.1
想外出做生意但又担心亏本	170	31.0	32.2
从来没有想过这回事	132	24.1	25.0
没有什么担心害怕的，只是没有本金去外面做生意	194	35.4	36.7
合计	528	96.4	100.0

从表 4-7 可以看出，农村贫困群体缺乏冒险意识和投资观念，甚至有一部分人封闭守旧，表明农村贫困群体难以从心里适应现代市场经济所需要的风险意识、投资精神和开放心态。

从外出打工心态来看，多数受访者表示想去外面打工，可是担心找不到工作，占总人数的 47.5%；其次有 22.8% 的受访者表示没有想过去外面；18.3% 的受访者表示没什么担心害怕的；还有 11.4% 的受访者表示害怕，不敢去外面，如表 4-8 所示。

表 4-8　农村贫困群体外出打工的心理适应统计（N=548）

	频数	百分比（%）	有效百分比（%）
害怕，不敢去外面	60	10.9	11.4
想去外面打工，可是担心找不到工作	250	45.6	47.5
没有想过去外面	120	21.9	22.8
没什么担心害怕的	96	17.5	18.3
合计	526	96.0	100.0

由表 4-8 可以看出，农村贫困群体缺乏流动意识和迁移观念，具有浓厚的保守意识和墨守成规观念，表明农村贫困群体难以从心里适应现代市场经济所需要的迁移精神和开放心态。

三　情感过程、社会适应与精神健康：基于两个群体的比较

本章先按照国家贫困线将农村居民划分为贫困组和非贫困组，将年收入低于 2300 元的农村居民界定为农村贫困群体[①]；然后采用独立样本 T 检验的方法，比较农村贫困群体与非贫困群体在精神健康状况、社会支持、生活意义和身体健康状况方面的差异，并检验其显著性；最后建立普通多元线性回归（OLS）模型，对变量进行回归分析，探究影响农村居民精神健康的因素。

---

① 根据国家统计局调查，2012 年全国农村居民人均纯收入为 7917 元，农村扶贫线为 2300 元（绝对贫困线和低收入线），因此，本研究中，本章将年收入低于 2300 元的农村居民界定为农村贫困群体。本研究所述对象是严格意义上的低于 2300 元的绝对贫困人口，此类群体是国家扶贫重点对象。

(一) 多维度的情感过程：基于农村贫困群体与非贫困群体的群际比较

表 4-9 为农村贫困群体与非贫困群体在社会支持、生活意义、精神健康状况和身体健康状况方面的均值比较结果。

表4-9　　农村贫困群体与非贫困群体的均值比较

	人均年收入分组	频数	均值
社会支持			
工具性支持	贫困组	231	24.75
	非贫困组	1276	25.37
情感性支持	贫困组	231	10.46
	非贫困组	1276	10.55
生活意义			
生活控制感	贫困组	229	20.67
	非贫困组	1270	19.82
自我认同感	贫困组	228	20.68
	非贫困组	1268	19.22
精神健康状况	贫困组	220	32.21
	非贫困组	1254	30.13
身体健康状况	贫困组	229	1.52
	非贫困组	1268	1.37

1. 社会支持、群际比较与经验事实

由表 4-9 可以看出，贫困组的工具性支持得分均值约为 24.75，情感性支持得分均值约为 10.46；而非贫困组的工具性支持得分均值为 25.37，情感性支持得分约为 10.55。因为得分越高，获得的社会支持水平越高，所以非贫困组的工具性支持和情感性支持水平均略高于贫困组。

2. 生活意义、群际比较与经验发现

由表4-9可以看出，贫困组的生活控制感得分均值约为20.67，自我认同感得分均值约为20.68；非贫困组的生活控制感得分均值约为19.82，自我认同感得分均值约为19.22。得分越高，说明受访者对生活的控制感及自我认同感越弱，生活意义感越弱。因此贫困组对生活的控制感和自我认同感均弱于非贫困组。

3. 精神健康、群际比较与分析过程

由表4-9可以看出，贫困组的精神健康状况的得分均值为32.21，非贫困组的精神健康状况的得分均值为30.13，由于精神健康状况得分越高，其精神健康水平越低，可知贫困组的精神健康状况要比非贫困组差。

4. 身体健康、群际比较与经验发现

由表4-9可以看出，贫困组的身体健康状况得分均值约为1.52，非贫困组的身体健康状况得分均值约为1.37，因为得分越高，身体健康状况越差，所以贫困组的身体健康状况要差于非贫困组。

综上所述，农村贫困群体在社会网络中所获取的社会支持水平要差于非贫困群体，而且贫困群体的生活意义感要弱于非贫困群体，另外，农村贫困群体的精神健康和身体健康状况都要差于非贫困群体，这与本章之前的假设相符。

（二）农村贫困群体与非贫困群体群际差异检验

本章对两群体的社会支持、生活意义、精神健康状况和身体健康状况差异进行了独立样本T检验，表4-10为独立样本T检验结果。

1. 社会支持：工具性与情感性支持的群际比较

根据表4-10，工具性支持方面，t值为-1.824，且P=0.069>0.05，因此接受原假设，说明农村贫困群体与非贫困群体的工具性支

第四章 中国农村贫困：情感状态、心理适应与精神健康

持不存在显著差异；同理，农村贫困群体与非贫困群体在情感性支持（P=0.632>0.05）上也不存在显著差异。

2. 生活意义：生活控制感与自我认同的群际比较

根据表4-10，贫困组与非贫困组生活控制感的Levene's检验显示，P=0.640>0.05，两样本方差不齐，且t=2.339，P=0.019<0.05，因此拒绝原假设，即贫困群体与非贫困群体在生活控制感上存在显著差异；同理，农村贫困群体和非贫困群体在自我认同感（P=0.000<0.05）上也都存在显著差异。

3. 精神健康状况：精神健康状况群际比较

根据表4-10，贫困组与非贫困组精神健康状况的Levene's检验显示，P=0.010<0.05，因此两样本总体的方差不齐，且t=3.551，P=0.000<0.05，拒绝原假设，也就是说贫困组与非贫困组的精神健康状况存在显著性差异。

4. 身体健康状况：身体健康状况群际比较

根据表4-10，贫困组与非贫困组身体健康状况的方差齐性检验显示，P=0.762>0.05，表示两组的总体方差无明显差异，T检验显示t=1.213，P=0.225>0.05，因此接受原假设，贫困组与非贫困组在身体健康方面不存在显著差异。

综上所述，根据两群体的独立样本T检验结果，农村贫困群体与非贫困群体在精神健康状况和生活意义方面存在显著差异，这与之前的假设相符，但是在身体健康状况和社会支持方面不存在显著差异，两群体在社会支持方面没有显著差异的原因可能与农村社区是一个熟人社会，具有较强的同质性有关。

（三）精神健康：影响因素及其说明

本书的主要目的之一是探究影响农村居民精神健康状况的因素，

上文已经验证农村贫困群体和非贫困群体的精神健康状况存在显著差异，为进一步探究社会经济地位、社会支持等变量与精神健康状况之间的相关关系，本书将建立多元线性回归模型，对自变量和控制变量进行回归分析。

表4-10 农村贫困群体与非贫困群体的T检验结果

		Levene方差齐性检验		均值检验	
		F值	显著性水平	T值	显著性水平
社会支持					
工具性支持	EVA	7.432	0.006	-1.951	0.051
	EVNA			-1.824	0.069
情感性支持	EVA	2.066	0.151	-0.479	0.632
	EVNA			-0.457	0.648
生活意义					
生活控制感	EVA	0.219	0.640	2.339	0.019
	EVNA			2.308	0.022
自我认同感	EVA	4.460	0.035	4.456	0.000
	EVNA			4.086	0.000
精神健康状况	EVA	6.575	0.010	3.844	0.000
	EVNA			3.551	0.000
身体健康状况	EVA	0.092	0.762	1.213	0.225
	EVNA			1.242	0.215

注："EVA" = "equal variances assumed"；"EVAN" = "equal variances not assumed"。

将精神健康状况作为因变量，社会经济地位、社会支持和生活意义作为自变量，性别和身体健康状况作为控制变量建立回归模型后，结果如表4-11所示。

由表4-11可以看出，模型的复相关系数R为0.520。同时，该模型的判定系数R^2为0.271，表明该回归模型能解释因变量变异程度的 27.1%，也就是说本书设定的自变量对农村居民的精神健康有一定的解释力，但还有相当一部分变差不能为这些自变量所解释，拟合优度较差。另外，该模型的 F 值为 74.584，显著性水平远小于 0.05，因此可以证明所有自变量的回归系数不同时为零，因变量和自变量群体之间确实存在线性关系，可以使用线性模型。

表 4-11　　　　影响农村居民精神健康的多元回归模型

变量	回归系数	标准回归系数	显著性水平
常数	14.655		0.000***
工具性支持	-0.122	-0.073	0.008***
情感性支持	0.016	0.006	0.838
生活控制感	0.449	0.309	0.000***
自我认同感	0.331	0.204	0.000***
社会经济地位	-1.392E-5	-0.024	0.296
身体健康状况	0.835	0.191	0.000***
性别	1.476	0.099	0.000***
R	0.520		
R^2	0.271		
F	74.584		0.000***

注：***$p<0.01$。

1. 社会支持与农村居民精神健康的解释过程

根据表 4-11，自变量工具性支持的显著性水平为 0.008，小于 0.05，说明两变量显著相关，而且回归系数为 -0.122，说明工具性支持的得分越高，农村居民的精神健康状况得分越低，也就是说农村居民获得的工具性社会支持水平越高，其精神健康状况越好；情感性支持的显著性水平为 0.838，大于 0.05，说明两变量间不存在显著相关，因此社会支持的主效应模型对农村居民精神健康的解释力具有多维性。

2. 生活意义与农村居民精神健康的解释过程

生活控制感的显著性水平为 0.000，远远小于 0.05，说明生活控制感与农村居民的精神健康状况显著相关，并且回归系数为 0.449，说明生活控制感的得分每增加 1 分，农村居民的精神健康得分会增加 0.449 分，即农村居民对生活的控制感越强，其精神健康状况越好；自我认同感的显著性水平为 0.000，远小于 0.05，说明农村居民的自我认同感与精神健康状况显著相关，回归系数为 0.331 表示两变量呈正相关，即农村居民的自我认同感越强，其精神健康状况越好。

3. 社会经济地位与农村居民精神健康的解释过程

社会经济地位的显著性水平为 0.296，大于 0.05，说明社会经济地位与农村居民的精神健康状况不存在显著的相关性，因此社会经济地位与健康之间关系的因果机制论不适用于我国农村居民。但是由前文独立样本 T 检验结果可知，贫困群体与非贫困群体的精神健康状况存在显著差异，这是因为在检验过程中没有引入控制变量，不能排除其他可能因素（如社会支持、生活意义）对因变量造成的影响。

4. 控制变量下的农村居民精神健康的解释过程

控制变量身体健康状况和性别的显著性水平均为 0.000，远小于 0.05，说明这两个变量都与因变量显著相关。身体健康状况的回归系数为 0.835，说明身体健康状况与精神健康状况呈正相关，也就是说农村居民的身体健康状况越好，其精神健康状况也越好。另外，由于性别的显著性水平小于 0.05，因此农村居民的精神健康状况也与其性别有关。

综上所述，农村居民的精神健康状况与工具性社会支持、生活意义和身体健康状况、性别有关，而与情感性社会支持和社会经济地位没有显著的相关性。也就是说，社会支持的主效应模型对农村居民精神健康的解释力具有多维性，而且生活意义效应模型适用于我国农村居民，另外，因果机制论对我国农村居民不具有解释力，这可能跟我国农村社区的同质性和封闭性以及农村居民的贫困文化有关。

四 结论与讨论

本书主要研究了农村贫困群体和非贫困群体在精神健康状况、社会支持和生活意义等方面的群际差异，并建立多元线性回归模型探究了社会经济地位、社会支持、生活意义与农村居民精神健康状况之间的相关关系，根据前文的数据分析，可以得出以下结论：

第一，本书对农村贫困群体与非贫困群体进行了群际比较，研究结果显示，农村贫困群体的社会支持水平差于非贫困群体，而且生活意义感也要弱于非贫困群体，另外，在精神健康和身体健康状况方面也比非贫困群体要差。对两群体的群际差异进行T检验后发现，农村贫困群体与非贫困群体在精神健康状况和生活意义方面存在显著差异，但是在身体健康状况和社会支持方面的差异则不明显。

第二，本书证明了贫困"循环积累因果机制论"关于社会经济地位与健康之间关系的论述不适用于我国农村居民。因果机制论认为社会经济地位较高的群体，其精神健康状况要好于社会经济地位较低的群体，但是本书通过多元回归分析发现，农村居民的精神健康状况与其社会经济地位之间不具有显著的相关关系。因此，因果机制论对我国农村居民不具有解释力。笔者认为导致这种结果的可能因素有两个：

（1）贫困群体精神健康的"社会影响同质性效应"。我国传统农村类似于滕尼斯提出的社区或共同体原型，具有较强的同质性，尽管农村居民的社会经济地位有差异，但是其生活方式和文化习俗等方面的差异并不大，其应对心理压力和处理心理问题的方式也比较一致，因此其精神健康状况也不存在明显的差异。

（2）贫困群体精神健康中贫困文化的"同群效应"。根据美国人类学家刘易斯提出的贫困文化理论，穷人独特的生活方式会促进穷人间的群体互动，产生基于群体互动的"邻里效应"和基于空间的防御性认同，从而使与其他人在社会生活中相对隔离，产生出一种脱离社会主流文化的"贫困亚文化"，处于这种亚文化中的人有独特的文化观念和生活方式，这种亚文化通过"圈内"交往而得到加强，并且被范畴化和制度化，进而维持着贫困的生活。我国农村居民独特的生活方式、思维模式和文化习俗形成了一种较为稳定、持续的贫困文化，即便农村居民中的一部分群体摆脱了贫困，那种模式化了的文化观念和思维方式都难以改变，因此社会经济地位较高的农村居民，其精神健康状况与社会经济较低的农村居民并不存在明显的差异。

第三，本书还证明了社会支持的主效应模型对我国农村居民精神健康的解释力具有多维性。本章通过对社会支持与农村居民的精神健康进行相关分析，发现只有工具性支持对农村居民的精神健康会产生积极影响，而情感性支持则对精神健康不产生显著影响，因此不同类型的社会支持与精神健康之间的关系也不同，不能一概而论，而应根据调查对象的不同，将社会支持进一步分类，考察某一类社会支持对特定对象精神健康的影响。

第四，本书证实了生活意义效应的解释模型同样适用于我国农村居民。本章建立多元线性回归模型后发现，无论是生活控制感还是自我认同感都与农村居民的精神健康状况显著相关，因此得出结论，个体对生活意义的感受会对其精神健康状况产生显著影响，生活控制感和自我认同感较强的群体，其精神健康状况要好于生活控制感和自我认同感较弱的群体。

第五章 贫困的个人与家庭过程：生命历程、结构变动与家庭生命周期

通过对农村贫困者的家庭生命周期每一阶段事件的过程分析，对农村贫困者的贫困状态做了一个多元生命轨迹的描述，进一步分析农村贫困的生产过程和结果。基于个人生命历程和家庭生命周期的贫困问题的研究，有利于进一步丰富个人生命历程和家庭生命周期的研究领域，提供基于中国经验的本土化理论建构。国内基于中国经验的、对个人生命历程和家庭生命周期的理论研究不多，从研究内容看主要包括从个人生命历程、家庭生命周期的视角研究消费行为，或者研究家庭结构和家庭规模的变化，而从个人生命历程和家庭生命周期的视角来动态地研究贫困问题，还不多见；基于个人生命历程和家庭生命周期的贫困问题的研究，有利于进一步拓展农村贫困的研究视角。

改革开放以来，随着社会经济的发展以及计划生育的深入展开，我国的家庭生命周期发生了根本性的变化，家庭生命周期的变化引起家庭结构和家庭规模的变化。家庭户平均人数由1982年的4.43人下降到1990年的3.96人，3—4人户家庭已经占全部家庭户总数的

49.55%，核心家庭已经占 65.77%。家庭作为社会生活的基本单位，具有稳定性、持久性、连续性的特征，也存在较明显的阶段性。不同的阶段在生产、消费、养育子女、赡养老人的功能上有所不同，家庭在不同的发展阶段呈现出不同的个体生命历程。因此，家庭生命周期理论与生命历程理论就是本书的理论基础。

本章[1]试图在家庭生命周期理论的架构下，选用个案研究，用来作为理解农村贫困的经验佐证，这也是理论建构的步骤之一。[2] 作为农村贫困的分析框架，完全赖于一系列彼此相关的经验研究，[3] 在研究过程中，我们并没有一种普遍的方法论，而是尽可能对每个个案的技术问题进行论证，以加强方法论上的严谨。

第一节 理论基础和分析框架：基于贫困的个人和家庭视角

生命历程理论起源于20世纪初，兴起于20世纪60年代以后。生命历程是指在人的一生中随着时间变化而出现的受到文化和社会变迁影响的年龄级角色和生命事件序列。它关注的是个体的生命事件和角色地位，及生命事件的先后顺序和转换过程。生命事件主要是指教

---

[1] 说明：项目组成员马小红完成子课题部分数据统计、数据分析、文献资料整理和部分文字撰写。

[2] 克利福德·格尔茨给了笔者很大的启发："理论建设的根本任务不是整理抽象的规律，而是使深描成为可能；不是越过个体进行概括，而是在个案中进行概括……在个案中进行概括通常被称作临床推断，这种推断不是从一组观察开始，进而把他们置于某一支配规律之下；而是从一组假定的标志开始，进入试图把他们置于某一种理解的系统中。"参见克利福德·格尔茨《文化的解释》，韩莉译，译林出版社1999年版，第33页。

[3] 这种通过对不同的个案的访谈资料进行分类，类似于皮埃尔·布迪厄的实践活动中的示意图，"'对叙述事实的材料进行分类'，这一做法仅就本身而言确是一种构建行为……"，参见皮埃尔·布迪厄《实践感》，蒋梓骅译，译林出版社2003年版，第16页。

第五章 贫困的个人与家庭过程：生命历程、结构变动与家庭生命周期

育、儿女离家外出（结婚或升学）、结婚、丧偶、离婚、职业的变化、家庭成员去世、生意场上的变化、失业、受伤或患大病、退休、家庭成员的健康发生变化、迁居、坐牢等。生命历程理论和家庭的生命周期理论的四个核心议题：一是关注特定时空中微观的个体生活多元轨迹、具体的生活情境、家庭结构变迁和宏大的历史叙事，是指人在哪一年出生和属于哪一个同龄群体，将个人、家庭与某种历史力量联系起来。二是关注历史情境中的个人能动性、创造性与贫困的非反思性建构和无意识过程。个人能动性是指个体人即使在约束的环境下，个体也会有计划、有选择地推进自己的生命历程。个体的选择同时还会受到个人的经历和个人性格特征、性情禀赋的影响。三是基于社会生活和具体生活情境的关联性和相互联系的现实生活处境，如人际交往、社会关系网络、风险承担网络、群际分类和群际比较、社会分类和范畴化过程等，人总是生活在一定的社会关系之中，个人通过一定的社会关系才被整合入一定的群体。四是生活的时间序列，生活的时间性是指个体与个体之间生命历程的协调发展，是个体生命事件所发生的社会性时间。

家庭生命周期指的是家庭从建立、发展、解体、消亡，然后最终被新的家庭所取代的过程。一个家庭的生命周期能表现出家庭自身的发展变化过程以及发展过程中不同阶段的不同特点，每个发展阶段皆有其独特特征。经典的家庭生命周期理论是按照核心家庭从结婚至配偶死亡导致解体，将家庭生命周期分为六个阶段，即形成、扩展、稳定、收缩、空巢和解体。家庭生命周期没有一个固定的划分标准和模式，按照研究内容和研究目的的不同，可以划分出不同的家庭生命周期类型。研究者可以对家庭生命周期加以细化、分割，使之能够适用于解释各种不同文化、不同社会环境的要求。

一 贫困生命周期：家庭生命周期与个体多元生命历程理论范式

家庭生命周期（Family Life Cycle）产生于20世纪初，是由英美社会学家和人口学家提出来的，是社会学和人类学研究的重点范畴。家庭生命周期作为一个重要的研究变量广泛应用于家庭教育、家庭消费、婚姻及消费者行为等研究领域。

（一）贫困的生命周期理论提出和理论话语

家庭的生命周期理论强调家庭的生命轨迹，在社会变迁、家庭人口结构变化、家庭经济状况发生改变语境下思考家庭的生命周期。家庭生命周期关注家庭世代循环的生命模式、共同经历的生命事件、家庭的生命轨迹等。英国学者朗特里（Rowntree，1903）[1] 提出了贫困生命周期理论。个人在生命周期内贫困风险呈"W"形曲线变动，即儿童期、初为父母期以及老年期是生命周期中贫困风险最高的三个阶段。在这一理论下，生命周期内"老年阶段"这一世代循环的生命模式（如生理特征、社会角色与关系、共同经历的生命事件等）成为探索老年贫困的焦点。朗特里还给贫困下了一个定义："如果一个家庭的总收入不足以支付仅仅维持家庭成员生存需要的最低量生活必需品的开支，这个家庭就基本上陷入了贫困之中。"这一概念强调的是最低基本需要，并据此确定了贫困线。雷瑟琳与雷勃弗莱德（Leisering，L.，Leibfried，S.，2001）[2] 提出了贫困生命历程的四个原则，它包括时间化、民主化、行动者和传记化。"时间化"是指在整个生命历程中，个体的贫困具有不同的时间性形态即单次或反复的短期贫困、经历

---

[1] 吴帆：《家庭生命周期结构：一个理论框架和基于CHNS的实证》，《学术研究》2012年第9期。

[2] Leisering, L., Leibfried, S. F., "Paths out of Poverty: Perspectives on Active Policy", *The Global Third Way Debate*, Giddens, A. (ed.), Cambridge: Polity Press: 199 – 209.

中期贫困、经历长期贫困。该论点暗示着老年贫困形成与发展不是"一锤定音"的、永久性的，而是多元轨迹性、动态地贯穿于整个生命历程。"民主化"的含义是指个体作为"行动者"可以积极主动地采取相应的措施改变自身的生存状况，适时地调整自己的生命轨迹。

（二）基于个体生命周期的贫困累积的异质性理论

累积的异质性理论的提出改变了人们对于贫困问题的理解和认识，基于贫困异质性的优势与劣势（cumulative advantage and disadvantage）最早由默顿（Merton，1968）[1]提出。他指出，老年贫困的发生不仅与老年期有关，更多地与不同年龄阶段的状态密切相关，贫困是主体在年龄层次间流动的延续和累积劣势在老年期显性化的结果，是老年期之前的贫困状态或潜在的贫困状态在老年期的延续和外化。西方学者（Dannefer，2003；Hareven，T. K.，1996；Hooyman，N. R. and H. A. Kiyak，2005）[2][3][4]提出了累积的弱势/优势模型，它指的是个体在某些既定的特征上随时间推移而产生的系统性分化。该模型认为，系统化的结构性力量随着年龄的推移会使穷者越穷、富者越富。这一结论提出了贫困不是一朝一夕之间所突然形成的，而是横贯整个生命历程的弱势积累的结果。

（三）家庭生命周期理论范式及其建构

家庭生命周期范式关注时间序列中的家庭变迁和家庭生命周期和

---

[1] Merton, R. K., "The Matthew Effect in Science: The Reward and Communications Systems of Science", *Science*, 1968, 159 (3810): 56-63.

[2] Dannefer, D., "Cumulative Advantage / Disadvantage and the Life Course: Cross-Fertilizing Age and Social Science Theory", *The Journals of Gerontology*, 2003, 58B (6): 327-337.

[3] Hareven, T. K., *Aging and Generational Relations over the Life Course: A Historical and Cross-culturl Perspective*, Berlin: Walter de Gruyter, 1996.

[4] Hooyman, N. R. and H. A. Kiyak, *Social Gerontology: A Multidisciplinary Erspective*, Boston: Pearson Education, 2005.

家庭成员的生命轨迹。朗特里（Rowntree）[①]在研究贫困问题时，根据家庭中的收入和需求的关系，提出了家庭生命周期理论。他在研究时发现，家庭所处的阶段与贫困有密切的关系，人们在生命周期中一些特殊阶段，如刚生育子女、子女的养育阶段和自身进入老年阶段等时期，由于家庭的支出增加，消费大于收入的情况下，更容易陷入贫困。朗特里（Rowntree）[②]的家庭生命周期的定义是从0岁开始，包括童年、结婚、生子和退休等几个阶段。他把家庭中的重大事件对个体贫困影响联系起来加以分析的思路，对后来家庭生命周期理论的发展起到了重要的作用。Glick的家庭生命周期的基本模型，即依照家庭中发生的重要生命历程事件（如结婚、生子、养育子女、子女成年离家和配偶死亡）作为划分标志，将家庭生命周期划分为6个阶段：第一阶段是家庭形成阶段（从夫妇初婚到第一个孩子出生）；第二阶段为家庭的扩展阶段（从第一个孩子出生到最后一个孩子出生）；第三阶段是家庭的稳定阶段（从最后一个孩子出生到第一个孩子离开家庭）；第四阶段是家庭的收缩阶段（从第一个孩子离开家庭到最后一个孩子离开家庭）；第五阶段是家庭的空巢阶段（从最后一个孩子离开家庭到配偶一方死亡）；第六阶段是家庭解体阶段（从配偶一方死亡到配偶另一方死亡）。

根据家庭成员的组合关系，西方很多学者（Sorokin，Zimmerman，Galpin）将家庭生命周期分为四个阶段：一是经济上刚独立的已婚夫妻家庭；二是有一个或者多个子女的夫妻家庭；三是有一个或者多个自食其力的子女的夫妻家庭；四是老年夫妻家庭。另一位学者Loomis

---

[①] 转引自吴帆《家庭生命周期结构：一个理论框架和基于CHNS的实证》，《学术研究》2012年第9期。

[②] 同上。

第五章 贫困的个人与家庭过程：生命历程、结构变动与家庭生命周期

根据家庭成员的组合关系，将家庭生命周期分成四个阶段：无子女夫妇的扩展家庭阶段；有孩子的家庭阶段Ⅰ（最大的孩子小于 14 岁）；有孩子的家庭阶段Ⅱ（最大的孩子超过 14 岁但小于 36 岁）和老年家庭阶段。依据家庭子女的状况和家庭中的重要的事件，Bigelow 将家庭生命周期模型定义为七个阶段，其包括：建立夫妻二人家庭阶段、养育子女和学龄前阶段、小学家庭阶段、中学家庭阶段、大学家庭阶段、重回夫妻家庭阶段和退休家庭阶段。1947 年，Glick 提出了相对完整的家庭生命周期的理论，被学者们认为是最基础的、最广泛传播的家庭生命周期模型。Glick 依照家庭中发生的重要生命事件（如结婚、生育子女、子女离家、死亡等事件），将家庭生命周期分为六个阶段：家庭形成阶段、扩展、扩展完成、收缩、收缩完成和解体六个阶段。Duvall 提出了家庭生命周期的四阶段模型，后来，他在 1977 年，又将此阶段扩大，以孩子为主线，提出了著名的家庭生命周期八阶段模型，这八个阶段为：无子女夫妇阶段（新婚未生育期两年）、扩展家庭阶段（老大出生至老大两岁半）、学龄前家庭阶段（老大两岁半至六岁）、学龄家庭阶段（老大六岁至十三岁）、拥有青少年子女家庭阶段（老大十三岁至二十岁）、孩子陆续离开家庭阶段、由家庭空巢期至退休、由退休至夫妇两人都死亡。1979 年，Murphy 和 Staples 根据年龄、婚姻状况和子女状况对家庭生命周期做了更为细致的划分：第一阶段为年轻单身阶段；第二阶段为年轻已婚无子女阶段；第三阶段为其他年轻阶段，这一阶段包括三种类型：年轻离婚无子女、年轻已婚有子女、年轻离婚有子女；第四阶段为中年阶段，这个阶段包括六种分类：中年已婚无子女、中年离婚无子女、中年已婚有子女、中年离婚有子女、中年已婚无须抚养的子女、中年离婚无须抚养的子女；第五阶段为老年阶段，这一阶段分为两类：老年已婚家

庭，老年未婚、离婚和鳏寡家庭。

随着家庭生命周期理论的不断完善，西方学者们的研究领域也不断深入和发展，Wells 和 Gubar 将家庭生命周期的概念引入消费行为的研究中，研究家庭生命周期的变化对消费行为的影响。在他们的研究中家庭生命周期被分为九个阶段：单身阶段、新婚阶段、满巢阶段Ⅰ、满巢阶段Ⅱ、满巢阶段Ⅲ、空巢阶段Ⅰ、空巢阶段Ⅱ、独居阶段Ⅰ、独居阶段Ⅱ。

国内关于家庭生命周期的研究不是很多，国内学者的研究主要集中在以下几个方面：基于家庭中夫妻的婚姻状况，我国台湾地区学者根据婚姻状况将家庭生命周期分为三个阶段：第一阶段是个人处于未婚状态，而且可能一直处于未婚状态直至死亡；第二阶段是通过婚姻进入已婚有偶且无子女的状态，这种状态有三个分支：死亡、离婚和丧偶；第三阶段是生育完子女之后，即有偶且有子女阶段，这种状态下又有三个分支：死亡、离婚和丧偶，与第二阶段不同的是其有子女，而无论是有偶，还是离婚或者丧偶，其最后都会走进死亡（杨静利、刘一龙，2002）。基于家庭中子女的状况，有学者把我国的家庭生命周期大致划分为五个阶段：新婚期（2 年左右），从结婚到生育第一个孩子；育儿期（5 年到 6 年），从生第一个孩子到最后一个孩子上小学；教育期（15 年左右），从孩子上小学到孩子独立；向老期（20 年左右），子女相继离家；孤老期（10 年到 15 年），夫妻中只剩一人直至该家庭生命终结（王思斌，2003）。

国内有学者将家庭生命周期和个人生命周期结合起来加以考察，根据每个人生命发展的不同阶段具有不同的任务的特点，把成年人的生涯划分为探索期、建立期、维持期、衰退期、死亡期五个阶段。另外，根据妇女和儿童在生活中所遇到的主要问题出发，将家庭生命周期分为七个阶段：一是新婚家庭，相关的妇女与儿童问题是：婚姻调适、性骚扰、就业妇女单身条款的压力；二是有幼年子女的家庭，相关问题是：儿童照顾疏忽、妇女受虐、就业妇女托儿压力；三是有学龄子女的家庭，相关问题是：儿童虐待、妇女就业、子女反抗；四是有青春期子女的家庭，相关问题是：性虐待、妇女二度就业；五是有年轻成年子女的家庭，相关问题是：性别歧视、妇女健康；六是子女成长独立后的家庭，相关问题是：贫穷女性化、妇女更年期；七是老年人家庭，相关问题是：贫穷女性化、寡居心理调适（彭怀真，2009）。

二 基于个人和家庭的贫困：问题视域、经验事实与模型建构

家庭的生命周期理论视域中的贫困问题研究关注贫困过程中的家庭禀赋和决策效应、家庭资产积累效应、家庭的抗风险效应、基于家庭的贫困待机传递效应、基于社会支持（政府、市场和社会）的家庭社会质量效应。基于个人和家庭视域的贫困问题强调个人和家庭不仅是生活消费单位，而且是生产经营单位，是综合性的多功能的社会经济单位。[①] 事实上，在新陈代谢、周而复始、生生不息的自然、社会和经济演进过程中，人在每一个环节上遭遇的困难，最终都显现为加深贫困的负面因素。这些因素相互影响，恶性循环，以致个人或家庭深陷其中难以自拔。来自英国剑桥大学的经济学家 Partha Dasgupta 把这种呈现为"逆向反馈机制"的动态过程称为贫困陷阱（Partha Dasgupta，2007）。关于个人、家庭与贫困的关系，西方学者曾有如下论述："从道德意义上，在一个自由的社会中，每一个人将按照自己的能力获得提升。但是它与没有一个完全依靠自己成功的现实是冲突

---

① 杨胜坤：《贵州农村贫困研究》，《社会学研究》1990 年第 6 期。

的。个人成长的社会背景强烈限制了能力相同的个人最终取得的成就。这就意味着机会的绝对平等是一个无法实现的理想。"(Loury, 1977)个人成长的社会背景(个人成长的生命轨迹)首先是家庭背景。父母和亲戚的支持往往可以弥补社群关系的缺失。这种类型的社会资本对贫困的影响,从已有的研究来看,主要体现在家庭在贫困文化代际传递机制中的作用之上。

(一) 家庭生命周期、贫困代际传递效应与逆向反馈模型

"布劳—邓肯模型"的贫困代际传递效应模型认为贫困与父母世代的经济社会背景有关。在家庭生命周期的不同阶段,贫富差距可能会在代际间形成一种传递机制。该模型强调社会结构的嵌入机制,即两代间相似的社会经济地位结构所致贫困的发生学解释。同时,该模型基于个人生命历程的贫困发生学解释,即在人的不同生命阶段发生贫穷的可能性并不相同,在儿童、父母、老年三阶段,特别容易落入贫穷。

贫困的"逆向反馈"和"传递"机制表现为制度化的文化资本的代际传递效应、基于价值规范和行为理性偏好的社会化效应和内化效应。根据布迪厄的观点,不同的阶层在文化资本的分配方面是不平等的,因此不同家庭出身的学生在学术市场上获得的利润也是不平等的。扩大英才教育的最初得益者,是那些原本就具有文化资本的专家家庭出身的孩子(Swartz, 1997),也就是说作为制度化形式的文化资本明显具有代际传递特征。贫困文化可以通过儿童社会化得以传递,作为完整生活方式的贫困文化难以通过一时的物质贫困的消除而根除。[1] 换句话说,贫困群体的价值规范与行为特征,如群体的态度、

---

[1] 吴理财:《论贫困文化》(上),《社会》2001年第8期。

第五章　贫困的个人与家庭过程：生命历程、结构变动与家庭生命周期

主观心理感受等是很难改变并可代际传承的。[1]

(二)"非道德性家庭主义"文化与贫困代际传递模型

贫困的家庭生命周期和生产体现为"非道德性家庭主义"的文化制造和再生产过程。班费尔德也提出了与"贫困文化"相对的"非道德性家庭主义"概念，班费尔德认为，利己、家庭本位、排斥集体合作的观念和行为，是"非道德性家庭主义"的伦理文化樊篱，亦即贫穷文化在乡村社会中的集中体现。作为整个村庄本质的非道德性家庭主义，以其自主性的表现，影响这个贫困家庭的发展，制造或加深了家庭的贫困。班费尔德认为，穷人基本不能依靠自己的力量利用机会摆脱贫困之命运，因为他们早已内化了那些与大社会格格不入的一整套家庭价值观念。

(三)进化论与结构功能主义结合的家庭现代化理论模型

家庭的现代化理论及其发展为重新定位贫困的生命周期提供了一种新的问题视域和方法论基础。贫困的个人化（individualization）已经成为西方贫困理论发展的最新形态，分析焦点从家庭本身转移到个别成员身上。事实上，家庭现代化理论在宏观层面上，在与现代化过程相伴的家庭变迁方面，对于贫困来说具有较强的解释力和影响。

家庭的现代化理论从早期的摩尔根《古代社会》（1987）中将人类家庭的进化过程描述为从血缘家庭、普纳路亚（群婚）家庭、对偶家庭到一夫一妻制家庭的演变。社会学家列维提出的"现代化社会"家庭方面的论点：由于高度专业化，各种组织是相互依存的，功能是非自足的；伦理具有普遍主义的性质，而不是由家庭和亲属关系决定的个别性；社会关系是合理主义"普遍主义"功能有限和感情中立

---

[1] 周怡：《解读社会：文化与结构的视角》，社会科学文献出版社2004年版。

的；家庭是小型化的，家庭功能比较少，等等。① 奥格本认为在现代化过程中，家庭规模将会缩小，家庭结构的变化伴随着与妇女角色和儿童养育及监管模式有关的两性和代际之间的权力关系的变化。这些功能和结构的变化被认为最终将导致家庭的解体。利特瓦克的研究将当代美国家庭松散的"非正式的亲属关系结构"定义为"改良的扩大家庭"。在农村，亲属通常相互邻近，经济交流和相互援助是他们的依靠。随着城市化的到来，虽然个人对其亲属直接经济控制的程度，特别是父母对子女的控制逐步下降，但是亲属间的联系和相互援助模式依然不变。

古德在《家庭变迁的理论与测量》中所说的亲属关系消失，是由于工业社会的流动性与城市社区的开放性和异质性所致，这种变化造成个人关系相对萎缩，亲属联系削弱，邻居关系淡化，偏向社会团结的传统观念逐渐淡薄。古德同时就现代家庭行为的标准进行阐述：简单、不复杂的家庭和家庭结构，即主要是核心家庭；非权威化的家庭内部关系，这导致父辈权威的下降；低亲属聚集度，这通常意味着个人或核心家庭从家族对个人职业、择偶、婚姻时机和生育的控制中独立出来。苏斯曼同样认为，亲属关系结构是互惠互利的交换关系所赖以存在的基础。这种互惠和互利方式包括以下几种：生病时的照料、金钱支持、儿童照料咨询和有益的建议，以及礼物的互赠，这些都是家庭在城市社会中依然具有团结性和凝聚力的重要证明。② 随着家庭现代化的全面推进，带来了基于传统社会的非正式支持网络的破坏、邻里关系的疏远、基于熟人社会的社会信任和社会整合的机制被破

---

① 唐灿：《家庭现代化理论及其发展的回顾与评述》，《社会学研究》2010 年第 3 期。
② 同上。

坏，贫困群体更加以个人或家庭的范式面对着生活中的脆弱性、风险的贫困。

（四）家庭禀赋、家庭生计策略与新迁移经济理论模型

将家庭生命周期理论范式用于贫困问题研究从迁移经济学模型的解释来看，该范式强调基于家庭理性决策过程中的家庭禀赋与经济决策行为，个人与家庭资产储蓄、投资与积累策略，家庭风险抵御机制、劳动力流动的家庭偏好和家庭理性决策。由家庭生命周期的新迁移经济理论把家庭看作追求收益最大化的主体，把家庭生命周期中的经济行为理解为一个理性决策过程。

个人或者家庭会根据家庭预期收入最大化和风险最小化的原则，经由理性决策过程，决定劳动力外出还是回流。[1] 在传统的解释模型中，农村迁移劳动力回流决策与劳动力流动的行为选择存在两种理论假设，基于个人主义的理论认为劳动力流动是从个人效用最大化的角度出发的个体行为选择的结果[2]，如基于个人理性决策和成本—收益权衡的推拉理论提出，人口流动的目的在于改善个体自身的生活条件，当流入城市的农村劳动力在城市中的生活条件并没有得到改善[3]，或者迁移者家乡有更好的投资机会[4]时，他们往往就需要再次进行选择；集体主义理论认为劳动力流动是家庭决策或家庭抗风险过程的结

---

[1] Stark, O., "Research on Rural – to – Urban Migration in Less Developed Countries: The Confusion Frontier and Why We Should Pause to Rethink Afresh", *World Development*, 1982, 10.

[2] Todaro, M. P., "A Model of Labor Migration and Urban Unemployment in Less Developed Countries", *The American Economic Review*, 1969, 59 (1).

[3] Murphy, R., *How Migrant Labor is Changing Rural China*, Cambridge: Cambridge University Press, 2002.

[4] Chambers, R. & R. Conway, "Sustainable Rural Livelihoods: Practical Concepts for the 21st Century", *IDS Discussion Paper*, 1992, 296.

果,① 或说劳动力外出务工是一种家庭生计策略,即家庭成员谁进城务工谁在家务农,是使家庭全体成员福利最大化的理性决策。如生命周期理论就将劳动力流动简化为两个阶段,即年轻时候外出打工挣钱,年龄大了以后回家乡务农务工或经商。②

家庭生命周期理论中的家庭决策的理性过程关注基于空间结构的不平衡机制。该理论认为,城乡劳动力的迁出和回流构成了中心和边缘地区资源交换的不平衡机制,农村—城市迁移者有规律地回到家乡,在农忙季节为农村家庭提供帮助,参加人生阶段性庆典;只有失败的打工者才会永久性返乡,他们是因为年迈生病或者其他原因被淘汰出城市部门,回到农村形成一个农村社会劣势群体;也有可能是受到经济波动的影响而被迫回流,从而陷入贫困,带来新的贫困和贫困再生产。③

国内学者从迁移者年龄、性别、教育程度、婚姻状况、户籍性质、人均耕地、在外流动时间、相对收入水平、家庭结构、家庭社会网络、乡土情结等方面研究迁移劳动力回流情况。石智雷和杨云彦在经验研究的基础上,建立了农村迁移劳动力回流决策的影响因素模型,从家庭决策的视角分析了家庭禀赋对迁移劳动力回流的影响及其作用机制,通过经验研究发现,家庭人力资本、社会资本与劳动力迁移、回流显著相关。在中国农村,家庭成员外出务工多是为了增加家庭收入和分散经营风险,以家庭决策为基础的新迁移经济理论可以为中国农村劳动力的乡城迁移和回流提供更好的解释和分析框架。中国

---

① Stark, O., "Research on Rural – to – Urban Migration in Less Developed Countries: The Confusion Frontier and Why We Should Pause to Rethink Afresh", *World Development* 10, 1982.
② 石智雷、杨云彦:《家庭禀赋、家庭决策与农村迁移劳动力回流》,《社会学研究》2012年第3期。
③ 同上。

农村劳动力的家庭依附性（石智雷、杨云彦，2009）导致的结果是，随着城市生活成本的增加以及农村投资回报率的上升，迁移劳动力会选择返乡发展，这在一定程度上影响了中国人口城市化进程，至少带来了农村外出劳动力城市融入的动力不足，引发新的贫困和社会不平等。①

新迁移经济理论未对迁移者的家庭禀赋给予足够重视，没有深入探讨何种类型家庭的迁移劳动力容易选择回流。家庭禀赋，是家庭成员及整个家庭共同享有的资源和能力，包括家庭人力资本、家庭社会资本、家庭自然资本和家庭经济资本。农村劳动力回流的家庭禀赋效应主要是指家庭禀赋可以为劳动力提供长期保障和增加回流后的投资回报，这正是当前部分迁移劳动力回流农村的主要动力。②

（五）个人的生命周期、理性决策与劳动力迁移模型

"现代化理论"强调流动人口的正向功能，即农民工的流出是城市化、现代化的一个重要环节，可以带来农村地区的发展，可以使外部世界的资金、技术、信息、新观念传到农村，可以创造新的就业机会。③ 经典的刘易斯—托达罗模型描述的现象是劳动力从农业中剩余出来，受到城乡收入差距的引导，逐步转移到城市的非农产业中就业。那些具有最高的人力资本禀赋的农村劳动者，优先选择的转移领域是农村的非农产业，而不是异地转移。在农村，一方面可以依靠更高的人力资本禀赋和其他条件而获得致富机会，另一方面也可能因为这种或那种原因而陷入贫困。经验性的事实说明，在农村，外出农民

---

① 石智雷、杨云彦：《家庭禀赋、家庭决策与农村迁移劳动力回流》，《社会学研究》2012年第3期。
② 同上。
③ 李强：《中国外出农民工及其汇款之研究》，《社会学研究》2001年第4期。

工给农村家人的汇款,对于提高农村家庭收入起到重要作用;而且,他们在外打工时间越长,则对于提高农村家庭收入越能起到促进作用;在外打工的家庭成员越多,则农村家庭收入越高;农村家庭收到的汇款越多,则对于自己生活地位的评价越高。[1] 经济改革以来,农村地区之间、农户之间和个人之间的收入差距提高最快,而且导致这种收入差距的最持久源泉是人力资本的差异(Benjamin, Brandt & Li, 2000)。

美国哈佛大学的斯达克(Oded Stark)和卢卡斯(Robert Lucas)提出了"契约安排"(contractual arrangement)理论解释汇款现象。"汇款行为是迁移农民与其家庭之间的自我约束的、合作的、契约性安排的一部分或一项条款。""在不发达国家,从农村移往城市的农民与其家庭其他成员间的关系,是通过一种协商的契约性安排而加以模式化的。迁移的农民和其家庭通过这种契约,保障其各自的利益以及家庭整体的安全。契约双方彼此充当保险人与被保险人的角色。"(Stark & Lucas, 1988;洪大用,1996)[2]

蔡昉在中国农民工迁移的经验事实分析的基础上,提出人口迁移与农村贫困的两种模型:人口迁移均衡模型和人口迁移失衡模型,即人口迁移与农村贫困改善模型和人口迁移与农村贫困恶化模型。[3] 当留剩在农村的人口与迁移到城市的人口收入差距不大,留剩在农村人口的自然增长率,即新增农村人口除补偿农村劳动力的退休和自然死亡之外,能够在非农部门向农村的汇款作用下,购置新的农业生产机具和技术,并迅速将迁移人口闲置下的耕地继续进行耕种,确保迁移

---

[1] 李强:《中国外出农民工及其汇款之研究》,《社会学研究》2001年第4期。
[2] 同上。
[3] 蔡昉:《劳动力迁移的两个过程及其制度障碍》,《社会学研究》2001年第4期。

第五章　贫困的个人与家庭过程：生命历程、结构变动与家庭生命周期

人口与留剩人口的收入差距不会伴随人口迁移而扩大，此时人口迁移所产生的社会成本最小，我们定义这种情况下的人口迁移称为均衡的人口迁移。由于均衡迁移产生的社会成本最小化，均衡的人口迁移将改善农村贫困。①

人口迁移与农村贫困恶化模型。当留剩在农村人口的收入大大低于迁移人口在非农部门的收入，导致农村人口有持续不断的迁移动机存在。农村存在大量过剩人口，人口迁移的机会成本很低，迁移人口在较短时间里迅速、大量地增加。此外，由于大量农村人口集中在非农部门的劳动力市场，非农部门劳动力工资较低，向农村地区的汇款减少，使留剩人口在现有农业生产技术条件及土地转让制度下，无法迅速地将闲置耕地继续耕种，导致耕地抛荒，农村经济因为人口迁移而迅速萧条，我们将这种导致农村贫困恶化的人口迁移称为人口迁移失衡。当迁移人口向农村的人均汇款大于迁移人口在农村的边际产出时，人口迁移将消除或改善农村贫困；相反，当迁移人口的人均汇款小于迁移人口在农村的边际产出时，人口迁移恶化农村贫困。②

三　基于个人和家庭的贫困研究：跨学科分析框架和研究路径

（一）转型时期农村贫困的个人和家庭视域

包括贫困的分布和贫困家庭中的妇女、老人和儿童的人口学特征；包括农村贫困群体的性别构成、年龄结构、婚姻地位、个人生命历程和家庭生命周期；包括家庭生育状况、家庭教育和劳动力市场参与现状；也包括家庭结构、代际流动、社会分层和贫困的再生产；还包括农村贫困、教育与不平等问题研究。

---

① 蔡昉：《劳动力迁移的两个过程及其制度障碍》，《社会学研究》2001年第4期。
② 同上。

(二) 个人或家庭风险抵御机制

个人或家庭所处环境包括经济环境、政治环境、社会环境和自然环境。这些微观或宏观的环境中始终存在各种风险。经济危机、社会安全感、健康打击、家庭结构变化、失业或自然灾害等风险因素对家庭或个人的直接影响使家庭或个人福利水平降低,非贫困人口陷入贫困,已经贫困的人口持续或永久贫困。关注家庭生活质量和家庭的风险抵御能力,包括家庭拥有的物质资本和劳动力资本、金融资本和社会资本,也包括家庭采取的事前和事后抵御风险的行动和行动能力。家庭采取行动来减少风险暴露,如积累资产、加入网络等。为了应对风险人们会采取一些事后经济行为来抵御风险,如减少食品数量和质量,延迟健康相关的支出,不让儿童上学或让儿童成为劳动力,临时打工,减少投资等。

(三) 基于个人生命历程和家庭生命周期的贫困问题研究

重点研究贫困对家庭人口发展的影响,关注个人的生命历程、家庭生命周期与贫困问题;教育投资和贫困的代际传递;贫困或非贫困个体向其子辈传导贫困相关资本的程度;子辈的脆弱程度,抵抗贫困或适应贫困的能力和程度;父辈对子辈的教育、健康等的投资;贫困(或非贫困)子辈将来成为贫困(或非贫困)父辈(重新开始这个循环圈)的可能性有多大。大多数有关贫困的研究都集中于导致贫困的原因以及逐年测量贫困的总体水平。人们很少注意贫困的"生命周期",也就是人们随着时间而摆脱或者返回贫困的轨道。研究的问题包括:贫困对孩子智力发展的影响,如认知能力的激发、抚养和培养的方式、自然环境、健康状况以及孩子在出生和孩童时期的不健康;贫困带来的营养不良对孩子的身体、智力、精神以及社会发展的影响;可遗传和可传染的疾病和残疾在贫困代际传导中发挥作用和产生

第五章　贫困的个人与家庭过程：生命历程、结构变动与家庭生命周期

影响；生存空间的性质和特点（就居住的拥挤状况以及卫生设施和条件而言）、获得营养食物的能力，以及成年人的受教育程度在贫困代际传递中的影响。

（四）性别、家庭与农村贫困问题

包括贫困原因、贫困的性别含义、贫困对性别公平的影响、扶贫政策绩效、贫困与性别不平等之间的关系、反贫困政策实施中的性别含义，以及扶贫政策的性别影响；扶贫资源、机会和决策在两性之间不平等的分配；妇女与反贫困的政策与行动研究，涉及有关政策中的性别含义、政策制订的性别敏感、政策执行过程中所应用的性别分析方法以及政策和其他项目实施所产生的性别影响等方面的研究；在政策制定、实施、监测评估的过程中通过性别分析关注性别角色和责任，以及政策影响的性别差异；妇女在反贫困中的作用等。老年人的农村贫困问题主要关注家庭生命周期下的老年人贫困问题；家庭养老功能的变迁与老年人贫困问题；老年贫困人口的心理健康问题研究；家庭结构变迁与老年人贫困问题。

（五）家庭人口质量、生活质量与农村贫困问题

这里的人口性贫困表现为精神贫困和心理贫困，也表现为知识贫困和基于人口的结构性贫困。具体表现在：情感世界空虚、价值取向单一、法律意识淡薄、封建迷信思想严重、消费观念畸形、角色意识模糊、思想保守、创新意识不强、价值观念落后等。人口性贫困问题重点关注：人口质量与人口的可持续发展、社会心态与精神健康、人口素质与教育不平等、生育、婚姻和家庭、经济地位、生活方式和健康平等、老龄化、人口政策等问题。人口质量（population quality）是人口经济学的一个重要范畴，通常是指在一定的社会生产力、一定的社会制度下，人们所具备的思想道德、科学文化和劳动技能以及身体

素质的水平。人口质量也称人口素质，包括社会成员的体质、智能和文化程度、劳动技能等因素。社会越发展，社会人口质量的总体水平也就越高。人口质量既是对一个社会中人们生活水平的综合描述，也是衡量一个社会整体发展水平的重要指标。经济价值只是社会各种价值中的一种，价值还应包括社会平等、生态平衡、人口可持续发展等。实现社会整体消灭贫穷目标不仅包括经济价值的目标，还要实现经济价值以外的文化价值、人口可持续发展价值的目标，这种经济价值、文化价值和人口健康发展结合起来的"生活质量"就是社会追求的公共目标。伴随着经济快速增长所带来的环境污染、资源浪费、贫困、社会不平、人类的精神健康、教育不平等等社会问题引起了人们对生活和人口发展质量的强烈重视。

（六）公共健康、人口质量与人口可持续发展：跨学科研究与新的问题意识

公共健康是一个跨学科、交叉性的研究领域，公共健康指的是"身体、精神、社会生活上"的完好状态，人口健康关注贫穷、社区医疗、工作、收入、消费、居住环境、社会支持系统以及社会不平等与健康之间的关系。作为贫困人口如何平等地获得医疗服务、如何保持生理与心理的健康状态，是公共健康学领域研究的核心问题。公共健康关注的主题是跨学科的，如社会排斥与健康、文化适应与健康、政治生活与健康、经济收入、消费与健康、医疗体制改革与健康、公共健康危机治理、公共健康干预中的效益—成本分析等。

人口质量与公共健康视域下的农村贫困问题的研究，将在农村贫困问题上形成新的问题意识。为什么随着农村的发展和农村经济水平的提高，人们精神生活却变得日益贫乏，吸毒、犯罪、自杀、精神失常等社会问题有增无减，人口质量不断提高的客观趋势同限制人口质

第五章 贫困的个人与家庭过程：生命历程、结构变动与家庭生命周期

量全面的健康的发展的各种因素并存，在农村贫困问题中，如何有效改善卫生条件、优生节育、增加智力投资、提高人口受教育水平、解决人口质量问题，将是未来农村贫困问题研究的重点；在农村贫困问题研究中，关注贫困人口的公共健康成为中国农村贫困问题研究的重点领域，而这一个领域一直被扶贫工作者和学者所忽视，一些新的问题值得关注：贫困人口的精神健康问题、公共卫生问题、农村环境生态平衡的问题、健康分化与健康不平等的问题；卫生、健康与贫困地区发展；等等。

公共健康、人口质量与人口可持续发展研究的主要议题包括：贫困、收入差距与中国村落村民健康维护；健康风险、农民收入能力与农村可持续问题；人口生育、营养与生育健康；人口健康状况和卫生保健；健康分化与健康不平等；公共健康伦理、公共健康生态与健康正义；人口健康与行为管理，如个人健康行为、个人健康特征等；人口健康与生活质量，如精神健康（情感慰藉和精神支撑）、医疗健康、老年人赡养、人际关系与心理健康、家庭护理与临终关怀等；人口健康与社会质量，如人口老龄化、人际关系健康、毒品和艾滋病与健康、社区环境、公共健康与社会不平等；人口健康服务与人口健康政策；健康风险冲击下的农户收入能力与村级民主研究；大病冲击对收入的动态影响；在缺乏正式健康风险保障制度的中国农村中遭受冲击的农户所依赖的非正式的社会网络。

综合上面的论述，经由理论话语变迁和理论发展的诠释和反思性建构，在贫困的发生学解释中，可以归纳为四种效应：家庭的社会质量效应、家庭禀赋—决策效应、家庭资本累计效应和家庭抗风险效应。

表 5–1　个人生命轨迹、家庭生命周期和贫困的分析框架

效应模型	系统	跨学科视域的话语框架和问题意识
（Ⅰ）家庭的社会质量效应	环境支持和社会保护系统	社会保障与福利系统、医疗与卫生系统、居住环境与生态环境系统；发展伦理与社会正义；社会信任与社会团结；社会安全感与文明程度
（Ⅱ）家庭禀赋—决策效应模型	家庭理性决策和行为支持系统	家庭生计决策系统；健康、教育和家庭投资行为和决策方式；消费、储蓄和金融投资行为；劳动力迁移和劳动力能力提升决策机制和决策行为
（Ⅲ）家庭资本累积效应模型	资本累计和可持续生计系统	教育、文化资本、政治地位和经济资本；社会网络、社会支持、社会关系和社会资本；医疗、健康与卫生；消费能力和消费水平；婚姻质量和生育水平；家庭资本、家庭人际关系和家庭氛围；心理资本、心理健康和心理弹性等
（Ⅳ）家庭抗风险效应模型	个人与家庭抗风险能力系统	经济危机、环境脆弱性与抗风险机制；健康风险与健康保障机制、疾病；死亡与劳动力死亡应对机制；失业、物价上涨与金融风险规避机制；可持续生计中断的恢复机制等；家庭结构变化与风险管理能力

第二节　再造贫困：基于个人生命历程与家庭生命周期的实证研究

随着市场经济的发展，社会生活的各个层面发生了翻天覆地的变化，人们的生活质量有了大幅提高，我国的人口素质和人口结构也相应地发生了变化。但是经济的迅速腾飞也带来了许多现实社会现象与经济发展失衡的现象，下岗问题、失业问题、养老医疗保险问题、公平正义问题、贫困人口问题等都凸显出来，其中贫困问题尤为明显，尤其是农村老年人贫困正在引起人们的普遍关注。随着社会经济的发展和计划生育政策的实施，我国的家庭生命周期和家庭结构发生了很

大的变化,从个人多元生命轨迹、家庭生命周期的视角进行研究,农村家庭生命历程中的一些事件,如结婚、丧偶、生育、子女组建家庭、参加工作、迁移、职业的变动、退休、衰老、政治事件等事件都可能会对农村的贫困产生不同程度的影响,并且这些生命事件之间也可能彼此联系和影响。

同时,计划经济向市场经济的转变推动着农村产业结构的调整,随着第三产业的发展,农村大量的剩余劳动力涌入城市,农民外出务工的收入在其总收入中占有很大的比重,而从农业生产过程中得到的收入非常有限。尤其是农村老年人,由于受健康状况、文化程度、年龄等因素的影响,在劳动力市场上处于劣势,只能留守在农村进行传统的农业生产。另外,我国人口基数大,农村人口多,农民可耕种的土地资源不多,农业的现代化程度不高,农民收入增长缓慢,农民从农业生产中获得的收入有时甚至不能满足其基本的生存需要,一旦遇到天灾人祸等突发性事件,很容易陷入贫困的境地。以农村老年人为例,农村老年人因病致贫而欠债的比例农村为26.6%,城市为15.1%,独居老人感到孤独的比例农村为55.0%,城市为43.8%;老人担心子女不孝而无生活保障的比例农村为33.8%,城市为29.7%。从老年人自身的需求来讲,高达90.1%的老人认为"能吃饱穿暖就很满足了"。农村贫困老人的生活贫困程度已经很严重,无论是在物质上还是精神上,农村老年人所拥有的资源都是最少的,物质上只能满足最低层次的生活水平,精神上文化生活缺乏、缺少精神慰藉。与城市老年人相比,农村老年人的保障程度低,不少农村老年人无钱治病,长期处于疾病的煎熬之中。农村贫困老人的丧偶比例高,独居老人、留守老人较多,缺少家庭成员的照料,社会照料基本上是空白,这些都使农村老年人的生活上面临许多的困难,前景不容乐观。

本书围绕着多元化的个人生命轨迹的特征、家庭生命周期与家庭结构的变迁以及影响农村贫困的因素等维度来研究农村的贫困问题。

一 个人生命轨迹、家庭生命周期与贫困：理论维度与分析路径

中国实行经济体制改革后，出现了经济的高速增长时期，人们的收入普遍提高，绝对贫困的状况也得以改善，中国贫困的形式从最初的普遍不富裕逐渐演变成收入差距越来越大，出现了富人阶层和穷人阶层，农村贫困群体就在这种背景下凸显出来，并对社会的政治、经济等各方面带来严峻的挑战。

从多元化的个体生命轨迹的特征、家庭生命周期与家庭结构的变迁看，人都要经历生长、成年、老年的过程，其每一阶段都与不同的经济体制、政治性事件相联系。有学者认为，前工业社会，老年人在家庭中享有最高的权利和声望，而进入工业社会，青年人和中年人担任着重要的职位，老年人的地位下降。人到老年，身体虚弱、体质下降、失去劳动能力，对家庭的贡献越来越小时，不能为子女做什么的时候，反而要儿女照顾时，老年人有可能会被指责为"没用"，老人的工具性价值在农村更为突出。当前，还有许多农村人生活处于绝对贫困状态下，他们的生存质量尤其值得我们关注。因此，本书的实践意义在于通过对农村贫困家庭中重大事件的描述性，以此来分析农村致贫的结构性和制度性因素，以期引起政府、社会对这部分贫困者生存质量的关注，从而改善当前农村贫困家庭生存状态，完善农村的社会保障制度。

二 研究的问题聚焦和解释框架

（一）多元化个人生命轨迹、家庭生命周期与特征

从家庭生命周期角度看，家庭的生活状态、社会地位等都具有历史延续性。家庭的生活状况不仅受家庭成员经济收入、健康状况、家

第五章 贫困的个人与家庭过程：生命历程、结构变动与家庭生命周期

庭关系等的影响，而且也受到国家政策和宏观经济调控的影响。20 世纪 80 年代初我国实施的家庭联产承包责任制，提高了广大农村家庭的生活水平，但也有一些家庭因为个人或社会的原因，而生活在贫困线以下。家庭中的突发性事件，如家庭成员遭遇疾病、车祸等，看似偶然的事件，可能会成为家庭陷入贫困的转折点。家庭中某一看似偶然的负面事件在特定的历史时间下会引发一系列连锁的负面事件，这些负面事件交互作用后会形成一种累积的力量而形塑着现在。家庭中的重大事件随着家庭生命周期的不断演进会对个体或家庭的贫困产生转折性的和持续性的影响，从而影响家庭生命轨迹的走向。

（二）家庭生命周期、家庭结构与家庭变迁

家庭生命周期不同阶段的家庭结构不同。家庭生命周期的早期会以核心家庭为主，随着家庭生命周期的变化，家庭结构也会发生相应的变化。家庭生命周期中，家庭的人口结构、家庭成员的年龄结构与性别结构对家庭结构有直接的影响。若把家庭的生命周期从结婚组成家庭到夫妇俩最后死亡分为三个时期，即青年时期、中年时期与老年时期，则不同阶段的夫妻会选择不同的家庭模式。一般来说，家庭生命周期中的早期，由于受各种条件的限制，如房子、经济状况等，青年夫妇会选择和老年人生活在一起，组成直系家庭，这点在农村中尤为常见。到了家庭生命周期的中期，中年夫妻一般都从父母家庭分离出来，与自己的子女共同居住，从而出现核心家庭的比例增加。进入家庭生命周期的后期，老年夫妻阶段，每个家庭会有不同的选择模式，有的家庭，子女结婚后会和父母住在一起而组成直系家庭，有的子女则结婚后就与父母分开住而组成核心家庭，有时已婚的青年夫妇并不永远与父母住在一起，有的合家以后又分家，由此，由直系家庭走向了核心家庭，总之，每一个家庭演变的生命周期还是有很多差

别的。

（三）个人生命轨迹、家庭生命周期与农村贫困生产

农村贫困的发生不仅与家庭的生命周期有关，更多地与家庭不同发展阶段的状态密切相关，是累积劣势随着时间的推移在家庭不同阶段显性化的结果，是贫困状态或潜在贫困状态在家庭不同生命周期的延续或外在化。个体生活中的某一事件有时可能不足以造成个体的贫困，但在特定的历史条件下，受累积的劣势的影响而导致晚年贫困。贫困者是异质性很高的群体，他们有大为迥异的贫困形成与变动过程，贫困的根源大多根植于个体和家庭的生活经历中，事实上，农村贫困的形成离不开宏观的社会背景，新中国成立后急剧的社会变迁对农村贫困的形成具有非常强的诠释力。

三 贫困再造：基于生命历程、家庭结构变动与家庭生命周期的经验发现

贫困是在一定的社会背景之下与特定的人生事件相联系的建构过程。同样，贫困也不是一朝一夕形成的，它是一个动态的劣势积累过程，是个体生命历程中一系列负面事件的交集影响下而建构的。家庭生命周期的变化、家庭结构的变化以及生命历程，经历了新中国各个发展阶段，如"三年自然灾害""文化大革命""知识青年上山下乡运动""家庭联产承包""改革开放"等，所有这些事件都对他们的生活产生巨大的影响。在研究贫困的成因时，我们可以更清楚地看到急剧的社会转型与个人生命历程中的一些重大事件的交互影响导致了贫困的形成。

（一）多元化的家庭轨迹：个人生命历程与贫困过程

我们在研究中发现，一些重要的家庭性事件可能对贫困有一定的影响，这些重要的事件可能是个人或家庭的偶然性遭遇，也可能是个

第五章 贫困的个人与家庭过程：生命历程、结构变动与家庭生命周期

人或家庭在特定历史时间所面临的一些事件，例如农村家庭可能会把要生孩子或者孩子要上大学作为一个家庭步入贫困的转折点，或者把娶媳妇、建房子作为家庭步入贫困的事件。

表5-2 个体生命发展与重大历史事件的相互契合形塑人生轨迹

出生		
（1）丧偶	（14）职业的变化	（27）迁居
（2）离婚	（15）好友去世	（28）坐牢
（3）分居	（16）家庭成员去世	（29）结婚
（4）复婚	（17）失业	（30）退休
（5）经济上变富或变穷	（18）生意场上的变化	（31）受伤或患大病
（6）饮食习惯的重要变化（骤增或骤减）	（19）由于未及时分期付款，物产被收回	（32）娱乐方式和次数的重要变化
（7）工作时间和条件的重要变化	（20）个人习惯的改变（穿着、处世、交往等）	（33）室外活动的重要变化（骤增或骤减）
（8）分期付款额的变化（如买房、生意方面）	（21）儿女离家外出（结婚或升学）	（34）与配偶发生意见分歧（如生活习惯）
（9）睡眠习惯的重要变化（骤增或骤减）	（22）与翁亲或儿媳、女婿产生矛盾	（35）借款购买诸如汽车和电视之类的物品
（10）工作升、降或调动	（23）取得突出个人成就	（36）社交活动重要变化
（11）家庭成员的健康发生变化	（24）配偶开始或停止外出工作	（37）家庭团聚方面的变化（骤增或骤减）
（12）怀孕	（25）开始读书或毕业	（38）转学
（13）家庭中添丁减口（丧子、老人搬出等）	（26）生活条件的重要变化（盖新房、修缮）	（39）轻度触犯法律（如交通违规受罚）

经由"您认为家庭因素对孩子的教育影响"的调查数据结果显示，40人认为家庭因素对孩子教育没影响，占13.2%；120人认为有点影响，占39.5%；138人认为影响很大，占45.4%；6人选择其他，占2.0%，如表5-3所示。

表 5-3　　　　　　　家庭因素对孩子教育的影响

家庭因素影响	频数	百分比（%）	有效百分比（%）	累计百分比（%）
没影响，学习是孩子自己的事	40	7.3	13.2	13.2
有点影响	120	21.9	39.5	52.6
影响很大	138	25.2	45.4	98.0
其他	6	1.1	2.0	100.0
总计	304	55.5	100.0	

经由"农村的孩子辍学打工的原因"的调查数据结果显示，258人认为"家里穷，没钱支付高等教育的费用"是孩子辍学打工的原因之一，占83.2%；94人认为"学生厌学情绪严重，自己选择退学"是孩子辍学打工的原因之一，占30.3%；64人认为"学生的基础差，学习差，拖后腿"是孩子辍学打工的原因之一，占20.6%；32人认为"读书没用，不读书照样赚大钱"，占10.3%；14人选择其他，占4.5%，如表5-4所示。

表 5-4　　　　　　　农村的孩子辍学打工的原因

	频数	百分比（%）	有效百分比（%）
家里穷，没钱支付高等教育的费用	258	47.1	83.2
学生厌学情绪严重，自己选择退学	94	17.2	30.3
学生基础差，学习差，拖后腿	64	11.7	20.6
读书没用，不读书照样赚大钱	32	5.8	10.3
其他	14	2.6	4.5

经由"家庭成员有无外出打工"的调查数据结果显示，有232人的家庭成员有外出打工，占44.4%；290人无家庭成员外出打工，占55.6%，如表5-5所示。

第五章 贫困的个人与家庭过程：生命历程、结构变动与家庭生命周期

表5-5　　　　　　　　　　家庭成员有无外出打工

	频数	百分比（%）	有效百分比（%）	累计百分比（%）
有	232	42.3	44.4	44.4
没有	290	52.9	55.6	100.0
总计	522	95.3	100.0	

经由"有几人外出打工"的调查数据结果显示，150人家中有1个人外出打工，占65.2%；70人家中有2人外出打工，占30.4%；10人家中有3人外出打工，占4.3%，如表5-6所示。

表5-6　　　　　　　　　　　外出打工人数

	频数	百分比（%）	有效百分比（%）	累计百分比（%）
1	150	27.4	65.2	65.2
2	70	12.8	30.4	95.7
3	10	1.8	4.3	100.0
总计	230	42.0	100.0	

经由"对农村孩子辍学打工现象的态度"的调查数据显示，204人认为农村孩子不应该辍学打工，占67.1%；26人认为应该早当家，占8.6%；58人认为很难讲，很难取舍发展与生存，占19.1%；16人选择其他，占5.3%，如表5-7所示。

表5-7　　　　　　对农村孩子辍学打工现象的态度

	频数	百分比（%）	有效百分比（%）	累计百分比（%）
不应该，读书是他们的出路	204	37.2	67.1	67.1
应该，因为家穷，应该早当家	26	4.7	8.6	75.7
很难讲，对他们来说，先发展与先生存之间很难取舍	58	10.6	19.1	94.7
其他	16	2.9	5.3	100.0
总计	304	55.5	100.0	

经由"家庭成员打工所在地"的调查数据结果显示，在家庭有外出打工的被访者中，有80人的家庭成员在本省城镇打工，占34.2%；40人的家庭成员在北京及沿海经济发达地区打工，占17.1%；118人的家庭成员在其他外省城镇打工，占50.9%；6人的家庭成员在其他国家打工，占2.6%；6人不清楚其家庭成员打工地点，占2.6%，如表5-8所示。

表5-8　　　　　　　　　　家庭成员打工所在地

地点	频数	百分比（%）	有效百分比（%）
本省城镇	80	14.6	34.2
北京及沿海经济发达地区	40	7.3	17.1
其他外省城镇	118	21.5	50.9
其他国家	6	1.1	2.6
不清楚	6	1.1	2.6

经由"子女读大学目的情况"的调查数据结果显示，多数受访者认为子女读大学是为掌握知识和本领，占总人数的62.4%；但有20.5%的受访者认为子女读大学是为跳出农门；8.5%的受访者认为子女读大学是为挣更多的钱；3.5%的受访者认为子女读大学是为光宗耀祖；还有2.3%的受访者认为子女读大学是为做官。

表5-9　　　　　　　子女读大学目的情况统计（N=548）

	频数	百分比（%）	有效百分比（%）	累计百分比（%）
读大学为做官	12	2.2	2.3	2.3
为跳出农门	106	19.3	20.5	22.9
为光宗耀祖	18	3.3	3.5	26.4
为掌握知识和本领	322	58.8	62.4	88.8
为挣更多的钱	44	8.0	8.5	97.3
其他	14	2.6	2.7	100.0
合计	516	94.2	100.0	

第五章 贫困的个人与家庭过程：生命历程、结构变动与家庭生命周期

从我国家庭生命周期的情况来看，千百年来，生育阶段历来是我国尤其是农村家庭生命周期中第一个经济困难的阶段，经过二十年左右的漫长岁月，当父母含辛茹苦地逐渐把孩子们拉扯大，刚刚能为家庭挣得一份收入时，他们又接二连三地进入婚龄期，父母又不得不千方百计为子女们筹备婚事，家庭随之进入第二个经济困难时期。但是，每个家庭因其在一定时间上所经历的生命事件不同，因而每个家庭呈现出不同的生活轨迹特征，每个家庭的生活轨迹具有异质性。文章通过对贫困老人的家庭生命周期中一些重要事件的描述，将他们家庭中的重要事件和社会变迁联系起来，勾画出连贯的、有顺序的生命过程，多元化的家庭生命轨迹丰富而生动地呈现于我们眼前。

经由深入参与观察、结构式和非结构式访谈，我们提出了6个家庭生命轨迹的理想类型：早期平稳—中期起伏—晚年下降、早期平稳—中期起伏—晚年回升、早期平稳—中期起伏—晚年平稳、早期平稳—中期下降—晚年下降、早期平稳—中期下降—晚年上升、早期平稳—中期下降—晚年平稳。

1. 早期平稳—中期起伏—晚年下降

该类型家庭的家庭生命周期早期生活状况比较平稳；中期时家庭生活状况轨迹线的起伏比较大，造成这种现象的原因是早年生活平稳，没有经历大的事件，而到中期由于受家庭中一些重大事件的影响，如改革开放家庭联产承包责任制、儿子成家立业等，家庭的生活状况发生很大的变化；晚年时因家庭发生突然性事件的影响而致晚年下降。下面以个案 A001 秦的家庭来进行分析。

个案 A001，秦××，女，1949 年出生。秦的丈夫是转业军人，两人 1971 年结婚，1973 年儿子出生，1975 年女儿出生，1980 年丈夫

转业回到了地方，在一家工厂的保卫科工作，1985年到丈夫工厂的食堂做临时工，家庭经济条件好转，随丈夫一起获得了向上流动的机会，但因她是农村户口，不能转为国有制工人，儿子和女儿的户口也只能随母亲落户在农村。儿子在工厂的子弟学校读书，成绩不好，初中毕业后就辍学了，在社会上混。90年代，在改革浪潮和经济发展的推动下，全家人东拼西凑给儿子买了一辆车跑运输，赚了不少钱，一家人的生活迅速得到了改善，在乡下建起了两层楼的房子。2004年秦的丈夫退休，秦也辞去了工厂食堂的工作，回到了乡下安享晚年。2006年，儿子带上所有的积蓄和借的钱与同乡一起去外包工程，结果被骗了100多万元，为了还债，家里能卖的全卖了，老人的积蓄也拿了出来。2009年，媳妇又不幸得了病，看病花了一大笔钱。女儿也出嫁了，家里的经济条件也不好，很少回家看望老人。儿子做生意亏本，紧接着媳妇又生病，儿子不但无能力赡养老人，一家人的生活经常还要靠父母接济，因此老人晚年的生活水平急剧下降。

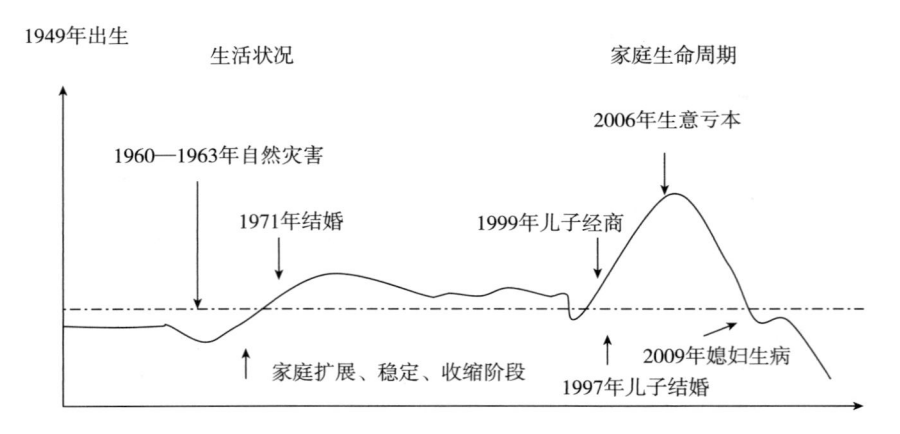

图5-1　秦××家庭生活状况轨迹（个案A001）

第五章　贫困的个人与家庭过程：生命历程、结构变动与家庭生命周期

从秦的家庭生活状况轨迹图我们可以了解到，在其家庭生命周期中，因秦的丈夫有工作，秦自己又在食堂做临时工，所以早期和中期都比较平稳，只是到了晚年，儿子做生意失败和媳妇生病这两件家庭的负面事件殃及老人晚年的生活境况，使其急剧下降。

2. 早期平稳—中期起伏—晚年回升

该类型老人的家庭早年平稳，中期因受到家庭成员去世、疾病的影响，起伏较大，到晚年因政策的导向，获得了政府的补助或救济，或者是儿女的经济状况好转，所以晚年上升。

个案 A002，李××，男，72 岁（1940 年出生），有两个儿子一个女儿，大儿子 1965 年出生，女儿 1967 年出生，1970 年小儿子出生。大儿子 1983 年当兵，后留在部队工作。小儿子考上了中专，1988 年分配到镇上的农机公司上班。80 年代，农村实行家庭联产承包责任制后，老人没日没夜地干活，再加上儿子们都有了工作，家庭有了起色。但是，1997 年大儿子得了鼻癌，1998 年小儿子下岗，其家庭生命轨迹线直线下降，2008 年获得低保，生活开始变得稳定，晚年有所上升。

李××有两个儿子，如果按正常的家庭生命周期的轨迹，老人的晚景应该是不错的，大儿子在部队，每月都会寄钱给老人，二儿子在镇上有固定工作，也不用老人操心，经常回家帮助老人做一些重活，有时候带一些米、油等生活必需品给老人。但是晚年时期两个"突发性"事件——大儿子因为癌症过世和二儿子下岗改变了老人的生活，使老人一下从云端跌落下来。2006 年老人患眼疾，左眼被摘，2008 年在村委会的帮助下办理了低保，每月有 100 元的低保补助，下岗的二儿子也重新找到了工作，老人对前途又充满了希望，坚信自己的生活会慢慢好转。

· 257 ·

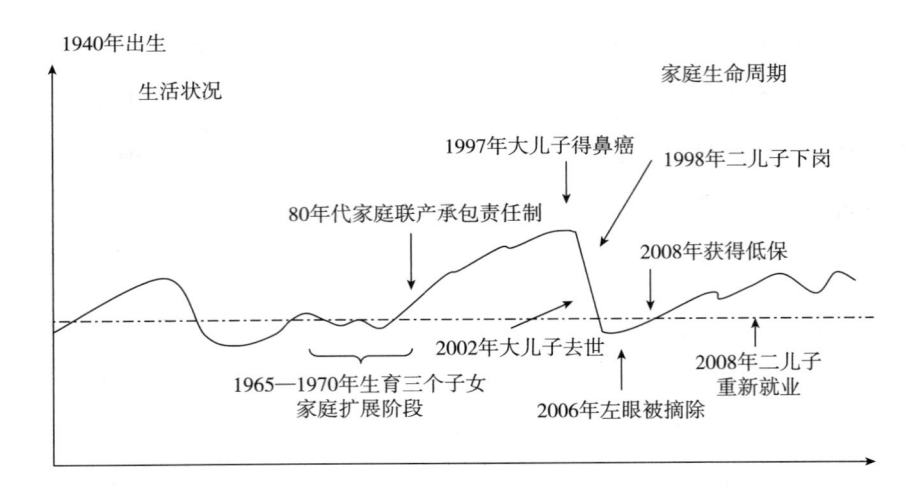

图 5-2 李××家庭生活状况轨迹（个案 A002）

3. 早期平稳—中期起伏—晚年平稳

这类家庭的特点是，在家庭生命周期的早期平稳，中期家庭的经济状况因突发性的事件或疾病起伏比较大，但是晚年，生活已经趋于稳定。

个案 A003，王××，男，78 岁（1934 年出生），世代贫农，是改革开放以后，最早出去的"农民工"。他憧憬着先背井离乡，最后衣锦还乡。1954 年结婚，结婚后因为女儿的出生，经济压力增大，他离开家乡外出谋生，因只有小学文化以及没有城市户口，他进不了国营工厂，只能靠出卖劳动力为生。后经人介绍，他受雇于一个水电站修水库，做一些粗活、重活。1958 年，在修水库的时候，因在工作中不小心而导致一条腿受伤。腿残废后，他又回到了家乡，但是再也不能下地干重活。家庭的重担全部落在妻子一个人身上。王有四个子女，大儿子 1987 年去深圳开的士以后，家庭经济状况开始好转。但 1993 年，大儿子检查出得了脑瘤后，家里的经济状况又急转直下，

1999年大儿子去世。2006年，妻子又得了胃溃疡，生活再次陷入贫困。二儿子结婚后和老人住在一起，没有分家，但儿媳妇生完小孩后，小两口就出去打工了，把小孙子留在家里给老人带。两个女儿也都外出打工，老人平日里有什么困难没有子女可以帮上忙。老人不但物质生活资料短缺，而且精神生活也一片空白，老人唯一的乐趣就是带着孙子四处走走、串串门。因老人残疾，老伴又生病，2006年申请了低保，靠领低保过日子，虽然日子不是很宽裕，但也慢慢地走出了困境。

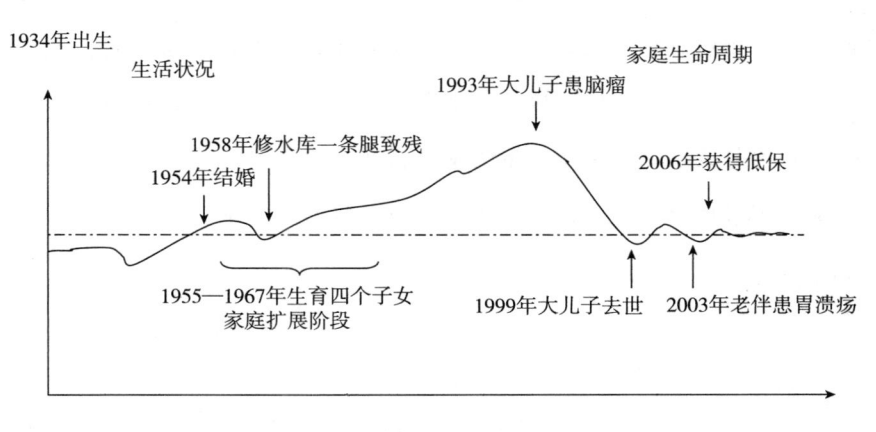

图 5-3　王××家庭生活状况轨迹（个案 A003）

我们把王××的致贫原因串联成一条线：缺少可耕种的土地，农民难以靠传统农业摆脱贫困——出去打工，因城乡二元结构，没有文化，收入低下——疾病缠身，为了治病花光积蓄并负债——家庭成员去世或得病，年老丧失劳动力，贫困加深——政府救助，趋于平稳。

4. 早期平稳—中期下降—晚年下降

该类型老人中期生活境况不好，导致这种现象的原因是，为了不劳而获使用一些违法的手段而导致判刑入狱，从此，人生的境遇开始改变，形成劣势的积累，这种贫困劣势一直延续到晚年。

个案 A005，张××，男，64 岁（1948 年出生），因为家里穷，张××结婚很晚，1982 年，他 34 岁时才结婚，1984 年女儿出生。年轻时起就好赌博，没钱赌时就去做些偷鸡摸狗的事情。70 年代，他因偷工厂的东西时被抓，坐了 4 年牢。出来后，因坐过牢，找不到工作，没有人敢请他做事。到 80 年代，随着改革开放的到来，张××因没有工作，为了生存，不得不干起了个体户，在当时的年代，干个体不是很体面的工作。张××胆子大，脑子也很灵活，看到什么赚钱就卖什么，很快就赚了一点钱。有钱后，张××恶习难改，又开始赌博，结果短短几年内把赚来的钱全部输光了，妻子跟他离了婚，女儿判给了妻子。妻子跟他离婚后，自家的兄弟姐妹和父母也都不能原谅他，不再与他来往，亲情关系淡漠。在其晚年阶段，随着身体的衰老以及缺少家庭的支持，张××又重新陷入贫困的境地。

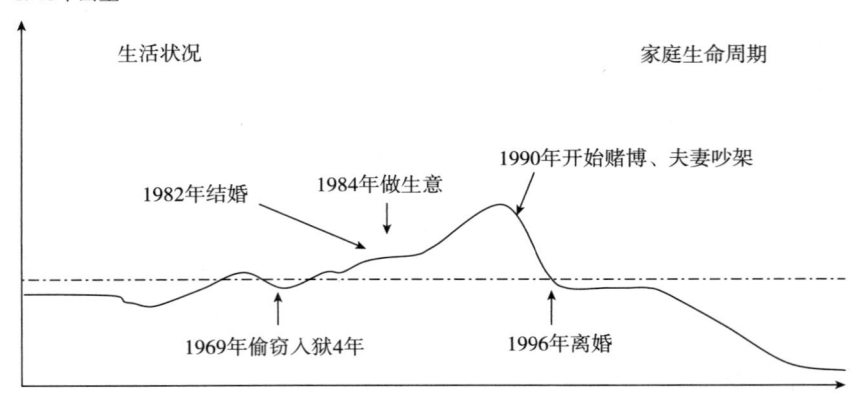

图 5-4　张××家庭生活状况轨迹（个案 A005）

5. 早期平稳—中期下降—晚年上升

早期平稳—中期下降—晚年上升这类家庭的特点是，家庭的经济

第五章 贫困的个人与家庭过程：生命历程、结构变动与家庭生命周期

状况早期平稳，中期时由于家庭违反了国家的一些政策性的制度被罚款或是家庭缺少劳动力而处于一种较低的生活水平，到晚年，随着子女的成家立业，家庭的生活开始好转。

个案A006，胡××，男，60岁（1952年出生），家庭结构完整。胡××是外地移民，他总是担心被别人欺负，因此想生儿子，认为有了儿子，自己老了后就没人敢欺负他。胡的妻子在1975—1981年连续生了四个女儿后，1985年终于生了一个儿子。在80年代，中国城乡都实行计划生育政策，为了生儿子，胡就带着妻子和四个女儿远走他乡。1985年胡的儿子出生后，他带着全家人又回到了老家，乡里的计生干部知道他生了儿子回来了，带着人到他家要其交罚款，胡交不起罚款，于是计生干部把他家里值钱的东西都搬走了。胡一家7口人，妻子要带小孩，就胡一个劳动力，所以生活十分艰难。到1995年以后，孩子们渐渐长大了，都外出打工，胡一家的生活才渐渐好转。

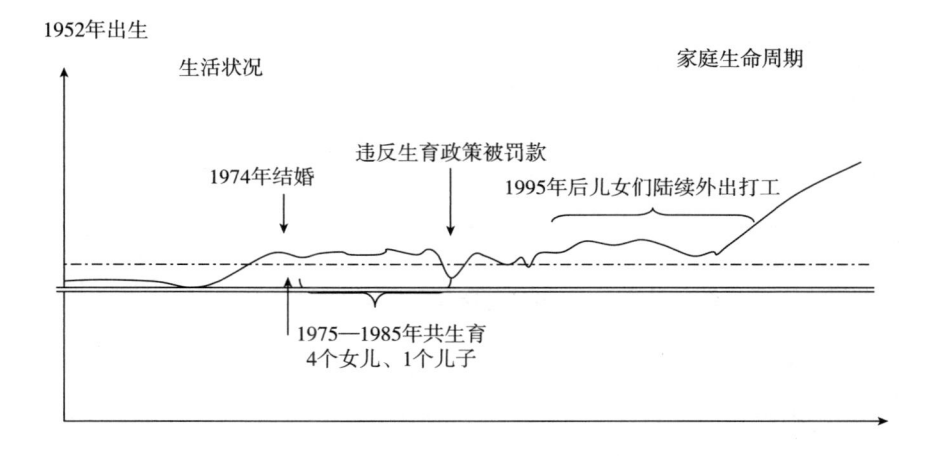

图 5-5　胡××家庭生活状况轨迹（个案 A006）

6. 早期平稳—中期下降—晚年平稳

无论城乡，"丧偶"都会对家庭的经济状况造成一定的影响。在

家庭生命周期中,"丧偶"期望的时间是家庭生命周期的解体阶段,但下面个案的家庭却偏离了这一阶段而导致中期时家庭生活水平下降。

个案 A004,林××,女(1951 年出生),61 岁。林 1969 年结婚,有一个儿子,两个女儿。1970 年大女儿出生,1972 年二女儿出生,1981 年生有一个儿子,1996 年老公去世。林的丈夫在家庭生命周期的稳定阶段就过世了,其子女尚未成年,而此阶段正是家庭开支最大的时期,丈夫的去世,使这个家庭失去了稳定的收入来源,骤然陷入贫困。

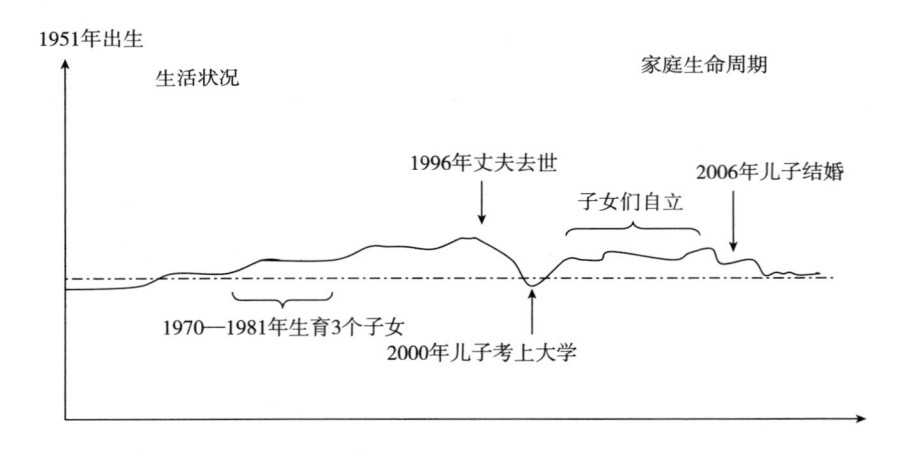

图 5-6 林××家庭生活状况轨迹(个案 A004)

个案林××是农村妇女,经济收入主要来源于种田、种菜、喂鸡鸭等农产品变卖后的收入,但这些收入根本不够支撑一个家庭的需要。为了给儿子、女儿交学费,她四处托人找工作,做保姆、护工、洗碗工等,只要能赚到钱,她什么脏活、累活都愿意做,她把希望寄托在儿子身上,希望儿子能通过教育改变贫穷的命运。2000 年儿子考

第五章 贫困的个人与家庭过程：生命历程、结构变动与家庭生命周期

上了大学，家里的经济负担一下子又增大了。为了给儿子赚学费，她一天打两份工，没日没夜地工作。2004年，儿子大学毕业参加了工作，林肩上的重担终于落下了。儿子2006年结婚，婚后出去打工。老人在儿子工作后也不再出去做事，回到农村种田，尽管收入不高，但足够维持老人的生活，所以晚年属于比较平稳的类型。

通过实地调研个案访谈发现，农村贫困群体有多元化的家庭轨迹，这种多元化的家庭轨迹共同点表现在早期平稳，中年和晚年体现出波动起伏大的特征。中期有两种表现：一种是起伏，另一种是下降。而到晚年有三种情况，即晚年上升、晚年下降、晚年水平。造成这种现象的原因在于家庭受到一些经济性因素、社会性因素和制度性因素的影响。

（二）家庭生命周期、家庭结构的变迁与贫困

家庭是所有社会最基本的单位，个人的生存、种族的繁衍、文化的传承、社会的建立、社会的秩序都是以家庭为依据的。家庭中子女状态和婚姻状态的变化都会对家庭生命周期的变化以及个人的发展起着非常重要的作用。根据家庭中子女和婚姻的状态可以将家庭生命周期划分为六个阶段：家庭的形成、扩展、稳定、收缩、空巢和解体阶段。

家庭结构是指具有血缘、姻缘及收养关系的成员共居和生活在一起所形成的各种家庭类型。我们将家庭结构分为以下几类：（1）核心家庭，指夫妇及其子女组成的家庭；（2）直系家庭，可细分为二代直系家庭，指夫妇同一个已婚儿子及儿媳组成的家庭；（3）复合家庭，复合家庭是指父母和两个及以上已婚儿子及其孙子女组成的家庭；（4）单人家庭，只有户主一人独立生活所形成的家庭；（5）残缺家庭，可分为两类：没有父母只有两个以上兄弟姐妹组成的家庭；兄弟

姐妹之外再加上其他有血缘、无血缘关系成员组成的家庭；（6）其他，指户主与其他关系不明确成员组成的家庭。

1. 家庭结构变迁：家庭核心化趋势与劳动力人口结构变迁

农村家庭结构变迁体现了农村家庭核心化趋势：第一，核心家庭已是当前中国农村家庭的主要组织模式；第二，中国农村家结构类型日趋集中于小型化的核心家庭，三代同堂的主干家庭在减少，联合家庭已所剩无几。

由表5-10可知，在被访者中，户口人数从1—9人均有，其中人数最多的前三种分别是：户口人数4人占37.3%，户口人数5人占18.1%，户口人数3人占14.4%。

表5-10　　　　　　　　　户籍人口数

户口人数	频数	百分比（%）	有效百分比（%）	累计百分比（%）
1	20	3.6	3.7	3.7
2	52	9.5	9.5	13.3
3	78	14.2	14.4	27.7
4	202	36.9	37.3	64.9
5	98	17.9	18.1	83.0
6	70	12.8	12.9	95.9
7	12	2.2	2.2	98.2
8	8	1.5	1.5	99.6
9	2	0.4	0.4	100.0
总计	540	98.5	100.0	

由表5-11可知，在被访者中，有3个兄弟姐妹的人数最多，有118人，占21.6%；有2个兄弟姐妹和有4个兄弟姐妹的人数均为104人，占19.0%。其中，有2个兄弟的人数最多，为186人，占

34.1%；有1个兄弟的人数为134人，占24.5%；有3个兄弟的人数为84人，占15.4%；有1个姐妹的人数为208人，占38.1%；有2个姐妹的人数为130人，占23.8%；96人没有姐妹，占17.6%。此外，还有独生子女30人，占5.5%。

表5-11　　　　　　　　　兄弟姐妹人数

人数	总人数 频数	百分比（%）	有效百分比（%）	兄弟 频数	百分比（%）	有效百分比（%）	姐妹 频数	百分比（%）	有效百分比（%）
0	30	5.5	5.5	66	12.0	12.1	96	17.5	17.6
1	42	7.7	7.7	134	24.5	24.5	208	38.0	38.1
2	104	19.0	19.0	186	33.9	34.1	130	23.7	23.8
3	118	21.5	21.6	84	15.3	15.4	76	13.9	13.9
4	104	19.0	19.0	52	9.5	9.5	30	5.5	5.5
5	66	12.0	12.1	16	2.9	2.9	6	1.1	1.1
6	38	6.9	7.0	6	1.1	1.1	0	0	0
7	26	4.7	4.8	2	0.4	0.4	0	0	0
8	14	2.6	2.6	0	0	0	0	0	0
9	2	0.4	0.4	0	0	0	0	0	0
10	0	0	0	0	0	0	0	0	0
11	2	0.4	0.4	0	0	0	0	0	0
总计	546	99.6	100.0	546	99.6	100.0	546	99.6	100.0

由表5-12可知，在被访者中，家中没有男性劳动力（男性劳动力人数为0）有40人，占7.5%；男性劳动力人数为1人的有312人，占58.9%；男性劳动力人数为2人的有140人，占26.4%；男性劳动力人数为3人的有28人，占5.3%；男性劳动力人数为4人的有10人，占1.9%。

表 5-12　　　　　　　　　　男性劳动力人数

男性劳动力人数	频数	百分比（%）	有效百分比（%）	累计百分比（%）
0	40	7.3	7.5	7.5
1	312	56.9	58.9	66.4
2	140	25.5	26.4	92.8
3	28	5.1	5.3	98.1
4	10	1.8	1.9	100.0
总计	530	96.7	100.0	

2. 家庭生命周期与贫困：走向直系家庭

结婚标志着家庭生命周期的开始，如果把从结婚组成家庭至夫妇俩最后死亡分为三个时期，即青年夫妻时期、中年夫妻时期与老年夫妻时期，那么不同年龄段的夫妻会选择不同家庭模式。一般来说，处于家庭形成期和扩展期的年轻夫妇与老年人生活在三代直系家庭的可能性较大，一方面，受传统的影响，世代同堂是人们的理想，老年人更希望在晚年时有儿孙绕膝之乐。另一方面，青年夫妇由于受众多物质条件和现实因素的限制会和父母生活在一起，比如一些青年人刚结婚时没有住房，或者因为工作的关系没有时间照顾小孩，小孩上幼儿园、上小学后接送等方面的困难，一些青年人可能更乐于和老年人住在一起，因为老年人不仅可以帮助他们照顾、接送小孩，而且还可以帮助他们料理一些其他家务，甚至有的可能还能够给予他们经济上的资助。对于老年人来说，除感情上对子女留恋外，在生活中也总会遇到一些问题，如年老不能干的重活或是体弱多病时，都离不开青年人照顾和帮助，所以在这样的背景下，青年人和老年人生活在一起的可能性较大，因此，在此阶段核心家庭比例相对低些，直系家庭较多。

个案 A004，林××有两个女儿，一个儿子，1996 年丈夫去世，

第五章 贫困的个人与家庭过程：生命历程、结构变动与家庭生命周期

家庭结构由标准核心家庭变成丧偶核心家庭。2004年儿子结婚后，外出打工，林不愿意与儿子儿媳同住，一个人在乡下生活，家庭结构又由原来的丧偶核心家庭直接进入单人家庭，没有经过空巢阶段。到2006年，孙子出生后，为了带孙子，她搬到了儿子家，组成了直系家庭，个案A004的家庭结构随着家庭生命周期的变化也不断地发生着变化，如表5-13所示

表5-13 林××家庭生命周期各阶段的家庭结构性特征（个案A004）

家庭生命周期	标志性事件	家庭结构性特征
Ⅰ（形成）	1969年结婚—1970年大女儿出生	年轻夫妇家庭
Ⅱ（扩展）	1970年大女儿出生—1981年儿子出生	核心家庭
Ⅲ（稳定）	1981年儿子出生—1992年大女儿结婚	核心家庭
Ⅳ（收缩）	1992年大女儿结婚—2004年儿子结婚	核心家庭
Ⅵ（解体）	1996年丈夫去世 2004年儿子结婚	丧偶家庭 单人家庭
	2008年，儿子结婚生了小孩后，接母亲同住	直系家庭

我们再来看看个案A003，王××家庭生命周期演变过程中的家庭结构，如表5-14所示。

表5-14 王××家庭生命周期各阶段的家庭结构性特征（个案003）

家庭生命周期	标志性事件	家庭结构性特征
Ⅰ（形成）	1954年结婚—1955年大女儿出生	年轻夫妇家庭
Ⅱ（扩展）	1955年大女儿出生—1967年二儿子出生	成长中的核心家庭
Ⅲ（稳定）	1967年二儿子出生—1973年大女儿结婚	成熟的核心家庭
Ⅳ（收缩）	1973年大女儿结婚—1990年二儿子结婚	收缩的核心家庭
Ⅴ（空巢）	1990年二儿子结婚后，为了照顾父母，没有分家	直系家庭

个案 A003，王××有两儿两女，大儿子 1987 年去深圳开的士，1988 年结婚，婚后与父母分家。老人还有一个小儿子，在家种田。1990 年小儿子结婚，婚后与父母住在一起，组成了直系家庭。在当代，年轻夫妇刚结婚时有的会和父母一起生活一段时间，然后再分家，有的则会一结婚就分家。在多子家庭中，如果有两个或两个以上的已婚儿子与父母同住在一起，则有可能组成复合家庭。个案 A003 因为一条腿残废，妻子身体不好，大儿子结婚时，因为去外地打工，又是家中的长子，所以与老人分开过，婚后并没有组成直系家庭。另外，在农村中，父母一般喜欢和最小的儿子住在一起，所以小儿子结婚后，没有分家，与父母住在一起，家庭结构由以前的核心家庭变成了直系家庭。

以上两个案例都是由最初的核心家庭走向了直系家庭。个案 A003 和个案 A004 各自走向直系家庭的情况又有所不同，个案 A004 林××是因为儿子有了小孩需要老人帮忙带小孩，而个案 A003 是因为老年夫妻进入老年后，受疾病等身体条件的影响，另外农村家庭中如果有几个儿子的，老人一般会和最小的儿子住在一起，所以老人和小儿子住在了一起组成直系家庭。在我国，80 岁以上的高龄老年人，失去了劳动能力又失去了自理能力后，一般代际关系就进入了反哺阶段，真正意义上的"养儿防老"就会体现出来，这个时候的家庭结构多以直系家庭为主。近年来，进入家庭生命周期的后期老年夫妻愿意单独过的现象越来越多，老年人有配偶时多处于"空巢"状态，如若夫妇一方去世后，空巢家庭解体，此后，老年人要么单独生活，进入单人户家庭的模式，要么由几个子女轮养，重新组成直系家庭。

3. 家庭生命周期与贫困：走向空巢家庭

到了家庭生命周期的中期或者是年轻夫妇自身经济条件稳定，有

第五章 贫困的个人与家庭过程：生命历程、结构变动与家庭生命周期

房子后，一般都会从父母家庭中分离出来，与自己的子女共同居住，从而出现核心家庭和空巢家庭的比例增加。我们以个案 A002 李××的家庭为例来分析。

表 5-15　李××家庭生命周期各阶段的家庭结构性特征（个案 A002）

家庭生命周期	标志性事件	家庭结构性特征
Ⅰ（形成）	1964 年结婚—1965 年大儿子出生	年轻夫妇家庭
Ⅱ（扩展）	1965 年大儿子出生—1970 年小儿子出生	核心家庭
Ⅲ（稳定）	1970 年小儿子出生—1988 年女儿结婚	核心家庭
Ⅳ（收缩）	1989 年大儿子在部队成家立业	核心家庭
	1988 年女儿结婚—1993 年二儿子结婚	核心家庭
	1989 年大儿子在部队成家立业	核心家庭
Ⅴ（空巢）	1993—1995 年二儿子结婚后因无房子暂与父母住	直系家庭
	1995 年小儿子单位分房	空巢家庭

个案 A002 李××有两个儿子，一个女儿。大儿子 1983 年当兵，1989 年大儿子结婚，在部队成家立业，所以这个时候个案 A002 的家庭结构仍是核心家庭。小儿子 1970 年出生，中专毕业后分配到镇上的单位工作，1993 年结婚，婚后组建了自己的小家庭，因为单位没有房子，所以只能住在父母家，组成直系家庭。1995 年单位分了房子、女儿出生后，小儿子搬到了单位，与父母分家，家庭结构再次发生变化，形成空巢家庭。

到了老年夫妻阶段，老年人会根据自己生命衰老的程度，选择不同的家庭模式。60—70 岁的较年轻的老年人，一般都还有劳动能力，能够自理，他们一般不愿意与子女同住，通常愿意单过、自养，更不想去麻烦子女，到子女家去住，所以这个时候的家庭结构多以老年空

· 269 ·

巢家庭为主。我们以个案 A001 秦××的家庭为例。

表 5-16   秦××家庭生命周期各阶段的家庭结构性特征（个案 A001）

家庭生命周期	标志性事件	家庭结构性特征
Ⅰ（形成）	1971 年结婚—1973 年儿子出生	年轻夫妇家庭
Ⅱ（扩展）	1973 年儿子出生—1975 年女儿出生	成长中的核心家庭
Ⅲ（稳定）	1975 年女儿出生—1995 年女儿结婚	成熟的核心家庭
Ⅳ（收缩）	1995 年女儿结婚—1997 年儿子结婚	收缩的核心家庭
Ⅴ（空巢）	1997 年儿子结婚至今	空巢家庭

个案 A001 秦××有一儿一女，女儿 1995 年结婚，儿子 1997 年结婚。因老人自己身体状况不错，能够自理，有劳动能力，所以与儿子儿媳分开过。儿媳没有工作，孩子出生后，自己带小孩，不愿意要老人带小孩，因为两代人的观念。所以个案 A001 秦××在儿子结婚后就直接进入了空巢家庭。

个案 A001 秦××因还有自理能力，并且又担心两代人之间的观念不同，住在一起会与晚辈产生矛盾，所以老人选择了单过，自己做饭，子女们偶尔过来帮忙做些重活，或生病的时候，子女到身边照顾一段时间。

以上四个例子都是儿子结婚后对家庭结构的影响。一般来说，家庭结构的变化一般发生在儿子结婚后，而女儿的结婚或离家对家庭结构的影响则比较小，但是，也有个别情况除外，例如招女婿的，或者只有母女、父女两人组成的单亲家庭，女儿出嫁后可能会使父亲或者母亲形成单人家庭。

4. 家庭生命周期与贫困：走向单人家庭

个案 A005，张××只有一个女儿，并且在 1996 年离婚了，我们来分析一下个案 A005 的家庭生命周期中家庭结构的变化，如表 5-17 所示。

第五章　贫困的个人与家庭过程：生命历程、结构变动与家庭生命周期

表 5-17　张××家庭生命周期各阶段的家庭结构性特征（个案 A005）

家庭生命周期	标志性事件	家庭结构性特征
Ⅰ（形成）	1982 年结婚—1984 年女儿出生	年轻夫妇家庭
Ⅲ（稳定）	1984 年女儿出生—1996 年夫妻离婚	核心家庭
Ⅵ（解体）	1996 年离婚至今	单人家庭

个案 A005，张××1982 年结婚，1984 年女儿出生，1996 年离婚，女儿判给了妻子，随即个案 A005 的家庭生命周期发生了中断，在经历家庭形成和稳定阶段后直接进入了解体阶段，家庭结构也发生了变化，由核心家庭变成单人家庭。

家庭生命周期的变化影响家庭结构的变化，核心家庭的比例增加。中国的家庭日趋小型化，核心家庭成为家庭的主要形式。家庭的核心化与子女是否与老年人分开居住密切相关，与子女生活在一起的老年人越少，核心家庭就越多，反之亦然。在这点上，和西方社会没有明显的区别。但是，西方核心家庭中的子女在成年和结婚后一般是不和父母住在一起的，而中国有一部分的家庭，子女结婚后会继续与父母住在一起组成直系家庭，但已婚的青年夫妇并不会永远和父母住在一起，有的则是合家以后又分家，由此出现了两种情况：一是家庭结构以核心家庭为主；二是中国家庭的生命周期是以核心家庭和直系家庭两种相间的形式存在。核心家庭的增多，造成了不少"空巢家庭"，老年人独守空巢的现象逐渐显现出来，且成为老年人的主要居住方式，然而，每一个家庭演变的生命周期和家庭结构还是有很大差别的。

通过对 5 个家庭生命周期与家庭结构变迁的研究发现：5 个家庭都体现了从核心家庭走向直系家庭、空巢家庭和单人家庭的结构性特征。其次，这种家庭结构性的变迁折射出家庭生命周期与多元化家庭的轨迹特征。

（三）家庭生命周期、个人生命历程与贫困

在我国家庭生命周期中，父母都是家庭的核心成员，从生育孩子阶段到孩子结婚成家立业之时，在家庭中扮演着重要角色。当最小的孩子结婚离开家庭后，父母在家庭中的角色和地位渐渐减弱，家庭代际关系发生变化，这将对老年人的生活状况和质量产生影响。国外有学者在研究家庭生命周期对农村家庭收入和贫困的影响时发现，家庭生命周期的不同阶段，家庭劳动力的供给、家庭的负担和家庭成员的就业方式的不同影响着家庭的收入，家庭生命周期是农村贫困的重要影响因素。老年贫困是随着生命历程的演变而不断累积的过程，是家庭生命周期中的重大事件累积起来发生作用的过程。个人或家庭的贫困是历史时间、社会时间和家庭时间等因素交汇在一起而建构的，老年人生命历程中的事件在不同的历史时间下发挥着迥然不同的作用。

1. 经济性致贫、家庭生命周期与农村贫困

农村贫困的基本特征是经济收入严重偏低，他们之所以被界定为贫困群体，核心因素在于其经济能力的低下。经济来源渠道单一，且具有较大的不稳定性。

空巢和解体是家庭生命周期的最后阶段，此时的老年人已经退出劳动力的市场，自身创造财富的能力减弱，经济上主要依赖于子女，如果此时子女的经济状况不好，无疑会给老年人生活造成一定的影响，特别是对于我国农村老年人，没有稳定的退休金和完善的社会保障制度，子女经济状况的好坏直接影响着老年人晚年的生活质量好坏。子女对老人经济上的支持对于中国的老年人来说，起着至关重要的保障作用。根据贫困代际传递理论，贫困不仅是从上一代传递到下一代，也会从下一代影响到上一代，两者相互影响、相互制约，形成一个贫困负效应的家庭代际循环，如表5-18所示。

第五章 贫困的个人与家庭过程：生命历程、结构变动与家庭生命周期

表 5-18 "三个家庭"家庭生命周期下的经济性致贫因素

贫困致因	家庭生命周期	经历的事件	
经济性致贫	Ⅴ、Ⅵ（空巢、解体）	2009 年媳妇生病（个案 A001） 2006 年左眼做手术摘除 2006 年老伴胃溃疡	家庭健康发生变化/因疾病或损伤原因
	Ⅴ、Ⅵ（空巢、解体）	2006 年儿子做生意亏本（个案 A001）	失业与收入稳定性破坏/投资失败
	Ⅴ、Ⅵ（空巢、解体）	1999 年大儿子脑瘤去世（个案 A003） 2002 年儿子鼻癌去世（个案 A002） 1998 年二儿子下岗（个案 A002）	劳动力失去（死亡）/缺少劳动力、下岗、失业

个案 A001，秦××，女，63 岁，丈夫是退休工人，每月有 800 元退休金。

孩子们也不容易，自己有小孩要读书，现在学费贵，挣钱难。我儿子其实挺孝顺，以前儿子做生意有钱的时候对我们老两口很好的，经常给我们钱，现在他做生意亏了钱，我们也帮不了他，现在他还欠着别人的钱呢，为了还债，儿子上建筑工地做搬运工了，每天起早贪黑地做，媳妇也跟着去打零工了，我帮他们带着孩子，好让他们安心在外面赚钱。我那孙子们可怜了，学费都交不起，我和老伴现在身体还好，能做点事，今年我还种了棉花，等卖了钱，给孙子们交学费。

个案 A001，秦××因为儿子做生意亏本，无能力赡养父母，甚至还出现隔代抚养的现象。在中国传统文化影响下，老年人认为子女过得好不好是自己的责任，如果子女有什么经济上的困难，父母都会倾其所有去帮助子女，甚至还帮助抚养孙子，认为这是他们理所应当做的事，尽管一些老人自身的经济条件也仅仅够维持自身的生活，但他们仍然恪守这种文化标准。

农村财富的积累主要体现在劳动力的多寡，同时随着市场经济的

强化，农民的主要收入来源也日益分为两个部分：一个是传统务农收入，另一个就是外出务工收入。家庭生命周期不同阶段的劳动力结构、劳动力的失去或缺少劳动力直接影响着农村家庭的收入。在中国农村，农民主要靠种田来获得经济收入。如果家庭中缺少劳动力，或劳动力死亡，那么对于农村家庭来说都是致命的打击，特别是对于家庭生命周期后期的老年人。下面的个案A002，因为大儿子的去世而使家庭经济收入骤减。

个案A002 李××，三代贫农，家庭成分好，大儿子得以去部队当兵。在当时的年代，家庭成分这种政治性的因素对个体的影响很大，如参军、上大学、入党等这些稀缺资源的获得都与家庭成分相联系，家庭成分影响着向上流动的机会。大儿子当兵后留在了部队，吃上了国家粮，每月都会寄钱给老两口。小儿子也因成绩好考上了中专，分配到镇上工作。村子里的人都羡慕李家两个儿子都有了"铁饭碗"，一家人的生活状况也获得了质的飞跃，摆脱了贫穷的命运。但是，由于家庭中的突发性事件，大儿子因病死亡，李的生活在其家庭空巢期发生了意想不到的变化，生活状况急剧下降。正常情况下，老人还有小儿子可以依靠。然而，老人的小儿子也因为受20世纪90年代我国国有企业改革这种制度性因素的影响而下岗了，小儿子夫妇都在同一单位，两人同时下岗，有一个小孩需要抚养，所以根本没有能力给予老人经济上的支持。李的个人经历说明了生命历程与社会变迁的不确定性，凸显了时间在老年人的生命历程中的巨大作用。

生命历程理论认为，个体的生命历程内嵌于一定的社会关系之中，每一个个体都不可避免地受到他人生命历程中重大事件的影响。我国90年代的国有企业改革致使大量工人下岗失业，下岗失业是个体生命历程非正常错位与紊乱，这种错位与紊乱直接影响到父代的生

第五章 贫困的个人与家庭过程：生命历程、结构变动与家庭生命周期

活状况，甚至还有可能造成家庭生命周期的非正常改变。家庭中下岗失业后的子女由于没有工作，失去了生活来源，只好回到父母家中依靠父母维持生活。

个案 A002，李××，男，71 岁，二儿子与儿媳下岗。

我儿子一直都读书，中专毕业后就分配了工作，现在你要他种田，他也拉不下面子，现在哪家不是这样，有一两个没有工作的，我们老的总不能看着他们饿死，我吃啥他们就吃啥，到时候，我一死，也管不了他们了。

健康是重要的人力资本，贫困与健康有紧密的关系。在很多农村贫困农户中，已基本上形成一个"贫困—健康状况差—劳动能力差—收入低—进一步贫困—健康状况进一步恶化"的恶性循环。只要家中有成员生大病，即使是那些已经解决温饱的家庭，高额医疗费用也会使整个家庭难以承受甚至因疾病致贫。

个案 A003，王××，出生于中华人民共和国成立前的农村贫困家庭，从小没有上过一天学。由于穷困，也没有钱去学手艺，只能做一些体力活。中华人民共和国成立后，我国实行一系列重工轻农的发展战略，导致农村经济发展缓慢，农业生产力水平低，农民收入增长缓慢。王××1954 年结婚，1955 年、1957 年两个女儿相继出生，家里的经济负担加重，为了生存，他离开家乡去外地修水库，在修水库时一条腿受伤致残。其贫穷的轨迹在其家庭生命周期的扩展阶段就留下了痕迹。到晚年时期，大儿子患脑瘤、老伴有胃溃疡，为支付巨额的医疗费而导致其晚年贫困。

个案 A003，王××，男，78 岁，修水库时一条腿受伤致残。

我老了，腿是老毛病了，以前没有治疗，落下了后遗症，经常发痛，疼得厉害时，就叫孙子去村子里的私人诊所买几粒止疼片，医生

要我住院治疗,哪有钱治疗啊?我一年就靠喂鸡、喂猪赚点钱,儿女们也拿不出那么多钱,我们不能老麻烦儿女们,医生说这腿也治不好,只能控制,反正一时半会也死不了,随它去吧。

老年人由于年老体衰、体质下降,并且加上长年的辛苦劳作,他们中的大多数患有各种疾病,而治疗各种疾病所需要的费用是他们无力承担的。一旦生病,特别是生了大病以后,为了支付高额的医药费,一家人东拼西凑,到处借钱,债台高筑,往往是一人生病拖累全家。贫困老年人在医疗费用方面,很少能得到社会的帮助,即使能得到社会的一点救助,但对于巨额的医疗费用来说也只是杯水车薪。而老年人的家庭收入又仅够勉强生活,所以没有余钱看病就医,患病成为老年人致贫的一个重要原因。

据2003年全国卫生服务调查资料显示:在农村贫困户中,因疾病损伤导致贫困的为33.4%,1998年为21.6%。疾病越来越威胁着老年人的生活质量,如果不解决老年人因疾病所带来的致贫风险,老年人的生活质量就无法从实际上提高。

2. 制度性致贫、家庭生命周期与农村老年人贫困

我国城乡二元结构,是农村贫困的根源。城乡二元制度之下,农民被束缚于土地之上,从事于农业生产。受户籍制度的影响,农民不能招工进厂,没有退休金,没有医疗保障等。个案A001秦××的生命历程也凸显了制度性因素对个体生命历程发展的影响。

表5-19　　　　　三个家庭生命周期下的制度性致贫因素

贫困致因	家庭生命周期	经历的事件	
制度性致贫	Ⅰ、Ⅱ（形成、扩展）	1973—1984年生育四女一子 秦因农村户口,不能转正 王结婚后修水库致残	计划生育罚款（个案A006） 城乡户籍分割（个案A001） 社会保障的缺失（个案A003）

第五章 贫困的个人与家庭过程：生命历程、结构变动与家庭生命周期

个案 A001，秦××：唉，只怪我命不好，出生在农村，如果我是城市户口，那会儿在老公厂里食堂工作时不就转正了吗？我最对不住的是我的儿女们，因为我是农村户口，他们也跟着遭殃，户口只能上在农村，招不了工，如果我的儿子有稳定的工作，他也就不会去做生意，现在也不会欠一屁股债了。我在食堂工作了 20 多年，结果什么都没有，要是我那时解决了工作，我也就有退休工资了。

秦的个案说明，户籍制度就像一个不能逾越的鸿沟，把秦以及秦的子女排斥在外，失去了向上流动的机会。这种制度性的因素是秦的个人能力所不能改变的，同时也一步步地把她推向了资源缺乏的晚年生活。家庭生命周期的生育子女数量越多，妇女生育时间越长，妇女的生育时间的延长，抚养子女的时间也同样延长，不利于妇女外出工作，为家庭带来更多的经济收入。同时，家庭中生育的子女越多，养育子女所付出的成本越多，从而影响整个家庭经济状况的提高。以个案 A006 为例。

个案 A006，胡××，男，60 岁，外地移民，生有四个女儿一个儿子。

我就想生一个儿子，农村没有儿子，谁给你种地啊？女儿家能做什么事，以后都是别人家的人，靠不住的。我老了以后，没有儿子，谁给我养老啊？村里不让我生，我就躲到外面去生。生完儿子后，我就回去。

胡为了生儿子带着全家人东躲西藏，在外流浪多年。最后，带着儿子回到了老家，乡里计生干部要他交罚款，胡把家里值钱的东西全卖了，另外还借了一些钱才交清了罚款。

3. 社会性致贫、家庭生命周期与农村贫困

在现代乡村社会中，老年人的社会关系网络有别于传统社会中逐

· 277 ·

步强化的特点，而是呈现出逐步弱化的轨迹。在已经发生变化了的农村社区中，老人年老体衰，很多功能逐渐失去，且在家庭和村落中地位日渐下降，村庄逐渐成为年轻人主宰的生活系统，老年人的社会关系网络呈现出萎缩状态，他们逐步被排斥于一些社会关系网络之外。尤其是那些寡居的老人更是如此。

表 5-20　　　　三个家庭生命周期下的社会性致贫因素

贫困致因	家庭生命周期	经历的事件	
社会性致贫	Ⅲ、Ⅳ（稳定、收缩） Ⅰ、Ⅱ（形成、扩展）	1996年，老公去世（个案 A004） 外地移民（个案 A006） 离异后缺乏亲人支助（个案 A005）	家庭重大变故 互惠性的社会 支持网络缺乏

个案 A005，张××，男，1996 年离婚。

我们都老了，站在那儿都惹人嫌啊！我又咳嗽，又吐痰，在哪里站着都惹人嫌那，现在的年轻人都去过大城市，爱干净。我离婚后，女儿也不理我了，我只要有饭吃就好了，村里事情我们老年人也管不着。

丧偶也是农村老年女性贫困的原因之一。无论城乡，老年女性的收入水平均明显低于老年男性，甚至有些老年女性根本就没有收入。女性老人过去大都操持家务，如今年事已高，丧失劳动能力，又失去老伴，经济来源基本枯竭，所以，配偶是女性老年人口的一个重要经济来源，一旦失去配偶，往往导致老年妇女的经济状况下降，甚至恶化。

个案 A004，林××，女，61 岁，1996 年丈夫去世，留下一个儿子两个女儿。

第五章 贫困的个人与家庭过程：生命历程、结构变动与家庭生命周期

丈夫死后，留下3个孩子，我一个农村妇女，一没知识，二没技能，只能靠做保姆、做清洁工赚钱，儿子考上大学时，连学费都交不起，还是大伙儿凑的学费，我后来慢慢还上了。

林××的个案是很多妇女的一个缩影，在中国社会，因为受传统观念的影响，女性受教育的机会不多，很多女性在家做家庭主妇，照顾家中的老小，没有正式的工作，没有经济收入，从而经济地位较低。女性由于先天的生理条件限制，不能从事过重的体力劳动，女性从生命历程的初始阶段就被定格于贤妻良母的社会角色，所以，大部分女性都是在这种平凡的生命历程中逐渐步入老年。老年丧偶的女性，自己没有收入，子女又不能给予经济上的支持，其贫困程度可想而知了。

以上我们从经济性因素、制度性因素和社会性因素三个方面分析了农村老年贫困的原因。国家和政府应该通过政策的制定来减少老年贫困的发生率。国家在老年贫困方面应担负起一定的职责，来保证老年人口的基本生活需求。针对以上情况，政府部门在制定政策时，需要更多地考虑贫困老人的需求，比如多增加政府补贴的金额，实现无退休金无养老金老人养老保障的全覆盖，在举办实事项目时，多考虑贫困老人的需求，以减少老年人口的贫困发生率。

按照我国的传统，老年人的日常生活照料主要由家庭承担。有调查显示，城市贫困老年人中，有36.4%的老人的日常生活主要由配偶照料，有35.1%的老人自己负责日常生活事务，还有28.6%的老人的日常生活是由子女负责。老年人在自身身体较好的情况下，多数是由配偶或者自己照料日常生活，只有当他们生病时，没有能力照顾自己时，才由子女来照顾。当老年人被问及"如果生病或丧失自我照料的能力，将由谁来照料"时，大多数的老年人会选择子女。一方面是

因为我国老人看护方面的社会化程度还不高，另一方面也是因为老年人在生病时要支付一定数量的医药费，经济压力会增大，有的甚至会因病致贫，所以更不可能去花钱雇用专业的人员照料了。不管是农村还是城市，由于家庭结构的变化，家庭小型化的增多，"空巢"家庭的不断增多，家庭成员照料困难，照料成员减少，而社会能够提供的照料很少，使老年人的生活质量、生活照料面临诸多困难。

家庭除能够给予老人经济上的支持外，对于老人来说，家庭也是他们精神寄托的家园。西方社会普遍认为，中国式的家庭养老制度的优越性就在于它具有不可替代的精神赡养功能。老年人与子孙生活在一起，在一定程度上也满足了老年人精神上的需求，老人可以从家庭中得到精神支持。马斯洛需要层次理论认为人有归属和爱的需要，只有满足了这一需要，人才不会孤单、寂寞，对于老人来说，一辈子为了家庭辛苦地付出，当他们年老体弱时，更应该得到子女的关心和照顾。子女除在物质上孝敬老人外，应该多和老人进行情感的交流，平日里要经常向老人嘘寒问暖，每逢老人身体不适，更须悉心照料，使老人在精神上得到安慰，避免精神上的贫困。伴随着家庭生命周期的变化，老年人与子女在家庭中的角色与地位会发生相应的变化，家庭代际关系也会发生变化，将对老年人的生存状态与生活质量产生影响。

四 结论与讨论

（1）个人的生命轨迹和家庭生命周期中的重大事件如结婚、丧偶、生育、子女组建家庭、子女受教育程度、参加工作、职业的变动、退休、迁移、衰老、国家政策等可能会对个人或家庭贫困产生影响，这些基于个人生命轨迹或者家庭生命周期的事件之间可能相互影响，产生贫困的扩大效应或累积效应，构成个人和家庭贫困的生命周期。

（2）个人的生命轨迹、家庭生命周期和家庭结构变迁给个人或者家庭生活带来了很大的挑战，使个人获得家庭支持的可能性降低，非正式风险承担网络的破坏，带来新的脆弱性风险。以老年人的贫困再造为例，家庭结构的变化使老年人很早就进入了空巢期，老年在精神上和物质上都失去了对儿女的依靠。家庭关系的变化，使家庭的代际重心下移，年轻的父母更多地将精力和金钱转移到未成年的儿女身上，而忽视了对老年人的关心与支持。

（3）贫困的再造不仅与个人生命有关，更多地与家庭的变迁轨迹密切相关，是累积劣势随着时间的推移在不同发展阶段显性化的结果，是非预期的贫困状态或潜在贫困状态在不同生命阶段和家庭生命周期的延续或外在化。个体生活中的某一事件有时可能不足以造成个体的贫困，但在特定的历史时间下，受累积的劣势的影响而导致贫困。贫困的形成离不开宏观的社会背景、转型期的社会政策和宏大的社会事件，也离不开不同生命阶段和家庭生命周期的偶发性、突发性事件，如健康、重大疾病、劳动力死亡、婚姻关系破裂、重大自然灾害等，这些都是返贫和贫困再造的重要原因，可以说个人的生命轨迹和家庭的生命周期对于贫困的生命周期具有很强的解释力。

第三节　家庭社会地位、贫困代际传递效应与不平等再生产

中国目前处于社会转型期，个人社会经济地位的获得不仅是个人自身努力的结果，也是家庭社会经济地位代际传递的表现。通过调查的数据以及多元线性回归模型，考察父辈社会经济地位对个人社会经

济地位的影响,并在此基础上分析了当今中国社会中的社会经济地位的代际传递效应及其再生产。

随着中国社会转型和社会发展,人民的生活水平有了很大的提高,但也出现了一些新的社会发展阻力和结构性障碍,我国社会分层逐渐形成且日益固化,社会结构趋向封闭,社会流动渠道不畅;另外,也显示出以家庭背景为代表的先赋性因素对个人未来的生活影响越来越大,甚至超过了个人通过后天努力得到的各种自致性因素。这是当代社会代际传递增强的表现,也是代际流动率下降的标志。一个人将来生活的优劣,不再取决于自身的后天努力,而是更多地被自己的家庭出身所决定,较低的社会经济地位以及造成这一困境的各种条件和因素,通过家庭教养和生活方式由父辈传递给子代,使子女不断重复着父母的境遇,继承父母面临的种种不利因素并不断传给下一代,这样形成一种恶性循环,使后代不断重复上一代的困境。而家庭出身较好的子女则相应地继承着上一代的种种优势,并把这些优势传递给后代。二者共同运作,造成了社会经济地位的代际传递。[①]

一 贫困的代际传递效应:理论基础、模型与经验发现[②]

(一) 理论基础与经验发现

代际传递效应始于对贫困问题的研究,从阶级继承和地位获得的研究范式中得来。贫困代际传递理论认为,在贫困阶层中,只有少数家庭的子女可以通过接受教育来获得高层次的职位或创业机会,并脱离本阶层。大部分来自贫困家庭的子女由于缺少资本投入和关系网络,不得不进入低端就业市场,从事低收入的工作进而继续留在贫困

[①] 潘泽泉、韩彦超:《社会经济地位、贫困的代际传递效应与不平等再生产》,《中南大学学报》2015 年第 3 期。

[②] 同上。

第五章 贫困的个人与家庭过程：生命历程、结构变动与家庭生命周期

阶层。与此相反，对于出自富裕阶层和拥有良好家庭资源的子女来说，一方面，由于有家庭的高教育成本投入和丰富的社会网络作支撑，他们往往在教育中有较高的竞争能力和升学机会，更容易通过教育来受益，至少不会存在因经济问题而辍学的情形；另一方面，即使教育上的失败而失去了升学的机会，也可以通过家庭丰富的社会资本而进入高端就业市场，因而，也只有极少数的富裕家庭子女会脱离本阶层而跌入贫困阶层。由此可见，个体的社会经济地位很大程度上是在继承上一辈的社会经济地位，且其子女很可能会延续这种恶性循环。① 国内外的许多学者都在这一基本假设下进行了大量的经验研究，丰富并扩展了代际传递理论。后续的研究大致围绕三个方面对代际传递效应进行解释，分别为经济地位的分化、文化的区隔以及社会资本的差异。②

在贫困的代际传递的理论模型中，经济地位分化方面的研究者认为，父辈经济地位的差异会影响下代人能力的发展，因为经济地位的差异带来的是教育以及人力资本投入方面的差异，例如社会经济地位高的家庭能够为子女提供更好的教育，使子女有更高的人力资本，而不至于因为经济原因迫使子女尽早辍学挣钱补贴家用。刘志民通过经验研究发现，父辈的社会经济地位对子女高等教育数量以及质量的获得都有显著的正向效应。而且这种影响有从显性的数量的不平等向隐形的质量不平等转化的趋势，并通过这种不平等来传递社会阶层的不平等。③ 文化区隔论者认为，不同阶层的人具有不同的文化品位和惯

---

① 马新：《教育公平对切断贫困代际传递的作用》，《现代教育管理》2009 年第 1 期。
② 潘泽泉、韩彦超：《社会经济地位、贫困的代际传递效应与不平等再生产》，《中南大学学报》2015 年第 3 期。
③ 刘志民：《家庭资本、社会分层与高等教育获得——基于江苏省的经验研究》，《高等教育研究》2011 年第 12 期。

习，出生于社会上层家庭的子女在生活和学习中更容易获得社会精英性话语和为社会所认同的内在特征，如气质、毅力等，这对个人以后的能力和发展具有重要作用，而文化区隔的形成与不同阶层的受教育程度有关。很多研究证实了文化区隔论者的观点。Lam 等通过实证研究发现，当控制了父母受教育程度这一变量后，子女个人受教育程度的回报率将下降 30% 左右。[1] James 等的调查发现，父母中受教育程度较高的一方，教育程度每增加一年，子女的收入将会增长 5% 左右。[2] 国内学者也发现了类似的结果，岳昌君等通过实证研究发现，父亲的受教育程度越高，子女的起薪也越高。[3]

事实上，大量的经验资料证明，父亲受教育程度高的家庭，其子女的社会经济地位就越高；家庭社会网络的规模和质量越高，其子女个人的社会经济地位就越高。社会资本差异论者则认为，处于社会上层的家庭往往具有较高质量的社会关系网络，高质量社会网络不仅能带来与就业相关的各种信息，更能直接提供各种物质与资源帮助，这些帮助对个人求职或晋升有重要作用。经验研究方面，Linda 等发现相对于个人受教育程度，父母的社会资源在其子女寻找工作中发挥更大的作用。[4] 李培林[5]、边燕杰[6]等发现，家庭的社会网络对于个人社会地位的流动具有显著的正向作用。

---

[1] David Lam, "Effects of Family Background on Earnings and Returns to Schooling: Evidence from Brazil", *The Journal of Political Economy*, 1993 (4).

[2] James, "An Investigation of the Labor Market Earning of Panamanian Males: Evaluating the Sources of Inequality", *The Journal of Human Resources*, 1986, 2 (1).

[3] 岳昌君:《求职与起薪：高校毕业生就业竞争力的实证分析》，《管理世界》2004年第11期。

[4] Linda, "Effects of Community and Family Background on Achievement", *The Review of Economics and Statistics*, 1982 (1).

[5] 李培林:《流动农民工的社会网络与社会地位》，《社会学研究》1996年第4期。

[6] 边燕杰:《经济体制、社会网络与职业流动》，《中国社会科学》2001年第2期。

第五章　贫困的个人与家庭过程：生命历程、结构变动与家庭生命周期

（二）分析模型①

社会经济地位的代际传递效应即父辈的社会经济地位对个人社会经济地位的影响可以建立一组嵌套模型（Nested Models）来考察这种影响。首先将可能影响个人社会经济地位的人口学变量 X_i 纳入模型，建立模型 1 作为基准模型；然后再将父辈社会经济地位纳入模型之中，建立模型 2。具体模型为：

模型 1：

$Y_i = \beta_1 + \beta_2 X_{性别} + \beta_3 X_{户籍} + \beta_4 X_{年龄} + \beta_5 X_{个人受教育程度} + \beta_6 X_{个人是不是党员} + \varepsilon$

模型 2：

$Y_i^* = \beta_1^* + \beta_2^* X_{性别} + \beta_3^* X_{户籍} + \beta_4^* X_{年龄} + \beta_5^* X_{个人受教育程度}$
$+ \beta_6^* X_{个人是不是党员} + \beta_7^* X_{父亲是不是党员} + \beta_8^* X_{父亲受教育程度}$
$+ \beta_9^* X_{家庭社会网络} + \varepsilon$

其中，Y_i 是个人年收入，β_1 是截距，ε 是模型所无法解释的随机误差。方程的系数 β 即为变量解释力，即在其他变量不变的情况下，目标变量每变化一个单位对因变量产生的影响。

二　贫困的代价传递效应：数据分析结果②

数据统计分析方面，本书采用了社会科学统计软件 SPSS 17.0 作为统计分析工具。

在被访者中，40 人认为家庭因素对孩子教育没影响，占 13.2%；120 人认为有点影响，占 39.5%；138 人认为影响很大，占 45.4%；6 人选择其他，占 2.0%，如表 5-21 所示。

---

① 潘泽泉、韩彦超：《社会经济地位、贫困的代际传递效应与不平等再生产》，《中南大学学报》2015 年第 3 期。
② 同上。

表 5-21　　　　　　　　家庭因素对孩子的教育影响

家庭因素影响	频数	百分比（%）	有效百分比（%）	累计百分比（%）
没影响，学习是孩子自己的事	40	7.3	13.2	13.2
有点影响	120	21.9	39.5	52.6
影响很大	138	25.2	45.4	98.0
其他	6	1.1	2.0	100.0
总计	304	55.5	100.0	

在被访者中，258 人认为"家里穷，没钱支付高等教育的费用"是孩子辍学打工的原因之一，占 83.2%；94 人认为"学生厌学情绪严重，自己选择退学"是孩子辍学打工的原因之一，占 30.3%；64 人认为"学生的基础差，学习差，甚至拖后腿"是孩子辍学打工的原因之一，占 20.6%；32 人认为"读书没有用，不读书照样赚大钱"，占 10.3%；14 人选择其他，占 4.5%，如表 5-22 所示。

表 5-22　　　　　　　　农村的孩子辍学打工的原因

	频数	百分比（%）	有效百分比（%）
家里穷，没钱支付高等教育的费用	258	47.1	83.2
学生厌学情绪严重，自己选择退学	94	17.2	30.3
学生的基础差，学习差，甚至拖后腿	64	11.7	20.6
读书没有用，不读书照样赚大钱	32	5.8	10.3
其他	14	2.6	4.5

回归分析采用 OLS 分析法来预测不同自变量对因变量的影响程度。统计分析结果主要涉及标准化系数、标准误、显著性水平、模型 F 值以及调整后 R^2。统计结果如表 5-23 所示。

表 5-23　　　　　　　　　　　多元线性回归模型

	模型 1		模型 2	
	系数	标准误	系数	标准误
性别（以男性为参照）	0.058*	0.034	0.073*	0.536
户籍（以城市为参照）	0.067*	0.299	0.051*	0.202
年龄	0.024	0.253	0.023	0.563
个人受教育程度	0.263*	0.179	0.218*	0.026
个人是否党员（以党员为参照）	0.006	0.818	0.023	0.114
父亲是否党员（以党员为参照）			0.133*	0.453
父亲受教育程度			0.178*	0.047
家庭社会网络质量			0.073**	0.482
模型 F 值	97.166		66.834	
模型 P 值	0.000		0.000	
调整后 R^2	0.095		0.103	

注：*p<0.01，**p<0.05。

表 5-23 展现的是父辈社会经济地位相对于个人社会经济地位所做的多元线性回归分析结果。其中模型 1 是基准模型。从统计结果来看，性别对个人社会经济地位有显著影响，标准化系数达到 0.058，即在相同的情况下，男性的收入要比女性高出 5.8%，且显著水平低于 0.001，通过了显著性检验，因而，性别是影响个人社会经济地位的因素之一，这也与前人的研究结果相一致。[1] 表明，女性在就业市场中依然受到各种歧视。户籍对个人的社会经济地位也有显著性影响，户籍在方程中的标准化系数达到 0.067，即与非城市户籍的人口相比，城市户籍的人口的平均收入约高出 6.7%，且显著性水平也通过了显著性检验。因而，户籍可以影响个人的社会经济地位，与前人

---

[1] 彭竞：《高等教育回报率与工资的性别差异》，《人口与经济》2011 年第 4 期。

研究结果一致。① 这说明，在市场经济占主导地位的今天，户口依然起作用。城乡二元户籍制度依然在为代际传递提供政策性庇护。本人受教育程度对个人社会经济地位的影响最为明显，标准化系数达到0.263，即个人受教育程度每上升一个层次，个人收入会相应地增加26.3%，且差异达到了显著水平。这说明，教育依然是影响个人社会经济地位的最重要因素，大力发展教育可一定程度上减轻代际传递效应带来的不公平性。而年龄虽然与个人社会经济地位呈正相关，但影响并不显著。而个人的党员身份在分析中对个人社会经济地位的影响也不显著。这与前人的研究结果并不一致，这可能与样本的组成有关。此次调查中符合条件的党员只有412人，而非党员却达到了3416人，样本比例可能是造成这一结果的原因。

模型2在模型1的基础上加入了"父辈社会经济地位"的相关变量。统计结果显示，父亲的政治资本对个人社会经济地位有显著影响，标准化系数达到0.133，即父亲是党员的个体比父亲是非党员的个体在收入上要高出13.3%。即拥有一个党员父亲可以使收入增加10%以上，而个人是无法选择自己的父亲的，这显示出了一种深刻的不平等。父亲的文化资本对个人的社会经济地位也有显著性影响，标准化系数达到了0.178，即父亲的受教育程度每上升一个层次，个人的收入会上升17.8%。家庭社会网络的质量同样可以显著地影响个人的社会经济地位，标准化系数达到0.073，即相对于社会网络质量较差的家庭，社会网络质量较高的家庭可以帮子女提高7.3%的收入。同时，在引入父辈社会经济地位的相关变量后，个人受教育程度的影

---

① 陆益龙：《户口还起作用吗——户籍制度与社会分层和流动》，《中国社会科学》2008年第1期。

响力有所降低，这符合前人的研究结果。因此，从模型 2 可以看出，父辈的社会经济地位对个人社会经济地位有显著影响，存在代际传递效应。同时模型 1 和模型 2 中性别、户籍都能显著影响个人的社会经济地位，虽然在模型 2 中的影响力有所降低，但影响依然显著，说明一些不合理的制度安排为阶层地位的代际传递提供了政策性庇护。

从以上的统计分析结果可以发现，父亲受教育程度对个人的社会经济地位有显著性影响，因此本书的假设 1 得到验证。这也说明父辈的文化资本可以通过文化再生产来传递给子女。在考试选拔制度下，父辈的文化资本可以起到阶层教育排斥的能力。父母通过自身长期的积累，在教育期望、教育投入和人力资源三个方面将自身的资本传递给子女，从而提高子女的学习动机与志向，自觉地投入学习中去，进而增加自身的受教育机会。

家庭社会网络的质量也对个人的社会经济地位有显著的影响，本书的第二个假设也得到了验证。家庭高质量的社会网络不但可以通过初等教育学校的选择、教育机会的增加等方面来帮助个人，还可以直接提供就业信息和就业机会。而且家庭的社会网络往往可以传递给子女，拓展子女自身的社会网络，进而提高子女的社会经济地位。由此可见，家庭资本的传递效应明显，不同阶层的家庭可以通过资本的传递来传递社会经济地位。

三 结论与讨论

本书通过选取人口统计学基本变量、衡量父辈经济地位的变量及家庭社会网络质量等变量建立了多元线性回归模型，从而对社会经济地位的代际传递效应与再生产进行了研究，具体而言，就是检验父辈的社会经济地位对个人的社会经济地位的影响。实证研究可以发现：

（1）基于户籍与性别基础上的社会经济地位的不平等。户籍、性别对个人社会经济地位有一定的影响,而年龄及个人党员身份对人均收入影响不显著。模型 1 与模型 2 的结果均表明户籍、性别对个人社会经济地位有显著影响,具体表现为男性比女性人均收入高,农村比城市人均收入高。产生差异的原因可能与我国一些不合理的社会制度有关,比如城乡二元的户籍制度一方面造成了个体社会经济地位的分化,另一方面也为代际传递提供了制度性庇护。户籍属于先赋性因素,城市户籍的政策优势依然可以起到代际传递的效果。因此,应改变一些不合理的社会制度,减少对代际传递的政策性庇护,营造一个更加公平合理的社会制度环境来保证竞争的公平性。

(2)基于教育不平等过程中的社会经济地位分化。个人受教育程度是影响个人社会经济地位的最重要的因素。个人受教育程度越高,收入越高,具体表现为受教育程度每上升一个层级,收入会增加 21.8%。教育是社会弱势群体向上流动、改变自身命运的少数有效途径之一,要改变弱势群体的不利状况依然需要大力发展教育,但要促进教育公平的实现,改革教育制度,避免使教育成为代际传递的工具。保障弱势群体的受教育权力,减轻社会上层对教育的垄断和屏蔽,使每一个社会成员都可以平等地享受教育,不至于因为经济原因而失去受教育机会。同时,保障教育考核、录取制度的公平性并适当向弱势群体倾斜。

(3)我国公民的社会经济地位存在显著的代际传递效应,父辈的社会经济地位一定程度上决定着个体的社会经济地位。具体体现在以下三个方面:

首先,父亲是否为党员对个人的社会经济地位有显著性影响,相对于父亲不是党员的人,父亲为党员的个人社会经济地位更高。具体表现为有党员父亲的人比没有党员父亲的人收入会高 13.3%,这说明

第五章 贫困的个人与家庭过程：生命历程、结构变动与家庭生命周期

党员身份作为一种政治资本对后代的社会经济地位有重要影响。行政权力在我国目前的资源配置中仍然发挥着重要作用。而党员身份一定程度上代表着个人获得行政权力的机会。拥有党员身份的人更可能拥有行政权力进而可以影响资源分配，党员父亲可以运用自己在行政权力上的优势为子女提供更多的就业信息甚至直接提供就业机会，使子女拥有更高的社会经济地位。

其次，父亲受教育程度对个人的社会经济地位有显著性影响，父亲受教育程度越高，个人社会经济地位越高，本书的假设1得到充分验证。由回归模型2的结果可知，父亲受教育程度每上升一个层级，个人的经济收入会增加17.8%。这说明父辈的文化资本可以通过文化再生产来传递给子女。在考试选拔制度下，父辈的文化资本可以起到阶层教育排斥的能力。父母通过自身长期的积累，在教育期望、教育投入和人力资源三个方面将自身的资本传递给子女，从而提高子女的学习动机与志向，自觉地投入学习中去，进而增加自身的受教育机会。

我国公民的社会经济地位存在显著的代际传递效应的原因在于优势家庭通过显性的资源排斥和隐形的文化传递来将上一代的资本优势传给下一代，最终实现优势社会地位的代际传递。这一方面彰显着当前社会中社会分层日益凸显，阶层之间的区隔以及代际继承性日益明显；另一方面也显示出我国当前社会流通通道的不畅，给予弱者翻身的机会越来越少。长此以往，会加剧社会底层群体的不公平感和无力感，影响社会的和谐与稳定，使社会缺乏活力。当下"拼爹""富二代"等词汇的风行即彰显了这一状况。

最后，家庭社会网络的规模和质量也对个人的社会经济地位有显著的影响，家庭社会网络规模越大，质量越高，个人社会经济地位越

高，本书的第二个假设也得到了验证。由模型结果可知，家庭社会网络质量高的人比家庭社会网络质量低的人收入高 7.3%。家庭高质量的社会网络不但可以通过初等教育学校的选择、教育机会的增加等方面来帮助个人，还可以直接提供就业信息和就业机会。而且家庭的社会网络往往可以传递给子女，拓展子女自身的社会网络，进而提高子女的社会经济地位。由此可见，家庭资本的传递效应明显，不同阶层的家庭可以通过资本的传递来传递社会经济地位。

综上所述，当前的中国社会存在明显的阶层代际传递现象，这与我国一些不合理的制度安排有关。功能主义者强调，代际之间的地位传递是嵌入在一定的社会制度之中的，制度是一个社会中规则与规范相互交织的中心，二者共同形成了个体行动的外在约束。家庭资本对于代际传递的影响离不开现存制度的庇护。只有改变不合理的制度安排，才能削弱各种先赋性因素对个人的影响，使个人的社会经济地位更多地由个人后天的努力来决定。这样才能建构一个和谐的社会、一个充满活力的社会。

第六章　贫困的经济社会过程：脆弱性、风险承担网络与农村贫困

面对农村贫困问题，学术界已经展开了大量的研究，以往研究往往强调农村教育不发达、经济不发达、自然条件差、基础设施差等原因，这些客观条件的确制约着农村经济发展与贫困农民的生活水平提高。贫困的研究经历了一个由狭义逐渐转变为广义的过程，特别是20世纪50年代以来，贫困的解释变成一个社会、政治、经济、文化等多元的视角，这些变化反映了人类对于贫困和社会发展逐渐形成的许多新的共识。随着社会的进一步发展，我国对于农村贫困地区和人口的扶持力度加大，中国农村贫困人口必将进一步减少，但是贫困人口减少的速度，归根结底还是要追溯到贫困人口是否已经具备了摆脱贫困的能力以及是否脱离了贫困产生的内部外部环境。近几年，人们在认识贫困问题的认识上取得了重要的学术进展，贫困与脆弱性、贫困与风险承担网络问题逐渐成为学术界关注的焦点问题。本章[①]从农村

[①] 说明：项目组成员罗宇翔完成部分数据统计、数据分析、文献资料整理和部分文字撰写。

贫困人口自身的脆弱性，以及风险承担网络，来研究农村贫困问题，有利于重新认识中国社会转型中的农村贫困问题，也有利于为推动政府制定农村减贫政策提供重要的理论依据。从社会发展角度来看，贫困问题与人的脆弱性以及相对应的风险承担网络是一个问题的两面，即脆弱性高低与其风险承担网络的强弱，对贫困群体的贫困产生以及贫困生活状态有极大影响。

第一节 脆弱性贫困、风险承担网络与贫困：问题域与方法论前提

农村贫困人口的脆弱性风险及其风险承担网络与贫困可能性问题研究，是近几年学术界研究的焦点问题，其问题意识、理论建构和方法论基础加深了我们对于贫困的理解，为重新认识贫困、重写贫困的新的问题向度和方法意识、把握农村实践中的贫困问题的经验性差异及其推理实践，具有重要的理论价值和现实意义。

一 脆弱性、风险承担网络与贫困：跨学科学理依据与理论建构

贫困一直是发展经济学研究的一个重要部分，在贫困的发生机制的研究中，经济学更加关注市场风险下的农村贫困问题，经济增长的贫困变动效应；关注宏观的经济指标、人口密度与人均拥有土地的规模、土地的承载能力与人口密度；关于收成、生产率与农业活动的指标；人口增长与经济增长的关系。近年来西方发展经济学开始关注动态贫困和"长期贫困"以及相关的研究，关注返贫的时间和经济变量的研究，关注贫困的动态分析。基于发展经济学视角的市场的逻辑在于：贫困的根源在于经济要素的配置不合理、自然资源的不合理分布、不平衡的信息经济、经济互动中的空间隔离和空间分配、穷人在

第六章　贫困的经济社会过程：脆弱性、风险承担网络与农村贫困

市场竞争中的弱势地位和非理性的行为、市场供需关系变动等。

脆弱性理论的出现，改变了理解贫困问题单一的经济视角。脆弱性是一个广泛、跨学科的概念，它不仅仅包括收入脆弱性，还包括与健康、暴力、社会排斥相关的风险。贫困的脆弱性产生于贫困人口对多种来源的冲击，缺乏应对能力，这些冲击包括自然灾害以及环境因素、个人的健康与教育以及家庭因素、制度和政策等权益性因素、社会福利因素以及经济因素等。国外学术界已将脆弱性研究应用到灾害管理、生态学、土地利用、气候变化、公共健康、可持续性科学、经济学等不同研究领域。目前，随着脆弱性研究应用领域的拓展和相关学科的交融，脆弱性的内涵也在持续地丰富和发展，已经从日常生活中的一般含义逐渐演变成一个多要素、多维度、跨学科的学术概念体系。

二　脆弱性、风险承担网络与贫困：跨学科视域与新的问题意识

从发展经济学的视角来看，贫困主要体现为"经济脆弱性"。贫困的经济脆弱性主要有三大来源，分别是市场体系的不完善和波动性、经济全球化和贸易自由化的冲击以及经济危机的冲击。经济学家也用基于资产的方法定义脆弱性，即由于拥有的有形或无形资产的不充分而陷入贫困。贫困是一个动态状态，脆弱性是在未来一定时期内资产损失或减少到当前消费的某一基准之下的概率。[①] 因此，风险管理就是在事前分配资产，或事后分配资产以减少损失。社会学家常常使用"社会脆弱性"以区别于"经济脆弱性"。社会学家通常将能力、谋生、剥夺、排斥等术语用于描述贫困状态，使用参与式的方法去识别贫困、可能性和贫困的程度。社会学家的最大贡献在于，拓展

[①] 檀学文、李成贵：《贫困的经济脆弱性与减贫战略述评》，《中国农村观察》2010年第5期。

资本的概念，让人们认识到除物质资本、经济资本外，还有重要的社会资本。从政治学和管理学的角度来看脆弱性的问题，主要体现在环境生态治理、灾害管理问题及其基于管理学层面对脆弱性的定义。脆弱性可以定义为个体、家庭和社区面对自然灾害进行防灾、减灾和重建的能力。因此，家庭拥有的资本和获得这些资本的机会，是衡量应对自然灾害的脆弱性的重要方面。灾害管理通常将脆弱性划分为风险减少和救灾两部分。从人口学、公共健康学的角度来看脆弱性问题。健康和营养学家强调营养状况的指标，因此将脆弱性定义为营养脆弱性。通常定义为缺乏正常生活需要的食品摄入的概率，或者是忍受营养相关的患病率或死亡率。[①]

三 问题聚焦和跨学科分析框架：关键议题与问题向度

（1）跨学科视角下的农户脆弱性测量指标和脆弱性评估技术。包括个人或家庭在将来陷入贫困的可能性和风险程度；人力资产指标及测量，包括家庭整体劳动能力指标、单个成年劳动力受教育程度指标；自然资产指标及测量，包括人均拥有耕地面积指标或人均实际耕种面积指标、物质资产指标及测量、家庭住房指标；金融资产指标及测量，包括获得信贷机会；社会资产指标及测量，包括参与社区组织、资金支持的可获得性指标；等等。

（2）脆弱性基础上的农村贫困的测量指标和评估技术。基于发展经济学视域中的贫困的重新界定、新的测量标准、新的测量指标，包括贫困线、贫困度和贫困发生率的测量方法、测量贫困的指标和衡量贫困的主要参数等。具体包括农村贫困监测体系的建构、农村贫困标

---

① 檀学文、李成贵：《贫困的经济脆弱性与减贫战略述评》，《中国农村观察》2010年第5期。

第六章 贫困的经济社会过程：脆弱性、风险承担网络与农村贫困

准线的重新测定、基于食品消费的农村贫困线测定、农村贫困率和贫困弹性的测度、贫困指数、两极分化指数的测算、区域性贫困程度的测量、农村贫困发生率及其生命周期变化、中国转型时期的贫困变动分析、中国贫困规模和程度的估计等。

（3）基于脆弱性、经济增长和收入分配框架中的贫困问题研究。包括经济增长和收入分配因素对农村贫困变动的影响；收入结构变动对贫困率的影响；基于农村收入不平等的贫困和两极分化的测算；收入的区域差异模型；收入贫困发生率；经济增长对中国农村贫困的影响；收入不均、城乡分化、地区失衡；经济增长、收入分配和减贫进程之间的关系；在经济发展的不同时期，收入水平和收入不平等的初始值对经济增长的减贫能力，以及收入不平等的贫困效应的影响；区域产业结构优化与反贫困；收入增长、经济上的不平等和家庭结构变迁。

（4）基于脆弱性、人力资本和劳动力市场的农村贫困研究。包括劳动力市场的分割和二元化趋势、利益群体分化的格局；教育不平等和人力资本差异；贫困地区的技术变革与技术推广；劳动力市场的不完善、发育程度和稳定性。

（5）脆弱性人群、家庭和社区与贫困问题研究。个人、家庭和社区由于缺乏一系列资产而面临的生计风险的增加；脆弱性人群（"处于风险的儿童"、女性户主、老人、残疾人）遭受冲击的可能和抵御冲击的能力；社会资本的规模、程度和效用。

（6）社会—政治—生态系统的脆弱性与农村贫困。作为权利或者福利失败的脆弱性；社会—生态系统的适应性和恢复力；可持续生计与贫穷脆弱性；环境生态、脆弱性与农村贫困问题，包括环境与自然资本的容量、经济对自然与环境的基本依赖性、农村的人口压力、区域利用和环境破坏的程度；全球化与经济危机与农村贫困的再生产与

新的问题意识，包括中国的粮食生产结构、品种和产量、全球化过程中的国家的政策保护、中国的粮食安全和国家稳定、小额信贷扶贫与贫困地区金融政策、农产品市场的不完善和波动情况。

（7）脆弱贫困、风险承担网络和农村反贫困问题研究。包括正式的风险承担网络，如正规保险市场、国家信贷扶贫、中央财政扶贫资金的瞄准分析、政府开发式扶贫资金和投资、公共政策；也包括非正式的风险承担网络，如互惠性的社会支持网络、搀扶式的民间社会网络、非正式信贷或馈赠等形式的资源、社会资本等。

（8）脆弱性与农户风险应对。农户风险主要包括：自然灾害和环境生态风险；个人风险（疾病、受伤、事故、家庭变动等）；失业或资产损失（人力资产、土地资产、物质资产、金融资产、公共物品、社会资产）风险；收入（创收活动、资产回报、资产处置、储蓄投资、转移汇款、经济机会）风险；福利（营养、健康、教育、社会排斥、能力剥夺）风险；政治风险（社会稳定、社会安全、社会管理、制度的合法性诉求）。这一框架将农户的各类资源、收入、消费以及相应的制度安排很好地纳入一个跨学科的体系之中。

（9）农村贫困人口社会支持的多水平分析。包括网络关系嵌套于个体中心网的多水平模型；社会支持网络成员的个人特征及网络的关系构成；社会支持网络的关系强度、交往频率、互惠方式、网络规模、网络关系聚合、他人层次和网络层次的互动；社会支持的多层次模型包括情感支持、经济支持、陪伴支持；网络关系的个人特征（性别、收入、职业）对社会支持的影响；网络规模和关系构成（配偶、父母/成年子女关系、兄弟姐妹、远亲、同事、朋友、邻居）对社会支持的影响；关系强度交往频率和互惠对社会支持的影响等。

总之，基于脆弱性、风险承担网络与农村贫困研究的问题向度体现在农村贫困人口的脆弱性风险以及风险承担网络对贫困发生可能性影响；农村贫困与农村居民的脆弱性风险因素中健康风险、财产风险、环境生态风险是否有显著性的关系；从风险承担网络角度来看，基于正式支持网络所带来的政策效应以及基于非正式支持风险承担网络对其贫困发生的可能性是否存在显著的影响，如表6-1所示。

表6-1　　　　脆弱性与风险承担网络：跨学科视域

（Ⅰ）脆弱性的分析框架	（Ⅱ）风险承担网络的框架
(1) 脆弱性人群：个人（老年人、儿童、妇女、残疾人）、家庭（婚姻破裂、劳动力损失、重大事故）； (2) 农户风险：自然灾害、环境生态风险；个人和家庭风险（疾病、受伤、事故和家庭变动）；事业和资产风险（资产、储蓄投资、经济机会、财产的安全性）；福利风险（健康营养、教育住房、社会保障与福利排斥、能力剥夺）；政治风险（社会稳定、社会安全等）；技术风险（技术变革）； (3) 家庭抗风险能力和机制：脆弱性与农户风险应对能力和机制	(1) 正式的社会支持网络（国家、地方政府与社区支持、社会保障与福利、婚姻、生育和人口政策、医疗、健康政策、扶贫政策、环境生态治理政策、金融扶持和扶贫项目推动等）； (2) 非正式的社会支持网络（社会资本的程度、规模和效应、互惠性的社会支持网络、搀扶式的民间社会网络、非正式的民间信贷和馈赠形式、亲属关系和邻里互助网络等）； (3) 工具性支持和情感性支持社会网络； (4) 社会资本的累计和培育（社会组织参与、社会团结与整合、社会信任等）

第二节　理论解释与实证研究：过程性知识与反思性聚焦

在国外，贫困问题一直是学术界所关注的热点问题。其理论关注的重点和诠释方式也发生了重要变化，从20世纪50年代的收入贫困到八九十年代的能力贫困和权利贫困的多维视野，到21世纪以来国际社会和学术界将贫困人口遭遇未来风险冲击的生存脆弱性和风险承担网络纳入贫困的内涵。与静态、被动的"事后评价方法"以及"问题应对式"的扶贫策略不同，脆弱性和风险承担网络这种动态性的、前瞻性的分析理念，更加关注贫困的长期性、动态性、减贫的稳定性、返贫的可能性以及贫困人群的风险分担网络问题。

一 脆弱性风险与贫困发生的可能性假设

脆弱性风险与贫困（Vulnerability Risk and Poverty，VRP 假设）问题最近几年引起学术界关注，尤其是在社会学和发展经济学领域。脆弱性是对社区或家庭一种状态的描述，即对于各种冲击发生的可能、发生的时间和程度以及冲击的结果等。脆弱性实际上是一个前瞻性的概念，它着眼于未来可能出现的各种冲击，结合社区或家庭应对冲击的能力做出预测，是一种防患于未然的思维起点。艾吉尔（Adger）对脆弱性（vulnerability）指出，贫困研究领域中的脆弱性研究，主要是在个体和家庭的尺度上，从人的谋生能力和消除贫困的角度进行分析。他认为脆弱性是谋生能力对环境变化的敏感性以及不能维持生计，生计能力取决于人的谋生技能、资产状况、生态风险和生态服务功能等多方面。[1] 联合国粮食及农业组织《2000 年世界粮食不安全状况》报告也对脆弱性进行过科学界定，即脆弱性是指人们处于粮食不安全或营养不良等各种风险，包括影响其应对能力的各种因素。个人、家庭或人群的脆弱程度取决于其遇到的风险因素及其应付或承受压力的能力。脆弱性是人们风险暴露程度和承受压力下的弹性函数，这种系统弹性取决于在维持人群达到最低福利标准或阻止情况恶化而导致陷

---

[1] Birkamannn, J. ed., *Measuring Vulnerability to Hazard of National Origin*, Tokyo: UNU Press, 2006: 43.

第六章 贫困的经济社会过程：脆弱性、风险承担网络与农村贫困

入更深的不安全状况时，灾害风险管理策略的可能效果。①

罗伯特·钱伯斯（Robert Chambers）指出脆弱性包括外部因素和内部因素两个方面，外部因素是指一个人可能遇到的风险、冲击和压力等；内部因素是指没有防御能力，即缺乏应对外部因素带来损失的能力和机制，即脆弱性分析的内部—外部分析框架。后来学者在此基础上进一步发展了脆弱性分析框架，马丁·普劳斯（Martin Prowse）将脆弱性分析框架重新进行整合，形成了更加完善和具体的暴露、能力和后果三维框架。② 在该框架中，对于暴露的分析更加细致和具体，主要包括风险或者外部冲击的规模、频率、周期、强度、预警、集体行动和不可预见性程度；在对脆弱主体的能力的分析中也将其分解成风险应对机制、资产、权利和能力四个要素；在暴露风险和应对能力的综合作用下，其产生的后果则包括生计策略改变和贫困加剧。海尼格（Henninger）提出脆弱性风险主要包括环境风险、市场风险、政治风险、社会风险和健康风险。③ 世界银行在此基础上将不同类型的风险事件又具体分为微观、中观和宏观三个层次，即个人或居民、多个居民或社区、地区或国家。作为以消除贫困为宗旨的发展机构，世界银行更侧重的是如何应对风险，即化解风险的机制，世界银行提出了化解风险的四个层次：应付风险、保险、减轻风险多样化、消除风险，对于这四个层次分别从非正规机制和正规机制两个维度提出不同的行动措施。

---

① FAO, *Rome Declaration on World Food Security and World Food Summit Plan of Action Rome*, 1996: 123.
② Martin Prowse, "Towards a Clearer Understanding of Vulnerability in Relation to Chronic Poverty", *CPRC Working Paper*, 2003 (24): 109.
③ Henninger, N., Mapping and Geographic Analysis of Human Welfare and Poverty – review and Assessment, World Resources Institute: Washington, D. C., 1998: 212.

事实上，严重的健康风险冲击会损害农户长期的创收能力，尤其是对于缺乏医疗保障的农户来说，影响是长远和巨大的。家庭成员遭受大病冲击对于家庭收入能力的影响主要体现在两个方面：一是直接影响，这种短期的影响主要体现在患病者一段时间内劳动能力的丧失或者给予看护的家庭成员劳动时间的损失，从而导致的短期对收入的影响；二是间接影响，这种长期的影响主要体现在康复的大笔花费会挤出家庭用于生产设备购置的费用，从更长时间来看，甚至会因为影响子女的教育投资，从而导致家庭创收能力受到损害。

二 风险承担网络与贫困发生的可能性假设

风险承担网络与贫困（Risk Taking Network and Poverty，RTNP 假设）同样在贫困问题研究中引起关注。在近几年的贫困问题研究中，学术界开始重点关注贫困中的风险承担网络，尤其是非正式的风险分担网络研究。非正式风险分担网络属于社会资本的范畴。对于物质资本和人力资本都相当匮乏的穷人来说，社会资本在生产和生活中起到了举足轻重的作用，因此被认为是"穷人的资本"。通过与其他人建立风险分担关系，穷人可以获得非正式信贷、馈赠等形式的资源，并运用于生产或生活，从而带来收益。事实上，越是贫困的人群，越是易于受到风险冲击，在风险面前也越是不堪一击，即脆弱性程度越高；反过来，脆弱性越高，抵御风险的能力就越弱，遇到的风险就越多，受到的风险打击也越大，因而贫困越深。在这里，贫困状态与风险的脆弱性构成一个面向未来自我强化的恶性循环。要截断这个恶性循环、跳出贫困陷阱，贫困人群需要依靠风险分担网络，它是抵御风险、减轻冲击伤害的盾牌。

非正式的社会支持或社会互助网络是贫困家庭赖以生存的重要支柱。事实上，在正规保险市场尚不完善的发展中国家广袤的农村贫困地区，贫困人口抵御风险冲击在很大程度上只能依赖相互搀扶式的民间社会网络，它是抵御风险、减轻冲击伤害的最后屏障。非正式风险分担网络属于社会资本的范畴，对于物质资本和人力资本都相当匮乏的穷人来说，社会资本在生产和生活中起到了举足轻重的作用。通过与其他人建立风险分担关系，穷人可以获得非正式信贷、馈赠等形式的资源，并运用于生产或生活，从而带来各种收益以应对面临的贫困问题。非正式风险分担一般呈现出网络结构形态，非正式信贷、现金或礼物的馈赠通常在亲朋好友等"熟人社会"网络转移。事实上，农户倾向于与那些有共同生活经历，或曾经共同分担风险的农户分担风险，这意味着地理距离和社会距离较近的家庭之间更易形成风险分担网络，也意味着这种风险承担网络能随时有效应对面临的贫困问题。[1]

风险承担网络的研究主要体现为社会支持和社会关系网络研究。社会支持网络指人们从社会中所得到的、来自他人的各种帮助，财务支持和精神支持同样是个人社会支持的两个重要方面。在学术界，一般将社会支持分为两大类：客观上的支持，包括物质上的直接援助和社会网络、团体关系的存在与参与，是人们赖以满足他们社会、生理和心理需求的家庭、朋友和社会机构的汇总；主观上的支持，即个人所体验到情感上的支持。[2]

三 社会资本与农村贫困的建构性与工具性解释模型

该解释模型关注那些势必会造成困苦生活的关系剥夺。社会排斥

---

[1] 潘泽泉、许新：《贫困的社会建构、再生产与对策：中国农村发展30年》，《学术研究》2009年第11期。

[2] 陈成文、潘泽泉：《论社会支持的社会学意义》，《湖南师范大学社会科学学报》2000年第6期。

思想就非常适合用于分析此类剥夺。剥夺是遭受无法参与社交活动的剥夺，比如自如地出现在公共场合，或者更笼统地说，遭受的是参与社会生活的剥夺。这些能力的关系属性在能力不足与社会排斥这两个概念之间架起了一座桥梁。

（一）社会资本的反贫困功能研究

社会资本也是人们从事经济活动、获得收益和福利的基础与资源。贫困地区物质资本和人力资本相对来说都比较缺乏，市场发育程度也较低，社会资本可以在一定程度上弥补在贫困地区所缺失的部分市场功能。而且，对于贫困家庭来说，社会资本是门槛较低的一种资本，在其日常经济生活中占据重要地位。人与人之间的互助行为，特别是血缘、亲缘、地缘关系的亲戚朋友之间的相互借贷、信息共享，在贫困地区极为普遍。[①] Collier、Grootaert、C. Grootaert 和 T. Van Bastelaer 将社会资本划分为民间社会资本（civil social capital）和政府社会资本（government social capital）。以信任和社会纽带为特征的民间社会资本在减轻贫困程度中发挥了重要作用，而政府社会资本则在消除绝对贫困方面起作用，因而社会资本有助于降低个人和整个国家的贫困程度。世界银行报告（2001）也认为，社会资本构成要素中的各种社会经济准则和网络是人们用以摆脱贫困的主要资本形式。

（二）社会资本的排他性与贫困陷阱研究

Tewodaj 和 Mecheal（2005 年）的研究表明当存在经济行为的社会嵌入时，经济不平等现象会更加持久。Adato & Carter 社会资本具有收入增进效应，但是更加利于非穷人（non‐poor）的收入向上流动

[①] 叶初升、罗连发：《社会资本、扶贫政策与贫困家庭福利——基于贵州贫困地区农村农户调查的分层线性回归分析》，《财经科学》2011 年第 7 期。

第六章 贫困的经济社会过程：脆弱性、风险承担网络与农村贫困

对于穷人来说，社会资本会使其保持低水平收入稳定状态而缺乏向上流动的趋势。

（三）社会资本总体福利效应

普特南（Robert D. Putnam）："与物质资本和人力资本相比，社会资本指的是社会组织的特征，例如信任、规范和网络，它们能够通过推动协调和行动来提高社会效率。社会资本提高了投资与物质资本和人力资本的收益。"（1993）社会资本指的是处在网络或更广泛的社会结构中的个人动员稀有资源的能力。波茨认为各种背景下的社会资本通常具有三个基本功能：作为社会控制的来源，主要关注使社会处于良好运转中的社会规则的执行；作为家庭支持的来源，关注家庭对子女的支持以及家庭内部的相互支持；作为通过家庭外的网络获得收益的来源，较多地用来解释就业、职业阶梯上的流动以及企业家的成功。[①] Narayan 和 Pritchett（1997）在坦桑尼亚的研究、Grootaert（1999）对印度尼西亚的实证分析以及 Grootaert 和 Narayan（2004）对玻利维亚农户的研究都得出了相似的结论：穷人的社会资本回报率要比富人的高，穷人的社会资本回报率要比其他形式的资本（物质资本和人力资本）回报率要高。可以说，社会资本是"穷人的资本"。[②]

经由国外关于脆弱性风险、风险承担网络（社会资本）与贫困问题的话语实践和理论视点，可以发现，国外关于脆弱性的研究主要集中在发展经济学领域，其关注的焦点也集中在经济与生态环境的脆弱性，涉及健康脆弱性、健康风险的研究相对较少。本书从健康脆弱性、财产保障脆弱性、环境脆弱性三个层面建立一个比较完整的分析

[①] 周长城、陈云：《贫困：一种社会资本视野的解释》，《学海》2003 年第 2 期。
[②] 张友琴：《老年人社会支持网的城乡比较研究——厦门市个案研究》，《社会学研究》2001 年第 4 期。

框架，并在此分析框架下分析农村贫困问题，为研究农村贫困问题提供一种新的问题意识与解释框架。同时，通过以往的研究发现，在农村贫困和扶贫研究中，社会支持网络的研究不多，更多的是集中在国家政策层面，即正式风险承担网络，而对非正式风险承担网络的研究较少，本书试图超越这一局限，从正式风险和非正式风险承担网络的双重解释框架来解释农村贫困问题。

第三节 诠释农村贫困新视域：研究问题与研究设计

一 脆弱性风险、风险承担网络与可持续生计：研究思路

基于 VRP 假设、RTNP 假设和中国农村的实践场域，本书的研究议题首先体现为脆弱性风险与贫困出现的可能性问题研究，体现在人们在遇到风险、冲击和压力境遇中的风险应对机制、资产、权利和能力，具体的问题包括贫困与环境风险（可持续生态环境或资源破坏）、贫困市场风险（收入、财产保障、劳动力保障和可持续生计框架）、政治风险（社会政策、政府的贫困治理与社会保障）、社会风险（互惠性社会支持网络的破坏、人口流动与家庭结构变迁等）和健康风险（所面临的重大治病和死亡）；其次是风险承担网络与农村贫困发生的可能性问题研究，风险承担网络体现在两个方面，即正式的风险承担网络和非正式的风险承担网络，具体的问题包括：社会资本与贫困发生、社会关系网络与共同的风险承担机制。

二 脆弱性风险、风险承担网络与可持续生计：问题域与研究假设

本书主要分析农村居民脆弱性风险因素以及风险承担网络与贫困

的相关性、贫困出现的可能性，并具体分析脆弱性因素与风险承担网络对中国农村贫困问题的解释力。本书通过对调查统计数据先进行交叉分析，对其进行显著性检验，计算脆弱性风险因素与贫困、风险承担网络与贫困的卡方值，以及对应的相关系数统计量，来判断变量间的关联程度。然后建立一组 Logistic Regression（LR）模型，逐步将脆弱性因素、风险承担网络因素纳入模型中，通过观察计算出的模型参数，就农村贫困发生的可能性做出解释。

第一组假设是脆弱性风险与贫困发生的可能性假设（VRP 假设），如果假设成立，即得出农村的居民所面临的脆弱性程度越高，其贫困发生的可能性越大。具体的假设是：

假设 1：农村家庭的脆弱性风险越大，农村贫困发生的可能性越大。

假设 1 可以进一步分解为三个子假设：

假设 1a：健康脆弱性风险越高，贫困发生的可能性就越大。

假设 1b：财产保障脆弱性风险越高，贫困发生的可能性就越大。

假设 1c：环境生态脆弱性风险越高，贫困发生的可能性越大。

第二组假设是风险承担网络与农村贫困发生的可能性假设（RT-NP 假设），如果假设成立，即说明农村居民的正式支持网络或者非正式支持网络规模越小，农村贫困发生的可能性就越大。具体的假设是：

假设 2：农村家庭的风险承担网络越强，农村贫困发生的可能性越少，反之亦然。

假设 2 可以进一步分解为两个子假设：

假设 2a：正式风险承担网络越强，贫困发生的可能性越小。

假设 2b：非正式风险承担网络越强，贫困发生的可能性越小。

三 脆弱性风险、风险承担网络与可持续生计：理论变量与解释模型

（一）因变量

我们用"是否贫困"指标来衡量农村贫困发生。本书考察的是脆弱性、风险承担网络与贫困发生问题，根据国际通用的标准，衡量贫困的标准采用收入法，收入法则是从收入的角度出发，首先确定必需品的数量，以及根据这些必需品的市场价格计算出一个人或家庭维持最基本生存所需的预算开支或收入，直接用人均收入界定是否贫困最直接，也最有效。采用 2011 年 11 月中央扶贫办工作会议决定的扶贫标准，年收入 2300 元作为贫困人口的识别与划分，本次研究采用的数据来源于课题组于 2012 年 6 月在湖南省 10 村所做的实地调查数据，我们用计算机统计软件进行数据处理，将其重新编码为不同变量，符合扶贫标准（即低于 2300 元的），编码为 0，表示个样本数属于贫困人口，高于 2300 元的编码为 1，表示该样本属于非贫困人口。

（二）自变量

本次研究的自变量一共两组，即本研究所对应的脆弱性，以及风险承担网络。

1. 脆弱性风险

首先脆弱性有三个维度，即健康脆弱性风险、财产保障脆弱性风险以及环境生态脆弱性风险。对于健康的脆弱性风险指的是健康风险与应对健康风险的能力的综合影响，制度性的患病后的治疗保障，以及自身健康状况。我们用三个二级指标来衡量：健康保障（新农合参与行为发生）、疾病风险（重大治病发生可能性），以及健康风险状况自评。我们将健康保障用新农合的参与行为发生来测量，选取问卷中"是否参与了新型农村合作医疗保险？（健康保障）"将其答案赋值为

"0 = 参与了，1 = 没有参与"。疾病风险采用"您是否生过大病？（疾病风险）"将其答案赋值为"0 = 没有，1 = 有过"。健康状况自评"总的来说，您认为自己的健康状况怎么样？（健康状况自评）"其答案赋值为"1 = 很好，2 = 好，3 = 一般，4 = 不好，5 = 很不好"，数值越大表明其个案健康脆弱性程度越高。

财产保障脆弱性风险指的是财产风险以及与之相对应抗冲击的能力的综合影响。同样选取三个二级指标，一是稳定性财产收入保障，二是政府财产保障行为，三是财产安全性自评。我们分别选取问卷中"除了农业收入，您是否有其他稳定收入来源？"将答案赋值为"0 = 有，1 = 没有"。"您家里过去一年有没有收到过下列政府补助？"凡是有填写了政府补助的数字金额的个案，将其重新编码为0，即"0 = 获得过政府补助"。没有填写的都编码为1。"你觉得你的生存环境总体评价怎么样？"答案赋值为"1 = 很好，2 = 好，3 = 一般，4 = 不太好，5 = 不好"。以及"你对于你的财产的安全性有何评价（财产安全自评）"答案赋值为"1 = 安全，2 = 比较安全，3 = 一般安全，4 = 不太安全，5 = 很不安全。"数值越大表明其健康脆弱性程度越高。

环境生态的脆弱性风险指的是外部生活环境，主要指自然条件方面对人的影响。在环境脆弱性的衡量上，采用两个指标：一是环境生态影响发生经历，二是生活环境脆弱性自评。分别选取问卷中相关的问题，"您是否遭受到自然灾害或受到环境污染的影响？"答案赋值为"0 = 没有影响，1 = 受到了影响"。"您觉得你们村的环境状况如何？"答案赋值为"1 = 很好，2 = 好，3 = 一般，4 = 不太好，5 = 不好"。数值越大表明其脆弱性程度越高。

2. 风险承担网络

风险承担网络有两个维度，即正式承担网络以及非正式承担网络。

正式承担网络是指政府以及市场参与过程中面对风险发生时的制度化的风险承担网络与承担机制，在本书中，选取新农保参与行为发生以及其他市场化的商业保险参与行为发生来度量，具体来说，本书选用问卷中问题"你的家庭参与新型农村社会养老保险的情况"答案赋值为"1＝不知道，或者没人参加，2＝部分人参加，3＝全部都参加了"，对于市场提供的风险承担，我们选取问卷中"你过去一年花在商业保险上有多少钱？"通过数据转换，将该变量不为缺省值的变量转换为1，表示该个体参与了商业保险，而缺省值的转化为0，表示该个体并没有参与商业保险。

非正式风险承担网络，是指靠家庭、亲缘关系和地缘关系实现对农村家庭的经济风险承担，自身家庭是风险承担网络中最直接的一环，本书采用农村家庭劳动力保障、亲属支持、邻里援助来衡量。具体在问卷中，我们选取"家庭男性劳力有几人？（劳动力保障）"答案赋值"1＝1—2人，2＝3—4人，3＝5—6人，4＝7人及以上"。问卷中"如需要借钱，是否有亲戚能借给你？（亲属支持）"来衡量家庭的亲缘支持，赋值"1＝不知道，或不能，2＝能，但较困难，3＝能"。选取问卷中"如果外出，是否能找到邻居替你看房子？（邻里援助）"来度量作为地缘关系中最重要的一环——邻里援助。

经由"是否通过以下途径贷过款"的调查数据显示，选择借过款的主要是通过亲戚朋友借款，为326人，占65.2%；而通过银行、信用社借款的有102人，为20.4%；通过民间借贷和其他途径借款的比较少，分别有24人（4.8%）、16人（3.2%）。而没有借过款的人有114人，占22.8%。调查结果表明，农村居民的求助行为集中在非正式支持网络，具有差序格局的特征。

（三）控制变量

本书的控制变量包括年龄、性别、党员身份和文化程度，参照以往的研究成果，并结合中国社会的实际，特别是中共党员身份在中国所具有的特殊重要性，故应加上"是否党员身份"这一变量，赋值"0 = 非中共党员，1 = 中共党员"。

由于因变量，是否贫困只有两个取值的变量，所以本书采用二元逻辑斯蒂回归统计模型作为分析工具。

表 6 – 2　　　　变量的定义、赋值以及描述性统计

类型	变量	性质	赋值	均值	标准差
人口统计学特征	性别	定类	0 = 女，1 = 男	0.53	0.499
	年龄	连续	18—86 岁	48.19	14.856
	党员身份	定类	0 = 非中共党员，1 = 中共党员	0.10	0.304
	文化水平	定距	1 = 未上学，2 = 小学，3 = 初中，4 = 中专或高中，5 = 大专及以上	2.73	0.983
脆弱性风险因素	健康脆弱性风险				
	新农合参与行为发生	定类	0 = 参与了，1 = 没有参与	0.01	0.136
	重大疾病史发生	定类	0 = 没有，1 = 有过	0.01	0.125
	健康风险状况自评	定距	1 = 很好，2 = 好，3 = 一般，4 = 不好，5 = 很不好	2.97	0.876
	财产保障脆弱性风险				
	稳定性收入来源保障	定类	0 = 有，1 = 没有	0.68	0.305
	政府补贴享受行为发生	定类	0 = 有，1 = 没有	0.08	0.134
	财产安全性自评	定类	1 = 安全，2 = 比较安全，3 = 一般安全，4 = 不太安全，5 = 很不安全	2.86	0.876
	环境生态脆弱性风险				
	环境生态影响发生	定类	0 = 没有影响，1 = 受到了影响	0.024	0.134
	生活环境脆弱性自评	定距	1 = 很好，2 = 好，3 = 一般，4 = 不太好，5 = 很不好	3.011	0.897

续表

类型	变量	性质	赋值	均值	标准差
风险承担网络	正式风险承担网络				
	新农保参与行为发生	定距	1＝没人参加，或不知道，2＝部分人参加，3＝全家都参加	2.76	0.775
	商业保险参与行为发生	定类	0＝没有或不知道，1＝买过	0.12	0.352
	非正式风险承担网络				
	家庭劳动力保障供给	定距	1＝1—2人，2＝3—4人，3＝5—6人，4＝7人及以上	0.12	0.352
	亲属支持行为发生	定距	1＝不能或不清楚，2＝能，但比较难，3＝能，可以得到支持	2.51	0.765
	邻里援助行为发生	定距	1＝不能或不清楚，2＝能，但比较难，3＝能，可以得到援助	1.25	0.578
	贫困	定类	0＝贫困，1＝不贫困	0.82	0.384

（四）分析模型

本书的主要目的是考察农村居民的脆弱性风险，以及风险承担网络是否对其贫困有影响，因此建立一组模型采取逐步回归的方式来考察。首先将可能影响是否贫困的人口统计学特征变量纳入模型，建立模型 A，然后再将衡量脆弱性的变量纳入模型之内，建立模型 A_1；最后再将衡量风险承担网络的变量纳入模型，建立模型 A_2。

模型 A（基准模型/Benchmark Model）：

$$Y = \ln\left(\frac{p}{1-p}\right) = \alpha + \sum_{i=1}^{4} b_i X_i$$

模型 A_1（VRP 假设模型）：

$$Y = \ln\left(\frac{p}{1-p}\right) = \alpha' + \sum_{i=1}^{4} b'_i X_i + \sum_{i=1}^{8} c'_i X'_i$$

模型 A_2（RTNP 假设模型）：

第六章 贫困的经济社会过程：脆弱性、风险承担网络与农村贫困

$$Y = \ln\left(\frac{p}{1-p}\right) = \alpha^* + \sum_{i=1}^{4} b_i^* X_i + \sum_{i=1}^{8} c_i^* X'_i + \sum_{i=1}^{4} d_i^* X''_i$$

式中 p 代表的是没有发生贫困的概率，$1-p$ 表示发生了贫困的概率。在基准模型 A 中，b_i 是没有加入脆弱性以及风险承担网络因素之前，个人特征 X_i 的影响，X_i 分别代表性别、年龄、党员身份、文化水平四个人口统计学特征变量。

模型 A_1 中，b'_i 是加入了脆弱性影响因素之后，人口统计学特征变量的主效应，c'_i 是脆弱性影响因素的主效应，分别代表健康脆弱性、财产保障脆弱性以及环境的脆弱性。

模型 A_2 中，b_i^* 是加入了脆弱性影响因素以及风险承担网络因素之后，人口学统计特征变量的主效应，c_i^* 代表脆弱性与风险承担网络因素加入之后，脆弱性因素的主效应，d_i^* 代表风险承担网络因素的主效应。

第四节 贫困再造：基于脆弱性风险与风险承担网络的实证研究

在数据分析过程中，我们首先对 10 村农村居民的部分人口统计学变量进行了描述性分析，从而得到贫困人口与非贫困人口总体上的差异。然后，利用卡方检验对农村居民人均收入和各变量进行了显著性检验，同时根据变量性质不同选取了 Spearman 等级相关检验和 Gamma 系数检验对人均收入与各变量进行了相关检验，用来测算脆弱性因素、风险承担网络因素与农村居民经济收入之间的相关性。最后将影响因素纳入二元逻辑斯蒂模型进行了逐步回归分析，根据模型结果来判断脆弱性与农村家庭风险承担网络的各种因素对于农村贫困的

影响程度，如表 6-3 所示。

表 6-3　贫困（人均收入）与各变量的显著性检验及相关性分析结果

	Pearson 卡方值	自由度	双侧近似 P 值	Spearman's Rank	Gamma 系数	近似 P 值
新农合参与	13.873	5	0.016	0.18	—	0.530
重大疾病史	23.873	5	0.009	-0.25	—	0.015
健康状况自评	188.523	20	0.000	-0.349		0.000
收入来源渠道保障	86.969	5	0.000	—	-0.439	0.000
政府补贴	22.266	5	0.000	—	-0.154	0.000
财产安全自评	95.827	20	0.000	—	-0.204	0.000
环境影响	8.802	5	0.117	—	-0.084	0.133
生活环境自评	77.702	20	0.000	—	-0.058	0.000
新农合参与	59.662	10	0.000	—	0.302	0.000
商业保险参与	259.325	5	0.000	—	0.579	0.000
家庭劳动力保障供给	260.547	30	0.000	—	0.104	0.004
亲属支持行为	297.417	10	0.000	—	0.322	0.000
邻里援助行为	21.725	10	0.017	—	0.007	0.901

一　脆弱性风险因素与农村贫困（人均收入）的相关性分析

首先，我们遵循着脆弱性从自身个体向外扩展的路径，即身体健康脆弱性风险—财产保障脆弱性风险—环境生态脆弱性风险，我们选取相关变量来分析。同时，我们将样本中农村居民收入进行重新编码，将连续变量转化为定序变量，进行交叉分析和定序变量的斯皮尔曼相关系数计算，如表 6-4 所示。

表6-4　　　　　　　　　当前农村贫困的主要原因解释

	频数	百分比（%）
缺少劳动力	222	41.3
自然条件差或灾害	282	52.4
疾病或损伤	222	41.3
下岗失业	28	5.2
投资失败	18	3.3
其他	14	2.6

由表6-4可知，认为当前农村贫困的主要原因为自然条件差或灾难的有52.4%（282人）；认为是缺少劳动力和疾病或损伤的一样多，都占41.3%（222人）；而认为是下岗失业和投资失败的人最少，分别为5.2%（28人）、3.3%（18人）。

（一）健康脆弱性与农村贫困的相关分析

新农合参与行为发生与农村贫困相关分析。分析结果表明，从卡方检测结果看，人均收入与新农合的参与是显著相关的，P值（Sig.）= 0.016 < 0.05。但是通过斯皮尔曼等级相关系数检测，我们发现，其值为0.18，且显著性水平远大于0.05，这表明这两个变量间不存在有序的关联。研究结果同时发现，农村贫困与新型农村合作医疗参与行为并没有显著的相关性。由于农村合作医疗的普及和推广，让农村居民得到实惠，参与农村合作医疗的成本不高，所以与经济收入之间并没有直接关系。

疾病发生风险与农村贫困的相关分析。经由健康自评情况的调查数据结果显示：多数受访者认为自己健康状况一般，占总人数的43.4%；其次有24.3%的受访者认为自己健康状况好；16.5%的受访者认为自己健康状况不好；9.6%的受访者认为自己健康状况很好；还有6.3%的受访者认为自己健康状况很不好，如表6-5所示。

表 6-5　　　　　　　　健康自评情况统计（N=544）

	频数	百分比（%）	有效百分比（%）	累计百分比（%）
很好	52	9.5	9.6	9.6
好	132	24.1	24.3	33.8
一般	236	43.1	43.4	77.2
不好	90	16.4	16.5	93.8
很不好	34	6.2	6.3	100.0
合计	544	99.3	100.0	

通过卡方检验以及斯皮尔曼等级相关系数我们可以得出，经济收入与其健康脆弱性的重要指标重大疾病史有相关性。卡方值为23.873，自由度为5，显著性水平为0.009，小于0.05，有理由拒绝原假设，接受备择假设，即其收入水平与是否有重大疾病史是显著相关性的。继续通过计算斯皮尔曼等级相关系数可知，其值为-0.25，说明没有重大疾病史的个案其对应的收入相对高一些，其陷入贫困的可能性就低一些。

健康风险状况自评与贫困的相关分析。居民对自身的健康现状进行自评，虽然带有主观色彩，但自我健康的感知，显然依然是衡量农村居民健康的重要指标。通过交叉分析以及斯皮尔曼等级相关系数我们可以得出，人均经济收入与居民的健康状况自身感知是相关的。在自由度为20的水平下，卡方值为188.523，显著性水平为0.000，小于0.05，有理由拒绝原假设，接受备择假设，即人均收入水平与对于健康状况的自我评价是显著相关的。继续通过计算斯皮尔曼等级相关系数可知，其值为-0.349，说明了健康自我评价越糟糕，其经济收入越低，其陷入贫困的可能性就越大，如表6-6所示。

表6-6　　　　　　健康风险和农村贫困的发生学解释

编号	口述史资料：健康风险和农村贫困的发生学解释
A002	1997年大儿子得了鼻癌，2002年去世，1998年小儿子下岗，2006年左眼因眼疾被摘除
A003	1993年，大儿得了脑瘤，1999年大儿子去世。2003年，妻子得了胃溃疡，2006年获低保
A006	家庭结构完整。胡是外地移民，他总是担心被别人欺负，因此想生儿子。胡的妻子在1975—1981年连续生了四个女儿后，违反计划生育政策，1985年儿子出生
A008	以前比较富裕，家庭发生重大变故，妻子和小孩因病过世，治病欠下大量的债务
A011	老公风湿，腰腿不好，几乎不能动；有心脏病，头发掉光，腿脚不方便
A012	1954年前后修水库3年（1950年、1955年、1956年），受伤致残，双腿受伤；大儿子当兵6年，得鼻癌去世
A014	种田，儿女没有钱给父母，靠自己种田维持生计，1988年修房子，2006年，左眼球被摘除，去年腰疼，花了600元看病，大儿子1967年出生，1997年去深圳打工，学会开车后，在深圳开的士，2001年，脑瘤去世，治病花了10多万元
A017	2011年，检查出青光眼，动手术花了7000元；老公，2006年生病，脑血栓阻塞，在县医院住院花了3000元，2011年，在县人民医院住院花了4000元，2011年在附二住院，脑中风，花了16000元，报销了一部分
A019	丈夫2011年去世，因病，村里医生给治疗，打针后死亡；丈夫90年代出去打工，事故头部受伤，后遗症，经常吃药；有一儿一女，老式两层楼，没有装修

（二）财产保障脆弱性与农村贫困的相关分析

稳定性收入来源保障与农村贫困的相关分析。收入渠道的多寡对财产保障有重要意义，通过交叉分析以及伽马等级相关系数我们可以得出，人均经济收入与居民的收入来源渠道保障是相关的。在自由度为5的水平下，卡方值为86.969，显著性水平为0.000，小于0.05，有理由拒绝原假设，接受备择假设，即人均收入水平与农村居民收入渠道的多样性是显著相关的。继续通过计算伽马等级相关系数可知，

其值为 -0.439，显著性水平为 0.000，说明农村居民如果缺乏农业以外的收入来源，其对应的人均经济收入是不如有其他经济来源的，其财产保障的脆弱性就越高。

由表 6-7 可知，在没有工作的人中，有 70 人因为丧失劳动能力无工作，占 30.7%；有 16 人因为正在上学无工作，占 7.0%；有 4 人因为已退休或离休无工作，占 1.8%；有 40 人因本人原因失业无工作，占 17.5%；有 8 人因土地被征用或收回无工作，占 3.5%；90 人因其他原因无工作，占 39.5%。

表 6-7　　　　　　　　　　目前无工作的原因

	百分比（%）	有效百分比（%）	累计百分比（%）
丧失劳动能力	12.8	30.7	30.7
正在上学	2.9	7.0	37.7
已离/退休	0.7	1.8	39.5
因本人原因失业	7.3	17.5	57.0
因单位原因失业	0	0	57.0
承包的土地被征用/收回	1.5	3.5	60.5
其他	16.4	39.5	100.0
总计	41.6	100.0	

政府补贴享受行为发生与农村贫困的相关分析。通过卡方检验以及伽马等级相关系数我们可以发现，人均经济收入与居民是否从政府获得补贴是相关的。在自由度为 5 的水平下，卡方值为 22.266，显著性水平为 0.000，小于 0.05，有理由拒绝原假设，接受备择假设，即人均收入水平与农村居民获得补贴与否是显著相关的。继续通过计算伽马等级相关系数可知，其值为 -0.154，显著性水平为 0.000，如果没有补贴，其对应的收入水平是低于有从政府得到补贴的居民的。这

表明补贴的发放上并不是平均主义的福利,或者是对穷人的帮助。

财产安全性自评与农村贫困的相关分析。统计数据说明,农村居民的健康与财产安全大致呈负向相关,在20个自由度下,卡方值为95.827,显著性水平为0.000,说明其财产安全评价与其是否贫困是相关的,其Gamma系数为-0.204,则说明了越是贫困的人,其回答财产安全这一问题上心里越不放心;相反,越不贫困的人表现出对外部环境对自身财产不会产生风险越是自信。

以"物价上涨对您家庭生活质量的影响"进行调查的数据显示,物价上涨对您家庭生活质量的影响,认为有所下降的比例高达44.9%,认为有所提高的占13.1%,认为下降很多的占21.5%,认为没什么变化的占15.7%。可见,物价上涨给财产和日常生活的消费带来了较大影响,如表6-8所示。

表6-8　　　　　　　　物价上涨对家庭生活质量的影响

	频数	百分比(%)	有效百分比(%)
有所下降	246	44.9	47.1
有所提高	72	13.1	13.8
下降很多	118	21.5	22.6
没什么变化	86	15.7	16.5
总计	522	95.3	100.0

再就"哪项产品价格上涨对您的家庭生活质量影响比较大",调查数据显示关于价格上涨对家庭生活质量影响最大的产品,认为是生活用品的占24.8%,认为是食品的占17.0%,认为是农资的占17.3%,认为是医疗的占20.9%,认为是汽柴油的占1.9%,认为是教育的占11.5%,认为是住房的占6.1%,选择其他的占0.6%。调

查数据显示，医疗、食品（物价）、生活用品的价格上涨，会给农村贫困群体带来较大的影响，如表6-9所示。

表6-9　　　　　价格上涨对家庭生活质量影响最大的产品

	频数	百分比（%）	应答百分比（%）
生活用品	318	24.8	60.2
食品	218	17.0	41.3
农资	222	17.3	42.0
医疗	268	20.9	50.8
汽柴油	24	1.9	4.5
教育	148	11.5	28.0
住房	78	6.1	14.8
其他	8	0.6	1.5
总计	1284	100.0	243.2

表6-10　　　　　　财产保障、脆弱性和贫困

编号	口述史资料：财产保障、脆弱性和贫困
A002	1998年小儿子下岗，2006年左眼因眼疾被摘除，2008年获得低保补助
A003	1954年结婚，生育两儿两女，1958年，在修水库的时候，因在工作中不小心而导致一条腿受伤。大儿子1987年去深圳开的士以后，家庭经济状况开始好转。但1993年，大儿子得了脑瘤
A008	以前比较富裕，家庭发生重大变故，妻子和小孩因病过世，治病欠下大量的债务
A011	老公风湿，腰腿不好，几乎不能动；评了几年低保都评不上，一个组3个名额，要靠关系；家中有一儿子，儿子没有钱；两个女儿都出嫁了；有心脏病，头发掉光，腿脚不方便
A012	1954年前后修水库3年（1950年、1955年、1956年）；受伤致残，双腿受伤回来后种田；大儿子当兵6年，得鼻癌去世；1950年结婚；四个儿女；1948年大女儿出生；1950年二女儿出生；1955年大儿子出生，得癌症过世

续表

编号	口述史资料：财产保障、脆弱性和贫困
A013	两个女儿，其一1960年出生，1978年高中毕业，1982年结婚，老公出去打工，三年才回来一次，后没有赚到钱，2006年，老公在工厂做事时，手指被机器压断，2009年领了残疾证，现在每年还要花1200多元治疗
A014	小儿子，1973年出生，39岁，考上中专，中专毕业后，分配到镇上的农机公司，后成为下岗工人，已经结婚
A018	老公在县里工作，公务员，退休，户口在城镇，自己的户口在农村，有3个子女，一个儿子，两个女儿，两个哑巴，大儿子23岁时就死了，二女儿被拐骗，三女儿4岁时才会说话，后来随便嫁了
A019	丈夫2011年去世，因病，村里医生给治疗，打针后死亡；丈夫90年代出去打工，事故头部受伤，后遗症，经常吃药；有一儿一女，老式两层楼，没有装修

（三）环境生态脆弱性与农村贫困的相关分析

在环境脆弱性的衡量上，本章采用两个指标，一是环境影响，二是生活环境自评。分别从宏观的自然灾害和环境污染与微观的生活环境来进行研究其脆弱性程度。

环境生态影响与贫困的相关分析。在环境影响中我们选取问卷中"您是否遭受到自然灾害或受到环境污染的困扰？"作为测量变量。结果显示，人们在回答自然灾害与环境污染和人均收入的答案之间并没有相关性，在自由度为5的条件下，显著性水平0.117，大于0.05，故不能推翻原假设，其伽马系数为负，但伽马系数的显著性水平0.133同样大于0.05，并不能说明任何问题。这与很多学者的研究并不一致，这可能是由于本书所选取的研究地点和采用的因变量以及研究视角有关。

生活环境脆弱性自评与农村贫困的相关分析。对于自身生活环境的自我评价，虽然有一些主观性，但在人们交往频繁、媒体发达的今天，居民对自身的生活环境所处的位置是有较清晰的认识的，故对生活环境的自我评价有较强的客观性。通过观察图表看到，农村居民的收入水平与其居住地的环境的评价也大致呈负向相关，在 20 个自由度下，卡方值为 77.702，显著性水平为 0，说明其财产安全评价与其是否贫困是相关的，其 Gamma 系数为 -0.058，虽然数值较小，但仍可说明越是贫困的人，其回答自然环境评价问题上给出了越负面的答案。相反，越不贫困的人表现出对自身是否面临环境风险越是自信，与前面假设基本吻合。

二 风险承担网络与农村贫困的相关分析

风险承担网络指的是当风险发生时，可以给农村居民提供支持的各种来源。社会学视角中，个人并不是单独存在的，任何人都是生活在社会关系中，社会个体成员因为交往互动形成的社会关系体系综合起来就是个人的社会网络，这些社会网络有一部分可以转化为个体承担风险的部分。我们把政府以及市场参与的制度化下的承担机制称为正式承担网络，把靠本身家庭、亲缘关系以及地缘关系对农村家庭的风险承担的网络叫非正式承担网络。

（一）正式风险承担网络与农村贫困的相关研究

在本书中，选取新农保参与行为以及其他市场化的商业保险参与行为二级指标与农村人均收入进行交互分析。

为了了解正式风险承担网络与农村贫困的关联性，经由调查"是否缴纳了保险以及买了何种保险"，我们调查发现，21.4%（108 人）的人选择没有缴纳保险，而缴纳了保险的则多为购买医疗保险和养老保险。购买医疗保险的有 70.2%（354 人）、购买养老保险的有 67.5%（340 人）；购买失业保险和生育保险的较少，都仅为 0.8%

(4人);而没有一人选择购买工伤保险,如表6-11所示。

表6-11 缴纳保险情况

	频数	百分比(%)
养老保险	340	67.5
医疗保险	354	70.2
失业保险	4	0.8
工伤保险	0	0
生育保险	4	0.8
无	108	21.4

新农保参与行为发生与农村贫困的相关分析。新型农村社会养老保险(以下简称新农保)是以保障农村居民年老时的基本生活为目的,由政府组织实施的一项社会养老保险制度,是国家社会保险体系的重要组成部分。通过数据分析我们可以得出,新农保的覆盖率与其人均收入呈正向相关性,即收入越高,其新农保的参与度就越高。说明贫困的家庭对于正式的风险承担网络的利用行为发生可能性明显低于非贫困家庭。

商业保险参与行为发生与农村贫困的相关分析。对于正式的风险承担网络,市场的参与不可缺少,商业保险便是市场所提供的重要风险承担网络机制之一。通过分析我们可以得出,是否买了商业保险与农村居民收入是相关的,通过顺序测量我们可以看到其Gamma系数达到了0.579,显著性低于0,这明显地说明收入越高,农村居民越能够获取各种风险承担的保障,如各种商业保险。

经由调查"是否购买了商业保险",我们调查发现,在回答了该题的404人中,购买了商业保险的仅为2人,占0.5%;而没有购买商业保险的有402人,占99.5%,如表6-12所示。

表 6-12　　　　　　　　　购买商业保险情况

	频数	百分比（%）	有效百分比（%）	累计百分比（%）
是	2	0.4	0.5	0.5
否	402	73.4	99.5	100.0
总计	404	73.7	100.0	

（二）非正式风险承担网络与农村贫困的关系

非正式风险承担网络，是指民间靠本身家庭、亲缘关系以及地缘关系对农村家庭的风险承担，自身家庭是风险承担网络中最直接的一环，本书采用农村家庭劳动力保障、亲属支持、邻里援助来衡量。

家庭劳动力保障供给与贫困的相关分析。传统意义上，家庭男性劳动力人数是自身家庭是否经得起抗击风险的因素之一，而家庭自身作为抗击风险网络中最中心的节点，显得尤为重要。在中国中部农业还没有完全机械化的农村，家里男丁多寡对于其经济收入有重要的影响，更进一步的家庭是否贫穷应当有明显影响，故将问卷中对应的问题与经济收入做交叉分析。统计分析结果显示，农村居民的收入水平与家庭风险承担网络中家庭男劳动力个数相关，在30个自由度下，卡方值为260.547，显著性水平为0，说明其男丁个数对于其是否贫困是相关的，但需要注意的是有13个单元格小于期望值，最大容许18，其 Gamma 系数为0.108，且其近似显著性水平为0.004，故说明相关性并不是想象中那么强，但仍然可以用家庭男丁个数来衡量其自身家庭的风险承担能力。其家庭的男性劳动力人数相较于非贫困的人是要少的。

亲属支持行为发生与农村贫困的相关分析。对于亲属支持与农村居民收入之间的相关，从数据分析可以看出，在自由度为10的条件下，卡方值达到297.417，显著水平小于0.001，伽马系数为0.322，表明在亲属关系的疏密与农村居民的经济收入之间有关，血缘关系是最重要的人际关系，血缘关系对于中国乡土社会的结构至关重要，亲属的支持，亲属之间是否和睦，家族是否团结，对于个体的发展有十分重要的影响，在风险发生时，来自亲属的支持，往往是除开家庭自身之外最先抵达的救助。

邻里援助行为发生与农村贫困的相关分析发现农村家庭平均收入与邻里援助行为存在一定相关性，卡方检测显著性为0.017，小于0.05，但是通过顺序测量，我们发现，其伽马系数为0.007且不显著，所以并不能说经济收入与邻里关系存在相关性。

经由"是否通过以下途径借过款"的调查数据显示，中国农村贫困群体的借款行为大多发生在亲戚朋友之间，具有差序格局的特征，如表6-13所示。

表6-13　　　　　　　　是否通过以下途径借过款

	频数	百分比（%）
银行、信用社	102	20.4
亲戚/朋友	326	65.2
民间借贷	24	4.8
其他途径	16	3.2
没有	114	22.8

经由"生活困难帮助来源情况"的调查数据显示，生活中遇到困难时，受访者最主要的仍然是受到亲友的帮助，比例达68.8%；其次才是政府帮助，所占比例为46.5%；再次是邻里的帮助，受助比例为

30.5%；单位和其他来源的帮助比例比较低，分别为3.3%和3.0%，如表6-14所示。

表6-14　　　　　生活困难帮助来源情况统计（N=548）

	频数	百分比（%）	有效百分比（%）
亲友	370	67.5	68.8
邻里	164	29.9	30.5
单位	18	3.3	3.3
政府	250	45.6	46.5
其他	16	2.9	3.0

经由"生活困难求助情况"的调查数据显示，对于生活中的困难，多数受访者（40%—70%）都表示可以找到人帮忙，表示能找到人帮忙看房子、生病照料和带路的受访者比例最高，分别为66.5%、65.1%和59.6%；而表示能找到人孤单时陪伴、借钱和生产指导或帮助的人比例最低，分别为40.7%、44.8%和50.2%，如表6-15所示。

表6-15　　　　　生活困难求助情况统计（N=548）

	能（%）	能，但比较难（%）	不能（%）	不知道（%）
1. 当您外出时，能不能找到人帮您看房子？	66.5	21.8	7.1	4.5
2. 家里有事的时候，能不能找到人帮您（修理或借用家电、疏通下水道等）？	58.4	24.1	11.7	2.9
3. 需要的时候，能不能找到人带您到您要去的地方（购物、发信等）？	59.6	25.8	13.5	1.2
4. 在您身体不舒服时，能不能找到人帮您做日常的事情？	55.4	31.5	11.2	1.9

续表

	能（%）	能，但比较难（%）	不能（%）	不知道（%）
5. 您或家人生病或受伤时，能不能找到人帮忙（帮忙送去医院，或照看病人）？	65.1	26.4	5.7	2.7
6. 在工作或生产劳动中遇到困难时，能不能找到人帮您（如不会用新的农具、不会新的技术、农忙缺乏人手等）？	50.2	35.5	11.6	2.7
7. 需要借钱时，能不能找到人借钱给您？	44.8	35.5	12.0	7.7
8. 当您与配偶或好友之间产生矛盾时，能不能找到人倾诉？	57.1	26.6	10.4	5.8
9. 当您心情不好时，能不能找到人陪您聊天？	52.7	24.0	13.6	9.7
10. 当您感到孤单时，能不能找到人陪您？	40.7	32.6	14.7	12.0

经由"您家将借款或贷款主要用于以下哪几方面"的调查数据显示，将借款、贷款用于教育的人最多，占42.2%（162人）；其次是治病，占41.1%（158人）；接着是用于日常开支，占38.5%（148人）；用于建房购房的有20.8%（80人）；用于耐用品消费的最少，为7.3%（28人）。调查结果表明，农村贫困群体的贷款集中在教育、治病和日常生活开支，以维持最基本的生活需求，如表6-16所示。

表6-16　　　　　　　　借款或贷款主要用途情况

	频数	百分比（%）
用于建房购房	80	20.8
教育	162	42.2
耐用消费品	28	7.3
治病	158	41.1
日常开支	148	38.5
其他	30	7.8

三 Logistic Regression（LR）模型

本书的主要目的是考察农村居民的脆弱性风险，以及风险承担网络与其贫困发生的可能性分析，因此建立一组模型采取逐步回归的方式来考察。首先将可能影响是否贫困的人口统计学特征变量纳入模型，建立模型 A，然后再将衡量脆弱性风险的变量纳入模型之内，建立模型 A_1；最后再将衡量风险承担网络的变量纳入模型，建立模型 A_2，如表 6-17 所示。

表 6-17　脆弱性特征与风险承担网络预测是否贫困的二元逻辑斯蒂回归模型系数

变量		模型 A 系数	模型 A 标准误	模型 A_1 系数	模型 A_1 标准误	模型 A_2 系数	模型 A_2 标准误
控制变量	性别	0.038	0.165	0.049	0.174	0.027	0.159
	年龄	-0.029	0.007	-0.026	0.007	-0.018	0.008
	教育水平	0.359*	0.099	0.319*	0.103	0.367*	0.118
	是否为党员身份	0.433***	0.369	0.281***	0.380	0.556***	0.420
自变量	健康脆弱性风险						
	新农合参与行为发生			0.034	0.108	0.022	0.117
	重大疾病发生			-0.427*	0.115	-0.414*	0.147
	健康风险状况自评			-0.536**	0.095	-0.519**	0.106
	财产保障脆弱性风险						
	稳定性收入来源保障			-0.311**	0.217	-0.288***	0.235
	政府补贴享受行为			0.083*	0.157	-0.099*	0.185
	财产安全性自评			-0.499*	0.101	-0.435*	0.114
	环境生态脆弱性风险						
	环境生态影响			-0.421	0.174	-0.389	0.127
	生活环境脆弱性自评			-0.024*	0.103	-0.022*	0.115
	正式风险承担网络						
	新农保参与行为发生					0.318*	0.219
	商业保险参与行为发生					0.399***	0.192

续表

变量		模型 A 系数	模型 A 标准误	模型 A₁ 系数	模型 A₁ 标准误	模型 A₂ 系数	模型 A₂ 标准误
自变量	非正式风险承担网络						
	家庭劳动力保障供给					0.352**	0.110
	亲属支持行为发生					0.483**	0.113
	邻里援助行为发生					0.246	0.168
截距		2.222	0.327	5.736	0.359	−1.044	0.162
卡方值		84.290		99.713		181.158	
Sig.		0.013		0.007		0.003	
df.		4		12		17	
−2 对数似然值		1059.861		960.147		778.989	
Cox & Snell R²		0.067		0.140		0.259	
Nagelkerke R²		0.110		0.230		0.425	
N		1217					

注：*$p<0.05$；**$p<0.01$；***$p<0.001$。

模型统计检验显示，模型 A 的显著性水平为 0.013，模型 A₁ 的显著性水平为 0.007，模型 A₂ 的显著性水平为 0.003，表明两模型显著性水平较好，并且随着新变量的加入模型的显著性水平逐步提高。

基准回归模型 A 中对数似然值为 1059.861，模型 A₁ 中对数似然−2LogLikelihood 值为 960.147，在加入了表示脆弱性因素的变量之后，似然卡方值减少了 99.714，模型的解释力提高，模型 A₂ 的对数似然−2LogLikelihood 值为 778.989，相对于模型 A₁，模型 A₂ 的似然卡方值减少了 181.158，解释力显著提高。观察三个模型的 Cox & Snell R² 与 Nagelkerke R²，我们可以得知，在连续引入新变量后，模型的 Cox & Snell R² 与 Nagelkerke R² 逐步提升。说明在加入脆弱性变量与风险承担网络变量之后，提高了模型的解释力。

A 是基准模型代表人口统计学基本变量对是否贫穷的影响，从结果上看，年龄和性别对于其是否贫穷的影响不强，并且是不显著的。

而教育水平与党员身份对是否贫穷有显著性的影响，这两个变量对应的系数显著性均低于0.05，且党员身份对农村贫困的影响程度比教育水平对农村贫困的影响程度更高。就教育水平而言，受教育程度越低，贫困的可能性就越高，具体表现为教育水平每下降一个层次，其陷入贫困的可能性增加43.2%（$e^{0.359}-1$）。此外，相对于党员，农村非党员发生贫穷现象的概率更高，具体表现为非党员贫困的可能性比党员高54.2%（$e^{0.433}-1$）。

模型 A_1 是在基础模型 A 上加入了脆弱性相关变量后的 Logistic 回归模型，由模型结果可知，衡量脆弱性的各变量中，除新农合参与行为以及环境生态影响发生的系数不显著外，其余变量的系数均有较强显著性。

假设 1 得到部分证实，财产保障脆弱性风险越高，贫困发生的可能性越大，健康风险脆弱性及环境生态脆弱性与贫困可能性的关系不能充分确定。其中财产保障脆弱性风险下面的两个变量对应的系数均显著，且为负值，表明其脆弱性越高，农村居民陷入贫困的可能性越大。衡量健康脆弱性风险和环境脆弱性风险的变量中，均有一个变量系数不显著，因此不能充分确定其与贫困可能性之间的关系。

模型 A_2 是在模型 A_1 的基础上加入了风险承担网络因素相关变量的模型，由分析结果可知，输入模型的自身劳动力保障、亲属支持、新农保覆盖、商业保险参与显著性水平均为 0.05 以下，但是邻里援助对于农村贫困的影响显著性水平高于 0.05，按照统计学惯例，不能拒绝原假设。

部分证实假设二，风险承担网络因素对于农村贫困有影响。具体来看，正式风险承担网络对农村贫困有显著影响，新农保参与行为、

第六章 贫困的经济社会过程：脆弱性、风险承担网络与农村贫困

商业保险参与行为这两个变量的系数均显著，且为正值，表明新农保参与行为和商业保险参与程度越高，贫困的可能性越小。非正式风险承担网络与农村贫困的关系不能充分确定，不能确定的原因在于邻里援助这个变量所对应的系数不显著，从而其对于农村贫困的影响不能确定。而家庭劳动力保障和亲属支持这两个变量对应的系数均显著，且为正值，表明家庭劳动力保障和亲属支持力度越强，贫困的可能性越小。

四 结论与讨论

（一）脆弱性风险、风险承担网络与可持续生计：假设检验结果

数据分析结果与前面提出的假设相对照，我们得出下述结论：

本书主要通过 Logistic Regression（LR）模型，对2012年中国中部10村居民是否贫困与其不同类型的脆弱性、风险承担网络因素之间的关系进行了定量研究。虽然样本存在一定局限性，但本书是在对前人研究成果吸收和借鉴的基础上，通过入户调查和科学的定量分析进行的研究，实证分析的结果能较好地说明中国农村脆弱性风险、风险承担网络与贫困发生可能性之间的关系，通过研究我们发现：

（1）从人口统计学基本变量来看，农村居民贫困问题主要是受其教育水平和是否为党员身份影响，性别和年龄这两个因素对是否贫困没有显著性的影响。从样本描述性分析的结果可以看出，相对于农村非贫困人口，农村贫困人口的文化素质偏低，小学以下文化水平占本次调查样本的60%，其中党员人数所占比例也比非贫困人口低近5个百分点。此外，三个 Logistic 回归模型的结果均表明教育水平及是否为党员身份对农村居民是否贫困有显著影响，而性别和年龄这两个变量对应的系数均不显著。加入脆弱性因素和风险承担网络因素后，教育水平和是否为党员身份对是否贫困的影响程度都相应增加，且是否

为党员身份这个变量的影响更大。模型结果表明，非党员农民贫困的可能性比党员农民贫困的可能性要高74.4%（$e^{0.556}-1$），而教育水平每下降一个层级，农民陷入贫困的可能性会增加44.3%（$e^{0.367}-1$）。文化素质整体偏低，加上所占政治资源较少，这也印证了贫困人口在与其自身命运相关的决策上没有发言权的普遍结论。

（2）健康脆弱性风险各维度对农村贫困的可能性影响虽然不完全显著，但依然能较好地说明中国农村贫困的现实。假设1的分假设1a没有得到充分证实。我们在健康脆弱性方面确立了三个二级指标，包括健康保障（新农合参与行为）、疾病风险（重大治病发生）以及健康风险状况自评。从模型结果来看，健康保障（新型农村合作医疗）对农村贫困的影响不显著，疾病风险及健康风险状况自评均对是否贫困有显著的影响，而且影响较大。对于农村居民而言，健康风险状况自评每下降一个等级，其陷入贫困的可能性增加68.0%（$e^{0.519}-1$），有过重大疾病史的农村居民比没有重大疾病史的居民陷入贫困的概率要高51.3%（$e^{0.414}-1$），表明自身健康程度及是否有重大疾病史对收入较少的农村居民影响较大。

模型得出健康保障（新型农村合作医疗）对农村贫困的影响不显著，主要原因在于样本选取的缺陷，即样本集中在中国中部10村，同一区域农村居民普遍都参加了新型农村合作医疗，新型农村合作医疗在中国农村已经基本普及。事实上，我们通过实地调研发现，基于健康脆弱性风险的中国农村贫困问题更多地来自重大疾病，因病致贫在中国农村是一种非常普遍的现象。家里一旦有人生病，尤其是重要劳动力，就意味着家里重要劳动力的损失，也就意味着家庭可持续生计遭到破坏，稳定的收入保障失去，而国家没有完善的农村大病医疗救助制度，对因患重大疾病而不能维持基本生活的农村困难家庭难以

第六章 贫困的经济社会过程：脆弱性、风险承担网络与农村贫困

给予适当补助和社会救助，以缓解其因病致贫的矛盾。事实上，随着我国农村扶贫战略的推行，农村贫困人口不断减少，剩下的农村贫困人口主要是五保户、残疾人口、患有长期慢性疾病或体弱多病、丧失或部分丧失正常劳动能力的人群，这些农村贫困人口已经严重边缘化，是开发扶贫政策解决不了的难题。

（3）统计模型说明，财产保障脆弱性风险越高，贫困发生的可能性就越大，假设1的分假设1b得到充分证明。模型结果表明，稳定性收入来源保障、政府保障（政府补贴享受行为）及财产安全性自评这三个衡量财产保障脆弱性风险的指标均与农村居民贫困可能性显著的相关，尤其是财产安全性自评对其影响最大，稳定性收入来源保障的影响居中，政府保障对其影响最小。具体表现为财产安全每降低一个档次，农村居民陷入贫困的可能性增加54.5%（$e^{0.435}-1$），在收入保障方面，没有非农业收入来源的居民比有农业收入来源的居民陷入贫困的概率要大33.3%（$e^{0.288}-1$）。表明财产安全程度及稳定性收入保障程度越高，农村居民陷入贫困的可能性越小。

模型得出的结果在中国农村有很好的解释效度和信度。稳定性收入来源是可持续生计获得的基本条件，包括可持续生计政策和规划所投入的资源，来自可持续生计政策和规划的实物产品和服务的稳定性的产出，生态环境的恶化、气候条件的变化、农村资源的过度开发（如煤矿）、农村劳动力的流失、农村征地和拆迁所带来的可持续生计的破坏，同样是当前中国农村贫困问题的重要的原因，在财产保障脆弱性风险中，财产安全性、稳定的收入和可持续生计，是解决中国贫困问题必须着力解决的问题。

（4）环境脆弱性与贫困可能性之间的关系不是很显著，假设1的分假设1c没有得到充分证实。对于环境脆弱性，我们选取了环境生

态影响和生活环境脆弱性自评这两个二级指标，研究结果表明，这两个指标与农村贫困的相关性不强。模型中，环境影响变量对应的系数不显著，不能确定其是否对贫困有影响。而生活环境自评所对应的系数虽然显著，但是系数值较小，仅为0.022，表明其对农村居民是否贫困的影响程度较小。因此，不能确定环境脆弱性与贫困可能性之间的关系，这与本书所选取的研究地点、样本选取的范围和采用的因变量以及理论视角有关，即样本集中在中国中部10村，同一区域农村居民所面临的环境是一致的，共同面临环境生态破坏带来的耕地的破坏和减少、自然灾害发生对农村生态的整体的破坏、国家征地所带来的共同依赖耕地的减少等。

（5）统计模型说明，正式风险承担网络越强，贫困可能性越小，假设2的分假设2a得到充分证实。对于正式风险承担网络，我们同时选取以政府为主导的风险承担机制——新农保参与，及以市场为主导的风险承担机制——商业保险两个二级指标进行了分析。模型结果表明，新农保覆盖与商业保险参与均对农村居民是否贫困存在显著影响，且商业保险参与的影响程度更大。具体表现为新农保参与度提升一个单位，其贫困的可能性会降低37.4%（$e^{0.318}-1$），且参与了商业保险的农村居民贫困的概率比没有参与的低49%（$e^{0.399}-1$），表明新农保和商业保险参与程度越高，农村居民贫困的可能性越小。

（6）统计模型说明，非正式风险承担网络与贫困可能性之间的关系不能完全确定，假设2的分假设2b没有得到充分证实。对于非正式风险承担网络，我们选取了劳动力保障、亲属支持与邻里援助三个二级指标进行了分析。结果表明，邻里援助与是否贫困并没有相关性，但亲属支持与家庭自身的劳动力保障对是否贫困存在显著的影响，其中，亲属支持的影响程度较自身劳动力保障的影响程度大。亲属支持程度每提高一个等级，其陷入贫困的可能性则会降低62%（$e^{0.483}-1$），家庭劳动力保障每增加一个层级，其陷入贫困的可能性则会降低42.2%（$e^{0.352}-1$）。即非正式承担网络中，劳动力保障与亲属支持对其是否贫困有较强影响，其保障和支持力度越强，贫困的可能性越小，而邻里援助对于农村居民是否贫困的可能性影响尚不清楚。

（二）中国社会的特殊性、理论含义及需要进一步研究的问题

在以往研究中，国际社会反贫困战略的焦点在于增加贫困人口的收入，而对风险冲击关注不够，分担风险的社会安全网络破损或缺失严重。21世纪以来，在发展经济学、环境生态学以及贫困问题研究领域，开始关注非正式的风险分担网络。VRP假设在于：越是贫困的人群，越容易受到风险冲击，在风险面前也越是无能为力，即脆弱性程度越高；反过来，脆弱性越高，抵御风险的能力也就越弱，遇到的风险就越多，受到的风险打击也越大，因而也就越容易陷入贫困。基于非正式的风险分担网络的RTNP假设在于：在正规保险市场尚不完善的发展中国家广袤的中国农村地区，贫困人口抵御风险冲击可以通过依赖相互搀扶式的民间社会网络作为抵御风险、减轻冲击伤害的最佳途径，非正式风险承担网络越是缺乏的群体，面对贫困的时候，越是无能为力。

中国社会是一个关系取向的社会，在中国人的行为中，体现了非正式的风险承担网络与熟人社会的行动逻辑。中国人人际关系意涵不同于西方，不是独立个体之间通过交往而建立的可选择关系，更多的是有选择倾向性且相对固化的关系，其逻辑起点，与其说是"己"，不如说是家庭、家族、亲缘和血缘关系。家族、血缘思维是"己"的思维定式。"关系"实质是先赋性的，而且这种先赋性关系已被泛化

在社会生活各个方面基于熟人社会的中国社会，经济行为总是嵌入在社会结构之中，一定经济行为与一定社会结构相对应。应对在面对可能发生贫困过程中的求助行为，更多地依赖这种基于熟人社会的非正式的风险承担网络。

前面的 Logistic Regression（LR）模型分析结果表明，农户倾向于与那些有共同生活经历，或曾经共同分担风险的农户分担风险，这意味着地理距离和社会距离较近的家庭之间更易形成风险分担网络。存在于特殊信任中的亲缘、地缘认同的"情感资源"促生了中国乡村村民在面对脆弱性风险所引发的贫困现实中，通过基于熟人社会的风险分担网络来增强家户抵御贫困风险的能力。

改革开放以后，市场经济全面渗透到乡村，中国农村社会开始摆脱孤立、封闭的状态，小农自身也开始发生着根本性的变化，逐步脱离传统小农经济状态，进入市场化、社会化的过程中。在社会分工、市场化和国家的推动下，小农的生活逐步由自给自足的状态转变为市场化、社会化供给，实现了由传统小农向社会化小农的转变，农户生活的社会化和对市场的高度依赖，增加了农民生存的风险。我国处于城市化进程加速时期，人口流动的规模和频繁程度都是空前的，这在一定程度上会瓦解农村非正式风险分担网络。因此，如何避免原有社会资本流失，如何让农村社会保障体系与非正式风险分担网络互补融合，是解决农村贫困问题所必须面对的一个不容忽视的问题。

第七章 贫困的政治性过程：地方国家、政策过程与政治性建构

农村贫困问题已成为全面建设小康社会的"瓶颈"，是构建社会主义和谐社会的重大阻碍，解决农村贫困问题，使全体人民共享改革发展成果是建设和谐社会的题中应有之义。整个人类文明的发展史其实也是一部人类反贫困的抗争史。作为世界上人口最多的国家，我国也有庞大的贫困人口，按照联合国人均每天消费 1.25 美元的标准计算，我国依然有一千多万贫困人口。我国的农村贫困现象伴随着整个中华文明的发展史，在新的历史阶段，我国在反农村贫困问题上取得了重大进展，基本满足了温饱问题。然而，在新时期，我国农村贫困问题也呈现出了新的特征，这些新的特征是在体制转型、结构调整、现代化发展战略、改革深化的大背景下出现并加剧的。贫困问题作为一个人们普遍关注的社会问题，不仅在微观上导致了某些个人或家庭陷入生活贫困之中，而且在宏观上也是一个我国构建和谐社会、促进全体人民共享改革发展成果的"瓶颈"。同时，在今后相当长的一段时期之内，中国农村发展及农村贫困问题将继续成为关系到改革成败以及社会发展和进步的现实难题。

本章①基于农村贫困的政治性建构的意识形态连续谱和积极参与的政治，基于社会底层生存权利的博弈和平衡，从农村扶贫政策的制度设计、农村贫困者的政策类型偏好，来研究贫困者的政策参与，对于从贫困者主体角度来加深对农村贫困问题的全面认识有重要意义。同时，也可为政府完善农村扶贫政策提供理论依据和借鉴意义。

第一节 贫困的政治过程：问题视域、理论基础与推理实践

一 贫困的政治性建构：理论基础与方法论前提

（一）制度性贫困、政治过程与意识形态连续谱：理论建构与解释传统

政治学或者公共政策学在贫困的发生机制研究中，关注的是制度性贫困与风险预防的国家行动，即国家发展干预、国家再分配话语、公共政策与公共投资的不公平、城乡二元户籍制度等制度层面引发的贫困问题。关注拥有资源的统治阶级资源分配的不合理与集团利益偏好；关注农村贫困与土地制度改革与政府的强制性发展干预的相关性；关注计划经济的城乡二元分治制度和扶贫；关注现代化发展战略和发展主义意识形态连续谱的不同区域的差异性建构、空间发展正义、不均衡的发展策略与支配性利益的国家分配逻辑，以及现代化框架中的城市优先发展战略带来的财富和资源的极化现象和优势积累效应等，同时则带来城市的贫困恶性循环、低水平均衡陷阱以及贫困的

---

① 说明：项目组成员韩彦超完成部分数据统计、数据分析、文献资料整理和部分文字撰写。

第七章　贫困的政治性过程：地方国家、政策过程与政治性建构

代际传递效应，尽管政治学、公共政策学的解释丰富了贫困问题研究的知识构成，但却忽视了贫困背后的经济、社会、人口学基础。

（二）政治性行动与农村贫困：国家主义的理论进路与社会政策的意识形态连续谱

1. 地方国家干预、制度分配话语与贫困再造

国家主义的理论进路将国家控制与支配资源的权力和能力应用于促进全民福利，坚持制度分配模式优于福利补缺模式而提出了一种规范性的立场。通过对西方国家社会政策发展历程的梳理可以发现，西方最初的社会政策起源于对穷人尤其是有劳动能力的穷人等社会弱势阶层进行救济的行政活动，如英国的《济贫法》，最初的社会政策是作为政府的一项公共服务，是通过对贫困人口的大规模社会调查和改革来应对工业社会中日益严重的贫困问题，这一阶段社会政策的主要特征即是作为政府行政管理的手段（Pinker，1979）。及至19世纪，费边主义者的社会改革思想影响了英国社会政策的发展路径。政府开始对当时有劳动能力的穷人的普遍存在这一问题作出回应。也标志着带有集体主义色彩的国家干预主义形式开始显现（熊跃根，1999）。随着工业革命的发展，欧洲社会各阶层间矛盾日益加深，社会政策也随之调整，不再局限于对少数弱势群体的帮扶，随着周期性的经济危机和世界大战的爆发，社会政策开始全面干预社会经济生活。而对公民普遍福利的关怀作为缓和阶级冲突的重要手段，福利国家初现雏形（Vice and Wilding，1985）。第二次世界大战后，随着欧洲各国社会经济的恢复和发展，以及人口不断地下降，一些国家建立了高水平的福利制度来缓和社会矛盾，福利国家正式出现。然而，福利国家严重的税费负担，也引起了学术界的反思。到20世纪80年代，社会政策被当作不同群体地位、权力、资源分配的决定因素，社会政策成为社会

制度发展和延续的体现（Walker，1984）。到了 90 年代，欧洲对社会政策的研究转向社会排斥，认为贫困不只是资源的匮乏，更是社会环境的脱离，从而将社会融合作为解决贫困和不平等的重要手段（Roum，1995）。到了 21 世纪，随着贫困问题的再次凸显，学者们为贫困问题的解决提供了新的理论视角，即上游干预与风险管理理念以及基于资产社会政策的反贫困策略。

2. 贫困生命周期、风险管理与国家反贫困政策

市场经济政策、选择性社会救助与反贫困。传统的扶贫政策基本上属于对市场经济政策的补偿，是一种选择性社会救助，更像是一种市场经济的剩余。比如最初的伊丽莎白济贫法和我国现阶段在农村实施的农村最低生活保障制度，是一种具有明显事后补偿型特征的社会扶贫政策，是一种下游干预，这种政策只能暂时性地缓解贫困，难以从根本上消除贫困以及贫困导致的各种不利因素。而基于生命周期理论的上游干预措施和基于社会风险管理的预防性政策对于解决这一问题具有重要意义。

生命历程中的社会政策实践与反贫困。生命历程理论认为，人的一生总要经历各个不同却又彼此联系的阶段，而上一阶段生命历程中的经历对于后面各个阶段的发展将会产生重大的影响和制约。从生命历程理论出发而制定的反贫困政策，旨在将个体生命历程中的各个阶段联系起来，认为生命历程中某一阶段的劣势如果不加以干预很有可能会对生命历程中的后一阶段甚至终身的发展产生不利影响，不同阶段劣势的累积会影响到整个生命历程的发展。整个生命历程的不同阶段会出现不同的问题，同时，处于上游阶段的生活质量对于下游阶段的生活机会有非常重要甚至决定性的影响。出身于贫困家庭的儿童，其受教育机会和童年的营养状况往往会受到很多不利因素的制约。成

第七章 贫困的政治性过程：地方国家、政策过程与政治性建构

长过程中的诸多不利因素不断累积，造成这些儿童在成年后的资源缺乏以及人力资本的不足，更容易面临就业困难、失业甚至身体健康等问题。这一问题继续持续，使其在成年时期继续陷入贫困之中，接着到了老年时期同样由于前一阶段的影响而失去经济能力来安排退休后的老年生活，这些不利因素的累积会造成贫困个体在老年时期继续陷入贫困的泥潭不可自拔。这样，贫困困扰着出身于贫困家庭儿童的整个生命历程，更可怕的是，这一问题还会传递给他的后代，从而完成一个社会的贫困代际传递。基于此，农村反贫困政策的制定要充分关注贫困个体生命历程中不同阶段的特殊需求，尤其要重视对上游阶段的干预，来消除儿童贫困。同时减轻贫困的代际传递效应（徐月宾，2007）。这方面可以借鉴巴西的经验，通过对扶贫对象申请救助增加一定的限制条件来完成。在我国已经施行了免费的义务教育和必要的疫苗免费接种，因此，可以要求申请救助者必须保证家中适龄儿童接受义务教育并保证出勤率，同时要求符合条件的申请者必须给家中符合条件的儿童接种必要的免费疫苗。这样并没有增加贫困人口的生活压力，也可以切实提高农村贫困人口的文化程度和身体健康程度，减轻上游贫困对儿童的影响（马洪雨，2012）。

因此，基于生命历程理论的农村扶贫政策是从社会保护视角出发而制定的，政策的目标重在强调改变对个人发展不利的条件，而不是采取事后补偿的政策。这一政策不仅针对个人生命历程中不同阶段的需求采取不同的措施，而且更关注个人的潜力发展问题，致力于贫困个体彻底地摆脱贫困。

基于风险管理理念的社会政策与反贫困。从风险管理理念出发而制定的农村反贫困政策则旨在对贫困的预防。风险社会的相关理论认为，每个人都处在一定的风险之中，但贫困群体显然更容易遭受风

险，而且遭受风险后的恢复能力较差，这就使处于贫困中的个体没有意愿同时也缺乏相应的能力来进行一些高风险但却能够带来高回报的活动，甚至不愿从事任何带有风险性的活动，这就使他们难以摆脱贫困，甚至可能进一步加深贫困。正是因为不敢面对风险，导致贫困者在社会中被认为是非理性的、缺乏长期投资观念的人，也导致了在扶贫政策中对穷人主体性的漠视。其实，贫民之所以表现得保守，是因为处于贫困中的个体经不起损失的打击而被迫采取自我保护的心态。如果能够对自身的前景拥有一定的信心，贫困者也不会只关心眼前的利益，而不愿投资教育这类的长远事业（吴理财，2001）。因此，基于风险管理理念的扶贫政策更关注贫困的成因而非症状，并以此来提供一些保护性的政策来帮助穷人应对风险并提高风险处理的能力。比如，现在广泛推广的各种农村社会保险和小额贷款都对农村贫困人口摆脱贫困具有重要意义。

3. 国家地方干预、参与资产建设与政策福利效应

资产社会政策与反贫困。以往关于贫困问题的研究大多将贫困视为收入的缺乏，并从帮助穷人增加收入的角度来制定农村扶贫政策。然而，学者的大量研究却发现，相对于收入，贫困者更看重资产。贫困者大多将人力、社会、物质、权力等各种资源的缺失视为自己陷入贫困的根本原因。同时，研究者还发现，以经济收入来衡量贫困的方法在一定程度上忽视了妇女所做的真实贡献，妇女在家中所从事的大量家庭劳动尽管不能直接带来经济效益，但对维持家庭的生计无疑具有重要的意义。因此，穷人的贫穷根源并不是收入的缺乏，而是没有固定的资产，穷人一旦拥有了资产，即使暂时性地陷入了贫困之中，但经过一段时间的积累，依然会带来意想不到的福利效应，因此，要致力于让农村贫困人口参与资产建设。

第七章 贫困的政治性过程：地方国家、政策过程与政治性建构

正是在这一背景下，华盛顿大学的谢若登教授提出了资产社会政策理论，他认为相对于收入分配政策来说，资产社会政策是一个巨大的提升。收入只是钱财的单向流动，而资产则是财富的多向积累。收入的缺乏只是个人贫困的表现，缺少持续的财富积累才是个人陷入贫困的根源。没有积累带来的增长，贫困个体想走出贫困就会异常艰难。同样，对于家庭而言拥有资产比暂时收入的提高更具有显著意义。一个家庭是否拥有资产对家庭成员的精神和心理都会产生极其深远的影响。一个拥有资产积累的家庭往往更不容易陷入由贫困带来的茫然，对未来的生活也会更有信心，更敢于追求美满的生活、应对未知的挑战。同时，资产具有收入所无法比拟的代际传承效应，资产的传递对于后代福利的提升大有裨益（刘振杰，2012）。

在这一理论背景下实施的资产社会政策并不是致力于简单地增加贫困群体的收入，而是有组织地引导和帮助贫困群体进行资产的投资与积累。资产型社会政策是一种发展型的社会政策，其政策内容主要包括致力于帮助弱势群体积累应对社会风险的社会资本、制定反排斥的劳动力政策、进行人力资本投资、对农村生计的保护与发展以及个人发展账户建设等。其中个人发展账户的建设在美国已经得到实践证明，也是比较适合我国国情的。个人发展账户主要面对社会上的贫困群体，主要做法是为贫困者的储蓄提供一定量的配额资金。比如，如果穷人储蓄一块钱，政府就相应地补贴一块或两块的配额资金。账户中的金额可以限制贫困群体的具体用途，也可以使贫困群体自己决定用途。

西方发达国家的发展历程和经验向世人展示了社会政策对于维护社会稳定，促进社会公平具有重要作用。处于社会转型期的国家尤其需要重视社会政策的制定和调整。一个政府要对复杂的社会状况做出

及时的回应,对严重的社会问题保持敏感,都需要制定合理的社会政策。有效的社会政策一定程度上可以起到社会安全阀的作用。贫困问题是困扰全世界人民的重要问题,而扶贫政策是世界大多数国家社会政策中的重要组成部分。在中国,现阶段的贫困则主要表现为农村贫困。因而,农村贫困问题是中国社会学研究的经典议题。这是社会学界对社会经典问题的学术回应,也说明了我国农村贫困问题由来已久。与其他国家的发展道路不同,中国的崛起更多的是依靠内部殖民主义。即通过不平等的城乡政策和城乡二元的社会结构来剥夺农村和农民的劳动成果以实现工业化所需的大量资源。城市偏向的社会政策对于我国实现工业化和经济的快速发展做出了巨大贡献,然而,这一政策倾向也导致了我国农村和农民的长期贫困。在国民经济得到快速发展、城市生活水平大幅提高的背景下,城市"反哺"农村,实施农村扶贫政策,帮助农村和农民走出贫困对于构建和谐社会就具有了重大的现实意义。然而,传统的农村扶贫政策与相关研究已经无法满足新时代的扶贫要求。本书在梳理以往研究的基础上提出,应冲出农村贫困的话语困境,实施基于上游干预和风险管理理念的新型扶贫政策,并致力于农民的资产建设,帮助农民彻底摆脱贫困。

(三)政治过程中的政策参与:基于平民主义的意识形态的政治过程

政治过程中的社会参与。社会参与起源于政治学,是对政治学中政治参与的扩展。从 20 世纪 60 年代开始,社会参与理论在当今的政治学和社会学中都占有重要地位。目前国外关于社会参与的研究主要集中在社会参与的程度和形式两个方面。Arnstein 提出的公民参与阶梯论从国家与公民关系的角度将社会参与分为以操纵和训导为重要形式的假参与、以通知和咨询为主的表面参与、以安抚和协作为主的高层次表面参与和以授权以及公众控制为主的深度参与四种类型（Arnstein，1969）。Chevallier 根据自己在法国的实地观察和研究将社会参与按不同程度分为三个阶段，分别为知情、建议咨询和协作（蔡定剑，2009）。英国学者雅克兰则简化了 Arnestin 的分类法，提出了更易于操作的四分法：信息交流、建议咨询、协同和授权，来表示社会参与的不同程度（蔡定剑，2009）。

在国外学者的研究中，不同学者进行了社会参与的类型学分析。社会参与的形式方面，比较有影响力的论点是 Thomas 的两分法。Thomas 从政策质量、增强政策可接受性能力为标准，将社会政策参与形式分为两类。第一类是以信息获取为主要目标的社会参与，是参与层次较浅的社会参与。第二类则是以增强政策的可接受性为目标的社会参与，主要途径有公民大会、咨询委员会等（Thomas，2004）。Sintomer 等通过对欧洲各种公民参与预算的观察将社会参与分为六种具体方法，分别为阿雷格里港模式、有组织利益集团参与的模式、基层和市政层面的社区基金模式、公共与私有部门谈判的模式、就近参与的模式和对公共财政进行协商的模式（Sintomer，2009）。

（四）排斥性过程、贫困再造与政治性话语：跨学科视域

社会学关注的问题主要是贫困和中国农村的社会稳定问题、结构性不平等问题、群体性政治事件和社会冲突、社会公正和道德正义、发展伦理和道德生态、社会排斥的政治过程和政治风险、环境政治生态与政治文明、社会分化与社会分层等问题。政治性贫困是一种结构性的贫困，即由于结构性不平等、社会排斥的政治过程、个人的政治资本缺乏、社会政策的弱势性、家庭的社会地位和教育机会缺失所带来的贫困。尽管社会学的解释丰富了贫困问题研究的知识构成，但却忽视了贫困背后的政治学基础。

作为跨学科范式的社会排斥的理论为社会变迁语境下的贫困问题的研究提供了新的跨学科的问题意识。社会排斥概念是一个与包容性发展、增能赋权以及参与式发展相反的现实的问题化回应，起源于对贫困问题和社会不平等问题的理论化处理、社会现实的回应以及概念化的历史书写，社会排斥关注的焦点问题和共同议题不是贫富的阶级划分和结构性事实，而是处于社会底层结构中的弱势群体贫困的过程和以生活不稳定、脆弱性为主要特征的生存状况，受排斥者包括精神和身体残疾者、自杀者、老年患者、受虐儿童、药物滥用者、越轨者、单亲父母、多问题家庭、边缘人、反社会的人和社会不适应者。在社会排斥理论框架中的所谓"穷人"，不仅生活拮据，而且受到社会排斥，他们因没钱参加经济、社会、政治和文化领域的日常生活而被社会排除在外。[①]

社会排斥，作为一种新的认识贫困问题的方法论工具和贫困问题理论建构的理论范式的转向，基于现实问题的理化处理和发展，现代理论界知识话语中的社会排斥被进一步用于指称"新贫困"（new poverty）导致的社会现象，即某些群体部分地或全部出局，享受不到人类各种权利，如尊重、包容和吸纳底层的生存和发展的权利，社会排斥是对以往被称作"新贫穷"或在英美被称作"下层阶级"的社会弱势群体重新进行概念化的一种知识反应和问题化的理论处理，也是对社会现实的知识回应。社会排斥成为描述和分析在个人和群体及更大的社会间建立团结上所存在的障碍与困难的一个新方法，被描述成由于日益增长的长期失业、追求生存和发展权利平等的失败而造成

---

① 潘泽泉：《从社会排斥视角解读农民工：一个分析框架及其运用》，《学术交流》2008 年第 5 期。

第七章 贫困的政治性过程：地方国家、政策过程与政治性建构

的进步中的个人与社会之间相互关系的中断，是某些人群、个人、家庭或地区受到的诸如失业、技能缺乏、收入低下、住房困难、罪案高发的环境、丧失健康以及家庭破裂等交织在一起的综合性问题时所发生的社会现象。基于社会排斥跨学科范式带来的新的问题意识表现在：长期和重复失业的上升、不稳定社会关系的增长、不稳定的家庭破碎、社会疏离、阶级团结的削弱等。在当代社会，"社会排斥"被视为消除贫困的主要障碍。行动集中于范围广大的一系列导致贫困者遭受剥夺以及决定其生活必然贫困的形形色色的原因，在于推进社会整合的承诺，在于致力于清除种种障碍以获致"稳定、安全而公正的社会"。[1]

反社会排斥与社会整合框架的提出将同样改变社会学对贫困问题的单一的解释策略，反社会排斥、整合与包容性发展同样是一组广泛、跨学科的概念，目标在于推动一种整体的发展观，其中涉及经济、政治、社会、文化等方面，涉及发展哲学、发展经济学、发展社会学、文化人类学等多学科的领域。从跨学科的视角来看，社会排斥是一个多面向、跨学科视域的动力过程，其过程包含各种各样的排斥实践的形式，即参与决策和政治过程的政治排斥，进入职业、劳动力市场和获取物质资源时的经济排斥，以及实现文化整合、文化融入和文化认同建构时的文化排斥，还有基于人际交往和社会关系网络中的社会排斥。基于社会排斥视域中的各种因素的结合，会在某特殊区域内或群体内部之间寻找到一块表现空间，并创造强度更大、烈度更强的排斥，"社会排斥"会作为一个社会的总体的结构性力量压迫某些

---

[1] 潘泽泉：《从社会排斥视角解读农民工：一个分析框架及其运用》，《学术交流》2008 年第 5 期。

个体或群体，制造出贫困；也会以各种不同的形式，对人群作出自然的抑或人为的类别区分。社会排斥是一个动态的累积性过程，并非一种状况，是一个生产与再生产的过程，是一个不断强化的政治过程，包括制度性安排与排斥、社会关系网络的建立与排斥以及劳动力市场的结构与排斥。社会排斥关注的是个人的生命历程和历史轨迹、家庭的生命周期与宏观历史过程的交错，以及社会急剧变迁对个人的生活境况及地位与处境带来的变化，是一种非短暂性的、局部性的现象，是个人、历史过程与国家相互推拉与强化的结果。[1] 社会排斥的跨学科和对动态性、过程性、建构性的关注为贫困问题的研究提供了学理依据，也为贫困问题的理论建构提供了支撑。

（五）政治性贫困、包容性发展与新的问题意识

从跨学科的视角来看，包容性增长（inclusive growth）亦称包容性发展或共享式发展，是一种与社会排斥相对立的、整合型新的发展理念，也是一种整合型、可持续性的发展方案，其核心内容是：倡导机会平等的增长，公平合理地分享经济增长成果，促进发展的协调与均衡，实现可持续发展。包容性增长同样包括经济、政治、文化、社会、生态等各个方面，增长应该是相互协调的。包容性增长从发展经济学出发强调可持续、协调发展，政治上强调平等、生存权利与发展权利的增长，包容性增长就是经济增长、人口可持续发展和制度公平的有机协同。[2] 包容性增长强调和谐增长，强调在保持较快经济增长的同时，强调增长也要是可持续的、协调的，强调平等与权利的增

---

[1] 潘泽泉：《从社会排斥视角解读农民工：一个分析框架及其运用》，《学术交流》2008年第5期。

[2] 向德平：《包容性增长视角下中国扶贫政策变迁与走向》，《华中师范大学学报》（人文社会科学版）2011年第7期。

长。包容性增长理念的核心要义正是要消除贫困者权利的贫困和所面临的社会排斥，实现机会平等和公平参与，使包括贫困人口在内的所有群体均能参与经济增长、为之作出贡献，并由此合理分享增长的成果，基于以上的话语方式，包容性增长同样为贫困问题的研究提供了新的问题意识。

二 贫困的政治性建构：问题向度和共同议题

本章采用政治建构主义者的研究视角，来探讨贫困者的主体参与性作为中介因素对于社会政策反贫困作用的效果。以往的贫困研究大多将政府作为扶贫的主体，而将贫困人口简单地作为扶贫的客体，在关于穷人的社会政策中鲜有贫困人口的声音，在既有的权力结构中，穷人作为弱势阶层其主体性被忽视。本章借助赋权与社会参与的政治理论，建构穷人主体性参与，考察穷人主题参与扶贫政策对于扶贫效果的影响。

从政府与农民关系的角度来考察贫困乡村，从三个方面来建构贫困人口的主体性：决策主体性、经营主体性、文化主体性。决策主体性是指，穷人要有参与社会事务的权力，对于与自己利益相关的各种扶贫政策应该倾听穷人自己的声音。贫困人口被长期排除在社会事务的决策过程之外，这是贫困人口发展主体权利不足的表现，也是贫困长期得不到解决的深层次原因。经营主体性是指，穷人应该自己联合起来成立各种经营主体，采取合作经营、协商等方式来应对市场的风险性。穷人是市场经济中的弱势群体，只有自主联合起来才能应对来自市场的压力，增强自身的市场竞争能力。文化主体性是指贫困人群所认同的地方文化和群体文化应得到尊重和保护。以往的研究往往将穷人的文化当作贫困亚文化和造成穷人陷入贫困的根源所在。然而，穷人往往也是理性的，虽然穷人的理性在客观上可能会造成贫困的循环和恶化，但穷人对自己的生存环境和生存策略有自己的理解，贫困的恶化与循环也不仅仅是穷人文化造成的。应尊重穷人的文化主体性，倾听穷人的声音，而不是站在局外人的角度对贫困文化进行简单的价值判断。

（1）发展干预框架中的政府动员和村治的政治框架中农村的决策性贫困问题。包括权力经营技术与经营式动员的基本框架；现有体制的动员潜能和动员能力、经营性动员到组织化动员的策略；贫困主体的识别和识别方法；现代农村村治的政治框架和中国农村扶贫的政策效应问题；村级组织调控土地行为的权力阈限和土地调整策略；地方国家与农业商品化问题；行政动员、资金动员和地方财政问题；围绕地权、土地制度改革，特别是其中关于削弱或严禁村组织调整农地以实现农户充分的地权，引发的政治趋向或要求；决策过程中的利益群体分化格局及其后果；政府决策背后的市场销售问题与经营风险、自然环境与产量等。

（2）国家或地方发展干预与转型时期农村贫困的政治性建构。包括国家的扶贫角色、公共财政干预、小额信贷扶贫和瞄准性扶贫；基于区域性和空间位置的国家的梯度发展战略和反梯度发展战略；增能、赋权、抗逆力培养与社会参与的政治前提；土地制度改革、土地利益分配与政府自上而下发展干预的实践逻辑；政治动员、经营式动员和行政干预的方式和手段；基于不同区域发展战略所带来的贫困差异性建构与不均衡性的发展过程；基于财政偏好的再分配话语、国家财政分配与财政改革的渐进性和有限性；基于现代化发展战略的支配性的利益分配过程和城乡发展的逻辑；发展干预框架中的市场性回报与利润获取的分享逻辑。

（3）参与式扶贫中的赋权与政治性的社会参与、穷人主体性问题

第七章 贫困的政治性过程：地方国家、政策过程与政治性建构

研究。研究的内容包括参与式方法、参与式乡村评估（Participatory Rural Appraisal，PRA）和参与式贫困评价（PPA）；穷人在扶贫计划中的实际角色和实际主体性；地方政府识别穷人的方法；穷人主体性的建构，即决策主体性、经营主体性、文化主体性的建构；社区性价值学习和分享；参与式赋权过程；自助与互助能力建设；增强社会资本过程；扶贫传递与社区自组织。

（4）基于跨学科基础的社会排斥框架中的新问题意识。包括经济排斥、福利制度排斥、社会生活领域排斥、政治排斥以及文化排斥等内容；包括市场经济的排斥、计划经济时期经济政策的排斥、劳动力市场的排斥、公共产品和服务投入排斥等；包括长期和重复失业的上升、技能缺乏、收入低下、住房困难、罪案高发的环境、不稳定社会关系的增长、丧失健康以及家庭破裂、社会疏离、阶级团结的削弱等交织在一起的综合性问题时所发生的贫困现象。

（5）基于跨学科基础的反社会排斥理论框架中的整合型的问题研究。包括农村发展、"穷人社区"与穷人的文化建构；居住空间的分异与贫困，包括公共安全、社会冲突、象征暴力、歧视性话语、边缘性空间、公共卫生设施；社会地位（如家庭、团体、种姓、种族、民族、语言、长相等）及其贫困的代际传递；文化资本、社会表征、污名化过程与贫困；社会资本、非正式支持网络与贫困；结构性不平等、贫困极化与农村发展；贫穷、赋权、社会参与与穷人主体性；反社会排斥的政策和方案，包括劳动力市场介入、提升能力、收入支持和地域取向等。

（6）基于包容性发展的新的问题意识。包括机会平等的增长、如何通过经济增长创造发展机会、如何通过减少与消除机会不平等来促进社会公平；可持续和平等的增长、社会包容、赋权和安全；如何使

低收入群体从经济增长中分享收益,让他们多受益,过上有尊严的生活;如何实现穷人的充分就业,并使工资增长速度高于资本报酬增长速度,从而缩小贫富差距;如何实现不同区域之间互相关照,互惠互利,携手发展,让经济发展的成果惠及所有国家和地区,惠及所有人群,在可持续发展中实现经济社会协调发展。

(7)反贫困与和谐农村发展研究。包括社会稳定风险评估;社会安全感与农村发展质量;人口有序流动、社会分化与农村贫困问题;贫困、社会冲突与农村社会稳定;构建和谐农村与社会结构调整;可持续生计、包容性社会与农村和谐发展;农村社会安全预警与突发事件危机管理;农村乡风文明建设;农村生态保护与环境治理;农村发展与社会管理创新;社会管理理论创新与政策设计;乡村家族宗族关系与地方治理。

三 贫困的政治过程:经验事实与中国实践

(一)城市发展中心主义的意识形态连续谱:农村贫困的政治性过程

城市偏好论者主要从发展中国家不平等的城乡关系这一角度来阐述农村贫困。持该理论的学者认为,发展中国家的许多社会政策都具有城市偏向,无论是投资、税收或者外贸等经济政策还是公共服务、社会福利等社会政策,政府都通过剥夺农村地区而对城市地区施行优惠政策,造成城市和农村在生产力水平、消费能力、价值观念等方面的差距(Bates,1981)。[①] 比如,在工业化起步阶段,国家通过人为地压低农产品价格并提升工业产品的价格来为城市居民提供廉价的生

---

① Bates, R., *Markets and States in Tropical Africa: The Political Basis of Agricultural Policies*, Berkeley: University of California Press, 1981: 11-29.

第七章　贫困的政治性过程：地方国家、政策过程与政治性建构

产和生活资料，同时通过对城市居民提供各种社会福利和补贴来保障城市的工业循环。这种工农产品的"剪刀差"政策，使农村大量的剩余价值被转移到城市。这一方面拉大了城乡差距，同时也造成农村的积贫积弱，据国家统计数据分析，从1952年开始实施严格的户籍制度到1992年，中国农业部门由于受不平等社会政策的影响，净损失达到了9692亿元，年均236.4亿元，占国民收入的17.7%[1]（郭熙保，1995）。同时，在公共政策的投资方面，国家投资的资金主要来源于对农村的剥夺，然而，投资的方向却是以城市的工业部门为主。这不仅造成了农村基本设施建设的滞后，使农业的发展步履维艰，同时，由于以重工业为主，使政府的投资收益率并不是很高，以重工业为主的经济格局，使政府投资项目往往对劳动力的吸纳十分有限。

在中国，城市偏向的社会政策表现为城乡分治的社会政策与户籍管理制度。大量的农村劳动力不得不被排斥在工业部门以外而长期滞留在农村。这种城乡分治的社会政策与户籍管理制度相配合构成了城乡二元的社会经济结构，并通过严格限制人口的流动使农村成为工业化进程中的牺牲者。[2]

经由"您觉得目前要改善环境中最主要的欠缺是什么"的调查数据显示，有44.5%（236人）的人选择政府监管和资金投入，认为农村结构的布局不合理的占13.6%（72人）。

调查结果表明，在农村日益恶化的环境治理中，居民认为大都是政府监管和资金投入较低，国家和地方政府的投资具有城乡偏好从而带来农村投资的不足。在中国社会发展早期，一方面，国家在公共投

---

[1] 郭熙保：《农业发展论》，武汉大学出版社1995年版。
[2] 成德宁：《论城市偏向与农村贫困》，《武汉大学学报》（哲学社会科学版）2005年第2期。

表 7-1　　　　　　　　目前改善环境中最主要的欠缺

	频数	百分比（%）	有效百分比（%）	累计百分比（%）
政府监管和资金投入	236	43.1	44.5	44.5
人们素质的提高	206	37.6	38.9	83.4
农村结构的布局不合理	72	13.1	13.6	97.0
对企业的整治	8	1.5	1.5	98.5
其他	8	1.5	1.5	100.0
总计	530	96.7	100.0	

资政策和支配性利益分配方面，投资资金尤其是公共资金投入，主要来自农业部门，但主要投资项目则集中在城市工业部门；另一方面，国家不仅公共投资偏向城市发展，而且私人投资也通过金融城市偏向流向城市。随着城乡差距的日益扩大，城市在投资环境和信用制度建设方面远优越于农村。在城市的投资往往意味着更有保障的回报和更高的收益率。不但公共资金流向城市而且私人投资也更倾向于投资在城市。国家公共资金政策的偏好和再分配实践造成了农村金融机构在农村只能发挥吸收存款的作用，而吸收的存款则放贷给城市企业，造成农村本就不多的资金进一步流向城市。很多研究显示，在二元社会结构下，城市地区是金融系统中的净贷款方，而农村地区则成了净放款方。

事实上，大量的农村劳动力不得不被排斥在工业部门以外而长期滞留在农村。这种城乡分治的社会政策与户籍管理制度相配合构成了城乡二元的社会经济结构，并通过严格限制人口的流动使农村成为工业化进程中的牺牲者。

第七章　贫困的政治性过程：地方国家、政策过程与政治性建构

（二）国家动员式发展主义：作为政治过程的扶贫项目与意识形态连续谱

扶贫项目是国家反贫困战略中的重要行动纲要，也是转型期农村贫困行动的核心举措，扶贫项目构成了中国反贫困的制度性逻辑。但是扶贫项目背后其实是一种发展主义意识形态，即通过行政命令、经济干预强制推行农业政策的发展形态，各种扶贫项目是发展主义与中国动员式官僚体系结合的产物，支持扶贫项目的目的不是解决一般农民的贫困问题，而是以高速经济增长作为追求目标，作为解决地方财政问题、树立政绩的灵丹妙药，在扶贫项目的推动过程中，体现了地方政府对资源的垄断和掌握资源分配的权力、村民与村干部的依附关系、村干部成为国家或地方政府的代言人等特征，扶贫项目成为行政性的任务摊派，农民是在行政命令强制下参与扶贫项目，体现了国家动员式发展主义的逻辑。[①] 这和费格信（Ferguson, 1992）、格那与路易斯（Gardner & Lewis, 1996）、斯科特（Scott, 1998）的研究发现一样，不少国家对发展的介入不但带来失败，更进一步带来意料外的后果：加大官僚的权力，削弱民众的权力，带来进一步的贫困化。

经由"目前镇村干部在反贫困中存在的问题"的调查数据显示，认为目前镇村干部中存在的突出问题是"不关心群众利益"的占19.0%，"只讲形式，不干实事"的占26.3%，"公款消费，铺张浪费"的占5.4%，"办事拖拉，不尽职"的占23.8%，"以权谋私，滥用权力"的占6.0%，"不执行中央政策"的占3.8%，"买官卖官"的占1.3%，其他的占14.3%。调查数据说明，地方政府在反贫困行

[①] 古学斌、张和青、杨锡聪：《地方国家经济干预和农村贫困》，《社会学研究》2004年第2期。

· 355 ·

动中，存在不关心群众利益、只讲形式，不干实事、办事拖拉，不尽职等行为，如表7-2所示。

表7-2　　　　　镇村干部在反贫困中存在的问题

	频数	百分比（%）	应答百分比（%）
不关心群众利益	120	19.0	26.5
只讲形式，不干实事	166	26.3	36.7
公款消费，铺张浪费	34	5.4	7.5
办事拖拉，不尽职	150	23.8	33.2
以权谋私，滥用权力	38	6.0	8.4
不执行中央政策	24	3.8	5.3
买官卖官	8	1.3	1.8
其他	90	14.3	19.9
合计	630	100.0	139.4

很多学者在评估中国农村的扶贫效果的实证研究中发现，中国的扶贫政策对缓解贫困几乎没有作用。在众多的政府投资中，扶贫贷款对缓解贫困的作用最小，而政府的反贫困项目之所以对减轻贫困的效果一般都非常小，主要在于其目标瞄准机制的低效率以及对资金的错误使用。[①]

（三）自愿性与强制性之间：制度嵌入性、社会参与与扶贫行动

国家动员过程中的社会参与同样体现了一种国家动员式发展主义的意识形态。这里的嵌入性是指政治嵌入性，政治嵌入性意指经济制度和决策为权力斗争所塑造的方式，而权力斗争则涉及经济活动者和

---

① 章元：《一个农业大国的反贫困之战——中国农村扶贫政策分析》，《南方经济》2008年第3期。

第七章 贫困的政治性过程：地方国家、政策过程与政治性建构

非市场制度，特别是国家和社会阶级（Zukin & DiMaggio，1990）。在扶贫项目参与过程中预设了基于自愿服从和行动控制权转让的各种权威关系机器再生产过程。机遇扶贫项目推动过程中的社会参与表现出政治上的高度重视和强大的政治动员力、经由国家或地方政府强势介入消除贫困治理治理不良与信任危机的特征。

国内关于社会参与的理论研究大多是对西方参与研究理论的修订。有学者根据中国国情将 Arnestin 的参与理论修订为四个参与层次，分别为以操纵和训导为主的低档次参与，以告知和咨询为主要形式的表面层次的参与，以展示为主要形式的高层次参与和以合作、授权、公共控制为主要形式的合作性参与（蔡定剑，2009）。有学者将社会参与分为三个阶段，第一阶段是以操纵和训导为主的非实质性参与阶段；第二阶段则是以告知、咨询、展示为主要形式的象征性参与阶段；第三阶段为以合作、授权、社会控制为主的完全参与性阶段（孙柏瑛，2004）。目前国内关于社会参与形式的研究中，社会参与主要分为四种类型：意见表达型、行动组织型、全力维护型和新型参与渠道，如网站、微博等虚拟社区（刘红岩，2012）。也有学者将参与形式分为两类：以听证会、座谈会等为主要形式的传统参与渠道；以网络和各种新媒体为主要参与渠道的新型社会参与。从参与领域来看，国内社会参与主要集中在四个领域：立法决策、公共政策、基层治理、其他领域（蔡定剑，2009）。在中国基于发展主义意识形态的农村扶贫参与的经验性事实中，可以发现，我国农村的社会参与体现了以合作、授权、社会控制、立法决策、公共政策、基层治理为主的参与性特征。

经由"是否参与本村的扶贫项目"和"您了解本村的扶贫项目吗"的调查数据显示，参与了本村的扶贫项目的占 68.6%，没有参与

本村的扶贫项目的占 29.9%，如表 7-3 所示。

表 7-3   是否参与本村的扶贫项目情况

	频数	百分比（%）	有效百分比（%）
参与	376	68.6	69.4
没有参与	164	29.9	30.3
总计	542	98.9	100.0

经由"对本村扶贫项目的了解情况"的调查数据显示，对本村的扶贫项目非常了解的占 12.8%，了解的占 56.2%，一般的占 17.2%，不太了解的占 10.9%，非常不了解的占 2.2%，如表 7-4 所示。

表 7-4   对本村扶贫项目的了解情况

	频数	百分比（%）	有效百分比（%）
非常了解	70	12.8	12.9
了解	308	56.2	56.6
一般	94	17.2	17.3
不太了解	60	10.9	11.0
非常不了解	12	2.2	2.2
总计	544	99.3	100.0

调查数据说明，仍有很多人对于国家项目扶贫不了解，表明仍有较大一部分农村贫困群体处于国家的扶贫项目援助之外。

最后，经由"对本村扶贫项目的满意度"的调查数据显示，对本村的扶贫项目非常满意的占 16.1%，满意的占 60.9%，一般的占 18.6%，不满意的占 1.8%，非常不满意的占 1.1%。调查结果说明，尽管调查样本的数据显示满意度比较高，但仍然有近20%的居民满意水平较低，如表7-5所示。

表7-5　　　　　　　　　对本村扶贫项目的满意度

	频数	百分比（%）	有效百分比（%）
非常满意	88	16.1	16.3
满意	334	60.9	61.9
一般	102	18.6	18.9
不满意	10	1.8	1.9
非常不满意	6	1.1	1.1
总计	540	98.5	100.0

经由"您所在村是如何确定扶贫对象的?"的调查数据显示，所在村确定扶贫对象的方式是村委会直接决定的占4.7%，公开征求群众意见的占87.2%，不知道的占6.2%，如表7-6所示。

表7-6　　　　　　　　　所在村确定扶贫对象的方式

	频数	百分比（%）	有效百分比（%）
村委会直接决定	26	4.7	4.8
公开征求群众意见	478	87.2	88.8
不知道	34	6.2	6.3
总计	538	98.2	100.0

根据国家的政策精神，所有扶贫对象必须公开征求群众意见。数据结果说明，还是存在政府决策的不公开状态。

经由"扶贫政策认同情况"的数据显示，就扶贫政策而言，大多数受访者对"为农村贫困人口发放最低生活保障金"（53.3%）、"对种粮用户进行补贴"（52.0%）、"对贫困人口进行技能培训"

(50.4%)、"对贫困人口进行就业扶持"(56.0%)、"扶贫项目制定时应充分倾听贫困人口的意见"(45.2%)表示非常赞同,大多数受访者(49.3%)对"对贫困人口进行理财培训"表示赞同,但对于"允许宅基地进行自由买卖"大多数受访者(42.3%)却表示不赞同。调查数据说明,农村贫困群体对扶贫政策认同和参与情况主要集中在救助性扶贫层面,对于发展性社会政策、资产性社会政策和能力提升政策方面的认同度较低,如土地自由买卖、理财培训等,如表7-7所示。

表7-7　　　　扶贫政策认同情况(%)(N=548)

	非常赞同	赞同	一般	不赞同	非常不赞同
1. 为农村贫困人口发放最低生活保障金	53.3	41.9	2.9	1.8	0.0
2. 对种粮用户进行补贴	52.0	42.8	4.4	0.0	0.7
3. 对贫困人口进行技能培训	50.4	41.5	6.6	0.7	0.7
4. 对贫困人口进行就业扶持	56.0	36.9	6.3	0.7	0.0
5. 扶贫项目制定时应充分倾听贫困人口的意见	45.2	40.0	10.4	3.3	1.1
6. 允许土地进行自由买卖	10.4	19.0	14.9	41.8	13.8
7. 允许宅基地进行自由买卖	9.4	20.6	16.9	42.3	10.9
8. 对贫困人口进行理财培训	23.0	49.3	20.4	5.6	1.9

第二节　贫困再造:地方国家、反贫困政策行动与文本实践

改革开放以来,随着中国经济的快速增长,人民的生活水平得到了极大提高,中国的贫困问题得到了很大的缓解。然而,已有研究发

第七章　贫困的政治性过程：地方国家、政策过程与政治性建构

现，贫苦问题尤其是农村贫困问题的改善更多的是源于国家经济发展的涓滴效应，而国家扶贫政策的作用却并不明显。这与市场经济过度追求效率有关，也与国家扶贫政策的滞后有关。在市场作用逐渐占据主导地位的今天，要进一步缓解农村贫困问题，来自政府的扶贫政策则必不可少。社会政策作为一个重要变量，决定了农村与城市的关系，也决定着农民作为弱势群体能否共享社会发展成果的一个重要指标。本书基于社会政策的文本分析技术，以国家调整农村扶贫政策的文本为研究对象，重点介绍农村扶贫社会政策的调整过程与文本实践、农村扶贫政策的特征及其实践策略。

农村扶贫政策的调整和演变是与社会经济的发展阶段以及社会政策的环境背景息息相关的，伊斯顿曾将政策环境分为社会内部环境和社会外部环境两个部分。社会内部环境包括生态系统、生物系统、个人系统以及社会系统；社会外部环境是某社会本身以外的系统，它们是国际社会的功能部分，或者我们可以将其描述为超社会、超系统的环境（伊斯顿，1999）。

一　国家调整农村扶贫社会政策的阶段性及其实践过程

关于调整国家农村扶贫政策的阶段，根据学者王朝明的观点，中国农村的扶贫政策可以分为四个阶段，分别为：农村经济体制改革阶段、大规模开发性扶贫阶段、全国性攻坚扶贫阶段以及农村扶贫的调整阶段。结合不同时期中国农村扶贫政策的文本特征、基本分析框架和社会政策的文本实践，可以把农村扶贫政策分为以下几个阶段：

（一）农村经济体制改革阶段：政策的松动与穷人主体性

这一阶段以1978年在农村实施家庭联产承包责任制为标志，这一阶段主要是通过农村经济体制的改革，放松对农业和农民的种种限制，以实现农业条件的改善和农村生活水平的提高。家庭联产承包责

任制的推广使农民重新获得了对土地的管理权,可以自主经营、安排自己的劳动和投资,这一举措对于调动农民生产的积极性具有重大意义,极大地提高了农村的生存率。同时,国家放松了对农产品的统购统销政策,使农产品的价格大大提高,在一定程度上缓解了农产品在市场上的不利地位,增加了农民收入,对于缓解农村贫困问题发挥了巨大作用。在这一阶段全国农村未解决温饱的人口数量大幅下降,从 2.5 亿下降到 1.25 亿,平均每年减少贫困人口 1786 万,而全国农村贫困发生率也从 33.1% 下降到 14.8%(刘朝明,2008)。

然而,这一阶段只是以体制改革为主,国家并没有出台专门针对农村的扶贫政策,依然强调农民在脱贫中的个人责任。这一阶段只是为农民脱贫提供了更多的可能性,却没有实际性的扶贫措施,使农村贫困人口数量依然很大。

(二)大规模开发性扶贫阶段:国家行动视角下的政策性扶贫

这一阶段从 1986 年至 1993 年。随着市场经济的开展,社会经济发展已经难以自动地导致贫困人口的减少,而且由于经济发展的区域性不平衡,地区间和农户间的收入被逐渐拉大。在这种情况下,紧靠经济发展和市场调节已经难以缓解农村贫困的恶劣状况。在这一背景下,国家在宏观经济政策的指导下开始了大规模的、有计划的农村扶贫开发。从 20 世纪 80 年代中后期开始,中央政府开始在全国范围内开展农村扶贫工作,并在 1986 年成立了国家贫困地区经济开发领导小组,安排专项扶贫资金以扶持贫困农村的发展,并给予国定贫困县专项扶贫援助。同时,在这一阶段,国家对农村扶贫政策进行了重新定义,确立了开发式扶贫的方针。这一阶段的主要特点就是扩大扶贫计划的覆盖范围,并开始强调国家在农村扶贫中的责任。通过几年的大规模扶贫开发,到 1993 年年底,全国农村的贫困人口下降到了不

第七章　贫困的政治性过程：地方国家、政策过程与政治性建构

足8000万人，贫困发生率也从14.8%下降到8.7%。

（三）全国性攻坚扶贫阶段：制度嵌入性扶贫

这一阶段开始的标志是1994年国务院印发的《国家"八七"攻坚扶贫计划》的通知。这是第一个全国性的农村扶贫开发的政策性文件。文件中"八七"的含义是指，争取通过7年左右的时间来解决全国农村8000万贫困人口的温饱问题。这一政策的出台标志着政府在农村扶贫中的责任开始显现，农村扶贫开始从道义性扶贫向制度性扶贫转变。这一文本中明确提出了七年内的工作目标：一是绝大多数贫困户年人均纯收入达到500元以上（按1990年不变价格）。二是扶持贫困农民创造稳定的解决温饱的条件，减少扶贫人口。三是加强农村地区的基础设施建设。四是要改善农村地区教育文化卫生落后的状况。给出了明确的目标，也使农村扶贫工作的开展更加顺利。同时，农村扶贫的瞄准机制也开始从扶持贫困地区向扶持贫困村和贫困户转变。为了扶贫工作的顺利开展，国家也大幅度地增加了扶贫资金。"八七"攻坚扶贫计划中专门规定，从1994年起，再增加10亿元以工代赈资金、10亿元扶贫贴息贷款，执行到2000年。同时还规定，随着财力的增长，国家还将继续增加扶贫资金投入。同时要求地方政府也要逐年增加扶贫资金投入，确保"八七"攻坚扶贫计划的实现。

国家制度性扶贫的开展对农村贫困问题的缓解产生了积极的意义。到1999年年底，中国农村贫困人口减少到不足3400万人，贫困发生率则下降到3.7%。到2000年年底，国家正式宣布"八七"攻坚扶贫计划取得了胜利，全国广大农村人口的温饱问题已经得到了解决。然而，这一阶段的扶贫政策由于受当时经济发展条件的限制，只是片面强调帮助贫困者摆脱生计问题，扶贫政策也以直接实物援助为主，缺乏对穷人个人能力培养的重视。因此，可将这一阶段的扶贫政

策归为生存型扶贫政策。

(四) 农村扶贫的调整阶段：农村扶贫重点的变化

这一阶段以国家颁布的《中国农村扶贫开发纲要（2001—2010)》为标志，随着国家"八七"攻坚扶贫计划的完成，中国农村人口的温饱问题基本得到解决，而且贫困人口的分布已经由原来的相对集中向相对分散转变，且剩余的贫困人口大多集中在生存条件十分恶劣的地区以及一些少数民族聚居区。而且，剩余的农村贫困人口多为丧失劳动能力的残疾人、孤寡老人以及孤儿等。在这种背景下，原来的区域性开发扶贫已经难以取到应有的效果。因此，在农村扶贫的新阶段，国家的扶贫政策出现了一些调整。首先是扶贫瞄准机制的转变，纲要要求，按照集中连片的原则把贫困人口集中的中西部少数民族地区、革命老区和特困地区确立为扶贫开发的重点县，东部以及中西部的其他地区的贫困乡村由地方政府负责扶持。把非贫困县的贫困村也纳入扶贫重点，改变了以往单纯以贫困县作为扶贫重点的做法。同时，把残疾人扶贫工作纳入农村扶贫工作中去。其次是扶贫的奋斗目标的改变，由解决生存问题向提高生活质量转变。纲要规定的奋斗目标是：尽快解决少数贫困人口的温饱问题，进一步改善贫困地区的基本生产生活条件，巩固温饱成果，提高贫困人口的生活质量和生活素质。最后是为农村人口提供非农就业机会，提高农民收入实现彻底脱贫。《中国农村扶贫开发纲要（2001—2010)》中明确提出要积极稳妥地扩大贫困地区劳务输出，加强对贫困地区劳动力的职业技能培训，组织和引导劳动力健康有序地流动。同时，在生态环境恶劣的地区推动资源移民的政策，以改变资源对脱贫的限制。

40多年的农村扶贫历程是一个国家责任不断加强的过程，也是一个国家对贫困不断重新定义的过程。通过对以往的文本进行分析可以

第七章 贫困的政治性过程：地方国家、政策过程与政治性建构

发现，随着时间的推移，政府对于农村扶贫的政策越来越具体，越来越具有实际可操作性。扶贫的主体从强调农民自身发展为强调政府的责任，又发展为调动各方面的能力来共同扶贫。扶贫的目标也从最初致力于温饱问题的解决到致力于贫困人口生活条件的根本转变。

这一阶段的扶贫政策与上一阶段相比，一是更强调了提高贫困人口的生活素质，提出要对贫困地区的劳动力进行技能培训，为农业人口提供非农就业机会，不再是简单地提供实物救助；二是更加注重贫困者个人能力的培养。因此，这一阶段的扶贫政策可建构为发展型扶贫政策。

二 地方国家、社会空间与地方政府扶贫行动

我国是一个区域性发展极不平衡的国家，不同地区经济发展水平不同，就造成了政府在农村扶贫中所扮演的角色不同。经济发展水平的差距也直接导致了不同地区对于农村扶贫的资金投入。要考察社会政策对于农村贫困的影响，也应分析同一时期不同地区的农村扶贫政策文本，并从中分析出农村扶贫政策的空间性差异。

根据不同地区经济发展水平，可将我国分为东中西部三个地区，由于历史和自然条件的原因，三个地区的经济发展水平存在极大的差异。为了分析的需要，本书分别选取《广东省农村扶贫开发条例》《湖北省农村扶贫条例》《陕西省农村扶贫开发条例》《广西壮族自治区扶贫开发条例》作为分析对象。这四个省分别位于中国的东中西部地区，且这四个省的扶贫开发条例的时间都颁布在2010—2011年，可以很好地反映出不同地区在同一时间下的扶贫差异。

不同地区在扶贫瞄准机制方面存在差异。扶贫瞄准机制是指对于扶贫对象的选择方法。扶贫瞄准机制的不同在一定程度上可以反映出地区间经济发展水平的差异以及贫困人口的分布特征。广东省是以贫

· 365 ·

困村和贫困户为扶贫对象，而湖北省则以贫困县、贫困乡和贫困村为扶贫对象，陕西则以连片特困地区、贫困村、贫困户为扶贫对象，广西则以贫困县以及非贫困县的乡、村为扶贫对象。由此可以发现，越是经济发达的地区，贫困对象范围越小越具体。广东省已经不存在贫困县和贫困乡，所以其扶贫是以贫困村和贫困户为对象。而湖北、广西的扶贫对象则包括了贫困县、贫困乡和贫困村。而陕西由于自然生态和历史的原因依然存在连片贫困区，因此陕西的扶贫对象则是连片贫困地区、贫困村、贫困户。因此，地区经济发展水平的差异依然是扶贫政策空间差异的重要原因。

不同地区在扶贫目标上存在差异。扶贫目标的差异既是地区经济发展水平差异的结果，也反映出地区经济发展水平的落差。在经济较为发达的广东和湖北由于已经基本解决了温饱问题，绝对贫困相对较少，因而其发展目标为协调区域发展、促进社会和谐。陕西省的贫困问题较广东和湖北较为严重，因而其发展目标为提高贫困人口生活水平，缩小发展差距，实现共同富裕。而广西的经济发展水平与其他三省相比，明显处于落后地位，且贫困问题依然非常严重，农村的温饱问题尚未得到根本解决，因而其扶贫目标则为解决温饱进而脱贫致富。四个文本在扶贫目标上的差异深刻地体现了不同地区经济发展水平和人民生活水平的巨大差距。也说明落后地区的贫困问题依然很严重，国家的扶贫政策依然需要向经济发展水平落后的中西部地区倾斜。

地方政府在扶贫资金投入方面有所差异。扶贫资金是扶贫政策的重要组成部分，也是决定扶贫取得成效与否的重要条件，地方政府对于扶贫资金的来源问题有不同的政策规定。广东省农村扶贫开发条例规定，各级人民政府应当将农村扶贫开发资金列入年度财政支出预

第七章 贫困的政治性过程：地方国家、政策过程与政治性建构

算，并建立与本地区经济发展水平相适应的财政扶贫资金增长机制。然而，并没有对扶贫资金的数额以及所占财政支出的比例做出明确规定。湖北和陕西则对地方财政在扶贫资金方面的投入有明确规定。其中，湖北省扶贫开发条例规定，省级财政扶贫投入应当按照国家扶贫投入的40%—50%配套安排。陕西省则规定，省级财政每年安排的专项扶贫资金不低于中央财政投入本身专项扶贫资金的30%。各设区的市以及有扶贫任务的县每年按照不低于地方财政收入2%的比例安排专项扶贫资金。而广西对于地方财政扶贫资金投入方面则态度模糊。广西农村扶贫开发条例规定，县级以上人民政府应当把扶贫开发列入财政预算，每年从本级财政收入中安排一定的资金用于扶贫。这个规定过于笼统，缺乏客观的数据，难以取得应有的效果。地方政府对于扶贫资金的投入一方面是受地方经济发展水平的限制，另一方面也与本地区经济发展的理念有关，经济发展较为落后的西部地区可能更关注当地经济的发展，对于扶贫资金的投入明显不足。

地方政府对于自身在扶贫中责任认定方面存在空间差异。不同的省份由于经济发展水平的不同，以及面临的主要问题方面存在差异，因此对于政府在扶贫中的责任也有不同的认知。广东、湖北、陕西的地方政府都非常重视贫困问题的解决，都将扶贫问题与基层政府的政绩挂钩，并都确立了对口帮扶制度，其中广东省还将每年6月30日定为广东扶贫济困日。充分表现了政府对扶贫的重视，而且，三个省份的扶贫开发条例都较为具体，具有较强的可操作性。而广西的扶贫开发条例则较为简单，内容也比较笼统。条例中的内容大多较为宽泛，缺乏一些硬性指标的规定。比如，广西关于地方财政对于资金投入问题方面的规定以及关于科教扶贫的阐述。广西扶贫条例第十一条规定，广泛开展多层次、多形式的科教扶贫及应用技术培训，不断提

高劳动者素质，提高扶贫开发的效果。但对于如何开展科教扶贫却缺乏具体的措施。这些差异反映了地方政府对于自身在农村扶贫中不同的角色定位。

三 农村扶贫政策：政策体系的结构性特征与实践路径

国家调整农村扶贫政策的基本过程体现在：一是城乡关系的视角，即国家对农村与城市关系的重新定义，具体表现为从压榨农村、支持城市发展到城市反哺农村。二是社会政策的理论视角，即从最初的救济式扶贫到开发式扶贫再到后来的发展式扶贫。在整个政策调整过程中，农村扶贫政策表现为渐进性、稳健性、弱势性与政府的强干预性。

（一）社会政策的渐进性和稳健性

国家调整农村扶贫政策的特点之一即为社会政策的渐进性，是一种社会政策的渐进主义路线。在中国，任何一个社会政策的出台都是渐进、累积的结果。由于政策制定主体的认识能力与条件的限制、信息的缺乏性，对国家自上而下推行的改革目标、改革路径的认识的有限性，处理问题时设计方案的保守性使一项政策的制定往往从对已有政策的小修小补开始，通过时间的累积和实践的检验而不断完善。这是一种政治上逐步分解风险的做法，深受我国"摸着石头过河"的现代化理念的影响。做法上往往采取先试点，取得经验，然后推广的模式。比如我国新型农村合作医疗制度的发展就均采用了这一做法。

我国新型农村合作医疗制度最早的文献见于2001年国务院办公厅印发的《关于农村卫生改革与发展的指导意见》。意见指出：

农村合作医疗依据各地方实际情况，地方人民政府组织领导，坚持自愿量力、因地制宜、民办公助的原则。医疗保障筹资以个人投入为主集体扶持，政府适当援助。提倡以县或市为单位施行大病统筹。

第七章 贫困的政治性过程：地方国家、政策过程与政治性建构

帮助农民抵御个人和家庭难以承担的大病风险。①

可见，这一时期的新型农村合作医疗依然以强调农民个人责任为主。2002年中央下发了《关于进一步加强农村卫生工作的决定》，提出：

地方政府要逐步建立以大病统筹为主的新型农村合作医疗制度，到2010年，新农合基本覆盖全体农村居民。要求各级政府要逐年增加卫生投入。投入的增长幅度要不低于同期财政经常性支出的增长幅度。同时，做好宣传和引导、选择试点县、开展调研、确定筹资标准和资金收缴方式。②

这一阶段政府增强了自身的责任意识，开始增加对于新农合的投入。2007年，党的十七大召开，会议上提出：

要把人人享有基本医疗卫生服务确立为全面建设小康社会的重要目标之一。同时，要坚持不增加农民负担，不提高农民缴费标准为原则。③

通过以上几个文献可以看出，在建立新型农村合作医疗方面，政府始终坚持政策的渐进性与稳定性。一方面通过试点来考察政策的可行性，另一方面逐步加大政府在社会保障中的投入，减轻农民的负担。

政策过程与变迁是采取激进的或休克的策略方式还是渐进的或平滑的策略方式，与博弈参与者的理念、经验、智慧和政策环境的制约程度有关。由于中国现代化的渐进模式与经济发展战略先行，改革以来，中国社会利益调整，都是渐进式的。农村扶贫社会政策也是如

---

① 《人民日报》2001年9月11日。
② 《人民日报》2002年10月30日。
③ 《人民日报》2007年10月25日。

此，即不同的政策阶段有不同的政策方式，有不同的政策利润空间。从时间历程上讲，国家农村扶贫政策的目标经历了从解决温饱到创造稳定性的解决温饱的基础条件再到生活条件的根本转变。从空间上讲，东中西部不同地区由于经济发展阶段的差异，其在农村扶贫政策的目标上也体现了巨大差异。现阶段农村贫困状况已经发生了巨大转变，但不同省市依然存在巨大差异，需要相关政府部门渐进地改革农村扶贫政策。

（二）社会政策的弱势性与歧视性

社会政策的弱势性与我国所走的城乡二元发展战略有很大的关联性。弱势性是根源于政策决策者对弱势群体的关注和发展干预，体现了政治对社会发展话语体系的影响。受以经济建设为中心理念的影响，在我国，社会政策一直被当作经济政策的附属品，被理解为社会经济发展的稳定器，社会政策研究经济化倾向明显。社会政策总是被当作平衡经济政策中的一些公平和平等的问题，社会发展被当作经济发展的补充，需要在经济发展的基础上来讨论。因此，对社会政策的探讨，一直是以经济政策作为参照。社会政策的弱势性体现在以下几个方面：一是社会政策较少，且覆盖面不大；二是社会政策的福利和保障水平偏低，社会政策的概念尚未进入主流话语；三是一些社会政策未被有效执行，以及社会政策在国家政策体系中仍然处于附属性的地位。同时，社会政策的弱势性同样也表现在政策对象的弱势性上，无论是困难群体抑或是弱势群体，他们的不利地位一般被认为是因为个人生理和文化素质低下，具有明显的被害者有罪论色彩。

由于长期的城乡二元的发展战略，造成了人们对农村和农民的偏见。农村被认为是落后的、不文明的，而农民往往和素质低下联系起来。而对于农村和农民的救助一开始往往具有施舍性的色彩，农村的社会保障水平也远远落后于城市。比如，养老保险制度在城市已经基本普及，而在农村，养老保险制度依然处于试点阶段，广大农民在失去劳动能力后依然依靠的是家庭养老。而医疗保险制度在农村虽已经基本普及，但在农村的医疗条件以及保障水平上与城市相比依然较为落后。而且，几乎所有的农村扶贫政策都硬性规定，农村扶贫对象必须是有劳动能力且有劳动意愿的个体。这在一定程度上是对政策对象的歧视，体现了农村社会政策的弱势性。如国家《"八七"攻坚扶贫计划》中提出：

要鼓励贫困地区广大干部、群众发扬自力更生、艰苦奋斗的精神。在国家的扶持下，以市场需求为导向，依靠科技进步，开发可利用资源，发展商品生产，解决温饱进而脱贫致富。同时，规定了对贫困残疾人开展康复扶贫。

国家的《"八七"攻坚扶贫计划》明显体现了在当时社会经济相对比较落后的情况下，国家在扶贫问题上依然强调农村扶贫中地方及个人的责任。可见，社会政策的制定依然依据的是当时的社会经济政策，具有弱势性。

（三）农村扶贫政策中的政府强干预性

在我国，行政权力对于资源的分配依然具有重要的影响，在国家的扶贫行为中也经常存在国家强势介入农村经济发展的事件。学者孙立平等把这种现象称为"逼民致富"（孙立平，2000）。实践表明，由于国家的干预和一些地方干部的介入使一些农村地区不但无法脱贫反而陷入了越扶越贫的境地。中国自《"八七"攻坚扶贫计划》颁布以来，所颁布的农村扶贫政策基本是为了解决农村贫困问题，而且，这些社会政策背后的逻辑都是市场化和工业化的发展方向，好像农业只有走市场化、工业化的道路才能彻底摆脱贫困。几乎所有的扶贫政策均强调要以项目开发的形式进行扶贫。然而，对于如何开展项目，项目的内容如何确定却没有明确的说明。

地方政府为了保证政绩，很容易在缺乏信息的情况下出台一些并不适合贫困农村的项目，而当地的民众并没有摆脱政府干预的能力，而且在项目的制定上并不具有发言权，可能导致一些并不适合本地区脱贫的项目被强行开展，而失败的成本往往还需要当地民众来承担。这就造成了一些地区越扶越贫的后果。

中央政府自实施开发式扶贫以来，要求发挥地方民众在扶贫中的积极性，进而达到"造血"的效果，然而，这在实际执行中却变成了政府自上而下的动员，民众没有机会表达自己对扶贫项目的意见，有时还被迫参加一些政府强制推行的项目。这不但会造成地方上的干群冲突，还可能使当地的贫困农民陷入生存上的危机，或者造成返贫的现实。因此，加强对贫困农民扶贫政策的参与意向的研究对于完善目前的扶贫制度具有重要意义。扶贫应是国家与贫困者的互动，而不只是政府的强行推动"逼民致富"。

第三节 社会政策视角下的农村贫困群体参与式政治的研究路径和方法

一 贫困的政治性建构：研究思路

本书主要探讨我国农村扶贫政策的类型以及农村贫困者的政策偏好对于贫困者政策参与意愿的影响，来从贫困者自身的角度探讨农村扶贫政策的可行性。本书首先通过对以往扶贫政策文本的解读，采用文本分析法对现有的社会政策进行分类，建构农村扶贫政策的理想类

第七章　贫困的政治性过程：地方国家、政策过程与政治性建构

型。然后通过实证调查收集定量的数据，对收集来的数据进行统计分析，将不同的政策理想类型作为自变量与其他控制变量一起建立一组二元 Logistic 回归模型，采用逐步进入法，将不同的政策类型纳入模型中，通过观察得出的统计系数，来对因变量即农村贫困者的参与意愿进行考察。得出研究结论，进而提出相应的政策建议。

二　贫困的政治性建构：研究假设与变量的操作化

（一）研究假设

本书主要分析农村扶贫政策的制度性因素以及农村贫困者不同的政策类型偏好对农村贫困者政策参与的相关性，并进一步分析扶贫政策的制度性因素与政策类型偏好对扶贫政策参与的解释力。本书通过专业的统计分析软件，对数据首先进行相关分析，并对变量间相关性进行显著性检验，计算双变量之间的相关，然后建立一组嵌套二元 Logistic 回归模型，将控制变量和相关的政策类型变量纳入方程之中，计算出回归系数，并作出相应的解释。

通过对前人相关研究的梳理可以发现，以往关于社会政策的制度性因素多从三个维度进行分析：政策认知、社区事务管理风格、政策认同。本研究也从这三个维度出发进行分析，提出研究假设1：贫困者的政策参与受社会政策的制度性因素影响。同时，根据分析的维度提出三个分假设：

假设1a：贫困者对于扶贫政策了解程度越高，越有可能参与扶贫政策。

假设1b：社区事务管理风格越民主，贫困者越有可能参与扶贫政策。

假设1c：农村贫困者对于扶贫活动越满意，越有可能参与扶贫政策。

不同的农村扶贫政策类型是政府不同发展理念的体现。结合前人研究以及上文对农村扶贫政策的文献梳理，本书将农村扶贫政策分为四个类型：生存型农村扶贫政策、发展型农村扶贫政策、参与型农村扶贫政策以及资产型农村扶贫政策。并通过调查农村贫困者对这四种扶贫政策类型的认同程度来衡量贫困者对于农村扶贫政策类型的偏好。根据以上分析，本研究提出假设2：农村贫困者的政策参与受其扶贫政策偏好的影响。

（二）变量的操作化

1. 因变量

本书的因变量为农村贫困者对于农村扶贫政策的参与。用"是否参与了农村的扶贫项目"作为指标进行衡量，只要农村贫困者参与了一项针对农村贫困者的扶贫政策，就认为农村贫困者参与了农村扶贫政策。出于分析的需要，将因变量作为虚拟变量处理，将参与了农村扶贫政策赋值为"1"，将没有参与农村扶贫政策赋值为"0"。

2. 中介变量

本书将农村扶贫政策的制度性因素作为研究的中介变量。将其分为三个维度进行研究，分别为政策宣传效果、社区事务管理风格和政策满意度。

在政策宣传效果方面，通过询问"您了解本村的扶贫项目吗？"进行测量，将答案分为5个渐进的等级，分别为"1＝非常不了解，2＝不太了解，3＝一般，4＝了解，5＝非常了解"。可将其作为定距变量使用，得分越高表示对政策的了解越深入。社区事务管理风格方面，通过询问"您所在的村是如何确定扶贫对象的？"这一问题来了解，将答案设为"1＝村委会直接决定；2＝公开征求群众意见；3＝不知道"。出于分析的需要，将其做虚拟变量处理，将村委会直接决定和不知道赋值为1，并定义为专制型管理风格。将公开征求群众意见赋值为0，定义为民主型管理风格。政策满意度方面，通过询问"您对本村的扶贫活动满意吗？"这一问题来了解，将答案设置为"1＝非常不满意；2＝不满意；3＝一般；4＝满意；5＝非常满意"。得分越高表示政策满意度越高，可将其看作定距变量直接纳入回归方程。

3. 自变量

通过对以往文本的梳理可以发现，我国的扶贫政策是从生存型扶贫政策逐步走向发展型扶贫政策。从简单地提供直接援助来解决温饱，到关注贫困人口素质的提升。但是目前依然停留在发展型扶贫政策的阶段。本书文献综述部分通过梳理国内外的相关文献，发现目前国际上新型的参与型扶贫政策与资产型扶贫政策在我国依然比较少见。为了分析的需要，将参与型扶贫政策和资产型扶贫政策也纳入比较的范围，以此建立四种扶贫政策的理想类型：生存型扶贫政策、发展型扶贫政策、参与型扶贫政策和资产型扶贫政策。为下文的实证研究做准备。

为了保证研究的客观性，本书根据贫困者对于不同政策类型的偏好，对所有政策做一个因子分析，提取出公因子与研究者建构出的理想类型相比较，并将其作为自变量纳入模型之中。因子分析结果见表7-8。

表7-8　　　　　贫困者政策类型偏好因子分析结果

成分矩阵[a]	成分	
	生计型	投资型
对贫困人口进行技能培训	0.855	-0.195
对种粮用户进行补贴	0.829	-0.238
对贫困人口进行就业扶持	0.838	-0.248

续表

成分矩阵[a]	成分 生计型	成分 投资型
为农村贫困人口发放最低生活保障金	0.738	-0.242
扶贫项目制定时应充分倾听贫困人口的意见	0.706	-0.056
对贫困人口进行理财培训	0.563	0.260
允许宅基地进行自由买卖	0.367	0.862
允许土地进行自由买卖	0.380	0.859

注：a. 提取方法：主成分分析法。

表7-8是通过因子分析得出的结果，因子分析采用主成分分析法，并利用最大方差法进行因子旋转。得到两个主成分，这两个主成分可以解释70%的方差。其中前六项政策偏好可归为一类，这一类政策偏好多是基于政府对贫困者的直接帮扶，不需要个人承担风险，对于贫困者来说属于零风险却有收益的扶贫政策。因此，可以将第一种成分命名为生计发展性政策偏好。而第二种成分包括了后两种政策，这一成分虽有可能会伴随着高收益，但也需要个人承担一定的风险，因此，可以将后两种政策类型命名为投资风险性政策偏好。与前文建构的理想类型相比，安全型偏好基本可以对应前文的生存性社会政策、发展型社会政策和参与型社会政策；而风险型偏好基本上可以对应于资产型社会政策。

为保证研究的客观性，本书在下文中将因子分析得到的两个因子变量纳入回归模型之中进行考察。而对于建构的四种社会政策的理想类型则与贫困者的社会参与做相关分析。

本书的自变量为农村贫困者对于农村扶贫政策的偏好。通过编制李克特量表来测量农村贫困者对于农村扶贫政策的类型偏好。量表由8条陈述组成，分别为："1. 您是否认同对农村贫困人口发放最低生活保障金？2. 您是否认同对种粮用户进行补贴？3. 您是否认同对贫困人口进行技能培训？4. 您是否认同对贫困人口进行就业扶持？5. 您是否认同制定扶贫项目时应充分倾听贫困人口的意见？6. 您是否认同允许土地进行自由买卖？7. 您是否认同允许宅基地进行自由买卖？8. 您是否认同对贫困人口进行理财培训？"分别对应生存型扶贫政策、发展型扶贫政策、参与型扶贫政策和资产型扶贫政策。答案设置为"1＝非常赞同，2＝赞同，3＝一般，4＝不赞同，5＝非常不赞同"。

4. 控制变量

为了与前人的研究进行对照，本研究将一些人口学方面的变量作为控制变量：性别、受教育程度。同时，参照前人的研究，将党员身份这一颇具中国特色的身份变量作为控制变量。同时，我们假设，60岁以上的老年人口可能因为其劳动能力下降而处于弱势地位，更有可能成为扶贫政策的对象，其参与的可能性也较高。而30岁以下的青年人多外出打工或者求学，所以更不可能参与扶贫政策。因此，也将年龄作为控制变量。性别方面，通过询问"您的性别"来获得，答案为"1＝男，2＝女"。为了分析的方便，将其做虚拟变量处理，将男赋值为1，女赋值为0。受教育程度方面，通过询问"您的文化程度？"来获得，答案为"1＝未上学；2＝小学；3＝初中；4＝中专或高中；5＝大专或本科；6＝本科以上"。可将其直接视作定距变量。党员身份通过询问"您的政治面貌？"来获得，答案分别为"1＝共产党员；2＝团员；3＝民主党派党员；4＝群众；5＝其他"，为了分析的方便，将其做虚拟变量处理，将共产党员赋值为1，将其他选项赋值为0，并定义为非党员。年龄方面，问卷中并无直接对应的题目，通过用2015减去出生年份来算出实际年龄。并将年龄划分为60岁及以上、30岁到60岁、30岁以下。处于对比的需要，将年龄处理为两个虚拟变量，年龄1和年龄2，年龄1中，将60岁及以上赋值为1，另两项赋值为0；年龄2中，将30岁以下赋值为1，其他两项赋值为0。因此，本书的五个控制变量为性别、年龄1、年龄2、党员身份和受教育程度。变量具体赋值见表7-9。

表7-9　　　　　　　　　　变量的定义及其赋值

类型	变量	性质	赋值	均值	SE
中介变量	政策认知	定距	1=非常不了解；2=不了解；3=一般；4=了解；5=非常了解	2.78	1.115
	社区事务管理风格	虚拟	1=专制型；0=民主型	0.25	0.43
	政策满意度	定距	1=非常不满意；2=不满意；3=一般；4=满意；5=非常满意	2.52	0,97
自变量	生存型政策	定距	2—10	9.16	0.694
	发展型政策	定距	2—10	9.34	0.749
	参与型政策	定距	2—10	9.46	0.814
	资产型政策	定距	2—10	4.04	1.263
控制变量	党员身份	虚拟	1=中共党员；0=其他	0.15	0.358
	受教育程度	定距	1=未上学；2=小学；3=初中；4=中专或高中；5=大专或本科；6=本科以上	2.76	1.014
	性别	虚拟	1=男性；0=女性	0.21	0.407
	年龄1	虚拟	1=60岁及以上；0=其他	0.80	0.271
	年龄2	虚拟	1=30岁及以下；0=其他	0.18	0.385
	是否参与扶贫	虚拟	1=参与；0=未参与	0.51	0.500

由于本书研究的因变量为只有两个取值的二分变量，且自变量皆为定距变量。所以本书采用二元Logistic回归模型作为分析工具。

三 贫困的政治性建构：解释模型与效应

本书研究的主要目的是探讨农村扶贫政策的制度设计，以及贫困者对政策类型的偏好是否对农村贫困者参与扶贫政策有影响，因此本书通过建立一组嵌套模型，并采用逐步回归法来进行探讨。首先，将可能影响贫困者是否参与农村扶贫政策的控制变量纳入模型之中，建立基准模型 A，然后，将衡量社会政策制度设计的有关变量纳入模型之中，建立模型 A_1；最后，将衡量贫困者政策类型偏好的相关变量纳入模型之中，建立模型 A_2。

模型 A（基准模型）：

$$Y_i = \ln\left(\frac{P}{1-P}\right) = a + \sum_{i=1}^{5} b_i X_i$$

模型 A_1（制度设计与贫困者政策参与）：

$$Y_j = \ln\left(\frac{P}{1-P}\right) = a + \sum_{i=1}^{5} b_i X_i + \sum_{j=1}^{3} C_j X_j$$

模型 A_2（制度设计、政策类型与贫困者参与）：

$$Y_k = \ln\left(\frac{P}{1-P}\right) = a + \sum_{i=1}^{5} b_i X_i + \sum_{j=1}^{3} C_j X_j + \sum_{k=1}^{4} d_k X_k$$

其中，P 代表的是农村贫困者参与扶贫政策的概率，$1-P$ 代表的是没有参与扶贫政策的概率。在基准模型 A 中，b_i 是指在模型之中只有控制变量的情况下个人特征 X_i 的影响，X_i 分别代表性别、受教育程度、党员身份、年龄1和年龄2等控制变量。

模型 A_1 中，b_i 是指在加入社会政策制度设计变量后，控制变量的主效应，C_j 是制度设计变量的主效应，分别代表政策宣传、社区事务管理风格、政策满意度。

模型 A_2 中，b_i 是指在加入社会政策制度设计变量以及农村贫困者政策类型偏好变量之后，控制变量的主效应，C_j 是指在加入社会政策制度设计变量以及贫困者政策类型偏好变量之后，社会政策制度设计变量的主效应，d_k 代表政策偏好变量的主效应，分别代表生存型社会政策、发展型社会政策、参与型社会政策、资产型社会政策。

第四节 贫困再造：基于农村贫困群体的参与式政治的实证研究

这一部分本书首先运用双变量间的相关关系来测量农村扶贫政策的制度性因素、农村贫困者的政策偏好对于农村贫困者参与扶贫政策的影响。然后，利用 Logistic 回归分析来建立模型，将影响贫困者参与的各个自变量与控制变量纳入模型之中，并通过观察模型结果来判断农村扶贫政策的制度性因素与贫困者的政策偏好对贫困者参与扶贫政策的影响。

一 扶贫政策的制度性因素与贫困者参与扶贫政策的相关性分析

将制度性因素操作化为三个维度：政策宣传、社区事务管理风格、政策评价。根据变量的特征和性质选取不同的相关系数进行测量。

（一）政策宣传与政策参与的相关分析

政策宣传是否到位对于贫困者参与扶贫政策具有重要意义。如果贫困者根本不了解或者不知道针对农村的扶贫政策，就很难参与到扶贫政策之中。政策宣传可看作一个定距变量，而参与扶贫政策本身是一个定类变量，为了分析的需要，将其转化为虚拟变量，虚拟变量可当作定距变量使用，测量两个定距变量可选用皮尔逊相关系数。

由表 7-10 可知，贫困者对于农村扶贫政策的了解程度越高，越有可能参加农村扶贫政策。双边检验 P 值近似等于 0，说明两个变量

第七章 贫困的政治性过程：地方国家、政策过程与政治性建构

的相关性在99%的置信度上通过了显著性检验。二者是相关的。同时，频次交叉分布表也支持这一推论。随着贫困者对于扶贫政策的了解程度的下降，其参与的可能性也是直线下降的。非常了解农村扶贫政策的被访者中有89.8%的人参与了扶贫政策，而非常不了解扶贫政策的被访者中只有8.3%的人参与了扶贫政策。可见政策宣传作为扶贫政策制度设计的一个方面，对于贫困者参与扶贫政策具有重要影响。

表7-10　　　　　政策宣传与政策参与的交叉分析（%）

	您是否参与了本村的扶贫项目		
	参与了	没有参与	总计
非常了解	89.8	10.2	100
了解	66.3	32.7	100
一般	50.5	49.5	100
不太了解	19.1	80.9	100
非常不了解	8.3	91.7	100

P = 0.000　Pearson = 0.505

（二）社区事务管理风格与扶贫政策参与的交叉分析

本书选取问卷中"您所在的村是如何确定扶贫对象的？"这一问题作为衡量社区事务管理风格的一个指标，不同的管理风格可能会造成贫困者对于社会政策不同的认知，也会影响其对农村扶贫政策的参与。为了分析的方便，将是否参与扶贫政策和社区事务管理风格皆转化为虚拟变量，作为定距变量来测量二者的相关性。

表 7-11　　社区事务管理风格与政策参与的交叉分析

		您是否参与了本村的扶贫项目		
		参与了	没有参与	总计
社区事务管理风格	民主型	62.4	37.6	100
	专制型	19.0	81.0	100
			Pearson = 0.39	

由表 7-11 可知，社区事务管理风格与扶贫政策参与显著相关。在民主型管理风格中，贫困者参与的比例达 62.4%，而专制型管理风格中，贫困者参与的比例只有 19.0%。同时，积矩相关系数值为 0.39，且其双边检验的显著性达到了 0.000，小于 0.01，通过了显著性检验。说明两个变量在 99% 的置信度上是相关的。这说明，民主型的社区事务管理风格会显著提高扶贫对象对扶贫政策的参与。

（三）政策满意度与政策参与的相关分析

贫困者对于扶贫政策的满意度是一个主观变量，但居民对于政策的满意度显然会影响其政策参与行为。因而，探讨贫困者对现有政策的满意度也具有重要意义。

表 7-12　　政策满意度与政策参与的交叉分析（%）

		您是否参与了本村的扶贫项目		
		参与了	没有参与	总计
您对本村的扶贫政策满意度	非常满意	84.1	15.9	100
	满意	65.2	34.8	100
	一般	35.9	64.1	100
	不太满意	11.1	88.9	100
	非常不满意	4.2	95.8	100
		P = 0.000　Pearson = 0.449		

第七章 贫困的政治性过程：地方国家、政策过程与政治性建构

从表 7-12 的交叉分析中可以看出，对扶贫政策的满意度与政策参与之间是呈线性相关的。满意度越高，参与的比例也就越高。对社会政策非常满意的群体中，对社会政策参与的比例达 84.1%，而对社会政策最不满意的群体中，参与的比例只有 4.2%。皮尔逊相关分析也证明了这一观点。二者的相关系数达到 0.449，且在 99% 的置信度上通过了显著性检验（P<0.01）。因此，可以推断，扶贫政策的满意度与扶贫政策参与相关，且满意度越高，参与的可能性也越大。

（四）贫困者政策偏好与政策参与的相关分析

通过上文的文本分析，将扶贫政策分为生存型扶贫政策、发展型扶贫政策、参与型扶贫政策、资产型扶贫政策四种理想类型。分别度量农村贫困者对于这四种扶贫政策的认同程度、贫困者对各种扶贫政策的认同与其政策参与的相关性。

表 7-13　　　　政策类型偏好与政策参与的相关分析

	Pearson 值	渐进标准误差	近似值 T	近似值 Sig.
生存型	0.129	0.038	-3.186	0.002
发展型	0.102	0.039	-2.497	0.013
参与型	0.126	0.039	-3.097	0.002
资产型	-0.078	0.041	1.898	0.058

由表 7-13 可知，农村贫困者对于生存型社会政策、发展型社会政策、参与型社会政策的认同程度均与贫困者是否参与扶贫政策正相关，且相关性通过了显著性检验。其中生存型社会政策与参与型社会政策在 99% 的水平上显著（P<0.01）。发展型社会政策在 95% 的水平上显著（P<0.05）。而对资产型社会政策的认同则与贫困者是否参与扶贫政策的相关性并不显著，且相关系数为负值。这说明，越认同资产型社会政策，越不可能参与扶贫政策。研究者认为，赞成资产型

社会政策的农村人口大多数拥有固定资产，更不可能陷入贫困，因而无法成为政府的扶贫对象。

通过对农村扶贫政策的制度设计与贫困者政策类型偏好进行相关分析，本书得出了以下结论：在扶贫政策的制度性因素方面：扶贫政策的宣传效果对于贫困者参与扶贫政策有重要影响，贫困者越了解农村的扶贫政策，越有可能参与农村扶贫政策；扶贫所在地的社区事务管理风格对于贫困者是否参与农村的扶贫政策也有重要影响，相对于专制型的管理风格而言，民主型的管理风格下会有更多的贫困者参与到农村扶贫政策中；对扶贫政策的评价也会影响农村贫困者对于农村扶贫政策的参与，农村贫困者对于农村扶贫政策的评价越高，越有可能参与农村扶贫政策。

在政策偏好方面，生存型社会政策、发展型社会政策、参与型社会政策对于贫困者的政策参与有显著影响，而资产型社会政策则对贫困者的政策参与并没有显著影响。其中，前三项政策与政策参与正相关，而资产型社会政策与政策参与负相关。因此，农村贫困者对于不同扶贫政策的偏好也是预测贫困者是否参与农村扶贫政策的重要变量。

接下来，本书将会运用二元 Logistic 回归分析的方法，将控制变量与以上各变量都纳入模型之中，来考察这些变量对于贫困者政策参与的共同影响。

二 农村扶贫政策的文本类型与贫困者的社会政策参与的回归分析

本书主要考察农村扶贫政策的制度性因素、农村贫困者对扶贫政策的偏好是否对农村贫困者的政策参与产生影响。因此，建立一组嵌套模型进行分析。首先将可能影响农村贫困者政策参与的各个控制变量纳入模型之中，建立基准模型 A，然后将代表农村扶贫政策的制度设计的变量纳入模型之中,建立模型 A_1,最后将贫困者政策类型偏好与扶贫政策的制度设计的相关变量纳入模型中,建立模型 A_2。

在一个定量研究中究竟采用哪种分析方法,要根据变量的性质和样本的特征进行选择。由于样本是随机选取而来,且是大样本,因此,可以使用社会统计学的方法进行分析。而研究的因变量是只有两个取值的二分变量(0 或 1),而自变量皆为定距变量或虚拟变量,因此本研究符合采用二元 Logistic 回归分析的要求,采用二元 Logistic 回归分析来建立嵌套模型来考察各个自变量对因变量的影响。

表 7-14　社会政策的制度设计与贫困者的政策类型偏好对政策参与的回归模型

	模型 A		模型 A_1		模型 A_2	
	系数	标准误	系数	标准误	系数	标准误
性别(以男性为参照)	0.764**	0.221	0.637*	0.264	0.544*	0.273
年龄 1(以 60 岁及以上为参照)	0.701	0.262	0.448	0.431	0.357	0.460
年龄 2(以 30 岁及以下为参照)	0.155	0.236	0.254	0.289	0.196	0.290
受教育程度	-0.304*	0.099	-0.235*	0.123	-0.270*	0.126
政治面貌(以党员为参照)	0.701	0.175	0.628	0.305	0.665	0.312
政策宣传			0.468**	0.128	0.507**	0.131
社区事务管理风格			-0.475*	0.316	-0.498*	0.324
政策满意度			0.599**	0.161	0.569*	0.169
生计发展型政策					0.055*	0.116
投资风险型政策					-0.157*	0.110
-2 对数似然值	799.496		606.468		582.500	
卡方值	36.006		212.695		206.089	
模型 P 值	0.000		0.000		0.000	
调整后 R^2	0.077		0.403		0.506	

注:* $p<0.01$,** $p<0.05$。

由表 7-14 可知，模型的显著性水平显示三个模型的 P 值均趋近于 0.000，说明三个模型的显著性水平均较高，三个模型对于因变量的预测均有较高的置信度。

模型 A 是基准模型，代表的是各个控制变量对于农民贫困者是否参与扶贫政策的影响。从统计结果来看，年龄和政治面貌都对于农村贫困者是否参与扶贫政策没有显著影响。这可能与样本中年龄和政治面貌分布不均匀有关。在年龄方面，样本中有 72.6% 的被调查者处在 30—60 岁，而 30 岁及以下和 60 岁及以上的被调查者比例均较低。而党员在所有被调查的贫困群体中只占 14.5%。不平衡的样本可能导致了这两个变量对于贫困者是否参与扶贫政策的影响被掩盖。而性别和受教育程度则与农村贫困者是否参与农村扶贫政策有显著影响。性别方面，性别与贫困者是否参与农村扶贫政策的相关系数达到了 0.764，这说明，相对于女性而言，男性贫困者参加农村扶贫政策的可能性要高出 76.4%，且统计结果在 99% 的水平上显著（$p<0.01$）。受教育程度方面，受教育程度与农村贫困者是否参与农村扶贫政策反相关，相关系数为 -0.304，这说明随着教育程度的提高，参与农村扶贫政策的可能性反而降低，且相关性在 95% 的水平上显著（$p<0.05$）。这可能是因为，受教育程度较高者更有可能外出打工而不在村子里，因而无法参加政府针对农村的一些扶贫政策。也可能与受教育程度较高者往往拥有较高的收入，因而往往无法成为扶贫对象有关。

模型 A_1 在基准模型的基础上加入了社会政策的制度设计变量。从统计结果来看，代表社会政策制度设计的三个变量均对于农村贫困者是否参与扶贫政策有显著影响。具体来看，政策宣传方面，贫困者对于扶贫政策越了解，其参与程度也越高，相关系数达到了 0.468，并且统计结果在 99% 的置信度上显著（$p<0.01$）。假设 1a 得到验证。

第七章 贫困的政治性过程：地方国家、政策过程与政治性建构

在社区事务管理风格方面，相关系数为-0.475，这说明相对于民主型管理风格而言，专制型的管理风格下，农村贫困者的社区参与程度要低47.5%，且统计结果在95%的置信度上显著（p<0.05）。假设1b也得到验证。政策满意度方面，贫困者对于农村扶贫政策的评价越高，其参与的可能性也越高，统计系数达到0.599，且统计结果在99%的置信度上显著（p<0.01）。假设1c也得到验证。因此，假设1得到验证，社会政策的制度设计与贫困者是否参与扶贫政策显著相关。在加入社会政策的制度设计变量后，原来的控制变量的系数有所变化，但变化不大，依然是性别和受教育程度对贫困者是否参与扶贫政策有显著影响。但其系数有所降低，影响力减弱，说明这两个变量也有可能是通过社会政策的制度设计而间接发挥作用的。而年龄和政治面貌依然对贫困者是否参与扶贫政策没有显著影响。

模型A_2在模型A_1的基础上加入了政策类型偏好作为自变量。统计结果显示，政策类型偏好对于农村贫困者是否参与扶贫政策具有显著影响。通过因子分析得到的两个政策偏好因子均对贫困者是否参与扶贫政策有显著影响。其中，生计发展型政策偏好与贫困者是否参与扶贫政策正相关，统计系数达到0.055，且统计结果在95%的置信度上显著（p<0.05）。说明贫困者在生计发展型政策偏好上每上升一个单位，其参与扶贫政策的可能性就上升5.5%；而投资风险型政策偏好则与贫困者是否参与扶贫政策负相关，统计系数为-0.157，且统计结果在95%的置信度上显著（p<0.05）。说明贫困者在投资风险型政策偏好上的得分每上升一个单位，其参与扶贫政策的可能性反而下降15.7%。这可能与敢于进行风险投资的调查对象更不容易陷入贫困，因而无法参加扶贫政策有关。因此，假设并得到验证，贫困者对于扶贫政策类型的偏好会影响到其是否参与扶贫政策。而控制变量和

社会政策制度设计变量对是否参与农村扶贫政策的影响依然显著，且系数变化不大。控制变量方面，依然是受教育程度和性别对于是否参与农村扶贫政策有显著影响。而年龄和政治面貌则无显著影响。

基准模型中的 -2 对数似然值为 799.496，而模型 A_1 的 -2 对数似然值为 606.468，而模型 A_2 的 -2 对数似然值为 582.500，在不断降低，说明模型的拟合度越来越高，而基准模型的调整后 R^2 为 0.077，说明控制变量对于是否参与扶贫政策只有 7.7% 的解释力，而在加入社会政策的制度设计变量后调整后 R^2 提高到 0.403，说明模型 A_1 对贫困者是否参与扶贫政策的解释力达到了 40.3%，解释力大幅提高。在模型 A_2 中加入了政策类型偏好变量后，调整后 R^2 提高到 0.506，模型解释力再次提升，说明模型 A_2 的解释力为 50.6%，解释力的提高很明显。也说明了政策类型偏好对于贫困者是否参与农村扶贫政策有显著影响。

三　结论与讨论

本书主要采用了交互分析和二元 Logistic 回归分析，对于 2015 年湖南地区农村贫困者是否参与农村扶贫政策与其面临的不同制度设计以及政策类型偏好之间的关系进行了定量分析。具体来讲，就是考察农村扶贫政策的制度设计以及贫困者的政策类型偏好是否会影响贫困者对于扶贫政策的参与。研究发现：

（一）性别和受教育程度对于农村贫困者是否参与农村扶贫政策有重要影响

相对于女性而言，男性更有可能参与到政府的扶贫政策中来，相关系数达到 0.544，即相对于女性而言，男性参与社会政策的可能性要高出 54.4%。这可能与当前我国农村扶贫对象的瞄准机制有关，我国目前农村扶贫大多是以家庭为单位的。而在中国农村，家庭的代表

第七章　贫困的政治性过程：地方国家、政策过程与政治性建构

往往是男性，只有在丈夫去世或者离异的情况下才会由女性来代表家庭参与到政府的扶贫政策中去。这也造成了男女两性在扶贫政策参与上的差别。而受教育程度与是否参与农村扶贫政策成反比关系，即受教育程度越高，越不可能参加扶贫政策。相关系数达到 -0.270，即受教育程度每上升一个层次，贫困者参与扶贫政策的可能性就要下降27%。这应该与高学历者往往外出打工且具有较高收入有关。学历高者往往收入也高，更不可能成为扶贫对象。

（二）社会政策的制度设计变量对于贫困者是否参与扶贫政策有显著影响

对于社会政策的制度设计本研究设计了三个指标，即社会政策的宣传、社区事务管理风格、政策评价。三者都对贫困者是否参与扶贫政策有显著影响。其中，贫困者对扶贫政策越了解越有可能参与扶贫政策，相关系数达到 0.507，即对政策的了解每上升一个层次，贫困者参与扶贫政策的可能性也要高出 50.7%；民主型社区事务管理风格下的农民更有可能参加扶贫政策；统计系数达到 -0.498，即相对于民主型管理风格而言，专制型的管理风格下的贫困者参与扶贫政策的可能性要降低 49.8%。政策认同方面，贫困者对于扶贫政策越是满意，越有可能参与农村扶贫政策，相关系数达到 0.569，即贫困者对于扶贫政策的满意度每上升一个层次，其参与扶贫政策的可能性就会高出 56.9%。因此，贫困者只有对扶贫政策有了充分了解，有了较高的评价且在较民主的事务管理风格下才会提高对扶贫政策的参与意愿。

（三）贫困者的政策类型偏好对于贫困者是否参与扶贫政策有显著影响

本书通过文本分析，将政策类型偏好建构为四种理想类型，分别为：生存型社会政策、发展型社会政策、参与型社会政策、资产型社

会政策，研究发现，贫困者对于四种不同类型的政策的偏好对贫困者是否参与农村扶贫政策有不同影响。其中，前三种与贫困者是否参与扶贫政策是显著的正相关关系，而资产型社会政策贫困者是否参与扶贫政策则是显著的负相关关系。即越是认同前三种政策，越有可能参与扶贫政策，越是认同资产型社会政策，越不可能参与扶贫政策。这可能是因为赞同资产型社会政策者更不容易陷入贫困，因而无法参加扶贫政策。而通过因子分析得到的两种不同的政策类型偏好：安全型偏好和风险型偏好，对于贫困者是否参与扶贫政策同样有显著影响，但影响的方式不同，越是倾向于安全型偏好越有可能参与扶贫政策，相关系数达到 0.055，即在安全型因子上的得分每上升一个单位，贫困者参与扶贫政策的可能性就会上升 5.5%。而越是倾向于风险型偏好，越不可能参与扶贫政策，相关系数为 -0.157，即贫困者在风险型偏好因子上的得分每上升一个单位，其参与扶贫政策的可能性反而会下降 15.7%。

第八章 贫困的市场过程：市场转型、市场分割与嵌入性过程

中国社会是一个典型的二元经济类型的国家，农村是广大贫困人口最为集中的区域。从20世纪60年代开始，许多发展中国家先后实施市场自由化、贸易自由化改革，以促进经济增长。我国也在70年代末开始实行改革开放。通过市场化的改革和发展，乡镇企业的迅速发展，农民工大军涌入城镇，我国的新农村建设也取得了卓越的成效，大部分农村地区的面貌焕然一新，农民生活水平也有了显著的提高。

目前，我国处于由计划经济向市场经济转变的转型时期，市场的发育逐渐完善。尤其在2000年我国加入世界贸易组织以后，我国的商品和劳动力市场以及金融市场都迎来了新的机遇和挑战。就业是民生之本、安国之策，是人们改善生活的基本前提和主要途径。综观我国农村这些年的发展，以及农民收入的状况，工资性收入、财产性收入等非农收入在家庭总收入中所占的比重越来越大。中国社科院农村发展研究员吴国宝在2000年就针对我国农村脱贫数据进行了分析，认为我国1999年农村贫困人口减少量的45%，贫困下降率的70%是

劳务输出的结果①，得益于我国工业化、信息化、城镇化的加速发展所创造的众多就业机会。历史的经验和实践证明，农民通过市场参与，可以增加家庭收入，改善生活水平，但是我国农村群体的参与市场的程度参差不齐，内部的差异与结构分化也呈扩大趋势。那么，影响参与市场的因素有哪些？为什么有的农民参与了市场，而有的农民没有，是哪些因素促进或阻碍了农民的市场参与？市场转型中市场参与行为与贫困再造的内在必然性和可能性条件有哪些？对这些问题的回答是研究的理论关注点所在，也是本章②将要重点展开研究的内容。

第一节 市场转型、市场分割与嵌入性：知识建构方式、解释传统与理论逻辑

一 市场转型理论：理论建构方式及其关键议题

（一）市场转型理论：多维度的理论解释模型

市场转型理论将市场理解为一种不断再生产的社会结构，强调市场转型（从计划体制向市场体制的转变）所带来的利益驱动和机会获取，包括市场转型过程中的市场机会的获取、市场要素的培育、市场的可及性和参与机会。进一步的研究则将这个解释进一步延展到市场化过程中的产权体制的重组。③市场转型理论同时强调农村和城市市场在距离上的远近、地方自然资源的贡献率、交通条件的便利程度、

---

① 吴国宝：《中国西南扶贫项目案例研究》，2004年1月联合国中国派驻机构团与中国政府对口工作组《联合国对华发展援助框架（2001—2005）》，2004年1月9日，http://www.world bank.org.cn/chinese/content/swprp.pdf。

② 说明：项目组成员李欢欢完成部分数据统计、数据分析、文献资料整理和部分文字撰写。

③ 陈那波：《国家、市场和农民生活机遇》，《社会学研究》2009年第6期。

第八章　贫困的市场过程：市场转型、市场分割与嵌入性过程

市场经济的"扩散效应"和"涓滴效应"、资产从农村流入城市的"极化效应"、经济设置的密度（the density of economic institutions）和市场机会的可及性——外商直接投资，或者是商业合同、传统的手工艺传统或贸易传统、非农业的工资雇佣机会等一系列因素对个体收入的影响。有的研究强调产业结构占主流地位的企业的规模、市场转型过程中的精英再生产过程，还有市场要素或基于市场的资本要素的培育、生成与发展（例如，资本市场、劳动力市场、商品市场等）所带来的影响。[1]

（二）市场隔离：劳动力市场分割、市场分化与机会获得模型

市场隔离理论（segregation），也叫分割劳动力市场理论或二元劳动力市场理论（dual labor market）。基本假设是劳动力市场可分为两个部门：初级市场（primary section）和次级市场（secondary section），两级市场间基本不发生成员流动，因为存在阶级壁垒（class closure）的结构制约。[2] 重点关注劳动力市场分割所带来的收入增长的不平等效应、市场结构分割带来的资源流动的不均衡性效应等。在市场分化的社会中，基于精英控制的初级市场提供的工作具有工资报酬高、工作环境良好、劳动强度低、晋升机会多、职业稳定性高等特征，属于垄断的寡头或精英控制类型的市场；基于底层弱势群体占据的次级市场的工作不具备初级市场工作的优越特征，次级市场的工作具有工资薪酬低、劳动环境恶劣、缺乏上向流动和职业晋升机会、就业不稳定等特征，属于完全竞争类型的市场。[3] 两种市场分别吸纳不同的人群，

---

[1] 陈那波：《国家、市场和农民生活机遇》，《社会学研究》2009 年第 6 期。
[2] 周怡：《布劳—邓肯模型之后：改造抑或挑战》，《社会学研究》2009 年第 6 期。
[3] Rosenfeld, Rachel A., "Sex Segmentation and Sections: An Analysis of Gender Differences in Returns from Employer Changes", *American Sociological Review*, 1983, 48 (5).

形成明显区隔的两类人。

由于社会和制度性因素的作用,劳动力市场分割形成劳动力市场的部门差异和收入差异。不同人群获得劳动力市场信息的途径、上向流动的机会以及进入劳动力市场的渠道的差异,导致不同人群在就业部门、职位以及收入模式上的明显差异。关于"市场分割"的解释,最终可以落脚在市场机会中的社会歧视、社会排斥和社会化过程。歧视是一个市场"买方"因素,虽然随着市场经济的推进,市场的竞争公平原则会最大限度地抑制这种人为的歧视,但已成型的制度化惯习仍然将无形地左右整个劳动力市场。[①] 市场过程中的社会化过程则是一个市场"卖方"因素的分析,传统经济学将这一因素的分析归为人力资本理论。该理论认为,在社会化过程中,正是不同的人力资本投资取向导致了不同工作类型的分割。[②]

(三)社会资本:劳动力市场、社会关系网络与职业获得模型

在劳动力市场的形成与发展过程中,社会资本通过嵌入市场带来市场行为中社会资本的"嵌入性效应"和"门槛效应",经由这种"嵌入性"机制和"嵌入性"过程,影响不同群体的求职行为、就业观念、人力资本积累和社会资本建构。Finneran 和 Kelly 的研究表明:社会资本存在一个"门槛效应",即处于"门槛"以上的个人,其社会资本能有效发挥作用,通过其网络中的在职者举荐获得工作;而处于"门槛"以下的个人,通过网络的在职举荐的可能性较小,个人被关系人举荐的概率随着其社会关系阶层的下降而呈指数递减,故处于

[①] England, Paula, *Comparable Worth: Theories and Evidence*, New York: Aldine De Gruyter Inc., 1992, p. 120.

[②] 杨云彦、陈金永:《转型劳动力市场的分层和竞争》,《中国社会科学》2000 年第 5 期。

第八章 贫困的市场过程：市场转型、市场分割与嵌入性过程

低社会关系阶层的个人被举荐的概率几乎为零，从而产生就业以及工资不平等的动态变化。Armengol 和 Jackson 社会关系网络通过对职位信息的传递及传递方式影响，使处于同一关系网络的个人，其就业状况和收入状况存在趋同现象。因此，处于不同关系网络中的个人具有不同的就业状况和收入状况，同时整个劳动力市场存在持续的工资不平等现象，并且这种现象随着时间的推移越来越恶化。[1]

基于劳动力市场中的社会资本作为一种网络型资源，不仅能有效地促进人力资本的积累、实现上向的社会流动、获得更好的职业机会，还能对个人的就业状况、就业机会产生重要的影响，进而最终影响个人收入水平，并对整个社会的贫困状况和收入不平等问题产生影响。另外，社会资本也可能成为一种社会阶层（群体）的进入门槛，使各社会阶层的地位固化，实现社会阶层的代际传递和社会遗传，进而对贫困的应对和反贫困行动产生不利影响。

二 嵌入性理论：跨学科视域与嵌入性的多重逻辑及结果

（一）嵌入性理论：跨学科视域与方法取向

嵌入性理论产生于社会学与新古典经济学思想的博弈之中，由被后世誉为"嵌入性之父"的社会学家卡尔·波兰尼（Polanyi）在《大变革》一书中率先提出。[2] 之后，格兰诺维特对其进行了独具一格的表述，使其成为新经济社会学的纲领性术语。虽然是用同一个概念对市场与社会的关系进行解释，但是他们两者站在两个完全不同的立场。波兰尼主张把市场当作社会的构件，称为"实体嵌入"；格兰诺维特则把市场看作一种形式，社会建构的市场，被称为"形式嵌入"。

---

[1] 姚毅：《社会资本视角下贫困问题研究的文献综述》，《甘肃农业》2011年第1期。
[2] Polanyi, K., *The Great Transformation: The Political and Economic Origins of Our Time*, Boston, MA: Beacon Press, 1944.

1. 整体性嵌入：市场作为整体社会建构的附属

波兰尼是20世纪最彻底、最具辨识力的经济史学家，也是迄今为止新古典经济学最激烈、最有力的批评者，他毕生都在以"嵌入性"作为理论武器对自律市场进行最严苛的批判，他最大的贡献便是"发现了始终嵌入的市场经济所失去的连续性"（Block，2003）。① 波兰尼坚持认为市场始终嵌入于社会之中，这是人类历史发展的本质与普遍逻辑。② 波兰尼从区分社会类型的社会安排出发，探索市场在社会中的位置，提出了整体性嵌入观，他认为"人类经济通常都潜藏于人类的社会关系当中……经济体系嵌入于社会体系"（Polanyi，1957）。经济作为整体社会的附属，经济关系潜藏于社会关系之中，市场臣属于其他的社会建制，在波兰尼看来，这是超越历史、空间、文化的普遍规律。

波兰尼在宣扬市场的"永恒嵌入"的同时，又把市场经济、市场交换看作是一种"脱嵌"的存在，他经常把市场经济视作一个有自身运作逻辑的，有别于其他系统的独立社会。这种始终的嵌入与虚假的脱嵌，恰是波兰尼思想的实质。

2. 形式性嵌入：市场嵌入社会结构取向

格兰诺维特有关劳动力市场中人际关系的研究，是奠定其嵌入性理论的基础。他在《弱关系的力量》和《找工作》两个具有划时代意义的学术成果中批判了经济学对社会结构的忽视，对复杂人性的简

---

① Block, F., "Karl Polanyi & the Writing of The Great Transformation", *Theory and Society*, (32).
② 符平:《"嵌入性"：两种趋向及其分歧》,《社会学研究》2009年第5期。

第八章 贫困的市场过程：市场转型、市场分割与嵌入性过程

化，因而提出了"经济行动嵌入社会结构"的理论。①② 格兰诺维特把社会结构看作持续运转的社会关系网络，认为建立在亲密互动、信任、友好关系上的社会，网络维持着经济关系和经济制度，而人则是嵌入在这种具体的社会关系中的行动者。他以美国电力工业为例，论证了电力模式的选择和塑造源起于友情、共同依赖、类似经历、公司连锁和新社会关系的创造，并不是经济学家所说的最大理性。因此，电力行业的运作主要通过社会网络资源的社会性建构。③ 在格兰诺维特看来，在分析市场嵌入过程中的人类经济行为时，新古典经济学存在"社会化不足"的问题，而社会学理论又存在"过度社会化"的问题，因此，嵌入性理论理就很好地结合了两者，成为连接经济学、社会学和组织行为学的桥梁。④

3. 政治—文化嵌入：市场嵌入的政治文化取向

格兰诺维特社会网络视角对经济学解释进行了有效的补充，但忽视了这些关系和行动背后的政治意义，也没有将市场兴起和变化的先决性因素纳入考虑范围。弗雷格斯坦则在这方面做出了突出的贡献，提出了一种新的市场嵌入观点——"政治—文化嵌入视角"，并用"市场即政治"的视角来分析市场的发展与运行规律，把现代市场的建设和经济建设视为国家建设的一部分，参与市场中的工人、资本家和国家在政治方面的博弈在促进国家建设的同时也为市场的形成创造了制度条件。除此之外，弗雷格斯坦还认为市场本身创造了嵌入于当

---

① Granovetter, "The Strength of Weak Ties", *American Journal Sociology*, 1973, 79.
② Granovetter, *Getting a Job: A Study of Contacts and Career*, Cambridge MA: Harvard University, 1974.
③ Granovetter, McGuire, "The Sociology and Economic Approaches to Labor Market Analysis", in G. Farkas, P. England (eds.), *Industries, Firms, and Jobs: Sociological and Economic Approaches*, New York: Plenum Press.
④ 兰建平等：《嵌入性理论研究综述》，《技术经济》2009 年第 1 期。

地文化的控制观，从市场如何运行的认知理念和惯例中分析既定市场竞争的开展。

（二）嵌入性理论的逻辑：一个跨学科的整体性分析框架

在波兰尼和格兰诺维特等对嵌入性理论与实证研究的基础上，嵌入性理论已经成为深受学者关注与喜爱的跨学科、跨领域的纲领性理论。总的来说，目前形成了三种主要的分析框架：以格兰诺维特为代表的关系嵌入性与结构嵌入性框架；以沙朗·祖金（Zukin）和保罗·迪玛乔（Dimaggio）为代表的结构嵌入性、认知嵌入性、文化嵌入性以及政治嵌入性框架；以弗斯格润（Forsgren）和霍尔姆（Holm）为代表的业务嵌入性、技术嵌入性分析框架。

1. 结构嵌入性、关系嵌入性分析框架

该分析框架是以格兰诺维特及其后续研究者为代表，是嵌入性理论中的经典。结构嵌入性理论既强调网络的结构和整体功能，又重视企业在社会网络中的结构位置，以社会网络的参与者及其相互联系的总体性结构为研究视角。罗纳德·博特（R. Burt）的"结构洞"理论，论证了企业在网络中拥有的非冗余节点越多，越能在信息传播网络中占据有利位置。[1] 如果说结构嵌入性理论是来源于经济学中的网络分析的话，关系嵌入性理论则是对社会学中社会资本理论研究的延伸。其研究视角聚焦于建立在合作、信任、互惠关系基础上的双向互动，网络关系的强弱可以用"互动频率""亲密程度""互动内容""关系持续时间"四个指标来衡量。[2]关系嵌入性在多个层面影响着行为主体间的合作与互动、信息的共享与开发、资源的组合与交换等。

---

[1] Burt, R. S., *Structural Holes: The Social Structure of Competition*, Cambridge, MA: Harvard University Press, 1992.

[2] Granovetter, "The Strength of Weak Ties", *American Journal Sociology*, 1973, 78 (6).

2. 业务嵌入性与技术嵌入性分析框架

与结构性嵌入、政治性嵌入、文化嵌入的研究路径不同,业务嵌入性和技术嵌入性主要针对的是主体内部的行为分析,安德森(Andersson)和弗斯格润(Forsgren)将研究的视角转移到企业内部的运营和价值链上。认为应该分析企业内部的业务嵌入与技术嵌入对企业生产效率和企业发展规划的影响。[①]

3. 结构、文化、认知和政治的多维嵌入性分析框架

这四种类型的嵌入性既相互区别又紧密联系,是祖金和迪玛桥率先提出的。结构嵌入性强调的是网络内以公司为代表的主体间社会联系的质量。文化嵌入性所关注的是达成经济目标时所需具备的信仰与价值理念,强调传统观念、宗教信仰、区域习俗、地方传统对主体经济活动的制约。[②] 认为所处国家环境不同,尤其是文化观念的不同,对经济行动主体选择合作倾向是有影响的。[③] 主体的认知嵌入性则偏向于主体的网络认知过程,指行动主体在选择经济行动时会受到周边环境及固有理念的影响,质疑了古典经济学中经济人完全理性的假设,强调了经验生活中的固有理念、群体思维对个体行动的影响。最后,政治嵌入性则是强调行为主体所出的政治体制、政策环境对主体行为形成的影响。Grabher对德国某钢铁行业集群地区的研究发现,政府与组织间形成了紧密关联的"政治行政系统网络",该网络赋予了该地区特殊的使命与作用,在很大程度上抑制了市场主体根据市场

---

① Andersson, U., Forsgren, M., "The Strategic Impact of External Networks: Susidiary Performance and Comepetence Development in the Multinational Corporation", *Strategic Management Journal*, 2002, 23 (11).

② Zukin, S., Dimaggio, P., *Structures of Capital: The Social Organization of Economy*, Cambridge, MA: Cambridge University Press, 1990.

③ Hagedoorn, J., "Understanding the Cross-level Embeddedness of Inter-firm Partnership Formation", *Academy of Management Review*, 2006, 31 (3).

行情进行自我调节与业务转型。①

综上所述，嵌入性理论为社会学有关市场和经济行为的研究提供了一种新的范式与整体性的跨学科分析框架。嵌入性理论认为行动者与其所处社会环境之间有不可分割的联系，行动者在经济情境中的决策受到社会、文化、政治、认知结构等因素的制约。

三　市场过程中问题域：知识反思与理论争辩焦点

（一）市场经济"扩散效应"和"涓滴效应"与贫困再造

市场中的贫困问题强调市场经济"扩散效应"和"涓滴效应"。②关于市场经济在社会发展过程中的作用，理论界存在两种理论争辩焦点和话语实践，即"均衡论"与"非均衡论"之争。传统的经济学的"自动均衡论"者认为，在市场经济的条件下，市场是一双隐形的手，作为一种自生自发的秩序，经由市场的作用，一个国家的微观生产要素与商品是可以在各地区和不同部门之间自由流动，经由市场调节和自由流动，国家各地区的工资水平和利润率会逐渐趋于平衡和均等，这种演变的结果会促使各地区的经济发展十分均衡地上升。均衡轮否认在市场条件下城乡发展的不平衡性和二元性。③

经济学的"非均衡论"者认为，市场经济的发展，农村劳动力的流动，最终带来的是"不均衡"现象，体现了市场转型过程中的利益驱动的市场机会获取能力的差异性，市场分化、市场排斥和市场流动壁垒以及市场参与机会的可能性和可及性。资本和劳动力从农村流入城市是"极化效应"，从城市流往农村是"涓流效应"。美国经济学家赫什

---

① Grabherg, *The Weakness of Strongties: The Lock-in of Regional Development in the Ruhr area*, London: Routledge, 1993.

② 刘冬梅：《对中国农村反贫困中市场与政府作用的探讨》，《中国软科学》2003年第8期。

③ 李强：《中国外出农民工及其汇款之研究》，《社会学研究》2001年第4期。

第八章 贫困的市场过程：市场转型、市场分割与嵌入性过程

曼认为，受到提高收益力量的驱动，劳动力与资本总是从边缘地区（农村）迅速地流入核心地区（城市），结果是强化了极化效应，进一步促进了核心区的发展。[1] 经济的"非均衡论"认为，在市场经济的作用下，在市场经济过程中，"极化效应"总是处于支配地位，市场经济是一种经济利益驱动下的竞争性经济，其优胜劣汰的运行机制必然使贫困地区和贫困人口处于不利地位，最终的结果就是贫困地区出现贫困恶性循环、低水平均衡陷阱等贫困再生产现象。要改变这种"非均衡论"状况，缩小地区差距，消除不均衡现象带来的收入不平等，切实可行的办法在于加强政府的干预，通过政府干预，使地区发展的步伐得到调节。[2]

另外，有学者提出市场经济结构中的"马太效应"，认为"马太效应"是市场经济发展的必然结果。该效应带来区域发展的不均衡效应，导致两极分化和收入不平等，具体表现为市场经济过程中出现的贫富差距现象，贫者欲贫，富者欲富，赢家通吃。[3] 资本和人力资源总是流向利润率高、能够获得最大效率的地区和产业，而贫困地区往往边缘性明显，基础设施不足与落后，公共转移支付减少，公共服务供给不均衡，劳动力素质偏低，以利润率相对偏低的农业经营为主，不具备吸引外来生产要素的能力，而且本地区较高素质的劳动力和有限的资金还常常反过来流向发达地区，从而有可能在一定的时期内进一步加剧区域和产业发展的不平衡状况，导致贫困人口生活状况的恶化，家庭贫困的脆弱性风险增加，家庭福利水平下降，就业中个体应

---

[1] 周起业、刘再兴：《区域经济学》，中国人民大学出版社1989年版。
[2] 李强：《中国外出农民工及其汇款之研究》，《社会学研究》2001年第4期。
[3] 孟芳、葛笑如：《农村经济发展的马太效应及对策研究》，《理论界》2006年第7期。

对风险的能力有限,导致贫困的循环积累和恶性循环。

(二) 市场结构分割、代际传递效应与贫困再造:新结构主义理论视域

布劳—邓肯的"社会地位获得模型"形成了一套完整的分析框架,将"路径分析"统计方法引进社会分层和社会流动,建立了个人社会地位与先赋性因素和自致性因素间的因果模型,基于美国社会的经验性事实,证实了美国社会代际流动的开放性特征。邓肯的"职业地位获得模型"包括"先赋性因素"和"自致性因素"的统计模型,一方面按照收入水平、教育程度、职业声望等因素对个体职业地位进行测量;另一方面,将父代受教育程度、子代受教育程度、子代初职地位等中介变量纳入模型,测量不同因素对子代地位获得的影响。在对结果进行统计检验的基础上,检验理论假设,并推断社会的开放程度。在模型中,如果父子两代之间的职业地位关系主要通过子代受教育程度来间接传递,那么影响代际流动的因素即为"自致性因素";若主要通过父代职业地位来直接传递,则为"先赋性因素"。[1]

"新结构主义经济学"[2]对"布劳—邓肯"模型提出了批评,"新结构主义经济学不像结构主义那样片面强调政府忽视市场的作用;或是像新自由主义那样片面强调市场忽视政府的作用。"新结构主义经济学"认为该"布劳—邓肯"模型忽视了市场的结构性因素对个人地位获得的影响,因为资本主义市场经济并不是完全开放、竞争的市场,诸如双重经济、双重劳动力市场和内部劳动力市场等结构分割效

---

[1] 周怡:《布劳—邓肯模型之后:改造抑或挑战》,《社会学研究》2009年第6期。
[2] 林毅夫:《新结构经济学——重构发展经济学框架》,《经济学》(季刊) 2010年第1期。

第八章　贫困的市场过程：市场转型、市场分割与嵌入性过程

应会对个人地位获得产生约束作用。[1]

（三）边缘与中心：市场化过程中的空间实践与不平等生产

市场化过程是一个空间实践的过程，体现了市场化过程中的空间剥夺、贫困的空间分异和空间正义研究。市场化过程中的空间实践包括城市和农村、中心和边缘、落后地区和发达地区、贫困的区域性特征（沿海和内地、中部、西部和东南部等）、贫困的空间分异，也包括基于经济活动空间分异和集中所带来的不均衡发展，这里的空间表征着中心与边缘、非均衡发展、区隔、社会空间极化和空间隔离等多种寓意。其中最有代表性的是现代化理论"依附理论"（dependency theory），该理论认为，随着现代化的推进，作为核心地带的大都市的发展，是建立在农村地区的不发展基础之上的，即都市地区的发展是以对作为边缘地带的农村地区的剥夺和剥削为前提的。核心区是社会地域组织的一个次系统，能产生和吸引大量的革新；边缘区是另一个次系统，与核心区相互依存，其发展方向主要取决于核心区。核心区和边缘区共同组成一个完整的空间系统。[2][3]

四　市场与社会：企业化的理论进路与个人主义的意识形态

在向市场社会转型语境中，市场化生成了一个闭合性内部循环圈。农民的生产过程从实物开始到实物结束，维持一种生存经济的模式。农业生产成为生产性再生产和劳动力再生产的主要手段，从而形成了从生产、消费到再生产的闭合性内部循环圈，从而对农户的经济

---

[1]　J. N. Baron and W. Bielby, "Bringing the Firms Back in: Stratification, Segmentation, and the Organization of Work", *American Sociological Review*, 45 (5)；许嘉猷：《社会分层与社会流动》，台北：三民书局1986年版。

[2]　李强：《中国外出农民工及其汇款之研究》，《社会学研究》2001年第4期。

[3]　陈那波：《国家、市场和农民生活机遇——广东三镇的经验对比》，《社会学研究》2009年第6期。

行为和市场参与过程产生重大影响。

(一) 市场与社会：市场作为社会结构的理论建构

市场的概念从经济学中而来，但并非经济学的专利。经济学最先开展有关"市场"的研究，但是经济学就有关市场理论的研究并不如人们想象得丰富。新制度主义经济学家诺丝（North）曾幽默地指出："经济学文献中包括对凸显新古典经济学的中心制度即市场的如此之少的讨论，这是一个很特别的事实。"[①] 事实上，社会学家斯威德伯格是迄今为止对有关经济学中市场的概念做出最为系统研究的，他在《市场作为社会结构》这本书中，首次用社会学的方法考察市场。不过，有关社会学对市场的研究并非起源于此，可以追溯到古典时期。本章以时间为轴，对社会学视角中的市场进行了梳理，主要理论有以下几个方面。

1. 市场作为社会关系结构的力量场

古典时期的社会学大家卡尔·马克思、马克斯·韦伯是社会学界有关市场研究的开拓者，他们奠定了社会学有关市场研究的基础，开启了市场与社会整合的大门。马克思在古典经济学的基础上，对市场的概念进行了社会学的界定，跳出了经济学对市场作为物物交换场所的界定，把市场看作一种社会关系结构，透过"物的关系"看到了"人的关系"。马克斯·韦伯作为古典时期的社会学家，在其理想类型的基础上，主张"经济行动"与"市场行动"相统一，来观察意义、权利关系、调节规则与市场行为的互动。在韦伯看来，市场是人们为获得交换机会而形成的"物理性汇集"，是充满权力博弈和利益角逐

[①] 转引自沈原《市场、阶级与社会》，社会科学文献出版社2007年版。

第八章　贫困的市场过程：市场转型、市场分割与嵌入性过程

的角斗场。①

2. 市场作为社会结构的生成性机制

20世纪40年代，随着功能主义的兴起，美国著名学者帕森斯和齐美尔共同编写了《经济与社会》一书，并提出了经济学理论应当与社会学理论相整合的观点。他们把市场看作社会大系统中的一个子系统，它不仅作为经济系统中的一个组成部分，同时也是一个独立的系统，按照"AGIL"模式，与社会大系统中的政治系统、文化系统相互关联并进行边界交换。20世纪80年代，市场社会学作为新经济社会学的一个重要领域开始全面复兴，涌现出了一批市场社会学家和有关市场社会学的著作。以伯纳德·巴伯尔发表《市场绝对化》一文作为起点，哈里森·怀特（H. White）在1981年发表了《市场从哪里来》一文，回答了古典经济学与新古典经济学一直以来悬而未决的问题，他认为市场是从社会网络发展而来的。② 并从微观的角度，将社会学的网络研究方法运用到了市场之中，把市场看作不断再生的角色结构。他的学生格兰诺维特延续了其对市场的兴趣与研究，于1985年发表《经济行动与社会结构：嵌入性问题》，提出了"嵌入性"这一重要理论，把市场看作始终嵌入在社会结构之中的构建，且在此基础上创建了网络分析范式。

3. 市场与社会：社会结构的多维范式与理论建构

把市场当作一种社会结构，从交易关系与社会结构的互动关系中理解市场是贯穿社会学市场研究始终的一条线索。新经济社会学对于

---

① 沈原：《市场、阶级与社会——转型社会学的关键议题》，社会科学文献出版社2007年版。
② White, Harrison C., "Where do Markets Come from?", *American Journal of Sociology*, 1981：87.

市场的研究呈现了几种不同的方式。一是以格兰诺维特为代表所提出的"匹配路径"和"嵌入性理论",他们把社会网络视为市场信息传递的纽带,认为求职行为不仅是理性的经济行为,而且是深深嵌入于严格限制和制约其进程及后果的其他社会过程之中。[1] 另外,格兰诺维特还对求职过程中的"强关系"和"弱关系"进行了实证研究,认为弱关系扭结是市场信息传递的桥梁。

罗纳德·博特(R. Burt)研究的主要对象不是劳动力市场,而是生产市场及生产市场中的竞争,并提出了著名的"结构洞"(Structural Hole)理论。博特认为每一个参与市场竞争的人至少拥有三种资本,即金融资本、人力资本、社会资本,而社会资本就是指社会关系。市场竞争者所拥有的社会资本能为他带来信息收益和控制收益,但是并不是所有的社会资本都能带来有效收益,他将能够带来有效收益的叫作"有效网络"或者"高效网络"。市场竞争者通过尽可能多地囊括"非冗余触点"来实现效益最大化。

(二)市场社会学:市场、结构与嵌入性的解释路径

社会学家们纷纷试图用社会学的独特视角去分析市场问题,并由此产生了三种不同的解释路径,即背景路径、扩展路径和替代路径。背景路径实际上是对经济学的完善和补充,分析了文化因素对于市场的形成、运营有不可或缺的作用,经济学不能忽视文化的作用。古典经济学认为价格是在市场中形成的,完全取决于供求关系。但是从背景路径分析,社会学者认为价格是社会建构的产物,受到社会结构和嵌入性关系的影响。而扩展路径的主要代表人物是科尔曼,主张理性

---

[1] Granovetter, Mark, *Getting A Job: A Study of Contacts and Careers*, Cambridge, Mass: Harvard University, 1974: 36.

选择理论，只是对古典经济学理论范式的补充，企图用社会学理性选择的理论来研究经济学所没有涉及的社会经济问题，但并不挑战经济学在已有研究领域中的权威地位。替代路径与扩展路径不同，不是简单地对经济学的补充和修正，而是主张用社会学的解释变量来代替经济学的解释变量。这是对社会学与经济学所建立的关系的颠覆性挑战。怀特是这一研究的践行者，他所做的研究中并不只是在经济学变量中补充社会学变量，而是从结构主义视角出发创造全新的社会学市场理论。

第二节 市场过程：中国语境、问题域与经验性事实的多种可能性

一 市场嵌入性过程与贫困：理论聚焦与经验性说明

（一）市场—政治共生模型：市场、国家干预与精英再生产

市场—政治共生模型（a market – politics co – evolutionmodel）强调市场化过程中的国家或地方政府的"官僚微型干预"，体现了国家对于社会的两个目标：在劳动过程中获得足够的利润和获取政治支持。尽管市场机制的出现削弱了地方政府作为国家代言人掌握资源分配的权力，但市场的力量依然受到国家或地方政府的"官僚的微型干预"，地方政府通过国家授予的在官僚结构中的"地位与权力的合法性"影响基于市场的资源再分配过程，所有的农村发展的各种经济组织和不同形式的企业（农村经济合作社、农村集体股份制企业）的利益都被整合到国家的利益结构中去，它们的需求表达、领袖选择、组织支持、资金获得等方面的行动受到国家的控制，其主要负责人也成为国家的代言人，这些组织化的功能单位被整合进一个明确责任义务

的、有层级秩序的、功能分化的结构安排之中。

1. 市场化过程中的国家理性、秩序和市场转型

哈里森·怀特（Harrison C. White）的"生产的市场结构模型"在经济社会学的市场理论中做出了突出的贡献，怀特从社会学的视角对经济学的基础领地——市场——进行了结构主义的重新构建。[①] 其市场模型将市场理解为一种不断再生产的社会结构，市场过程中的社会网络分析或社会资本分析从一种整体结构的视角来把握市场的宏观结构，这也涉及市场的秩序问题，但却忽视了国家在市场中的作用。一种与复杂的现代社会或政治经济体相伴的普遍现象，并不是市场经济所独有的。市场经济中通过竞争优势比较、市场要素的发展、市场的空间化过程形成市场分割。计划经济中的结构分割乃是国家权力运作的结果，结构分割表现为一种工作单位分割，各个单位在资源配给上是否具有优先权，主要看它在国家计划中所处位置的重要程度。[②]

马克斯·博伊索特（Max Boisot）和约翰·蔡尔德（Jhon Child）认为，当代中国的市场秩序要么是一种诸侯分割的"领地经济"，要么是一种"群落经济或网络资本主义"，强调有效市场信息是通过亲族网络、朋友网络、人情网络流通的，基于西方市场经济学的解释模型可能容易忽视纵向的国家控制维度。学者们在利用网络思想理解经济秩序方面做出了努力，但其局部秩序和这里讨论的全局性的经济稳定是不同的。经济社会学中的历史与比较的制度主义研究的长处是更加彻底地肯定了国家作为行动者的角色，而且能够把行业作为研究单

[①] 哈里森·怀特：《机会链：组织中流动的系统模型》，格致出版社2009年版。
[②] 郝大海、王卫东：《理性化、市场转型与就业机会差异——中国城镇居民工作获得的历时性分析（1949—2003）》，《中国社会科学》2009年第3期。

第八章 贫困的市场过程：市场转型、市场分割与嵌入性过程

位，但问题在于，它们似乎受到了交易成本经济学更深的影响，更多地关注不同治理形式之间的替代，而不是并存，因此它没有把国家理性和秩序作为中心问题。①

吉登斯（Giddens）将国家所需的资源划分为"权威型资源"（authority resources）和"分配型资源"（allocative resources）。蒂利（Tilly）通过"威压"（coercion）和"资金"（capital）两个方面去描述欧洲各国的国家形成过程。在中国亦然，对中央政府而言，上述两个目标的中国表达就是"促进经济发展"和"保持社会稳定"。② 事实上，在中国社会，国家在设定市场所运作的制度性规则中起到了关键性的作用：一方面，市场的扩张并不是一个自我演进的过程（a self-evolving process），而是受到社会背景和历史变迁进程的制约；另外，国家总是积极地根据自身利益和偏好来主动地影响而不是被动地接受市场。国家特殊利益需求：这些需求并不是和市场必然联系的，如对政治稳定性、合法性和历史传统的考虑同样会促使国家倾向于限制市场。另一方面，在中国镇级区域的行动者包括镇级干部——国家的地方代理人、村干部和农民，这三个群体的行动者具有面对面互动的政治生态空间，他们的互动更具有中国农村政治的核心元素。③

以中国劳动力为例，中国社会的劳动力流动过程中的排斥性事实可以有效地解释市场中的官僚微型干预过程。主流舆论多认为流动人

---

① 熊万胜：《市场里的差异格局——对我国粮食购销市场秩序的本土化说明》，《社会学研究》2011 年第 5 期。
② 陈那波：《国家、市场和农民生活机遇——广东三镇的经验对比》，《社会学研究》2009 年第 6 期。
③ 同上。

口对计划生育、城市管理与社会治安等带来了负面影响①，城市舆论倾向于将就业压力的增加归因于外来劳动力的到来，由此形成强大的、不利于外来劳动力的社会压力，对外来劳动力的排斥现象日益加剧。其突出表现，就是不少地区特别是大城市纷纷采取措施，如对个人和用工单位征收费用、要求具备各类证件、制订行业（岗位）准入目录、制定地方性法规以及突击性的"清退"等，来限制没有本地户口的外来劳动力进入本地劳动力市场。

2. 市场转型中的精英再生产、精英循环和市场——政治共生过程

中国农村社会随着市场经济的全面入侵，农村走向了一个"去组织化"的过程，农村地区日益原子化，村庄共同体阶体，公共空间被破坏，村庄精英的结构也发生重大变迁，精英在乡村治理中的角色也出现变迁，出现了精英流动和权力更替，体制内的精英（政治精英）和体制外的精英（经济精英）出现联盟，精英的行为偏离中国农村发展的整体利益，精英集团开始利用社会资本追求更大的利益，农村的资源被精英把控。以农贷资源和扶贫资金为例，在资金的获取过程中，政治精英和经济精英联盟，出现了"精英俘获""精英循环与精英再生产"悖论，即资金被精英把控，出现农贷资源的内卷化，农村贫困群体在国家的扶贫项目中没有获利，进一步陷入贫困的边缘化和弱势处境。

（二）制度转型、市场机会与主体性：可能性及其条件

随着中国社会转型和市场经济的发展，市场机会的出现和农民自主

---

① 但有关人口流动对计划生育和社会治安的影响，至今还没有看到有说服力的结论。首先，流动人口的生育率水平和趋势，在多大程度上不同于流入地？这种差异是否与他们不能有效地融入流入地社区有关？其次，与流出地有何差异？一般来说，迁移可导致结婚年龄推迟、夫妻分居等，直接或间接降低生育率。如果人口流动系统性地降低了这部分人口的生育水平，从表面上看，有利于全社会计划生育。不过，由于这些问题本身所具有的复杂性以及流动人口所处的弱势地位仍有待于更系统、科学地调查和研究。

第八章 贫困的市场过程：市场转型、市场分割与嵌入性过程

性成为可能。威利斯（P. Willis）的"下层再生产"和斯科特（J. C. Scott）的"弱者的武器"理论的提出。该理论认为，个人在日常生活中的抗争行为所表现出的主体性，恰是理解从结构变动到制度变迁的微观机制的关键所在。[①] 因为，正如成千上万的珊瑚虫杂乱无章地形成的珊瑚礁一样，成千上万的以个体形式出现的不服从与逃避行动构建了其自身的政治或经济屏障。当国家的航船搁浅在这些礁石上时，人们的注意力被典型地吸引到船只失事本身，而不会看到正是这些微不足道的行动的大量聚集才是造成失事的原因。[②] 另外，在一定意义上，这一理论观点也能使我们避免落入社会决定论的窠臼。[③]

在中国，市场转型论实际上强调的是制度转型或制度变迁，强调计划分配体制与市场体制的差别。中国的改革开放推动了经济制度从计划体制向市场体制的转型，市场社会随之出现。市场作为一种制度形式塑造了新的机会结构，从而也带来农村社会分层机制的变迁。[④] 公社制度的瓦解以及自由市场的出现，在一定程度上使中国农民从集体经济的束缚中解放出来，同时也一定程度上打破了毛泽东时期地方干部手中掌握的资源再分配权力，使他们无法完全控制农民的生活机会（life chance）——农民基本上获得了生产上的自主性，能够决定

[①] 吕鹏：《生产底层与底层的再生产——从保罗·威利斯的学做工谈起》，《社会学研究》2006 年第 2 期。
[②] 詹姆斯·C. 斯科特：《弱者的武器》，郑广怀、张敏、何江穗译，译林出版社 2007 年版，第 43 页。
[③] 陈那波：《国家、市场和农民生活机遇——广东三镇的经验对比》，《社会学研究》2009 年第 6 期。
[④] Nee, Victor, "The Emergency of a Market Society: Changing MeChanism of Stratification in China", *American Journal of Sociology*, 1996, 101: 908 - 909；陈那波：《国家、市场和农民生活机遇——广东三镇的经验对比》，《社会学研究》2009 年第 6 期。

自己的劳动过程（Watson，1984—1985、1988）。① 美国学者殊伊（Vivienne Shue，1988）认为，在中国，经济改革和市场经济的引入，削弱了地方干部的权力，打破了地方干部作为农民保护层（protective buffer）的能力，使农民直接面对市场和国家的干预。②

布洛维（Burawoy）、倪志伟等经济社会学者在实践社会学、市场转型与再分配经济的理论基础上提出"市场过渡理论"（A Theory of Market Transition）。布洛维认为，中国在政治上的持续，保持了党对整体政治经济社会的管控能力，这使国家对再分配机制的管控作用的依赖降低，从而允许市场拥有较高程度的开放和自由。事实上，国家社会主义社会从再分配经济向市场经济的过渡，将会导致权力和特权的转移，即从再分配阶级手中转移到直接生产者手中。在中国，随着市场机制逐渐取代再分配机制成为占主导地位的资源分配机制，原来"干部"拥有的再分配权力将会被削弱，"干部群体"的社会经济地位将会下降，而那些"直接生产者"将可能拥有更多地基于市场的权力，其社会经济地位因此会上升。而与收入相关的推论是：随着市场化过程中人力资本的收入回报率上升，政治资本的收入回报率会下降。③

（三）现代性、市场意识与行动策略：道义经济与贫困阶级的实践理性

斯科特（James C. Scott）与波普金（Samuel L. Popkin）在东南亚农村实证研究的基础上分别提出了基于"小共同体的道德自治"的

---

① 古学斌、张和清、杨锡聪：《地方国家、经济干预和农村贫困：一个中国西南村落的个案分析》，《社会学研究》2004 年第 2 期。
② 同上。
③ 陈那波：《国家、市场和农民生活机遇——广东三镇的经验对比》，《社会学研究》2009 年第 6 期。

第八章　贫困的市场过程：市场转型、市场分割与嵌入性过程

"道德农民"与基于"理性的个人主义者"的"理性农民"的观点。斯科特关注农民行为背后的道德含意，"道德农民"认为，农民传统上认同小共同体，社区或家庭利益高于个人权利，体现了基于利己、家庭本位、排斥集体合作的"非道德性家庭主义"的价值伦理文化，习惯法的"小传统"常重新分配富人财产以维护集体的生存。斯科特（J. Scott）提出的"道义经济"说明，小农道义经济特征体现为小农家庭始终把生计和伦理置于首要位置，即农民在经济活动中所遵循的基本原则就是家庭生计第一或伦理第一。[1][2] 波普金（Samuel Popkin）用"理性小农"来概括农民的意识及行为特征，认为农民经济行为背后充满了利润计算。"理性小农"（rational peasant）则指出农民是"理性的个人主义者"，村落只是空间上的概念，并无利益上的认同纽带，村民互相竞争并追求利益最大化。[3][4] "理性小农"作为经济活动的主体，农民与其他群体并无实质差别，同样也具有理性人特征，农民的观念、意识及行为选择等，都符合理性选择的逻辑，即自我效用最大化原则。[5][6]

小农家庭之所以坚持自耕自作、自给自足，即便是高价租借地主的土地和生产资金而无盈利希望，甚或面临破产风险，也要坚持农业

---

[1] Scott, James C., *The Moral Economy of the Peasant: Rebellion and Susbsistence in Southeast Asia New Haven*, Yale University Press, 1976.

[2] 陆益龙：《农民市场意识的形成及其影响因素——基于2006年中国综合社会调查的实证分析》，《社会学研究》2012年第3期。

[3] Popkin Samuel, *The Rational Peasant: The Political Economy of Rural Society in Vietnam*, Berkeley: University of California Press, 1979.

[4] 陆益龙：《农民市场意识的形成及其影响因素——基于2006年中国综合社会调查的实证分析》，《社会学研究》2012年第3期。

[5] Scott, James C., *The Moral Economy of the Peasant: Rebellion and Susbsistence in Southeast Asia New Haven*, Yale University Press, 1976.

[6] 陆益龙：《农民市场意识的形成及其影响因素——基于2006年中国综合社会调查的实证分析》，《社会学研究》2012年第3期。

生产，是因为农民首先必须考虑的是：养家糊口维持家庭生计既是他们的基本需要，也是他们所认同的伦理责任。由此看来，"农民并不是怕冒风险，农民坚持低收益率的农业生产"主要是为了使家庭生计有保证。因此，在市场化过程中，农民缺乏冒险意识和投资意识，是基于个体主义理性选择的结果。舒尔茨（T. Schultz）曾用"一个便士的资本主义"来说明农民并非不具有市场和资本意识，也非保守和不思进取，小农经营相对于他们所处的境地而言，也是有效率的。农民始终守着小规模的家庭农业和家庭副业而不能发展更大的实业的原因在于，市场中的那些新的"收入流"价格太高，超出了他们个人的购买能力。①②

二 市场行为与参与式发展：中国实践及其过程

国内外有关市场参与行为的研究存在多种不同的路径和倾向，就影响市场参与行为因素的解释根据研究的侧重点可以归为两类：一类为侧重于个体性因素的市场参与能力，另一类为偏向于社会性因素的市场参与机会。

（一）市场参与能力：影响市场参与行为的个体性建构

国内外有关市场参与能力的研究可以分为人力资本与社会资本两种不同的解释路径，但是这两种解释路径是紧密联系的，不能截然分开。

1. 市场能力、行动策略与人力资本受益

对于人力资本的定义有不同的解读方式，舒尔茨（1987）认为，人力资本是指个人的才干、知识、技能与资历，强调的是个人后天自

---

① 舒尔茨：《改造传统农业》，商务印书馆2006年版。
② 陆益龙：《农民市场意识的形成及其影响因素——基于2006年中国综合社会调查的实证分析》，《社会学研究》2012年第3期。

第八章　贫困的市场过程：市场转型、市场分割与嵌入性过程

致的经验与技能。加贝尔在此基础上增加了时间的维度，认为人力资本除与个人的才干、知识和技能相关外，还与个人的从业时间、健康水平相关。人力资本是个人市场参与能力的重要影响因素，教育和技能通常被视为两种重要的人力资本形式。我国学者赖德胜认为教育作为一种个人投资，主要体现为个人在劳动力市场中的资源配置能力与生产能力。[1] 刘精明对人力资本收益的研究中发现，人力资本收益受到国家权利、市场力量相互作用的影响，不仅是衡量市场化程度的标准，也是不同群体之间的利益关系的反映。[2] 单正丰、季文等对农村劳动力迁移的研究中发现具有体力（健康）与一定知识水平的农民工是迁移的主体。[3] 陈成文在对湖南大学生就业的实证研究中发现，人力资本是影响高校毕业生就业水平的决定性因素，大学毕业生较其他就业群体而言，缺乏原始资本，人力资本的决定作用就更加显著了[4]。从市场参与主体的角度来说，劳动力贫困的内显示特征为人力资本的匮乏，表现为劳动者自身所具备的知识、技能、经验和体能的不足，是导致贫困的根源。[5] 然后，人力资本的匮乏会导致产品的附加值低，进而造成劳动生产率和劳动者的收入低，由于收入低劳动者用作自我发展和生产的资本就少，反过来又影响劳动力资本。

2. 人际关系网络、信任与社会资本路径

国内外有关社会资本的概念的界定可以分为宏观、中观、微观三个不同的层次，本章依据这一逻辑总结了社会资本对市场参与能力的

---

[1] 赖德胜：《中国教育收益率偏低新解》，《河北学刊》2010 年第 3 期。
[2] 刘精明：《劳动力市场结构变迁与人力资本收益》，《社会学研究》2006 年第 6 期。
[3] 单正丰、季文等：《农村劳动力迁移中的两级遴选机制与群体分化》2009 年第 6 期。
[4] 陈成文：《人力资本、社会资本与高校毕业生就业》，《青年研究》2005 年第 11 期。
[5] 鄢平：《贫困劳动力：一个分析劳动力问题的新视角》，《重庆社会科学》2007 年第 1 期。

作用机理。

宏观的角度认为社会资本是包括信任、网络与规范在内的社会组织的特征，通过协调组织的行动来提高社会的参与以及社会的效率。普特南是此观点的持有者，他认为社会资本与其他物质资本或人力资本不同，社会资本主要为结构内的行动者提供资源。社会资本有两种功能对应两种不同的形式，当发挥纽带功能时，社会资本体现的是社会上相互熟悉的人团结在一起；当发挥桥梁功能时，社会资本则体现为把互不相识的人组织在一起。[1] 葛笑如、王燕等对农民工就业资本的研究中发现，我国城乡二元体制造成了农民与市民身份的区隔，农民在社会资源获取、身份地位认同方面都存在较强的相对剥夺感，社会资本没有起到联系农民与市民的桥梁作用。程名望等在比较就业半径、就业机会和社会关系网络对农村劳动力转移作用的研究中发现，相比于前两者，社会关系网络在促进农村劳动力转移时，作用更为重要。[2]

从中观的角度来说，社会资本是一种社会资源。美国社会学者林南认为社会资本是嵌入在社会结构之中的，个人所拥有的社会资源是可以通过有目的的社会行动来获取的。[3] 在科尔曼看来，"社会资本并不是一个简单的实体，而是由具有两种特征的多种不同实体构成的：他们全部由社会结构的某个方面组成，他们促进了处在该结构内的某些个体的行动。"[4] 黄志坚等学者从社会资本视域对我国农村问题研究

---

[1] 郑杭生、奂平清：《社会资本概念的意义及研究中存在的问题》，《学术界》2003年第6期。

[2] 程名望、史清华等：《就业半径、就业机会、社会关系网络与农村劳动力转移》，《南方人口》2014年第6期。

[3] 科尔曼：《社会理论基础》，社会科学文献出版社1990年版。

[4] Coleman, *Foundations of Social Theory*, Cambridge: Harvard University Press.

第八章 贫困的市场过程：市场转型、市场分割与嵌入性过程

时分析了社会资本对农村劳动力转移、农民发展、农产品供给和农村合作组织的正向作用。

从微观的角度来说，社会资本所强调的是一种人际关系网络。个人可以通过亲人、朋友、同事等社会关系获取特定的个人利益或资源。博特所说的"结构洞"理论就是基于人际关系网络与社会资源配置提出的。波茨强调"社会资本是处在网络或更广泛的社会结构中的个人动员稀有资源的能力"。[1] 格兰诺维特有关"求职"的研究便是个体通过社会关系网络获取社会资源的例证。

（二）市场参与机会：市场参与行为的社会性建构

市场参与能力是指市场参与者的禀赋与能力，属于个体建构层面，而市场参与机会则是针对社会环境，属于社会建构的层次。国内外有关市场参与机会的研究基本可以分为市场转型与劳动力市场二元分割；理性化进程中的市场参与机会差异；社会环境与个体生活机遇的差异等几个方面。

1. 市场转型、市场结构分化与二元劳动力市场分割

人类的劳动由来已久，而劳动者把自己的劳动作为一种商品进行买卖，形成劳动力市场则是人类社会发展到资本主义阶段的产物。[2] 嵌入性研究的代表人物格兰诺维特认为，劳动力市场不仅是一种社会制度，更是社会建构的产物，它始终嵌入在不断变迁的社会结构里面。

新结构主义强调社会的结构性因素对个人获取社会地位的影响。

---

[1] 波茨：《社会资本——在现代社会学中的缘起和应用》，载李慧斌、杨雪冬《社会资本与社会发展》，社会科学文献出版社2000年版。

[2] B. Chris, and C. Tilly, *Capitalist Work and Labor Market*, The Handbook of Economic Sociology, Princeton University Press, 1994: 283 – 312.

资本主义市场经济并非完全开放、完全竞争的市场,双重经济结构和双重劳动力市场等二元分割效应对个人地位的获得产生不可忽视的约束作用。① 结构分隔现象普遍存在于市场经济与计划经济之中。刘易斯在他以农业和工业二元对立的经济模型中,发现城市中存在两种截然不同的劳动力市场,即"传统部门"与"现代增长部门",国际劳工组织也曾使用"正规部门"与"非正规部门"来区分城市中存在的两种劳动力市场。还在两者的比较中,总结了非正规部门的主要特征,如容易进入、没有障碍、劳动技能不需要正规学校获得,以及以本地资源为主等。蔡昉在对我国二元劳动力市场条件下劳动力就业体制转换时②,根据国外二元劳动力市场划分的理论,结合我国实际情况,以典型国有企业和新生部门两种城市劳动力市场作为二元的两个方面。郝大海与王卫东对中国城镇居民就业进行了历时性分析,认为当前市场转型的重点便是研究制度创新对社会结构变迁的推动作用以及所形成的新社会结构形态,他们的研究表明"市场转型大大提升了职业地位的重要性"。③

2. 市场化过程、生活环境与个体生活机遇

国内的相关研究表明,在我国结构变迁的背景下,农民的生活机遇除受到劳动者个人禀赋和其他个人特征这一普遍因素的影响外,还受到我国特有制度环境的影响。首先,从市场转型的角度来看,我国推行中国特色的社会主义市场经济体制,正在由计划经济向市场经济

---

① J. N. Baron and W. Bielby, "Bringing the Firms Back in: Stratification, Segmentation, and the Organization of Work", *American Sociology Review*, 1980 (45): 737–765.
② 蔡昉:《二元劳动力市场条件下的就业体制转换》,《中国社会科学》1998 年第 2 期。
③ 郝大海、王卫东:《理性化、市场转型与就业机会差异》,《中国社会科学》2009 年第 3 期。

第八章 贫困的市场过程：市场转型、市场分割与嵌入性过程

转型，为农民提供了潜在的利益和机会。

其次，农村与城市空间的距离、获得市场机会的便利性、地方资源的贡献等要素也为农民的发展提供了机遇。潘泽泉教授对空间的研究中指出"空间问题正成为社会科学研究的一种新的视角、一种新的理论转向、一种新的叙事"。① 空间以特有的方式，影响着人们的主体性实践，考量着主体的行为、行动意义。② 程名望等学者研究了就业半径与农村劳动力转移，发现交通是否方便对农村劳动力转移存在显著的影响，认为改善农村的交通环境状况，对于促进农民外出务工，增加农民收入有十分重要的作用。③

与此同时，受到我国劳动力市场的发展尚不完善和城乡二元户籍制度的影响，农村劳动力在进入城市劳动力市场时通常会面临"双重歧视"，即在岗位获得上的进入歧视，在工资决定上同工不同酬。④ 越南学者阮功城对小农市场参与的研究中发现户主到邻近城市的交通状况和是否得到政府组织的就业培训对农户参与市场存在显著的影响。⑤

（三）市场参与程度：模型与测量

目前国内外以市场参与程度作为因变量进行定量研究的文献特别少，本章以"市场参与程度"作为关键词在中国知网上检索，只检索到 12 篇文章，有且仅有一篇定量分析的文章，但是这篇文章在学术界的影响非常大。章元、万广华等学者对农户市场参与程度的测量基

---

① 潘泽泉：《空间化：一种新的叙事和理论转向》，《国外社会科学》2007 年第 4 期。
② 潘泽泉：《当代社会学理论的空间转向》，《江苏社会科学》2009 年第 1 期。
③ 程名望、史清华等：《就业半径、就业机会、社会关系网络与农村劳动力转移》，《南方人口》2014 年第 6 期。
④ 王美艳：《城市劳动力市场上的就业机会与工资差异》，《中国社会科学》2005 年第 5 期。
⑤ 阮功城：《小农户的市场参与：越南义安省案例研究》，博士学位论文，中国农业大学，2014 年。

· 419 ·

于经济学市场交换理论从农民参与农产品市场角度,以市场价格折算农民自产自销的农产品价值在家庭总收入中所占的比重来反映农民的市场参与信息。当农民自产自销部分的价值很高,那么他生产和生活所需要的资料基本都由自己生产,较少地依赖工资或农产品经营的收入来购买,则表明这个农民在社会分工和农产品市场、劳动力市场的参与程度较低。① 他还用两个极端的例子做了进一步的解释,一个完全自给自足、不参与任何形式的市场的农民的市场参与程度为 0;相反一个完全依赖于市场,将生产的所有农产品都用于市场交换的农民的市场参与程度为 1。进而得出理论模型,用家庭总收入中除去自产自销部分的市场价值与总收入的比重来表示市场参与程度。

以上通过对"嵌入性"和"市场"及"市场参与"的文献回顾发现了他们在社会学范畴中的无限魅力与价值。嵌入性理论作为连接经济学与社会学的桥梁,不仅传承了社会网络理论,而且对理性选择理论进行了合理的评判。从波兰尼的实体嵌入格兰诺维特的形式嵌入,再到嵌入性理论的遍地开花,成为社会学、经济学、历史学、管理学、发展经济学等学科的纲领性理论,为有关市场和市场参与行为的研究提供了一种新的视角和逻辑分析框架。但是,嵌入性理论也存在一些难以避免的缺陷,不论从结构嵌入、关系嵌入还是文化嵌入、政治嵌入的角度,基本都是以社会组织作为经济活动的主体,较少以个体劳动者尤其是农村劳动者作为参与主体进行分析的。除此之外,嵌入性研究大多停留在理论层次,面临操作化和分析的困境,缺乏实证的支持。市场,作为经济学与社会学的共同议题,受到了越来越多

---

① 章元、万广华:《参与市场与农村贫困——一个微观分析的视角》,《世界经济》2009 年第 9 期。

学者的重视，市场社会学顺理也成为一门独立的学科。但是，目前有关社会参与的相关概念性的界定还不清晰，缺乏对"市场参与能力"、"市场参与机会"以及"市场参与程度"等核心概念的界定。而市场参与机会要么操作化为进入市场的可能性，要么操作化为在劳动力市场获得职位的高低，忽视了影响劳动力参与市场的政策、信息等外部环境因素。

第三节 贫困再造：嵌入性视角下农民贫困市场过程的实证研究

农村劳动力通过外出务工参与劳动力市场已经成为现代社会的一种潮流与趋势，非农收入在农户家庭总收入中所占的比重也在逐年扩大，越来越成为农村家庭最主要的收入来源。有关农民市场参与行为的研究将对我国的新农村建设和城乡一体化以及"三农"问题的解决都具有重要的理论价值与现实意义。农民的市场参与行为并非一种纯理性的经济行动，而是嵌入在一定社会结构、政治制度、认知水平、技能水平上。本书以嵌入性理论为视角，基于湖南10村的调查数据，就影响农民市场参与程度的个体建构因素与社会建构因素展开研究。市场参与程度是衡量农民参与市场行为的关键变量，研究中选取非农收入占总收入的比重作为测量指标。市场参与能力和市场参与机会则分别对应影响农民市场参与程度的个体因素与社会环境因素。市场参与能力包括技能嵌入性维度的受教育程度和劳动技能水平，以及认知嵌入性维度的市场认知水平和健康认知状况。市场参与机会则倾向于结构嵌入性取向的空间结构、信息结构和网络结构；政治嵌入性则是指政策对农民参与市场的支持性。

我们试图通过检验资料发现,在市场化过程中,中国农村贫困群体的受教育程度、劳动技能水平、市场认知水平、交通的便利性、社会支持的可获取性、政策的支持性是否会对其市场参与程度存在影响,农民的市场参与行为主要嵌入在认知、技能和政治层面,受个体性因素的影响还是更多地受社会性因素的影响。

一 农民市场参与行为的实证研究:研究设计与分析思路

(一)市场、参与行为与贫困的研究设计

本章以嵌入性理论为视角,分析农民市场参与行为在结构性嵌入、政治性嵌入、认知性嵌入和技能性嵌入上的特征,并结合影响农民市场参与行为的个体性因素和社会性因素两个维度具体分析不同变量对市场参与程度的影响。在研究设计环节主要围绕研究思路、研究假设、变量的操作化等方面进行具体的阐述。

(二)市场、参与行为与贫困的研究思路

农民在市场参与中扮演两种角色,主要活跃在农产品市场和劳动力市场之中,一方面作为需求者,农民到市场中购买或交换自己所需要的资源;另一方面作为供给者,农民出卖自己所生产的剩余农产品以及劳动力。不论作为需求方还是供给方,农民都在自觉或不自觉地做着一件事情——"市场参与"。古典经济学"理性人"的假设,把每个市场参与者都看作是完全理性的,是追求利益最大化个体。而新经济社会学认为"个人的理性行动是社会环境的产物"[1],"经济人"首先也是一个"社会人",所以不论在什么环境下所做出的行动一定先是"社会行动"。和经济人的假设一样,社会人的假设也存在"过

---

[1] 苏春艳:《经济行动的社会建构——新经济社会学对经济行动的嵌入性分析》,《上海大学学报》(社会科学版)2006年第6期。

第八章　贫困的市场过程：市场转型、市场分割与嵌入性过程

度社会化"的不足。嵌入性理论认为经济行动是嵌入在一定社会关系网络、社会结构、文化环境及政治环境中的行动，其出现缓解了古典经济学和新经济社会学之间的矛盾。

根据格兰诺维特的结构（关系）嵌入性，祖金和迪玛乔的政治嵌入性、认知嵌入性、文化嵌入性，以及技术嵌入性等分析框架，本书主要研究农民参与市场的行为，这种行为不是纯理性的经济行动，也不是纯网络的社会行动，受到所处的政治环境、经济环境、空间结构、文化环境的影响，与个体自身的技能和认知水平相关。具体来说表现在以下几个方面：

（1）农民市场参与行为的政治性嵌入。政府与市场是中国市场转型中的两大力量。市场是一只无形的手在不断地进行自我调节，而"政治嵌入性"认为，国家和社会不是在被动地适应市场，而是对市场进行着宏观调控，市场参与主体的经济行为不可避免地会受到国家政策、法律制度的影响。农民是社会政策调整的直接客体，他们对社会政策的认知、态度倾向以及由此而采取的行动和策略是衡量政策的影响和效果的重要指标。[1] 对于农民来说，农民参与市场的行为深深地嵌入在农民所处的政策和制度环境中。国家和地方政府的就业扶持政策、农村发展政策、农村招商引资政策等都将对农民的市场参与行为和市场参与程度造成影响。

（2）农民市场参与行为的结构性嵌入。结构嵌入性也是一种网络嵌入性，强调经济行为与更大范围的社会结构的关系，[2] 认为社会关系体系对个人的经济行动有不可忽视的塑造功能。社会关系网络作为

---

[1] 潘泽泉、杨莉瑰：《社会政策认知、行动逻辑与生存策略》，《学习与实践》2010年第4期。

[2] 朱国宏：《经济社会学》，复旦大学出版社1990年版。

一种身份的特征，是资源分配的重要途径。① 从农民的经济行为来看，其参与市场也是一种离不开所处社会结构和关系网络的塑造。农民所居住的空间环境、信息网络以及农民自身获取社会支持的网络都在不同程度上影响着农民的市场参与行为。

（3）农民市场参与行为的认知性嵌入。认知嵌入性所注重的是个体对自身及周遭环境的态度和观点，以及参照群体的行为和信念对其短期行为和长期发展策略的影响。农民市场参与无疑是嵌入在其对市场的认知、对自身能力和健康状况的认知、对脱贫和发展的认知上。

（4）农民市场参与行为的文化性嵌入。文化嵌入性所强调的是文化环境对个体行为的塑造作用。不同地区的人们往往会呈现出不同的生活状态、生活追求，主要受到文化的影响。农村中普遍存在有安土重迁的乡土观、随遇而安的生活观。还有一些地方的宗教信仰、地域文化也会影响农民的市场参与行为。马克斯·韦伯所著的《新教伦理与资本主义精神》就解释了宗教作为一种文化对经济行为的影响。

（5）农民市场参与行为的技术性嵌入。技术嵌入性原本是强调企业内部的技术水平和业务能力对企业获取社会资源的影响。从微观上对个人来说，所侧重的则是个人的文化水平和劳动技能对经济行为的影响。农民的受教育程度、所具备的技能决定着农民进入市场的能力和机会。

综合农民市场参与的嵌入性理论及其思路，结构嵌入和政治嵌入主要针对的是影响农民经济行为的社会性因素，是格兰诺维特等嵌入性理论先驱的观点，而认知嵌入和技术嵌入则是嵌入性理论后起之秀

---

① 潘泽泉：《社会网排斥与发展困境：基于流动农民工的经验研究》，《浙江社会科学》2007年第2期。

第八章 贫困的市场过程：市场转型、市场分割与嵌入性过程

的新型观点，强调的是个体性因素对经济行为的影响。结合新古典经济学有关经济行为的论断，本书将结构嵌入性和政治嵌入性作为影响农民市场参与的"机会"，认知嵌入性和技术嵌入性作为影响农民市场参与的"能力"。因此本书主要讨论市场参与能力、参与机会对农民市场参与程度的影响。市场参与能力所强调的是农民先赋或自致的个人禀赋和能力，属于个体的建构。市场参与机会则是从社会建构的角度出发，讨论农民所处环境结构对经济行为的塑造功能。

本章将运用社会统计学的相关知识，分别统计分析市场参与能力、市场参与机会与农民市场参与程度的相关关系。从方法上，本书会用到频数分析、交互分析、多元线性回归分析等。首先，对收集样本的人口学特征进行简单的频数分析包括年龄、性别、婚姻状况、受教育程度、政治面貌等。然后，具体分析市场参与能力、市场参与机会与农民市场参与程度的相关关系及其在统计上的显著意义。最后，用多重线性回归分析，建立三组模型，逐步将人口学特征、市场参与能力、市场参与机会纳入模型，分析并解释计算出的模型参数。

（三）市场、参与行为与贫困的研究假设

格兰诺维特认为社会性、赞同、地位和权利是人类的中心动机，所有动机的实现都离不开一定的社会关系网络、社会环境和其他群体。[①] 同样的逻辑，农民的市场参与行为不是一种纯理性的经济行动，其背后也有丰富的"非经济动机"，市场参与行为深深地嵌入在一定的社会环境和网络结构之中。我国学者王宁对嵌入性做了一个言简意

---

① 苏春艳：《经济行动的社会建构——新经济社会学对经济行动的嵌入性分析》，《上海大学学报》（社会科学版）2004 年第 6 期。

赊的界定："所谓'嵌入性'就是受到所嵌入环境的约束[①]。"基于前文对影响农民市场参与行为的个体性因素和社会性因素分析，本书提出如下两个总的假设：

假设1：农民的市场参与能力越强，市场参与程度越高。

假设2：市场参与机会越大，农民市场参与程度越高。

具体来说，市场参与能力是影响农民市场参与程度的个体性因素的集中表现，包括农民后天自致的文化程度、技能水平，以及基于个体文化与生活经验对市场与健康的认知。市场参与机会则偏向于影响农民市场参与程度的社会性因素，包括空间结构、信息结构、网络结构和社会政策。

技术嵌入性与人力资本有异曲同工之妙，都是从个体所具备的禀赋与能力的角度进行阐述。受教育程度作为人力资本的重要指标，是影响个体实现人生动机和向上流动的重要因素，受教育程度越高，能力越强。劳动技能是个体劳动能力和熟练程度的另外一种表现，劳动技能水平越高，单位时间内创造的效益越高，因此相应的劳动报酬也会越高，基于此提出假设1a和假设1b：

假设1a：农民的受教育程度越高，市场参与程度越高。

假设1b：农民的劳动技能水平越高，市场参与程度越高。

波兰尼的学生萨林斯认为，"人类社会的结构深深地嵌入在惯习之中，而决定惯习的恰恰就是自身不断变迁的文化"。[②] 人们总是在自己所编织的认知网络中行动，因此，该研究有理由认为，农民对自身和所要参与的目标——市场的认知是决定其是否参与的关键因素。农

[①] 王宁：《消费行为的制度性嵌入——消费社会学的一个研究纲领》，《中山大学学报》（社会科学版）2008年第4期。

[②] 格尔茨：《文化的解释》，韩莉译，译林出版社1999年版。

第八章 贫困的市场过程：市场转型、市场分割与嵌入性过程

民的认知主要包括对自身素质（身体素质）的了解和对参与市场的态度与意愿，基于此，提出假设1c和假设1d：

假设1c：农民的市场认知水平越高，市场参与程度越高。

假设1d：农民的身体健康程度越高，市场参与程度越高。

经济行为与社会结构之间的"互嵌性"观点认为经济行为与社会结构之间是相互依赖、互为因果和相互强化的关系。[1] 一方面经济行为作为社会结构的一个构建与其他构建（如空间、信息）相互影响，另一方面经济行为受社交、信任、互惠、友谊等社会网络关系的影响。只有嵌入在社会结构和人际关系网之中的才是经济活动者在现实生活中所乐意接受的。[2] 因此，结构性嵌入包括空间结构（交通的便利性）、信息结构（信息的可获取性）和社会支持网络三个变量。基于此，提出假设2a、假设2b和假设2c：

假设2a：交通的便利性越高，农民的市场参与程度越高。

假设2b：信息的可获取性越高，农民的市场参与程度越高。

假设2c：社会支持的可获取性越高，农民的市场参与程度越高。

相对于前三者来说，政治嵌入性更好理解，尤其对于市场转型期的中国，国家在市场中起着宏观调控的作用，而农民在参与市场的过程中具有一定的盲目性和被动性，比较依赖于政府和政策的执行，因此提出假设2d：

假设2d：当地政府就业扶持政策越多，农民的市场参与程度越高。

---

[1] 吴义爽、冷玲：《论经济行为和社会结构的互嵌性——兼论格兰诺维特的嵌入性理论》，《社会科学战线》2010年第12期。

[2] 苏春艳：《经济行动的社会建构——新经济社会学对经济行动的嵌入性分析》，《上海大学学报》（社会科学版）2004年第6期。

（四）市场、参与行为与贫困的研究变量及其操作化

因变量

市场参与程度：市场参与程度是指农民的非农收入占总收入的比重，其取值为0到1，数字越大，表明市场参与程度越高。本书在分析影响市场参与程度的各因素的影响时，将市场参与程度依据五等分理论划分为五个等级，1 = 0—0.2；2 = 0.2—0.4；3 = 0.4—0.6；4 = 0.6—0.8，5 = 0.8—1。

自变量

根据研究的思路，本书的一级变量有两组，即市场参与能力、市场参与机会。其中市场参与能力包括认知嵌入和技能嵌入两个二级指标；认知嵌入又包含市场认知和健康认知两个三级指标；技能嵌入包含受教育年限、劳动技能两个三级指标。

1. 认知嵌入

市场认知水平：反映的是农民对市场参与态度和意愿，从逻辑上来说，只有先认同市场，具备市场参与的意愿才会产生市场参与的行为。以问题"对于外出打工，您的心理是"作为测量指标，根据选项中四种不同的观点赋值，1 = 没有想过去外面工作；2 = 害怕，不敢出去；3 = 想去外面打工但担心自己找不到工作；4 = 不害怕也不担心。数字越大，表示市场参与意愿越强，市场认知水平越高。

健康认知：反映的是农民对自身身体状况的感知，以问题"总的来说您认为自己的健康状况如何"，作为测量指标，根据选项赋值1—5，1 = 很不好，2 = 不好，3 = 一般，4 = 好，5 = 很好，数字越大，健康程度越好。

2. 技术嵌入

劳动力市场向来特别注重两个因素"学历"和"经验"。学历侧

第八章 贫困的市场过程：市场转型、市场分割与嵌入性过程

重的是个人的文化水平、学习能力；而经验侧重的是个人的工作技能、

表 8-1　　　　　　　样本变量的定义、描述及赋值

	类型	变量	性质	赋值
控制变量	人口学特征	性别	虚拟	1＝男；0＝女
		年龄	连续*	1＝18—35 岁；2＝36—45 岁；3＝46—55 岁；4＝56—65 岁；5＝66 岁及以上
		婚姻状况	虚拟	1＝在婚；0＝不在婚
		是否党员	虚拟	1＝是；0＝否
自变量	市场参与能力	认知性嵌入		
		市场认知（市场参与意愿）	定序	1＝没有想过去外面工作；2＝害怕，不敢出去；3＝想去外面打工但担心自己找不到工作；4＝不担心不害怕
		健康认知	定序	1＝很不好；2＝不好；3＝一般；4＝好；5＝很好
		技术性嵌入		
		受教育年限	定距	1＝0；2＝6 年；3＝9 年；4＝12 年；5＝16 年及以上
		劳动技能水平	定序	1＝不需要或没有；2＝初级；3＝中级；4＝高级
	市场参与机会	结构性嵌入		
		空间结构（交通便利性）	定序	1＝交通不便；2＝一般；3＝交通便利
		信息结构（信息可及性）	定序	1＝没有；2＝很少；3＝经常；4＝总是
		网络结构		
		经济支持可获取性	定序	1＝不能；2＝很困难；3＝有点困难；4＝能
		情感支持可获取性	定序	1＝不能；2＝很困难；3＝有点困难；4＝能
		政治性嵌入		
		政策支持性	连续*	1＝没有；2＝很少；3＝一般；4＝较多；5＝很多
因变量	市场参与程度	非农收入占总收入的比重	连续	1＝0.0—0.20，2＝0.21—0.40，3＝0.41—0.60，4＝0.61—0.80，5＝0.81—1.0

注：连续*表示变量是连续变量，在后文做相关分析时采取分段，当作定序变量使用，在多重线性回归模型中作为连续变量使用。

· 429 ·

熟练程度、职场素养等。

受教育程度：以问卷中的"请问您的文化程度是"一题，为了后续进行多元线性回归分析的需要，将受教育程度转换成受教育年限，将变量赋值为1—5，将未上学赋值为1，1=0；小学赋值为2，2=6年；初中赋值为3，3=9年；中专或高中赋值为4，4=12年；大专或本科以及本科以上的赋值为5，5=16年。数值越大，受教育程度越高。

劳动技能：则以问卷中的"您是否有所从事工作的资格证书？"根据选项赋值，1=不需要或没有，2=初级，3=中级，4=高级。

3. 结构嵌入

空间的便利性：以到市场的便利性来阐述空间机会，该视角主要是指农村与城市空间距离和区位状态。农村到城市的距离越近，交通越方便，农民参与市场的可能性就越高；反之农村距离城市越远，交通越闭塞，农民参与市场的可能性就越低。本书以农民居住地的交通状况为测量指标，根据选项赋值，1=交通不便，2=一般，3=交通便利。

信息的可及性：市场信息的流通和传播对农民了解市场、进入市场有关键的影响。在农村中农民对市场新的了解通常来自外出打工回来的同乡，或者是电视上的广告与新闻，而且相对于后者，农民对前者的信任度更高。本书以"您是否能获得所需的市场信息（如招聘信息、农产品采购信息、商场促销信息等）"为测量变量，1=没有，2=很少，3=经常，4=总是。数值越大，市场信息的可获取性越高。

社会支持的可获取性：是指个体在社会中获取他人帮助与支持的可能性。根据本书研究的需要，着重选取经济支持和情感支持两个维度作为影响农民市场参与的社会支持因素。其中经济支持以"需要借钱时，能不能找到人借钱给您？"作为测量指标，情感支持以"当您外出时能不能找到人帮您看房子？"作为测量指标。农民有较强的乡土观念，外出务工时往往会牵挂老家，所以除能否找到人借钱外，能否有人帮忙照看房子也是影响农民外出务工的一个重要因素。根据答案赋值，1 = 不能，2 = 很困难，3 = 有点困难，4 = 能。

4. 政治嵌入性

在我国特色的市场经济体制中，政府与市场扮演着不同的角色，政府的作用不能忽视，尤其在新农村建设、城乡一体化建设和促进农村劳动力转移就业方面。本书以"您所在地政府是否有就业帮扶政策"为测量指标，并根据选项赋值，1 = 没有，2 = 很少，3 = 一般，4 = 较多，5 = 很多。

控制变量

美国社会学家麦克亚当（McAdam）和其团队在对美国社会运动的研究中提出了"人生易受性"[①]概念，认为年龄、性别、收入水平、婚姻状况等对个体某个阶段的行为和状态有不可忽视的影响。除此之外，在中国还有另外一个不可忽视的因素，即中共党员身份，它对个体参与社会实践有特别的重要性。因此在该理论的基础上结合本研究的实际情况，由于文化程度已作为自变量人力资本的一个因素，因此不纳入控制变量中。所以本书仅选取年龄、性别、婚姻状况、是否为党员作为控制变量。

（1）年龄：本次调查主要针对的是 18 岁及以上的成年人，年龄是一个连续变量，为了在后面进行统计分析的方便，本书将根据常用

---

① Doug Mcadam, "Recruitment to High – risk Activism: The Case of Freedom Summer", *American Journal of Sociology*, 1986, 92 (1): 64 – 90.

年龄分段法，除 18—35 岁间隔 16 岁以外，其余以 10 岁为截距，1 = 18—35 岁，2 = 36—45 岁，3 = 46—55 岁，4 = 56—65 岁，5 = 66 岁及以上，数字越大，年龄越大。

（2）性别：二分变量，为了模型的方便，1 = 男，0 = 女。

（3）婚姻状况：本次调查问卷中涉及的婚姻状况有未婚、已婚、离婚、再婚、丧偶和同居六种，参照前人的研究，将其归类为两种：在婚和不在婚，在婚表示目前有婚姻关系或者固定生活伴侣，包括已婚、再婚和同居；不在婚表示目前没有婚姻契约关系也没有固定生活伴侣，包括离婚、丧偶、未婚。赋值为 1 = 在婚，0 = 不在婚。

（4）是否为党员：考虑到农村中民主党派成员和团员较少，本书将问卷中的"您的政治面貌是"的答案进行重新编码，1 = 党员；将团员、民主党派成员、群众和其他合并为一项，赋值为 0，0 = 非党员。

（五）市场、参与行为与贫困的分析模型

本书主要运用交互分析和多重线性回归模型对数据进行统计。多重线性回归模型是针对含有两个或两个以上自变量的回归模型。其作用在于揭示因变量与多个自变量之间的线性关系，方程为：

$$Y = b_0 + b_1 X_1 + b_2 X_2 + b_3 X_3 + \cdots + b_i X_i$$

方程中，其中 b_0 表示常数；b_1、b_2 到 b_i 都表示回归系数，指当其他变量不变时，自变量 X_i 变动一个单位，导致因变量 Y 的变动量。

在多元回归方程中，因变量是从正态分布的总体中抽取的一个等尺度或等间隔的变量，自变量则大部分为间隔变量或尺度变量。当自变量为定类变量时应转换为哑变量。除此之外，进行多元线性回归分析还必须满足以下几个条件：

（1）自变量与因变量必须存在线性关系；

（2）各观测值互相独立，且任意两个观测值残差的协方差为0；

（3）残差 ei 服从正态分布；

（4）方差齐性，ei 的大小不因所有变量的改变而改变。

二 数据分析及研究发现

本书的数据分析主要分为三个方面，首先是分析农民市场参与程度及其参与行为的特征；其次分析市场参与能力和市场参与机会各指标对市场参与程度等级的影响；最后用多重线性回归模型分析市场参与能力、市场参与机会对市场参与程度的影响。

（一）农民市场参与程度及其参与行为的特征描述

1. 农民市场参与程度描述

农民参与市场的程度是本书中的因变量，取值为0到1，0表示没有工资性收入，即全部收入都为农业收入或其他收入，没有进入劳动力市场；1表示所有收入全部为工资性收入。从表8-2可以看出，农民参与市场的均值为0.438，即工资性收入在总收入中所占的比重为43.8%，平均有将近一半的收入为工资性收入。中值为0.400，即有一半人的市场参与程度在0到0.4之间，另一半人的市场参与程度在0.4到1之间。众数为0，样本中市场参与程度为0的有68人，说明绝大部分农民都获得了农业生产经营以外的收入。从表8-3看农民市场参与程度的等级，各个等级之间的分布的差异不是特别大，以0—0.2最多，298人（26.3%），由1—5逐渐递减。

表8-2　　　　　　　市场参与程度的描述性分析

	均值	中值	众数	标准差	方差	标准误
市场参与程度	0.438	0.400	0	0.2998	0.90	0.0092
N = 1072							

表 8 - 3　　　　　市场参与程度等级的描述性分析

	等级	频数	百分比（%）	有效百分比（%）
市场参与程度等级	1 = 0.0—0.20	298	26.3	27.8
	2 = 0.21—0.40	242	21.4	22.6
	3 = 0.41—0.60	196	17.3	18.3
	4 = 0.61—0.80	178	15.7	16.6
	5 = 0.81—1.0	158	14.0	14.7
合计		1072	94.7	100

2. 农民市场参与行为的特征描述

农民市场参与的特征从农民的工作状况、职业类型、工作地点和非农工作的获取渠道几个方面进行解释，由表 8 - 4 可以看出：

表 8 - 4　　　　　农民市场参与的特征描述

	频数	百分比（%）		频数	百分比（%）
1. 工作情况			4. 非农工作获取渠道		
务农为主	776	68.6	熟人介绍	226	43.3
非务农为主	346	31.4	政府部门组织	98	18.8
2. 职业类型			报纸电视等广告媒体	58	11.1
管理人员	96	9.6	用人单位直接招聘	60	11.5
技术人员	244	24.5	职业介绍结构	24	4.6
普通员工	616	64.8	自我推荐	56	10.7
其他	40	4.1	5. 是否有家庭成员外出务工		
3. 工作地点			是	572	54.1
本省城镇	214	19.5	否	486	45.9
北京及沿海	246	22.4			
其他外省	584	53.1			
其他/他国	56	5.0			

N = 1132

第八章　贫困的市场过程：市场转型、市场分割与嵌入性过程

（1）工作情况：据调研数据显示，以在家务农为主的有776人，占比68.6%，为非务农人员数量的2倍，说明大部分农民还是以从事农业生产经营为主。

（2）职业类型：在参与市场行为的人员中，作为普通员工的人数为616人，占比64.8%，比管理人员、技术人员、其他类型的总和还多，说明农民在参与市场的过程中，基本都是从事最底层、最基本的体力劳动。

（3）工作地点：在非务农为主的人员中，在本省城镇工作的有214人，占比19.5%；在北京及沿海地区的为246人，占22.4%；在除北京及沿海地区的其他外省的为584人，占比53.1%；选择出国务工或其他的共有56人（5.0%）。农民外出务工的半径扩大，不再局限于当地乡镇或本省，很多农民会在沿海一线城市或其他二线城市务工，甚至还有农民出国务工。

（4）非农工作获取渠道：调研发现，在非农工作获取中，通过熟人介绍的最多，有226人，占比43.3%；通过政府部门组织的为98人，占比18.8%；通过报纸电视等广告媒体、用人单位招聘、职业介绍等方式获取的人数共有198人，占比37.9%。以上数据体现出农民工作获取途径的单一性，且基本都是通过熟人介绍，未能主动了解市场，形成主动参与市场的意识。另外，数据还体现出政府在农民进行市场参与过程中未能起到真正的作用，没有形成相关机制或体系为农民进入市场提供便捷或帮助。

（5）是否有家庭成员外出务工：调研发现，有572人反映家庭有人外出务工，占比为54.1%，超过一半的家庭有人外出务工，体现出当前农村不再以自给自足的小农经济为主，更多地参与市场，投入城市市场之中。

经由"是否根据市场行情安排家庭生产计划情况"的调查数据显示，从是否根据市场行情安排家庭生产计划来看，多数受访者选择做少量安排，占总人数的42.7%；其次有23.6%的受访者完全根据市场行情安排生产；19.1%的受访者没做安排；还有14.6%的受访者表示不知道根据市场行情安排生产这回事。

表8-5 是否根据市场行情安排家庭生产计划情况统计（N=548）

	频数	百分比（%）	有效百分比（%）	累计百分比（%）
完全根据市场行情安排生产	126	23.0	23.6	23.6
做少量安排	228	41.6	42.7	66.3
没做安排	102	18.6	19.1	85.4
不知道根据市场行情安排生产这回事	78	14.2	14.6	100.0
合计	534	97.4	100.0	

经由"对商品经济信息了解状况"的调查发现，选择偶尔的最多，占59.7%；选择经常和从不的分别是16.3%、24.0%。

表8-6 农村贫困人口对商品经济信息了解状况

	频数	百分比（%）	有效百分比（%）	累计百分比（%）
经常	86	15.7	16.3	16.3
偶尔	314	57.3	59.7	76.0
从不	126	23.0	24.0	100.0
合计	526	96.0	100.0	

调查数据结果表明，农村贫困群体的家庭生产计划的市场意识不强，大部分在安排家庭生产计划时，很少根据市场行情安排生产，而且对商品经济信息了解状况较差。

（二）市场参与能力与市场参与程度的相关分析

1. 受教育年限与市场参与程度的相关分析

从生命历程和生命事件的角度来看，人生中很多的选择与机会都与受教育程度相关。一般来说，文化程度越高的人，拥有的选择机会越多，实现向上流动的可能性也越大。受教育程度与市场参与程度的交叉分析结果如表8-7所示：

表8-7　受教育年限与市场参与程度的交叉分析

			市场参与程度等级					合计
			1	2	3	4	5	
受教育年限	0	频数	48	4	4	4	2	62
		百分比（%）	77.4	6.5	6.5	6.5	3.2	100
	6年	频数	142	124	66	52	16	400
		百分比（%）	35.5	31.0	16.5	13.0	4.0	100
	9年	频数	90	76	74	68	46	354
		百分比（%）	25.4	21.5	20.9	19.2	13.0	100
	12年	频数	16	34	38	42	50	180
		百分比（%）	8.9	18.9	21.1	23.3	27.8	100
	16年	频数	2	4	14	12	44	76
		百分比（%）	2.6	5.3	18.4	15.8	57.9	100
	合计	频数	298	242	196	178	158	1072
		百分比（%）	27.8	22.6	18.3	16.6	14.7	100

Spearman 相关系数：0.444；$P=0.000$；标准误差：0.039

通过运用斯皮尔曼相关分析受教育程度与市场参与程度之间是否存在相关性，p值接近于0，小于0.05，即受教育程度对市场参与程度存在显著的影响。且斯皮尔曼相关系数为0.444，相关性较强，可以说，受教育程度越高，市场参与程度也越高。此外，从受教育程度来看，农民的受教育程度普遍偏低，主要为初中及初中以下，且这些群体的市场参与程度也集中处于较低的水平。样本中共有38人的受教育年限在本科以上，即接受过本科或以上的高等教育，其中有28人的市场参与程度处于较高或高。出现这种现象的原因在于，受教育程度越高，个体所积累的社会资本也越高，能够接触到的社会资源也就越丰富。另外，教育水平达到专科以上的人，基本都因为学习的缘故离开了农村，毕业后留在城市发展，进入城市劳动力市场。

2. 劳动技能水平与市场参与程度的相关分析

劳动技能是个人的工作能力、工作经验、职业素养等多个方面的综合体现，是专业劳动力市场的准入条件，也是实现职业流动与职业晋升的重要考量指标。通常劳动技能可以分为初级、中级和高级，有些不要劳动技能认证的职位通常是体力劳动和重复性劳动。

表8-8　　　　劳动技能水平与市场参与程度交叉分析

			市场参与程度等级					合计
			1	2	3	4	5	
您是否有所从事工作的资格证书	不需要或没有	频数	44	91	40	12	4	191
		百分比（%）	23.0	47.6	20.9	6.3	2.2	100
	初级	频数	48	189	102	18	6	363
		百分比（%）	13.2	52.0	28.1	5.0	1.7	100
	中级	频数	10	12	28	22	20	92
		百分比（%）	10.8	13.1	30.4	23.9	21.8	100
	高级	频数	12	128	78	104	80	402
		百分比（%）	3.0	31.8	19.4	25.9	19.9	100
	合计	频数	114	420	248	156	110	1048
		百分比（%）	10.8	40.1	23.7	14.9	10.5	100

Spearman 相关系数：0.212；$P=0.000$；标准误差：0.042

通过对劳动技能水平与市场参与程度的交叉分析发现 p 值接近于

0，斯皮尔曼系数为0.212。也就是说，劳动技能水平对市场参与程度具有显著的影响。说明具备劳动技能，且劳动技能水平越高的人，市场参与程度也越高。

3. 市场认知水平与市场参与程度的相关分析

市场参与者对市场的态度和观点对其市场行为有决定性的作用。从理论上说，只有对市场有所了解且有愿意加入市场的人才会真正进入劳动力市场；反之，对劳动力市场不了解，或没有加入意愿的人是不会进入劳动力市场的。但是现实的情况往往错综复杂。

表8-9　　　　市场认知水平与市场参与程度的交叉分析

			市场参与程度等级					合计
			1	2	3	4	5	
市场认知水平	没有想过外出	频数	112	58	34	24	4	232
		百分比（%）	48.3	25.0	14.7	10.3	1.7	100
	害怕不敢外出	频数	66	70	14	26	6	182
		百分比（%）	36.3	38.5	7.7	14.3	3.3	100
	想外出但担心找不到工作	频数	92	84	104	80	54	414
		百分比（%）	22.2	20.3	25.1	19.3	13.0	100
	不害怕也不担心	频数	28	30	44	48	94	244
		百分比（%）	11.5	12.3	18.0	19.7	38.5	100
合计		频数	298	242	196	178	158	1072
		百分比（%）	27.8	22.6	18.3	16.6	14.7	100

Spearman 相关系数：0.429；P=0.000；标准误差：0.037

通过对市场认知水平与市场参与程度交叉分析，以及斯皮尔曼等级相关系数可以发现，显著性水平接近于0，小于0.05，因此市场认知水平对市场参与程度存在显著的影响。由斯皮尔曼相关系数0.429可以看出，市场认知水平越高，市场参与程度也越高。同时，数据还显示，农村群体的市场认知水平不高，普遍缺乏参与市场的自信。表示没有想过去外面工作的人有 232 人，害怕不敢去外面工作的有 182 人，表示想去外面务工但是担心自己找不到工作的人有 414 人，仅有 244 人觉得去外面工作没有什么好担心害怕的。

4. 健康状况与市场参与程度的相关分析

健康资本是人力资本的重要内容也是就业资本的关键一环。俗话说"身体是革命的本钱"，只有具备良好的身体素质才能从事一定的生产实践，带来一定的收益。反过来，收入越低，能够为个体发展提供的营养和保健不足时，个人的健康状态也会受到影响。

表 8 – 10　　　　健康程度与市场参与程度的交叉分析

			市场参与程度等级					合计
			1	2	3	4	5	
健康程度	很不好	频数	32	20	8	8	6	74
		百分比（%）	43.2	27.0	10.8	10.8	8.1	100
	不好	频数	64	26	12	14	20	136
		百分比（%）	47.1	19.1	8.8	10.3	14.7	100
	一般	频数	114	126	80	88	54	462
		百分比（%）	24.7	27.3	17.3	19.0	11.7	100
	好	频数	68	52	74	52	66	312
		百分比（%）	21.8	16.7	23.7	16.7	21.2	100
	很好	频数	14	18	22	14	12	80
		百分比（%）	17.5	22.5	27.5	17.5	15.0	100
	合计	频数	292	242	196	176	158	1064
		百分比（%）	27.4	22.7	18.4	16.5	14.8	100

Spearman 相关系数：0.191；$P=0.000$；标准误差：0.043

通过对农民主观健康程度与市场参与程度的斯皮尔曼相关分析，p 值接近于 0，小于显著性水平 0.05，因此可以说，身体健康程度对市场参与程度存在显著影响。但是由于斯皮尔曼相关系数为 0.191，

第八章 贫困的市场过程：市场转型、市场分割与嵌入性过程

相关性强度不是特别强。农民的健康程度越高，市场参与程度越高。觉得自己健康程度不好或很不好的 210 人当中有 98 人的市场参与程度处于最低的水平。造成这种现象的原因在于，农民的市场参与主要通过付出体力劳动，而健康是其出卖自己的劳动力的前提。身体不健康不仅会阻碍农民进入市场，而且即使进入了劳动力市场，其收入的回报也不及健康人群。

（三）市场参与机会与市场参与程度的相关分析

1. 社会支持网络与市场参与程度的相关分析

社会支持网络属于社会资本，社会学家诺瑞认为社会资本存在于家庭与社区的社会组织之中，能为儿童的心理发育、个人的角色转换、社会化过程提供资源和有利条件。微观的社会资本是一种嵌入自我的观点，是个人融入网络的产物，表现为对嵌入在社会结构之中的资源的获取及使用上。

表 8-11　　社会支持（物质）的可获取性与市场参与程度的交叉分析

			市场参与程度等级					合计
			1	2	3	4	5	
有需要时，能否找到人借钱？	1 = 不能	频数	38	18	20	14	24	114
		百分比（%）	33.3	15.8	17.5	8.2	12.3	100
	2 = 很困难	频数	14	24	14	4	14	70
		百分比（%）	20.0	34.3	20.0	5.7	20.0	100
	3 = 有点困难	频数	112	90	60	66	58	386
		百分比（%）	29.0	23.3	15.5	17.1	15.0	100
	4 = 能	频数	120	102	96	92	60	470
		百分比（%）	25.5	21.7	20.4	19.6	12.8	100
	合计	频数	284	234	190	176	156	1040
		百分比（%）	27.3	22.5	18.3	16.9	15.0	100

Spearman 相关系数：0.019；P = 0.602；标准误差：0.037

通过对物质和精神两个方面的支持来看,前者的 p 值为 0.602,后者的 p 值为 0.646,均大于 0.05,因此社会支持的可获取性对市场参与程度等级不存在显著影响。从数据分析来看,在有需要时不能借到钱或借钱有很大困难的仅有 184 人,而将近一半的人(470 人)表示有需要时能够借到钱。从外出务工时能否找到人看房子的层面来看,表示能够找到的有 728 人,不能或很困难的仅 138 人。由此可以看出,在农村中获取社会支持是相对容易的,而存在这种现象的原因在于农村是一个以地缘、血缘、亲缘三种具有亲密关系和较强互动关系的群体组成的社区,群体内彼此熟悉,互相信任,相互之间的金钱往来也比较多。

表 8-12 社会支持(情感)的可获取性与市场参与程度的交叉分析

			市场参与程度等级					合计
			1	2	3	4	5	
外出时能否找到人看房子?	1 = 不能	频数	28	22	4	22	18	94
		百分比(%)	29.8	23.4	4.3	23.4	19.1	100
	2 = 很困难	频数	10	6	16	6	6	44
		百分比(%)	22.7	13.6	36.4	13.6	13.6	100
	3 = 有点困难	频数	46	56	48	10	26	186
		百分比(%)	24.7	30.1	25.8	5.4	14.0	100
	4 = 能	频数	200	154	128	138	108	728
		百分比(%)	27.5	21.2	17.6	19.0	14.8	100
合计		频数	284	238	196	176	158	1052
		百分比(%)	27.0	22.6	18.6	16.7	15.0	100

Spearman 相关系数:0.020;P = 0.646;标准误差:0.044

2. 交通的便利性与市场参与程度的相关分析

空间机会偏向于研究农村与城市的距离,交通的便利性。我国在20世纪90年代，有一句广为流传的宣传标语"要想富，先修路"。只有道路交通方便了，外部的商机才能引进农村，农村中的人口才能走出去。从我国经济发展的格局也可以看出，东部沿海地区的海、陆、空的交通都要比西部地区便捷，所以东部的流动和发展要比西部好得多。

表8-13　　交通的便利性与市场参与程度的相关分析

			市场参与程度等级					合计
			1	2	3	4	5	
您家附近交通状况怎么样？	交通不便	频数	140	70	34	18	18	280
		百分比（%）	50.0	25.0	12.1	6.4	6.4	100.0
	一般	频数	116	138	98	102	92	546
		百分比（%）	21.2	25.3	17.9	18.7	16.8	100.0
	交通便利	频数	42	34	64	58	48	246
		百分比（%）	17.1	13.8	26.0	23.6	19.5	100.0
合计		频数	298	242	196	178	158	1072
		百分比（%）	27.8	22.6	18.3	16.6	14.7	100.0

Spearman相关系数：0.313；P=0.000；标准误差：0.040

通过对交通的便利性与市场参与程度的相关分析及斯皮尔曼等级相关系数发现，P值接近于0，小于显著性水平0.05，因此交通的便利性对市场参与程度存在显著的影响，由斯皮尔曼等级相关系数0.313可以说明，交通越便利，农民的市场参与程度越高。

3. 信息的可获取性与市场参与程度的相关分析

随着计算机和互联网的开发，现代社会进入信息时代。信息作为现代社会一种重要资源，对人们的经济行动与市场行为有不可忽视的影响。随着网络和自媒体的兴起，很多信息都是通过微信、微博、手机APP等平台依靠智能手机进行传播，对于传统农村来说，信息的内容和时效都比不上城市。

如表8-14所示，通过对市场信息的可获取性与市场参与程度的交叉分析和斯皮尔曼等级相关系数发现，p值为0.034，小于0.05，市场信息的可获取性与市场参与程度相关。其斯皮尔曼系数为0.023，偏小，说明相关程度并不是很高。农民通过获得与市场相关的信息，可以增加对市场的认知。如表8-14中显示，很多农民对市场缺乏认知，害怕面对市场，担心自己找不到工作，这些状况的出现与农村中信息的滞后与闭塞是有关联的。而且，个人所能获取的市场信息越多，越能掌握市场规律，根据市场行情调节生产活动，进而增加市场参与的收益，提高市场的参与程度。

表8-14　市场信息的可获取性与市场参与程度的相关分析

			市场参与程度等级					合计
			1	2	3	4	5	
您是否能获得所需的市场信息	不能	频数	26	76	42	20	18	182
		百分比(%)	23.6	18.3	17.5	13.2	17.0	17.8
	偶尔	频数	52	170	112	82	56	472
		百分比(%)	47.3%	40.9	46.7	53.9	52.8	46.1
	经常	频数	16	62	62	40	16	196
		百分比(%)	14.5	14.9	25.8	26.3	15.1	19.1
	总是	频数	16	108	24	10	16	174
		百分比(%)	14.5	26.0	10.0	6.6	15.1	17.0
合计		频数	110	416	240	152	106	1024
		百分比(%)	10.7	40.6	23.5	14.8	10.4	100

Spearman 相关系数：0.023；P=0.596；标准误差：0.043

4. 社会政策的支持性与市场参与程度的相关分析

我国处于由计划经济向市场经济转型的阶段，国家在市场中起着宏观调控的作用。近年来，为了促进农村经济的发展，缩小城乡二元

第八章 贫困的市场过程：市场转型、市场分割与嵌入性过程

格局，国家和地方政府纷纷出台了各种有利于农民市场参与的政策，如"农村零转移劳动力就业"等。通常农民在经济活动中具有一定的盲目性与滞后性，习惯性依赖国家和政府来调节生产计划。

如表8-15所示，通过对社会政策的支持性与市场参与程度的相关分析，显示，p值接近于0，小于0.05，因此，社会政策的支持性对市场参与程度有显著的影响。斯皮尔曼系数为0.295，社会政策的支持性越高，农民市场参与的程度也就越高。而且数据中显示，绝大多数被调查者所在地都有就业帮扶政策，仅有不到5%的人认为所在地就业帮扶政策很少，或没有。

表8-15　　　　　　社会政策的支持性与市场参与程度

<table>
<tr><th colspan="3"></th><th colspan="5">市场参与程度等级</th><th rowspan="2">合计</th></tr>
<tr><th colspan="3"></th><th>1</th><th>2</th><th>3</th><th>4</th><th>5</th></tr>
<tr><td rowspan="10">所在地是否有就业帮扶政策</td><td rowspan="2">没有</td><td>频数</td><td>48</td><td>8</td><td>0</td><td>0</td><td>4</td><td>60</td></tr>
<tr><td>百分比(%)</td><td>80.0</td><td>13.3</td><td>0</td><td>0</td><td>6.7</td><td>100.0</td></tr>
<tr><td rowspan="2">较少</td><td>频数</td><td>56</td><td>20</td><td>6</td><td>8</td><td>8</td><td>98</td></tr>
<tr><td>百分比(%)</td><td>57.1</td><td>20.4</td><td>6.1</td><td>8.2</td><td>8.2</td><td>100.0</td></tr>
<tr><td rowspan="2">一般</td><td>频数</td><td>74</td><td>70</td><td>44</td><td>42</td><td>42</td><td>272</td></tr>
<tr><td>百分比(%)</td><td>27.2</td><td>25.7</td><td>16.2</td><td>15.4</td><td>15.4</td><td>100.0</td></tr>
<tr><td rowspan="2">较多</td><td>频数</td><td>94</td><td>116</td><td>88</td><td>74</td><td>72</td><td>444</td></tr>
<tr><td>百分比(%)</td><td>21.2</td><td>26.1</td><td>19.8</td><td>16.7</td><td>16.2</td><td>100.0</td></tr>
<tr><td rowspan="2">很多</td><td>频数</td><td>26</td><td>28</td><td>58</td><td>54</td><td>32</td><td>198</td></tr>
<tr><td>百分比(%)</td><td>13.1</td><td>14.1</td><td>29.3</td><td>27.3</td><td>16.2</td><td>100.0</td></tr>
<tr><td rowspan="2" colspan="2">合计</td><td>频数</td><td>298</td><td>242</td><td>196</td><td>178</td><td>158</td><td>1072</td></tr>
<tr><td>百分比(%)</td><td>27.8</td><td>22.6</td><td>18.3</td><td>16.6</td><td>14.7</td><td>100.0</td></tr>
</table>

Spearman 相关系数：0.295；P=0.000；标准误差：0.041

（四）市场参与能力、参与机会与市场参与程度的多重线性回归分析

通过上一节市场参与能力、参与机会相关指标对市场参与程度的

相关分析，为了进一步检验影响市场参与程度的决定因素，研究将建立多重线性回归模型。

1. 模型的拟合及模型的诊断

从变量的角度来看，多重线性回归模型的建立对自变量和因变量都有一定的要求。因变量要求是连续的定距变量且符合正态分布，本书的市场参与程度为非农收入占总收入的比值，是 0 到 1 的数值，符合条件；自变量的取值经过虚拟处理后都能被准确测量。

首先通过对每个变量绘制散点图，和所有变量的散点矩阵图、重叠散点图和三维散点图，发现变量间都呈现比较明显的线性关系。其次从数据的分布来看，变量都呈现出较明显的正态分布。最后进行了多重性共线性和残差的检验发现，残差间独立，且残差呈现正态分布，变量之间的共线性不明显，达到了建立回归模型的基本要求。

2. 模型的输出及分析

本章建立了三个嵌套模型，分别为模型 A、模型 B 和模型 C。

模型 A：只纳入人口学特征，考量年龄、性别、是否党员和是否在婚等控制变量对市场参与程度的影响，该目的是减少人口学特征对市场参与能力和参与机会的影响。

模型 B：同时纳入人口学特征、市场参与能力。测量受教育年限、劳动技能水平、市场认知水平、健康认知状况对市场参与程度的影响，同时观察控制变量的显著性水平的变化趋势。

模型 C：同时纳入人口学特征、市场参与机会。测量空间的便利性、信息的可及性、社会支持的可获取性、社会政策的支持性对市场参与程度的影响。

模型 D：在人口学特征和市场参与能力的基础上加入市场参与机会，该研究的目的在于分析市场参与机会对市场参与程度的影响，并

第八章 贫困的市场过程：市场转型、市场分割与嵌入性过程

对比模型 B 和模型 C，观察市场参与能力和控制变量显著性的变化。

表 8-16 市场参与能力、参与机会与市场参与程度多重线性回归模型

变量		模型 A 标准系数	标准误	模型 B 标准系数	标准误	模型 C 标准系数	标准误	模型 D 标准系数	标准误
控制变量	年龄	-0.148***	0.001	0.085**	0.001	-0.124	0.007	0.086**	0.007
	性别	0.137***	0.021	0.072**	0.018	0.147**	0.021	0.087**	0.017
	是否党员	-0.007**	0.035	-0.087	0.021	-0.022	0.023	-0.090	0.020
	是否在婚	-0.015**	0.023	-0.067**	0.019	-0.041**	0.022	-0.068**	0.018
参与能力	受教育年限			0.408***	0.003			0.349***	0.003
	劳动技能水平			0.144***	0.010			0.128***	0.010
	市场认知水平			0.329***	0.011			0.306***	0.010
	健康认知			0.045	0.012			0.053	0.011
参与机会	空间便利性					0.281***	0.012	0.190***	0.015
	信息可及性					0.065*	0.010	0.065*	0.019
	经济支持可获取性					0.034	0.009	0.067	0.008
	情感支持可获取性					0.017	0.010	0.044	0.008
	政策支持性					0.283***	0.008	0.190***	0.010
常量		0.528***		-0.384***		0.005		-0.551***	
R^2		0.038		0.377		0.216		0.461	
调整后 R^2		0.034		0.372		0.209		0.454	
标准估计误差		0.2949		0.2378		0.2670		0.2220	
Sig.		0.000		0.000		0.000		0.000	
F		10.380		79.417		31.190		66.133	
N		983							

注：* $p<0.05$；** $p<0.01$；*** $p<0.001$。

从表 8-16 输出的结果及多重线性回归的结果发现，四个模型的

显著性水平均接近于0，都存在较高的显著性。

在模型A中，四个控制变量性别、年龄、是否党员、是否在婚都对市场参与程度有显著的影响，其中年龄和性别这两个变量的显著性水平小于0.001。年龄、党员、是否在婚的显著性水平为负，说明随着年龄的增长，市场参与程度降低；非党员相对于党员的市场参与程度要低；与在婚人员相比，不在婚的人员的市场参与程度低。调整后的R^2为0.034，拟合优度较差，模型几乎没有解释力。

在模型B中，纳入了市场参与能力的四个变量后，调整后的R^2上升至0.377，模型的拟合优度明显增加，模型的解释力得到了很大的提高。说明纳入的四个有关市场参与能力的指标能够很好地解释市场参与程度。在加入市场参与能力后，年龄和性别的显著性降低，党员身份变得没有显著性，是否在婚的显著性水平没有变化，依然小于0.01。总体来说，人口学特征受到了市场参与能力的影响。在市场参与能力的四个测量指标中，有三个显著相关，即受教育程度、市场认知水平、劳动技能水平，且三者的显著性水平都小于0.001，呈现较高的正相关性。说明市场参与程度随着受教育水平、市场认知水平、劳动技能水平的增加而提高。健康认知水平在模型中并不显著，市场参与程度并没有受到健康认知的影响。

建立模型C的目的在于对比市场参与能力和市场参与机会对市场参与程度的影响。模型C调整后的R^2为0.209，在模型A的基础上增加了约20%的解释力。具体来说，模型控制变量中的性别和是否在婚依然显著，年龄与是否党员变得不再显著。市场参与机会的四个维度中除经济和情感支持外其他几个都显著。在农村中社会支持的可获取性对农民的市场参与程度并不存在显著的影响。但与模型B相比，模型C整体的解释力较低，也就是说在影响农民市场参与程度方面，市场参与能力的作用大于市场参与机会。

在模型 D 中，同时纳入了市场参与能力和市场参与机会后，调整后的 R^2 增加至 0.454，较模型 B 和模型 C 都有较大的增加，表明模型的拟合优度得到了提升。具体来看，控制变量中除是否党员外，年龄、性别以及是否在婚都对市场参与程度有显著的影响；市场参与能力中的受教育年限、劳动技能水平对市场参与程度有显著影响，市场认知水平和健康认知水平则不存在显著的影响；市场参与机会中的所加入的五个变量中有三个呈现显著相关，分别是空间的便利性、信息的可及性、政策的支持性，相对来说，空间的便利性和政策的支持性比信息的可及性对市场参与程度的影响更大。物质支持与情感支持的可获取性与市场参与程度之间并不存在显著的影响。

三 结论与讨论

本章主要通过交互分析和多重线性回归分析，对湖南省 5 个县的 1200 名农民的市场参与程度与其市场参与能力、参与机会之间的关系进行定量研究。通过分析可以得出以下结论：

（1）农村人口的市场参与程度较低。从市场参与程度的测量来看，非农收入占总收入的比重的平均值为 0.438，不到总收入的一半，其中还有将近 10% 的农民的非农收入为 0。从工作类型来看，有 68.6% 的人是以务农为主。

（2）市场参与能力是决定市场参与程度的主要因素，从四组嵌套模型可以看出，显著性水平最高的前三项依次为受教育年限、市场认知水平、空间机会。在模型 A 的基础上加入市场参与能力的指标后，模型 B 的解释力提升了 34%，在模型 A 的基础上加入市场参与机会的指标后，模型 C 的解释力提升了 20%，比较而言，模型 B 的解释力大于模型 C 的解释力，因此农民市场参与行为主要受到个体性因素的认知水平和技能水平的影响，受社会性因素维度的市场参与机会的影响较小。

（3）技能嵌入性、认知嵌入性是农民市场参与行为的主要嵌入方式。受教育年限、劳动技能水平、市场认知水平都对市场参与程度有显著的影响。受教育年限对市场参与程度的影响最大，支持假设1a。劳动技能水平与市场参与程度之间也存在显著的正相关，劳动技能水平越高，市场参与程度越高，支持原假设1b。市场认知水平与市场参与程度之间也存在显著的正相关关系，支持假设1c。但是健康认知与市场参与程度之间不存在显著的相关性，假设1d不成立，主要原因在于，农民对自身的健康状况并不是非常了解，农民很少参加体检，只有在身体出现十分异常的情况下才会去医院，所以，调查中大部分农民群体认为自己的健康状况良好，但是事实上，农民的健康状况并没有其感知中的好。黄丽巧等在对北京居民健康素养的调查中发现，人们的健康认知受到多重因素的影响，主观健康程度与实际健康状况之间存在显著的差异。[①]

（4）农民的市场参与行为也在一定程度上嵌入在社会结构与政治环境之中。结构嵌入性的三个变量空间结构、信息结构、网络结构对市场参与程度的影响逐渐减弱，网络结构与市场参与程度之间不存在显著的相关性。空间的便利性与市场参与程度显著相关，交通越便利，市场参与程度越高，支持假设2a。信息的可及性与市场参与程度也存在较强的正相关关系，信息的可及性越高，市场参与程度越高，支持假设2b。网络结构与市场参与程度之间不存在相关性，假设2c

---

① 黄丽巧、石建辉：《北京市常住居民健康素养现状及影响因素分析》，《中国健康教育》2012年第8期。

第八章 贫困的市场过程：市场转型、市场分割与嵌入性过程

不成立，主要原因在于农村是一个以地缘、亲缘和血缘关系为纽带的熟人社区，人与人之间关系紧密、互动频繁，建立在信任与互惠基础上的网络结构使农村群体不论是在情感还是物质上有困难需要帮助时，基本都能找到人提供支持，不会因为经济收入的差异、主要从事行业的不同而呈现出分化。最后从政治嵌入的角度来看，农民的市场参与程度与就业帮扶政策之间存在显著的相关性，政府推广的有关就业帮扶政策越多，农民的市场参与程度越高，支持假设2d。

第九章 贫困的文化与社会心理过程：
社会表征、文化心理与行为

  文化作为社会、群体、家庭抑或个人的情感、态度和价值观念，也作为一个群体共有的"文化语库"和文化资源，具有内隐性和外显性特征，通过社会化过程内化于人们内心，形成了一种共同的"认知—文化"框架、共享性知识和"近经验结构"。这种群体所共享的文化表征决定了群体成员在思想行为方面都涉及和映射着文化特征和相同性情倾向系统。因此，研究农村贫困群体所表征的文化观念，为理解和诠释农村贫困问题提供了一种新的方法论基础和理论范式。同时，自我效能感作为一种文化感知，其本质是个体对自我能力的一种预测与感知，是对未来行为所表现出来的自信，自我效能感是个人成就的"预测器"与"发动机"，为农村贫困群体的主体性反贫困提供了文化动力。

  中国社会正经历着前所未有的社会转型与变革，即从以自然经济、计划经济为基础转向以市场经济为基础，从农业社会、工业社会转向后工业社会，从伦理社会、传统社会转向法治社会、现代社会，从同质单一性社会转向异质多样性社会。这些转变要求现代人表现出

第九章　贫困的文化与社会心理过程：社会表征、文化心理与行为

一种乐于接受新知识、新经验和新挑战的进取型心态和独立人格。因此，本章就①农村贫困群体的文化表征进行研究，该研究对于引导他们形成积极的自我效能感，激发他们的自我发展意识，实现文化自觉与文化自信，从而解决贫困问题具有现实意义。

第一节　表征、社会心理与行为：知识建构方式、解释传统与理论逻辑

一　贫困的文化解释：视域释义与理论建构

（一）文化与社会行为：工具箱模型与传染病模型

"文化的工具箱模型"强调文化作为一种共享性知识结构、文化禀性个人性情倾向系统，具有一种"近经验结构"，即人所获得的隐藏在其行为背后一般不为其所意识或觉察的但支配其行为的经验或观念，表现为一种文化启动的激活原则与文化框架的转换，表现为文化在行动中（culture in action）或行动中的文化。② 每个个体作为能动行动者，在其生命历程中所习得的"文化语库"（cultural repertoire）或文化资源——文化规范、价值、理论观念本质上是文化意义和文化资源，只是其行动中的"工具箱"（the tool‐kit）（工具箱模型）。其结果是不存在凝固的文化实体，而文化之于社会行为，也没有简单的因果决定论。

"文化的传染病模型"意指文化濡化或文化化过程（enculturation），类似于文化"病毒"的传染。即使同样置身于同一文化共同体

---

① 说明：项目组成员黄亚秋完成部分数据统计、数据分析、文献资料整理和部分文字撰写。
② 方文：《转型心理学——以群体资格为中心》，《中国社会科学》2008 年第 4 期。

· 453 ·

中，文化表征（cultural representations）在每个个体身上的分布也是不一样的。以病菌传染为例，在传染病流行的时候，有的人重度感染，甚至死亡，有的人只轻度感染，还有人则完全免疫。① 且文化之于社会行为的意义，则服从基于文化启动（cultural priming）的知识激活原则和文化框架转换（the switch of cultural frameworks），而这些文化知识是属于特定领域的（domain‐specific）。

农村贫困问题的再造同样具有工具箱模型与传染病模型的理论解释效度，贫困的文化资源和文化表征构成了农村贫困群体的文化语库，在日常生活中，通过各种激活原则和文化框架转换对其堆砌行为产生影响，如利己主义、保守守旧心理、差序格局的行为特征、缺乏冒险和创新意识等，会在这些贫困阶层中产生影响。

（二）文化与社会：功能性语境与生成结构主义模型

基于建构主义抑或生成结构主义的方法论基础和认识论前提，社会始终是一种建构性文化因素，而各种文化形成过程一旦出现并达到"自在"的存在状态，它们也同样会成为发挥社会化作用的因素。②③ 曼海姆的论述阐释了文化与社会的相互生成关系和互构型的功能意义，从中也提示了文化社会学的新视域所在。

"社会学对文化的思考是一种非内在的思考。它试图揭示的是每一种文化形成过程所具有的功能性语境。"④ 通过这样的生成结构主义思考所作出的对文化现象的解释，是"发生学解释"或"结构主义实

---

① 方文：《转型心理学——以群体资格为中心》，《中国社会科学》2008 年第 4 期。
② ［德］曼海姆：《文化社会学论要》，刘继同、左芙蓉译，中国城市出版社 2002 年版。
③ 袁阳：《文化社会学的新视域意义——曼海姆文化社会学理论的启示》，《西南民族大学学报》（人文社会科学版）2011 年第 7 期。
④ ［德］曼海姆：《文化社会学论要》，刘继同、左芙蓉译，中国城市出版社 2002 年版。

第九章　贫困的文化与社会心理过程：社会表征、文化心理与行为

践解释"，区别于文化哲学基于结构性事实的"内在的解释"。① 因而从发生的角度解释文化的形成过程和功能作用，是文化社会学新视域对文化认识拓展在解释方法上的表现。曼海姆对这一点非常强调，指出"文化社会学要想完全能够出现，人们就必须有一种新的对待各种精神形成过程的态度，这种态度便是人们通常所说的发生态度"。②

对于文化的理解，不同的社会学家提出了自己的诠释框架和知识谱系。泰勒指出"所谓文化或文明乃是包括知识、信仰、艺术、道德、法律、习惯以及其他人类作为社会成员而获得的种种能力、习性在内的一种复合整体"。③ "文化是由各种外显和内隐的行为模式构成的。这些行为模式是通过各种符号习得和传播的，它们构成了人类群体的独特成就……文化的本质内核是由两部分组成的，一是传统的观点，二是与之相关的价值观。"④ 而克鲁克洪、韦士勒等将"文化"概括为"生活方式"或"生活形态"（mode of life）。"文化是包括一套工具及一套风俗——人体的或心灵的习惯，它们都直接地或间接地满足人类的需要。""一物品成为文化的一部分，只是在人类活动中用得着它的地方，只是在它能满足人类需要的地方。"⑤

美国社会学家赫兹拉也认为，文化（或制度）起源于个人与社会生活的迫切需要的满足。人的每一行为——不论它具有多少工具性、

---

① ［德］曼海姆：《文化社会学论要》，刘继同、左芙蓉译，中国城市出版社 2002 年版。
② 同上。
③ ［英］泰勒：《原始文化》，载《多维视野中的文化理论》，浙江人民出版社 1987 年版。
④ A. L. Kroeber&C. Kluckhohn, *Culture: A Critical Review of Concepts and Definitions*, New York: Vintage Books, 1963.
⑤ ［英］马林诺夫斯基：《文化论》，费孝通等译，中国民间文艺出版社 1987 年版。

反思性或外部环境的强迫性[①]——都被包含在情感和意义中。[②] 这一内在环境的存在预示着行动者从不完全按工具性和反思性行动。文化很类似于一个理念型（ideal model），为人的日常活动及其创造力提供动因，并影响结构再生产和结构转型[③]。因而，"文化社会学"中的文化在塑造人的行为和制度建构时，是一种拥有自主性的"独立变量"，能够对人的行为输入如物质、制度力量一样的勃勃生机。持这样观点的人深信："科学的诸多想法其实是一种文化和语言的习惯"，[④] "文化是母亲，制度是母亲的孩子"，[⑤] "正是主观的、内在的情感（文化）统治了这个世界。主观性被社会的建构形成了集体意愿、形构了组织规范、界定了法律道德，并且为技术、经济和军事装备提供了意义和动机"。[⑥]

（三）再造贫困：从结构解释到文化解释的范式转向

1. 贫困文化的再生产模型：概念框架和经典论述

20世纪60年代初，一批关于贫困文化的论著相继问世。其中，奥斯卡·刘易斯（Oscar Lewis）的《贫困文化：墨西哥五个家庭实录》、班费尔德（Banfield，Edward C.）的《一个落后社会的伦理基础》、哈瑞顿（Harrington）的《另类美国》，通过来自墨西哥、意大

[①] Alexander, *Action and its Environments: toward a New Synthesis*, New York: Columbia University Press, 1988.
[②] 吴理财：《论贫困文化》，《社会》2001年第8期。
[③] Sewell, William H., "A Theory of Structure: Duality, Agency, and Transformation", *American Journal of Sociology*, 1998 (1).
[④] Rorty, Richard, *Philosophy and the Mirror of Nature*, Princeton, N. J., Princeton University Press, 1979.
[⑤] Etounga-Manguelle, Daniel, "Culture et Developement: les réponses africaines", *Paper on International Conference on Culture and Development in Africa*, 1992. Alexander, *Durkheimian Sociology: Cultural Studies*, Cambridge: Cambridge University Press, 1988.
[⑥] 吴理财：《论贫困文化》，《社会》2001年第8期。

第九章 贫困的文化与社会心理过程：社会表征、文化心理与行为

利和美国等不同社会的经验资料，共同建构了贫困文化的概念框架，使当时的贫困研究实现了从结构解释到文化解释的转向。

美国人类学家奥斯卡·刘易斯（Oscar Lewis）率先提出了"贫困文化"的概念，并对其进行了具有奠基意义的论述。他在《贫困文化：墨西哥五个家庭实录》中指出："它（贫困文化）是一种比较固定的、持久不变的、代代相传的生活方式，贫困文化对它的成员有独特的形态和明显的社会心理影响"。[1] 它表达着"在既定的历史和社会的脉络中，穷人所共享的有别于主流文化的一种生活方式"。也表达着"在阶层化、高度个人化的社会里，穷人对其边缘地位的适应或反应"。[2] 简而言之，贫困与贫困文化有关，这种文化一旦产生，就具有代际传递性，生生不息，难以消灭。处于贫困文化中的穷人拥有很强的宿命感、自卑感和无助感。

人类学家爱德华·班费尔德（Edward C. Banfield）在《一个落后社会的伦理基础》中描述了贫穷文化在意大利南部的一个落后乡村中的集中体现：利己、家庭本位和排斥集体合作的观念和行为，称为"非道德性家庭主义"。村民们只想最大限度地去获得一些即刻的、眼前的现实利益报酬，没有人愿意增进乡村或公众的利益。班费尔德告诉我们一个颇具启示的解释框架：结构因素引发了这个落后村庄的伦理基础——村庄独有的贫困文化；反过来，拥有贫困文化的村民们又以其自主性的表现，进一步影响这个贫困村庄的发展，制造并加深了贫困。据此，班费尔德认为"穷人基本不能依靠自己的力量去利用机会摆脱贫困之命运，因为他们早已内化了那些与大社会格格不入的一

---

[1] Oscar Lewis, *Five Families: Mexican Case Studies in the Culture of Poverty*. New York: Basic Books, 1959.

[2] Oscar Lewis, "The Culture of Poverty", *Scientific American*, 1966.

整套价值观念。改变贫困的可能，只取决于外群体的力量"。①

哈瑞顿（Michael Harrington，1962）的著作《另类美国》取材于整个美国社会，穷人被描绘成"另类美国人"，在美国，穷人是一种文化、一种制度和生活方式，贫困具有永久性格。因为穷人的家庭结构不同于社会的其他群体，大多数穷人的孩子没有父亲，早孕且有混乱的性关系，他们不懂得需要正常的、稳定的爱情关系和婚姻关系。穷人作为美国社会的"他群"代表社会的非主流，存在有别于主流群体的亚文化。和刘易斯、班费尔德一样，哈瑞顿对贫困现象的解决也抱有极度悲观的态度，认为他们一旦投入卑微父母的怀抱，进入一个落后的国家或社区，选择一个错误的工作场所或一个被歧视的种族，就只能耳濡目染，成为那种环境中赞美的道德和意志的楷模，从此再没机会走出这个另类群体。②

2. 贫困文化特征：作为贫困阶层的生活方式

美国的社会学家、人类学家奥斯卡·刘易斯（Oscar Lewis）则在《五个家庭：墨西哥贫穷文化案例研究》（1959）一书中，基于贫困家庭和社区的实证研究的基础上，最早提出了"贫困文化"的概念，并就贫困文化的特征做出说明。这种贫困文化是一种亚文化、一种在家庭内部世代延续的一种生活方式，其特征体现为：人们有一种强烈的宿命感、无助感和自卑感；他们目光短浅，没有远见卓识；他们视野狭窄，不能在广泛的社会文化背景中去认识他们的困难。刘易斯的"贫困文化"涵盖了穷人的社会参与、经济生活、家庭关系、社区环

---

① Banfield, Edward C., *The Moral Basis of a Backward Society*, New York: The Free Press, 1958.
② Harrington, Michael, *The Other America: Poverty in the United States*, New York: The Macmillan Company, 1962.

境和个人心态等方面的描述，可谓物质与非物质生活、个人心态与群体互动关系兼具。① 短暂的贫困可能是由于物质的原因引起的，但是，长期的贫困则主要不是物质因素作用所引起的，而是一些非物质因素（贫困文化）作用的结果。②

贫困文化具有"自己的结构和机理"，每一种文化的基本价值、观念犹如经过编码的"遗传因子"，使处于其中的人们成为承递绵延这种"遗传因子"的载体，从而体现它的活性功能。即使一时消除了物质上的贫困，也不足以根除作为完整生活方式的贫困文化。这主要是由于文化自身的特性决定的。③ 很早以前恩格斯就说过："传统是一种巨大的阻力，是历史的惰性力。"④ 列宁也曾指出：习惯势力是一种很可怕的势力。很显然，贫困文化作为一种形式的文化，它也必然地具有这些特性。

贫困文化是贫困阶层所具有的一种独特生活方式，它主要是指长期处于贫困状态的群体的行为方式、风俗、习惯、心理定式、观念意识、生活态度等非物质形式。⑤ 因此，要评价穷人的贫困文化，必须从他们赖以生存的具体社会出发。比如对于在贫困社会普遍存在的近亲婚配、早婚早育和重男轻女等现象，我们难以明晰回答正确与否，它们的具体作用取决于这个社会的具体条件和基本需求。可以说，贫困文化是一种贫困者自我保护的心理平衡机制，尽管对他们以外的人来讲严重妨害了贫困者的进取与发展。与刘易斯不同的是，吴理财运用马克思主义辩证的观点，抛弃了刘易斯备受诟病的悲观主义论调，

---

① 吴理财：《论贫困文化》（上），《社会》2001年第8期。
② 周怡：《贫困研究：结构解释和文化解释的对垒》，《社会学研究》2002年第3期。
③ ［荷］C. A. 冯·皮尔森：《文化战略》，中国社会科学出版社1992年版。
④ ［德］马克思、恩格斯：《马克思恩格斯选集》，人民出版社1992年版。
⑤ 吴理财：《论贫困文化》（上、下），《社会》2001年第8期。

"虽然文化塑造人，这并不意味着人只能被动地接受文化的塑造，在任何时候，人们都是在不断地主动地改造着旧的文化，创造着新的文化，因为从本来意义上说，文化归根到底都是由人创造"。① 基于此，他提出了正确对待贫困文化的态度，"最关键是要具有这种'文化自觉'意识和能力，一旦他具有了这种意识和能力，他才认识到贫困文化对他的羁绊作用，并相信自己有能力挣脱其束缚，这就意味着他从命运之神的安排下获得了解放"。②

3. 再造贫困：贫困参与文化的再生产

莫伊尼汉提出了贫困和贫困文化的恶性循环理论。他在《认识贫困》一书中指出，贫困文化的运行逻辑分为四个层面：一是贫困与低成就动机，即生活于贫困境况中的人群，在贫困文化的熏陶下，缺少向上流动动力，拥有较低的成就动机。二是低成就动机与弱势处境共生，低成就动机引发弱社会流动，由于缺乏受教育机会，文化水平较低，造成他们在就业上薄弱的竞争力。三是弱势处境与较低的社会地位相互型构，在低教育水平和弱竞争力的影响下，他们只能从事低收入职业，处于较低的社会地位。四是社会地位低带来的贫困的累积效应，低收入职业和低社会地位导致他们更加贫困。③④ 上述四个方面叠加会形成一种周而复始的循环，使贫困群体很难摆脱贫困的纠缠，从而长期处于贫困之中。贫困文化的恶性循环理论以逻辑推演的方式来解释贫困文化与贫困状态之间的关系，其核心内容是由于贫困文化

---

① 吴理财：《论贫困文化》（上、下），《社会》2001年第8期。
② 周怡：《贫困研究：结构解释和文化解释的对垒》，《社会学研究》2002年第3期。
③ 樊怀玉、郭志仪等：《贫困论：贫困与反贫困的理论实践》，民族出版社2002年版。
④ 焦若水：《文化贫困——农村贫困的一种分析范式》，http://333wangjun.blogchina.com/3755567.html。

第九章 贫困的文化与社会心理过程：社会表征、文化心理与行为

的制约和限制，处于贫困状态中的群体会陷入恶性循环而一直处于贫困境地。在现实生活中，贫困群体本来就缺乏向上运动的基础条件处在不平等的弱势竞争地位，向上流动已成难事，如果贫困文化还以强大的惯性力量作用之贫困群体的下一代，使他们在心理上缺乏向上流动的动力，这就仿佛给贫困上了"双重保险"的锁，使在贫困文化中成长起来的人群不得不沿着既定的贫困轨道持续向前，从而进入一个恶性循环的状态中，最终使贫困成为贫困群体无法挣脱的梦魇。[1]

贫困文化运行机制之一就是源源不断地培养自身延续的载体，使其在代代相传的链条中难以被切断。那么当外来文化介入时，贫困会表现出什么样的特质？本尼迪克特在著作《文化模式》[2]中最大限度地秉承和发展了博厄斯的文化整合理论，一种文化是一套要素相互联系的价值母体，这个母体会有选择性地吸收、驯化和整合外来文化，把那些不和谐的东西重新制造成一种新和谐。据此，很多学者发现了贫困文化的运行机制之二，即消除外来扶贫力量。贫困文化的整合功能一方面使不符合自己需要和特质的文化因子无法进入，另一方面使少部分进入的因子被原有文化模式驯化，修改整合成为贫困文化的一部分并被赋予了"旧的"意义。对应现实社会中，就是贫困文化模式借助其强大的整合力量，使政府输入的新文化要素被修改和同化，整合为旧模式的一部分，丧失其改造贫困文化的作用。

刘易斯、哈瑞顿等早期研究者的观点容易让人推导出"贫困是穷人自身的动机、自身的选择及自身的过错造成的结果"和"贫困主体自身应对自己的贫困负责"的观点。针对这些观点，王兆萍提出了自

---

[1] 尚晓丹：《贫困文化：贫困的循环》，硕士学位论文，吉林大学，2007年。
[2] 本尼迪克特：《文化模式》，华夏出版社1987年版。

己的见解：贫困文化不是传承的，也不是农民自身的选择，而是社会化的产物①。将贫困者的行为看作是他们克服贫困的方法而不是被看作问题更合适一些。

贫困文化理论影响了美国政府20世纪60年代的反贫困措施，对学术界的影响更可谓是"一石激起千层浪"，在学界的质疑和辩难中，"贫困文化"理论又催生了一系列其他的理论解释和理论补充，在贫困问题的研究上彰显出强大解释力。

综合上述对贫困文化概念的解释，发现共同包含了四个方面的含义：第一，贫困文化是一种亚文化，是贫困阶层所具有的一种独特生活方式，主要包含行为方式、习惯、风俗、心理定式、生活态度和价值观等非物质形式，这种亚文化将身处其中的人们隔离于主流文化之外。第二，贫困经济与贫困文化紧密联系，在一定条件下互相影响、互为因果。第三，贫困文化具有代际传递性，贫困文化一旦形成，就会以强大的惯性力量维持和繁衍贫困，成为贫困群体难以摆脱的痼疾。

二 贫困的文化解释：主要议题、知识谱系与问题意识

(一) 文化与贫困：知识、穷人阶级与社会

知识贫困（knowledge poverty）是人类进入21世纪知识社会的新贫困形态，知识贫困体现为人们由于普遍缺乏创造、获取、交流、运用知识与信息的能力，或者缺乏获得这些能力的基本权利和机会而形成的贫困。② 进入21世纪，知识贫困作为一种新的贫困形式，严重制约了社会的进步和发展。刘易斯认为，"贫困文化"是一个特定的概

---

① 王兆萍：《贫困文化的性质和功能》，《理论研究》2004年第12期。
② 胡鞍钢、李春波：《新世纪的新贫困：知识贫困》，《中国社会科学》2001年第3期。

第九章 贫困的文化与社会心理过程：社会表征、文化心理与行为

念模型的标签，是一个拥有自己的结构与理性的社会亚文化。它表达着"在既定的历史和社会的脉络中，穷人所共享的有别于主流文化的一种生活方式"。也表达着"在阶层化、高度个人化的社会里，穷人对其边缘地位的适应或反应"。[1] 贫困亚文化形成了一种对大社会的拒斥、隔绝的关系。"贫困文化一旦形成，就必然倾向于永恒。棚户区的孩子，到6—7岁时，通常已经吸收贫困亚文化的基本态度和价值观念。因此，他们在心理上，不准备接受那些可能改变他们生活的种种变迁的条件或改善的机会。"班费尔德认为，利己、家庭本位、排斥集体合作的观念和行为，是"非道德性家庭主义"的伦理樊篱，亦即贫穷文化在乡村社会中的集中体现。"非道德性家庭主义"是这个村庄所有人（包括上层和下层阶级）长期共同遵奉的价值伦理。家庭本位的文化经由"家庭的囚犯"去获得一些即刻的报酬，接受现实的和眼前的安排。班费尔德进一步提出"非道德性家庭主义"下的三种贫困事实：一是高度死亡率之下的孤儿及普遍的继父母式的家庭生活；二是土地的占有决定了村民的阶级地位和政治表现，大量无地的农民处于最底层；三是缺乏扩大家庭制度。基于这种结构性因素引发了这个落后村庄的伦理基础："非道德性家庭主义"，也即村庄独有的贫困文化；反过来，作为整个村庄本质的"非道德性家庭主义"，又以其自主性的表现，进一步影响这个贫困村庄的发展，制造或加深了贫困。因此，"穷人基本不能依靠自己的力量去利用机会摆脱贫困之命运，因为他们早已内化了那些与大社会格格不入的一整套价值观

---

[1] Lewis, Oscar, Five Families: Mexican Case Studies in the Culture of Poverty, New York: Basic Books, 1966.

念。改变贫困的可能,只取决于外群体的力量"。① 布迪厄在《世界的贫困》一书中诠释了穷人阶级的文化特征:穷人在市场竞争中缺乏必要的文化资本;权力作为符号资本决定着教育制度,决定着文化资本的分配和再生产;作为制度化形式的文化资本明显具有代际传递特征。"扩大英才教育的最初得益者,是那些原本就具有文化资本的专业家庭出身的孩子;内化了的适应主流社会的才能也相当贫瘠,或迥异于社会主流文化。"②

(二) 社会分类与文化区隔:文化心理、亚文化过程与认同建构

社会文化孤立理论以威尔森为代表。威尔森在《真正的劣势群体:内城、底下层和公共政策》中提出:城市发展的错位,不仅在地理上隔离了贫困的黑人,限制了他们的机会——他们没有工作,或者不能获得较高收入的工作;也因此在心理、文化上孤立了贫困者。产生了贫民窟独有的生活态度和一系列与主流文化相悖的道德规范。内城穷人的贫困是经济转型造成"社会孤立"的结果,③ 威尔逊的"社会孤立"(social isolation)理论在解释族群歧视、社会空间隔离和社会交往的封闭性方面具有很强的解释力。社会孤立理论以社会、人口和邻里等内在相关的变数去解释族群的社会流动。在空间结构中,企业和富人所发生的地理位置搬迁,不仅在空间上隔绝了留守的老城区居民与工业组织的联系,使留守者失去了很多可获得的就业机会,而且在行为角色规范、社会化功能上使原本井然的等级式城区沦为底层

---

① Banfield, Edward C., *The Moral Basis of a Backward Society*, New York: The Free Press, 1958.
② Swartz, David, *Culture and Power: The Sociology of Pierre Bourdieu*, Chicago: The University of Chicago Press, 1997.
③ Wilson, *The Truly Disadvantaged: The Inner City, The Underclass, and Public Policy*, Chicago: The University of Chicago Press, 1987.

第九章 贫困的文化与社会心理过程：社会表征、文化心理与行为

阶级的集散地，都市内城变成一个社会孤立的次文化圈。这些集中居住的黑人族群，长此以往形成一套贫民窟独有的生活方式和与主流文化相悖的道德规范文化。这种圈内互动所产生的同群互动的"邻里效应""底层集聚效应"抑或"同群效应"，客观上起到了阻碍底层阶级向上流动的作用。这些人要么失业，要么只有低收入职业，没有任何机会也没有任何动因能够推动他们向上流动。[1][2]

首先，认同是对自己在社会中的某种地位、形象和角色以及与他人关系的性质的接受程度。缺乏这种可接受的认同，人们就会陷入认同危机，处在彷徨和焦虑状态。其次，为了进行社会交流和互动，人们首先要对对方的身份、社会特征或社会认同有一个大概的识别，即对他人进行社会分类，人们总是根据某种分类规则和范畴而将别人放在社会结构中一个恰当的位置上。对他人进行社会分类是我们建构自己的认同的另一种方式，"对他人的分类是我们可以用来建构我们自己的认同的资源"。

贫困人口的群体认同是指贫困人口对自己是否属于贫困群体的认识，是其对贫困群体的归属感。贫困群体尽管不是个实体，不是一种制度化的身份，但是一种社会标签、一种社会地位的标志，对他们来说，贫困群体的身份是客观的，是社会对其进行社会分类的结果，那贫困群体也是一种身份。社会身份理论认为，社会身份的形成是个过程。在模糊的群体关系之中，体现了相同类别的人群就其相似性的强化过程，不同类别的人群之间就其差异性的强化过程，强化的结果产生了类型的分化。社会身份是有关个人在情感和价值意义上视自己为

---

[1] Wilson, William Julius, *The Truly Disadvantaged: The Inner City, The Underclass, and Public Policy*, Chicago: The University of Chicago Press, 1987.
[2] 熊丽英：《中国贫困文化研究》，《湖南农业大学学报》2000年第2期。

某个社会群体成员以及有关隶属于某个群体的认知。这种两人以上的社会群体分享着共同的身份，是一种相同的社会类别，群体的属性就是其基本特征。①

（三）文化效应与情境适应：文化表征、贫困适应与代际传递

贫困文化实际上是对贫困的一种适应。贫困文化其实质是贫困者的一种自我保护机制，是贫困者对自身所处社会地位的反应。罗德曼就曾指出："穷人没有抛弃社会及其文化的一般价值体系，所以他们能在文化的根基上增加价值选择，这有助于他们适应被剥夺的环境。把贫困家庭的行为看作是他们克服贫困所造成的问题的方法而不是被看作问题更适当些。"②"穷人由于长期生活于贫困之中，结果形成一套特定的生活方式、行为规范、价值观念体系等。"贫民的心理和精神被牢固地锁在其中，构成社会经济发展和自身解放的严重障碍。由此"产生了宿命论的意识和接受了被注定的状态，从而形成了自我保存导致的贫困链——加尔布雷斯（J. K. Galbrath）称之为'对贫困的顺应'（accommodation to poverty）"；③"相对的在发展层次较高的富裕社会，贫困非但指示着经济生活的相对缺乏，还表示社会生活方式的差异，包括物质生活外的各项社会次级需求（secondary need）的不平等。生长在这种社会中的穷人常将自己目前的困境归咎于各项外在的压迫，而导致心理上及情绪上的不平衡滋生了所谓贫困文化的各种价值"。④

---

① 何汇江：《城市贫困人口的群体认同与社会融合》，《中州学刊》2003年第3期。
② 马克·赫特尔：《变动中的家庭——跨文化的透视》，宋践、李茹等译，浙江人民出版社1988年版。
③ J. K. Galbrath, The Nature of Mass Poverty, Harmonds‐worth：Penguin, 1980. 参见［英］A. P. 瑟尔瓦尔《增长与发展》，金碚等编译，中国人民大学出版社1980年版。
④ 王铁林：《论认识主体与文化环境的相关效应》，《社会科学战线》1991年第2期。

第九章 贫困的文化与社会心理过程：社会表征、文化心理与行为

可以说，文化作为一种社会存在，具有一个巨大的社会文化效应场，特别是其中的文化传统有强大的辐射和遗传力，它常常表现出一种内控自制的惯性运动，作用和影响在社会生活的各个方面，造成各种不同的社会效应[①][②]。贫困的环境对人们的人格及心态所造成的影响的表现之一，便是人们对贫困的麻木。正如 F. 包尔生指出，"当这种状态变为一种习惯，人就会变得没有远见，满不在乎，苟且度日"[③]。由此我们就不难理解，为什么贫困者常常表现出消极无为、听天由命的人生观；得过且过的生活观；懒散怠惰、好逸恶劳的劳动观；不求更好、只求温饱的消费观；老守田园、安土重迁的乡土观，等等。

当代社会的贫困问题，从表面上看是经济性的、物质性的抑或资源匮乏性的，而从深层剖析，则是社会文化及其心理的作用。这种社会的、文化的或心理因素的长期积淀，就形成落后的心态和一成不变的思维定式、价值取向和性情倾向，进而再生产或建构深层次的、根深蒂固的文化习俗、生活习惯、意识形态的连续谱，即贫困文化。这种文化实际上是对现实处境中的贫困现实的一种适应和精神催眠术，使浸淫于这种文化的人无法自觉到它的潜移默化的影响作用，也许在外人看来，他们是安贫乐道、自甘堕落，没有进取精神的一群，而不可救药。这也就是沃尔曼所指的甘于贫困的人，对于任何促使他们发展（比如教育投资和人力资源培训）和增加财富的事物（银行贷款或财政支持等）都缺乏兴趣，以致许多贫困者从贫困的泥淖之中爬起，

---

① 龚志伟：《反贫困文化：贫困地区新农村建设的重要战略》，《经济与社会发展》2008 年第 11 期。
② 王铁林：《论认识主体与文化环境的相关效应》，《社会科学战线》1991 年第 2 期。
③ ［德］弗里德里希·包尔生：《伦理学体系》，中国社会科学出版社 1988 年版。

旋即陷入贫困的沼泽里，引发贫困的恶性循环或低水平均衡陷阱，有时甚至引发代际传递效应。因此，对贫困问题的研究仅仅停在物质或制度层面是远远不够的，还必须深入贫困民众的内在心理、态度和价值体系之中，进一步分析他们的贫困文化与社会表征。①

贫困者总是希望按照自己的理解去生活、去发展，他们总是向往一种与他们自己的目标与价值观相一致的发展方式。如果我们无视贫困者的思想、"发展观"，只是盲目地引进先进技术和现代制度；如果这些人自身还缺乏一种赋予这些制度以真实生命力的广泛的现代心理基础；如果执行和运用这些现代制度和技术的人，还没有从心理、思想、态度和行为方式上进行转变，失败和畸形发展是不可避免的。韦伯在他著名的"扳道工"（Switchmen）比喻中说过："不仅物质和观念利益都直接控制着人们的行动，而且，由'观念'创造的'世界的意象'像扳道工一样，常常决定着受利益动力驱使的行动向何方而去。物质利益是行动的引擎，它驱动着人们向前，但是观念则决定着人类寻觅到达的目的地，以及到达的手段。"② 哈瑞顿在《另类美国》一书中提出："在美国，穷人是一种文化，一种制度和一种生活方式。"穷人们一旦"投入卑微父母的怀抱，进入一个落后的国家或社区，选择一个错误的工作场所、一个被歧视的种族，或误入一个伦理环境，就只能耳濡目染，成为那种环境中赞美的道德和意志的楷模。他们中的大多数从此再没有机会走出这个美国的另类群体"。③ 很明显，在哈瑞顿的话语里含有严重的"贫困代际传递"之观念。甘斯

---

① 吴理财：《反贫困：对人类自身的一场战争》，《社会》2001年第4期。
② Warner, R. Stephen, "Toward a Redefinition of Action Theory: Paying the Cognitive Element its Due", *American Journal of Sociology*, 1978, 28.
③ Harrington, Michael, *The Other America: Poverty in the United States*, New York: The Macmillan Company, 1962.

第九章 贫困的文化与社会心理过程：社会表征、文化心理与行为

《贫困研究中的文化与阶级：一项反贫困的探讨》指出，"所谓的文化，是那些引起行为、维持现存行为，又鼓励未来行为的'行为规范'和'期待'的混合体，它独立于情境刺激和情境限制而存在"。[①]如果他们满足于他们的生活，他们就不可能有热情去改变他们的生活，甚至，他们会成为维护既有社会秩序的保守力量（只要不破坏他们现有生活的平静，维持他们脆弱的"收入—消费"平衡）。荷兰当代哲学家皮尔森就曾注意到：在非洲的某些地区，清除贫民窟，将居住者迁入较好住所的计划，常常遭到强烈的抵制。他认为，"这主要不是因为人们不愿意放弃虽然恶劣但却熟悉的环境，而是因为他们不想失去被他们当作自己的东西、已被承认很久的个性"[②]。

很多贫困群体在社会现实的回应和实践逻辑中，经济上的剥夺感使他们更多地关注个人的生活世界，天然形成的与同辈的距离感和无力承担交际开支使他们缺乏交往的主动性，容易将社会交往的理解蒙上功利色彩，缺乏沟通技巧和能力。事实上，文化上的隔离和孤立过程带来的自我认识的固执和坚守更容易加大与不同群体的隔膜和误解，同时文化性功能的隔离和边缘化也加剧了社会文化性格的孤独，价值观的偏离和社会支持网络的断裂、社会兴趣的缺乏等。[③]

（四）文化自觉与弱者抗争：穷人主体性与反贫困行动

文化既可能是构成限制行动的环境因素，也可能是构成帮助和促进行动的资源因素。它的影响有时是直接而显而易见的，有时却是不动声色和难以捉摸的。适用于一切时空的抽象文化概念在此是没有意

[①] Gans, H., *The Urban Villagers: Group and Class in the Life of Italian – Americans*, New York: Free Press, 1968.
[②] ［荷］C. A. 冯·皮尔森:《文化战略》，中国社会科学出版社1992年版。
[③] 吴庆:《公平诉求与贫困治理——中国城市贫困大学生群体现状与社会救助政策》，社会科学文献出版社2005年版。

义的，对于具体的经济现象起作用的仅是文化的某些因素。构成行动环境的文化因素包括制度、规范、仪式、惯例、技术水平等，其特点是行动者在行动时或通过反思能够意识到它们的存在，技术水平决定了行动者的行动能力，而其他因素则规定了行动者的范围。构成行动者的文化因素则是通过引导行动者的行为取向来影响行动的，这样的因素包括价值、观念、道德、信仰等。[1] 构成行动环境的文化因素既可以促进某些经济制度和经济活动，也可以限制经济活动。有倾向性的制度、习俗、规范会鼓励某些经济行为的发生。新技术的出现能扩展行动者的行为能力。埃兹奥尼认为，人类活动有两种不同的目标，一个是个人化且追求自我利益的，另一个是建立于社会价值观基础之上的。林登伯格又加入了一个动态因素，即行动者总是依情况的不同在这样的双重逻辑结构中转换目标。[2]

韦伯在著名的新教伦理研究中发现由环境（家庭及家庭的宗教气氛）所得的心理和精神特征决定了人们职业的选择。他引用了一系列关于天主教徒和新教徒的统计数据来说明这一点。在他看来，加尔文教教义的宗旨虽然并非促进资本主义的发展，但客观上造就了加尔文教教徒的那些有利于理性资本主义的兴起的精神气质———勤劳、虔敬、节俭[3]。罗伯特·贝拉在有关日本德川宗教的研究中，运用帕森斯的行动理论框架和韦伯的新教伦理研究的方法，在日本明治以前的社会中找到了同样是鼓励人们通过入世的经济活动来寻求对"终极价

---

[1] 周长城、何芳：《经济行为与文化：社会学视野下的跨国企业》，《武汉大学学报》（社会科学版）2003 年第 1 期。
[2] Etzioni, Amitai, *The Moral Dimension: Toward a New Economies*, New York: The Free Press, 1988.
[3] ［德］马克斯·韦伯：《新教伦理与资本主义精神》，生活·读书·新知三联书店 1987 年版。

第九章 贫困的文化与社会心理过程：社会表征、文化心理与行为

值"的解释的文化因素。①

对于社会秩序或社会整合来说，贫困文化是一种具有保守的力量，因为即使在外界看来，贫困群体的成员有多么"贫困"，但他们自身往往固守他们文化网络的内在逻辑和过程，具有一种不希望维持他们生存的脆弱平衡遭到破坏的心态，而一旦这一平衡遭到严重破坏，而无法恢复的时候，他们又是社会秩序的破坏者和反对者。S.P.亨廷顿对"农民"所做的分析得以从经验性事实中得到说明，"农民可以是捍卫现状的砥柱，也可以是革命的突击队。究竟扮演什么角色，取决于农民认为现有体系满足其眼前的经济、物质需要到什么程度。在正常情况下，这些需要集中在土地的拥有、租佃、赋税和物价上。只要土地所有制的各种条件是公正的，也能使农民生存下去，革命是不可能的。……在进行现代化的国家里，政府的稳定取决于它在农村推进改革的能力"。②

贫困文化最终可归结为"人"本身存在的信仰、观念和行为问题，也就是基于文化表征的文化贫困的问题。贫困文化也像其他形式的文化一样，"体现着和积淀着人的本质、能力与活动的自觉自为的'人化'过程及其结果，是属于'作为人的人'的生存和发展方式"③。"比起以往任何时候来，今日的文化更是一种人的战略。"④ 最关键的是要具有这种"文化自觉"意识和能力，一旦他具有了这种意识和能力，他才能认识到贫困文化对他的羁绊作用，并相信自己有能

---

① [美]罗伯特·贝拉:《德川宗教:现代日本的文化渊源》,生活·读书·新知三联书店1998年版。
② 塞缪尔·P.亨廷顿:《变动社会的政治秩序》,张岱山等译,上海译文出版社1989年版。
③ 夏甄陶:《自然与文化》,《中国社会科学》1999年第5期。
④ [荷]C.A.冯·皮尔森:《文化战略》,中国社会科学出版社1992年版。

力挣脱它的束缚,这也就意味着他在命运之神的安排之下获得了解放。

"过去时代的不幸和陋习在今天越是显而易见,它就离我们今天的时代越是遥远。奴隶制是一件坏事情,这是现在人都同意的;可是生活在那个时代的人们中,能从中看出不正义的人实在是寥寥可数。……直到最近,在印度,贫困即使对于那些贫困的受害者来说,却被认为是当然之事;贫困和苦难经常以意识形态的理由被证明是正当的。但是,只要人们发现这种情况是不可接受的,他们就会彻底改变这种情境。因为所有生活在这种情境中的人都要变成了这种情境的挑战者,仿佛障眼物从他们的眼睛中掉落了下来。他们对自身情境的抗议被内在化了,变成了内心深处的不满:不再认可,转而反抗。"[1]

综上所述,我们可以发现:第一,文化解释强调贫困是一种特征,即贫困群体的价值规范和行为特征、群体的态度(如威尔森的社会隔离)、主观心理感受等。第二,文化解释则关注那些主要由规范衍生的穷人们已经习惯的内在因素,包括个人的动机、信仰、生活态度、行为特征和心理群像等。第三,文化过程体现了文化适应过程的解释,如涂尔干的社会反常、马克思主义的意识错位、甘斯的期待与现实的距离、布迪厄的文化资本、威尔森的社会孤立等,则从社会规范的发生、式微,从社会态度,从穷人本身文化资源的欠缺等多方面,推导了一个责任首先归咎于社会、社会转型,然后检讨穷人偏差的适应能力的逻辑,也就是说,社会和穷人将共同分担"贫困责任"。第四,作为文化的贫困是一个永久的或较为长期的文化现象,是一种具有代际传递的、一个具有福利依赖的永久性贫

---

[1] [荷]C. A. 冯·皮尔森:《文化战略》,中国社会科学出版社1992年版。

困。第五，在结构与文化的关系问题上，是结构靠实力作为基础而引发了对文化的支配。结构力引发文化支配之后，文化又具有自主性。马克思的"意识形态的宣传"、葛兰西的"文化霸权"以及布迪厄的"符号支配"，在稳定和非稳定的两种结构场景下文化的解释力不同。一是由变迁中行为或生活方式的持续性去解读贫困文化；二是在新旧行为方式的交替中解读穷人的适应问题。

第二节 社会表征、文化场域与自我效能感：跨学科问题域与理论构建

社会表征理论和自我效能感体现了贫困研究的跨学科视野，即把政治、经济、文化和社会及其历史作为个体或家庭在其中行动的文化语境或文化场域。社会表征理论的奠基人是 20 世纪 60 年代的法国社会心理学家莫斯科维奇。作为欧洲社会心理学的三大经典流派之一，该理论主要从社会文化层面探讨人们对各种现实问题的社会共识，以及这种社会共识对人们日常行为的内在规范作用。社会表征理论将个体根植于社会大框架中，揭示宏观社会背景下人们的价值、意识形态的认知过程，强调群体如何影响个人并表现在个体的意识中。由此可见，社会表征主要基于行动和交流的目的，是人们对现实问题集体阐述的结果，是社会群体成员对某一主题的共享的认识。

社会表征理论的核心特点在于，强调社会表征具有社会共享性和群体差异性的典型特征。社会共享性是指同一群体具有共识的环境，而这一环境也构成了群体成员的认知框架；群体性差异是指不同群体的社会表征不同，这一表征是建立群体的基础。此外社会表征还具社会根源性、行为说明性、相对稳定性和长期动态性等特点。社会表征

形成的主要途径是定锚和客观化。

一 社会表征与文化场域：跨学科理论视域与知识史回顾

（一）集体表征到社会表征：社会表征的历史回溯

社会表征论是莫斯科维奇对当代社会心理学的重大贡献，他试图超越北美不同版本内隐论的还原主义逻辑，解释和说明社会共识在沟通实践中的产生和再生产过程，揭示了基于历史、政治、经济及其文化等宏观社会背景下人们的认知过程、社会态度、情感体验和行为方式。

社会表征论的生成借鉴了涂尔干等一批欧洲学者理论建构中的认知构想。弗莱克在1936年写道："认知的现代理论雏形可以在涂尔干和列维—布留尔学派对思维的社会学研究和对原始人的思维研究中找到。""表征"一词最早出现在涂尔干的一篇名为《个体表象和集体表象》的论文中。涂尔干认为使社会生活得以可能的唯一因素是社会中的个体所共享的集体表征。在涂尔干看来，独特各异的个体紧密团结为一个有机的社会整体是源于一种集体表征（Collective Representation），即每个个体都拥有某一社群或社会所共享的意义的符号。这些意义符号历经数代的集体表征成为其成员所共享的常识，并通过社会化过程强制性地塑造群体中个体的思维、情感及行为。正如他指出的，"不用概念思考的人不可能是人，因为他不是社会生物。仅仅限于个人的知觉，并不能将他和动物区分开来"。这一概念对法国社会心理学家莫斯科维奇的影响尤为深远。莫斯科维奇于20世纪60年代提出社会表征理论，之后经过 W. Wagner、D. Jodelet、C. Flament、J. C. Aorio、W. Doise 以及 P. Moline 和 R. Farr 等学者的研究逐步完善起来，与社会认同理论（social identity）、话语分析（discourse analysis）并列为欧洲的社会心理学中"三驾马车"。由于社会表征理论假

第九章 贫困的文化与社会心理过程：社会表征、文化心理与行为

设社会心理的形成是社会力量与个体创造性两者间动态的相互作用的结果，因此它不能还原为社会抑或还原为个体，社会表征是要提出社会文化与个体心理之间的一种对称的、辩证的关系。

（二）社会表征：科学定义与知识内涵

在欧洲社会心理学传统中，群体通常比个体更具有讨论价值。社会表征也强调社会群体的中心性，其聚焦在群体是如何影响并表现于个体的意识中。[1] 社会表征理论最主要的前提假设是个体作为群体的一分子，其存在与认同都根植于一种集体性的框架，个体借着群体的关系获得"我是谁"的认知，自己该如何思考、行动、信仰什么样的标准。社会表征的核心特征是表征的"组群"特性，莫斯科维奇称表征为组内成员所广泛共享的表象、思想和语言。可以说，社会表征是探讨个体与群体如何通过表征来理解与建构一个共同与共享的现实。

莫斯科维奇定义社会表征是特定群体所共享的表象、思想和语言，是群体成员对某一主题所共享的知识体[2]。作用类似于传统社会中的神话或生活中的常识。综上所述，社会表征是在特定情境下社会成员所共享的观念、意象、社会知识和社会共识，是一种具有社会意义的符号或系统。它对于建立秩序向群体成员提供社会互动规则和对社会生活进行明确命名和分类并加以沟通有重要帮助，同时对于形成一致的社会认同和社会心态具有推动作用。

既然社会表征可以被看作关于个体或是集体的一种"环境"，那么，它显然有两个功能：一是为个体在特定的生活里进行生存定向，

---

[1] Farr, R., "Theory and Method in the Study of Social Representations", In D. Canter & Breakwell (eds.), *Empirical Approaches to Social Representations*, Oxford: Clarendon Press, 1993.

[2] S. Moscovici, "Notes Towards a Description of Social Representations", *Journal of European Social Psychology*, 1988.

二是提供一种人际沟通得以实现的清晰符号。① 莫斯科维奇对社会表征的学术关注集中在两方面，其一为社会文化的主体间性，即同一文化群体成员之间共享一定的观念、意象与知识；其二是社会认知的异质性，即不同文化群体对同一客体有彼此各异的表征。

社会表征具有习俗性和说明性。莫斯科维奇指出，社会表征将对象、个人和我们所经历的事件习俗化，并建立起一套属于他们的固定类型的模式，且将该模式在所属群体中与大家分享，因此，我们可以一致性地认为地球是圆的，金钱和价值具有关联等。一旦表征出现，它就有了自己的生命力，没有人可以摆脱由那些习俗强加于自身的感觉和思维上的束缚。表征具有说明性，即它以一种不可抗拒的力量强加于个人。这种力量是一种恒在的结构和传统的符号，在个体意识到它之前，这种结构就已经存在了。这些共识的表征融入并影响着每个社群个体的思维。因此，一方面，表征为现实设定了一个习俗符号，另一方面它也用传统和古老的结构规范我们的所想和所感，即表征是如何最终组成现实环境的。我们越少想到表征，越少意识到表征，表征的影响就变得越大。

最后，需要强调的是，社会表征中的"社会"有三层含义，其一，表征构成共同的群内文化，界定了社群认同的符号边界；其二，表征是社群借以沟通与互动过程而建构的，它只在社群互动中才能发挥效用；其三，表征的内容及具体形式深受历史、经济、政治以及社会文化背景的影响（Moseoviei，1961）。

（三）社会表征场域生成：认知过程与生成机制

莫斯科维奇强调了社会表征是一种动态的认知过程，与之相应的

---

① S. Moseoviei, La Psychanalyse, son image et son public, Paris: Presses Universitaires de Franee, 1961.

两种产生机制分别是锚定（anchoring）和具体化（objectifying）。第一种机制力求锚定陌生的观念或事物，将其纳入熟悉的类别和表象中，并加以归类命名。这就好像是将一艘漂泊的小船固定到我们社会空间的某一浮标上，例如一个信仰宗教的人试图将一种新的理论与宗教价值尺度联系起来。第二种机制继续前一心理机制，将那些内隐的、抽象的观念以具体化的形式投放到外部世界，变成具体实在。其机制通过化身（personification）和定性（figuration）两种途径来完成，化身途径即指在群体中交换思想；定性途径是通过假设和隐喻来升华思想，例如我们将上帝与父亲做对比，原来不可见的上帝在我们的头脑中立即变成了可见的人。

可见，社会表征的发生与发展过程经历了以下六个阶段：（1）个人或团体受到威胁或遭遇不熟悉的事件情景；（2）为化解威胁或不熟悉事件而产生的应对；（3）以锚定和具体化为途径形成社会表征；（4）对于新事物产生的社会表征以想象、隐喻或符号的方式通过人际沟通和大众传媒形成；（5）通过不断地沟通将过去被视为陌生的现象转化为共同知识；（6）以常识形式组织情景锚定的"认知—文化"框架[1]（管健，2007）。

（四）社会表征：问题聚焦和经验说明

国外关于社会表征理论的应用很多，比如，社会表征关注不同文化和社会群体是如何表征艾滋病的起源、感染和传播，如何界定高危人群和冒险行为的；澳大利亚对欧元的社会表征研究（Meier，1998）；探讨精神疾病对象征性行为的影响作用（Jodlet，1993）；在

---

[1] 管健、乐国安：《社会表征理论及其发展》，《南京师范大学学报》（社会科学版）2007年第1期。

法国所做的健康和疾病的表征研究（Herzlich，1973）；有关巴西公民对公共空间的社会表征（Jovchelovitch，2000）；关于社会表征和职业训练的研究（Walmsy，2004）；对韩国人的社会脸面做的本土化研究（Choi，1997）；探讨社会表征、内群体归因和社会认同间关系的研究（Hewston，1982）；对智力的社会表征问题研究（Raty，2002）；人群之间的社会表征和刻板印象研究（Bartal，2005）等。

二 自我效能感：效能文化场域与社会心理过程

自我效能感是人们对自身能否利用拥有的技能去完成某项工作行为的自信程度（Bandura，1977）。班杜拉认为个体、环境与行动三者之间是交互决定的，自我效能感具体表现为在特定情境中是否有能力操作行为的预期。另外，自我效能感具有幅度、强度和普遍性三个特征。自我效能感在幅度上的变化，指一个人认为自己所能完成、指向特定目标的难易程度；强度上的变化，是指一个人在对自己实现特定目标行为的确信程度；普遍性是指其强弱程度在多大程度上影响到其他相近或不同领域的效能感。根据研究定义，本书具体表现为农村群体在贫困文化这样的特定环境中是否有能力摆脱贫困的预期，本书利用 14 道题目分别从幅度、强度和普遍性测量个人的效能感。

（一）自我效能感：理论背景与学理依据

Bandura 是社会学习理论的奠基者和集大成者。他的社会学习论以人、环境和行为三者之间相互决定的观点为基础，指出符号表征能力是观察学习的前提保证，同时强调认知调节能力对思想和行为的产生作用重大。由于社会学习理论的巨大影响力，Bandura 被认为是与 Freud、Piaget、Skinner 和 Rogers 齐名的当代心理学大家。

20 世纪 70 年代末，当他的一般学习论观点确立后，Bandura 的研究兴趣逐渐转向对自我现象的全面考察，尤其是对自我效能的关注[①]

(高申春,2000)。到20世纪80年代中期,Bandura 在他的社会认知理论中更加强调信念对自身思想和行为的作用,尤其是个体对自身能力的信念即自我效能感对他们思想和行为的重要作用。1977年,Bandura 在论文《自我效能:关于行为变化的综合理论》[1]中最早提出"自我效能感"这一概念。

(二) 自我效能感:科学内涵与话语过程

自我效能感是一个动态发展的定义,国外研究主要有以下几种层面:第一,自我效能感是人们对其完成特定工作或任务所需能力的自我判断或自我评估,也是对其能胜任特定工作或任务的一种信念,它是一种生成能力,综合了认知、社会、情绪及行为方面的亚技能。[2]因此,自我效能感是一种人类行为的动因机制,是从动力学角度来探讨主体自我在个体心理机能或潜能发挥中的作用。第二,个体在完成某种活动时所具有的自信、自尊等方面的心理感受(Schultz,1987)。第三,个体在与他人打交道和互动过程中所呈现的人格(Barfield & Burlingame,1974)。第四,个体应对环境所表现出来的一种心态(Ashton & Webb,1986)。第五,个体对自己的成绩和环境所表现的有效或者无效的感觉(C. Midgley)。而国内学者沿袭国外学者关于效能感的概念,将其定义为个人对自己所从事工作和所具有的能力和能够达到的地步的一种主观评价,[3]它意味着人是否确信自己能够成功地进行带来某一结果的行为。[4]还有学者主张效能感是个人对自己所

---

[1] Bandura, A., "Self-efficacy Toward a Unifying Theory of Behavior Change", *Psychology Review*, 1977, 84 (3).
[2] [美] 班杜拉:《自我效能:控制的实施》,华东师范大学出版社2003年版。
[3] 张春兴:《教育心理学》,浙江教育出版社1998年版。
[4] 周国韬、戚立夫:《人类行为的控制与调节——班杜拉的自我效能感理论述评》,《东北师范大学学报》1994年第3期。

采取的行动所持有的有效或者无效的自我检验和检测。①

综上所述,尽管自我效能感的界定各有不同,但是核心内涵是一致的:自我效能感是个体对自己能力的一种感知,是对未来行为所表现出来的自信,即自己在面临某一个具体活动和任务时,是否相信自己具有足够的能力来完成该项任务。

(三) 自我效能感:主要议题和分析框架

1. 自我效能感的结构

自我效能感分为三个维度,即幅度、强度和广度。② 自我效能感的幅度即水平上的变化,是指人们能够克服获得活动任务给个体增加的困难程度或完成该活动任务对个体的能力信心的威胁等级,即在行为等级层次中个体觉得自己能够完成不同难度和复杂程度的活动任务所需行为的等级水平;自我效能感强度是指个体确信他能完成受到怀疑的行为的坚定性,即个体对完成不同难度和复杂程度的活动或任务的能力的自信程度;自我效能感广度是指在某个领域内的自我效能感之强弱会在多大程度上影响到其他相近或不同领域中的自我效能感,即自我效能的改变是否能延伸到其他类似行为或情境上去。

2. 自我效能感的形成机制

自我效能感是个体在特定情境中对自己能否有能力完成特定任务或实现既定目标的一种主观推测和判断,是通过影响人们的认知过程、动机过程、情感过程和选择过程来影响行为活动的选择、目标的设定、行为的努力程度和坚持性及表现。具体体现为:

(1) 选择过程。从社会学习理论的三元交互决定论看,人与环境

---

① 杨心德等:《初中生的自我效能感及其对学习目标的影响》,《心理发展与教育》1993 年第 3 期。

② [美] 班杜拉:《自我效能:控制的实施》,华东师范大学出版社 2003 年版。

是相互作用的,人一方面是环境的产物,另一方面也是环境的营造者,二者处于持续不断的交互决定关系之中。因此,人可以通过他们所选择的环境或创造的环境来发挥他们对其行为的影响。

(2) 认知过程。自我效能感以各种方式对认知过程产生影响,认知过程也叫思维过程。自我效能感是影响或激起若干特殊形态的思维过程,这些思维过程能够对个体行为产生重要的影响,或是起着自我促进作用,或是起着自我阻碍作用,促进或阻碍作用是随着自我效能感高低而不同的。

(3) 动机过程。自我效能信念在人类动机自我调节中起着关键的作用。人类动机大都由认知产生的,通过认知性动机激发行为,并根据预先思维指导行动,他们在已形成的能做什么的信念基础上,预期其行动可能带来的结果,为自己设立目标,计划达成目标的行动过程。

(4) 情感过程。自我效能机制在情感状态的自我调节中也起着十分重要的作用,它是通过控制思维、行动和情感三种途径影响着情绪经验的性质和紧张程度[①]。人们在面临可能的危险、不幸、灾难等厌恶性情境条件时,自我效能感就决定个体的应激状态、焦虑反应和抑郁的程度等情绪状态。

(四) 自我效能感的理论发展与经验说明

综观自我效能感的相关研究,可以发现学者们对于自我效能感的探讨并没有仅仅局限在理论分析和探讨上。目前,已存在不少对于学习者的自我效能感的实验研究。大部分研究结果表明自我效能感是一

---

① 车力轩:《自我效能培养对提高女大学生就业能力的启示》,《聊城大学学报》(社会科学版) 2008 年第 2 期。

种比较重要的情感中介,也就是说,学习者对自己取的成绩预期越高,学习动力就越强。这一结果不难理解,正如很多学者(Bandura,1993;Oxford et al.,1994;Schunk,1991)所指出的那样,自我效能感之所以能影响学习动力,是因为它能影响人们对任务的选择及其持续性,影响完成任务时的情绪。另外,自我效能感高的学生还倾向于制定较高的学习目标,并有信心通过自身努力达到该目标(秦晓晴,2002)。李昆、俞理明(2008)通过研究发现学习者的自我效能感与自主学习行为呈显著正相关。陈亚轩和陈坚林(2007)、仲彦和王微萍(2008)进一步探讨了在网络环境下学习者的自我效能感和自主学习成绩的关系,发现两者也呈显著正相关。陈俐(2009)的研究表明,大学生读研自我效能感、就业自我效能感及自我效能感总分存在显著的学校差异($p<0.01$)。张坤、李丽的研究表明,不同学业成绩水平组大学生的自我效能感存在显著差异($p<0.05$)。

第三节 贫困的文化过程:中国语境、问题域与经验性事实

一 文化实践与贫困:基于中国语境的再研究

贫困问题是一种与人类发展进程相生相伴的历史性问题,也是一个困扰世界的全球性难题,阻碍着人类的生存发展。在国际社会千年发展目标中,位居榜首的就是承诺到 2015 年使世界极端贫困人口与饥饿人口减少一半[①]。2013 年 10 月 17 日被联合国确定为"国际消除贫困日",联合国秘书长发表致辞表示,目前不能忽视的事实是

---

① 国际在线:《全球仍有 12 亿人生活极端贫困,消除贫困依然任重道远》,2013 年。

第九章 贫困的文化与社会心理过程：社会表征、文化心理与行为

全世界仍然有超过 12 亿人生活在极端贫困的状态中。2012 年 12 月 29 日，习近平总书记到河北阜平县慰问贫困人口时指出：全面建成小康社会最艰巨的工作在农村。如果没有农村的全面小康，就不可能有全中国的全面小康，无不体现我国政府对农村贫困问题的高度重视。

中国是一个农村人口占全国总人口 80% 的农业大国，农村不但为我国发展提供了生产生活资料和充足的劳动力，同时也是中华优秀传统文化的活水源头。但我国农村地区因其特殊的自然环境、经济环境和社会文化环境，形成了一个相对封闭和落后的地理区域，是我国反贫困斗争中最难攻克的堡垒。

20 世纪 80 年代至 90 年代初，我国采取"输血"救济式扶贫来解决农民赤贫的状况，单纯向贫困地区输入物质以解决他们的基本生存问题，起到了暂时救济的作用。但有限的财政收入使中央和地方不可能持久地采取这种"输血"方式，一旦减少或停止了这样的无偿救济，贫困人口极易返贫。因此，我国在 90 年代初成立了文化扶贫委员会，促进贫困地区形成"造血"机制。这一系列的有组织、有计划、全国性的反贫困运动改变了贫困地区群众饥寒交迫的艰难处境，农村贫困发生率由 1978 年的 30.7% 下降到 2012 年的 10.2%，截至 2014 年，贫困人口减少了 2.5 亿。但在取得成就的同时也伴生着新问题，减贫速度明显减缓，返贫现象屡见不鲜。国务院扶贫办的数据显示，我国的返贫率在 15% 左右，特别是 2003 年，返贫人数竟然比减贫人数高出 80 万之多，数据令人震惊。依据 2012 年的数据[①]，我国

---

① 中国科学院可持续发展战略研究组：《2012 中国可持续发展战略报告》，科学出版社 2012 年版。

仍有 1.28 亿的贫困人口，其中农村贫困人口有 8249 万。在这样的背景下，单一传统的扶贫理念与模式遇到了"瓶颈"，随着政府扶贫的边际效应下降，我们亟须创新思维，以多维度切入贫困问题，寻求应对之道。

二 社会表征与贫困：情境过程与逻辑叙事

随着欧洲社会表征研究的兴起，国内也开始借势来研究一些切合我国现实的主题，下面将主要介绍国内在社会表征研究领域的几个课题。

在国内，有学者研究了艾滋病的社会表征及其过程。该研究从污名角色视角出发，采用多种研究方法。比如有一项对艾滋病社会污名研究中，既有问卷又有访谈，研究设计不仅得到描述性数据，给出了表征在某范围内的社会歧视形式和水平，还得出解释性数据，用于解释当地社会歧视水平的回归模型（陈怡芳，2004）。

有学者关注社会表征视域中的身份对于个体的日常生活、角色及人际关系会产生重要的影响。该研究以一个农民工生活居住工作区的群体为研究对象，研究从社会表征的观点出发，将农民工污名现象放入社会的大环境中去探究，目的在于了解社会对身份污名的建构与形成机制（管健，2006）。也有学者研究农村一种消极的情绪观念的社会表征机制，认为正是因于消极社会情绪的群体不利于农村的建设（张润泽，2005）。另外，近年来还有不少学者从不同方面延展了社会表征的内涵和意义，学者研究了社会表征理论下的大学生幸福观，探讨价值观念与幸福观念的互构过程（张倩楠，2010）。有学者结合现代性特征，考察风险社会理论下的社会表征理论（王磊，2013）。

三 贫困文化与中国经验：知识谱系和诠释路径

在西方学者关于贫困文化概念和内涵研究的基础上，国内学术界

第九章 贫困的文化与社会心理过程：社会表征、文化心理与行为

通常是将贫困文化的研究置于文化贫困、传统文化、民族文化、反文化等的比较研究中进行。

中国有很多学者面向中国语境和经验性事实，提出了很多关于中国社会的贫困文化的基本要点和诠释方式。穆光宗将中国社会的贫困文化（或精神贫困）的具体表现归结为：听天由命的人生观；得过且过的生活观；重农抑商的生产观；好逸恶劳的劳动观；温饱第一的消费观；有饭同吃的分配观；崇拜鬼神的文化观；多子多福的生育观，等等[①]。高长江则直接认为，这种低品位的价值观，大都是中国传统农耕文明所孕育的封建落后的小农意识的反映。具体表现为：消极无为、听天由命的人生观；安贫乐道、得过且过的幸福观；小农本位、重农轻商的生产观；懒散怠惰、好逸恶劳的劳动观；血缘伦理、重义轻利的道德观；不求更好、只求温饱的消费观；方术迷信、崇拜鬼神的宗教观；老守田园、安土重迁的乡土观；多子多福、香火旺盛的生育观，等等[②]。王培暄则认为欠发达地区农村商品经济发展的思想障碍主要来自以下几种传统观念：小富即安的狭隘满足观念；挥霍浪费的消费观念；多子多福的生育观念；轻视知识的文化观念。这些因素像一剂化学缓冲剂，制约着商品经济这一新鲜成分并使其反应缓慢[③]。章国卿认为"他们拥有的是一套传统而且守旧的价值观念：第一，以农为本、重义轻利的封建小农意识；第二，婚育观念上的'亲上加亲，多子多福'；第三，生活方式落后单一"。[④] 倪虹也认为，贫困文化首先表现为一种特殊的价值观念和心理机制，从自卑到自贱进而自

[①] 穆光宗：《论人口素质和脱贫致富的关系》，《社会科学战线》1995年第5期。
[②] 高长江：《中国乡村文化语言研究》，吉林大学出版社1994年版。
[③] 王培暄：《来自传统观念的阻力：论不发达地区农村商品经济发展中的几种思想障碍》，《南京大学学报》1994年第1期。
[④] 章国卿：《贫困、贫困文化与价值观念的转型》，《唯实》1998年第4期。

足，久而久之，便形成了抱残守缺、认命的固定心理习性。由此，又产生出浓重的封建色彩的思想，外化为愚昧的信仰和习俗①。可以说，贫困文化根植于传统小农经济的土壤，是长期与外界隔离的产物②。台湾学者林松龄则认为："在多数普遍存在着绝对贫穷的传统社会，很少具有贫困文化的非物质文化特性。例如印度、古巴及东南亚、非洲、拉丁美洲的多数社会，其穷人少有被贬抑、匮乏的感受；少有自卑、愤懑黠抗的心态。非但少有对困境的绝望之信念，更滋生了安贫乐道、恬静寡欲的社会价值，同时少感受到被大社会中其他阶层所孤立。"③

在中国社会，贫困文化是现代社会中的一种亚文化现象，是指社会上多数人均处于中等以上生活水平时，仍有一部分处于贫困状态的人所形成的一套使贫困本身得以维持和繁衍的特定的文化体系。④具体表现可以归纳为：听天由命、消极无为的人生观；安于现状、得过且过的幸福观；不求更好、只求温饱的消费观；老守田园、安土重迁的乡土观；小农本位、重农抑商的经济观，多子多福、香火旺盛的生育观；血缘伦理、重义轻利的道德观。⑤ 我国著名的农村社会学家辛秋水于1981年到1996年十几年间，在安徽省进行"文化扶贫"理论实践探索，最先认识到制约农村社会发展的症结和根源是这个地区民主、科学、进步等文化的贫困，"生活在这里的人封闭的观念、麻木

---

① 倪虹：《中国贫困文化初探》，《社会》1995年第5期。
② 赵秋成：《对贫困地区人口文化贫困的研究》，《西北人口》1997年第3期。
③ 林松龄：《贫穷问题》，《唯实》1998年第4期。
④ 熊丽英：《中国贫困文化研究》，《湖南农业大学学报》（社会科学版）2000年第2期。
⑤ 贾俊民：《贫困文化：贫困的贫困》，《社会科学论坛》1999年第5—6期。

第九章 贫困的文化与社会心理过程：社会表征、文化心理与行为

的精神和无为的心态更令人震惊"。[①] 他认为那些特殊的心理机制和价值观念，根植于传统小农经济的土壤，带有浓厚的封建色彩。正是在这些心理机制和价值观念的作用下，贫困农民从自卑到自贱进而到自足，最后便形成了抱残守缺、消极认命的心理习性。具体表现为使他们陷入贫困的八大"怪圈"：盖大屋的风气；小农的轻商、故步自封心理；求神拜佛心理；安土重迁心理；"火炉心理"；"等、靠、要"心理；"亲上加亲"心理；把自己脱贫致富的希望寄托在多生孩子上。辛秋水认为，贫困文化是长期生活在贫困之中的乡民所特有的文化习俗、思维定式和价值取向的积淀，是贫困者对贫困的一种适应和自我维护。要想根治贫困，就必须从贫困的主体——"人"入手，走文化扶贫之路，即向他们输入新的知识、文化和价值观念，传授适用的科技信息，从整体上提高贫困群体的素质，让他们利用自己的双手和大脑，变当地的潜在财富为现实财富，这才是从根本上扭转贫困的正确道路。

就贫困文化的形成因素来说，刘龙、李丰春从传统和现代两个视角进行分析。[②] 从传统角度而言，人们受到土地的束缚和约束，具有封闭性、隔离性和排外性。这是滋生贫困文化的土壤，进而促成乡土观念和落后观念的形成。另外，城乡二元体制的发展也是促使贫困文化形成的制度性因素。就现代性而言，主要体现为市场经济对农村社会的冲击，部分贫困农民在市场经济的浪潮中陷入破产境地，因而依靠贫困文化进行自我防御。贫困文化作为一种自我保护机制的同时，也使贫困农民陷入绝对贫困之中。彭振芳、林秀梅也从两个方面分析

[①] 辛秋水：《走文化扶贫之路——论文化贫困与贫困文化》，《福建论坛》（人文社会科学版）2001 年第 3 期。
[②] 刘龙、李丰春：《论农村贫困文化的表现、成因及其消解》，《农业现代化研究》2007 年第 5 期。

贫困文化的成因，即贫困的生活条件是贫困文化产生的重要原因，代际传递则是贫困文化延续的重要途径①。

第四节 贫困再造：文化表征、生成结构与贫困建构的实证研究

一 贫困的文化建构：研究设计与分析思路

（一）研究思路

首先，结构虽是产生贫困的主要原因，但在某些情况下，我们必须考虑其中存在的文化因素。文化作为一种社会的抑或群体、家庭、个人的价值观和态度，早已通过社会化过程内化于人们的心灵深处，又遍布在生存环境的各个角落。这种深入和遍布，决定了人类行为的方方面面都涉及和反映着文化特征，即便是最具结构解释意义的制度因素也无法摆脱文化影响力的控制。从这个意义上说，刘易斯的观点："减少物质贫困本质上不可能减少贫困文化，它是一个完整的生活方式"（Moynihan，1968：198）反映了贫困文化的本质，为我们提供了新的解释思路。因此，在贫困研究的结构解释与文化解释的对垒中，对贫困给予一种社会文化路径上的解释，能为贫困的理解提供新的解释范式。

其次，自我效能感在教育领域的研究范围涉及各个学段，但对农村贫困人群自我效能感的研究无人问津。本书以自我效能感为切入点，以农村贫困群体为研究对象，调查其自我效能感的现状。发现农村贫困群体与非贫困群体在自我效能感上的差异性及其影响因素，并

---

① 彭振芳、林秀梅：《论农村贫困文化及其扬弃》，《安徽农业科学》2006年第12期。

第九章 贫困的文化与社会心理过程：社会表征、文化心理与行为

测量其与贫困是否具有相关性。所以，本书在一定程度上可以丰富自我效能感理论的研究范围，弥补自我效能感理论在农村应用研究相对较少的缺陷。

最后，贫困文化和效能感作为新的解释变量引入对贫困的分析，必须有一个本土化的理论建构过程，我国的贫困现实必然与西方学者研究的文化产生的环境有一定的差异。本书立足于湖南省 5 县 10 村的现实，通过文化观念和自我效能感来研究农村贫困，为农村贫困提供了新的理论变量。作为已有国内外贫困文化理论的一种丰富，具有一定的理论意义。

（二）研究设计

需要指出的是，个人不可能脱离文化环境自行其是，个人也不可能绝对地先于或决定社会；反过来，一切的语言环境也不可能离开个人而存在，社会也不可能先于和决定个人。在这样的问题上，发生学的讨论是完全没有意义的鸡生蛋还是蛋生鸡的问题。因此，本书在贫困文化与农村贫困问题上选择文化建构主义角度进行说明。文化建构主义认为，经济、政治（制度）、文化的层次结构中并没有谁决定谁的问题，而是有不同的功能与意义的问题，并且在不同的具体情境下不同层次的要素有不同的权重。在这样的意义上，所谓文化"建构"是指文化对于经济和政治（制度）的"建构"作用。

贫困文化作为农村贫困群体所共享的文化表征，对个体的实践系统和行为倾向产生消极影响。文化的动态建构性决定了贫困文化会导致他们处于贫困的经济状况。

（三）研究思路

社会表征是在特定情境下社会成员所共享的观念、意象、社会共识和实践系统，是一种具有社会意义的符号或系统，使群成员在长期

的脉络化中建立自己的群己关系，之后产生思考与行为倾向，并且产生路径依赖，进而演变成强势的价值观念（杨宜音，2008）。农村贫困群体正是在贫困文化的禁锢下形成了不思进取、迂腐陈旧、畏惧风险、妄自菲薄的社会表征，失去了改变现状的、锐意革新的勇气。这种有害的"文化菌素"在群体中发酵，作用于每个贫困者，通过锚定和具体化两种心理机制，使他们在落后的文化表征下形成了守旧型人格特征。他们拥有更少的市场观念、冒险精神和风险意识，更多的乡土观念、自满情绪和风俗习惯遵守。而这样的思维观念和情感模式必然导致他们拥有较低的自我效能感，经常表现出消极的社会情感、自我认知和成就动机。

阿尔文·托夫勒在《未来的震荡》中认为最常见的三种文化观念取向是：进取型文化观念、守旧型文化观念以及反社会型文化观念。拥有进取型文化观念的人能随着外界事物的变化重新调整自己，这种人具有较强的再社会化能力，能较快地接受新思想、新事物，他们生活态度积极并能随时迎接新的挑战。拥有保守型文化观念的人始终坚信自己业已形成的价值观念和思维方式，排斥新思想和外来变迁。思想保守迂腐，以不变应万变，属于严重的贫困文化。拥有反社会型文化观念的群体在发现自己原有的价值观和生活方式不起作用，而新的观念还没有形成或难以形成时，会引发对现有社会形态或文化类型的不满或无知，导致越轨或犯罪。结合中国大多数农村民风淳朴的现实状况，我们只选取进取型文化和守旧型文化这两个操作维度来分析他们的贫困文化观念。

本书主要在社会表征视域中，分析文化观念以及自我效能感对农村贫困的解释力。首先，从两个重要的文化维度对研究样本——1132名农村居民（分为贫困组与非贫困组）进行比较性的描述性统计说明

第九章 贫困的文化与社会心理过程：社会表征、文化心理与行为

和方差分析，这两个维度是进取型文化以及守旧型文化。在了解农村贫困群体与农村非贫困群体在上述维度差异的基础上，对产生这种差异的深层次原因进行理论解释。接下来，对两个群体的自我效能感进行初步的描述性分析。其次，建立二元 Logistic 回归模型，逐步将文化观念因素和自我效能感因素纳入模型中，根据回归模型的参数判断变量间的相关程度，做出解释。自我效能感是个体对自己能力的一种感知，是指向未来对未来行为所表现出来的自信。贫困文化作为一种集体文化表征，影响了集体成员的自我效能感。

（四）研究假设

根据社会表征理论，贫困文化作为一种贫困群体所共享的观念意识和实践系统，可以用来解释贫困群体背后的文化动因。农村贫困群体较之于非贫困群体可能会更倾向于一种守旧型的文化观念，属于一种保守性人格。因此提出如下假设：

农村贫困群体更倾向于一种守旧型的文化观念，与非贫困群体相比，他们具有较弱的市场观念、冒险精神和风险意识与较强的乡土观念、自满情绪和风俗习惯遵守。而非贫困群体更倾向于一种进取型的文化观念，其文化观念更具现代性特征，他们拥有较强的市场观念、冒险精神和风险意识与较弱的乡土观念、自满情绪和风俗习惯遵守。农村贫困群体具有更强的负向效能感、较弱的行动效能感和意志效能感；相比之下，农村非贫困群体具有较强的正向效能感、行动效能感和意志效能感。

（五）变量及操作化

因变量（dependent variable）

因变量即那些由其他变量的变化而导致自身发生变化的变量。本书研究的是文化表征、自我效能感与农村贫困的关系，用"是否贫

困"指标来衡量农村贫困。贫困的重要特征之一就是收入水平低，因此直接用人均收入界定是否贫困最直接。采用2011年11月中央扶贫办工作会议决定的扶贫标准，年收入2300元作为贫困人口的识别与划分，于是在调查问卷中有一项"您家庭人均收入是多少？"我们用软件SPSS 22.0进行处理，运用"选择个案"功能将其重新编码为不同变量，符合扶贫标准低于2300元的，编码为0＝贫困，高于2300元的编码为1＝非贫困。

自变量（independent variable）

自变量即那些引起其他变量变化的变量。本次研究的自变量一共两组，即文化观念和自我效能感。

本章将文化观念分为两个维度：进取型文化观念和保守型文化观念。

（1）进取型文化观念。拥有进取型文化观念的人群虽然在原先社会化过程中已经逐渐形成了自己的人格、价值观、行为规范，但他能随着外界事物的变化重新调整自己。这种人具有较强的再社会化能力，能较快地接受新思想、新事物。他们生活态度积极并能随时迎接新的挑战。在本书中，选取市场观念、冒险精神和风险意识来考量。具体来说，本书选用问卷中的问题"你平时是否去了解商品经济信息"来反映市场观念情况，答案赋值为1＝经常，2＝偶尔，3＝从不；对于冒险精神，我们采用问卷中的"对于去外面打工，你的心理是？"这一问题来测量，答案赋值为1＝非常害怕，2＝比较害怕，3＝一般，4＝比较不害怕，5＝非常不害怕。针对风险意识，我们通过问卷中的题目"面对意外灾祸或风险，你的态度是？"来进行测量，答案赋值为1＝不知如何应对，2＝能够勉强应对，3能够平静应对，4＝能够坚强应对。

第九章 贫困的文化与社会心理过程：社会表征、文化心理与行为

表9-1　　变量的定义、赋值以及描述性统计

变量			性质	赋值	均值	标准差
因变量		贫困	虚拟	0=贫困，1=非贫困	1.49	0.50
自变量	文化观念	进取型文化观念				
		市场观念	定距	1=经常，2=偶尔，3=从不	1.99	0.727
		冒险精神	定距	1=非常害怕，2=比较害怕，3=一般，4=比较不害怕 5=非常不害怕	2.62	1.025
		风险意识	定距	1=不知如何应对，2=能够勉强应对，3=能够平静应对，4=能够坚强应对	2.33	0.941
		守旧型文化观念				
		乡土观念	定距	1=非常赞同，2=比较赞同，3=一般，4=比较不赞同，5=非常不赞同	2.55	1.281
		自满情绪	定距	1=非常不同意，2=比较不同意，3=一般，4=比较同意，5=非常同意	0.81	0.959
		风俗习惯遵守	定距	1=非常同意，2=比较同意，3=一般，4=比较不同意，5=非常不同意	1.53	0.478
	自我效能感	社会情感	连续	-2.60148—4.89031	0	1
		社会经验	连续	-2.92886—3.01502	0	1
		自我认知	连续	-2.24638—3.02489	0	1
		成就动机	连续	-3.24089—2.39069	0	1
控制变量		性别	定类	1=男，2=女	1.21	0.406
		年龄	连续	18—91	49.50	17.196
		婚姻	定类	1=已婚，2=未婚	1.19	0.392
		教育程度	定距	1=未上学，2=小学，3=初中，4=中专或高中，5=大专或本科，6=本科以上	2.76	1.019
		政治面貌	定类	1=非党员，2=党员	0.15	0.36

· 493 ·

(2) 守旧型文化观念。拥有保守型文化观念的人在完成社会化以后，便始终坚信自己已形成的价值观念和思维方式，排斥新思想和外来变迁。其表现形式是思想保守，具有怀旧心理，畏惧风险，以不变应万变。本书采用乡土观念、自满情绪、风俗习惯来衡量。关于乡土观念，问卷通过"有人说金窝、银窝不如自己的狗窝，你对这句话怎么看"这一问题来测量，答案赋值为1＝非常赞同，2＝比较赞同，3＝一般，4＝比较不赞同，5＝非常不赞同；关于自满情绪，本章采用问题"你对于生活状况最大期望是满足温饱吗"这一问题来反映，答案赋值为1＝非常不同意，2＝比较不同意，3＝一般，4＝比较同意，5＝非常同意；最后，我们采用"在红白喜事上应该尽力多花钱，甚至借钱"这一问题来测量风俗习惯遵守，答案赋值为1＝非常同意，2＝比较同意，3＝一般，4＝比较不同意，5＝非常不同意。

自我效能感

由于本次调查问卷中设计自我效能感的题目有14道，为了从多变量中选择出少数几个综合变量以达到数据简化的目的，对自我效能感变量进行因子分析，如表9－2所示。

表9－2　　　　　　　　自我效能感的因子分析（1）

项目	社会情感	社会经验	自我认知	成就动机
您具有很多优良品质	－0.003	0.094	0.693	0.045
您能做到像大多数人能做到的那样好	0.165	0.076	0.752	0.300
总体而言，您对自己感到满意	0.130	0.105	0.770	0.243
您觉得自己没有太多值得夸耀的地方	0.600	0.185	0.395	0.050
您觉得自己是个没用的人	0.772	0.204	0.224	－0.019
您时常感到自卑	0.832	0.223	0.113	0.057

第九章 贫困的文化与社会心理过程：社会表征、文化心理与行为

续表

项目	社会情感	社会经验	自我认知	成就动机
总而言之，您认为自己是个失败者	0.853	0.148	0.066	0.009
不管别人怎么想，只要你认为有价值、值得去做的事，你就会去完成	-0.032	0.257	0.315	0.762
劳动或工作的时候，你总是拼命去做，直到你自己满意为止	-0.001	0.192	0.275	0.823
通过努力就能做到自己想做的事情	0.084	0.005	0.030	0.845
面对生活中的问题时您经常感到孤立无助	0.381	0.533	0.093	0.162
您无法解决您遇到的问题	0.321	0.690	0.050	0.145
您不能改变您一生中的许多重要事情	0.046	0.847	0.157	0.069
您无法控制那些发生在您身上的事情	0.192	0.861	0.154	0.112

在 KMO 和 Bartlett 的检验中，KMO 值为 0.752，Bartlett 球形度检验 $p = 0.000$，按 $\alpha = 0.05$ 水准，可以认为相关矩阵不是单位阵。这说明各项目间高度相关，非常适合做因子分析。

如表 9-3 所示，本书对自我效能感的 14 个项目进行因子分析，共抽取了 4 个因子，其初始特征值分别为 4.761、3.316、1.771、1.351，均大于 1。这两个因子的特征值的累计贡献 63.052%，超过 60%，即总体超过 60% 的信息可以由这 4 个公因子来解释，故考虑抽取这 4 个公因子。

杜瓦斯在其著作《社会心理学的解释水平》中，以解释水平为核心，重构了社会心理学统一的学科概念框架。在他总结的 4 个社会心理学解释水平中，第一个就是个体内水平（intra-individual level）。它是最为微观的解释水平，主要关注个体在社会情境中组织其社会认知、社会情感和社会经验的机制。可涵括基本研究主题为：具身性、

社会知觉和归因、自我认知、社会情感、社会态度等①。因此，本项研究依据因子值的特征把这4个因子分别命名为社会情感、社会经验、自我认知、成就动机。同时，利用回归方法计算因子值，并将因子得分分别保存为新变量，使这4个变量作为最后分析的自变量。

表9-3　　农村贫困群体自我效能感的因子分析（2）

项目	提取因子			
	行动效能	正向效能	负向效能	意志效能
您无法控制那些发生在您身上的事情	0.786	-0.047	0.067	0.136
您无法解决您遇到的问题	0.864	0.002	0.142	0.020
您不能改变您一生中的许多重要事情	0.759	0.035	0.112	0.222
面对生活中的问题时您经常感到孤立无助	0.771	0.151	0.187	-0.017
有时您感觉到您被生活所左右	0.734	0.190	0.074	0.174
您生活中将来会发生什么事情主要取决于您自己	0.221	0.098	0.007	0.853
您能做任何您想做的事情	0.157	0.215	0.027	0.775
您具有很多优良品质	0.115	0.795	0.033	0.203
您是一个有价值的人	0.104	0.866	0.022	0.149
您能做到像大多数人能做到的那样好	0.027	0.749	0.059	0.363
总体而言，您对自己感到满意	-0.003	0.434	0.099	-0.089
您觉得自己没有太多值得夸耀的地方	0.203	0.374	0.516	0.103
您觉得自己是个没用的人	0.191	0.002	0.831	0.048

在KMO和Bartlett的检验中，KMO值为0.791，Bartlett球形度检验 p = 0.000 < 0.001，按 α = 0.05 水准，可认为相关矩阵不是单位阵。这说明自我效能感各项目间高度相关，非常适合做因子分析。

---

① Diose, W., *Levels of Explanation in Social Psychology*, Cambridge: Cambridge University Press 1986, pp. 10-17.

第九章 贫困的文化与社会心理过程：社会表征、文化心理与行为

表9-4　　转轴后农村贫困群体的自我效能感因子负载

项目	提取因子			
	行动效能	正向效能	负向效能	意志效能
您希望更加看得起自己	0.051	0.236	0.612	0.382
总而言之，您认为自己是个失败者	0.097	-0.022	0.638	-0.181
特征值	4.532	2.291	1.491	1.046
平均方差	30.216	15.275	9.940	6.974
累计方差	30.216	45.491	55.431	62.405

如表9-4所示，本项研究对自我效能感的15个项目进行因子分析，共抽取了4个因子，其初始特征值分别为4.532、2.291、1.491、1.046，均大于1。这两个因子的特征值的累计贡献率为62.405%，超过60%，即总体超过60%的信息可以由这4个公因子来解释，故考虑抽取这4个公因子。

因此，本项研究依据因子值的特征把这4个因子分别命名为行动效能、正向效能、负向效能、意志效能，同时利用回归方法计算因子值，并将因子得分分别保存为新变量，使这4个变量作为最后分析的自变量。与社会支持网络的因变量进行Ordinal Logistic分析。

控制变量（control variable）

控制变量是指那些除自变量外的所有因变量的变量。根据相关文献和研究，本章采取几个基本的人口学特征来作为控制变量，包括：性别、年龄、教育程度、政治面貌、婚姻状况。

（1）性别：二分变量，1=男，2=女。

（2）年龄：本次调查主要针对18岁及以上的成年人，年龄为一个连续变量。为了方便后面的统计分析，本书将年龄段分为不超过20岁、21—30岁、31—40岁、41—50岁、51—60岁、60岁以上。

（3）教育程度：定距变量，1=未上学，2=小学，3=初中，4=

中专或高中，5 = 大专或本科，6 = 本科以上。

表9-5　　　　　　　　　　　教育程度

文化程度	频数	百分比（%）	有效百分比（%）	累计百分比（%）
未上学	48	8.8	8.8	8.8
小学	254	46.4	46.4	55.1
初中	204	37.2	37.2	92.3
中专或高中	34	6.2	6.2	98.5
大专或本科	6	1.1	1.1	99.6
本科以上	2	0.4	0.4	100.0
总计	548	100.0	100.0	

在被访者中，文化程度为未上学的人有48人，占8.8%；小学254人，占46.4%；初中204人，占37.2%；中专或高中34人，占6.2%；大专或本科6人，占1.1%；本科以上2人，占0.4%。

（4）政治面貌：二分变量，1 = 非党员，2 = 党员。

表9-6　　　　　　　　　　　政治面貌

政治面貌	频数	百分比（%）	有效百分比（%）	累计百分比（%）
共产党员	64	11.7	11.9	11.9
团员	6	1.1	1.1	13.0
民主党派成员	4	0.7	0.7	13.7
群众	462	84.3	85.6	99.3
其他	4	0.7	0.7	100.0
总计	540	98.5	100.0	

在被访者中，有共产党员64人，占11.9%；团员6人，占

1.1%；民主党派成员 4 人，占 0.7%；群众 462 人，占 85.6%；其他 4 人，0.7%。

（5）婚姻状况：1 = 已婚，2 = 未婚。

由于因变量为是否贫困，只有两个取值的变量，所以本书采用二元逻辑斯蒂回归统计模型作为分析工具。

二 贫困的文化建构：数据分析及研究发现

阿尔文—托夫勒在《未来的震荡》中指出：守旧型文化观念是在小农经济、专制政治和封建伦理环境中形成的一套态度、思维方式、价值观念和行为习惯，而在向市场经济转型的过程中，这种文化观念的不适应性充分地暴露出来，如过分注重精神价值而忽视经济价值；重理想而轻现实；重道德制约而忽视法律制约；不患贫而患不均，同时还表现出权威主义、封闭保守和非理性这些消极倾向。而进取型文化观念是与工业化社会、商品经济和民主政治相适应的一种文化特征，表现为思维灵活开放，锐意创新，注重理性，重经济效益，有很强时间观念，重视知识的学习和智能的开发等。中国正处在文明转型中，现代文明性质的经济文化的建构是当代中国市场经济真正发育成熟的重要保证。在这样的大背景下，国民的守旧型文化逐渐向进取型文化过渡，但这一趋势并未蔓延至农村贫困群体。

（一）进取型文化与农村贫困的相关分析

1. 经济文化观念与农村贫困的相关分析

适应市场经济时代的理想人格具有良好的经济能力，即具有经济常识，掌握经济方法，注重经济利益，能够进行经济创收和实现经济自立。由重精神价值向重市场价值的转变是进取型文化转型的基本向度。故将问卷中反映市场观念的题目与农村贫困做交叉分析。

表 9-7　　　　　　　　市场观念与农村贫困的交叉分析

		贫困组	非贫困组	总计
你平时是否去了解商品经济信息	经常	96	122	218
		44.0%	56.0%	100.0%
	偶尔	286	286	572
		50.0%	50.0%	100.0%
	从不	148	100	248
		59.7%	40.3%	100.0%
总计		530	508	1038
		51.1%	48.9%	100.0%

表 9-8　　　　　　　　　　单因素方差分析

	平方和	自由度	均方	F 值	P 值
组间	3.017	3	1.006	4.056	0.007
组内	260.847	1052	0.248		
总计	263.864	1055			

通过表 9-7，我们发现农村贫困群体在"经常""偶尔""从不"这三个选项上的人数分布：96 人、286 人、148 人，农村非贫困群体在这三个选项上的人数分布：122 人、286 人、100 人。我们可以从对比数据中看出，两个群体的差异性主要集中在两端，非贫困群体中经常了解商品信息的人数比贫困群体中同样选择的人数要多出十个百分点，而前者中从不了解商品信息的人数比后者低近 20 个百分点。两组群体所表征的市场观念一目了然，非贫困群体的市场观念明显高于贫困群体，他们更有从事经济活动的可能性。

表 9-8 是单因素方差分析表。分析结果显示组间和平方和为 3.017，组内平方和为 260.847，组间自由度为 3，组内自由度为 1052，组间均方为 1.006，组内均方为 0.248；F 检验统计量的值为

第九章 贫困的文化与社会心理过程：社会表征、文化心理与行为

4.056，对应的概率 P 值为 0.007 小于 0.05，说明在 0.05 的显著性水平下，贫困群体与非贫困群体的市场观念有显著差异。

数千年重本抑末、轻商贱役的历史文化传统根深蒂固，大多贫困农户只有单一的传统农业进行支撑。虽然我国已进入市场经济时代，商品经济大潮汹涌，但多数农村贫困群体置身于贫困、封闭的环境下，其社会经济关系仍较多囿于家庭、邻里、亲友、村落等血缘及狭窄地缘社区。"种田为吃饭，栽树为烧柴，养猪为吃肉，养牛为犁田"仍然是山民们经济活动的规范。可见，他们缺乏市场观念，排斥商品经济信息，视商品交易为畏途。在潜意识中，他们认为商业收入为不义之财，把经商看成不务正业。某些人因缺乏商品经营意识及经验而亏本或破产的例证，常引起强烈的示范负效应，许多贫困者对此津津乐道，并直接影响他们的行为选择。这种传统伦理型的经济道德不同于等价交换的现代型，直接导致他们缺乏接受新事物的愿望与能力，缺乏创业冲动与进取精神。

2. 农村贫困群体的冒险精神文化与农村贫困的相关分析

英克尔斯与同事在 1960 年进行的"现代人研究"成就斐然，他们合著的《从传统人到现代人》一书也广为人知，并获得过"哈德里·坎特里尔"学术奖。在英克尔斯看来，享有现代性文化的人具有一些共同的品质、特点和人格，其中第一条便是：愿意接受新的生活经历，乐于接受新经验，乐于革新并接受社会的变革。[①] 具体来说就是是否具有冒险精神，实现从自然经济社会的"依附人格"向商品经济时代的"独立人格"转型。

[①] 阿列克斯·英克尔斯：《人的现代化素质探索》，天津社会科学院出版社 1995 年版。

经由"外出打工的心态"调查的数据显示,多数受访者表示想去外面打工可是担心找不到工作,占总人数的47.5%;其次有22.8%的受访者表示没有想过去外面;18.3%的受访者表示没有想过去外面;还有11.4%的受访者表示害怕,不敢去外面。

经由"外出做生意心态"的调查数据显示,多数受访者表示没有什么担心害怕的,只是没有本金去外面做生意,占总人数的36.7%;其次有32.2%的受访者表示想外出做生意但又担心亏本;25.0%的受访者表示从来没有想过这回事;还有6.1%的受访者表示很害怕去外面。

表9-9　　　　　　　　外出做生意心态统计（N=528）

	频数	百分比（%）	有效百分比（%）	累计百分比（%）
很害怕去外面	32	5.8	6.1	6.1
想外出做生意但又担心亏本	170	31.0	32.2	38.3
从来没有想过这回事	132	24.1	25.0	63.3
没有什么担心害怕的,只是没有本金去外面做生意	194	35.4	36.7	100.0
合计	528	96.4	100.0	

最后,将问卷中反映冒险精神的题目与农村贫困做交叉分析。

通过表9-10,我们发现农村贫困群体和非贫困群体在冒险精神上的差异性非常明显,非贫困群体更愿意去城市打拼,虽然知道未来充满不确定性,但仍然愿意去冒险,愿意接受新生活和新挑战,拥有脱贫致富的积极性和独立性,而相比之下贫困群体较为害怕出去打工,而是寄希望于国家支援救济,等、靠、要依赖思想严重。在某种程度上，这种传统依附式的社会关系和思想观念，这使广大农民在个体形态上无法实现真正的独立，没有勇气冒险。

表9-10　　　　　冒险精神与农村贫困的交叉分析

		贫困组	非贫困组	总计
对于去外面打工，你感到害怕吗？	非常害怕	44 78.6%	12 21.4%	56 100.0%
	比较害怕	116 56.9%	88 43.1%	204 100.0%
	一般	198 52.1%	182 47.9%	380 100.0%
	比较不害怕	104 41.3%	158 62.7%	262 100.0%
	非常不害怕	38 33.3%	76 66.7%	114 100.0%
总计		500 49.2%	516 50.8%	1016 100.0%

表9-11　　　　　　　单因素方差分析

	平方和	自由度	均方	F值	P值
组间	16.458	4	4.114	17.478	0.000
组内	247.406	1051	0.235		
总计	263.864	1055			

表9-11的分析结果显示组间平方和为16.458，组内平方和为247.406，组间自由度为4，组内自由度为1051，组间均方为4.114，组内均方为0.235；F检验统计量的值为17.478，对应的概率P值为0.000小于0.05，说明在0.05的显著性水平下，贫困群体与非贫困群体的冒险精神有显著差异。

在《土地崇拜与工商精神》中，李培林探讨的实质是羊城村农民职业转变的问题。"倒逼机制"是贯穿该文的一个概念，即指由于土地的稀缺、贫瘠，无法维持生活，从而逼迫农民到土地之外寻求生路。[①] 然而，农民要想真正形成勇敢进取的独立型人格，就不能仅仅因为这种"倒逼机制"的客观逼迫，而是应该在文化表征上，实现包含着价值观念、角色意识、思想意识、生活方式、行为方式和社会关系等一系列复杂内容的转变。

3. 农村贫困群体的风险意识与农村贫困的相关分析

风险意识可以理解为人们对客观世界可能发生的突发性事件的一种有效的思想准备以及与之相对应的态度和行动。风险意识实质是一种思想、一种态度、一种行为，其最终目的是尽可能地避免风险的发生。

风险意识的自觉与成熟是衡量风险意识一个标准。[②] 首先，自觉体现在自觉从风险的角度观察问题、解决问题。在风险社会中，公众要自觉地从风险的角度认知和决策，站在风险的立场，不受外界的强制，把风险意识自然而然地转化为支配性的意识。其次，成熟体现在对风险意识成熟和应急机制成熟。对风险认识成熟是指对现代社会的风险，尤其是全球性的新型风险要有全面的认识，包括风险的种类、现象、原因及其预防和应对的措施手段。

众所周知，当下的中国社会正经历着一场空前未有的社会转型与变革，即从以自然经济为基础转向以市场经济为基础；从农业社会转向工业社会；从伦理社会转向法治社会；从同质单一性社会转向异质

---

① 李培林：《村落的终结》，商务印书馆 2004 年版。
② ［德］乌尔里希·贝克：《风险社会再思考》，《马克思主义与现实》2002 年第 4 期。

多样性社会。① 这种转变不仅涉及生产力和生产关系的变化,还有思想、意识和观念的变化。农村居民作为最为脆弱的边缘群体,面临着自然灾害、耕地减少、贫富分化等多重风险,风险意识与应急机制的形成与强化对他们尤为重要。

表 9-12　　　　　　　　风险意识与农村贫困的交叉分析

		贫困组	非贫困组	总计
面对意外的灾祸或风险,你的态度是	不知道如何应对	112	82	194
		57.7%	42.3%	100.0%
	能够勉强应对	204	234	438
		46.6%	53.4%	100.0%
	能够平静应对	124	128	252
		49.2%	50.8%	100.0%
	能够坚强应对	88	58	146
		60.3%	39.7%	100.0%
	总计	528	502	1030
		51.3%	48.7%	100.0%

表 9-13　　　　　　　　　　单因素方差分析

	平方和	自由度	均方	F 值	P 值
组间	3.066	3	1.022	4.124	0.03
组内	254.270	1026	0.248		
总计	257.336	1029			

通过表 9-12 可以看出,我们发现农村居民整体风险意识水平还没有达到自觉与成熟,处于低水平阶段,其中,贫困群体的风险意识略低于非贫困群体。表 9-13 的方差分析分析结果显示组间平方和为

---

① 郑杭生:《中国社会发展研究报告》,中国人民大学出版社 2004 年版。

3.066，组内平方和为 254.270，组间自由度为 3，组内自由度为 1026，组间均方为 1.022，组内均方为 0.248；F 检验统计量的值为 4.124，对应的概率 P 值为 0.03 小于 0.05，说明在 0.05 的显著性水平下，贫困群体与非贫困群体的风险意识存在差异。

(二) 守旧型文化与农村贫困的相关分析

1. 乡土观念与农村贫困的相关分析

荷兰当代哲学家皮尔森曾描述到：在非洲的一些地区，为清除贫民窟，将贫民窟的居住者迁入较好住所的计划，常常会遭到强烈的抵制。他认为，最主要的原因不是人们不愿意放弃虽恶劣却熟悉的环境，而是那些居住者不愿失去被他们当作自己的东西、已被承认很久的个性。其实，这种现象在中国的贫困乡村也极为常见。例如，王兆萍在研究中发现"土地至上"是隐藏在农村贫困文化表象之下的本质特征。[1] 这一针对我国贫困文化存在的主要群体——农民提出的观点，确实有一定的合理性。

表 9-14　　　　　　　对待贫穷态度统计（N=548）

	频数	百分比（%）	有效百分比（%）	累计百分比（%）
命里安排的，努力也没用	20	3.6	3.7	3.7
能吃饱就行，无所谓	68	12.4	12.7	16.4
习惯了，觉得没什么不好	24	4.4	4.5	20.9
努力想方设法改变贫穷的生活	424	77.4	79.1	100.0
合计	536	97.8	100.0	

经由"对贫困的态度"的调查数据显示，从对待贫穷的态度来

---

[1] 王兆萍：《贫困文化结构探论》，《求索》2007 年第 2 期。

看，多数受访者表示在努力想方设法改变贫穷的生活，占总人数的79.1%；其次有12.7%的受访者表示能吃饱就行，无所谓；4.5%的受访者表示习惯了，觉得没什么不好；还有3.7%的受访者表示命里安排的，努力也没用。

表9-15　　"金窝、银窝不如自己的狗窝"赞同度统计（N=548）

	频数	百分比（%）	有效百分比（%）	累计百分比（%）
很赞同	88	16.1	16.6	16.6
比较赞同	268	48.9	50.6	67.2
不赞同	128	23.4	24.2	91.3
非常反对	46	8.4	8.7	100.0
合计	530	96.7	100.0	

经由"是否赞同金窝、银窝不如自己的狗窝"的调查数据结果显示，多数受访者表示比较赞同或者很赞同，分别占总人数的50.6%和16.6%；也有一些受访者表示不赞同或者非常反对，分别占总人数的24.2%和8.7%。

表9-16　　生活最大期望情况统计（N=548）

	频数	百分比（%）	有效百分比（%）	累计百分比（%）
过上富裕的生活	334	60.9	63.0	63.0
满足温饱	126	23.0	23.8	86.8
只要好于现在即可	58	10.6	10.9	97.7
没有考虑过这个问题	12	2.2	2.3	100.0
合计	530	96.7	100.0	

从对于生活状况最大期望来看，多数受访者表示期望过上富裕的生活，占总人数的63.0%；其次有23.8%的受访者表示满足温饱；

10.9%的受访者表示只要好于现在即可;还有2.3%的受访者表示没有考虑过这个问题。

在前文提到的很多关于贫困文化的表现特征中,"老守田园、安土重迁""小农本位、重农轻商""血缘伦理、重义轻利"等都具有典型的乡土观念特征。故将问卷中反映乡土观念的题目与农村贫困做交叉分析。

表9-17　　　　　　乡土观念与农村贫困的交叉分析

		贫困组	非贫困组	总计
你对"金窝、银窝不如自己的狗窝"这句话怎么看	非常赞同	46	44	90
		51.1%	48.9%	100.0%
	比较赞同	120	110	230
		52.2%	47.8%	100.0%
	一般	123	110	233
		52.8%	47.2%	100.0%
	比较不赞同	161	162	323
		49.8%	50.2%	100.0%
	非常不赞同	70	76	146
		47.9%	52.1%	100.0%
总计		520	502	1022
		50.9%	49.1%	100.0%

通过表9-17可以看出,和风险意识一样,整个样本的乡土观念都很强烈,其中,贫困群体的乡土观念略高于非贫困群体。表9-18的方差分析结果显示组间和平方和为11.041,组内平方和为252.823,组间自由度为5,组内自由度为1050,组间均方为2.208,组内均方为0.241;F检验统计量的值为9.171,对应的概率P值为0.01小于0.05,说明在0.05的显著性水平下,贫困群体与非贫困群体的乡土

观念有差异。

由于闭塞的自然环境、小农经济文明的积淀与表征以及"差序格局",农村贫困群体对传统的地域文化和生活方式有执着的偏爱和迷恋,而对外部世界、外部文化有本能的隔膜和排斥,正像鲁迅先生笔下阿Q居住的"土谷祠"一样,有"土"有"谷"有"祠",便足矣。"饿死不离乡,穷死不经商"的观念使他们在农闲时不是去外务工或是从事第二、第三产业来增加收入,而是打牌、看电视、聊天,乡间俚语中渗透对外界的无知和对现实的满足。

表 9-18 单因素方差分析

	平方和	自由度	平均值平方	F值	P值
组间	11.041	5	2.208	9.171	0.01
组内	252.823	1050	0.241		
总计	263.864	1055			

2. 自满情绪与农村贫困的相关分析

生产力的迅速发展满足了人们日益增长的物质需求,生活水平的提高使人们在衣、食、住、行等各方面得到相对满足,生理需求的满足使人们的心理需求向更高层次发展,安全的需要、交往的需要、情感的需要、发展的需要也会随之产生。人们不仅要求家庭美满,有群体归属感,更寻求个体在社会中的价值体现和自我实现。农村贫困群体缺乏自尊和经济上的限制容易产生安贫认命的宿命论意识,而缺乏改变贫困现状的主动参与性,因此,将问卷中反映自满情绪的题目与农村贫困做交叉分析。

表9-19　　　　　　　人生追求与农村贫困的交叉分析

		贫困组	非贫困组	总计
你对于生活状况最大期望是满足温饱吗？	非常不同意	2	10	12
		16.7%	83.3%	100.0%
	比较不同意	176	258	434
		40.6%	59.4%	100.0%
	一般	108	84	192
		56.3%	43.7%	100.0%
	比较同意	190	118	308
		61.7%	48.3%	100.0%
	非常同意	24	6	30
		80.0%	20.0%	100.0%
总计		500	486	986
		50.7%	49.3%	100.0%

通过表9-19的数据我们可以看到，非贫困群体有超过一半的人认为人生的最大期待不应止于满足温饱，而贫困群体只有大约35%的人这样认为。通过方差分析，结果显示组间和平方和为13.031，组内平方和为240.832，组间自由度为4，组内自由度为1051，组间均方为5.758，组内均方为0.229；F检验统计量的值为2.128，对应的概率P值为0.000小于0.05，说明在0.05的显著性水平下，贫困群体与非贫困群体的乡土观念有显著差异。

表9-20　　　　　　　　　单因素方差分析

	平方和	自由度	均方	F值	P值
组间	13.031	4	5.758	2.128	0.000
组内	240.832	1051	0.229		
总计	263.864	1055			

第九章　贫困的文化与社会心理过程：社会表征、文化心理与行为

事实上，穷人也希望摆脱贫困，生活变得富裕起来，但由于各种条件的限制，比如地理环境的闭塞、历史上的积贫、国家政策的偏移以及自我能力的缺乏等，他们改变现状的各种措施均以失败告终。处于极度失意和心理失衡状态下的贫困者为了寻求生存的尊严和心理平衡，往往会降低自己对生活的标准与要求，如此一来，贫困文化就成了平衡期待与现实的调节器。甘斯在《贫困研究中的文化与阶级：一项反贫困的探讨》中，用"期待与行为"的辩证观点解释了这种贫困者的无奈：富人的"期待"和"行为规范"之间的差距远小于穷人，因为社会的行为规范由他们来制定，他们按照自己的"期待"拟定社会规范并强迫穷人遵守。而"穷人真正的'期待'是他们自己的低层阶级文化所具有的东西。"[①] 因此，穷人在"期待"与"行为规范"不一致的情况下，必然会发展出自己的生活方式、行为习惯和价值观，去适应社会现实。[②]

正如罗德曼指出的，把贫困家庭的行为看成是他们克服贫困所造成的问题的方法，而不是看作造成贫困的原因更适当些。[③]

3. 风俗习惯与农村贫困的相关分析

婚俗和丧俗都是风俗习惯中的重要环节。一方面，它是个体生命打上社会烙印的重要标志；另一方面，它积淀着乡村厚重的历史文化蕴涵。因此，将问卷中反映风俗习惯的题目与农村贫困做交叉分析。

[①] Miller, W., "Lower Class Culture as a Generating Milieu of Gang Delinquency", *Journal of Social Issues*, XIV, 1958.

[②] Gans, H., *The Urban Villagers: Group and Class in the Life of Italian – Americans*. New York: Free Press, 1968.

[③] ［美］马克·赫特尔：《变动中的家庭——跨文化的透视》，浙江人民出版社1988年版。

表 9-21　　　　　　　　风俗习惯与农村贫困的交叉分析

		贫困组	非贫困组	总计
您对"在红白喜事上应该尽力多花钱，甚至借钱操办"的看法	非常同意	54	20	74
		73.0%	27.0%	100.0%
	比较同意	148	106	254
		58.3%	41.7%	100.0%
	一般	130	128	258
		50.4%	49.6%	100.0%
	比较不同意	98	174	252
		31.0%	69.0%	100.0%
	非常不同意	32	50	82
		39.0%	61.0%	100.0%
总计		462	478	940
		49.1%	50.9%	100.0%

通过表 9-21 的数据我们可以看到，农村群体在对落后风俗习惯的态度还是比较理性的，无论是贫困群体还是非贫困群体反对奢办红白喜事的人数远远多于支持的人数。通过方差分析，结果显示组间平方和为 19.966，组内平方和为 243.898，组间自由度为 5，组内自由度为 1050，组间均方为 3.993，组内均方为 0.232；F 检验统计量的值为 17.191，对应的概率 P 值为 0.000 小于 0.05，说明在 0.05 的显著性水平下，贫困群体与非贫困群体对待风俗习惯的态度具有显著差异。

表 9-22　　　　　　　　　　单因素方差检验

	平方和	自由度	均方	F 值	P 值
组间	19.966	5	3.993	17.191	0.000
组内	243.898	1050	0.232		
总计	263.864	1055			

第九章 贫困的文化与社会心理过程：社会表征、文化心理与行为

（三）自我效能感与农村贫困：基于两个群体的比较

为了考察自我效能感对农村贫困的影响，本书对原始的 5 个选项"很不同意""不大同意""比较同意""很同意""不清楚"按照所选人数占总人数的百分比进行统计和对比，具体结果见表 9-23 和表 9-24。

表 9-23　　　　　农村贫困群体自我效能感的调查结果　　　　　单位:%

项目	很不同意	不大同意	比较同意	很同意	不清楚
您具有很多优良品质	7.0	14.84	39.7	17.9	13.3
您能做到像大多数人能做到的那样好	4.7	23.0	43.3	3.8	7.3
总体而言，您对自己感到满意	1.4	18.8	52.1	21.1	5.2
您觉得自己没有太多值得夸耀的地方	11.4	21.3	32.3	22.7	6.4
您觉得自己是个没用的人	25.8	39.4	20.7	4.7	8.9
您时常感到自卑	17.3	21.3	30.9	25.4	4.5
总而言之，您认为自己是个失败者	32.5	28.6	14.2	11.9	6.7
不管别人怎么想，只要你认为有价值、值得去做的事，你就会去完成	8.3	38.6	30.4	15.9	6.7
劳动或工作的时候，你总是拼命去做，直到你自己满意为止	7.9	28.2	39.9	18.7	5.3
通过努力就能做到自己想做的事情	15.8	27.3	30.2	19.3	7.0
面对生活中的问题时您经常感到孤立无助	10.9	32.4	41.3	9.0	6.4
您无法解决您遇到的问题	8.5	30.6	42.8	13.4	4.1
您不能改变您一生中的许多重要事情	5.6	34.1	44.7	9.4	5.3
您无法控制那些发生在您身上的事情	7.5	30.4	41.3	8.5	8.9

表 9-24　　　　　农村非贫困群体自我效能感的调查结果　　　　　单位:%

项目	很不同意	不大同意	比较同意	很同意	不清楚
您具有很多优良品质	1.4	19.8	53.5	15.6	9.4
您能做到像大多数人能做到的那样好	1.9	18.8	52.1	13.1	8.9
总体而言，您对自己感到满意	4.1	14.2	44.0	23.8	6.3

续表

项目	很不同意	不大同意	比较同意	很同意	不清楚
您觉得自己没有太多值得夸耀的地方	4.2	26.3	46.9	13.1	8.9
您觉得自己是个没用的人	34.9	28.8	19.2	6.7	5.3
您时常感到自卑	23.3	28.4	25.4	10.6	5.5
总而言之，您认为自己是个失败者	34.3	34.7	16.4	3.8	9.9
不管别人怎么想，只要你认为有价值、值得去做的事，你就会去完成	5.2	10.4	43.7	33.1	1.3
劳动或工作的时候，你总是拼命去做，直到你自己满意为止	7.9	10.8	49.2	28.5	3.7
通过努力就能做到自己想做的事情	5.8	16.3	38.2	31.6	7.0
面对生活中的问题时您经常感到孤立无助	12.9	33.7	30.2	10.2	6.4
您无法解决您遇到的问题	15.1	32.6	27.4	12.3	4.1
您不能改变您一生中的许多重要事情	16.0	34.1	30.9	9.5	7.3
您无法控制那些发生在您身上的事情	19.1	35.4	31.3	8.6	4.7

表9-23和表9-24为我们分别呈现了农村贫困群体和非贫困群体在自我效能感各个调查项目上结果的分布状况。就整体来看，在14个调查项目中，选择很不同意和不清楚的处在两个极端，而不同意和比较同意的占总量的大部分，这些数据说明了无论是贫困群体还是非贫困群体，绝大多数农村人口的自我效能感处在一个中间状态，只有极少数人的自我效能感处于极低或者极高水平。就两群体比较来看，贫困群体在社会情感诸如"您觉得自己是个没用的人"和"您时常感到自卑"这类项目上选择"很不同意"和"不大同意"的比例要略高于非贫困群体，而非贫困群体在自我认知比如"您能做到像大多数人能做到的那样好"和成就动机比如"不管别人怎么想，只要你认为有价值、值得去做的事，你就会去完成"这类项目上，选择"比较同

意"和"很同意"的要略高于贫困群体。出现这一差异的原因和我们前文提到的贫困文化表征有很大联系。

（四）文化观念、自我效能感与农村贫困的二元 Logistic 回归分析

二元 Logistic 回归模型，是指因变量为二分变量时所采用的回归模型，在本书中，因变量"是否贫困"是一个二分变量。社会学科学研究中经常会遇到二分变量的情况，我们在研究此类问题时，其目标概率值为 0—1，方程中的因变量落在实数集上，对其进行对数转换，采用二元 Logistic 回归分析。

本书这部分的主要目的是考察农村居民的文化观念和自我效能感是否对农村贫困有影响，因此建立一组模型采用逐步回归的方式来考察。首先将可能影响贫困的人口统计学特征变量纳入模型，建立模型 A，然后再将衡量文化观念的变量纳入模型，建立模型 B，最后，将衡量自我效能感的变量纳入模型 C。

模型统计检验显示，三个模型的显著水平均为 0.000，表明 3 个模型都有很高的显著性水平。

模型 A 是基准模型，代表人口统计学基本变量对农村贫困的影响。从结果来看，五个控制变量性别、年龄、教育程度、婚姻状况、政治面貌都对农村贫困具有显著影响，其中性别和教育程度这两个变量的显著性水平小于 0.00，呈强相关性。年龄和婚姻状况的显著性水平为负值，说明随着年龄的增长，贫困程度加深；和已婚人群相比，未婚人群更容易陷入贫困状态。相对于拥有党员身份的人，非党员身份的人陷入贫困的概率要高一些，显著性水平一般。

模型 B 是在模型 A 的基础上加入了文化观念相关变量的模型。由结果分析可以看出，在纳入的六个有关文化观念的变量中，只有乡土观念这一个变量没有相关性，其他均具备不同强弱的相关度。其中进

表 9-25　　文化观念、自我效能感与农村贫困的
二元 Logistic 回归模型

变量		模型 A 系数	模型 A 标准误	模型 B 系数	模型 B 标准误	模型 C 系数	模型 C 标准误
控制变量	性别	0.603***	0.161	0.500***	0.170	0.493***	0.171
	年龄	-0.012**	0.005	-0.010*	0.005	-0.010*	0.005
	教育程度	0.383***	0.067	0.343***	0.072	0.332***	0.074
	婚姻状况	-0.382*	0.172	-0.364*	0.180	-0.367*	0.182
	政治面貌	0.368*	0.186	0.404*	0.195	0.401*	0.198
自变量	进取型文化观念						
	市场观念			0.165*	0.097	0.189*	0.099
	冒险精神			0.188***	0.067	0.188***	0.068
	风险意识			0.064**	0.073	0.058**	0.074
	守旧型文化观念						
	乡土观念			-0.080	0.057	-0.084	0.058
	自满情绪			-0.363***	0.073	-0.361***	0.074
	风俗习惯遵守			-0.182***	0.056	-0.173***	0.057
	效能感						
	社会情感					-0.071**	0.070
	社会经验					0.166***	0.073
	自我认知					0.122	0.071
	成就动机					0.028**	0.071
卡方值		71.932		148.686		198.921	
Sig		0.000		0.000		0.000	
d f.		5		11		16	
-2 对数似然值		1391.449		1278.541		1268.306	
Cox & Snell R^2		0.066		0.134		0.143	
Nagelkerke R^2		0.088		0.179		0.191	

注：* $p<0.05$；** $p<0.01$；*** $p<0.001$。

取型文化观念与农村贫困呈现正相关性,说明群体表征的文化越具有进取性越富裕;守旧型文化观念与农村贫困呈较高的负相关性,说明群体表征的文化越具有守旧性越容易贫穷。

社会变革和文化变迁,始终是无法阻挡的历史潮流。在当下中国不断推进工业化、非农化和城市化的大趋势下,农村贫困群体未能从心理和行为上转变为现代人格,制约了他们的发展。他们仍然停留在传统依附式的社会关系和思想观念上,缺乏市场意识,惧怕冒险,不能预测灾祸风险,更无法挣脱习俗强加于他们在感觉和思维上的束缚。这种文化危机不仅对他们当下生活和整个人生产生抑制作用,而且还通过文化的代际传递性将影响蔓延至后代,使贫困延绵不断。因此,对农村贫困群体的文化再启蒙势在必行。

模型 B 中,乡土观念不显著的原因可能是随着中国城市化的进展加速,农村逐渐由封闭转向开放,村民的乡土意识不再如从前那么强烈,最重要的是由于土地的稀缺、贫瘠、生活的难以为继倒逼大量农民到城市去寻找出路。那些在城市里受主流现代文化熏陶并吸纳的农民,慢慢形成进取型文化观念,他们在回乡与其他乡民进行互动中起到了"正能量"的示范效应。

模型 C 是在模型 B 的基础上加入了自我效能感相关变量的模型。从分析结果可知,纳入模型的四个变量中只有社会情感、社会经验和成就动机的显著性水平高于 0.05,自我认知的系数没有统计学意义。这说明具有较强的效能感,能够学习控制所处环境,且不断建构成功情景的人越不容易贫困。农村贫困群体不能从实际出发理性地评价自身能力,也不能充分利用自我效能感的积极作用,最终导致社会认知模糊。他们倾向于对失败情景的建构,过分放大困难以至低估自己能力,从而束缚正常能力的发挥。这是一种典型的"自我设限"心理。

（五）效能感与农村贫困人口社会支持的 Ordinal Logistic 回归模型①

为了全面地考察农村贫困群体自我效能感对社会支持网络获取能力的影响，我们建立了基于工具性支持的 Ordinal Logistic 回归模型和基于情感性支持的 Ordinal Logistic 回归模型。

表 9-26　　工具性支持的 Ordinal Logistic 回归模型参数

变量		经济支持				日常生活支持			
		模型 A_1		模型 A_2		模型 B_1		模型 B_2	
		系数	标准误	系数	标准误	系数	标准误	系数	标准误
控制变量	性别	0.251	0.301	0.281	0.312	-0.034	0.326	-0.152	0.346
	年龄	0.329*	0.151	0.445***	0.164	-0.108	0.166	-0.044	0.178
	民族	2.863*	1.481	3.175*	1.539	1.332	1.386	1.460	1.474
	教育程度	0.043	0.169	0.085	0.178	-0.101	0.186	0.009	0.201
	家庭人均收入	0.322*	0.153	0.171	0.159	0.333*	0.163	0.197	0.172
自变量	行动效能			0.241	0.152			0.495***	0.171
	正向效能			0.145	0.146			0.148	0.160
	负向效能			-0.565***	0.155			-0.390*	0.160
	意志效能			0.044	0.154			0.168	0.169
模型卡方值		13.130		29.572		5.990		19.673	
Sig.		0.022		0.001		0.000		0.000	
d f.		5		9		5		9	
-2 对数似然值		336.037		241.477		290.471		198.142	
Cox & Snell R^2		0.060		0.132		0.028		0.090	
Nagelkerke R^2		0.073		0.160		0.036		0.116	
N		213				213			

注：* $p<0.05$，*** $p<0.005$。

模型 A_1 代表性别、年龄、民族等控制变量对经济支持的影响。

---

① 说明：项目组成员石先武完成部分数据统计、数据分析及部分文字撰写。

第九章　贫困的文化与社会心理过程：社会表征、文化心理与行为

从结果上看，年龄、民族、家庭人均收入对经济支持的影响是最明显的，且显著性水平小于 0.05，而性别、教育程度对于经济支持的显著性水平都大于 0.05，这两个变量的系数没有统计意义。

模型 A_2 是在模型 A_1 的基础上加入了自变量，由分析结果可知，此类自变量中除负向效能变量对经济支持有显著性影响外，其余变量的显著性都很差。也就是说，自变量行动效能、正向效能、意志效能的系数没有统计意义。而且，值得注意的是，家庭人均收入对经济支持的显著性影响因为自变量的加入而变得不显著，而年龄变量和民族变量的系数因为自变量的加入变大，年龄变量的显著性也增强。

表 9-27　情感性支持的 Ordinal Logistic 回归模型参数

变量		模型 C_1		模型 C_2	
		系数	标准误	系数	标准误
控制变量	性别	-0.181	0.345	-0.059	0.360
	年龄	-0.073	0.172	-0.028	0.185
	民族	1.428	1.441	1.531	1.515
	教育程度	0.155	0.191	0.244	0.205
	家庭人均收入	0.368*	0.170	0.275	0.179
自变量	行动效能			0.165	0.175
	正向效能			0.196	0.167
	负向效能			-0.515***	-0.170
	意志效能			0.022	0.179
模型卡方值		6.747		17.682	
Sig.		0.040		0.039	
d.f.		5		9	
-2 对数似然值		262.369		189.836	
Cox & Snell R^2		0.031		0.081	
Nagelkerke R^2		0.042		0.110	
N		213			

注：* $p<0.05$，*** $p<0.005$。

由此可见，农村贫困群体的负向效能越高，其经济支持获取能力就越弱。两者间的相关系数为 0.565，显著性水平 $p < 0.005$。

模型 C_1 代表性别、年龄、民族等控制变量对情感支持的影响。从结果上看，家庭人均收入对情感支持的影响是最明显的，且显著性水平小于 0.05，性别、年龄、民族、教育程度对于情感支持的显著性水平都大于 0.05，这三个变量的系数没有统计意义。

模型 C_2 是在模型 C_1 的基础上加入了自变量，由分析结果可知，此类自变量中除负向效能变量对情感支持有显著性影响外，其余变量的显著性都很差。也就是说，自变量行动效能、正向效能、意志效能的系数没有统计意义。而且，同样值得注意的是，家庭人均收入对情感支持的显著性影响因为自变量的加入而变得不显著。

由此可见，农村贫困群体的负向效能越高，其情感性支持的获取能力就越弱。两者间的相关系数为 0.515，显著性水平 $P < 0.005$。

三 结论与讨论

本书主要结合交互分析、因子分析和二元 Logistic 回归分析，对湖南省 5 县 10 村 1200 个农民是否贫困与其的文化观念和自我效能感之间的关系进行了定量研究。通过研究发现：

（1）农村贫困群体更倾向于一种守旧型文化观念。通过交互分析和回归分析，可以看出市场观念（$p < 0.05$）、冒险精神（$p < 0.001$）、风险意识（$p < 0.01$）、自满情绪（$p < 0.001$）和风俗习惯遵守（$p < 0.001$）这五个变量均与贫困呈不同程度的相关性。由于千年来小农经济文化的沉淀与表征，农村贫困群体仍然保留着自然经济社会时的依附式社会关系与思想观念，因而缺乏市场观念，排斥商品经济，没有勇气离开乡土去冒险并接受挑战，更无法形成成熟的风险意识与应急机制。同时，文化表征所施加强制力使他们身上深深

第九章 贫困的文化与社会心理过程：社会表征、文化心理与行为

打下了乡间习俗的烙印，使他们难以逃脱习俗旧约的束缚，裹足不前。这些贫困文化如玻璃罩一般罩在了他们的潜意识里，扼杀了他们行动的欲望和潜能，社会学家把这种现象叫作"自我设限"。久处贫困中的农民，往往就是在这种自我设限的状态中，滋生了自满情绪，失去了改变现状、锐意革新的勇气。

（2）贫困文化会消解外来扶贫力量。社会表征理论认为，一旦表征出现，它就有了自己的生命力，在锚定和具体化两大机制的共同作用下，那些闪现的、新奇的事物会很快被纳入一个普通的、被人们已知的形式中，然后磨平其棱角，融入那些惯常的表征系统中（Bartlett，1932）。因此，贫困文化具有整合功能：一方面使不符合自己需要和特质的文化因子无法进入，另一方面使少部分进入的因子被原有文化模式驯化，修改整合成为贫困文化的一部分并被赋予了"旧的"意义。对应现实社会中，就是贫困文化模式借助其强大的整合力量，使政府输入的新文化要素被修改和同化，整合为旧模式的一部分，丧失其改造贫困文化的作用。

（3）农村贫困群体没有充分认识和利用自我效能感在经济活动和生活中的巨大隐形价值。通过回归分析，可以看出社会情感（$p<0.01$）、社会经验（$p<0.001$）、成就动机（$p<0.01$）这三个自我效能感因子均与贫困呈不同程度的相关性。贫困文化作为一种集体文化表征，影响了集体成员的自我效能感。相比之下，农村贫困群体具有较弱社会情感、社会经验与成就动机。农村贫困群体不能从实际出发理性地评价自身能力，也不能充分利用自我效能感的积极作用，最终导致社会认知模糊，从而束缚正常能力的发挥。

（4）通过二元 Logistic 回归模型，在本书操作的所有变量中，冒险精神（$p<0.001$）、自满情绪（$p<0.001$）、风俗习惯的遵守（$p<$

0.001）和社会经验（p＜0.001）这四个变量的影响系数最大。非贫困群体更愿意去冒险，更愿意寻求个体在社会中的价值体现和自我实现。因为他们知道只有接受新生活和新挑战才有可能得到进一步提升。这种积极的文化观念是根植于他们集体记忆中的"源观念"，即社会表征理论中的"基藕"概念。在这种文化表征下，他们会产生积极的行为与思考倾向，更容易摆脱陈旧风俗的束缚，走出狭窄的地缘区域去寻找多元创收模式。而相比之下贫困群体害怕冒险，视商品经济为畏途，缺乏脱贫致富的积极性和独立性，仅仅寻求群体的归属感。

（5）通过二元Logistic回归模型，农村贫困群体的自我效能感对其社会支持网络的获取能力是有影响的，其中，负向效能的影响是最大的，其次是行动效能。负向效能对农村贫困群体社会支持网络获取能力的影响。在经济支持、日常生活支持、情感支持中，负面效能的回归系数分别达到 -0.565、-0.390、-0.515，显著性水平分别为 p＜0.005、p＜0.05、p＜0.005，具有较强的显著性。也就是说，负向效能越高，农村贫困群体的社会支持网络获取能力就越弱。行动效能对农村贫困群体社会支持网络获取能力的影响。在日常生活支持中，行动效能的回归系数为0.495，显著性水平 p＜0.005，具有较强的显著性。

第十章　行动中的贫困治理：参与式行动、穷人主体性与反贫困政策

自 20 世纪 80 年代以来，在国家反贫困行动中，体现了上游干预、风险预防的国家行动，也体现了国家自主性的经营式动员与支配性利益的分配过程，国家在全国范围有序开展有组织、有计划、大规模的扶贫开发，坚持符合中国实践的"政府主导、社会参与、自力更生、开发扶贫、全面发展"的扶贫开发道路。在这个过程中，政府的反贫困社会政策经历了由"以减少贫困人口为目标，解决贫困人口的温饱问题"，到"提高贫困人群的生活质量、文化素养，实施科技扶贫和文化扶贫"，再到"保障贫困人口的各项权利，开展参与式扶贫"这一历史演变轨迹。[①] 本章主要基于行动中的贫困治理，就参与式行动、穷人主体性和反贫困政策进行探讨。

[①] 郑志龙：《社会资本与政府反贫困治理策略》，《中国人民大学学报》2007 年第 6 期。

第一节 作为行动的贫困研究：跨学科视域、问题意识与知识构建

一 行动中的贫困治理研究：跨学科视域与知识框架

（一）行动中的贫困治理与反贫困战略：跨学科的学理依据与理论建构

基于行动中的贫困治理和反贫困战略必须基于跨学科的分析框架，包括生活质量框架、可持续生计框架、脆弱性分析框架、包容性发展分析框架、公共健康分析框架、社会表征与嵌入性分析框架等，对农村贫困的社会影响评估和社会效果展开科学的评估，同样也必须基于跨学科分析框架，该框架是重新思考中国农村贫困的社会影响干预和反思中国农村扶贫行动的重要知识前提。传统意义上的反贫困战略与贫困的社会影响干预与评估主要集中在识别和减轻不利的影响，而且主要是与经济收入或者发展项目相关的。现在已经扩展到，包括识别和评价正面影响和提高不同人群福利的机会，特别是穷人和脆弱群体，并且不断地应用到宏观和跨学科的层面。既包括贫困的政治影响，如政治的稳定性、政策方针的制定，也涉及经济、社会发展和人口健康的影响。在评价任何改革的实际和潜在社会、分配性的影响中，我们原则上需要识别对与人口相关的所有方面的影响，特别关注脆弱群体，他们往往被忽视；理解不同群体参与的制约因素（如穷人如无地者，他们缺乏资产来享用改革的机会）；理解社会和文化变量的影响的差别（如性别的不同）等。在反贫困战略的制定中，同样需要吸收政治学、经济学、社会学、人口学和管理学等学科的理论成果，融合脆弱性、社会排斥与社会整合、包容性发展、可持续生计、

第十章　行动中的贫困治理：参与式行动、穷人主体性与反贫困政策

风险社会等前沿性、交叉性的学术成果。在反贫困战略的制定中，也同样应该在跨学科的基础上，关注理论的建构和发展问题，理论的建构问题体现在参与式发展理论、优势视角理论、可持续生计框架的本土化建构。

（二）行动中的贫困治理与反贫困战略：跨学科研究与新的问题意识

社会影响干预与反贫困战略的跨学科研究要求我们要建立科学的社会影响干预和行为评估体系，在跨学科基础上重新检验和思考原有的反贫困战略。例如，关注贫困对社会、政治、经济、文化和人口可持续发展的影响等；关注性别平等、社会排斥和贫困；关注对健康、保险、消费权、社会资本、安全（包括犯罪和恐怖主义）、教育、培训和文化，以及分配性的含义；关注投资、市场共享和模式的变化，以及消费价格的增长或下降；关注气候变化，空气、水和土壤污染，土地利用变化和生物多样性的丧失，公共健康变化等跨学科的问题。

二　行动中的中国反贫困战略：问题视域与跨学科范式

（1）跨学科视角下的贫困社会影响评估和干预研究。包括社会稳定风险评估；政治权力影响、利益相关者分析；可持续生存资源分析，包括可持续生计发展框架、生计资本分析（人力资本、自然资本、物质资本、经济/金融资本、社会资本等）、生计发展策略与目标/成果；安全保护与脆弱性；贫困的逻辑框架、问题分析和风险分析；经济的消费、收入与资产分析；社会文化分析；就业水平与工作质量、价格波动、得到商品和服务的可能性；性别平等、社会排斥和贫困的可能性；与环境变化相关的正面和负面的影响，如气候变化，空气、水和土壤污染，土地利用变化和生物多样性的丧失，公共健康变化等对人力资本的影响、对基础的/人权的影响、与欧盟基本人权

· 525 ·

宪章的兼容性，改变就业水平或工作质量，改变牵动人心的性别平等、社会排斥和贫困；对健康、保险、消费权、社会资本、安全（包括犯罪和恐怖主义）、教育、培训和文化，以及分配性的含义，如特殊部门、消费群体和工人等对收入的影响。

（2）贫困与社会影响评估与干预的技术研究。包括贫困和社会发展分析的要素；贫困和社会影响分析工具；评估的方法与基本工具；评估的指标等。

（3）跨学科的反贫困战略：新的理论建构和新的问题意识。包括建立一套跨学科的、多指标的贫困人口识别方法；包容性增长视角下中国扶贫政策的变迁与走向；贫困监测、可持续生计风险、脆弱性和扶贫对象瞄准目标与机制的建立，涵摄了环境生态、气候变化、社会政策、市场和经济政策等跨学科领域；将脆弱性、可持续生计、包容性发展、社会排斥、整合、公共健康等纳入贫困监测和分析的范畴，及时准确地监测贫困的动态变化；基于减少风险和建立家庭的风险抵御能力的政策干预策略；扶贫开发规划实施评价，包括规划实施评价体系、规划实施评价内容、规划实施评价方法和指标等。

（4）跨学科视域中的中国扶贫战略的新问题域及其扶贫战略转型的框架。包括可持续生计框架与反贫困战略调整；包容性发展与农村贫困战略；反社会排斥、社会整合与新的反贫困战略；公共健康、人口可持续发展与农村反贫困战略；全球化语境中的人力资本投资策略和"可持续生计框架"（the sustainable livelihood framework）的跨学科整合；参与式扶贫与中国反贫困治理结构；穷人主体性、赋权与扶贫战略的改变；生态文明、农村扶贫与生态治理。

（5）跨学科视角下的中国农村反贫困的效果评价和行动方案研究。包括反贫困项目的可行性研究（Feasibility Study）、项目实施效果评价指标体系、项目管理过程成熟度模型的建立；包括发展项目的主要内容，如社会融合与一体化工程、反贫困行动计划、移民安置和接纳工程、环境保护运动、再就业工程、创收计划、住房社区推动、老年人的居民区服务、城市贫困家庭发展计划、目标群体的工作（长期失业者、丧失劳动能力者、单亲家庭、吸毒者、低收入者、老年人、妇女、移民或少数民族、青年人和残疾人）；也包括项目的配套条件，如项目的执行主体、资源供应、建设规模、环境影响、资金筹措等，从技术开发、经济发展、项目工程等方面进行调查研究、分析比较和社会现实的回应，并对项目建成以后可能取得的财务、经济效益及社会环境影响进行预测，体现在农村经济产业发展（如经济创收、社区经济发展方案、就业开发方案等）、农村医疗福利（如农村社区照顾、社区儿童照护、老年人照顾等）、农村社区治安、环保生态、环境景观等面向。另外，还有项目管理绩效评估体制、标准和原则、要求、内容与体系、评估方法、评估指标体系、评估模型、需求评估、过程评估和效果评估等。包括反贫困过程及项目实施效果评价指标体系、构建评价模型；建立社区建设与管理的社会效益综合评价指标体系，包括社会影响评估（SIA）、社会效益评估；建立项目管理绩效评估行为系统；建立各种模型，如包括经济收益模型、生态效益模型、政策评价模型、环境评价模型、成本—效益分析模型等。

第二节　行动中的贫困治理：范式转变与知识的反思性建构

贫困研究存在跨学科视域，不同的学科视域关注贫困的经济视角、能力视角和社会视角，关注经济贫困、权利贫困、能力贫困与社会排斥，与此相适应，贫困治理也经历了一个范式转变的过程。

一 行动中的贫困治理：问题视域、理论框架与话语实践

（一）贫困治理的科学内涵、问题视域与框架

贫困治理主张培育多元化的行动主体，强调多元反贫困主体的分工合作、功能互补，强调行政机制、市场机制与社会机制的有机结合，强调自上而下治理链条与自下而上治理链条的有机对接，突出社会性投资的战略地位，不断完善培训环境，健全就业机制，拓宽就业渠道，创造稳定的有利于社会经济发展的环境。贫困治理将从简单的物质扶贫转变为赋权增能、培育社会资本和强化个人资产建设等综合性、注重发展的深层次多元救助；贫困治理强调全社会的广泛参与与协同行动，包括社区组织和非政府组织的全面参与。

在反贫困治理行动中，农村反贫困治理结构体现在：一是明确贫困治理目标、机制及战略任务，形成科学治理路径和总体性框架。二是构建贫困治理体系，提升贫困治理能力，形成多元反贫困主体分工合作、功能互补，实现行政机制与市场机制的有机结合；实现自上而下治理链条与自下而上治理链条的有机对接；使政府机构的组织管理体系、社会主体的辅助参与体系和贫困农户的参与接受体系形成科学的组织体系和运作系统。三是健全贫困治理机制[1]，包括创新扶贫对象识别机制、完善贫困人口的统计识别工作；包括创新扶贫资金投入机制、加强专项扶贫与行业扶贫的资源整合、完善信贷扶贫激励政策以及拓宽社会主体的扶贫渠道；包括创新项目选择运营机制和监督评价机制等。四是完善贫困治理政策法规体系，形成科学的制度规范和

---

[1] 刘娟：《扶贫新挑战与农村——反贫困治理结构和机制创新》，《探索》2012年第3期。

第十章 行动中的贫困治理：参与式行动、穷人主体性与反贫困政策

激励引导。①

（二）贫困治理话语实践与理想类型建构

贫困治理的话语实践和范式重建体现在以下几个方面：

首先，走向"整体性"反贫困行动。整体性的反贫困行动体现为国家主义的意识形态连续谱和集体主义的国家上游干预策略。整体性的行动认识到国家和地方政府在反贫困行动中的作用，集权型——官僚干预、地方国家与制度再分配话语、支配性利益的国家再分配过程、国家动员式发展主义和项目制构成国家主义意识形态连续谱的构件。

其次，强调企业化进路，即自由市场型——个人主义模式。企业化进路强调，利用特制的反贫困手段，利用市场经济积极参与、利润获取和个人竞争，基于市场转型的利益驱动和机会获取，保护劳动力市场中的弱势群体，通过经济刺激、市场经济积极参与提高福利，都是非常必要的。在那些以增进收入、提高民众生计的项目中，采纳经济上可行的、基于市场的策略，是一个基本的要素。整体性的行动认识到强调平民主义的发展传统，强调积极的社区动员的核心地位，同时借助各种机构来表达民众的需求，并强化民众在政策制定及实施过程中的全面协同和共同参与。②③

最后，中国农村贫困治理也体现了从再分配话语、道德下层阶级话语走向社会融合话语。再分配话语针对的主要问题是基于收入差距带来的贫困和社会不平等，它强调扶贫行动要经由国家再分配话语，帮助市场竞争中的失败者或社会弱者实现减贫和再分配的目标，体现

---

① 刘娟：《扶贫新挑战与农村——反贫困治理结构和机制创新》，《探索》2012 年第 3 期。
② 王晓鹏：《社会管理研究综述》，《科技信息》2012 年第 6 期。
③ 刘振杰：《资产社会政策视域下的农村贫困治理》，《学术界》2012 年第 9 期。

为积极的劳动力市场政策，强调社会权利的最低收入支持制度。道德下层阶级话语针对的主要问题是依赖和贯彻基于自立、自我负责与个人支持的工作伦理，它认为是扶贫项目和扶贫行动造成消除贫困的低效率，因此必须树立个人的责任意识，以实现自立和自我负责的目标，具体可采用的政策工具包括工作福利、消极的刺激措施（如减少待遇等）。社会融合话语针对的主要问题是由反贫困社会政策带来的"陷阱"以及一些遏制就业的因素，包括积极型和能动型国家、投资型和发展型社会政策以及包容性发展的反贫困行动，受助者被认为因"贫困陷阱"和"失业陷阱"而丧失了寻找工作的动力，因此要树立社会、企业和个人共同负责的意识，以实现劳动力市场政策、分权型—自助民助主义机制与国家反贫困制度有机整合、让有劳动能力的受助者融入劳动力市场和社会的目标，具体可采用的政策工具包括积极的刺激措施（如增加就业机会等）、强调权利与义务平衡的最低收入支持制度。[①]

二 贫困治理的中国实践：实践过程及其现实困境

（一）经济扶贫论的窠臼和困境：农村贫困的恶性循环怪圈

传统贫困治理理论把贫困定位于经济发展落后、经济收入不足，贫困治理倾向于基于经济问题的贫困发生学解释，把发展经济作为缓解贫困的主要策略，将发展经济、提高收入水平作为扶贫政策的核心内容。造成强调"高效率、高 GDP"的经济政策而忽视"普惠特惠型、低端倾向型"[②]的社会福利政策，即使所谓的开发式扶贫仍摆脱

---

① 张浩淼：《政策话语转变与社会救助改革：德国的经验与启示》，《中国社会报》2009 年 9 月 2 日。

② 李迎生、张志远：《中国社会政策的城乡统筹发展问题》，《河北学刊》2011 年第 3 期。

第十章　行动中的贫困治理：参与式行动、穷人主体性与反贫困政策

不了就经济谈贫困、就贫困谈经济的思维惯习。这种"高经济增长、低社会福利"的发展模式造成的生态较为脆弱的贫困地区由于某些项目的盲目引进导致生态环境严重破坏，过分强调经济发展战略无法改变我国农村贫困人口数量庞大、贫困代际恶性循环的局面。更为严重的是非理性的 GDP 增长狂热，带来了巨大的生态环境破坏，也导致农村成为高速城市化发展的牺牲品，农村走向萧条而不断被边缘化，带来了新的贫困。

事实上，尽管经济仍然保持快速增长，减贫却出现了放缓的趋势，并出现了一些新的贫困变动和趋势。经济增长质量下降与收入分配不公平导致的贫困人口受益比重下降以及获取收入机会的减少，是中国减贫放缓的重要原因[1]，经济增长与收入差距扩张并存，收入差距扩大抵消了部分经济增长的减贫效应。中国的经济扶贫行动经验发现，在政府投资中，扶贫贷款对缓解贫困的作用最小，主要在于其扶贫目标瞄准机制的低效率以及扶贫资金的错误使用。另外，有学者将总贫困分解为暂时性贫困与慢性贫困，中国政府的扶贫措施更强调对抗慢性贫困而不是暂时性贫困，在具体扶贫实践中，开发式扶贫措施有助于慢性贫困，但对于暂时性贫困无能为力。[2] 加上政府在经济扶贫行动中，容易出现扶贫资金的总量投入明显不足、有相当部分扶贫资金被挪用、扶贫资金并不能完全为穷人所用、政府过多干预导致扶政策效率低下等，带来新的贫困或者贫困不断恶性循环。

（二）地方国家、经济干预与农村贫困：扶贫行动及其实践悖论

国家扶贫行动和扶贫政策体现了由单一的计划经济到市场经济过

---

[1]　胡鞍钢：《中国经济增长与减少贫困（1978—2004）》，《清华大学学报》（哲学社会科学版）2006 年第 5 期。

[2]　章元：《一个农业大国的反贫困之战——中国农村扶贫政策分析》，《南方经济》2008 年第 3 期。

渡的特点，但在扶贫实践中，地方政府基于在官僚体系中的有利位置，常常基于合法性权力、国家动员式发展的意识形态连续谱和制度嵌入和可塑性掌握了资源分配的权力，从而在市场机制中出现了官僚的微型干预和权力的内卷化，行政性的权力介入导致地方国家的经济干预和扶贫效率变得低下。具体体现在：带来全能主义政府下的贫困救助制度设计缺陷和就业激励机制缺失，带来最低生活保障待遇给付制度设计缺陷和劳动就业负激励效应，带来分类专项救助对象瞄准偏差、就业专项援助残缺，包括城乡一体的就业援助制度缺乏、分类专项救助难以落实、基本生活救助设置了差别性不平等的受助门槛、就业援助工作安排缺乏稳定性和制度性、受助者收入豁免制和救助渐退机制没有建立等一系列的问题，地方国家的经济干预不但没有消除农村贫困，反而带来了新的贫困问题，如社会不平等、相对剥夺感、制造新的贫困等。

（三）穷人经济学与贫困微观循环：行为理性和贫困的代际传递效应

贫困者行为理性体现在：每一个环节上的行为理性积淀，客观上却导致了小农总体行为的非理性结果。每一种改善贫困、防御风险的行为最终却导致了贫困化。[①] 在中国农村，贫困小农利用家庭生命周期中的理性生育行为来缓解贫困，经由家庭生命周期和人口要素短期配置的合理性（如生育与劳动力的再生产）延长家庭代际劳动力的共享期、调整家庭人口结构，包括小农家庭中代际交换对劳动力的需要冲动，刺激贫困小农的超生行为，为压缩劳动力再生产周期，刺激贫困小农的早婚早育行为，相对于外部环境风险而言，这是一种内部的

---

① 沈红：《中国贫困研究的社会学评述》，《社会学研究》2000 年第 2 期。

第十章　行动中的贫困治理：参与式行动、穷人主体性与反贫困政策

基于劳动力配置风险，这种配置导致了基于家庭生命周期的长期配置的失衡和小农经济的风险周期，意味着人口数量对人口质量的替换，致使贫困地区的组织构造长期处于较低水平的配置状态，人均占有资产量的减少和长期持续加剧失衡的趋势，并且难以逆转。贫困与贫困缓解在一代人、数代人之间循环往复、周期性出现的现象，造成边缘地带小农经济的封闭性、技术的封闭性和社会组织等方面的封闭性。[①]

由表 10 - 1 可以看出，在被访者中，家中没有男性劳动力（男性劳动力人数为 0）的有 40 人，占 7.5%；男性劳动力人数为 1 的有 312 人，占 58.9%；男性劳动力人数为 2 人的有 140 人，占 26.4%；男性劳动力人数为 3 人的有 28 人，占 5.3%；男性劳动力人数为 4 人的有 10 人，占 1.9%。

表 10 - 1　　　　　　　　　男性劳动力人数

男性劳动力人数	频数	百分比（%）	有效百分比（%）	累计百分比（%）
0	40	7.3	7.5	7.5
1	312	56.9	58.9	66.4
2	140	25.5	26.4	92.8
3	28	5.1	5.3	98.1
4	10	1.8	1.9	100.0
总计	530	96.7	100.0	

现实生活中，国家、地方政府、个人和家庭在消除贫困的微观行动中不是一种完全理性，而是有限理性或模糊理性。包括获取市场信息的能力和渠道有限，进而对市场变化和新事物倾向于采取盲目排斥

---

① 沈红：《中国贫困研究的社会学评述》，《社会学研究》2000 年第 2 期。

和一概否定的态度；出于求生的本能，为追求收入的稳定，避免极低的生活水平遭受意外的损失而降低到难以接受的程度，对面临的风险往往持谨慎态度；奔波于维持家庭基本生计，在新技术的采用和教育投资方面属于明显的风险规避型，缺乏内在动力。

在具体的扶贫行动中，出现了扶贫对象瞄准目标逐渐偏离，扶贫边际效益逐年递减，贫富差距不减反增的现象。现有扶贫不能及时反映穷人需求，缺乏增强穷人抗风险能力的政策。政府在制订和落实扶贫政策时缺乏针对性。受助者往往只是纯粹的、被动的客体，穷人的主体性、能动性和话语权缺失。长期"输血"式扶贫非但没有提高贫困人口的"造血"能力，反而助长了他们等、靠、要的思想，以致出现某地入选贫困县之后公开进行庆贺的滑稽事情；而且许多脱贫户会因为"供血"中断而再度陷入贫困状态，无法从根本上解决贫困问题。一味注重经济扶贫还造成扶贫资金严重渗漏、腐败低效、滥用职权挪用扶贫资金、夸大虚报扶贫成绩、喜欢做表面文章捞取政绩等一系列问题，这些都严重影响贫困治理的效果。而且，福利制度的刚需易致国家财政负担越来越重。由此观之，全面测度扶贫绩效，深度调整扶贫策略已成当务之急。①

（四）地区发展失衡、脆弱性生态环境与农村贫困

在反贫困行动中，中国的梯度发展战略、生态环境的脆弱性风险和生态经济的发展模式带来地区发展失衡。在中国农村，由于农业生产所获得的经济收入构成了贫困人口的收入主体，农业发展的不平衡性、脆弱性生态环境、农户生计的脆弱性直接影响了贫困率，在那些

---

① 李迎生、张志远：《中国社会政策的城乡统筹发展问题》，《河北学刊》2011 年第 3 期。

第十章　行动中的贫困治理：参与式行动、穷人主体性与反贫困政策

农业增长速度缓慢、自然生态环境恶劣的地区，贫困减少的速度就慢，而在自然生态环境较好、农业发展速度迅速而能够赶上其他产业的发展速度时，贫困减少的速度就快。① 在中国农村贫困地区，尤其是贫困边远的少数民族居住区，出现了集中连片特别贫困、返贫率高、贫困恶性循环、低水平均衡陷阱、贫困循环恶性积累、反贫任务艰巨等事实。在这些连片贫困地区，存在偏僻性、空间封闭性、民族宗教多样性、经济发展滞后性、文化保守性、生态环境脆弱性、民族认同差异性等区域特殊性，发展失衡的反应机制和扩散机制及发展失衡对正常生活的影响与冲击程度不同于其他区域的差异性。② 贫困不仅仅是经济发展的问题，同时也是一个政治、生态与文化的问题，这种农户发展的失衡性、农村生计的脆弱性又与当地经济、社会、生态、政治、文化等主要领域的失衡相互强化，包括经济差距进一步扩大、在市场竞争中的弱势地位累积、产业发展的经济社会成本巨大、社会公正与基于国家再分配中地方官员腐败、基层政权由于低效率变得失信、自然灾害带来的生态环境破坏、毒品与艾滋病扩散等带来的对贫困地区社会发展的影响，导致贫困恶性循环与低水平均衡陷阱。加上当地公共服务与基础设施薄弱，缺乏高附加值的主导工业群与现代新兴企业，自我发展能力差，承接产业转移与吸引外资力的能力弱，导致经济发展严重滞后、物质资本严重匮乏。③ 在教育、医疗卫生、社会保障、文体传媒、城乡社区、公共安全和环境保护等公共事业方面，出现国家投入严重不足，地方负债日趋严重，政治社会文化

---

① 章元、万广华、刘修岩、许庆：《参与市场与农村贫困：一个微观分析视角》，《世界经济》2009 年第 9 期。
② 蒋辉：《集中连片特困区域公共事务治理模式研究——以武陵山区为例》，《甘肃社会科学》2012 年第 9 期。
③ 同上。

生态日趋恶化,其原因既因政府投入不足,财力支出增速低,支出不均衡,又由于低市场化程度,社会资源严重缺乏,加剧了公共服务的欠缺;这种状况强化和扩大了人们被边缘化的心理感受,降低人们对社会共识的认同,削弱了人们对贫富分化与社会不公现象的承受能力。[1]

基于地区发展失衡的态势,从贫困治理战略选择看,我国将以连片特困地区为主战场,实现区域发展与扶贫攻坚的有机结合。为解决过去分散型、插花式扶贫开发的效益偏低、效益不稳难题,未来我国将以连片特困地区和各省划定的省级连片特困地区为主战场,按照区域发展与扶贫攻坚融合互促的原则,展开贫困治理工作。[2] 连片特困地区区域发展与扶贫攻坚战略是我国在新形势下做出的重大战略调整,是新时期"区域发展带动扶贫开发,扶贫开发促进区域发展"的区域发展和扶贫思路的集中体现。这一战略表明我国已经开始突破传统的"点线"扶贫和"外延式"扶贫的传统路径,转而走"区域性"扶贫和"内涵式"扶贫的路子,强调超越传统行政区划的限制,对区域资源进行系统整合,以形成区域发展的内生动力,进而实现区域发展与扶贫开发的有机统一。[3]

在这些贫困或边缘地区,生态环境脆弱性、经济脆弱性和贫困地区农户生计脆弱性所带来的贫困脆弱性是一基本常态,部分地区的贫困人口压力大,人多地少,人地矛盾突出,存在以牺牲生态换取生

---

[1] 蒋辉:《集中连片特困区域公共事务治理模式研究——以武陵山区为例》,《甘肃社会科学》2012 年第 9 期。
[2] 刘娟:《扶贫新挑战与农村——反贫困治理结构和机制创新》,《探索》2012 年第 3 期。
[3] 蒋辉:《集中连片特困区跨域公共事务治理模式研究——以武陵山区为例》,《甘肃社会科学》2012 年第 5 期。

第十章　行动中的贫困治理：参与式行动、穷人主体性与反贫困政策

存、以生态恶化取代生态保护进一步导致"贫困化陷阱"现象；存在"资源消费陷阱""贫困积累因果循环""贫困生计的风险和脆弱性增大"现象并引发收入分配不公、劳动就业困难、区域性产业结构失衡、土地报酬递减、资源分配不均等问题，加上生态修复的技术、国家政策支持不足，生态补偿问题没有解决，最终导致资源利益不均衡已经向社会、民族乃至区域性冲突加剧，并侵蚀到社会稳定的基础性结构，进一步引发社会公平、发展伦理和道德正义的全面侵蚀和破坏。[1]

（五）社会变迁、介入型贫困与移民效应

整体的社会变迁对个体生活历程有直接和重要的影响，我国正在经历的社会转型中普遍存在因为项目工程建设或旅游开发项目的推进而形成的大量非自愿移民，包括水库移民、生态移民、大型基础设施建设移民、城市拆迁失地移民等，他们都经历着直接的职业、生态、人际关系网络、文化乃至非正式的社会支持网络等多方位的改变，并承受着因为国家社会政策、现代化发展战略和外来市场力量的介入导致的失业、社会排斥、空间隔离和贫困等问题，社会变迁或整体性的社会改造通过影响正规和非正规人力资本失效，致使移民人群发展能力受损，基本生存生态遭受严重破坏，抗风险能力降低，脆弱性和不确定性增强，进而导致基于理性国家、发展干预引发的介入型贫困。因此，在社会变迁或者大规模移民过程中，应该高度注意影响迁移人群的能力再造和社会资本培育，这是保障相关区域和相关人群提升个

---

[1] 杨先明：《超越预警：中国西部欠发达地区的发展与稳定》，人民出版社2013年版。

人能力、实现可持续发展的关键。①

三 贫困治理的意识形态连续谱：范式超越与重建

（一）贫困治理主体的转变：走向多元主体协同治理

贫困治理主体经历了从民间慈善救济到福利国家，再到福利多元主义的转变，即从以民间慈善为主到以政府救助为主，过渡到政府、企业界、民间组织建立合作伙伴关系、多元主体协同治理贫困的过程。近年来，非政府组织扶贫的影响和作用也越来越大，"希望工程""光彩事业""智力扶贫""巾帼扶贫""天使工程"等各具特色的社会扶贫形式，给全社会留下了深刻印象。对于中国消除贫困的实践经验，体现了"政府主导，社会参与，自力更生，开发扶贫，全面发展"的中国国情的扶贫开发道路。②

在贫困治理和全球反贫困行动早期，往往基于个人主义的贫困发生学解释，个人主义的贫困往往被理解为个人疾病、伤残、懒惰或不道德的结果，因此，国家发展话语中对贫困者，尤其是有劳动能力的贫困者采取排斥、惩戒、规训或者"污名化"态度。作为传统济贫模式主体的、自发的民间组织，尤其是慈善组织是贫困济贫的主要力量，国家的介入只是边缘性的、消极被动型的。19世纪初，大规模的工业革命和城市化运动以后，贫困不只是个人生存的问题，贫困开始成为一种严重的社会问题，民间组织或者自发的慈善活动的传统济贫模式远不能满足社会需求。国家开始大规模地介入济贫活动中，通过建立福利国家模式来消除贫困，国家构成了反贫困行动的主体。20世

---

① 杨云彦：《社会变迁、介入型贫困与能力再造——基于南水北调库区移民的研究》，《管理世界》2008年第11期。

② 益民：《穷人经济学的伟大实践——中国式扶贫加速世界减贫进程》，《决策与信息》2005年第11期。

第十章　行动中的贫困治理：参与式行动、穷人主体性与反贫困政策

纪70年代以后，伴随经济改革、社会转型和全球化冲击，福利国家的神话破灭，福利多元主义风起云涌，政府在贫困治理中的作用有所淡化，贫困治理主体也日趋多元化。①

一方面，随着全球公民社会和社会组织的发展，在反贫困行动中，民间社会组织异军突起，掀起了一场"全球结社革命"，社会组织广泛参与贫困治理、民权运动、环境保护、消费者保护等社会生活的各个领域，日益形成一股重要的社会力量。另一方面，伴随新自由主义的兴起，市场的价值重新被肯定，福利国家开始了社会福利和公共服务的私有化过程。政府在公共事务管理中的垄断地位被彻底打破，政府、市场与公民社会"三足鼎立"的格局逐渐形成。在这种背景之下，贫困治理日益强调引入市场和民间组织的力量，通过政府与企业界、民间组织等多元主体构建合作伙伴关系，从而达到共同治理的效果。亚洲开发银行把改善贫困治理结构看作三大减贫战略之一，其中，政府、企业界与民间组织建立合作伙伴关系是改善治理结构的关键之一。世界银行认为，通过政府、企业界和民间组织等共同合作，可以从扩大贫困者的经济机会、促进赋权和加强安全保障等三个方面来形成持续性的减贫动力。②

在全球化反贫困行动中，贫困治理日益依赖于政府部门与非政府部门的合作。国家理性、支配性利益的国家分配过程以及政府的层级结构很容易导致官僚主义产生，从而引发国家、政府部门的贫困治理效率低下、扶贫对象瞄准偏离、国家财政投入的失误等。而非政府部门由于具有较强的目标针对性、文化的共享性和较高的准确度，贫困

---

① 刘敏：《贫困治理范式的转变——兼论其政策意义》，《甘肃社会科学》2009年第5期。
② 同上。

治理的实施策略可操作性更强，贫困的瞄准机制更加灵活有效。在反贫困行动中，社会团体、民办非企业单位、基金会三类非政府组织，构成了反贫困行动的重要力量。如在四川，致力于扶贫领域的非政府组织（NGO）主要包括中国扶贫基金会、中国国际非政府组织合作促进会、中国人口福利基金会、中国计划生育协会、中国青少年发展基金会、中华慈善总会、技能培训学校、爱德基金会、香港乐施会、救助儿童会、四川农村发展组织等。①

（二）贫困治理范式转变：多维视野及其行动框架

1. 实现从救助式扶贫到开发式扶贫，进而到多元化、参与式扶贫转变

贫困治理方式的转变在不同的时期其实践策略、干预方式和行动框架体现了不同的阶段性特征，实现从强调物质资本救助（给付实物或现金）的救助式扶贫，到强调人力资本开发的开发式扶贫，进而到强调社会资本投资的参与式扶贫转变，干预的重点在于培育人力资本、增强人的能动性和战胜贫困的信心、投资于教育和培训。实现从事后救急式补偿到以预防为主、补偿为辅，重在创造有助于贫困群体自我发展、自我实现的条件。事实上，单纯给穷人"输血"是不够的，必须培育出一种自我发展能力，实现"造血"和"输血"相结合的"开发式扶贫"和"多元化扶贫"模式转变。

首先，在传统的反贫困行动中往往采取物质资本救助式的扶贫策略，体现为物质资本范式，具体包括公共财政转移支付、发展项目的国家财政拨付、经营式动员与国家干预。在反贫困行动的初期，贫困

---

① 胡鸣铎：《政府部门与非政府部门贫困治理合作机制研究——以社会主义新农村为视角》，《河北经贸大学学报》2013年第4期。

第十章　行动中的贫困治理：参与式行动、穷人主体性与反贫困政策

主要被理解为一种经济现象，贫困问题就是经济问题，经济发展了贫困自然就会消失，因此，减贫的关键在于经济增长，贫困是由于经济剥夺、收入不足和物质匮乏而导致生活水平低下，扶贫的关键在于发展经济，从经济层面对贫困者进行物质资本救助，即由国家和社会经由再分配策略为他们提供一定的经济支持和物质救助，使其生活得到基本保障。这种传统的救助式扶贫，其核心是通过收入援助，通过社会政策体系为贫困者提供各种收入补贴、灵活性的工资形式和福利服务，使其经济收入和消费水平达到一定的标准，从经济上保障他们的基本生活。美国学者迈克尔·谢若登研究发现，在西欧和北美发达的福利国家，对穷人的社会政策一直主要基于收入观点，贫困和困难产生于资源供应的不足，即物品和服务的供应缺乏。不论是健康医疗、住房、直接财政救助、教育还是其他领域的福利，都是围绕着所接受或消费的物品和服务的水平。[1] 迈克尔·谢若登指出，这种社会救助模式最大的缺点在于救助效率低下、缺乏可持续性，难以满足贫困者的基本需要。[2]

物质资本救助是扶贫开发的前提条件，经由经济增长和经营收入的增加可以缓解贫困问题，保障农村贫困人口的基本物质生活和基本消费，但是，仅仅依靠单一的物质资本救助并不能真正解决贫困问题，因为贫困不仅是经济剥夺、收入水平低下和物质匮乏，而且涉及能力低下、社会排斥、脆弱性风险、可持续生计破坏、公共服务提供、资源分配不均产生的相对剥夺以及收入差距扩大带来的收入差距等更多深层次的因素。物质资本救助式扶贫只限于消极的经济救助补

---

[1] 刘敏：《贫困治理范式的转变——兼论其政策意义》，《甘肃社会科学》2009 年第 5 期。
[2] 徐志超：《边疆少数民族地区贫困治理研究》，硕士学位论文，云南大学，2013 年。

偿，强调扶贫的"输血"功能，忽视了扶贫行动过程中的资产建设和能力提升，忽视了反贫困行动中的"造血"功能，结果既不能帮助贫困者实现生存权、有效满足他们的基本需要，更谈不上帮助他们摆脱贫困、实现发展权，反而有可能造成他们陷入"低收入—低消费—低收入—低消费"的贫困恶性循环、低水平陷阱和贫困循环积累因果关系，从而形成一个代际传递的持续性贫困群体。[①]

接着，实现从救助式扶贫向开发式扶贫的转变，从物质资本范式向人力资本范式和社会资本范式转变，从理论上体现为向下层阶级理论转向，即转向下层阶级的个人责任和工作机会，转向强化贫困者的能力建设和资产建设，利用贫困地区的自然资源，进行开发性生产建设，逐步形成贫困地区和贫困户的资产积累和自我发展的能力。开发式扶贫重视人力资本在扶贫开发中的作用，不仅关注贫困者的经济贫困，更关注他们的能力贫困、资产贫困和可持续生计贫困，关注他们的个人责任和工作机会，在实践的扶贫行动中，国家不断减少政府对低收入家庭的公共救助，要求通过培训或工作缓解贫困，公共政策的重心也开始向劳动力市场转向。开发式扶贫不仅保障贫困者的生存权，更保障他们的发展权、发展伦理与道德正义；不仅强调满足贫困者的基本生活和物质生活需求，更强调通过教育、培训、就业等方式开发他们的潜力，增强个体效能和市场竞争能力。人力资本投资是建立在资产建设基础上的生产性投资，而且是比物质资本投资效益更高的投资，增加对贫困人口的投资，提升他们的人力资本存量，可以打破贫困人口"低收入—低人力资本—低收入"的贫困陷阱，帮助其最

---

① 刘敏：《贫困治理范式的转变——兼论其政策意义》，《甘肃社会科学》2009 年第 5 期。

第十章 行动中的贫困治理：参与式行动、穷人主体性与反贫困政策

终摆脱贫困。开发式扶贫不再局限于传统的收入再分配，而是强调人力资本投资，认为扶贫开发应以人力资本投资为导向，投资到具有促进教育、就业、劳动技能以及低成本高效益的社会投资项目上，通过发展教育、培训、技术、就业、卫生保健等综合配套服务开发贫困者的人力资本，使其形成自我积累和自我发展的能力。人力资本开发式扶贫的核心是改变救助贫困者的方式，即在可能的情况下尽量在人力资本上投资，而最好不要直接提供经济资助。[1]

其次，实现从单一扶贫向多元化扶贫和参与式扶贫转变。参与式发展以"增能"、"赋权"、"抗逆力"和个人效能感为核心，强调社会资本投资、投资于教育和培训，参与式反贫困重视参与式决策和参与式行动，重视以就业、个人责任与工作机会创造为导向，创造收入的能力和机会，动员所有个人、群体和相关组织参与发展行动，促进参与就业的积极性，提升资源、权力、物质和服务的可获得性，赋予反贫困对象参与发展的权利。参与式反贫困注重与农村反贫困目标相结合，在关注物质环境改善的同时，不断提升贫困者的生存能力与参与机会，形成农村参与式反贫困机制。参与式行动强调贫困群体通过合法的途径与手段，参与到发展项目活动的全过程，通过双向沟通和协商平等对话的方式来表达自己的意愿，通过各种政策渠道建立起参与式扶贫机制，从而实现对项目活动施加影响的过程。其本质是通过公众对规划活动全过程的主动参与，协调多元的利益主张，提高规划的科学性，更好地保证规划决策与执行的公平性、公正性和公开性，

---

[1] 刘敏：《贫困治理范式的转变——兼论其政策意义》，《甘肃社会科学》2009年第5期。

使规划能切实体现公众的利益要求。①

最后，走向多元化、包容性发展和社会融合式的反贫困行动。反贫困的关键不仅在于经济增长和收入提升，主张建立"多元化反贫困"机制，提高反贫困政策效果。事实上，国家基于能力贫困的开发式扶贫方式"没能够看到陷入贫困的社会、政治和心理过程。这意味着，如果没有考虑经济、政治、公民权利以及文化方面的排斥，任何关于贫困的讨论都可能变得无效，虽然一些人拥有足够的收入、消费和基本能力，但他们仍然有可能再次陷入贫困，因为他们被各种社会过程排斥"。② 多元化也体现了参与主体的多元化，参与反贫困行动中的主体包括国家和地方政府、商业部门、志愿者部门、非正规部门等多元主体结构，在反贫困行动中，分权和参与是实现多元化主体参与扶贫行动的主要途径。多元化、社会融合式的反贫困行动在于反贫困行动中帮助弱势群体，防止社会排斥的风险。基于"积极福利国家"方法，解决社会边缘群体的社会整合问题，制定反贫困、反社会排斥和收入分配不平等的明确而清晰的目标和特别战略，经由社会整合、包容式发展与可持续性就业，发展整合劳动力市场的关键要素，达至社会融合，改善弱势群体的社会生活，实施政策整合的、建立在合作伙伴和多部门合作之上的新的反贫困战略。

2. 实现从单一扶贫向整合性治理、从经济援助向可行能力培养转变

在我国传统的反贫困行动和贫困治理模式中，农村贫困治理主要是通过扶贫开发、经济援助、国家再分配过程与对低收入家庭的社会

---

① 刘敏：《贫困治理范式的转变——兼论其政策意义》，《甘肃社会科学》2009 年第 5 期。

② 乌德亚·瓦尔格：《贫困再思考：定义和衡量》，《国际社会科学》2003 年第 1 期。

第十章　行动中的贫困治理：参与式行动、穷人主体性与反贫困政策

救助路径推进的。农村贫困群体除物质生活和经济需求还有精神生活和社会参与需要，除生存需要和生理满足还有发展的需要。同时，贫困群体对社会救助的需求，也是多层次、多种多样的，体现了由单一的社会救助向多元的社会救助转变，尤其是随着社会的不断健康发展，随着经济增长，绝对贫困逐渐减少，相对贫困增多，贫困群体的物质需求或食物短缺问题已基本得到解决，对教育、医疗、住房、就业技能培训、文化以及对人的精神关怀等基本需求越来越迫切。中国的农村社会救助在保证低收入群体维持生存和最低生活的需求之后，应该将目光转向医疗、教育、住房等涉及可行能力方面，向建立综合性的社会救助制度的更高目标努力，政府部门要鼓励、引导、组织社会力量参与社会救助，积极开展结对帮扶、社会互助、邻里互助等活动，培养困难群众的"造血"功能，让困难群众掌握一定的就业、创业技能，帮助困难群众提高改变生存状况的能力。通过整合政府和社会资源，形成基本保障、广泛覆盖、多个层次、逐步统一的农村贫困治理体系。[1][2]

向可行能力的转变强调应通过政策整合、增强全能、"抗逆力"培养、行动方式创新、思想观念改变、保护脆弱性人群、创造可以增强功能的支持等途径，对贫困农民进行全面的主体性参与能力建设，以构造新型农村贫困治理模式的能动性主体条件，重点关注贫困者实践世界的生存策略，把握实践世界的生活轨迹和生活体验。在保障生存权利的基础上，着眼于发挥人的潜能和个人发展，通过合作型政策

---

[1] 何慧超、李珍：《可行能力视野下的中国城市贫困治理理念重构》，《湖北社会科学》2008 年第 11 期。

[2] 孙法臣：《当前我国农村扶贫开发面临的几个问题》，《中国发展观察》2012 年第 3 期。

倡导和社会工作，给贫困阶层以"脱贫致富"的可行能力，帮助其通过参与式自助、参与决策、抗逆力培养、增强权能和健康人力资本培育，培育认同与控制，融入主流社会，这才是扶贫社会政策的目的。从可行能力剥夺看待贫困及其治理、针对可行能力状况提供扶助，可以减少政策的激励性扭曲，使政策对象的选择变得容易一些。①

3. 实现从单一贫困监测和瞄准机制向科学的、精准的监测和瞄准机制转变

目标瞄准机制的低效率和目标偏离，以及由此带来不平等效应，是贫困得以维持和再生产的重要原因。反贫困行动、国家主义进程和扶贫政策需要进一步完善贫困监测机制和贫困对象的瞄准机制，提高目标瞄准的效率，建立一套简单、迅速、多指标、精准有效的贫困人口识别方法，建立科学的农村贫困识别标准和贫困监测的指标体系。

贫困以前一直被视为经济收入上的原因，具体表现为收入增长的不平等效应和资源分配不均的相对剥夺形式，包括脆弱性的生态经济发展模式，即预设减贫的关键在于经济增长，依据一个人维持生计所需要的最低收入或消费水平作为衡量标准，导致贫困对象瞄准机制偏离。随着经济的增长，绝对贫困减少，收入分配不平等增加，绝对贫困人口的大幅减少，在贫困对象的瞄准指标上，开始超越经济贫困论的窠臼，即经济增长的反贫困效应降低。以生活饮用水、道路交通、医疗卫生、教育培训等其他客观指标的贫困和福利主观感受的贫困日益引起人们的重视，为了更好地识别贫困人口，强化建立多维贫困指标体系，包含收入、教育、健康、住房、资产、环境、灾害、资源、

---

① 何慧超、李珍：《可行能力视野下的中国城市贫困治理理念重构》，《湖北社会科学》2008 年第 11 期。

第十章　行动中的贫困治理：参与式行动、穷人主体性与反贫困政策

人口膨胀等新的问题意识和发展能力的指标。建立科学的农村贫困标准和贫困监测指标体系，需要创新扶贫对象识别机制和瞄准机制，减少扶贫资源的错配和漏出；需要结合扶贫标准上调，完善贫困人口的统计识别工作，适时调整贫困县、贫困村的认定资格，下放调整权。[①]

（三）贫困治理目标的转变：改变发展的知识与话语实践

我国从发展经济、解决温饱为主要任务的阶段转入巩固温饱成果、加快脱贫致富、提高生活质量和社会质量、改善生态环境、提高发展的可行性能力、缩小发展差距、消除收入增长的不平等效应、改变教育不平等和收入不均衡的新阶段。把稳定解决扶贫对象温饱、尽快实现脱贫致富作为首要任务。中国应该构建新的减贫战略，调整国家贫困线，实施有利于减少贫困的宏观经济政策和区域发展政策，重视弱势群体社会参与机会的增加，提高贫困人口能力等。在治理目标上，以人民的社会权利和基本福祉为最高原则，突破传统"施恩论"的束缚，强化"权利论"的观念，由效率优先转向更加注重社会公平，从维持人的生存到增强人的自主生存能力，实现人的全面发展，从强调改善经济贫困，到强调克服能力贫困，进而到强调缓解社会排斥，消除贫困脆弱性和收入增长的不平等效应，实现可持续生计；增强扶贫对象的自我发展能力，更加注重基本公共服务均等化。

社会排斥概念源于20世纪六七十年代的法国，明确地提出社会排斥这个概念的是René Lenoir，起源于对贫困问题和社会不平等的研究，社会排斥被用于指称由于失业和"新贫困"（new poverty）导致的社会现象，即某些群体部分地或全部出局，享受不到人类权利，是对以往被称作"新贫穷"或在英美被称作"下层阶级"的社会弱势

---

① 孙法臣：《当前我国农村扶贫开发面临的几个问题》，《传承》2012年第7期。

群体重新进行概念化的一种知识的反应,如长期和重复失业的上升、不稳定社会关系的增长、不稳定的家庭破碎、社会疏离、阶级团结的削弱等。社会排斥成为描述和分析在个人和群体及更大的社会间建立团结上所存在的障碍与困难的一个新方法;被描述成由于日益增长的长期失业而造成的进步中的个人与社会之间相互关系的中断。①

随着社会排斥概念在欧洲国家的广泛兴起,研究者认识到贫困不仅仅是经济剥夺、资源匮乏、能力低下、生态恶劣、人口膨胀等人口和自然现象,更是一种权利剥夺、社会排斥、收入分配不平等加剧、公共财政支出不均衡、劳动力市场中的不平等等社会现象,意味着在劳动力市场、政治参与、社会关系、公共转移支付、公共服务供给和社会福利保障等被排斥在主流社会之外,无法享有正当的权利和机会。中国农村在经济、政治、社会生活、福利制度和文化等多个维度长期遭受着社会排斥,社会排斥及其他因素的综合作用,形成了农村贫困再生产机制,使农村贫困处于恶性的代际传递与循环之中。因此,消除农村贫困的关键在于改革国内现行的社会经济政策和制定新的社会政策,消除社会排斥导致的事实上的不平等,实现包容性发展,促进社会融合,实现农村发展公平和正义。贫困治理不仅要向贫困者提供物质资本救助、开发他们的人力资本,还要加强他们在经济、政治、社会和文化等方面的社会参与,增强他们的权能,促进他们的社会整合和社会融入。②

随着反社会排斥在全球的兴起,一种强调社会资本投资的参与式

---

① 潘泽泉:《从社会排斥视角解读农民工:一个分析框架及其运用》,《学术交流》2008 年第 5 期。
② 刘敏:《贫困治理范式的转变——兼论其政策意义》,《甘肃社会科学》2009 年第 5 期。

第十章　行动中的贫困治理：参与式行动、穷人主体性与反贫困政策

扶贫方式逐渐在全球兴起。从 20 世纪 90 年代开始，参与式扶贫为世界银行、联合国计划开发署等国际机构所积极倡导和推动，并在发展中国家和地区得到广泛应用。参与式扶贫认为，贫困不仅是一种低收入和缺乏能力的状态，更是一个在经济、政治和社会活动中因参与不足而被边缘化的过程。因此，要从根本上消除贫困，必须促进贫困者的社会整合和社会融入。参与式扶贫的核心是加强政府、市场、民间组织、社区和贫困者等社会各界的参与，构建各种政策伙伴关系，运用社会资本共同协助贫困人口。① 参与式扶贫充分尊重贫困者的主体性和能动性，将其视为发展的主体、有潜能的个体以及合作伙伴联盟，消除社会排斥、社会隔离和边缘化，遏制由就业带来的陷阱，通过政府救助、社会互助和个人自助三者相结合共同促进贫困者的社会参与和社会融入。与传统扶贫方式相比，参与式扶贫更加强调包括政府、企业、社会组织、社区等多元主体的共同治理，更加强调社区共同体内的多部门合作，更加强调贫困者的主体性、能动性和参与性，更加强调贫困者的社会参与和社会资本建设。参与式扶贫特别强调对贫困地区和贫困者进行社会资本投资。②

贫困治理的另外一个目标就是培育资本，强化能力建设和资产建设。社会资本和资产建设在社会发展和扶贫开发中发挥重要的作用，发展贫困地区的社会资本、拓展贫困人口的社会资本、实现贫困群体的资产积累和可持续生计是贫困治理的一个重要目标。"因为穷人对社会关系网依赖程度很大，营造社会资本对帮助他们实现必要的社会、经济和政治转变，谋求自我发展就具有关键性的意义，所以，开

---

① 刘敏：《贫困治理范式的转变——兼论其政策意义》，《甘肃社会科学》2009 年第 5 期。
② 同上。

发活动所涵盖的范畴就要比单纯地改善基础设施、增加穷人的机会和为他们提供服务要广泛得多。①"

第三节 "中国式扶贫"行动：反思性行动、实践策略与政策建议

如何解决农村发展、摆脱农村贫困以及实现农民的可持续生计呢？解决问题的最好办法就是依据贫困问题发生的各方面的原因，将各方面综合起来制定解决问题的办法。既然中国农村的贫困的形成是与文化的、结构的和社会的因素紧密结合在一起的，就可以分别从这几个方面出发来提出各种发展战略，促进农村摆脱贫困、与城市和谐发展。

一 农村的反贫困行动：多维视域的"中国式扶贫"行动纲要

多维视域的"中国式扶贫"行动纲要体现为三种进路，即基于集体主义方法论基础的国家主义进路、基于个人主义的意识形态的企业化思路以及基于平民主义意识形态的平民主义思路，最后是基于自治型分权—多元主义方法论基础的多元主义进路。

这四条社会政策进路在具体的反贫困行动中，呈现出多元化的行动策略和行动轨迹，具体表现为以下几个方面：

（一）穷人主体性发展与扶贫战略的改变：反贫困的个人、家庭和社区行动纲要

近几年，西方发达国家在反贫困政策领域出现了一个明显的变化：

---

① Cindy F. Malvicini, Anne T. Sweetser：《参与模式》，《扶贫与社会发展报告》2003年第7期。

第十章 行动中的贫困治理：参与式行动、穷人主体性与反贫困政策

表 10-2　贫困治理进路、主要行为人、目标维度和反贫困行动纲要

贫困治理进路	主要行为人	目标维度	反贫困行动纲要
（Ⅰ）国家主义进路（等级与控制）	●国家 ——中央与地方政府系统/制度/政府机构	制度干预与制度再分配模型/集体道德责任与促进全民福利	●集权型——国家干预主义模式 ——制度分配模式：减贫与再分配 ——提供基本社会服务：教育/医疗卫生/就业 ——救助式扶贫与家庭福利/消除贫困与社会不平等的国家干预 ——最低收入支持/增进个人与家庭福利 ——财政税收经济干预与收入分配手段/社区发展与地方发展项目推动与扶贫资金和项目实施的国家行动
（Ⅱ）企业主义进路（利润和竞争）	●市场 ——国内、跨国的商业部门/企业/股份制组织	自由主义社会政策模式/社会政策的剩余福利模型	●自由市场型——个人主义模式 ——工作福利国家 ——市场经济参与、利润与自由竞争 ——私营化、股份制与个人竞争 ——福利补缺模式：工作伦理与工作福利 ——自立、自我负责与个人支持 ——提升人力资本/经济资本/增加就业机会
（Ⅲ）平民主义进路（言论与行动）	●社会 ——社会组织/社区/家庭/自助组织/国际发展机构/发展性基金/国际性和区域性组织	社区与社会支持/增权与民众觉醒	●分权型——自助民助主义模式 ——社群主义与社会运动 ——基于社区主义运动的地方发展模式 ——参与式扶贫的社会政策行动 ——社会工作介入/社会组织参与 ——强调自立、自助和互助原则
（Ⅳ）多元主义进路（自治和分权）	多元主体 ——国家、市场与社会的协同治理	包容性发展/反社会排斥与社会融合	●自治型分权——多元主义社会政策模式 ——积极性福利国家/整合劳动力市场 ——投资型社会政策/发展型社会政策 ——多元化的扶贫社会政策/可行性能力培养/收入支持

经由社区发展模式和家庭预防模式，实现了从国家自上而下的制度干预转向了对家庭和个人的积极干预和预防，从事后干预到事前预防。全球化、脆弱性风险和生态灾害的不确定性带来的与之相应的对贫困和反贫困政策的认识的改变是促成反贫困行动战略转变的主要因素，注重个人或家庭的人力资本投资和家庭资产建设，从个人生命不同阶段（生命周期理论）和家庭的生命周期进行预防和干预，重视贫困的家庭预防和社会风险管理。家庭是抗风险的社会基本单位，政府的家庭支持政策，特别提高对贫困者家庭的收入支持政策，将有利于提高家庭应对外部风险环境的能力。另外，通过家庭政策聚焦于创造人生起点的公平。

反贫困的家庭行动纲要，强调以家庭为对象的事前积极预防干预、以家庭为对象的家庭资本积累和风险应对、以家庭为对象的扶贫行动和贫困预防，强调家庭预防与家庭干预相结合的策略，侧重于以家庭干预为基础的社会支持和服务项目。在美国，大部分的福利项目是以贫困家庭作为救助对象，大部分福利项目的执行都以家庭资产调查为基础。在贫困家庭的收入保障方面，美国有"抚养未成年子女家庭援助计划（AFDC）""所得税减免（ELTC）活动"，美国还有众多的食品和营养计划，其中影响力最大的是食品券计划，让家庭毛收入低于联邦贫困线130%或者净收入低于贫困线的家庭能够得到直接的营养补助。此外，在医疗、教育等各个方面，贫困家庭也能够得到保障。

人的主体性、能动性和创造性在反贫困行动中具有重要作用。人作为反贫困行动的主体，表现出人的自觉、自主、能动和创造的特性，对现实社会问题进行理性思考，摆脱依赖走向独立性、自主性，突破义务本位走向权利与尊严诉求，从身份生存走向能力生存。在农

第十章 行动中的贫困治理：参与式行动、穷人主体性与反贫困政策

村反贫困行动中要求实现基于个人或者家庭的穷人主体性及其参与在扶贫行动中的回归。现实中，贫困者的公共形象往往是被消极归类和范畴化为"被救助者"、受益者和"表达感激者"，展现给我们的是一种被"我们"预期消灭的穷人。在既有的权力金字塔结构中，穷人作为一个弱势群体，其主体性受到忽视。贫困者的行为被认为是非理性的，或者包含很多非理性的成分。这种假定也导致了对穷人信用的怀疑，这都导致了在摆脱贫困的过程中对穷人的主体性参与的忽视。贫困群体的主体性要求在观念或心理状态上，贫困农民应对自身的贫困治理持有积极能动的心态，在行为特点上，是一种权利与义务有机统一的规范性行为，为实现贫困者的可持续生计目标，就需要将贫困者置于反贫困活动的核心地位，并通过向贫困者赋权使其有能力对脱贫发展过程施加决定性影响。[1] 需要经由政策整合和权能激发，促进贫困农民个体脱贫能力的有效发展；通过参与式实践，引入和健全个性化反贫困形式；通过文化观念影响，培育贫困农民主体性文化等。[2]

基于"穷人主体"的发展理念，是在反贫困行动中反身性（reflexivity）地建构起来的，穷人的每一种行为，包括很多扶贫行为和扶贫项目的设计，都存在一定的合理性依据，但这种行为又直接导致了贫困循环。关于穷人的理性假设和能力假设在客观上成为削弱穷人主体地位的工具。参与式方法是一种外部干预和内源发展结合的行动方式，目的是有效发掘穷人作为发展主体的潜力，同时也是一种抵御传递系统目标风险的工具。参与式方法强调鼓励村民参加社区的全部决策过程，村民的参与被视为彻底脱贫并获得农村长期发展的重要条

---

[1] 王三秀：《农村贫困治理模式创新与贫困农民主体性构造》，《毛泽东邓小平理论研究》2012 年第 8 期。

[2] 沈红：《穷人主体建构与社区性制度创新》，《社会学研究》2002 年第 1 期。

件。参与既是扶贫策略的手段也是目的,它实现了人们各种基本要求,作为最终的目标,参与使处于结构弱势的贫困者在发展的过程中提高了其社会和经济地位。[1] 除了把贫困的农民纳入行动的过程中帮助农民建立一种主体意识,在社会上还要形成良好的社会氛围,努力接受农民贫困群体作为社会中不可缺少的一部分而不是把他们排斥在社会生活之外。[2]

经由"摆脱贫困的办法"的统计数据结果显示,从摆脱贫困的办法来看,多数受访者认为要靠自己努力奋斗,占总人数的67.2%;其次有27.5%的受访者认为要靠政府大力帮助;4.2%的受访者认为靠子女;只有1.1%的受访者认为靠别人帮助。

表10-3　　　　　　　　摆脱贫困办法统计（N=548）

	频数	百分比（%）	有效百分比（%）	累计百分比（%）
靠政府大力帮助	146	26.6	27.5	27.5
靠自己努力奋斗	356	65.0	67.2	94.7
靠别人帮助	6	1.1	1.1	95.8
靠子女	22	4.0	4.2	100.0
合计	530	96.7	100.0	

（二）基于市场抑或经济的行动路径：反贫困的市场策略、就业与全球化行动纲要

基于市场或经济的扶贫行动是建立在应对市场失灵或不公平立场基础之上,也是建立在解决农民参与市场竞争的不平等性事实基础之

---

[1] 沈红:《穷人主体建构与社区性制度创新》,《社会学研究》2002年第1期。
[2] 卡尔·布兰切:《参与式发展:在理想与现实之间》,《国际社会科学杂志》（中文版）2002年第4期。

第十章 行动中的贫困治理：参与式行动、穷人主体性与反贫困政策

上。基于贫困的经济效应源于经济机会上的不平等事实、在经济上的脆弱性处境、可持续生计的破坏等经济风险，具体表现为经济冲击、经济结构性紧张和劳动力市场的分割性事实，表现出粮食减少、耕地遭到破坏、宏观经济萧条、城乡二元经济结构、梯度发展战略以及计划经济结构中的经济排斥；也表现出农业投入、基础设施建设、资产积累能力和经济发展机会处于弱势性、缺少机会参与经济活动、处于被剥夺性或不平等状态。

在中国农村，在高度不平等的经济处境中，基于反贫困行动的项目过程中，经济增长常常集中在使精英阶层受益的部门，而贫困人口由于缺乏从经济增长中受益的资源条件，往往被排除在市场机会之外，这就是农村发展"内卷化"过程中的"精英俘获机制"①，或者说是"劣绅驱逐良绅"② 现象，具体表现为在农村扶贫项目运作过程中，精英在乡村治理中扮演重要角色，所有的农贷资源或者发展项目的资金投入，被精英把控，精英侵蚀公共空间利益，导致农贷资源内卷化、农户被客体化和边缘化，农贷市场分化加剧，乡村良性治理生态受到破坏。精英行为偏离农村发展整体利益，体制内精英和体制外精英联盟，利用政治、社会资本谋求更大利益，最终导致财富在精英阶层流动，出现了农村发展的底层贫困恶性循环、贫困循环积累和低水平均衡陷阱。

随着经济发展和农民收入的增长，贫困问题不再是一个简单的经济问题，在中国农村，收入差距扩大消减了部分经济增长的减贫效应，即使是在中国农村经济增长的情况下，高度的社会不平等和收入

---

① 温铁军：《中国新农村建设报告》，福建人民出版社 2010 年版。
② 贺雪峰：《城市化的中国道路》，东方出版社 2014 年版。

差距的扩大，会使减贫变得更加困难。贫困与不平等存在收入地位、性别、种族和地理位置联系，表现为就业、收入、社会服务获得的不平等而导致发展失衡。

反贫困的经济行动纲要需要超越经济贫困论的窠臼以及上游干预的风险管理理念，聚焦于创造经济起点的公平，聚焦发展正义与发展伦理，实现共享社会发展成果，包括培养充分平等就业的能力，实现非正规就业的合法性身份转变；通过就业政策引导、提升贫困者的生产性就业能力，改变"人力资本失灵"①的怪圈。

经由"农闲季节休闲方式"的调查数据结果显示，从农闲季节的休闲方式来看，多数受访者选择搞些副业增加收入，占总人数的37.2%；其次有26.0%的受访者选择看电视；16.7的受访者选择看科技方面的东西；10.8%的受访者选择打牌；还有4.5%的受访者选择睡觉。调查结果表明，更多的农村贫困群体愿意发展产业，提高增收能力。

表10-4　　　　　农闲季节休闲方式统计（N=548）

	频数	百分比（%）	有效百分比（%）	累计百分比（%）
睡觉	24	4.4	4.5	4.5
打牌	58	10.6	10.8	15.2
看电视	140	25.5	26.0	41.3
看科技方面的东西	90	16.4	16.7	58.0
搞些副业增加收入	200	36.5	37.2	95.2
其他	26	4.7	4.8	100.0
合计	538	98.2	100.0	

---

① 李培林、张翼：《走出生活逆境的阴影——失业下岗职工再就业中的"人力资本失灵"研究》，《中国社会科学》2003年第5期。

第十章 行动中的贫困治理：参与式行动、穷人主体性与反贫困政策

可持续性的就业和稳定的收入增长是反贫困行动的前提和基础性工程。消除贫困需要解决可持续性生计，收入差距扩大、经营收入的波动、工资性收入的不稳定性增长以及基于收入的不平等的结构性地位的再生产，是中国农村贫困群体面临的基础性问题，没有可持续性的就业和稳定的收入增长，所有的反贫困行动都会失败。中国农村减贫需要增长和结构性变迁需要提供可持续性就业，减贫的一项基础性前提是一种可以产生生产性就业、提高收入和增进人们普遍福祉的增长和结构改变模式。[①] 在反贫困战略中，非正规就业市场与人力资本市场是引发贫困的两个重要变量。非正规就业市场是中国贫困群体的就业主要渠道体现为非正规就业，非正规就业并不是违规行为，但中国很多政策的主导取向是排斥非正规就业，经由规范我国劳动人口的非正规就业，实现非正规就业的合法性转换，强化和规范非正规就业贫困群体的劳动保障与社会保障。[②] 在人力资本市场方面，李培林与张翼基于中国的经验发现，在下岗职工的收入决定、阶层认同和社会态度等方面，存在"人力资本失灵"现象，即下岗职工以往的人力资本积累对提高其收入水平和促进社会态度的理性化不再发挥作用。这是因为随着市场的知识需求和职业结构的变化，下岗职工人力资本积累过程发生了断裂。[③]

经由健康和教育人力资本投资，实现资产增值，可以以可持续性的方式突破怪圈的内生性和封闭性，消除"人力资本失灵"的怪圈，

[①] 郭烁：《反对贫困与不平等——结构变迁、社会政策与政治》，《清华大学学报》（哲学社会科学版）2011 年第 4 期。

[②] 李强、唐壮：《城市农民工与城市中的非正规就业》，《社会学研究》2002 年第 6 期。

[③] 李培林、张翼：《走出生活逆境的阴影——下岗职工的收入决定、阶层认同与社会态度研究》，《中国社会科学》2003 年第 5 期。

加强人力资本投资是打破农村贫困恶性循环怪圈的有效途径。人力资本投资可以突破贫困恶性循环怪圈的内生性，提升内生经济增长动力。首先，健康人力资本投资提高了农民的健康水平，经由死亡率的下降、人均寿命提高、发病率降低和社会平均身高的增长，实现人力资本增值。同时，人力资本投资有利于提高贫困群体的思想水平。培养他们不满足于现状、开拓进取和就业创业动力；增强他们的科学意识、人口健康意识、环保意识。其次，人力资本投资提高了生产劳动能力以及收入和生活水平。最后，人力资本投资提高了农民参政能力和改善社会环境能力。人力资本投资还可以突破贫困恶性循环怪圈、低水平均衡陷阱和循环积累因果关系的封闭性。农民思想与生产能力的进步促进社会分工、专业化生产与竞争性市场的形成；伴随着生产能力的提高，更多的农民成为剩余劳动力，人力资本投资给农村剩余劳动力转移提供了基本条件，突破了原有的人口圈子，减少了对资源与环境的压力；本地经济的发展促进了社会环境的发展，又有利于外来资金、技术、人力对恶性循环怪圈封闭性给予有力的冲击。这样以来，原有牢固的恶性循环怪圈不再封闭而变得支离破碎。①

表 10 – 5　　　　　　　　扶贫款用途统计（N = 548）

	频数	百分比（%）	有效百分比（%）	累计百分比（%）
吃了用了	36	6.6	6.7	6.7
扩大农业生产	340	62.0	63.7	70.4
投资其他产业	124	22.6	23.2	93.6
存储起来	34	6.2	6.4	100.0
合计	534	97.4	100.0	

---

① 黄敬宝：《从根本上解决农村贫困问题——以人力资本投资打破我国农村贫困的恶性循环怪圈》，《财经问题研究》2004 年第 5 期。

第十章　行动中的贫困治理：参与式行动、穷人主体性与反贫困政策

经由"扶贫款用途"的调研数据结果显示，从扶贫款用途来看，多数受访者认为应该将扶贫款用于扩大农业生产，占总人数的63.7%；其次有23.2%的受访者将扶贫款用于投资其他产业；6.7%的受访者将扶贫款吃了用了；还有6.4%的受访者将扶贫款存储起来。

反贫困行动强调贫困群体的可行性能力建设和资产建设，提升贫困群体的抗贫困能力，包括知识能力和就业创业能力的提升。结合产业扶贫，增加农民教育培训投入，扩大农业再生产，加强低收入人口的能力建设。能力建设是增强贫困人口"造血"功能，而通过加强农民的教育培训是提高自我发展能力的有效方式，也是调动贫困人口参与脱贫致富的主动性和积极性，实现贫困人口稳定脱贫致富的重要保障。要解决贫困人口的脱贫问题，保障这些人能够稳定致富不返贫，需要加强贫困地区和贫困人口的能力建设。因此，应结合贫困地区资源开发和产业扶贫，加强农村贫困人口的劳动技能培训，提升贫困人口的自我发展能力。[1]

中国农村贫困问题不仅仅是一个区域性经济发展的问题，而更多的是一个全球性的问题，是一个全球包容性发展的问题。全球经济一体化、市场一体化和资本的全球化，带来的新的全球经济结构中的不平等事实，具体的理论体现为基于全球化分工中的空间结构和资本链条中的"中心—边缘"论、依附论、资本剥夺理论等。全球化不但让世界连为一体，国际市场中的劳动分工和科技的全球推动，带来了生产的全球性扩张、社会分工和国际分工不断深化，科技进步加速，也带来了全球范围内的产业结构调整和技术要求的提高，全球化带来新

---

[1] 孔法臣：《当前我国农村扶贫开发面临的几个问题》，《中国发展观察》2012 年第 3 期。

的发展机遇，包括全球资本的流动和劳动力人口的流动。但全球化带来的新风险和不平等，带来了新的发展失衡和贫困问题。中国农村，教育落后，文化封闭，经济自给自足特性明显，面临着全球化过程中的风险和不确定性，一方面出现全球风险转移，从发达地区转向落后地区，从城市转向农村；另一方面，全球化和新的技术进步，使人们在享受发展所带来的繁荣的同时，也在面临着一系列风险，全球气候变暖，生态环境日益恶化，降水减少，灾害增多，使农户风险、经营风险和资产风险加剧，家庭的抗风险和灾害风险管理能力减弱。如何在全球化语境中，加强农村特别是地处内陆的贫困农村的教育，推进科技进步，注重人力资本的投资，帮助农民改变传统的片面狭隘和保守立场，积极地与外界联系，做到与国际接轨，进一步开拓市场，提高对外界风险的抵抗能力，在全球化社会中，无疑具有重要意义。

（三）基于政治或制度创新的反贫困行动：反贫困的制度性逻辑与国家行动纲要

基于政治的贫困源于不平等的制度、国家再分配话语或社会政策、国家干预中的利益最大化策略、制度或政策议题的排斥性话语、地方政府的自利性排斥以及农民利益表达机制、发展机会缺失，以及农贷过程中的"精英俘获机制"等。制度性因素的影响是形成农村贫困的结构性原因，如基于城乡二元分割的户籍制度以及与户籍制度关联的社会保障制度，形成了基于福利制度的社会排斥，使农民的发展机会受限，抗风险的应对能力削弱。在穷人的生活世界中，贫困不仅意味着缺衣少食，没有住房，生病时得不到治疗，不识字或得不到教育，等等，穷人往往还受到政府机构的不公正对待，穷人缺乏发言权和参与的机会，在农村发展项目中穷人没有影响力，缺乏发言权。

反贫困行动需要解决国家在反贫困中的无效率。扶贫行动需要有

第十章　行动中的贫困治理：参与式行动、穷人主体性与反贫困政策

效的国家行为，强化国家在扶贫中的能力建设。国家能力建设需要一个投资型国家，需要一个能动型国家，国家能力建设需要专注于构建反贫困行动的政治联盟，开展整体性的反贫困行动，需要调动多元社会资源，整合社会多元力量。同时，需要基于合法性的权力，国家动员式发展的意识形态连续谱，需改变资源分配权力的精英决策机制，需要赋予公民各种制度化的权利，从参与式决策到参与式发展，从救助式扶贫、开放式扶贫到参与式扶贫，增强其权能，从而允许他们作为自主性的行动者，组织起来，并围绕公共政策展开竞争；需要植根于广泛的反贫困政治联盟，从制度上推动贫困人口、妇女和其他弱势群体的积极参与。[1] 事实上，尽管工业化为促进收入和福利提供了一种强有力的途径，但工业化并非唯一可行的脱贫途径。如果政府承诺通过提高农村地区生产能力、收入和服务来支持农业发展，农业也能够为发展提供坚实的基础且帮助低收入家庭摆脱贫困。

基于国家主义进路的政治路径聚焦于政治起点的公平，将参与式发展作为公民的基本权利，将社会投资（投资型国家和能动型政府）作为宏观调控的手段。基于发展的道义经济学的视域，从发展伦理、道义经济和发展正义维度看，缓解和消除贫困是国家和地方政府义不容辞、责无旁贷的社会责任。在农村扶贫行动中，政府在官方反贫机构的设立、发展援助政策的制定、财政信贷资金的扶持、社会扶贫力量的组织以及与国际援助机构的合作等领域都具有极为重要的、不可替代的作用。[2] 在当前条件下，以政府行为为主体实施城市贫困人口

---

[1] 郭烁：《反对贫困与不平等——结构变迁、社会政策与政治》，《清华大学学报》（哲学社会科学版）2011 年第 4 期。

[2] 赵曦、熊理然：《中国农村扶贫开发的历史成就及其历史经验》，载《纪念农村改革 30 周年学术论文集》，中国农业出版社 2008 年版。

的扶持战略具有可持续发展、社会公正、以人为本、道德进步等方面的社会意义。扶贫制度创新是农村扶贫行动的灵魂,探索新型的农村扶贫制度①,将国家、社会、部门和城市贫困人口一起纳入扶贫战略是农村扶贫研究的极为重要的内容。

要改善农村贫困的现状,国家必须经由合法性权力为农村发展提供制度上的支持。反贫困的制度性逻辑体现了从道义性扶贫到制度性扶贫的转向。基于道义性扶贫的反贫困行动明显具有道义性,体现了发展的人道主义本质,基本理念是"关心""支持",而不是保障公民的基本生存权利。后来,国家将所有贫困线以下的人口都纳入保障范围,低保制度将扶贫由道义性转换到制度性。②

在具体的反贫困行动中,制度性扶贫要求国家在合法性权力的行使中,切实保证农村的土地承包使用权,明确对农村集体所有制土地的利用标准与利用权利,增强公共转移支付减贫的识别,建立起一个具有预防贫困作用的社会保障制度、公共转移支付制度和公共服务供给制度,经由公共政策消除贫困的脆弱性风险,增强农村贫困群体的教育、健康水平、保险市场、农贷资源、金融市场的可及性,优化供给侧改革。中国农村之所以还存在大量的绝对贫困人口,在很大程度上就是因为长期以来农村社会保障制度、农户风险防御制度的严重缺失所致。在农村经济体制改革以来的大多数时间里,以开发式扶贫为主的农村反贫困政策基本上取代了农村社会保障,致使绝大多数农民长期以来没有任何公共财政支持的社会保障安排,建立和完善农村社会保障制度和公平的公共财政转移制度、均等的公共服务供给制度不

---

① 洪大用:《改革以来中国城市扶贫工作的发展历程》,《社会学研究》2003年第1期。
② 唐钧:《最低生活保障制度的研究与探讨》,《社会学研究》2001年第2期。

第十章　行动中的贫困治理：参与式行动、穷人主体性与反贫困政策

仅是彻底解决中国当前"三农问题"的一个重要因素，更是支撑中国未来工业化、城镇化和现代化过程的根本保证。基于这一认识，政府在继续实施扶贫开发的基础上，也应该加大对农村社会保障的制度建设和资金投入，在全国范围内迅速推广一系列针对困难农户的社会救助制度。[①] 总之，农村贫困问题是一个长期性、综合性的问题，国家各个有关部门应该制定切实可行的政策来应对农村贫困问题，促进农村和城市以及整个社会的共同发展。

（四）社会资本与贫困治理：基于社会资本的反贫困行动和行动纲要

社会资本理论，超越过去仅从物质层面或有形资源的传统反贫困思路，聚焦于挖掘社会潜能，投资社会资本，构建反贫困的非正式的社会支持网络。传统的反贫困社会政策能够有效实施的前提是民众能够利用这些机会，包括资源的利用和资产的增值，但在现实生活中，基于农村贫困群体在实践世界的生活轨迹和生活体验，作为结构性约束下的贫困者在面对脆弱性风险和贫困问题时，由于缺乏资产，变得缺乏自信，进取心不足、没有动力或者因为个人问题太多而妨碍了他们的应对能力，面对这些问题，从公民社会中获取非正式支持力量正好能够提供此类帮助。"社会"是民间力量的源泉，社会所提供的网络资本创造了互惠型社会关系和互惠性的风险承担网络。穆瑟提出的"资产脆弱性框架"，把以社区为基础的组织视为穷人的一项资产，可以承担生产性的功能。[②]

在反贫困行动中，社会资本具有重要的社会福利效应和反贫困效

[①] 徐月宾、刘凤芹、张秀兰：《中国农村反贫困政策的反思——从社会救助向社会保护转变》，《中国社会科学》2007年第3期。

[②] 刘振杰：《资产收回政策视域下的农村贫困治理》，《学术界》2012年第9期。

· 563 ·

应，它可以增强贫困群体的社会关系网络资本，利用互惠性的非正式的社会支持网络，提高抗风险的能力，提升其参与经济和融入社会的能力。社会资本理论为政府的反贫困治理提供了机遇和挑战。从关系贫困的视角出发，政府必须对以往所采取的反贫困策略作出适当调整，更加重视贫困者社会地位和社会关系网络层面的改变，将反贫困的重点转向社会资本投资。① 在反贫困过程中，政府反贫困治理要逐步提高贫困者的社会地位，构建贫困者的社会支持网络，从而增加贫困群体的社会资本积累。社会资本是通过投资社会关系得到回报的资源。贫困者处于社会结构中的不利地位，与其他社会群体相比，他们的社会资本存量较少，影响和制约着他们的可持续发展，政府在反贫困治理的过程中，除重视对贫困群体物质资本和人力资本的投资外，还应积极投资于社会资本，努力增加这部分群体的社会资本存量。②

（五）基于文化的反贫困行动：反贫困的文化行动纲要

农村贫困往往与农村人口素质低劣、知识贫困或基于贫困的亚文化场域相关，包括文化排斥、污名化、社会表征、文化教育等，也包括这种贫困文化的代际传递和再生产过程。

在反贫困行动中，需要聚焦贫困文化和村庄伦理话语。在一个充满落后性、保守型和封闭的文化世界里，基于文化的社会孤立和社会排斥过程，基于同群互动的文化"邻里效应"，在一个不断污名化、贫困表征的狭隘的世界里，基于"非道德性家庭主义"和"小农道义经济学"的文化场域中的逻辑，穷人不可能执掌社会的主流，他们可能的仅仅是对富人文化的屈从和顺应，按照富人们制定好的游戏规

---

① 郑志龙：《社会资本与政府反贫困治理策略》，《中国人民大学学报》2007 年第 6 期。
② 同上。

第十章　行动中的贫困治理：参与式行动、穷人主体性与反贫困政策

则、价值规范和行为标准行事。作为非主流文化的一部分，贫困者适应的快慢，或不适应而招致的反叛，都可能构成贫困圈内特有的文化，一种基于拒斥认同、防御性认同抑或边缘性认同的文化效应和文化适应。

（六）改变发展模式和发展话语：走向多维视域的反贫困行动纲要

生态环境是发展的基础，只有在良好的生态环境的保障下才能不断地促进农业的良性发展。所以立足农村的长远发展，彻底解决农村贫困必须保护生态环境，促进农业和生态的共同发展，在农村发展的过程中实现二者的"双赢"。要实现这个目标需要政府、城市、工厂和农民的共同努力，在利益博弈的过程中放眼长远，不为一时的短期利益遮住眼睛，共同促进共同富裕的伟大目标的实现。

首先，从贫困的治理主体看，应当突破政府单一主导的贫困治理方式，经由分权和参与实现贫困治理的多元化，充分发挥企业界、民间组织和社区等多元行动主体在贫困治理中的作用。应当鼓励官商民合作，构建市场、国家或地方政府（国家部门）、企业（商业部门）、社区和民间社会（志愿者和社会组织）等之间的政策伙伴关系或政治联盟，运用社会资本共同协助贫困社群，解决农村贫困问题。[1]

其次，从贫困的治理过程看，应当突破依靠政府单方面自上而下的资源分配方法，从消极被动到积极预防，经由能力建设、赋权和抗逆力培养，经由开发式扶贫、参与式扶贫和扶贫行动的社会融合路径，经由社会资本培育和积累，发挥能动性和投资型国家的优势，通

---

[1] 刘敏：《贫困治理范式的转变——兼论其政策含义》，《甘肃社会科学》2009年第9期。

过政府、企业界、民间社会和社区等多个行动主体之间的参与和合作伙伴来整合社会资源，发挥他们在贫困治理中的不同作用。

从贫困的治理目标看，不仅应当关注经济贫困问题，也要关注社会融入问题，关注收入差距、脆弱性风险和可持续生计，关注包容性发展，关注地区之间的平衡发展和共享社会发展成果，应当为不同类型的贫困人口和有需要的人士提供多元化服务，不仅改善他们的经济生活，还要营造社会关怀、消除社会排斥，解决社会边缘群体的社会整合问题，制定反贫困和反社会排斥的明确而清晰的目标和特别战略，促进社会融入。

在反贫困项目的多元行动主体中，商界抑或企业精英可以通过各种形式的社会企业模式，经由慈善捐赠、公益创投和商业投资，广泛参与中国农村扶贫开发，包括生态移民投资、旅游投资和家庭消费投资等。各种社会组织，包括各种民间组织，应该广泛参与扶贫行动。民间组织参与的扶贫开发中，影响较大的有中国青少年发展基金会组织的"希望工程"、中国计划生育协会组织的"幸福工程"、中国儿童青少年基金会组织的"春蕾计划"、中国扶贫基金会组织的"贫困农户自立工程"等。中国的贫困治理政策正在发生重大转型，政府主导的传统救助式的扶贫开发体制逐渐发生变化，开始由政府单一治理向政府、市场、企业界和社会等共同治理转变。

二　中国农村反贫困政策：转型期政策调整与方向

在我国的反贫困行动中，中国的反贫困政策发展仍面临多方挑战。一方面，传统的应对市场经济风险的经济政策和社会政策工具，在农村反贫困行动中的扶贫效果非常有限，导致新贫困群体的出现，也出现了高返贫率增加；另一方面，由于一些基础性、托底性的反贫困政策的缺陷或缺乏，诸如规范的市场经济秩序、公平的收入分配制

第十章　行动中的贫困治理：参与式行动、穷人主体性与反贫困政策

度、健全的法制环境以及基于民主政治的公共和私人利益的表达和实现机制等，这使我国反贫困政策的作用和效果有限。在中国扶贫行动中，中国的反贫困政策要从基础制度的建立和改善入手，在此基础上从中长期战略的视角出发，从资本投资的角度来制定和实施社会政策。

（一）社会政策的基本目标：从克服贫困到消除社会排斥

我国农村反贫困战略、反贫困政策调整和转变是建立在中国从计划经济转变为市场经济过程中的，是在经济政策与社会政策所确立的总体框架下运行，社会政策的目标主要是克服贫困。计划体制下社会政策体现了全民广覆盖、低福利、低水平的社会政策模式。随着中国市场经济的出现，我国农村的反贫困政策，体现了亲市场的经济干预与选择性的社会救助的特征。[①] 由于我国农村贫困人口在数量和地区分布的庞大，缓解贫困的措施主要是以满足物质及生活的需要为基本前提，而绝对贫困的现实促使了我国在长时间需要采用"亲市场"的经济政策，选择性的社会（福利）政策只能作为弥补性的地位而存在。社会政策对于农村贫困的缓解具有一种剩余特征的模式，针对农村贫困者的社会政策有"五保"政策、医疗救助、最低生活保障等，而且这部分贫困者主要限定在"三无"人员上。对于具有劳动能力的贫困者及贫困家庭而言，经济开发政策是其主要的反贫困工具，具有福利功能的社会政策并未对他们作出具有普惠特征的制度安排。[②]

20 世纪 90 年代初，英国著名社会学家马歇尔教授认为，社会政

[①] 张新文：《我国农村反贫困战略中的社会政策创新探讨》，《南京社会科学》2010 年第 6 期。

[②] 唐钧：《社会政策的基本目标：从克服贫困到消除社会排斥》，《江苏社会科学》2002 年第 3 期。

策是政府为增进公民福利的行动。① 另一位英国社会学家、现代福利国家理论创始人之一蒂特姆斯认为,社会政策关系着某种共同的人类需求和问题,是对一系列社会需求以及在稀缺的条件下人类组织满足这些需求的功能的研究。② 这种功能处于市场机制之外,传统上称为社会服务或社会福利制度。社会政策研究在某种意义上就是要代表贫弱群体的利益来参与修订游戏规则,使之趋于更合理、更公平。消除社会排斥,走向社会发展正义,这是扶贫政策的新取向,这种新取向表现在:减少劳动力剥削、解放受压抑人群、为弱势群体赋权、消除霸权主义、合理的社会控制、消减社会工程的负面影响等,具体表现为:资源分配的正义取向、贫困治理的正义取向、扶贫中的社会福利取向、积极的行动介入取向和赋权、公共参与取向。③

(二) 社会政策的多维视域:反贫困战略下经济政策与社会政策协同

在中国早期的扶贫行动中,经济政策与社会政策在中国农村反贫困战略中体现为经济政策优先而社会政策弥补的非均衡性排序,体现经济政策优先推进,社会政策具有滞后性和单一性,反贫困战略中经济政策与社会政策处于一种不均衡关系。

经济政策体现了政策执行中的再分配话语,政策偏向于积极的劳动力市场政策和最低收入支持以及国家层面的社会救助,强调经由国家的宏观调控、经济手段和市场机制使贫困者摆脱生存和物质匮乏的危机,政策议题注重技术性和可操作性工具的运用,强调对贫困者生产能力的培训和生产性资源的开发,经济政策执行主体是国家或地方政府。

---

① T. H. Marshall, *Social Policy*, Hutchinson & Co. Ltd. , London, 1965.
② Richard M. Titmuss, *Commitment to Welfare*, Allen and Unwin, London, 1976.
③ 赵娜:《关于反贫困的社会学理论综述》,《知识经济》2012 年第 6 期。

第十章 行动中的贫困治理：参与式行动、穷人主体性与反贫困政策

社会政策体现了社会政策执行中的社会融合话语，政策偏向于工作福利、融入劳动力市场与社会、权利与义务平衡。强调经由制度性安排和社会政策设计帮助贫困者抵御所面临的生计风险，提供可持续生计支持，注重发展正义、社会公平和平等与发展的权利，也包括增强社会凝聚力、抗击社会排斥、抗逆力培养和优势视角，注重国家和社会公民对待贫困的发展伦理正义等价值观，其社会政策对象包括的范围更广，包括具有生产能力的贫困者，也包括失去劳动能力的贫困者。社会政策执行的主体既可以是国家和地方政府，也可以是非政府组织、社区、民营商业部门、企业、国际发展机构、区域性组织等。[①]

中国的扶贫社会政策实践说明，单纯给穷人"输血"是不够的，必须培育出一种自我发展能力。从经济层面讲，中国走的是一种"造血"和"输血'相辅相成、偏重"开发式扶贫"的模式。由于现实社会里贫困者的可持续生计的风险、排斥性和脆弱性既需要经济政策所倡导的收入增长，也需要社会政策的全面保护，因而平衡经济政策与社会政策的关系，促进两者之间的互动是现实中国反贫困战略所需要的建构策略。一是构建相互协同的经济政策与社会政策。社会政策具有对经济政策的投资功能，二者之间是一种相融合的关系。二是促进经济政策与社会政策在风险治理层面的互动。应该看到，面对贫困者在生计风险和脆弱性加剧的转型背景下，经济政策与社会政策也应该是一种互动的关系。三是以可持续的社会发展为价值目标，改变反

[①] 潘泽泉、岳敏：《城市贫困的社会建构与再生产：中国城市发展30年》，《学习论坛》2009年第10期。

贫困战略中社会政策在经济政策面前的附属性地位。①

表10-6　　　三种政策话语、问题聚焦和社会政策议题

反贫困行动： 经济政策话语	反贫困行动： 社会政策话语	反贫困行动： 整合型政策话语
（Ⅰ）整合经济：再分配话语 ● 国家的宏观调控、经济手段和市场机制 ● 注重技术性和可操作性工具使用，部门化、条块化解决生计方法 ● 注重个人支持、经济效率/可持续增长 ● 摆脱生存与物质匮乏，创造就业岗位/提高收入，收入标准的数量增长 ● 注重可生产能力与生产资源开发 ● 国家、地方干预：积极的劳动力市场政策和最低收入支持 ● 国家社会动员与救助式扶贫 ● 在经济中处于边缘地位的剩余型或补偿型的社会政策方法 ● 自上而下、国家主导、供方驱动的社会政策模式	（Ⅱ）整合社会：社会融合话语 ● 注重工作福利、家庭福利、融入劳动力市场与社会、权利与义务平衡 ● 整体性解决问题方法，注重抵御与消除生计风险，重构社会安全网 ● 发展伦理、正义与社会公平，平等与发展的权利，体现生活质量的社会进步 ● 增强社会凝聚力、抗击社会排斥、抗逆力培养和优势视角 ● 贫困治理主体多元与协同治理，社会运动与预防式扶贫、参与式扶贫 ● 基于参与式需求确定和干预设计的需求方驱动的方法	（Ⅲ）整合多元：多元整合话语 ● 教育、医疗、文化、产业创造服务岗位 ● 个人、家庭、国家、市场、公民社会等多元主体协同治理 ● 政治机制、经济市场机制与社会市场机制整合（经济救助、家庭与朋友非正式支持等） ● 国家动员（权力调节）、市场运动（自动调节）、社会保护运动（自我调节）结合

（三）从单一扶贫行动到多元化协同行动：多元化扶贫的社会政策策略

1. 由单一的物质生活救助向多元化的整体性社会政策转变

完善农村最低生活保障制度，保障贫困人口的基本生活，在最低生活保障的社会政策行动中，传统的社会救助基本限于最低物质生活

---

① 张新文、李文军：《反贫困战略下经济政策与社会政策的关系探讨》，《广西民族大学学报》（哲学社会科学版）2010年第3期。

第十章　行动中的贫困治理：参与式行动、穷人主体性与反贫困政策

的保障，排除了就业、教育、住房等其他支出，但农村贫困人口对后者的需求又最为迫切。① 鉴于此，一方面，各地普遍在逐步提高低保标准，加大对于低保对象的现金支持力度；另一方面，一些地方也在积极探索制度化的综合救助模式，以更好地满足贫困居民的多种需求，加快他们的脱贫进程。从农村扶贫政策的内涵看，正在逐步由单一的物质生活救助政策向多元化的综合救助政策转变。② 在现有农村最低生活保障的基础上，进一步完善农村医疗救助、危旧房改造援助、困难家庭就学援助、应急救助等配套制度，降低贫困群众因病返贫、因学致贫、因灾致贫等情况的发生率，从制度上保障农村贫困人口的基本生活。建立健全农村社会救助体系，发挥社会组织在社会救助中的积极性，引导公众参与社会救助和社会慈善事业，鼓励企事业单位、社会团体、非政府组织通过多种渠道和多种形式开展救助活动。

表 10-7　　　　　　　　反贫困战略中的整体性社会政策

行为人	目标维度	社会政策
● 国家：中央政府、地方政府、基层政府等 ● 公民社会（非政府组织、社区、社会运动） ● 民营商业部门 ● 国际发展机构（联合国机构、区域性组织等）	● 目标群体：个人、家庭与社区 ● 目标：实现可持续生计、增进全民福利、提升人力资本、提升可行性能力、增权赋能、抗逆力培养、增强社会凝聚力、抗击社会排斥、增强抗击脆弱性风险的能力、实现发展正义与社会公平等	● 基本的社会服务：医疗卫生、教育培训、住房与就业、社会保障 ● 可持续生计政策 ● 包容性社会政策 ● 资产社会政策 ● 发展型社会政策 ● 国家投资型社会政策 ● 社会整合政策

---

①　多吉才让：《中国最低生活保障制度研究与实践》，人民出版社 2001 年版。
②　同上。

对中国农村社会政策存在的问题采取多元化扶贫的社会政策策略：缩小城乡反贫困政策之间的差距，启动农村的职业培训，将公益性（救济式）扶贫与生产性（开发性）扶贫有效地结合在一起，对失地农民需要采取力度更大的扶持政策，重视极端贫困地区的搬迁式扶贫。[①] 扶贫政策的目标群体从个人扩展到个人、家庭和社区，其目标从物质性的社会救助走向增进全民福利、实现发展正义、提升人力资本、提升可行性能力、增权赋能、抗逆力培养、增强社会凝聚力、抗击社会排斥、实现可持续升级、增强抗击脆弱性风险的能力等。

2. 从忽视社区到重视社区的社区发展模式：社区作为扶贫的基本行动单元

立足于社区的反贫困战略和社区发展模式，基于家庭贫困脆弱性的反贫困行动强调家庭、社区在反贫困行动中的重要作用，反映了西方在反贫困行动中的保守主义和激进主义立场的对话。社区发展模式是用社区的发展和社区能力建设来提高社区居民的抗风险能力，经由社区赋权和基层参与，构建社区信任型的社会资本，经由非正式支持网络和资本积累，提高社区居民的抗风险能力，让社区居民都能在家庭或者社区中不断成长，从而达到消除贫困的目标。[②]

改革开放之前，单位体制是中国社会占主导的组织形式，社区几乎没有影响。80 年代中期以来，单位制受到严重冲击，社区建设被及时提出，重视和加强社区在城市扶贫中的作用也成了新的政策取向。对于社区扶贫，在实践的基础上，应该创造社区就业创业新机会，建立社区就业创业协会和社区救助体系，创建"充分就业社区"的方

---

① 赵慧珠：《如何突破中国农村反贫困政策的"瓶颈"》，《北京行政学院学报》2007年第4期。

② 刘振杰：《资产社会政策视域下的农村贫困治理》，《学术界》2009年第5期。

式推动居民就业；促进贫困居民的社会参与，经由社区协商民主，实现社区居民参与社区发展决策，实现参与式发展，加强非贫困者与贫困者的互动，防止贫困者"边缘化"；建立社区发展基金以整合社会资源，构造"社区性社会支持网络"；建立社区贫困救助的动态管理、治理机制，以政府资本带动民间资本，形成社区养老、助老的新机制。[1]

（四）从消极救助取向到积极开发取向：积极干预的社会政策发展理念

传统的国家自上而下的社会救济式扶贫具有浓厚的行政消极色彩，从意识形态层面对贫困者进行"污名化"处理，局限于将救助对象"养"起来，体现了反贫困行动中的被动性和消极性。扶贫的消极性缺陷主要有：对贫困者进行人力资本投资的力度不够，对提升贫困者的社会资本水平重视不够，忽视对贫困者进行增权及精神援助，[2]忽视贫困中的教育、健康、医疗服务、就业和生活质量的关键议题。随着新贫困问题突出，政府开始调整扶贫政策，实施开发式救助和参与式扶贫，关注反贫困中的社会排斥和社会整合，重视投资型国家和能动型政府的发展策略。从社会救助来看，出现了从消极救助向积极救助转变，从干预性扶贫向预防性扶贫转变，积极救助包括提供劳务服务，促进低保对象积极性就业，促进低保对象劳动自救和互助性的社会支持网络的建设，培育社会资本，强化国家和社区的能力建设，限制部分低保对象的投机行为，避免"懒汉"现象的出现，保证低保金发放的公平性；部分城市尝试着将在世界上其他国家和中国农村扶

---

[1] 金一虹：《社区：消除城市贫困的实践和机制》，《社会学研究》2005年第11期。
[2] 胡杰成：《我国城市扶贫政策的消极性缺陷及其改进途径——"积极福利"角度的考察》，《求实》2007年第9期。

贫实践中被证明行之有效的"小额信贷"扶贫方式引入城市扶贫工作中，推动城市扶贫从单纯"输血"到"造血"的转变。①

积极干预的社会政策调整要求从社会救助、单一救助向社会保护、多元救助转变。在中国反贫困战略中，农村剩余贫困人口的特征凸显了原有的救助式扶贫、开发式扶贫政策的局限：它对于地域和贫困人口劳动能力的依赖使其对于剩余贫困人口的政策边际效益几乎等于零，因此重构农村反贫困政策必须建立积极的社会政策行动和政治联盟，必须基于人力资本、生命周期与社会风险管理的理论基础，对中国农村贫困人口的特征和致贫因素，对社会救助政策的效果进行评估，从普遍性的医疗保障制度、"普惠型"社会福利、选择型社会救助以及新型开发式扶贫政策出发，实现中国农村反贫困政策要从社会救助转向社会保护。②

（五）包容性发展社会政策：中国扶贫政策的变迁与走向

"包容性增长"抑或"共享式增长"，是一种发展理念，也是一种发展方式，其关键议题体现为公平合理分享经济增长成果，促进地区发展的协调与均衡。包容性增长要求我国在制定扶贫政策时要关注弱势群体，注重社会和经济协调和可持续发展、强调权利保障和机会平等增长、追求社会公平正义、重视制度创新。包容性发展社会政策是建立在包容性社会的基础之上的，实现包容性发展是指实现惠及所有国家和地区、惠及所有人群的发展。作为一种新的社会政策发展理念和扶贫战略，包容性发展的价值取向是公平、公正、共享、共容，

---

① 王振耀：《五十万贫困人口得到救助，关键是城市社区实施有效组织——关于上海市建立城市居民最低生活保障制度的调查》，载《城市居民最低生活保障制度文件资料汇编》（第3册），民政部社会求助司1999年版。

② 徐月宾、刘凤芹、张秀兰：《中国农村反贫困政策的反思——从社会救助向社会保护转变》，《中国社会科学》2007年第3期。

第十章　行动中的贫困治理：参与式行动、穷人主体性与反贫困政策

倡导的是权利公平、规则公正、成果共享、利益共容。①

包容性增长的具体内涵和外延体现为：机会平等的增长，既强调通过经济增长创造发展机会，同时也强调通过减少与消除机会结构性不平等来促进社会公平，实现发展正义；包容性增长是益贫式增长，是协调、可持续增长，是平等与权利的增长，包容性增长让更多的人享受经济发展成果，让弱势群体得到保护，强化个人、家庭和社会的能力建设，重视社会和谐和稳定，重视共享社会发展成果等。②

包容性增长要求我国在制定扶贫政策时要注重协调发展和可持续生计，强调权利保障、追求公平正义，重视制度创新。在包容性增长理念的指导下，我国扶贫政策在新阶段将呈现新的走向：重视经济社会协调发展、突出发展机会平等、加强贫困人群能力建设、坚持并完善开发式扶贫、建立社会大扶贫格局。③

（六）发展型社会政策：从消极被动型国家向积极主动干预型国家转变

发展型社会政策的实质是一种市场友好型的福利增进策略，对贫困的社会投资可以有效地改变社会政策在经济政策面前的附属性地位。发展型社会政策理念包含以下几个相互关联的内容：强化有助于减少生计风险的社会资本建设，人力资本作为可持续生计，注重对人力资本的投资；反贫困政策要根据一个人生命的不同阶段的需要进行干预，即生命周期理论；重视家庭物质资本的积累实现对贫困的预防，即家庭投资与社会风险管理理论；注重贫困阶层能力提升，注重

---

① 顾邵梅：《以包容性增长来培养高度的文化自觉》，《四川行政学院学报》2012 年第 12 期。
② 向德平：《包容性增长视角下的中国扶贫政策的变迁和走向》，《华中师范大学学报》（人文社会科学版）2011 年第 7 期。
③ 张宇燕：《寻求包容性与发展的和谐》，《人民日报》2012 年 2 月 3 日。

风险应急能力、可持续生计能力和发展与自主参与性能力的培养。发展性社会政策的内容包括减少风险管理成本的社会资本、反社会排斥的劳动力政策、农村生计的保护与发展、健康与医疗政策的整合以及资产为本的个人账户建设。[①] 发展型社会政策有助于提高个人或者家庭应对风险的能力，提高其可持续生计的能力，推动其自主参与的能力。贫困主要不仅同收入不高有关系，而更多的是与人们是否具有选择愿意做什么的能力有关。[②]

1. 风险应对能力：基于风险管理与风险控制的反贫困政策

在风险社会，贫困者通常是风险的主要承受者和最大受损者。风险加速和加大了人们社会地位的差距，带来社会更深程度的不平等，破坏社会融合和发展的成果。发展能力才是面向长远、生产性的、积极的、能力内化的、提升贫困人群风险社会地位的最根本途径。发展能力需经由家庭、市场、国家和社会的多元化社会政策路径加以促成。[③] 在风险社会中，推进从整体上进行构建的长期有效的社会政策模式，以平稳而匀速的步伐推进社会发展前进，建构一种渐进式的、可持续性的风险应对模式。

经由农村贫困群体面对风险的态度的调查数据显示，农村贫困人口面对风险时，很慌乱，不知道如何面对的占 19.9%，能勉强应对的占 39.1%，能够平静对待的占 23.3%，无论怎样的意外与风险都能坚强面对的占 17.7%。

---

① 张新文：《我国农村反贫困战略中的社会政策创新探讨》，《南京社会科学》2010年第6期。
② 徐月宾、刘凤芹、张秀兰：《中国农村反贫困政策的反思——从社会救助向社会保护转变》，《中国社会科学》2007年第3期。
③ 石奎：《贫困阶层能力提升的社会政策分析》，《河南社会科学》2010年第4期。

表 10-8　　　　　　　农村贫困人口面对风险态度统计

	频率	百分比（%）	有效百分比（%）	累积百分比（%）
很慌乱，不知道如何应对	106	19.3	19.9	19.9
能勉强应对	208	38.0	39.1	59.0
能够平静对待	124	22.6	23.3	82.3
无论怎样的意外与风险都能坚强面对	94	17.2	17.7	100.0
合计	532	97.1	100.0	

经由社会风险管理预防贫困是反贫困政策的重要方向。在反贫困实践中，所有的个人、家庭和社区都会面对来自不同方面的风险，如各种脆弱性风险、健康风险、农户风险、经营风险以及灾害风险等，这些风险既包括自然的也包括人为的，而且贫困人群不仅更容易遭遇风险，风险对他们的负面影响也会更为严重，因为他们应对风险的工具非常有限。风险管理框架更关注贫困的成因，而不是贫困的症状，因而也更重视贫困的预防而不是对贫困的补偿。

在经济全球化的环境下，消除贫困不仅代价高昂，也是很难实现的事情，因而只有预防贫困才能达到消除贫困的目的。风险管理框架要求经由积极的社会政策对贫困和高风险人群提供事前的收入支持以鼓励其选择高风险、高回报的经济活动，致力于消除或减少那些会使人们陷入不幸或困境的因素，不是在风险成为事实后再向他们提供生活保障。具体的扶贫行动包括为边缘贫困人群提供抵御风险的制度安排、针对致贫风险和贫困人群的经济和社会特征提供针对性的帮助、针对有劳动能力但暂时或偶尔陷入贫困的家庭提供临时性救助。

2. 可持续生计的能力：可持续生计的破坏与贫困

发展型社会政策创造稳定的有利于社会经济发展的环境，形成可持续生计的框架。在反贫困战略中，从 20 世纪 60 年代的"国家干预、自上而下"的发展和扶贫项目，到 80 年代的自下而上、穷人主体性的参与式发展，再到 90 年代的可持续生计的社会政策框架，提出以保护、传承传统文化以及生物多样性的发展，基于贫困群体缺少劳动力、自然条件差或灾害、因疾病或损伤原因、下岗、失业、投资失败、土地利用率低等带来生计破坏过程中的社会政策介入。可持续生计手法既是一种理论和思维框架，也是一种生计发展的目标，是一个可以在操作层面指导反贫困工作发展的研究工具。可持续生计框架提出的目的在于针对家庭生计脆弱性人群的一种可持续能力的培养，以发展的眼光推动发展工作者从对象人群（如农户）日常生产生活的角度来解决贫困问题，并寻找适合本地情况、用好本地资源、符合当地人意愿的解决方法，而不是一味地依靠外来者通过带入大量资源来解决本地问题。

3. 自主参与与可行发展能力：社会性弱势群体能力贫困及治理

贫困意味着贫困人口缺少获取和享受生活的能力、创造收入的能力，是机会贫困抑或能力贫困。人力资本不足、社会歧视、社会排斥、公共转移支付的减少、健康人力资本遭到破坏等都是造成贫困人口丧失能力的重要因素。阿玛蒂亚·森长期研究世界饥荒和贫困问题，在对正反两方面经验对照的基础上，森提出了"可行能力"的概念。森所强调的"可行能力"是一种实质自由，基本上属于"积极自由"的范畴。福利的基础是指一个人选择他/她有理由珍视的生活的实质性自由，即可行能力。人类发展的目的就是实现每个人可行能力的最大满足，而可行能力的向量之增长也就是人类自由的扩展。[1] 森

---

[1] 阿玛蒂亚·森：《以自由看待发展》，任赜、于真译，中国人民大学出版社 2002 年版。

第十章　行动中的贫困治理：参与式行动、穷人主体性与反贫困政策

所说的功能性活动指称值得人们去追求的多种多样的事情或状态，其外延很广，如免予疾病侵害、足够的营养、创业机会、教育与就业机会、自我实现等。①②

因此，经由提升社会性弱势群体"可行能力"，才能治理其能力贫困。发展能力强调"自主参与"，此理念为吉登斯所积极倡导。这种可行能力的培养表现在：一是个人选择能力的培养，包括投资儿童、支持家庭提升个人选择能力，投资儿童、支持家庭是体现发展型社会政策人力资本投资理念的核心所在；围绕就业、有效的教育、良好的社会疏导提升能力。二是工具性自由的有关方面包括表达自由；提供经济条件，经济条件的良好状况肯定有助于可行能力的提高；实现城乡基本公共服务供给和公共财政支出均等化。均等化的基本公共服务是农民可行能力的生成与发展的必然选择。③

（七）投资型社会政策与农村贫困治理：社会投资型国家及其反贫困战略

在国家扶贫行动中，作为能动性抑或投资型国家应该定位于人力资本积累，聚焦于可行性发展能力的启动，资源可及性公平，推行资产社会政策。通过资产社会政策，将社会保障的焦点直指个人资产、投资儿童、支持家庭、围绕就业和工作提供支持，推动人们尤其是穷人拥有和积累自己的资产。资产能为个人提供资源控制、财务安全和应付大宗意外支出的能力，资产是对未来的投资，它使人们拥有把握

---

① Amartya Sen, *Development as Freedom*, New York: Alfred A. Knopf, 1990.
② 秦国伟：《社会性弱势群体能力贫困及治理——基于阿玛蒂亚·森"可行能力"视角的分析》，《理论界》2010年第4期。
③ 同上。

机会的可能①。英国社会学家安东尼·吉登斯曾经倡导政府应积极介入"社会经济",在积极的社会福利基础上,构建社会投资型国家。②吉登斯倡导用社会投资型国家理念替代传统的福利国家概念,旨在推进积极的福利政策,强调提高人力资本投资对于国家和社会发展的意义。积极的福利政策和传统的福利政策的区别在于:从政策的实施目标来看,前者致力于增强人的自主生存能力,以人的发展为导向,而后者是维持人的生存。在政策的实施手段上,前者重在为培育人力资本、增强人的能动性和战胜贫困的信心而投资于教育和培训,后者则是给付实物或现金。在政策作用的效果上,前者以预防为主、补偿为辅、以防为补,重在创造有助于贫困群体自我发展、自我实现的条件,而后者则是救急式的事后补偿。③④

1. 注重人力资本投资:对转型期农村贫困和反贫困政策的新认识

投资型社会政策强调社会政策不只是针对现实的贫困者或不幸人士的帮助,而是一种增进全体社会成员经济和社会能力的社会资源配置,其中就包括人力资源的配置。⑤ 中国的农村贫困经验说明,贫困区域的经济之所以落后,其根本原因不在于物质资本短缺,而在于人力资本的匮乏和轻视。以人力资本投资为理念的社会政策需要投资儿童、支持家庭、围绕就业和工作提供支持,注重社会政策对于经济发展的贡献,强调对于社会问题的上游干预和积极预防,重视中长期查

---

① 石奎:《贫困阶层能力提升过程中社会政策如何发挥作用》,《河南社会科学》2010年第4期。
② 安东尼·吉登斯:《第三条道路:社会民主主义的复兴》,郑戈译,北京大学出版社2001年版。
③ 同上。
④ 刘振杰:《综合发展账户:社会保障城乡统筹发展之路》,《人文杂志》2011年第5期。
⑤ 徐月宾、刘凤芹、张秀兰:《中国农村反贫困政策的反思——从社会救助向社会保护转变》,《中国社会科学》2007年第3期。

第十章　行动中的贫困治理：参与式行动、穷人主体性与反贫困政策

略。强调从支持市场的立场对市场进行积极的干预，将个人、家庭、群体和国家等不同层面的利益和目标有机地结合起来，最后形成一种帮助个人、帮助国家的政策机制。无论是对家庭功能还是对个人能力的干预，干预的目的都是增加他们的个人或家庭资产，提高他们获得资产和可持续生计的能力，使他们更好地适应市场经济的需求，特别是劳动力市场的变化。① 基于个人或家庭的社会政策的人力资本投资理念是将社会政策对社会基本制度的干预转向对参与这个制度的个体进行干预。这一政策框架也是一种整合和协调公共与私人利益的机制，个人能力的提升对预防贫困和提高国家竞争能力具有根本性的作用。

2. 基于个人和家庭生命周期的反贫困政策

人的生命的不同阶段是相互联系的，体现了不同生命阶段贫困者实践世界的生活轨迹和生活体验的前后关联性，前一阶段的经历会对其后面阶段的经历产生影响。家庭生命周期、结构变动和贫困的发生学解释，意识到家庭和个人生命各个周期的各个时期生命力的不同，都可能是造成人类脆弱性的原因。在社会政策理论中，这种关联性和阶段性挑战主要表现为一些特定阶段的问题会在后一阶段重新出现，或者会影响到其后续阶段的机会，如贫困代际传递效应、贫困恶性循环效应、低水平贫困陷阱效应等。这些不同阶段不仅有不同的需要和问题，而且上一阶段的生活质量对下一阶段有非常重要的影响或决定作用。② 农村反贫困政策应该以不同生命阶段和家庭的生命周期的阶段性面临的挑战为依据，特别是要重视对这些阶

---

① 张秀兰：《社会政策创新与中国的策略选择》，《江苏社会科学》2007 年第 4 期。
② 徐月宾、刘凤芹、张秀兰：《中国农村反贫困政策的反思——从社会救助向社会保护转变》，《中国社会科学》2007 年第 3 期。

段的上游进行干预。

以生命周期为基础的社会保护政策框架是非常宽泛的,其政策目标是改变个人发展的条件,而不是修补这些条件所造成的后果。积极的社会政策不仅以满足人一生不同阶段的需求作为目标,而且更关注通过人力资本投资使个人的潜力得到最大的开发,最终成为一个能够自我满足需求的社会成员。这样,社会政策就从一个反应和补偿型的模式转变为一个发展型的模式。[①]

3. 资产型社会政策与农村贫困治理

华盛顿大学教授迈克尔·谢若登(Michael Sherraden)1990 年在《穷人与资产》一书中,首次提出了以资产为基础的社会政策:凡是广泛地和普遍性地促进公民和家庭尤其是穷人获得不动产和金融资产以增进他们的福利的方案、规则、法规法律,都属于资产社会政策。一个人缺乏资产是导致持续产生贫穷的机制——穷人的金融支持来源只有就业、家庭和政府福利,却没有资产,故而不存在资产的积累,不能产生可支持长期生活的资产为基础的福利效应。一个人的一生能否得到资产福利效应的惠顾,是穷与非穷的机制性标志。[②] 迈克尔·谢若登认为,资产社会政策是对收入分配政策的超越和提升。收入指款物的单向流动,而资产则是财富的多向积累。一个人贫穷的根源不是收入的缺乏,而是没有资产的持续积累。没有积累就不能增长,那么穷人要想爬出贫困陷阱也就十分困难。事实说明,具有包容性的以资产为本的政策符合科学的发展观。应该让每个人参与资产建设,让

[①] 徐月宾、刘凤芹、张秀兰:《中国农村反贫困政策的反思——从社会救助向社会保护转变》,《中国社会科学》2007 年第 3 期。

[②] 杨团:《资产社会政策——对社会政策范式的一场革命》,《中国社会保障》2005 年第 3 期。

第十章　行动中的贫困治理：参与式行动、穷人主体性与反贫困政策

政策具有进步性，也让资产建设终身制和灵活性，并能够对社会保护与经济发展努力积累充足的资产。①

资产社会政策的提出，在全球掀起了一场从理念到实践的社会政策革命。在扶贫行动中，资产社会政策可以说是对传统收入分配政策的超越和提升。② 投资型国家的反贫困政策转向要求改变投入方式，政府贫困治理从社会排斥不断走向社会融合，实现从物质资本范式、人力资本范式向社会资本范式转变，并实现三者的结合，构建贫困者的社会支持网络③。同时，在现有社会政策体系中嵌入"上游干预"和风险管理理念，为贫困家庭子女提供平等的受教育与其他发展机会，可以防止贫困代际传承。总之，以资产为本的社会政策在加强人力资本投资、促进社会资本形成、积累个人和社区资产、消除经济参与障碍、创造良好经济社会发展氛围等方面均有独特之功效。

基于资产型社会政策的农村贫困治理路径要求应逐步实现以积极的资产建设为基础的福利政策取代消极地以收入为基础的福利政策；由当前的开发式扶贫逐步转向发展式扶贫，以提高贫困者的自身素质和脱贫能力为指向；为贫困群体建立个人或家庭资产账户；赋予资产账户多种功能，借助资产账户提高贫困者的脱贫能力。个人发展账户对于提高穷人的自身积累能力，使其逐步获得一份资产，进而摆脱贫困，是一项积极的反贫困措施，实现以个人资产账户为手段，拓展个人的社会资本支持网络，激励个人进行资产积累，让每个人参与资产

---

① 冯希莹：《社会福利政策范式新走向：实施以资产为本的社会福利政策——对谢若登的〈资产与穷人：一项新的美国福利政策〉的解读》，《社会学研究》2009 年第 2 期。
② 林闽钢、陶鹏：《中国贫困治理三十年回顾与前瞻》，《甘肃行政学院学报》2008 年第 6 期。
③ 郑志龙：《社会资本与政府反贫困治理策略》，《中国人民大学学报》2007 年第 6 期。

建设，最终截断贫困的循环链条；将个人资产账户制度与当前的社会保障制度充分衔接。①②

（八）精准扶贫的社会政策建构：当代中国农村反贫困行动的理论自觉与理论自信

习近平精准扶贫是在国际反贫困和减贫行动中的中国扶贫攻坚行动的高度理论自觉与理论自信，也是基于中国学术话语体系和中国经验视域的本土化的理论构建，其创新话语体系、创新逻辑结构与实践路径，立足于中国特色的扶贫开发道路与实践，彰显了中国扶贫攻坚行动的中国经验和中国智慧，强化了中国反贫困行动在国际减贫行动的学术地位与发展话语权。

精准扶贫要求经由扶贫行动的考核机制、瞄准机制、帮扶机制、资金管理机制、金融服务机制和社会参与机制的创新，建立具有中国特色的精准扶贫的长效工作机制。精准扶贫要求对集中连片特困地区实施有针对性的扶贫开发政策。每个地区贫困的原因和类型有很大差别，既有自然的、社会的，也有民族的、宗教的，既有历史的、政治的，也有现存体制的。为此，应当针对各个连片特困地区的不同特点和经济社会发展水平进行科学合理规划，有针对性地制定扶贫开发政策，逐步推进，使每一项扶贫政策力争做到"因地制宜"，提高扶贫资源的投入使用效率。③

精准扶贫坚持分类施策，因人因地施策，因贫困原因施策，因贫

---

① 刘振杰：《资产社会政策视域下的农村贫困治理》，《河南社会科学》2012年第9期。
② 熊贵彬、黄晓燕：《资产社会政策在我国反贫困中的应用前景分析》，《思想战线》2005年第6期。
③ 孙法臣：《当前我国农村扶贫开发面临的几个问题》，《中国发展观察》2012年第3期。

第十章 行动中的贫困治理：参与式行动、穷人主体性与反贫困政策

困类型施策，注重抓六个精准，即扶持对象精准、项目安排精准、资金使用精准、措施到户精准、因村派人精准、脱贫成效精准，确保各项政策好处落到扶贫对象身上。在扶贫方式上，通过扶持生产和就业发展一批，通过易地搬迁安置一批，通过生态保护脱贫一批，通过教育扶贫脱贫一批，通过低保政策兜底一批。在扶贫行动和参与主体方面，坚持动员全社会参与，发挥中国制度优势，构建了政府、社会、市场协同推进的大扶贫格局，形成跨地区、跨部门、跨单位、全社会共同参与的多元主体的社会扶贫体系。[1][2]

---

[1] 周之地：《精准扶贫关键要"项目安排精准"》，《北京青年报》2016 年 9 月 30 日。
[2] 邓维杰：《精准扶贫的难点、对策与路径选择》，《农村经济》2014 年第 6 期。

第十一章 结论与讨论

"十三五"时期是我国发展的重要阶段,消除贫困、改善民生、实现共同富裕,是社会主义的本质要求,是我们党的重要使命,我国农村的扶贫行动要聚焦如期全面建成小康社会这个既定目标,深刻把握世界经济发展新趋向、新态势,深刻把握我国经济发展新特点、新要求,深刻把握我国经济社会发展新目标、新任务,深刻把握我们面临的新挑战、新机遇。当前中国扶贫脱贫已经进入攻坚克难的重要阶段,不能再继续"灌水式""输血式"的传统扶贫模式,必须确保如期脱贫、精准脱贫、杜绝返贫,需要精细化的扶贫思想,促使地区整体脱贫、全面脱贫,确保贫困人口到2020年如期全部脱贫。

社会转型期的农村贫困问题研究对于重新认识中国农村贫困的现状和变化新趋势、农村贫困群体的生存境遇、农村贫困的发生学解释以及现代化、全球化语境中中国农村反贫困行动面临的新机遇、新风险和新挑战,对于全面推进反贫困行动战略,缓解乃至完全消灭农村贫困,全面繁荣农村经济,实现农村全面可持续、健康、稳定和协调发展,实现农村贫困群体共享社会发展成果,促进农村的社会安全和社会稳定,全面建成小康社会具有重要的理论价值和现实意义。

本课题基于跨学科的视角，围绕三个面向进行研究，就中国农村贫困的现实处境、中国农村贫困群体的生存状态、中国农村贫困的发生性根源和中国农村反贫困行动及其社会政策实践展开系统的理论分析和实证研究。具体研究包含了三个方面的内容：

一是中国农村贫困的阶段性特征和演变趋势、国家反贫困的行动思路、社会政策文本变迁及中国农村贫困群体的生存境遇。具体包括中国社会转型与中国农村贫困问题的阶段性特征和反贫困行动的社会政策思路，中国农村反贫困实践的话语实践及其变迁，转型社会中的中国农村贫困的演变趋势、理论反思和新的问题意识；包括中国农村贫困群体的生活质量、可持续生计、情感状态、心理适应和精神健康。

二是基于跨学科的中国农村贫困的发生学解释，即中国农村贫困如何再造。具体包括中国农村贫困再造的个人与家庭过程、贫困再造的经济社会过程、贫困再造的政治性过程以及贫困再造的市场、文化与社会心理过程。

三是行动中的贫困治理战略、行动纲要和社会政策实践。包括反贫困中的中国农村反贫困行动和反贫困社会政策实践、反贫困行动的集体主义方法论进路、反贫困行动的国家主义进路与社会政策的意识形态连续谱、基于个人主义的意识形态的中国农村反贫困行动的企业化思路以及基于平民主义意识形态的平民主义思路。

第一节　社会转型与中国农村贫困：研究发现和中国经验

一　中国农村贫困现实：经验性事实及其生存境遇

本课题的研究结论正是建立在理论研究与应用研究、定性分析和定量分析的基础之上的，基本的研究发现和经验事实体现在以下几个方面：

（一）转型社会与中国农村贫困：话语变迁与实践过程

中国农村贫困发生学的解释及其问题既是一个体制性问题，也是一个发展性问题。源于中国社会发展史上的城乡二元分治制度、城市化运动中的国家城市发展中心论，长期的城乡二元分割形成了中国农村贫困的制度性壁垒，国家发展主义的意识形态连续谱和意识形态的社会动员以及经济现代化的战略模式的强势推进是中国农村贫困的历史性和体制性原因，也是那些着眼于农村发展、反贫困行动、地方社区建设运动、消除边缘化和社会排斥效果不显著的最深层次动因。

中国农村土地制度和地方财政改革与地方国家的自上而下的强势推动也是中国农村贫困的另一原因，土地制度改革包括国家或地方政府的宏观土地调控和土地调整，包括农业结构调整、规模经营、农业公司、城市化的郊区扩张，还有农户承包的全国性动员，农户权益受损，土地纠纷激增，尤其是城市拆迁带来对当地住户可持续生计的破坏，成为中国农村贫困的新的特点。财政改革重点体现在地方财政独立、税收改革和中央减少对地方财政投入，这一改革带来中国农村贫困地区的集体财政陷入困境，国家扶贫项目在反贫困行动中的低效率和瞄准机制的偏离、农户的低参与动机、项目执行中的政绩取向，使国家和地方政府反贫困行动陷入困境。

现代化与全球化给中国农村发展带来了新的机遇，也带来了新的挑战和新的贫困风险，世界工厂的出现，城市工业企业的发展，给中国农村剩余劳动力流向城市带来了新的机遇，中国农民大规模的流动改变了中国农村的秩序，农民工进城一方面为消解中国农村人地紧

第十一章 结论与讨论

张、缓解中国农村贫困具有积极性的意义，但农民进城也带来了中国农村的萧条和空壳化，中国城市经济发展和城市人口的急剧膨胀背后是中国农村年轻劳动力的全面流失，随着中国劳动力成本的提高和中国制造业、技术产业的升级，中国大部分农民工开始出现回流趋势。中国农民工大规模迁移现象，在农村制造了大量的新的贫困群体，一是缺乏年轻劳动力的家庭，面临着农村的全面萧条和空壳化，其生活变得日益艰难；二是子女外出后留在家里的老年人、妇女和儿童，由于劳动力的流失，家里同样陷入贫困；三是回流的农民工，适应了城市生活的农民工，回到农村，整个人生的心态和生活方式发生了根本性的变化，农村不再是他们留念的地方，但城市也没有给他们可持续生计的机会，他们的茫然和无助，孤独、焦虑和绝望，他们日益陷入贫困。全球化、现代化带来城市的繁荣，也带来了农村环境生态的恶化，城市发展是以牺牲农村发展、牺牲农村生态环境为代价的，农村环境的破坏，城市发展风险的农村转移，让农村变得日益脆弱，大量的耕地被搁置，大量的家庭被肢解，形成了不完整的家庭和被抛荒的良田，影响了农业生产的长远发展和农村的稳定。中国农村贫困的新的问题意识需要我们进行深层次的知识反思和批判性思考。

农村贫困的变动一定程度上显示出了我国政府扶贫政策的变迁。我国农村扶贫大致经历了体制改革推动农村扶贫、国家行政干预扶贫、开发式扶贫与保护式扶贫共举、精准扶贫四个阶段，农村反贫困模式划分为单一性救济式扶贫、区域性救济式扶贫、全国性经济开发式扶贫以及参与性综合式开发扶贫和多元性可持续发展型扶贫五个阶段。

随着中国社会转型与国家发展战略的全面实施和推进，中国农村贫困出现了新的特点：从贫困人口的数量看，贫困人口仍然较多；贫困人口的构成发生了变化,出现了许多新的贫困群体;农村扶贫陷入了制度性陷阱,扶贫的边际效益呈现递减趋势;体制性贫困正在逐步解决,发展性贫困和结构性贫困凸显,从静态贫困向动态贫困转变;基于脆弱性、可持续生计等贫困的多维性特征凸显;由资源贫困、收入贫困向能力贫困、资本缺乏型贫困转变;贫困群体诉求多元化,贫困群体的阶层意识和群体集体行为特征开始显露;贫困的空间性、区域性、行业性特征日益明显;区域性的瞄准和扶贫开始变得无效,带来新的道德风险。我国农村反贫困的话语转向表现在基于生命周期的社会保护、上游干预与风险管理转向;强调反贫困行动中的社会工作介入与专业化过程;组织化扶贫、组织化效应成为反贫困新趋势;注重资产、发展型政策与农村贫困治理的协同行动;关注和消解全球化带来的新的不平等和相对剥夺带来的贫困问题。

(二) 中国农村贫困:生活质量、可持续生计与生存境遇

中国农村贫困群体的"与健康相关的生活质量和可持续生计"研究包括生计安全、社会支持、增权赋能和伦理价值四个维度,具体包括维持人类生存所需要的食物、身心健康、收入水平、就业机会和就业质量、教育程度、消费结构、社会保护、生活满意度、社会剥夺感、心理健康等,也包括诸如社会公平、自由、平等、自尊与权利等人类生存的价值追求等。

基于中国农村贫困群体生活质量与可持续生计框架的经验性事实发现,我国农村贫困群体的生活质量和可持续生计的问题意识表现为面临正常经济社会政治文化和社会功能的破坏、城乡二元经济体制的存在、面临风险的脆弱性、可持续生计的破坏、资源的不平等剥夺、不平等的发展机会和社会保障权利、公共安全的破坏、生态环境的破

坏和自然灾害等。① 也表现为农村经济落后、教育设施不足、教育条件较差、未能把握发展机会等。经由实证研究发现，中国农村贫困群体的身心健康、情感状态影响了其身心满意度和家庭及生活满意度；其人际关系、环境生态、公共设施与服务水平、居住质量和环境治理、政策认同等与生活质量相关的状况影响了该群体居住环境满意度、个体家庭经济生活满意度和政治满意度。②

（三）中国农村贫困：情感状态、心理适应与精神健康

经由情感与社会结构、情感与社会互动、情感与个体行为、心理适应与精神健康的知识反思和理论诠释发现农村贫困群体在现实生活中有一种强烈的宿命感、无助感和自卑感，这种情感体验会使人在人际关系中变得消极、退缩和封闭，会弱化个体对于情感的控制，不断赋予情感的无意义感或情感文化的自卑感和乏力感，产生利己、家庭本位和排斥集体合作的观念和行为。基于贫困文化中的情感会介入社会结构的再生产，即再生产了社会孤立和社会隔离，带来了人际关系结构的排斥性，生活圈子的封闭性，贫困性的情感体验会再生产行为习俗、心理定式、观念意识、生活态度等非物质形式，从而嵌入更大的经济、政治、文化、市场和社会结构之中，实现政治、经济、文化系统的再生产。贫困情感容易滋生某种基于群际比较过程中产生的贫困者的群体意识和亚文化，构造一种新的社会类属，一种被不断污名化和社会表征的社会分类，这种分类系统通过内化，实现对个体情感的控制。

贫困群体很难适应现代性的生活方式、消费观念和经营理念，阻

---

① 潘泽泉、罗宇翔：《脆弱性、风险承担网络与农村贫困研究——基于湖南10村调查的数据分析》，《中国农业大学学报》（社会科学版）2015年第3期。

② 同上。

碍其适应的因素有"经济地位低下""制度障碍""文化差距""缺乏对现代社会的认同和归属感""以初级群体为基础的社会网络""与现代性的摩擦和土地牵制",追求的是一种生存适应。

在精神健康层面,贫困群体比正常的健康水平要差,人际关系敏感、抑郁、焦虑等症状特别突出,其社会支持的质量和数量、个体的网络规模大小、社会经济地位的高低、收入和社会资本的高低以及生活意义、生活控制感、自我认同都会对精神健康产生影响,可以归纳为三种效应,即精神健康的因果机制效应(如社会经济地位、个体收入水平等)、社会支持主效应、生活意义效应。通过对这三种效应的理论反思,基于中国农村贫困群体生存现实的实证研究发现,和农村非贫困群体的群际比较,农村贫困群体的社会支持水平、生活意义感、精神健康和身体健康状况明显差于非贫困群体。社会支持的主效应模型对我国农村居民精神健康的解释力具有多维性,工具性支持对农村居民的精神健康会产生显著影响,生活意义效应的解释模型同样适用于我国农村居民,个体对生活意义的感受会对其精神健康状况产生显著影响,生活控制感和自我认同感较强的群体,其精神健康状况要好于生活控制感和自我认同感较弱的群体。

二 社会转型与贫困再造:多学科视野与中国经验发现

中国农村的贫困发生学解释强调中国农村变迁过程中贫困发生的多重逻辑及其相互作用,中国农村发展和变迁是由占据不同利益的个人和群体之间相互作用而推动和约束的,而不同群体和个人的行为受其所处场域逻辑制约。因此,中国农村贫困变迁的轨迹和方向取决于农村场域中参与其中的多重逻辑及其相互作用。需要在多重逻辑的相互关系中认识它们的各自效用,既要关注在不同行动者互动场域中的环境变量(经济、文化、政治等),并关注农村贫困变迁的内生性过程（利益博弈、行动的理性选择、实践策略等）。

（一）贫困发生学的个人与家庭动因：生命历程、结构变动与家庭生命周期

基于个人和家庭视域的贫困问题视域强调个人和家庭不仅是生活消费单位，而且是生产经营单位，是综合性的多功能的社会经济单位。在贫困的发生学解释中，存在四种效应：家庭的社会质量效应、家庭禀赋—决策效应、家庭资本累计效应和家庭抗风险效应。具体表现为家庭生命周期、贫困代际传递与逆向反馈效应、"非道德性家庭主义"的代际传递效应、家庭现代化效应、家庭禀赋—家庭生计策略与新迁移经济效应以及贫困累积的弱势/优势效应等。

基于中国农村贫困群体个人和家庭的生存现实的经验性研究发现，在中国农村个人的生命轨迹和家庭生命周期中的重大事件如结婚、丧偶、生育、子女组建家庭、子女受教育程度、参加工作、职业的变动、退休、迁移、衰老、国家政策等对个人或家庭贫困产生影响，这些基于个人生命轨迹或者家庭生命周期的事件之间可能相互影响，产生贫困或弱势扩大效应或累积效应，构成个人和家庭贫困的生命周期，引发中国农村贫困的生产和再生产过程。个人的生命轨迹、家庭生命周期和家庭结构变迁给个人或者家庭生活带来了很大的挑战，使个人获得家庭支持的可能性降低，非正式风险承担网络的破坏，带来新的脆弱性风险。贫困的再造不仅与个人生命有关，更多地与家庭的变迁轨迹密切相关，是累积劣势随着时间的推移在不同发展阶段显性化的结果，是非预期的贫困状态或潜在贫困状态在不同生命阶段和家庭生命周期的延续或外在化。

(二) 贫困发生学的经济社会动因：脆弱性、风险承担网络与可持续生计

基于经济社会过程的贫困问题视域强调，在贫困的发生学解释中包括三种效应解释模型：贫困的脆弱性风险效应、贫困的风险承担网络效应、脆弱性和农村风险应对行为效应。具体风险包括自然灾害和环境生态风险、个人风险、失业或资产损失风险、收入和福利风险、政治风险。风险承担网络包括正式的风险承担网络（正规保险市场、国家信贷扶贫、中央财政扶贫资金的瞄准分析、政府开发式扶贫资金和投资、公共政策）和非正式的风险承担网络（互惠性的社会支持网络、搀扶式的民间社会网络、非正式信贷或馈赠等形式的资源、社会资本）。

基于中国农村贫困经济社会过程研究发现，个人、家庭或人群的脆弱程度、遇到的风险因素及其应付或承受风险和脆弱性压力的能力是导致农村贫困的重要因素。在现实生活中，越是贫困的人群，越是易于受到风险冲击，其脆弱性程度越高；反过来，脆弱性越高，抵御风险的能力就越弱，遇到的风险就越多，受到的风险打击也越大，因而贫困越深，贫困状态与风险的脆弱性构成一个面向未来自我强化的恶性循环。在中国农村，贫困群体倾向于与那些有共同生活经历，或曾经共同分担风险的农户分担风险，通过这种风险承担网络能随时有效应对面临的贫困问题。基于中国具体的生活情境和具体的风险构成来看，基于健康脆弱性的疾病风险及健康风险、非正式性风险承担网络的销蚀是中国农村贫困再造的根本原因；可持续升级与稳定收入性来源保障、政府保障（政府补贴享受行为）及财产安全性为重点的财产保障脆弱性风险也是农村居民陷入贫困的重要因素，环境生态破坏带来的耕地的破坏和减少、自然灾害发生对农村生态的整体的破坏，

国家征地所带来的共同依赖耕地的减少也是中国农村整体贫困的重要原因。

（三）贫困发生学的政治性动因：国家干预、政策行动与政治性建构

基于政治性建构的农村贫困问题视域的贫困发生学解释的新问题意识包括制度性贫困、政治过程与意识形态连续谱；地方国家干预、制度分配话语与贫困再造；贫困生命周期、国家风险干预与国家社会动员；国家地方干预、政策参与资产建设与政策福利效应；包容性发展与基于平民主义的意识形态的政治过程；排斥性过程、贫困再造与政治性话语等。

通过基于中国农村贫困群体生存现实的经验性事实发现，城市化过程中的城市发展中心主义意识形态连续谱是中国农村贫困形成的重要原因。体现为城乡分治的社会政策与户籍管理制度，城乡二元的社会保障与福利分割，基于政绩的地方发展主义偏向和扶贫项目政治动员过程的异化与偏差，政策体系的弱势性、歧视性和自上而下干预性特征与实践路径是中国农村贫困再造的另一重要原因。另外，通过对农村贫困群体的参与式政治的实证研究发现，在生存型社会政策、发展型社会政策、参与型社会政策、资产型社会政策四种社会政策的理想类型中，贫困群体普遍存在安全性、生存型的社会政策偏好，对于风险投资型社会政策和发展型社会政策参与性较低，体现了中国农村发展的社会政策偏向及其发展偏离，即社会政策或国家干预应该重点在于能力建设，包括抗风险能力、可持续发展能力、资产建设和投资能力。

（四）贫困发生学的市场动因：市场转型、市场分割与嵌入性过程

基于市场建构的农村贫困问题视域的贫困发生学解释包括三种效

应解释模型，劳动力市场分割、市场分化与机会获得模型；劳动力市场、社会关系网络与职业获得模型；市场的多位嵌入性模型等。具体表现为贫困再造过程中的市场经济"扩散效应"和"涓滴效应"、市场结构分割和代际传递效应、基于边缘与中心的空间再生产效应、市场结构与多维度的市场嵌入性效应（政治、经济、文化等）。新的问题意识包括市场转型带来的利益和机会效应；非农业的工资雇用机会、市场要素的培育生成与发展；劳动力市场的部门差异和市场分割、市场—政治共生模型中的市场、国家干预与理性秩序建构；制度转型、市场机会与劳动自主性的可能性及其条件；现代性、道义经济与贫困阶级的实践理性等。

通过基于中国农村贫困群体生存现实的经验性事实发现，中国农村贫困人口在面临市场转型的语境中，其市场参与意识和参与能力对其市场参与行为和参与机会有较大的影响，面对市场的抗风险能力较低、保守意识较强、缺乏基于市场的风险管理理念和投资意识，而且农村贫困群体的市场参与行为受到其教育程度、年龄、认知水平和专业技能的影响，另外，空间结构、信息结构、网络结构对农村贫困群体的市场参与程度也有不同程度的影响，包括空间的便利性、信息的可及性、建立在信任与互惠基础上的网络结构以及地方国家的就业帮扶政策都对农村贫困群体的市场参与具有不同程度的影响。

（五）贫困发生学的文化和社会心理动因：文化表征、自我效能与社会行为

基于文化建构的农村贫困问题视域的贫困发生学解释包括以下几种效应解释模型：基于贫困的嵌入性模型和社会表征模型、文化与贫困行为工具箱与传染病模型、文化的功能性语境与生成结构主义模型、贫困文化的再生产模型、社会表征的场域生成与贫困再生产模

型、自我效能感与贫困再造模型。新的问题意识包括知识、穷人阶级与贫困文化的知识效应;基于社会分类与文化区隔的文化心理、亚文化过程与认同建构效应;基于文化效应与情境适应的文化表征、贫困适应与代际传递效应;基于文化自觉与弱者抗争的穷人主体性与反贫困行动效应;社会表征场域和贫困效应。

通过基于中国农村贫困群体生存现实的经验性事实发现,中国农村贫困群体处于一种贫困文化之中,这种贫困文化经由嵌入性过程和结构化过程进入了农村贫困群体的政治、经济、社会与文化生活,带来了中国农村贫困再造。农村贫困群体的贫困文化表现在听天由命、消极无为、安贫乐道、得过且过的人生观;小农本位、重农抑商的生产观与劳动观;血缘伦理、重义轻利的道德观;老守田园、安土重迁的乡土观;多子多福、香火旺盛的生育观等。事实上,在实证研究中发现,农村贫困群体更倾向于一种守旧型文化观念。其市场观念、冒险精神、风险意识、自满情绪和风俗习惯遵守均与贫困呈不同程度的相关性,缺乏市场观念,排斥商品经济,没有勇气离开乡土去冒险并接受挑战,更无法形成成熟的风险意识与应急机制。一旦基于是"锚定"贫困的文化表征出现,它就有了自己的生命力,在"锚定"和"具体化"两大机制的共同作用下,那些闪现的、新奇的事物会很快被纳入一个普通的、被人们已知的形式中,然后磨平其棱角,融入那些惯常的表征系统中。同时发现,社会情感、社会经验、成就动机三个自我效能感因子均与贫困存在显著性相关,贫困群体的自我效能感作为一种心理资本会影响农村贫困群体的社会网络和社会资本的获取能力,从而使其嵌入一个复杂的贫困性系统之中。

三 行动中的贫困治理:"穷人经济学"与"中国式扶贫"经验

随着农村发展问题研究的拓展和日益复杂化,农村贫困问题不再是单一视角下的制度问题,也不是简单的个人发展问题,农业贫困问题研究在理论方法研究和实践应用方面面临诸多挑战。

(一) 中国农村贫困治理:新的问题意识和关键议题

一是中国农村反贫困战略在社会转型语境中陷入困境,传统贫困治理理论把贫困定位于经济发展落后、经济收入不足,贫困治理倾向于把发展经济作为缓解贫困的主要策略,将发展经济、提高收入水平作为扶贫政策的核心内容。这种"高经济增长、低社会福利"的发展模式造成生态较为脆弱的贫困地区的生态环境被严重破坏,农村走向萧条而不断边缘化,出现农村贫困人口数量庞大、贫困代际恶性循环的局面。

二是对方国家在扶贫行动中,基于在官僚体系中的有利位置,常常基于合法性权力、国家动员式发展的意识形态连续谱和制度嵌入和可塑性掌握了资源分配的权力,从而在市场机制中出现了官僚的微型干预和权力的内卷化,行政性的权力介入导致地方国家的经济干预和扶贫效率变得低下。

三是在中国农村出现了基于个人、家庭和国家的理性行为所带来的新的贫困问题,如家庭生命周期和人口要素短期配置的合理性(如生育与劳动力的再生产)延长家庭代际劳动力的共享期、调整家庭人口结构,包括小农家庭中代际交换对劳动力的需要冲动,刺激贫困小农的超生行为,为压缩劳动力再生产周期,刺激贫困小农的早婚早育行为;又如地方国家在扶贫行动中的扶贫对象瞄准目标偏离。贫困者行为理性积淀与小农总体行为的非理性结果使每一种改善贫困、防御风险的行为最终却导致为贫困化,导致扶贫边际效益逐年递减,贫富差距不减反增现象。

四是中国农村贫困出现区域化、集中贫困、反贫率高、反贫任务艰巨等事实。在贫困地区，尤其是贫困边远的少数民族居住区，存在封闭性、经济差距扩大、经济发展滞后性、市场竞争力最弱、产业发展的经济社会成本巨大、社会公正与腐败、基层政权失信、生态环境脆弱性、毒品与艾滋病扩散区、民族宗教多样性、民族认同差异性等，域性发展失衡与经济、社会、生态、政治等主要领域的失衡相互强化。

（二）贫困治理行动：问题聚焦和行动纲要

"十三五"期间，国家贫困治理行动纲要更加注重扶贫政策的整体平衡性、抓好贫困地区教育事业、加快农村危房改造、有序推进生态扶贫、共织贫困群众"安全网"、改进扶贫考核办法等。农村贫困治理的问题聚焦于农村贫困治理的结构性转变。

一是贫困治理主体的转变，即反贫困行动中的贫困治理的主体需要从民间慈善救济到福利国家，再到福利多元主义的转变，即从以民间慈善为主到以政府救助为主，过渡到政府、企业界、民间组织建立合作伙伴关系、多元主体协同治理贫困的过程。

二是贫困治理方式的转变，即实现从救助式扶贫到开发式扶贫，进而到参与式反贫困的转变，实现从单一救助向多元治理、从经济援助向可行能力培养转变，实现从单一贫困监测和瞄准机制向科学的、精准的监测和瞄准机制转变。

三是治理目标的转变，治理目标从解决温饱和物质匮乏的扶贫目标转向重视弱势群体社会参与机会，培育社会资本，增权赋能，抗逆力培养，提高贫困人口能力；从强调改善经济贫困，到强调克服能力贫困，进而到强调缓解社会排斥，消除脆弱性，促进社会融合，实现可持续生计，增强扶贫对象的自我发展能力和社会参与能力，更加注重基本公共服务均等化，实现农村发展公平和正义。

农村贫困治理的行动纲要体现在：基于穷人主体性发展、风险承担网络建构与可持续生计的个人和家庭行动纲要；基于市场抑或经济的行动路径的反贫困的市场策略与经济行动纲要；基于政治或制度创新的反贫困的制度性逻辑与国家行动纲要；基于社会资本培育、文化提升、资产能力建设的社会行动纲要。

（三）中国农村反贫困政策：转型期政策调整与方向

国家反贫困行动政策的方向体现在以下几个方面：

一是社会政策的基本目标在于实现从克服贫困到消除社会排斥，实现反贫困行动中的经济政策与社会政策协同推进。

二是从单一扶贫行动到多元化协同行动，实现由单一的物质生活救助政策向多元化的综合救助政策转变、从忽视社区到重视社区的多元化扶贫的社会政策调整。

三是实现从消极救助取向到积极开发取向的积极干预型社会政策转向，经由发展型社会政策提升贫困群体的风险应对能力、可持续生计能力、自主参与与可行发展能力。

四是在反贫困行动中强化社会投资型国家建设，即注重人力资本投资、重视个人与家庭的生命周期、重视资产积累和资产能力建设等。

五是实现精准扶贫，实施"四个一批"的扶贫攻坚行动计划。全面实现扶持对象精准、项目安排精准、资金使用精准、措施到户精准、因村派人精准、脱贫成效精准。要因地制宜地研究实施"四个一批"的扶贫攻坚行动计划，即通过扶持生产和就业发展一批，通过移民搬迁安置一批，通过低保政策兜底一批，通过医疗救助扶持一批，实现贫困人口精准脱贫。

总之未来中国农村反贫困政策的目标需要重新作出调整，即定位于包容性发展、可持续生计与资本重建、消除社会不平等和共同发展、反社会排斥与道德重建、实现社会公正与发展正义。未来中国农村反贫困政策需要全面实现促进参与就业的积极性,以及在资源、权利、物质和服务的可获得性,需要防止社会排斥的风险,实现社会整合,需要帮助弱势群体增权赋能、抗逆力培养、强化资本能力和抗风险能力建设,需要加强反贫困政策与现存其他政策的联系,以使对贫困和社会排斥的关注融入所有政策区域,在政策制定者与实施者之间增加对社会融合过程的意识,发展一套整合的和战略性的方法解决一些关键问题,如儿童贫困、残障、移民及民族多样性,又如社会边缘群体的社会整合问题,包括少数民族、有前科的人员、吸毒人员、无家可归人员以及流浪少年等。[1]

第二节 连接理论与经验:贫困研究的理论命题及其分析框架

一 跨学科视域中的中国农村贫困研究:可能的立场与新的认识方法

认识中国乡村的方法需要建立一个符合中国乡村本土实践的学术理论,关注在不同时代的社会语境和思想状况支配下累积起自己的问题意识和表述这种问题的方式,摆脱西方主流理论的学术话语霸权影响,从西方形式主义理论信念出发,按照西方科学理性框架去理解中国社会经验会产生很多悖论,会看到中国乡村社会的研究存在许多悖

---

[1] 周科朝、潘泽泉:《社会转型期的农村贫困问题研究:中国经验》,《湖湘三农论坛》2012 年第 1 期。

论现象。①

为了更好地解释中国农村贫困问题,完成作为社会科学的中国农村贫困问题研究,我们需要结合中国经验,结合中国农村的经验事实和实践逻辑,找到解释中国农村贫困问题的可能的立场和新的认识方法。

1. 在反贫困行动中应该基于跨学科的反贫困战略实现新的理论建构。包括建立一套跨学科的、多指标的贫困人口识别方法;包容性增长视角下中国扶贫政策的变迁与走向;贫困监测、风险、脆弱性预警机制和瞄准机制的建立,包括环境、气候变化、社会政策、市场和经济政策等多跨学科的领域;将脆弱性、可持续生计、包容性发展、社会排斥、整合、公共健康等纳入贫困监测和分析的范畴,及时准确地监测贫困的动态变化;基于减少风险和建立家庭的风险抵御能力的政策干预策略;扶贫开发规划实施评价,包括规划实施评价体系、规划实施评价内容、规划实施评价方法和指标等。

2. 重建跨学科视域中的中国扶贫战略的新的问题域及其扶贫战略转型的框架。即中国农村反贫困行动的实践操作层面和社会政策层面。重点关注跨学科视域中的中国农村发展的障碍和影响因素、发展的动力机制;反贫困的基本途径、行动策略和实践框架。重点关注反贫困行动中的人口质量与人口健康、脆弱性生计、包容性增长中的社会信任;反社会排斥、社会整合和社会安全;重点关注风险承担网络、社会支持网络、社会资本、可持续生计框架;重点关注贫困群体的社会适应、心理资本与心理弹性、公共健康与人的现代性;重点关

---

① 周科朝、潘泽泉:《社会转型期的农村贫困问题研究:中国经验》,《湖湘三农论坛》2012 年第 1 期。

第十一章　结论与讨论

注反贫困国家社会政策调整、政策建议和具体政策设计等，包括强化基于减少风险和建立家庭的风险抵御能力的政策干预策略；贫困监测、风险、脆弱性预警机制和瞄准机制的建立；全球化语境中的人力资本投资策略和"可持续生计框架"（the sustainable livelihood framework）的跨学科整合；穷人主体性、赋权与扶贫战略的改变；生态文明、农村扶贫与生态治理等。

3. 在中国的农村贫困问题研究中，基于跨学科的分析框架，可以继续吸收、借鉴和参考关于社会发展的新的理论基础、理论解释模型和整合性的理论视域，重点关注中国农业贫困问题中的社会质量、社会资本、脆弱性问题、发展风险、可持续生计、包容性发展、社会排斥、公共健康、发展伦理和社会正义、贫困治理行动中的实践理性和后果评价、实践中的道德等。并基于这一整合性知识框架下对社会社会发展战略转型期中国农村贫困问题进行全面、系统而深入的研究，建立关于中国农村贫困治理行动的社会影响的整合性的评价体系，对中国农村贫困干预的社会影响和效果进行整合性的评估，以避免贫困的再生产和恶化循环。

4. 在中国农村贫困问题研究中，应该基于跨学科的分析框架，基于社会发展的复杂性和模糊性假设，关注跨学科视域中的农村贫困的多维动因，一是基于生命历程、结构变动与家庭生命周期的贫困的个人与家庭过程；二是基于脆弱性和风险承担网络、可持续生计的贫困再造的经济社会过程；三是基于地方国家干预、政策参与式行动、社会动员中贫困再造的政治性建构过程；四是基于市场转型、市场隔离与多重嵌入性过程中贫困再造的市场过程；五是基于社会表征、自我效能感和文化工具箱模型、病毒性模型过程中的贫困再造的文化生产与社会心理过程。

5. 重写中国本土化的贫困的跨学科的问题向度、方法意识和方法的价值取向。中国农村贫困问题研究需要超越主流经济学家的研究焦点与研究方法，基于贫困的道德和政治承诺，重新思考农村贫困的新视野，重建关于中国农村的历史叙事。虽然不同的专业有自己的问题、概念范畴和方法，但是在处理很多具体题目时常常需要进行跨学科的研究。中国农村贫困问题研究需要综合运用不同学科的理论、视角、范畴和方法，运用社会学、政治学、心理学、人类学和经济学以及邻近学科和一些延伸的知识领域的理论和方法来进行，在全球化与社会转型的理论框架中展开对农村贫困的发生学分析、农村贫困的动态分析以及农村贫困的跟踪调查分析;① 关注农村贫困问题的各种结构性挑战，如不利的地理位置、狭小的市场及高昂的交易成本等；也关注疲软的社会政策、经济增长阈限以及人类发展正义；同时也能够在微观层次上丰富社会学、经济和管理学等学科理论研究的新命题，开创社会学、心理学和管理学等学科理论在农村贫困问题研究中的新境界。

二 重建中国农村贫困问题研究的理论体系和推理实践

1. 关注中国农村发展的政治逻辑、宏大政治叙事与国家—农村关系的实践形态。理解中国农村贫困问题必须关注中国乡村发展的政治逻辑和宏大的政治叙事，关注中国农村中国家与农民、农村关系的实践形态，走出中国农村发展的时代困境，强化对中国农村发展的历史考察。随着对乡土中国研究的进一步深化，现代化理论成为当代中国乡村研究的主流理论，现代化理论要求从社会变迁的视角理解中国乡

---

① 周科朝、潘泽泉：《社会转型期的农村贫困问题研究：中国经验》，《湖湘三农论坛》2012 年第 1 期。

第十一章 结论与讨论

村的社会历史演变，在理解中国社会历史的演变框架中，"现代化与社会变迁"开始取代"生产形态"，现代化理论在中国村落研究中的霸权地位使中国乡村社会屈从于宏大叙事的话语方式。[①] 这种逻辑表现在：国家介入中国乡村的政治策略、国家介入的模式、国家介入中国村落的特点（高度的集权化与政治化的社会体制）、国家和地方层面的权力精英生产与再生产、通过国家力量重构社会的努力、极权主义政治的全面渗透与个人权威的创造过程、国家对资源的全面控制和分配、精英群体及其互动关系、周期性的群众运动和政治化改造、组织内部领导与群众之间的关系、国家全面介入中国乡村提供的组织资源及其制度化程度、国家基层组织网络化与行政动员的组织策略等。中国农村贫困问题的研究必须与国家的农村发展战略相结合，农村贫困问题的解决必须与实现农村社会全面发展、构建和谐社会、创新社会管理机制，规范社会秩序相结合。

2. 在中国社会发展转型、结构性变迁、现代化发展战略与推进策略、全球化进程、新型城镇化、城乡一体化等宏大叙事的历史观下研究中国农村贫困研究的基础理论问题和理论创新问题，把中国农业反贫困行动与中国社会发展战略转型看作一个相互关联的整体来研究，建立一种整体论的认识方法。

3. 在中国农村贫困问题研究中，基于贫困的生活质量既是对贫困群体生活水平的跨学科的整体性诠释，也是衡量社会发展水平的重要指标。贫困群体的生活质量是一个多维度的、衡量各群体生存现实的重要指标，包括日常生活中的社会交往、个人发展、就业、收入水

---

① 周科朝、潘泽泉：《社会转型期的农村贫困问题研究：中国经验》，《湖湘三农论坛》2012 年第 1 期。

平、收入分配、劳资关系、贫困、消费、健康、教育、环境，也包括贫困群体所感受到的社会剥夺感、社会公平感和社会生活的满意度等。关注贫困群体的生活质量，除了关注其基本的物质生活水平、身心健康、消费结构，还应关注贫困群体在现实生活中能够获得快乐、幸福、舒适、安全的主观感受，关注他们的精神文化方面的追求以及对社会与环境的认同，关注他们的能力、权利和发展的机会。

4. 中国农村贫困体现了一种贫困生命周期的时间序列和历史谱系，特定时空中微观的个体生活的多元轨迹、个体的生命周期、特定场域中生活情境史变迁、家庭结构与功能变迁、家庭的生命周期；宏大的历史叙事以及特定历史情境中的个人能动性、主体性和创造性；个体的生存策略和具体生活情境的关联性和适应性等，贫困的形成离不开宏观的社会背景、转型期的社会政策和宏大的社会事件，也离不开不同生命阶段和家庭生命周期的偶发性、突发性事件，如健康、重大疾病、劳动力死亡、婚姻关系破裂、重大自然灾害等，这些都是返贫和贫困再造的重要原因，个人的生命轨迹和家庭的生命周期，对贫困的发生学解释具有较强的理论解释效度。

5. 中国农村贫困再造过程体现了多维动因，包括基于生命历程、结构变动与家庭生命周期的贫困的个人与家庭过程；基于脆弱性和风险承担网络、可持续生计的贫困再造的经济社会过程；基于地方国家干预、政策参与式行动、社会动员中贫困再造的政治性建构过程；基于市场转型、市场隔离与多重嵌入性过程中贫困再造的市场过程；基于社会表征、自我效能感和文化工具箱模型、病毒性模型过程中的贫困再造的文化生产与社会心理过程，体现了中国农村贫困发生学解释的发展经济学、发展政治学、发展人口学、发展人类学、发展生态学等多学科解释。

第十一章 结论与讨论

6. 农村贫困问题的研究，必须连接理论与经验，建立中国研究的中国现代学术。在中国乡村研究的过程中，需要抵制那种无视经验证据的偏激的理论取向，也要反对那种无视实践历史中的经验背景。正如康德所言：没有理论的经验研究是盲目的；没有经验研究的理论是空洞的。C. 赖特·米尔斯在其经典著作《社会学的想象力》中对于无止境分化组合概念的"宏大理论"与"形式的、空洞的精巧"而文明的"抽象经验主义"进行了猛烈的批判。事实上，每一项研究工作都既是经验的，又是理论的。即便是那些最微不足道的经验操作，比如，一种测量尺度的选择、问卷中编码方面的判断决定、一个指标的构建或在问卷中纳入一个问题，都会有意无意地涉及理论选择。与此同时，最抽象的概念困惑如果不通过系统地联系经验现实，也不可能得到最充分的澄清。可以说，理论与经验研究需要不断进行交流。①

7. 农村贫困问题的行动方案和干预策略必须结合中国农村实践，从实践出发。我们在对中国农村贫困做出整体性评价的过程中，应该注重日常生活实践中个体建构自己生活世界的生活轨迹，注重中国乡村个人的生活史的研究。生活史的研究就是个体生活的历史轨迹或者个人的生存进路的研究，就是在社会、文化和历史的情境中，一个生命从出生到死亡所发生的事件和经历，个人如何经历贫困和再生产贫困。在宏观与微观层面，构建一套全新的具有一定咨询性的有关消减农村贫困的行动方案、危机预警和干预机制，制定一套全新的既具有一定可操作性又具有一定可行性的农村贫困变化的预警系统、社会行为预警系统和社会影响评估系统。

---

① 周科朝、潘泽泉：《社会转型期的农村贫困问题研究：中国经验》，《湖湘三农论坛》2012年第1期。

8. 中国农村贫困问题研究，在村落个案的基础上，展开深入的田野调查。田野调查是乡村研究获得新的学术生命与意义的基础。要想对中国乡村贫困问题研究获得一个科学的、整体性的认识，中国乡村贫困问题研究需要延续田野调查的学术生命，毛泽东的《湖南农民运动考察报告》和费孝通的《江村经济》《乡土中国》给我们的启示在于，只有通过田野调查，我们才能获得一个中国乡村的概观式的知识系统和全貌性的理想图景。中国乡村的全面呈现需要历史和实践的向度，田野调查一方面有利于我们延续先驱作品的学术生命和学术意义，有利于我们重新开启新老社会学家进行跨越时空重新对话的新路径；另一方面田野调查的实践性有利于我们在新知识的基础上为中国乡村研究提供再解释。田野工作是一个知识生产的过程，是我们通过实践去理解实践，从而获得关于实践的科学知识。科学知识的获取只有经过扎扎实实的人类学田野工作，通过一步一步不断地反思才能达到。总之，在乡村社会研究中，重新发现田野调查的学术生命可以说是一种行之有效的研究取向和极具理论价值的学术实践路径。①

三 走向跨学科的社会科学行动：跨学科分析框架

未来贫困问题的研究趋势表现在：除加强原有经济学、政治学、社会学、管理学等原有学科的交叉研究外，还必须将生态学、公共健康学、政策学、人口学、发展人类学等其他社会学科纳入贫困问题研究中，促进学科的交叉与融合。经由前面的文献综述、理论分析和中国农村贫困的经验事实说明，我们可以建立一个跨学科的农村贫困的分析框架，这个框架整合了当代学术界关于社会发展理论和方法的最

---

① 周科朝、潘泽泉：《社会转型期的农村贫困问题研究：中国经验》，《湖湘三农论坛》2012 年第 1 期。

新成果，契合了当前社会科学发展的边缘性、交叉性发展的理论趋势。这些新的框架包括：生活质量与可持续生计框架、个人生命历程和家庭生命周期分析框架、脆弱性分析框架、公共健康框架、社会排斥框架、嵌入性分析框架等。

1. 跨学科分析框架1：嵌入性分析框架

随着市场经济发展转型，嵌入性理论已经成为深受学者关注的跨学科、跨领域的纲领性理论。"嵌入性"理论表现出一种作为理论武器对自生自发市场的反思性批判，人类经济体系、市场行动潜藏于人类的社会关系或社会体系之中，市场臣属于其他社会建制（包括政治系统、经济系统、社会系统、技术系统和文化系统）并导致嵌入的市场经济失去其连续性、自主性和自身运作逻辑的合理性。

具体的分析框架包括：结构或关系嵌入性框架，即经济行动嵌入社会结构之中，"嵌入性"里的社会结构可以看作持续运转的社会关系网络，包括各种亲密互动、信任、友好关系，以及社会网络维持着经济关系和经济制度结构，而人则是嵌入在这种具体的社会关系中的行动者，体现为经济行动与市场行为的社会建构性；政治嵌入性框架，即参与市场中的不同行动主体（如国家、地方政府、劳动者等）在政治方面的博弈为市场的形成创造了制度条件，从而为市场行动提供了制度环境，体现为经济行动或市场行为的政治性建构；文化嵌入性框架，市场本身创造了嵌入于当地文化的控制观，从市场如何运行的认知理念和惯例（如传统观念、宗教信仰、区域习俗、地方传统）中分析既定市场竞争的开展，表现为经济行动或市场行为的文化性建构；主体的认知嵌入性框架，该框架则偏向于主体的网络认知过程，强调了经验生活中的固有认知结构、图式和群体思维对经济行动的影响。

2. 跨学科分析框架 2：生活质量与可持续生计分析框架

生活质量和可持续生计框架强调跨学科的理论关注和现实说明，涉及政治、经济、文化、社会的诸多面向，生活质量与可持续生计框架为重新理解社会发展和人类行为提供了新的理论视域和解释语境。

基于社会质量和可持续生计的分析框架包括生计安全、社会支持、增权赋能和伦理价值四个维度。生计安全维度包括衣食住行；就业、经济收入和经济安全；职业质量、职业发展机会和职业稳定性；劳动力市场安全、医疗卫生健康、健康风险与健康保障；休闲、消费与脆弱性应对；精神健康和心理弹性等；社会资本与经济整合。社会支持维度包括就业与劳动力市场融入、社会政策与制度性支持网络、社会保障与福利、社会救助与保险、风险承担网络、社会信任与社会整合、社会团结与社会融合、人际关系与社会交往、工具性和情感性社会支持、社会关系网络与邻里关系、公共安全与社会服务。增权赋能维度包括增权赋能、抗逆力培养、增强权能、抗风险能力、社会增能和社会参与、教育与资本投入、技能培训、家庭禀赋和人口结构（劳动力人口、父母职业和教育水平）、政治身份与政治融入等。伦理价值维度包括政治文明与政治参与机会、社会剥夺感和社会公平感事实、发展主义意识形态、发展伦理、发展过程中的社会正义与社会公平、底层道德关注和伦理支持等。

3. 跨学科分析框架 3：个人生命多元轨迹与家庭生命周期分析框架

个人生命历程和家庭生命周期强调个人的生命多元轨迹和家庭发展的阶段性特征，包括个人从出生、成长、成熟、老年到死亡的人生轨迹；个人生命轨迹和家庭生命周期关注生命不同阶段的重大个人或家庭事件，包括结婚、生育、劳动力流动、家庭成员的意外死亡、重大的疾病等；也关注社会变迁、突发的灾难性事件，包括重大的社会事件、金融危机、城市化、现代化、全球化等。

个人生命历程和家庭生命周期的分析框架体现为四个效应,即社会质量效应、家庭禀赋—决策效应、家庭资本累计效应与家庭抗风险效应。家庭的社会质量效应具体包括社会保障与福利系统、医疗与卫生系统、居住环境与生态环境系统;发展伦理与社会正义;社会信任与社会团结;社会安全感与文明程度。家庭禀赋—决策效应包括家庭生计决策系统;健康、教育和家庭投资行为和决策方式;消费、储蓄和交融投资行为;劳动力迁移和劳动力能力提升决策机制和决策行为。家庭资本累计效应包括教育、文化资本、政治地位和经济资本;社会网络、社会支持、社会关系和社会资本;医疗、健康与卫生;消费能力和消费水平;婚姻质量和生育水平;家庭资本、家庭人际关系和家庭氛围;心理资本、心理健康和心理弹性等。家庭抗风险效应包括经济危机、环境脆弱性与抗风险机制;包括疾病、健康风险与健康保障机制;包括死亡与劳动力死亡应对机制;包括失业、物价上涨与金融风险规避机制;包括可持续生计中断的恢复机制、家庭结构变化与风险管理能力等。

4. 跨学科分析框架4:风险与脆弱性分析框架

脆弱性是一个广泛的、跨学科的概念,它不仅仅包括收入脆弱性,还包括与健康、暴力、社会排斥相关的风险。脆弱性产生于不同群体对多种来源的冲击,缺乏应对能力,这些冲击包括自然灾害以及环境因素、个人的健康与教育以及家庭因素、制度和政策等权益性因素、社会福利因素以及经济因素等。

脆弱性分析框架包括四个量度,即脆弱性人群的人力资产脆弱性、自然资产脆弱性、社会资产脆弱性、经济资产脆弱性。脆弱性分析框架具体包括:脆弱性人群:个人(老年人、儿童、妇女、残疾人)、家庭（婚姻破裂、劳动力损失、重大事故）；脆弱性测量指标和脆弱性评估技术，包括个人或家庭在将来陷入贫困的可能性和风险程度；人力资产指标及测量，包括家庭整体劳动能力指标、单个成年劳动力受教育程度指标；自然资产指标及测量，包括人均拥有耕地面积指标或人均实际耕种面积指标、物质资产指标及测量、家庭住房指标；金融资产指标及测量，包括获得信贷机会；社会资产指标及测量，包括参与社区组织、资金支持的可获得性指标等；脆弱性与农户风险，农户风险主要包括：自然灾害和环境生态风险；个人风险（疾病、受伤、事故、家庭变动等）；失业或资产损失（人力资产、土地资产、物质资产、金融资产、公共物品、社会资产）风险；收入（创收活动、资产回报、资产处置、储蓄投资、转移汇款、经济机会）风险；福利（营养、健康、教育、社会排斥、能力剥夺）风险；政治风险（社会稳定、社会安全、社会管理、制度的合法性诉求）。这一框架将农户的各类资源、收入、消费以及相应的制度安排很好地纳入一个跨学科的体系之中。

5. 跨学科分析框架5：反社会排斥、整合与包容性发展分析框架

从跨学科的视角来看，社会排斥是一个多面向的动力过程，这个过程包含各种各样的排斥形式：参与决策和政治过程时的政治排斥、进入职业和物质资源时的经济排斥，以及整合成为共同文化时的文化排斥，还有基于交往和社会关系网络中的社会排斥。

基于跨学科基础的社会排斥分析框架包括：经济排斥、福利制度排斥、社会生活领域排斥、政治排斥以及文化排斥等内容；包括市场经济的排斥、计划经济时期经济政策的排斥、劳动力市场的排斥、公共产品和服务投入排斥等；长期和重复失业的上升、技能缺乏、收入低下、住房困难、罪案高发的环境、不稳定社会关系的增长、丧失健

康以及家庭破裂、社会疏离、阶级团结的削弱等交织在一起的综合性问题时所发生的发展困境;包括文化排斥、文化隔离和社会歧视等。从跨学科的视角来看,包容性增长是一种整合型的发展理念,也是一种整合型发展方案,其核心内容是公平合理地分享经济增长成果,促进发展的协调与均衡。包容性增长同样包括经济、政治、文化、社会、生态等各个方面,增长应该是相互协调的。包容性增长强调从经济学上强调可持续、协调发展,政治上强调平等与权力的增长,包容性增长就是经济增长、人口发展和制度公平的有机协同。

6. 跨学科分析框架6:公共健康、人口质量与可持续发展分析框架

公共健康是一个跨学科、交叉性的研究领域,公共健康关注的主题是跨学科的,如社会排斥与健康、文化适从力与健康、政治生活与健康、经济收入、消费与健康、医疗体制改革与健康、公共健康危机治理、公共健康干预中的效益—成本分析等。

公共健康、人口质量与人口可持续发展分析框架主要包括:贫困、收入差距与中国村落村民健康维护;健康风险、农民收入能力与农村可持续问题;人口生育、营养与生育健康;人口健康状况和卫生保健;健康分化与健康不平等;公共健康伦理、公共健康生态与健康正义;人口健康与行为管理,如个人健康行为、个人健康特征等;人口健康与生活质量,如精神健康(情感慰藉和精神支撑)、医疗健康、老年人赡养、人际关系与心理健康、家庭护理与临终关怀等;人口健康与社会质量,如人口老龄化、人际关系健康、毒品和艾滋病与健康、社区环境、公共健康与社会不平等;人口健康服务与人口健康政策;健康风险冲击下的农户收入能力与村级民主研究等。

附 录

调查问卷

一 基本情况

个人基本情况

A1. 您出生于_____年_____月

A2. 您的性别是：

（1）男　　　　（2）女

A3. 您的婚姻状况是：

（1）未婚　　（2）已婚　　（3）离婚　　（4）再婚

（5）丧偶　　（6）同居

A4. 您的文化程度是：

（1）未上学　　　　　　　（2）小学

（3）初中　　　　　　　　（4）中专或高中

（5）大专或本科　　　　　（6）本科以上

A5. 您的政治面貌是：

（1）共产党员　　　　　　（2）团员

（3）民主党派成员　　　　（4）群众

（5）其他

A6. 您的民族是：

（1）汉族　　　（2）少数民族　（3）其他

A7. 您在本地居住_____年（不足1年按1年计算）

A8. 您家（户口上）有_____口人；其中，男性劳动力有_____人

A9. 您一共有_____兄弟姐妹；

兄弟_____人；姐妹_____人

A10. 您共有_____个子女；

其中，男孩_____个，女孩_____个

A11. 您认为一个家庭有几个子女最理想？共_____个；

其中，男孩_____个，女孩_____个

工作情况

A12. 您有担任过村干部的经历吗？

（1）是，曾经担任过　　　　（2）现在就担任村干部

（3）没有担任过村干部

A13. 您目前的工作情况是：

（1）务农为主　　　　　　（2）非务农工作为主【跳→A14】

（3）无工作【跳→A15】

A14. 您从事的非农工作是：

（1）管理人员　　　　　　（2）技术人员

（3）普通员工　　　　　　（4）其他_____

A15. 您的非农工作是通过什么渠道获取的？

（1）熟人介绍　　　　　　（2）报纸电视等广告媒体

（3）政府部门组织　　　　（4）用人单位直接招聘

（5）职业介绍机构　　　　（6）自我推荐

（7）其他_____

A16. 您目前无工作的原因是：

（1）丧失劳动能力　　　　（2）正在上学

（3）已离/退休　　　　　　（4）因本人原因失业

（5）因单位原因失业　　　（6）承包的土地被征用/收回

（7）其他（请注明）_____

A17. 您的父母身体健康状况如何？

	（1）健康	（2）基本健康	（3）不健康，但能自理	（4）不能自理	（5）不适用	（6）不清楚
1. 父亲						
2. 母亲						

A18. 您认为您的养老负担重吗？

（1）非常重　　（2）比较重　　（3）不太重　　（4）没负担

（5）不适用

家庭子女教育情况

A19. 是否有正在读书的未成年子女？

（1）是　　　　（2）否【跳答该部分，直接提问第二部分】

A20. 在你们的家庭里，是否有专用的可以提供孩子写字用的书桌？

（1）有专门用的书桌　　　（2）就在家庭饭桌上

（3）没有固定的书桌　　　（4）随便在什么地方

A21. 在你们的家庭里有多少本孩子的课外读物？

（1）一本也没有　　　　　（2）5本以下

（3）5—10 本　　　　　　　　（4）10—20 本

（5）20 本以上

A22. 你们家庭里是否有电脑？

（1）没有电脑　　　　　　　　（2）有一台电脑

（3）有两台及以上

A23. 您家的教育支出占总支出的比例大概是：

（1）20% 及以下　　　　　　　（2）20%—30%

（3）30%—40%　　　　　　　（4）40% 及以上

A24. 您认为家庭因素对孩子的教育影响怎么样？

（1）没影响，学习是孩子自己的事

（2）有点影响

（3）影响很大

A25. 您有没有对自己孩子的学习进行过辅导？

（1）从来没有　　　　　　　　（2）有，但是很少【跳→ A26】

（3）经常有【跳→ A26】

A26. 您没有辅导过孩子的原因是：

（1）学习是孩子自己的事，和我们无关

（2）自己的知识水平有限

（3）没有时间

（4）其他_____

A27. 您怎么看待农村孩子辍学打工的现象？

（1）不应该，读书是他们的出路

（2）应该，因为家穷，应该早当家

（3）很难讲，对他们来说，先发展与先生存之间很难取舍

（4）其他_____

A28. 您认为农村的孩子辍学打工的原因是（可多选）：

（1）家里穷，没钱支付高等教育的费用

（2）学生厌学情绪严重，自己选择退学

（3）学生的基础差，学习差，甚至拖后腿

（4）读书没有用，不读书照样赚大钱

（5）其他_____

A29. 您认为什么最能决定农村教育？

（1）硬件设施　　　　　（2）师资力量

（3）农村经济　　　　　（4）其他_____

A30. 您怎样看待读书？

（1）读书是最好的出路　（2）只要能赚钱，不必多读书

A31. 请问您家与镇政府的距离：

（1）就在镇政府所在地　（2）比较近

（3）有点远　　　　　　（4）很远

A32. 您的亲戚或朋友中有没有在村/镇等政府部门或事业单位任职的？

（1）有　　　　　　　　（2）没有

二　家庭经济

家庭基本收入情况

B1. 与当地相比，您认为您家的经济水平在当地属于：

（1）上等　　（2）中上　　（3）中等　　（4）中下

（5）下等

B2. 请问在去年您全家的总收入是多少？_____元，大概的人均总收入是多少？_____元，非农收入是多少？_____元。

B3. 请问您家去年的收入来源包括下列哪几种？

（可以选择多个答案，凡从中获取收入的，无论多少都应答"是"。即使生产出来的产品是自用的，不出售，如自家吃的菜，也视为收入，因为省下了买菜的支出。）

（1）种粮食　　　　　　（2）种经济作物

（3）种蔬菜　　　　　　（4）种果树

（5）畜牧禽鱼养殖

（6）在本地乡镇企业或私营企业收入

（7）自家开办企业利润

（8）外地打工或工作的家人寄回家的收入

（9）出租土地或房屋

（10）个体经营收入

（11）其他_____

B3.1. 其中最主要的收入来源是____（答案同上题，直接填对应的序号）

B4. 去年，您家农、林、牧、副、渔业的毛收入是：_____元

B5. 去年，您家农、林、牧、副、渔业经营的总成本是：_____元

B6. 您的家庭成员中，有人外出打工吗？

（1）有　　　　　　　　（2）没有【跳→B7】

B6.1. 有几人外出打工？_____

B6.2. 他们在哪里打工？（可以选择多个答案）

（1）本省城镇　　　　　（2）北京及沿海经济发达地区

（3）其他外省城镇　　　（4）其他国家

（5）不清楚

B6.3.（打工时间最长的家人）出去多久了？_____月

B6.4. 2011年他们一共寄回多少钱？_____元

B6.5. 这些年来他们寄回的钱主要用于：（勾最先回答的）

（1）采购食品、衣物等生活物资

（2）购买生产用品（包括农用器具、家电等）

（3）医疗费用（包括农村合作医疗）

（4）房屋整修（包括盖新房和翻新）

（5）教育开支

（6）家庭人际交往支出（包括红白喜事）

（7）出行交通费

（8）投资还债

（9）积蓄

（10）其他

B7. 您家过去一年有没有收到下列政府补助？（可多选）

（1）低保：_____元　　　（2）退耕还林：_____元

（3）农业补助：_____元　　（4）五保户补助金：_____元

（5）特困户补助：_____元

（6）工伤人员供养直系亲属抚恤金：_____元

（7）救济金、赈灾款（包括实物形式）：_____元

（8）征地补偿金：_____元

（9）住房拆迁补偿：_____元

（10）其他补助：_____元

（11）没有收到任何政府补助

B8. 您家过去一年有没有收到过社会捐助或补偿？_____元

B9. 过去的一年里您保险受益收入有多少？_____元

B10. 过去一年，您家是否通过以下途径借过款？（可多选）

（1）银行、信用社　　　　（2）亲戚/朋友

（3）民间借贷　　　　　　（4）其他途径

（5）没有【跳→ B12】

B10.1. 您家所有借款或贷款主要用于以下哪几方面？

（1）用于建房、购房　　　　（2）用于教育

（3）用于购买耐用消费品　　（4）用于家庭成员治病

（5）用于家庭日常生活开支

（6）用于其他方面（请注明）_____

家庭基本支出情况

B11. 我们想了解下去年您的家庭总开支有_____元

B12. 全家去年在以下方面的支出情况：

（1）教育支出：_____元

（2）医疗保健支出：_____元

（3）人情往来支出（红白喜事、送礼）：_____元

（4）赡养老人的支出：_____元

（5）房屋的建筑和租用支出：_____元

（6）娱乐支出：_____元

B12.1. 以上哪几种支出让您感觉压力较大？_____（答案同上题，直接填对应的序号）

B13. 过去一年【家庭成员名字】是否以个体或者私营业主的身份缴纳了养老保险、医疗保险、失业保险、工伤保险或生育保险？（可多选）

（1）养老保险　　　　（2）医疗保险

（3）失业保险　　　　（4）工伤保险

（5）生育保险　　　　（6）无【跳→ B14】

B13.1. 过去一年社会保险（包括养老保险、医疗保险、失业保险、工伤保险、生育保险）个人缴纳了多少钱？_____元

B13.2. 您家去年是否有购买商业保险？

（1）是 　　　　　　　　　　（2）否【跳→B14】

B13.3. 若有购买保险，请问你家去年都买过哪些商业保险？

（1）财产保险 　　　　　　　（2）人寿保险

（3）健康保险 　　　　　　　（4）教育保险

（5）其他（请注明）_____

B14. 您家现在在金融机构（如银行等）存了多少钱？_____元

B15. 您觉得您家的经济状况与五年前相比如何？

（1）改善了很多 　　　　　　（2）改善了一点

（3）没有改变 　　　　　　　（4）不如以前了

B16. 您对您现在的生活状况满意吗？

（1）非常满意 　　　　　　　（2）比较满意

（3）一般 　　　　　　　　　（4）不满意

（5）很不满意

B17. 您希望未来几年，自己的生活在哪些方面得到改善？

（1）吃　　（2）穿　　（3）用　　（4）住

（5）行　　（6）其他_____

B18. 您认为当前农村贫困的主要原因是：

（1）缺少劳动力 　　　　　　（2）自然条件差或灾害

（3）因疾病或损伤原因 　　　（4）下岗、失业

（5）投资失败 　　　　　　　（6）其他原因（请注明）____

三　生活质量（衣、食、住、行、医疗、消费等）

C1. 过去一年中您添了几件新衣服？_____

C2. 您自己每年的衣服消费大概是多少？

（1）0—200 元　　　　　　（2）201—400 元

（3）401—600 元　　　　　（4）601—800 元

（5）801—1000 元　　　　 （6）1000—2000 元

（7）2000 元以上

C3. 您穿的衣服大部分是从哪里买的？

（1）乡镇里　　（2）邻近县城　　（3）城市里

C4. 您买品牌衣服的频率是多少？

（1）从不　　　（2）偶尔　　　（3）经常

C5. 请问您家里现在在食物方面的支出包括哪些方面？（可多选）

（1）日常食用必需品支出　　（2）高档营养、保健品支出

（3）普通的零食水果等支出　（4）进口、高档食品支出

（5）其他_____

C6. 请问您家每月平均每人在食物方面的支出大约有多少？

（1）0—100 元　　　　　　（2）101—300 元

（3）301—500 元　　　　　（4）501—700 元

（5）700 元以上

C7. 您家平时食用的饭菜主要是买来的还是自家种植的？

（1）外买　　　　　　　　（2）自家种植

C8. 您所住的房屋类型是：

（1）自建平房　　　　　　（2）自建楼房

（3）简单房或棚户房　　　（4）其他（请注明）_____

C9. 您家的房屋数量是：

(1) 1套　　　(2) 2套　　　(3) 3套　　　(4) 4套及以上

C10. 您的住房在当地属于哪个层次？

(1) 底层　　　(2) 一般　　　(3) 较好　　　(4) 最好

C11. 您家房子总面积有多大？_____

C12. 你觉得你们村的环境状况如何？

(1) 非常好　　(2) 比较好　　(3) 一般　　　(4) 比较差

(5) 很差

C13. 您对所在村公共场所的卫生状况满意吗？

(1) 非常满意　(2) 比较满意　(3) 一般　　　(4) 不太满意

(5) 不满意

C14. 如果您觉得不好，那您觉得是什么原因造成的呢？

(1) 生活垃圾　　　　　　　(2) 家禽的粪便

(3) 农药化肥　　　　　　　(4) 企业污染

(5) 其他

C15. 您觉得目前要改善环境中最主要的欠缺什么？

(1) 政府监管和资金投入　　(2) 人们素质的提高

(3) 农村结构的布局不合理　(4) 对企业的整治

(5) 其他

C16. 在目前的社会治安状况下，您觉得人身财产是否安全？

(1) 非常安全　(2) 比较安全　(3) 一般安全　(4) 不太安全

(5) 很不安全

C17. 您认为，目前对当地社会治安构成最大威胁的是：

(1) 外地流窜犯罪　　　　　(2) 团伙犯罪

(3) 黑社会势力　　　　　　(4) 重大灾害事故

(5) 其他（请注明）_____

C18. 您参加选举的次数：

（1） 参加过很多次　　　　　　（2） 偶尔

（3） 几乎没参加过　　　　　　（4） 从没参加过

C19. 总的来说，您对目前的农村政策满意吗？

（1） 非常满意　（2） 比较满意　（3） 一般　　　（4） 不太满意

（5） 极不满意

C20. 您认为目前镇村干部中，下列哪些问题比较突出？（可多选）

（1） 不关心群众利益　　　　　（2） 只讲形式，不干实事

（3） 公款消费，铺张浪费　　　（4） 办事拖拉，不尽职

（5） 以权谋私，滥用权力　　　（6） 不执行中央政策

（7） 买官卖官　　　　　　　　（8） 其他（请注明）＿＿＿＿＿

C21. 你对本村供应水电煤满意吗？

（1） 非常满意　（2） 比较满意　（3） 一般　　　（4） 不太满意

（5） 不满意

C22. 平时您都有哪些娱乐方式？

（1） 看电视　　　　　　　　　（2） 看书、报纸、杂志等

（3） 健身　　　　　　　　　　（4） 打牌

（5） 跳舞　　　　　　　　　　（6） 串门聊天

（7） 其他

C23. 您所在的村里是否有健身娱乐设施？

（1） 是　　　　　　　　　　　（2） 否【跳→C24】

C23.1. 您对村里的健身娱乐设施满意吗？

（1） 非常满意　（2） 比较满意　（3） 一般　　　（4） 不太满意

（5） 极不满意

C24. 请问目前您家里拥有下列哪些物品？告诉我您家所拥有的这些物品的数量，以及半年内是否打算购买。

	品名	类型	a. 数量	b. 半年内书否打算购买 1. 打算购买 2. 不打算购买 3. 不好说
1.	电视	黑白电视机		
		显像管彩色电视机		
		液晶/等离子电视		
2.	汽车	农用车		
		国产品牌轿车/面包车		
		合资品牌汽车/面包车		
		进口轿车/面包车		
3.	冰箱	普通冰箱		
		无霜冰箱		
		冰柜		
4.	电脑	台式机		
		笔记本电脑		
		平板电脑		
5.	手机			
6.	洗衣机			
7.	空调			
8.	电磁炉			
9.	热水器			

C25. 请问，您目前的生活中是否有以下情况：

请问：	(1) 是	(2) 否
1. 饮用水是否为自来水		
2. 卫生设施厕所是否使用冲水厕所		
3. 照明是否用电		
4. 做饭燃料是否使用清洁能源		
5. 是否有取暖设备		

续表

请问：	（1）是	（2）否
6. 居住的房子是否危房		
7. 土地荒废面积不断扩大		
8. 水资源短缺		
9. 空气污染和水污染越来越严重		

C26. 请问您家附近交通状况怎么样？

（1）交通不便　（2）一般　　（3）道路通畅

C27. 您最经常用的出行方式是：

（1）步行　　　　　　　　（2）自行车

（3）摩托车/电动车/摩托三轮　（4）公交车

（5）面包车/轿车　　　　　（6）其他（请注明）_____

C28. 您的家庭参加农村合作医疗的情况：

（1）全家人都参加了　　　（2）部分人参加了

（3）没人参加　　　　　　（4）不知道农村合作医疗

C29. 在过去的一年中，您和您家人是否经常去看病？

	（1）从不	（2）很少	（3）有时	（4）经常	（5）非常频繁
1. 村里卫生所					
2. 乡镇医院					
3. 县级以上医院					

C30. 您觉得目前看病是否方便？

（1）很方便　（2）比较方便　（3）不太方便

（4）很不方便　（5）不清楚

C31. 您觉得目前的医药费价格：

（1）不贵　　　（2）不太贵　　（3）比较贵　　（4）很贵

（5）不清楚

C32. 您对目前农村的医疗水平满意吗？

（1）非常满意　（2）比较满意　（3）一般　　　（4）不太满意

（5）极不满意

C33. 物价上涨对您家庭生活质量的影响：

（1）有所下降　（2）有所提高　（3）下降很多　（4）没什么变化

C34. 哪项产品价格上涨对您的家庭生活质量影响比较大？（可多选）

　　（1）生活日用品　　　　　　（2）食品

　　（3）农资　　　　　　　　　（4）医疗

　　（5）汽柴油　　　　　　　　（6）教育

　　（7）住房　　　　　　　　　（8）其他（请注明）_____

C35. 总的来说，您对目前家庭生活状况满意吗？

（1）很满意　　（2）满意　　　（3）一般　　　（4）不满意

（5）很不满意

C36. 下面我们想了解您家过去一个月在以下各项消费中的支出。

（访员注意：没有相应项支出用 0 元表示，记不清该支出用 9999 表示）

	项目	支出（元）
1	邮电、通信支出（包括电话、手机、上网、邮寄等）	
2	水费、电费	
3	燃料费（包括煤炭、煤制品、柴草、木炭、液化气等）	

续表

	项目	支出（元）
4	保姆、小时工、佣人等的支出	
5	在当地的交通费	
6	日用品包括美容化妆品（如洗衣粉、香皂、肥皂、牙膏、牙刷、美容化妆品等）	
7	文化娱乐支出（包括书报杂志、光盘、影剧票、歌舞厅和网吧等）	
8	彩票	

C37. 下面我们想了解您家过去一年在以下各项消费中的支出。

（访员注意：没有相应项支出用 0 元表示，记不清该支出用 9999 表示）

	项目	支出（元）
1	衣着消费	
2	家庭的旅游支出（包括旅行时坐火车、汽车、飞机、轮船的费用）	
3	家庭的取暖费支出（指集中供暖）	
4	家具和耐用消费品的支出，包括电冰箱、洗衣机、电视和钢琴等高档乐器	
5	教育和培训支出（包括学杂费、培训费等）	
6	医疗支出（包括直接或间接）	
7	保健费用（包括健身锻炼及产品器械、保健品等）	
8	美容支出（包括化妆品、美容护理、按摩等）	
9	各种交通通信工具的购买（如自行车、电动自行车和手机）、维修及配件费用	
10	上交给政府相关部门的税费和杂费（不包括所得税）	
11	购买汽车	
12	电器（包括笔记本电脑、台式电脑和配件等）	
13	物业费（包括车位费）	
14	社会捐助支出（包括现金、食品、衣服等）	
15	其他支出（不包括给亲戚朋友的经济支持或赠序）	

C38. 您是否参与了本村的扶贫项目？

（1）参与了　　（2）没有

C39. 您了解本村的扶贫项目吗？

（1）非常了解　（2）了解　　（3）一般　　（4）不太了解

（5）非常不了解

C40. 您对本村的扶贫活动满意吗？

（1）非常满意　（2）满意　　（3）一般　　（4）不满意

（5）非常不满意

C41. 您所在的村是如何确定扶贫对象的？

（1）村委会直接决定　　　　（2）公开征求群众意见

（3）不知道

C42. 您认为本村确定的扶贫对象公平吗？

（1）公平　　　（2）不公平

C43. 您是否认同采取以下扶贫政策来解决农村贫困问题？

	（1）非常赞同	（2）赞同	（3）一般	（4）不赞同	（5）非常不赞同
1. 为农村贫困人口发放最低生活保障金					
2. 对种粮用户进行补贴					
3. 对农村贫困人口进行生产技能培训					
4. 对农村贫困人口进行就业扶持					
5. 扶贫项目制定时应充分倾听贫困人口的意见					

续表

	（1）非常赞同	（2）赞同	（3）一般	（4）不赞同	（5）非常不赞同
6. 允许土地进行自由买卖					
7. 允许宅基地进行自由买卖					
8. 对农村贫困人口进行理财培训					

四 社会支持和身心健康

D1. 生活中遇到困难时，您是否曾得到下列来源的帮助？

（1）亲友　　（2）邻里　　（3）单位　　（4）政府

（5）其他（请注明）_____

D2. 请问：

	（1）能	（2）能但比较难	（3）不能	（4）不知道
1. 当您外出时，能不能找到人帮您看房子？				
2. 家里有事的时候，能不能找到人帮您（修理或借用家电、疏通下水道等）？				
3. 需要的时候，能不能找到人带您到您要去的地方（购物、寄信等）？				
4. 在您身体不舒服时，能不能找到人帮您做日常的事情？				
5. 您或家人生病或受伤时，能不能找到人帮忙（帮忙送去医院，或照看病人）？				
6. 在工作或生产劳动中遇到困难时，能不能找到人帮您（如不会用新的农具、不会新的技术、农忙缺乏人手等）？				
7. 需要借钱时，能不能找到人借钱给您？				

续表

	(1) 能	(2) 能但比较难	(3) 不能	(4) 不知道
8. 当您与配偶或好友之间产生矛盾时，能不能找到人倾诉？				
9. 当您心情不好时，能不能找到人陪您聊天？				
10. 当您感到孤单时，能不能找到人陪您？				

D3. 请问：

	是	否
1. 最近一年来，您是否感觉身体胖了？		
2. 在最近的一年中，您是否得过大病？		
3. 在最近的一年中，您是否受过伤？		
4. 在最近一年内，您是否动过手术？		
5. 在最近一年内，您是否住过院？		
6. 在最近的一个月中，您是否得过小病？		
7. 在最近一周内，您是否去看过病？		
8. 在最近一周内，您是否在用药（不包括补品）？		
9. 您是否有慢性病？		
10. （访问员直接观察）您是不是残疾人士？		

D4. 您是否能毫无困难地完成下列活动？

（访问员根据具体情况可以观察的直接观察，拿不准的就询问）

	(1) 没有困难	(2) 有点困难	(3) 很难	(4) 不能完成
1. 走200米				
2. 走两里路				

续表

	（1）没有困难	（2）有点困难	（3）很难	（4）不能完成
3. 坐两个小时				
4. 提10斤重的东西				
5. 下蹲、弯腰、曲膝				
6. 买东西				
7. 做饭				
8. 做家务				

D5. 总的来说，您认为自己的健康状况：

（1）很好　　　（2）好　　　（3）一般　　　（4）不好

（5）很不好

D6. 你为什么希望你的子女读大学？

（1）读大学为做官　　　（2）为跳出农门

（3）为光宗耀祖　　　（4）为掌握知识和本领

（5）为挣更多的钱　　　（6）其他

D7. 对于去外面打工，你的心理是：

（1）害怕，不敢去外面

（2）想去外面打工可是担心找不到工作

（3）没有想过去外面

（4）没什么担心害怕的

D8. 对于外出做生意，你的心理是：

（1）很害怕去外面

（2）想外出做生意但又担心亏本

（3）从来没有想过这回事

（4）没有什么担心害怕的，只是没有本金去外面做生意

D9. 对于贫穷你的观点是：

(1) 命里安排的,努力也没用

(2) 能吃饱就行,无所谓

(3) 习惯了,觉得没什么不好

(4) 努力想方设法改变贫穷的生活

D10. 有人说"金窝、银窝不如自己的狗窝",你对这句话怎么看?

(1) 很赞同　　(2) 比较赞同　(3) 不赞同　　(4) 非常反对

D11. 你对于生活状况最大期望是:

(1) 过上富裕的生活　　　　(2) 满足温饱

(3) 只要好于现在即可　　　(4) 没有考虑过这个问题

D12. 你认为摆脱贫困的办法是:

(1) 靠政府大力帮助　　　　(2) 靠自己努力奋斗

(3) 靠别人帮助　　　　　　(4) 靠子女

D13. 拿到扶贫款后,你会把它用作:

(1) 吃了用了　　　　　　　(2) 扩大农业生产

(3) 投资其他产业　　　　　(4) 存储起来

D14. 农闲季节,你一般做什么?

(1) 睡觉　　　　　　　　　(2) 打牌

(3) 看电视　　　　　　　　(4) 看科技方面的东西

(5) 搞些副业增加收入　　　(6) 其他

D15. 你家里的生产有几种?

(1) 不搞生产　　　　　　　(2) 一种

(3) 两种　　　　　　　　　(4) 多种综合生产

D16. 你是否根据市场行情安排家庭生产计划?

(1) 完全根据市场行情安排生产

（2）做少量安排

（3）没做安排

（4）不知道市场行情安排生产这回事

D17. 你平时是否去了解商品经济信息？

（1）经常　　（2）偶尔　　（3）从不

D18. 面对意外的灾祸或风险，你的态度是：

（1）很慌乱，不知道如何应对

（2）能勉强应对

（3）能够平静对待

（4）无论怎样的意外与风险都能坚强面对

D19. 下面想了解一些关于您的心情和感受的问题

	（1）经常	（2）有时	（3）很少	（4）从不
1. 是否经常为日常琐事心烦？				
2. 是否经常感到做每件事都很费劲？				
3. 是否经常感到自己比别人差？				
4. 是否经常感到自己难以集中精力做事情？				
5. 是否经常感到害怕？				
6. 是否经常感到孤独？				
7. 是否经常哭？				
8. 是否经常感到不愿说话？				
9. 是否经常不容易入睡？				
10. 是否经常感到生活很幸福？				
11. 是否经常感到做什么都不顺心？				
12. 是否经常感到前途还是有希望的？				
13. 是否经常感到别人对您不友好？				
14. 是否经常不想吃东西？				
15. 是否经常感到心情不好？				

D20. 您在多大程度上同意下列说法?

	（1）很不同意	（2）不大同意	（3）比较同意	（4）很同意	（5）不知道
1. 您无法控制那些发生在您身上的事情					
2. 您无法解决您遇到的问题					
3. 您不能改变您一生中的许多重要事情					
4. 面对生活中的问题时您经常感到孤立无助					
5. 有时候您感觉到您被生活所左右					
6. 您生活中将来会发生什么事情主要取决于您自己					
7. 您能做任何您真正想做的事情					

D21. 您是否同意下面的说法?

	（1）很不同意	（2）不大同意	（3）比较同意	（4）很同意	（5）不知道
1. 您具有很多优良品质					
2. 您是一个有价值的人					
3. 您能做到像大多数人能做到的那样好					
4. 总体而言，您对自己感到满意					
5. 您觉得自己没有太多值得夸耀的地方					
6. 您觉得自己是个没用的人					
7. 您希望您能更加看得起自己					

续表

	（1）很不同意	（2）不大同意	（3）比较同意	（4）很同意	（5）不知道
8. 总而言之，您认为自己是个失败者					

D22. 您是否同意下面的说法？

	（1）很不同意	（2）不大同意	（3）比较同意	（4）很同意	（5）不知道
1. 劳动或工作的时候，你总是拼命去做，直到你自己满意为止					
2. 不管别人怎么想，只要你认为有价值、值得去做的事，你就会去做					
3. 你对事情很有安排与规划，有很强的时间观念，珍惜时间					
4. 面对生活中的问题时您经常感到孤立无助					
5. 有时候您感觉到您被生活所左右					
6. 您生活中将来会发生什么事情取决于您自己					
7. 您能做任何您真正想做的事情					

D23. 请问您一年来是否经历过下面这些事件？（访问员根据具体情况已知的不用问、可以观察的直接观察，拿不准的就询问，"经历过"的在后面的空格画"√"）

	类型	具体情况	（1）是	（2）否
1.	婚姻状况	结婚		
2.		离婚		
3.		再婚		
4.		分居		
5.		丧偶		
6.	职业状况	工作升降或调动		
7.		失业		
8.		退休		
9.	学业状况	开始读书或毕业		
10.		转学		
11.	居住状况	迁居		
12.		盖新房、修缮		
13.	家庭状况	添丁		
14.		家庭成员的健康发生变化		
15.		家庭成员去世		
16.		儿女离家外出（结婚或升学）		
17.		与家人产生矛盾		
18.	经济状况	生意上的变动		
19.		借款购买大件物品（如汽车）		
20.	个人状况	饮食习惯的重要变化（骤增或骤减）		
21.		睡眠（骤增或骤减）		
22.		社交活动（骤增或骤减）		

参考文献

一 中文著作类

[1] ［英］凯蒂·加德纳、大卫·刘易斯:《人类学、发展与后现代挑战》,中国人民大学出版社2008年版。

[2] ［美］杜赞奇:《文化、权力与国家——1900—1942年的华北农村》,王福明译,江苏人民出版社2004年版。

[3] ［英］亚当·斯密:《国民财富的性质及其原因研究》,商务印书馆1997年版。

[4] ［印］阿玛蒂亚·森:《以自由看待发展》,中国人民大学出版社2002年版。

[5] ［印］阿玛蒂亚·森:《经济学与伦理学》,商务印书馆2000年版。

[6] ［印］阿玛蒂亚·森:《贫困与饥荒——论权利与剥夺》,商务印书馆2001年版。

[7] ［美］普·雷吉斯特:《社会问题经济学》,中国人民大学出版社2000年版。

[8] ［美］利斯·波金斯:《发展经济学》,中国人民大学出版社1998

年版。

[9] [美] 姆斯·A. 道等：《发展经济学的革命》，上海三联书店 2000 年版。

[10] [瑞典] 冈纳·缪尔达尔：《亚洲的戏剧——对一些国家贫困问题的研究》，北京经济学院出版社 1992 年版。

[11] [瑞典] 冈纳·缪尔达尔：《世界贫困的挑战——世界反贫困大纲》，北京经济学院出版社 1991 年版。

[12] [美] 舒尔茨：《论人力资本投资》，北京经济学院出版社 1990 年版。

[13] [美] 罗伯特·M. 索洛：《经济增长因素分析》，商务印书馆 1990 年版。

[14] [美] 罗伯特·M. 索洛：《增长论》，经济科学出版社 1992 年版。

[15] [美] 基斯·格里芬：《可供选择的经济发展战略》，经济科学出版社 1992 年版。

[16] [美] 西奥多·W. 舒尔茨：《论人力资本投资》，北京经济学院出版社 1990 年版。

[17] [美] 西奥多·W. 舒尔茨：《经济增长与农业》，北京经济学院出版社 1990 年版。

[18] [美] 兰斯·泰勒：《结构主义的宏观经济学》，经济科学出版社 1988 年版。

[19] [美] 加里·S. 贝克尔：《人力资本》，北京大学出版社 1987 年版。

[20] [美] M. P. 托达罗：《第三世界的经济与发展》，中国人民大学出版社 1988 年版。

[21] ［美］马克·斯考森：《经济学的困惑与悖论》，华夏出版社年版。

[22] ［美］盖瑞·米勒：《管理困境——科层的政治经济学》，经济科学出版社年版。

[23] ［美］刘易斯：《二元经济论》，施炜等译，北京经济学院出版社 1989 年版。

[24] ［法］萨米尔·阿明：《不平等的发展》，商务印书馆 1990 年版。

[25] ［匈］亚诺什·科尔内：《突进与和谐的增长》，经济科学出版社 1988 年版。

[26] ［美］查尔斯：《发达与不发达问题的政治经济学》，中国社会科学出版社 1984 年版。

[27] ［美］莱斯特·R.布朗：《生态经济：有利于地球的经济构想》，东方出版社 2003 年版。

[28] ［美］艾瑞克·戴维森：《生态经济大未来》，汕头大学出版社 2003 年版。

[29] ［英］雷纳、［英］科尔曼主编：《农业经济学前沿问题》，北京腾图电子出版社 2000 年版。

[30] 陈庆德：《发展人类学引论》，云南大学出版社 2007 年版。

[31] 钱乘旦、刘金源：《寰球透视：现代化的迷途》，浙江人民出版社 1999 年版。

[32] 宣杏云、王春法等：《西方国家农业现代化透视》，上海远东出版社 1998 年版。

[33] 郑大华：《民国乡村建设运动》，社会科学文献出版社 2000 年版。

[34] 梁漱溟：《梁漱溟自述》，漓江出版社 1996 年版。

[35] 吴相湘：《晏阳初传——为全球乡村改造奋斗六十年》，岳麓书社 2001 年版。

[36] 黄宗智：《长江三角洲小农家庭与乡村发展》，中华书局 1992 年版。

[37] 艾恺：《最后的儒家——梁漱溟与中国现代化的两难》，王宗昱、冀建中译，江苏人民出版社 1993 年版。

[38] 周晓红：《传统与变迁》，上海三联书店 1998 年版。

[39] 费孝通：《边区开发与社会调查》，天津人民出版社 1987 年版。

[40] 郭凡生等：《贫困与发展》，浙江人民出版 1988 年版。

[41] 费孝通：《边区开发与社会调查》，天津人民出版社 1987 年版。

[42] 姜德华等：《中国的贫困地区类型及开发》，旅游教育出版社 1989 年版。

[43] 康晓光：《中国贫困与反贫困理论》，广西人民出版社 1995 年版。

[44] 李培林主编：《中国新时期阶级阶层报告》，辽宁人民出版社 1995 年版。

[45] 李强主编：《中国扶贫之路》，云南人民出版社 1997 年版。

[46] 李强：《中国大陆的贫富差别》，中国妇女出版社 1989 年版。

[47] 李小云主编：《谁是农村发展的主体?》，中国农业出版社 1999 年版。

[48] 刘文璞主编：《中国农村小额信贷扶贫的理论与实践》，中国经济出版社 1997 年版。

[49] 李小云：《参与式发展概论》，中国农业大学出版社 2001 年版。

[50] 罗必良：《从贫困走向富饶》，重庆出版社 1991 年版。

[51] 潘乃谷、马戎主编：《社区研究与社会发展》，天津人民出版社 1996 版。

[52] 潘乃谷、周星主编：《多民族地区：资源、贫困与发展》，天津人民出版社 1995 年版。

[53] 陆学艺主编：《当代中国社会阶层研究报告》，社会科学文献出版社 2002 年版。

[54] 沈红、周黎安、陈胜利：《边缘地带的小农：中国贫困的微观解理》，人民出版社 1992 年版。

[55] 王小强、白南风：《富饶的贫困》，四川人民出版社 1986 年版。

[56] 夏英编：《贫困与发展》，人民出版社 1995 年版。

[57] 尹绍亭：《一个充满争议的文化生态体系：云南刀耕火种研究》，云南人民出版社 1991 年版。

[58] 赵人伟、基斯·格里芬主编：《中国居民收入分配研究》，中国社会科学出版社 1994 年版。

[59] 周彬彬：《向贫困挑战：国外缓解贫困的理论与实践》，人民出版社 1991 年版。

[60] 田雪原、胡伟略：《中国家庭经济与生育研究》，中国经济出版社 1997 年版。

[61] 张纯元：《消除贫困的人口对策研究》，高等教育出版社 1996 年版。

[62] 叶明德、刘长茂：《反贫困与人口问题》，杭州大学出版社 1998 年版。

[63] 陆学艺：《中国农村可持续发展研究》，广西人民出版社 1998 年版。

[64] 邬沧萍、穆光宗：《中国人口的现状和对策》，清华大学出版社

· 643 ·

1998年版。

[65] 唐忠新：《贫富分化的社会学研究》，天津人民出版社1997年版。

[66] 迟福林：《中国反贫困治理结构》，中国经济出版社1998年版。

[67] 王冰、辜胜阻：《人口与经济发展研究》，武汉大学出版社1994年版。

[68] 朱凤岐、高天虹：《中国反贫困研究》，中国计划出版社1996年版。

[69] 李强：《中国扶贫之路》，云南人民出版社1995年版。

[70] 赵曦：《中国西部农村反贫困战略研究》，人民出版社2000年版。

[71] 毛乘东：《走出中国贫困》，云南教育出版社1998年版。

[72] 孙文生、靳光华：《中国人口发展与经济发展关系研究》，中国人口出版社1995年版。

[73] 叶明德、刘长茂：《反贫困"中国人口出版社"与人口发展》，杭州大学出版社1997年版。

[74] 林毅夫：《中国经济的奇迹》，上海人民出版社1994年版。

[75] 张磊：《中国扶贫开发历程（1949—2005年）》，中国财政经济出版社2007年版。

[76] 康晓光：《中国贫困与反贫困理论》，广西人民出版社1995年版。

[77] 崔之元等：《1999年中国人类发展报告：转轨时期与国家》，中国财政经济出版社1999年版。

[78] 中国社会科学院农村发展研究所编：《中国农村发展研究报告》，社会科学文献出版社2000年版。

[79] 李清均：《后发优势：中国欠发达地区发展转型研究》，北京：经济管理出版社 2000 年版。

[80] 黄承伟：《中国反贫困：理论·方法·战略》，中国财政经济出版社 2002 年版。

[81] 蔡昉：《穷人的经济学》，武汉出版社 1998 年版。

[82] 蔡昉：《制度、趋同与人文发展》，中国人民大学出版社 2001 年版。

[83] 叶普万：《贫困经济学研究》，中国社会科学出版社 2004 年版。

[84] 朱光磊：《中国的贫富差距与政府控制》，上海三联书店 2002 年版。

[85] 刘冬梅：《中国农村反贫困与政府干预》，中国财政经济出版社 2003 年版。

[86] 美洲开发银行：《经济发展与社会公正》，中国社会科学出版社 2002 年版。

[87] 卜妙金：《广东农村贫困问题研究》，中国科学技术出版社 2003 年版。

[88] 李彦昌：《城市贫困与社会救助研究》，北京大学出版社 2004 年版。

[89] 李兴江：《中国农村扶贫开发的伟大实践与创新》，中国社会科学出版社 2005 年版。

[90] 毕世杰主编：《发展经济学》，高等教育出版社 2001 年版。

[91] 李秉龙等：《中国农村贫困、公共财政与公共物品》，中国农业出版社 2004 年版。

[92] 金峰峰：《在发展中反贫困：相对发达地区农村反贫困财政政策选择》，上海三联书店 2005 年版。

[93] 叶兴庆:《中国边缘地带的经济增长》,人民出版社1990年版。

[94] 杨秋宝等:《走出贫困的抉择》,陕西师范大学出版社1995年版。

[95] 高以诺、刘福刚、孟宪江:《中国县域经济》,国家行政学院出版社2002年版。

[96] 范金:《可持续发展下的最优经济增长》,经济管理出版社2002年版。

[97] 国家发展计划委员会政策法规司编:《西部大开发战略》,中国物价出版社2002年版。

[98] 湖南省统计局:《湖南省统计年鉴》,中国统计出版社2005年版。

[99] 钱学森:《城市学与山水城市》,中国建筑工业出版社1996年版。

[100] 周小川、杨之刚:《迈向开放型经济的思维转变》,上海远东出版社1996年版。

[101] 陈自芳:《不平衡推进与高增长——改革进程中的浙江经济发展战略研究》,经济管理出版社1999年版。

[102] 联合国社会发展研究所:《全球化背景下的社会问题》,北京林业大学出版社1997年版。

[103] 徐逢贤:《跨世纪难题:中国区域经济发展差距》,社会科学文献出版社1999年版。

[104] 费正清、赖晓尔:《中国:传统与变革》,江苏人民出版社1992年版。

[105] 陈慰中:《中庸经济学》,中国财政经济出版社1997年版。

[106] 景天魁:《社会公正的理论与政策》,社会科学文献出版社

2003年版。

[107] 赵曼：《社会保障制度结构与运行分析》，中国计划出版社1997年版。

[108] 冯兰瑞：《中国社会保障制度重构》，经济科学出版社1997年版。

[109] 王东进：《中国社会保障制度的改革与发展》，法律出版社2001年版。

[110] 金丽馥、石宏伟：《社会保障制度改革研究》，中国经济出版社2002年版。

[111] 陈庆德：《发展人类学引论》，云南大学出版社2007年版。

[112] 黄宗智：《长江三角洲小农家庭与乡村发展》，中华书局1992年版。

[113] 宣杏云、王春法等：《西方国家农业现代化透视》，上海远东出版社1998年版。

[114] 郭凡生等：《贫困与发展》，浙江人民出版社1988年版。

[115] 王小强、白南风：《富饶的贫困》，四川人民出版社1986年版。

[116] 曲玮、李树基：《新时期农村扶贫开发方式与方法——甘肃省整村推进研究》，兰州大学出版社2007年版。

[117] 国家统计局农村社会经济调查司：《中国农村贫困监测报告》，中国统计出版社2009年版。

[118] 沈红、周黎安、陈胜利：《边缘地带的小农：中国贫困的微观解理》，人民出版社1992年版。

二　中文论文类

[1] 宋林飞：《我国经济社会发展呈现新的阶段性特征》，《南京社会科学》2011年第1期。

［2］童星：《对重大政策项目开展社会稳定风险评估》，《探索与争鸣》2011年第2期。

［3］李培林：《中国贫富差距的心态影响和治理对策》，《江苏社会科学》2001年第3期。

［4］李强：《中国城市贫困层问题》，《社会学》（人大复印报刊资料）2005年第5期。

［5］洪大用：《改革以来中国城市扶贫工作的发展历程》，《社会学研究》2003年第1期。

［6］周怡：《贫困研究：结构解释与文化解释的对垒》，《社会学研究》2002年第3期。

［7］古学斌、张和清、杨锡聪：《地方国家、经济干预和农村贫困：一个中国西南村落的个案分析》，《社会学研究》2004年第2期。

［8］石磊：《寻求"另类"发展的范式——韩国新村运动与中国乡村建设》，《社会学研究》2004年第4期。

［9］朱晓阳：《反贫困新战略：从不可能完成的使命到管理穷人》，《社会学研究》2004年第2期。

［10］沈红：《穷人主体建构与社区性制度创新》，《社会学研究》2002年第1期。

［11］徐月宾、刘凤芹、张秀兰：《中国农村反贫困政策的反思——从社会救助向社会保护转变》，《中国社会科学》2007年第3期。

［12］陈孝平：《新时期农村推行大病医疗保险的实践与探索》，《中国卫生事业管理》2002年第5期。

［13］陆学艺：《协调好社会阶层关系构建和谐社会》，《中国党政干部论坛》2005年第4期。

［14］陆学艺：《构建社会主义和谐社会应更加重视调整社会结构》，

《福建行政学院福建经济管理干部学院学报》2006年第1期。

[15] 陆学艺：《构建社会主义和谐社会的内涵与要求》，《中共石家庄市委党校学报》2005年第3期。

[16] 陆学艺：《构建和谐社会与社会结构的调整》，《社会学研究》2005年第6期。

[17] 陆学艺：《当前中国社会学发展中的几个问题》，《河北学刊》2005年第6期。

[18] 郑杭生：《社会三大部门协调与和谐社会建设——一种社会学分析》，《中国特色社会主义研究》2006年第1期。

[19] 周大鸣、秦红增：《参与发展：当代人类学对"他者"的关怀》，《民族研究》2003年第5期。

[20] 叶敬忠、陆继霞：《论农村发展中的公众参与》，《中国农村观察》2002年第2期。

[21] 何俊：《农村自然资源管理的参与式方法》，《林业与社会》2002年第4期。

[22] 徐家琦：《参与式"本土化"改造与NCAPP社区林业实践》，《林业与社会》2003年第5期。

[23] 陈庆德：《发展理论与发展人类学》，《思想战线》1998年第8期。

[24] 王伊欢、叶敬忠：《农村发展干预的非线性过程》，《农业经济问题》2005年第7期。

[25] 许前席：《作为政治问题的农民问题》，《战略与管理》2002年第1期。

[26] 童星、崔效辉：《儒家视野中的工业化——从梁漱溟〈乡村建设理论〉看中国现代化的道路选择》，《江苏行政学院学报》

2002 年第 2 期。

[27] 杜晓山、李静：《对扶贫社式扶贫的思考》，《中国农村经济》1998 年第 6 期。

[28] 费孝通：《农村、小城镇、区域发展》，《北京大学学报》1995 年第 1 期。

[29] 费孝通：《边区民族社会经济发展思考》，载《东亚社会研究》，北京大学出版社 1993 年版。

[30] 沈红：《扶贫传递和社区自组织》，《社会学研究》1997 年第 5 期。

[31] 沈红：《宏观利益结构中的贫困》，《社会学研究》1996 年第 3 期。

[32] 孙立平：《国外社会学界关于市场化转型和收入分配研究的新进展》，载《中国新时期阶级阶层报告》，辽宁人民出版社 1995 年版。

[33] 吴国宝：《贫困测量和样本农村地区的贫困》，国务院扶贫开发办《经济开发论坛》1995 年第 5 期。

[34] 谢扬：《具有中国特色的"社会扶贫"》，《中国扶贫管理体制研究报告集》1995 年第 4 期。

[35] 徐鲜梅：《论小额信贷扶贫对象主体问题》，《浙江学刊》1997 年第 6 期。

[36] 原华荣：《生产性贫困与社会性贫困》，《社会学研究》1990 年第 6 期。

[37] 孙立平、郭于华：《软硬兼施：正式权力非正式运作的过程分析》，《清华社会学评论》2002 年特辑。

[38] 马明洁：《权力经营与经营动员——一个逼民致富的案例分

析》,《清华社会学评论》,2002年特辑。

[39] 王祖祥、范传强、何耀:《中国农村贫困评估研究》,《管理世界》2006年第3期。

[40] 王少飞:《用恩格尔系数衡量居民生活水平的可行性研究》,《统计研究》2002年第6期。

[41] 徐月宾:《中国农村反贫困政策的反思——从社会救助向社会保护转变》,《中国社会科学》2007年第3期。

[42] 吴国宝:《贫困测量和样本农村地区的贫困》,国务院扶贫开发办《经济开发论坛》1995年第5期。

[43] 王绍光:《正视不平等的挑战》,《管理世界》1999年第4期。

[44] 朱玲:《中国扶贫理论与政策述评》,《中国扶贫管理体制研究报告集》1996年第4期。

[45] 蔡昉、陈凡、张车伟:《政府开发式扶贫资金政策与投资效率》,《中国青年政治学院学报》2001年第2期。

[46] 蔡昉、都阳、陈凡:《论中国西部开发战略的投资导向:国家扶贫资金使用效果的启示》,《世界经济》2000年第1期。

[47] 曹子、刘亚桥、张森:《扶贫战略的"效率"陷阱及其对策》,《甘肃社会科学》2002年第6期。

[48] 陈成文、李秋洪:《从可持续发展观看扶贫的机制和效益》,《湖南师范大学学报》(社会科学版)1997年第6期。

[49] 程漱兰、陈焱:《与贫困作斗争:机遇、赋权和安全保障》,《管理世界》2001年第6期。

[50] 程漱兰、陈焱:《反贫困中的私人投资和公共投资》,《中国投资》2001年第10期。

[51] 戴庆中:《反贫困思考:制度、组织与文化》,《贵州大学学报》

（社会科学版）2000 年第 9 期。

[52] 邓仕礼：《对我国农业税收和扶贫政策的思考》，《现代经济探讨》2002 年第 5 期。

[53] 何显明：《非正式关系的社会资源配置功能及其负效应》，《中共浙江省委党校学报》2004 年第 6 期。

[54] 贺建林：《关于人口增长、环境退化、贫困与政策取向的深层次思考》，《西北人口》2001 年第 2 期。

[55] 胡鞍钢、李春波：《新世纪的新贫困：知识贫困》，《中国社会科学》2001 年第 3 期。

[56] 阚丽萍：《扶贫政策与贫困地区经济发展模式选择》，《广西社会科学》2003 年第 7 期。

[57] 康云海：《扶贫攻坚阶段农村区域扶贫与扶贫到户的关系》，《云南社会科学》1997 年第 4 期。

[58] 克利福德·科布：《贫困与社会公共政策——制定防止贫困的政策》，《首都师范大学学报》（社会科学版）2004 年第 2 期。

[59] 李小云等：《中国农村贫困状况报告》，《中国农业大学学报》（社会科学版）2004 年第 1 期。

[60] 李小云、林志斌、叶敬忠：《论反贫困战略的实施与资源的可持续性管理——对云南红河流域反贫困现状的初步观察》，《农业技术经济》1997 年第 4 期。

[61] 李小云等：《我国中央财政扶贫资金的瞄准分析》，《中国农业大学学报》（社会科学版）2005 年第 3 期。

[62] 刘冬梅：《对中国农村反贫困中市场与政府作用的探讨》，《中国软科学》2003 年第 8 期。

[63] 卢淑华：《科技扶贫社会支持系统的实现——比较扶贫模式的实

证研究》,《北京大学学报》(哲学社会科学版) 1999 年第 6 期。

[64] 屈锡华、左齐:《贫困与反贫困——定义、度量与目标》,《社会学研究》1997 年第 3 期。

[65] 宋子良:《中国扶贫实践及存在问题》,《华中科技大学学报》(社会科学版) 2001 年第 1 期。

[66] 孙梅、王洪春:《搬迁扶贫的成本—效益分析》,《河北大学学报》(哲学社会科学版) 2000 年第 10 期。

[67] 吴稼稷:《反精神贫困与政府行为规范探讨——欠发达地区精神贫困问题思考》,《丽水师范专科学校学报》2002 年第 6 期。

[68] 张凤凉、蒲海燕:《反贫困治理结构中政府功能的缺陷及完善对策》,《理论探讨》2001 年第 6 期。

[69] 张焱:《扶贫开发效益评价的数学模型》,《软科学》1995 年第 1 期。

[70] 周民良:《反贫困与中国的可持续性发展》,《中国软科学》1999 年第 10 期。

[71] 周伟林、郝前进:《城市社会问题的经济学研究:文献纵览和本土需求》,《城市发展研究》2010 年第 1 期。

[72] 张琦、任航、罗拓:《发展方式转变与减贫关系研究》,《首都经济贸易大学学报》2012 年第 1 期。

[73] 刘丰、刘恒新:《"他者剥夺"与"自我剥夺"——贫困的哲学解读》,《重庆行政》2010 年第 1 期。

[74] 周晓华:《有利于穷人的经济增长(PPG)之规范性分析》,《湖北经济学院学报》(人文社会科学版) 2008 年第 10 期。

[75] 马颖、朱红艳:《发展经济学人口流动理论的新发展》,《国外社会科学》2007 年第 3 期。

[76] 李石新、奉湘梅、郭丹：《经济增长的贫困变动效应：文献综述》，《当代经济研究》2008 年第 2 期。

[77] 田艳平、薛福根：《移民地区边缘化贫困研究——以丹江口库区为例》，《学习与实践》2009 年第 10 期。

[78] 王必达：《中国西部地区人口转变若干问题解析》，《复旦学报》（社会科学版）2002 年第 5 期。

[79] 曲天军：《非政府组织对中国扶贫成果的贡献分析及其发展建议》，《农业经济问题》2002 年第 9 期。

[80] 童星、赵海林：《影响农村社会保障制度的非经济因素分析》，《南京大学学报》（哲学人文社会科学版）2002 年第 5 期。

[81] 林毅夫：《解决农村贫困问题需要有新的战略思路——评世界银行新的"惠及贫困人口的农村发展战略"》，《北京大学学报》（哲学社会科学版）2002 年第 5 期。

[82] 吴理财：《"贫困"的经济学分析及其分析的贫困》，《经济评论》2001 年第 4 期。

[83] 朱玲：《投资于贫困人口的健康和教育，应对加入世贸组织后的就业形势》，《中国农村经济》2002 年第 1 期。

[84] 夏业良、徐立青：《贫困经济学与选择机制——阿玛蒂亚·森理论贡献述评》，《南京社会科学》1999 年第 5 期。

[85] 张新伟：《反贫困进程中的博弈现象与贫困陷阱分析》，《中国农村经济》1998 年第 9 期。

[86] 张新伟：《扶贫政策低效性与市场化反贫困思路探寻》，《中国农村经济》1999 年第 2 期。

[87] 林乘东：《中国扶贫战略的演变与反思》，《中央民族大学学报》1998 年第 5 期。

[88] 李若建：《城市贫困问题与区域发展》，《中山大学学报》（社会科学版）1997 年第 6 期。

[89] 傅明贤：《我国中部地区扶贫对策思考》，《武汉大学学报》（哲学社会科学版）1998 年第 1 期。

[90] 刘西荣：《关于选择区域发展战略的思考》，《经济理论与经济管理》1991 年第 6 期。

[91] 胡湛、彭希哲：《老龄社会与公共政策转变》，《社会科学研究》2012 年第 3 期。

[92] 石声萍、吴芳：《重庆农村社会救助现状透视与制度构建》，《西南大学学报》（社会科学版）2012 年第 2 期。

[93] 胡芳肖、熊欣、罗红荣：《基于 Logistic 回归的陕西农村家庭致贫因素分析》，《社会保障研究》2012 年第 1 期。

[94] 王三秀：《可持续生计视角下我国农村低保与扶贫开发的有机衔接》，《宁夏社会科学》2010 年第 4 期。

[95] 潘泽泉、许新：《贫困的社会建构、再生产及应对：中国农村发展 30 年》，《学术研究》2009 年第 11 期。

[96] 吴军民：《规则社会化与规则弹性———一项关于政府救助的实证分析》，《公共管理学报》2009 年第 4 期。

[97] 朱晓阳：《反贫困的新战略：从"不可能完成的使命"到管理穷人》，《社会学研究》2004 年第 2 期。

[98] 沈红：《穷人主体建构与社区性制度创新》，《社会学研究》2002 年第 1 期。

[99] 卡尔·布兰切、程金华：《参与式发展：在理想与现实之间》，《国际社会科学杂志》（中文版）2002 年第 4 期。

[100] 毛丹、王萍：《村级组织的农地调控权》，《社会学研究》2004

年第 6 期。

[101] 邹薇、张芬：《农村地区收入差异与人力资本积累》，《中国社会科学》2006 年第 2 期。

[102] 张瑞堂：《论贫困文化环境中的弱势群体转化》，《学术论坛》2003 年第 1 期。

[103] 方辉振：《试论我国农村贫困的体制性根源与对策》，《南京社会科学》1994 年第 9 期。

[104] 罗淳、吕昭河：《跨世纪民族后进地区滞贫治贫研究》，《民族研究》1995 年第 3 期。

三 英文文献

[1] Katz, Michael B., *The Undeserving Poor: From the War on Poverty to the War on Welfare*, Pantheon, 1990.

[2] Massey, Douglas S., *Categorically Unequal: The American Stratification System*, NY: Russell Sage Foundation, 2007.

[3] Pimpare, Stephen., *A People's History of Poverty in America*, NY: The New Press, 2008.

[4] Shulman, Beth., *The Betrayal of Work: How Low - Wage Jobs Fail 30 Million Americans and Their Families*, NY: The New Press, 2005 (Second Edition).

[5] Gans, Herbert T., "The Positive Functions of the Poverty", *The American Journal of Sociology*, 1972.

[6] Gilens, Martin., "Race and Poverty in America: Public Misperceptions and the American News Media", *Public Opinion Quarterly*, 1996, 2.

[7] O'Connor, Alice., "Poverty Research and Policy for the Post - Wel-

fare Era", *Annual Review of Sociology*, 2000.

[8] Smeeding, Timothy, Lee Rainwater, and Gary Burtless, United States Poverty in Cross National Context. Chapter 16 in The Inequality reader: Contemporary and Foundational Readings in Race, Class, and Gender. Edited by David B. Grusky and Szonja Szelenyi. Boulder, CO: Westview Press, 2007.

[9] Massey, D. and Nancy A. Denton. *The Construction of the Ghetto*. Chapter 2 in American Partheid: Segregation and the Making of the Underclass. Boston: Harvard University Press, 1993.

[10] Hall, Peter. The City of Dreadful Night. Chapter 2 in Cities of Tomorrow: An Intellectual History of Urban Planning and Design in the Twentieth Century. Oxford, UK: Basil Blackwell, 1988.

[11] Hall, Peter. The City of the Permanent Underclass. Chapter 12 in Cities of Tomorrow: An Intellectual, History of Urban Planning and Design in the Twentieth Century. Oxford, UK: Basil Blackwell, 1988.

[12] Wilson, William Julius. Social Change and Social Dislocations in the Inner City. Chapter 2 in The Truly.

[13] *Disadvantaged: the Inner City, the Underclass, and Public Policy*. Chicago: University of Chicago Press, 1987.

[14] Crump, Jeff, "Deconcentration by Demolition: Public Housing, Poverty, and Urban Policy", *Environment and Planning D: Society and Space*, 2002.

[15] Greenbaum, Susan, Poverty and the Willful Destruction of Social Capital: Displacement and Dispossession in African American Com-

munities, Rethinking Marxism, 2008.

[16] Gibson, Karen J., Bleeding Albina: A History of Community Disinvestment, 1940 – 2000, Transforming, Anthropology, 2007.

[17] Murray, Charles, *Losing Ground*, New York: Basic Books, 1984.

[18] Lister, R., *Poverty*. Cambridge: Polity Press (the faculty library), 2006.

[19] Michael Harrington, "The Invisible Land", *in The Other America: Poverty in the United States*, Penguin Books, 1962.

[20] Duncan, Greg J., Jean W. Yeung, and Jeanne Brooks – Gunn, "How Much Does Childhood Poverty Affect the Life Chances of Children?" *American Sociological Review*, 1998.

[21] Strait, John B., "Poverty Concentration in the Prismatic Metropolis: The Impact of Compositional and Redistributive Forces within Los Angeles, California, 1990 – 2000", *Journal of Urban Affairs*, 2006.

[22] Tsai, Ming – Chang, "Economic and Non – Economic Determinants of Poverty in Developing Countries: Competing Theories and Empirical Evidence", *Revue Canadienne d' Etudes du Developpement (Canadian Journal of Development Studies)*, 2006.

[23] Keister, Lisa A. & Stephanie Moller, "Wealth Inequality in the United States", *Annual Review of Sociology*, 2000.

[24] Hummer, Robert A., "Racial Differentials in Infant Mortality in the U.S.: An Xamination of Social and Health Determinants", *Social Forces*, 1993.

[25] Rogers, Richard G., Robert A. Hummer, Charles B. Nam, and

Kimberley Peters, "Demographic, Socioeconomic, and Behavioral Factors Affecting Ethnic Mortality by Cause", Social Forces, 1996.

[26] Conley, Dalton and Neil G. Bennett, "Is Biology Destiny? Birthweight and Life Chances", *American Sociological Review*, 2000.

[27] Morris, Martina and Bruce Western, "Inequality in Earnings at the Close of the Twentieth Century", *Annual Review of Sociology*, 1999.

[28] Levy, Frank, "Incomes and Income Inequality", *in State of the Union: America in 1990s*, Vol. 1, edited by Reynolds Farley, New York: Russell Sage Foundation, 1995.

[29] National Research Council, *Measuring Poverty: A New Approach*, Washington, D. C. : National Academy of Sciences, 1995.

[30] Berhardt, Annette, Martina Morris, and Mark Handcock, "Women's Gains or Men's Losses? A Closer Look at the Shrinking Gap in Earnings", 1995.

[31] Edin Kathy and Laura Lein, "Work, Welfare, and Single Mothers' Economic Survival Strategies. American Sociological Review, 1996.

[32] Cotter, David A. , Joan M. Hermsen, and Reeve Vanneman, "Systems of Gender, Race, and Class Inequality: Multilevel Analyses", Social Forces, 1999.

[33] Harrison, Roderick J. and Claudette E. Bennett, "Racial and Ethnic Diversity" , in *State of the Union: America in 1990s*, Vol. 2, edited by Reynolds Farley, New York: Russell Sage Foundation, 1995.

[34] Lieberson, Stanley, *A Piece of the Pie: Blacks and White Immi-*

grants Since 1880, Berkeley: University of California Press, 1980.

[35] Becker, Gary S. , *The Economics of Discrimination*, Chicago: University of Chicago Press, 1957.

[36] Duncan, Otis Dudley, "Inheritance of Poverty or Inheritance of Race", 1968. in *On Understanding Poverty*, edited by Daniel Patrick Moynihan, New York: Basic Books, 1968.

[37] Beggs, John J. , Wayne J. Villemez, and Ruth Arnold, "Black Population Concentration and Black – White Inequality: Expanding the Consideration of Place and Space Effects", *Social Forces*, 1997.

[38] Fernandez, Roberto M and Celina Su, "Space in the Study of Labor Markets", *Annual Review of Sociology*, 2004.

[39] Bound, John and Harry J. Holzer, "Industrial Shifts, Skills Level, and the Labor Market for White and Black Males", *The Review of Economics and Statistics*, 1993.

[40] Browne, Irene, "Explaining the Black – White Gap in Labor Force Participation among Women Heading Households", *American Sociological Review*, 1997.

[41] Cancio, A. Silvia, T. David Evans, and David J. Maume, Jr. , "Reconsidering the Declining Significance of Race: Racial Differences in Early Career Wages", *American Sociological Review*, 1996.

[42] Charles, Camille Zubrinsky, "The Dynamics of Racial Residential Segregation", *Annual Review of Sociology*, Vol. 29, 2003.

[43] Krivo and Kaufman, "How Low Can It Go? Declining Black – White

Segregation in a Multiethnic Context", *Demography*, 1999, 36 (1).

[44] Lee, Barrett A., R. S. Oropesa, and James W. Kanan. "Neighborhood Context and Residential Mobility", *Demography*, 1994.

[45] Wilson, William Julius, *The Declining Significance of Race: Black and Changing American Institutions*, Chicago: University of Chicago Press, 1978. Note: the Sarah's Strat syllabus includes a summary piece of this out of Grusky.

[46] Wilson, William J., *When Work Disappears: The World of the New Urban Poor*, Vintage Books, 1997.

[47] Kirschenman, Joleen & Kathryn M. Neckerman, We'd Love to Hire Them, But…: The Meaning of Race for Employers, 1991.

[48] Hirschman, Charles, and C. Matthew Snipp, *The State of the American Dream: Race and Ethnic Socioeconomic Inequality in the United States*, 1970–1990.

[49] Danziger, S., Fighting poverty revisited: What did researchers know 40 years ago? What do we know today? Focus, 2007.

[50] Howard Glennerster, "United States Poverty Studies and Poverty Measurement: The Past Twenty-five Years", *Social Service Review*, 2002.

[51] Patricia Ruggles, "Why Measure Poverty?" in *Drawing the Line: Alternative Poverty Measures and Their Implications for Public Policy*, Washington, D. C.: Urban Institute, 1990.

[52] Patricia Ruggles, "Choices in Poverty Measure", in *Drawing the Line: Alternative Poverty Measures and Their Implications for Public*

Policy, Washington, D. C.: Urban Institute, 1990.

[53] Ferrera, M., Matsagaris, M, Sacchi, S., "Open Coordination agiants Poverty. The New EU Social Inclusion Process", *Journal of European Social Policy*, Vol. 12, No. 3, 2002.

[54] Gallie, D., Kostova, D., Kuchar, P.," Social Consequences of Unemployment: An East – West Comparison", *Journal of European Social Policy*, Vol. 11 (1), 2002.

[55] Pena – Casas, R. "Minimum Income Standards in Enlarged EU: Guaranteed Minimum Income Schemes", Brussels: Observatoire Social Europeén, 2005.

[56] World Bank, *Romania: Poverty Assessment Report*, The World Bank, Washington, 2007.

[57] Lister, R. Poverty. Cambridge: Polity Press (selections), 2006.

[58] Sen, A. "Social Exclusion: Concept, Application and Scrutiny", *Social Development Papers*, 2000.

[59] Anthias, F., "The Concept of 'Social Divisions' and Theorizing Social Stratification: Looking at Ethnicity and Class", *Sociology*, Vol. 35, No. 4, 2001.

[60] Barusch, Amanda S., *Foundations of Social Policy: Social Justice in Human Perspective*. 3rd Edition, Belmont, CA: Wadsworth/Thomson Learning, 2009.

[61] Axinn, J. & Stern, M. J., *Social Welfare: A History of American Response to Need*, NY: Allyn & Bacon, 2008.

[62] DiNitto, D., *Social Welfare: Politics and Public Policy* (6th ed.), Boston, MA: Allyn and Bacon, 2005.

[63] Baldock, J, Manning, N., Vickerstaff, S., Social Policy, Oxford: Oxford University Press (the faculty library), 2003.

[64] Esping-Andersen, G., *The Three World of Welfare Capitalism*, Cambridge: Polity Press (the reading room of CCRIT), 1990.

[65] Hann, C., Postsocialism, London: Routledge (the reading room of CCRIT), 2003.

[66] Pierson, C., *Beyond the Welfare State.* Polity Press, Cambridge, 1991.

[67] Alcock, P., Erskine, A., May, M., *Social Policy*, Oxford: Blacwells (the reading room of CCRIT), 2003.

[68] Blau, J., Abramowitz, M., *The Dynamics of Social Welfare Policy*, Oxford: Oxford University Press, 2003.

[69] Lauer, Robert H., and Jeanette C. Lauer, *Social Problems and the Quality of Life*, 12th ed. New York: McGraw-Hill, 2008.

[70] Popple, P. and L. Leighninger, *Policy-Based Profession: An Introduction to Social Welfare Policy for Social Workers*, Allyn & Bacon, 2004.

[71] Barry, A., Osborne, T. and Rose, N. (eds.), *Foucault and Political Reason: Liberalism, Neo-liberalism and Rationalities of Government*, London: University College of London Press, 1996.

[72] Ryan, William, *Blaming the Victim*, New York: Vintage Books, 1976.

[73] Gil, David G., *Confronting Injustice and Oppression*, New York: Columbia University Press, 1998.

[74] Michael Reisch, *Defining Social Justice in a Socially Unjust*

World. Families in Society: *Journal of Contemporary Human Services*, 2002.

[75] Gill, David, "Injustice and Oppression: Origins, Evolution, Dynamics, and Consequences", In *Confronting Injustice and Oppression: Concepts and Strategies for Social Workers*, NY: Columbia University Press, 1998.

[76] Paquin, Gary, "The Federal Budget Process: Necessary Knowledge for Social Policy Education and Practice", *Journal of Social Work Education*, 1998.

[77] Sedgwick, Eve K., "How to Bring Your Kids Up Gay: The War on Effeminate Boys", in *Tendencies*, Durham, NC: Duke Univ. Press, 1993.

[78] Smith, Brenda V., "Battering, Forgiveness, and Redemption: Alternative Models for Addressing Domestic Violence in Communities of Color", New Jersey: Rutgers University Press, 2005.

[79] Coker, Donna., "Shifting Power for Battered Women: Law, Material Resources, and Poor Women of Color", *Domestic Violence at the Margins: Readings onRace, Class, Gender, and Culture*, Ed. by Natalie J. Sokoloff (with Christina Pratt), New Jersey: Rutgers University Press, 2005.

[80] Kingson, E. R. & Williamson, J. B., "The Generational Equity Debate: A Progressive Framing of A Conservative Issue", *Journal of Aging & Social Policy*, 1993.

[81] Moody, H. R., Aging: Concepts and Controversies. Fourth Edition, 1998.

[82] Torres – Gil, F., The New Aging: Politics and Change in America, 1992.

[83] Kingdon, J. W., Agendas, Alternatives, and Public Policies. Second Edition, 1995.

[84] Steckenrider, J. S. & Parrot, T. M., *New Directions in Old Age Policies*, 1998.

[85] Gelfand, D. E., *The Aging Network*: Program and sewices, New York, NY: Springer, 1991.

[86] Census Bureau of Unite State, *How the Census Bureau Measures Poverty* (official Measure), http: //www. census. gov/hhes/www/poverty/povdef. html.

[87] Brauw, Allan, Jikun Huang, Scott Rozelle, Linxiu Zhang and Yigang Zhang, "China's Rural Labor Markets", *The China Business Review*, March – April, 2002.

[88] Huang, Jikun, Ninghui Li, and Scott Rozelle, "Trade Reform, Household Effects and Poverty in Rural China", *American Journal of Agricultural Economics*, 2003.

[89] Park, A., Loren Brandt, and John Giles, Giving Creditis Due: the Changing Role of Rural Financial Institutions in China, Davidson Institute Working Paper University of Michigan, 1997, Washington, D. C.: International Food Policy Research Institute, 2002.

[90] Ganland, D., *Punishment and Modern Society: A Study in Social Theory*, Oxford, Clarendon Press, 1990.

[91] Lardy Nicholas, *Agricultural in China's Modern Economic Development*, Cambridge: Cambridge University Press, 1988.

[92] *Poverty Alleviation in the Ningxia Hui Autonomous Region*, China, 1983 - 1992, Hong Kong: The Chinese University of Hong Kong, 2000.

[93] Rskin, Mehta, Zhong, et al., *Rural Poverty Alleviation in China: An Assessment and Recommendation*, Report prepared for UNDP, 1996.

[94] Sen Amartya, *Commodities and Capacities*, Amsterdam: North Holland, 1985.

[95] Word Bank, *Global Economic Prospects 2002: Making Trade Work for the World's Poor*, Washington, D. C.: World Bank, 2001.

[96] Word Bank, *Attacking Poverty*, Cambridge: Oxford University Press, 2001.

[97] Word Bank, *China: Strategy for Reducing Poverty in the 1990s*, Washington, D. C.: World Bank, 1992.

后　　记

　　贫困和吸烟、酗酒、青少年怀孕、艾滋病、癌症、肥胖症、酒后驾驶、环境污染等问题一样，是全球性的社会难题。社会转型语境中的中国农村社会发展问题、贫困问题和反贫困问题可以说是当代中国社会发展中的一个永恒话题，是中国社会关注的重大现实问题。反贫困事关中国经济社会的可持续发展，事关民生福祉、社会发展正义与美好生活需求。消除贫困，改善民生，实现共同富裕，是社会主义的本质要求。党的十八大提出到 2020 年实现全面建成小康社会的宏伟目标，习近平总书记提出了"精准扶贫"和"乡村振兴"的战略思想，将扶贫开发作为全面建成小康社会的重要抓手和重要的政治任务。中国农村贫困现象是在体制转型、结构变迁、现代化发展战略推进、改革全面深化的大背景下出现并加剧的。作为人们持续关注的贫困问题，不仅仅是一个经济问题，也是一个社会问题，是一个政治、生态和文化问题；贫困不仅导致一部分个体及其家庭的生活困难、可持续生计的破坏和暴露于各种脆弱性风险，贫困正成为阻碍中国社会协调发展和改革的进一步深化，并成为影响社会稳定和社会可持续发展的巨大隐患。经由新的问题视域和贫困作为当代社会的共同议题，重新思考中国农村贫困的新视野，反思当代中国农村贫困的问题视域及其处方，聚焦新的问题意识，实现中国贫困问题研究的范式重建，再现反贫困行动中的历史叙事和行动困境，重写中国农村发展叙事的问题向度和方法意识，具有重要的理论价值和现实意义。

  关怀弱势群体，关注底层社会，倾听底层声音。我厌倦那种被宰制的传统意义上的知识和叙事，而在理性的进路中，我试图以审慎的理性来批判"理性自负"，同时将自己燃烧的激情和思想融汇进去，听任冥冥之中那感性力量的挣扎和召唤，以贴近他者的灵魂，和他者对话。我试图从贫困者的情感过程、家庭过程、经济社会过程、政治过程、市场和文化过程，基于跨学科的视域深刻洞察和诠释穷人的日常生活世界，寻求穷人的行为改变的问题。我带着我的研究团队，以敏锐的洞察力、系统的思考力和务实的方法，深入湖南农村调研，历经五载，收集了中国农村贫困及其农村发展的大量第一手资料，这部著作正是基于田野调查和问卷调查的基础上完成的。

  这部著作是在我的国家社会科学基金项目"社会转型期的农村贫困问题研究"（项目编号：12BSH019）研究成果的基础上修改而成，该成果是在充分理论思考、反复经验观察、长期田野调查、严谨的理论思考的基础上形成的，课题成果汇集了课题组丰富而成熟的阶段性研究成果，五年来，我带着我的研究团队一直深入田野，进行了大量的社会调研，查阅文献，进行小组专题论证，反复论证。因此，我要感谢全国哲学社会科学规划办公室对我的支持，感谢中南大学的《中南大学哲学社会科学学术成果文库》的全额资助，感谢所有的评审专家以及各相关部门的支持。同时，要感谢我的妻子段琼玲女士和女儿潘笛，她们给了我科研的动力和支持，给了我生活的关心和幸福，要感谢课题组成员也是我的学生马小红、李雨薇、韩彦超、罗宇翔、于硕、李欢欢、黄亚秋等，他们的敬业精神和合作意识令我感动，尤其感谢他们在问卷设计、入户调查、数据录入、数据分析、部分文字撰写和专题性研究方面做了大量而细致的工作。该专著正是在课题组的专题性研究成果、数据分析、质性访谈资料的基础上完成的。感谢所有为本专著付出劳动和心血的人。

还要感谢中国社会科学出版社的领导和本书的责任编辑刘晓红老师，是他们的辛勤劳动、细致严谨的工作使拙著得以面世。

潘泽泉
2018 年于中南大学岳麓山